Johann Georg Ernst Hoffmann

Syrische Erzählungen

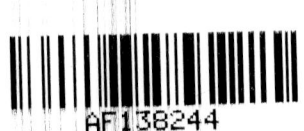

Johann Georg Ernst Hoffmann

Syrische Erzählungen

ISBN/EAN: 9783743338135

Hergestellt in Europa, USA, Kanada, Australien, Japan

Cover: Foto ©ninafisch / pixelio.de

Manufactured and distributed by brebook publishing software
(www.brebook.com)

Johann Georg Ernst Hoffmann

Syrische Erzählungen

IULIANOS DER ABTRUENNIGE

SYRISCHE ERZAEHLUNGEN

HERAUSGEGEBEN

VON

JOHANN GEORG ERNST HOFFMANN

IN KIEL

LEIDEN

E. J. BRILL

1880

1 r. * [1] ܐܦ ܐܠܗܐ ܦܪܥܗ ܠܛܝܒܘܬܐ ܕܕܘܒܪ̈ܘܗܝ: ܘܥܒܕ ܠܗ ܫܘܢܝܐ ܕܢܝܚܗ ܒܫܠܡܐ. ܘܐܬܦܢܝ ܠܘܬ ܒܝܬܗ. ܘܐܬܬܘܣܦ ܥܠ ܐܒܗ̈ܘܗܝ܀ ܘܐܚܕ ܡܠܟܘܬܐ ܡܢ ܒܬܪܗ: ܩܘܣܛܢܛܝܣ ܙܥܘܪܐ. ܒܟܠܗ ܐܬܪ ܫܒܚܝܢ ܘܬܪ̈ܬܝܢ ܠܒܢܝܐ ܕܫܪ̈ܒܬܐ: ܘܗܘ ܒܟܠܗ ܡܠܟܘܬܐ ܕܪ̈ܗܘܡܝܐ ܫܠܝܛܘ ܦܪܢܣܐ. ܘܡܛܠ ܪܕܘܦܝܐ ܥܠ ܥܡܐ ܕܟܪ̈ܣܛܝܢܐ. ܘܩܡܘ ܕܢܬܦܬܚܘܢ ܒܬ ܦܬܟܪ̈ܐ ܘܢܬܕܒܚܘܢ ܟܠܬܗܘܢ. ܘܢܣܬܓܕܘܢ ܠܫ̈ܐܕܐ. ܘܩܡܘ ܬܘܒ ܕܢܬܒܢܘܢ ܘܢܬܬܩܢܘܢ ܒܝܬ̈ ܥܠܬܐ ܕܦ̈ܬܟܪܐ ܠܟܠ ܐܬܪ. ܘܐܚܕ ܗܦܟܐ ܐܬܪ̈ܐ ܘܒܝ ܟܢ̈ܘܫܝܐ. ܘܫܕܪ ܠܐܦ̈ܝܣܩܘܦܐ ܠܐܒܗܘܬܐ ܡܢ ܡܕܝܢܬܗܘܢ: ܘܟܠܗ ܥܡܐ ܡܕܒܪܐ ܠܓܠܘܬܐ ܘܠܚܒܘܫܝܐ ܐܬܝܗܒ. ܡܕܝܢܬܗܘܢ ܠܫܒܝܐ ܘܠܚܒܘܫܝܐ ܐܫܬܠܡܘ. ܘܠܢ̈ܓܕܐ ܘܠܣܝܦܐ. ܡܢܗܘܢ ܒܚܪܒܐ ܘܐܬܩ̈ܛܠܝܢ ܗܘܘ. ܡܢܗܘܢ ܐܬܪܕܝܘ. ܐܚܪ̈ܢܐ ܐܬܓܪܕܘ. ܐܚܪ̈ܢܐ ܐܬܛܪܕܘ. ܐܚܪ̈ܢܐ ܐܬܟܣܝܘ ܒܟܢ̈ܫܝܗܘܢ. ܘܡܢ ܕܐܬܟܣܝܘ ܡܢ ܪ̈ܕܘܦܐ. ܒܗܝܢ ܒܡܥܪ̈ܬܐ ܥܠܘ ܥܡܠܐ ܕܫܢ̈ܝܗܘܢ. ܐܚܪ̈ܢܐ ܐܬܓܪܪܘ ܒܥܘ̈ܩܐ ܐܝܟ ܒܠܩ̈ܐ. ܕܠܐ ܡܦܩܢܘܬܐ ܕܕ̈ܝܪܐ ܐܚܪ̈ܢܐ ܢܠܦܘ ܐܬܪܐ ܕܠܐ ܣܠܩܘܢ ܫܪܪܗ ܕܡܪܗܘܢ: ܐܚܪ̈ܢܐ ܐܬܢܣܒܘ ܒܫܩܘܠܗܘܢ ܠܒܪܐ. ܘܐܬܩܛܪܘ ܡܢ ܡܢܝܢܗܘܢ ܕܠܐ ܢܬܩܛܪܘܢ ܡܢ ܚܘܒܗ ܕܡܪܗܘܢ: ܐܚܪ̈ܢܐ ܠܚܠܦܘܗܝ ܐܬܪܐ ܐܬܚܒܫܘ so ܘܠܐܬܪ̈ܘܬܐ ܪܚܝܩܐ. ܥܠ ܐܦ̈ ܥܒܕܘܗ ܕܡܪܗܘܢ. ܘܐܝܬ ܗܘܐ ܬܘܒ. ܕܐܬܢܨܚܬ ܒܦܪܘ ܒܗ ܒܐܓܘܢܐ. ܕܚܕ ܚܝܘ ܐܦ̈ܠܝܢܐ ܕܫܡ̈ܥܐ ܘܚܣܕ̈ܐ ܡܩܒܠ. ܒܗܘ ܡܢ ܐܓܘܢܐ ܕܡܣܟܢܘܬܐ. ܘܐܚܝܕ ܡܟܪܙܢܘܬܐ ܒܢܨܚܢܗܘܢ. ܘܐܡܠܘ ܡܢ ܐܘܪ.. [2] ܗܕܐ ܕܡܬܕܪܫܐ. ܚܝ̈ܠܐ ܕܝܢ ܐܠܝܢ ܕܢܨܚܢܐ ܗܘܬ ܡܬܕܪܫܢܘܬܗܘܢ: ܠܐ ܒܚܕܐ ܗܘܘ ܥܠ ܡܢ ܥܘܩܬܐ. ܐܠܐ ܐܬܚܝܠܘ ܗܘܘ ܝܬܝܪ ܕܡܬܕܪܫܢܘܬܗܘܢ ܠܗܝܢ ܥܠ ܐܝܕ. ܘܡܛܠ ܚܠܦܝܗܘܢ ܐܦ̈ܠܝܢܐ ܡܩܒܠܐ ܕܐܩܝܡ ܐܩܝܡ: ܒܗ ܥܕܢܐ ܐܚܪ̈ܢܐ ܡܫܡܠܝܢܐ ܘܡܬܚܪ̈ܝܢ ܕܐܣܟܝܡ ܐܣܟܝܡ.

---

1) Die Handschrift des Britischen Museums Add. 14,641, aus welcher der Text entnommen ist, beginnt hier als mit dem dritten Blatte der zweiten Lage. Es fehlen vorher zwölf Blätter.

2) Die Lücke rührt von einem Loch her.

ܘܒܢܝ̈ ܚܘܒܗܘܢ ܕܡܫܒܪܢܘܬܗܘܢ ܡܕܝܢ ܗܘܘ ܒܠܝܠܝܗܘܢ
ܒܡܕܝܢܬܗܘܢ. ܘܒܛܠܐ ܫܘܫܠܬ ܡܠܟܘܬ ܗܕܐ ܥܠ ܟܠܗܘܢ
ܕܐܬܡܠܟܘ ܥܠܝܢ. ܡܢ ܬܫܒܘܚܬܐ ܕܢܨܚܢܘܗܝ ܕܡܪܢ. ܐܘܣܒܝܣ
1v ܐܦܝܣܩܦܐ ܕܩܣܪܝܐ: * ܗܢܐ ܕܐܬܒܪܝܢ ܥܡܗ. ܡܢ ܠܥܠ ܡܚܝܐ
ܐܝܟ ܡܫܬܥܝܢܢ. ܕܐܝܢܐ ܙܕܝܩܐ ܐܬܚܙܝ ܥܠܝܗ ܒܫܘܒ̈ܚܘܗܝ، ܕܡܠܝܠܘܬܗ
ܙܕܝܩܐ: ܐܘܪܚܐ ܗܝ، ܗܝܕܝܢ ܡܠܟܘܬ ܘܫܘܠܛܢܐ. ܕܥܠ ܗܢܐ ܠܐ ܗܘܐ ܗܕܐ
ܬܚܒܝܗ ܢܨܚܢܐ ܢܨܚܬܐ. ܗܘ ܓܝܪ ܡܫܒܚܐ ܗܘܐ ܒܡܕܝܢܬܐ
ܕܡܕܝܢܘܬܐ. ܘܦܬܚ ܡܠܟܘܬܗ ܠܐܦܝܐ ܕܐܦܝܘܗܝ. ܐܝܟ ܐܬܠܝܛܐ
ܙܢܝܐ ܕܡܙܕܪܙ ܒܡܦܩܬܗ ܕܐܪܥܐ. ܘܐܙܠ ܠܗ ܡܩܦܬܐ ܠܓܒܪܐ
ܘܢܦܩ. ܘܐܚܕ ܟܠܝܠܐ ܕܙܟܘܬܐ ܡܢ ܒܠܐܘܪܗ ܒܥܕܢܐ. ܠܡܬܠܗ ܕܝܢ
ܘܠܡܬܕܪܝܘ ܒܥܘܠܐ ܗܘܐ ܡܠܟܐ ܢܨܚܢܐ. ܕܟܕ ܦܓܥ ܥܠ ܡܫܝܚܘܬܐ
ܕܐܒ̈ܗܘܗܝ، ܦܠܓ so ܗܘܐ: ܕܟܕ ܡܠܟܐ ܕܒܢ ܬܫܒܚܢ ܥܡܝ ܐܚܘܗܝ، ܗܘܐ.
ܐܝܟ ܓܒܪܐ ܕܡܐܟ ܥܠ ܬܘܩܦܐ ܕܥܡ̈ܘܗܝ، ܗܕܐ ܢܦܩ ܒܗ
ܒܐܓܘܢܐ ܚܝܠܬܢܘܬ ܘܓܢܒܪܘܬ. ܘܥܒܠ ܥܡܐ ܠܦܐܪܐ ܘܢܨܚܢܐ
ܡܬܝܪܐ. ܟܕ ܗܘܐ ܓܝܪ ܒܪܚܡܘܗܝ ܘܠܐܝܠܦ ܒܟܠܠܗ so. ܘܡܬܪܝ
ܒܒܝܬܗ. ܘܫܠܛ ܒܟܠܬܗ. ܘܡܫܒܚܠ ܒܟܠܗܘܢ ܐ̈ܠܗܬܐ ܕܫܠܝܬ
ܐܠܗܐ. ܘܐܦ ܒܕܠܝܠܬܐ. ܘܡܢܐ ܡܬܒܥܝܢܐ ܕܡܬܬܐܣ ܡܠܟܘܬ
ܥܠ ܬܫܒܚܬܗ ܕܗܢܐ ܗܘܐ ܬܚܝܒܘܗ ܢܨܚܢܐ. ܕܙܒܢܝܐ ܗܝ،
ܬܫܒܚܬܗ ܘܒܡܕܝܢܬܐ ܕܢܨܚܘܗܝ، ܠܐܦܝܐ ܦܠܚܐ ܕܗܘܘ ܒܝܘܡܗ.
ܕܗܢܝ̈ ܡܬܪ ܡܦܣܝܢ ܚܕܐ ܒܟܠܟܐ ܕܗܘܢܘܗܝ: ܘܐܦ ܒܐܓܘܢܐ
ܕܠܝܬܘܗܝ ܕܗܢܐ ܙܒܢܐ ܚܕܝܐ: ܕܡܕܡܘܬܐ ܒܪܚܡܗ ܗܘ، ܘܒܚܟܡ
ܠܗ̇ ܠܦܘܩܕܢܐ ܠܡܕܬܗ ܕܒܗ ܬܬܕܡܪܐ. ܘܡܠܟ ܐܓܘܢܗ، ܗ̇ܝ
ܕܐܡܝܪ[1]) ܡܢ ܒܡܫܒܪܬܗ[2]) ܕܙܒܢܐ ܒܐܝܢܐ ܟܝܠܐ ܠܗ ܥܠ ܡܪܒܝܬܗ
ܘܦܐܡ ܢܦܫܗ ܠܡܦܘܬܐ ܥܠ ܐܦ̈ܝܗ ܕܒܙܒܬܐ.. ܗܘܐ ܙܒܢܐ ܕܒܐܝܢܐ
ܒܝܪܐ. ܕܗܘ ܢܦܫܗ ܢܦܫܗ ܠܡܦܘܬܐ ܥܠ ܐܦ̈ܝ ܡܪܒܝܬܐ ܕܐܬܓܠܝܬ
ܠܗ̇. ܘܫܘܬ ܓܒܪܐܝܬ ܠܐܓܘܢܐ. ܘܪܒ، ܘܡܠܟ ܘܥܠ ܥܡܐ ܘܢܨܚ.

---

1) Sehr verwischt. 2) Verwischt

ܘܝܪܬ ܫܢܝܐ ܕܠܐ ܚܒܝܫ: ܦܘܠܚܢܐ ܕܠܐ ܡܫܬܪܝܐ ܒܗ̇ ܡܠܟܘܬܐ. ܕܠܟܠܗ ܟܠܗܝܢ ܡܫܡܫܐ ܐܚܝܢ ܘܐܡܝܢ:

[1])ܥܠܝ̈ ܢܝܫܢܐ ܕܥܠ ܡܫܒܚܘܬܗ ܕܦܘܠܝܛܝܩܘܣ
ܘܕܬܠܬܐ ܒܢܘܗܝ ܐܝܠܝܢ ܕܐܡܠܟܘ: ܒܬܪܗ:
ܬܫܒܘܚܬܐ ܕܢܨܚܢܘܗܝ ܕܐܘܣܒܝܘܣ ܦܠܣܛܝܢܝܐ ܐܦܝܣܩܘܦܐ
ܕܒܬܪ ܕܗܘܡܢܐ: ܒܢ̈ܘܗܝ ܘܠܒܢܝܗܘܢ ܦܪܘܣܐ ܘܡܠܟܐ:

ܘܡܢ ܒܬܪ ܕܫܠܡ ܚܝܐ ܕܩܘܣܛܢܛܝܢܘܣ ܡܠܟܐ ܡܗܝܡܢܐ ܘܪܚܡ ܠܡܫܝܚܐ: ܘܐܬܬܢܝܚ ܠܘܬ ܐܒܘܗܝ ܒܫܠܡܐ. ܘܐܬܬܘܣܦ ܥܠ ܐܒܗ̈ܘܗܝ: ܘܫܒܩ ܠܗ * ܫܒܩܐ ܦܠܓܐ ܘܐܘܪܟܢܐ ܕܡܠܟܘ. ܒܢ̈ܬܐ 2 r. ܕܠܗܘܢ ܕܬܠܬ ܫܢܝܐ. ܘܥܠ ܒܬܪܗ ܡܠܟܘܬܐ ܘܠܒܢܘܗܝ ܝܫܒܘܚ ܘܒܬܝܠܬܐ ܗܘ ܐܢܫܐ ܕܫܢܝܘܬܗ ܘܡܟܒܟܒܢܘܬܐ ܕܡܠܟܘ̈ܬܐ. ܘܐܦ ܒܐܠܗܐ ܚܒܝܒܗ. ܘܗܕܐ ܡܢ ܡܫܒܚܘܬܐ ܫܪܝܪܬܐ ܕܠܗ ܐܚܝܕ ܗܘܐ ܡܢ ܦܠܚܘܬܗ ܘܪܚܡ ܒܡܫܒܚܘܬܗ ܘܗܘܐ ܡܢ ܫܪܪܗ. ܘܐܝܟ ܒܬܪ ܦܠܚܘܬܐ ܕܐܒܘ̈ܗܝ: ܘܐܬܒܪܟ ܠܒܢ̈ܘܗܝ ܘܐܫܬܠܛ ܒܢܨܚܢܘܗܝ ܘܒܬܪ ܐܫܬܠܛ ܒܕܝܠܗ ܫܢܝ̈ܐ ܘܡܘܬܒܗ ܡܠܟܘܬܐ: ܘܐܝܬ ܡܢ ܟ̈ܠܗܘܢ ܫܢ̈ܝܐ ܕܗܘܘ ܡܢܗܘܢ. ܘܢܒܬ ܙܘܦܢܐ ܥܠ ܪ̈ܘܡܝܐ. ܘܒܬܪ ܕܬܦܬܚ ܒܬ ܦܠܓܘܬ ܘܬܒܥܝܢ ܕ̈ܘܟܝܢ ܘܬܒܘܬܗ ܦܠܓܘܬܐ ܘܡܬܟܢܫܝܢ ܩ̈ܠܝܐ. ܘܬܒܥܝܢ ܒܬ ܕܘܪ̈ܬܐ ܕܩܕ̈ܡܝܐ ܠܦܠܓܐ ܕܗܘܝ̈ ܗ̇ܘ. ܘܗܘܝܢ ܒܗܘ̈ܢ ܩ̈ܕܡܐ ܕܪ̈ܘܡܝܐ ܕܡܢ ܡܕܒܪܗ. ܘܐܬܒܪܝ ܘܐܫܬܘܡ ܥܠ ܬ̈ܪܥܘܗ ܕܡܫܝܚܐ. ܘܢܦܩ ܒܝ̈ܬܗܘܢ ܘܗܘ ܬܫܒܘܚܬܗܘܢ ܘܐܝܟ ܘܦܠܓܐ ܐܝܟ. ܘܒܪܐ ܠܐܦܣܩܘܦܐ ܠܐܒܘܗܪܐ ܡܢ ܬ̈ܫܒܘܚܬܗܘܢ. ܘܐܝܟ ܒܡܘܬܐ ܘܪܒܐ ܕܐܠܗܐ. ܘܐܘܪܟܗ ܒܟܠ ܟܪ ܕܗܘܐ ܕܡܫܝܚܘܬܐ. ܘܠܐ ܢܩܦ ܠܗ ܐܠܗܐ ܕܐܝܠܝܢ ܘܒܪܝ ܒܟܠܗܘܬܗ. ܘܡܢ ܟܪ ܐܘܪܚܗ ܡܢ ܫܢܝ̈ܐ. ܘܒܪܝ ܡܫܝܚܘܬܐ ܕܡܩܕܫܘ̈ܗܝ. ܕܐܦ ܬܐܪܘܢ ܠܗ ܦܠ ܘܬܒܥܝܢ ܡܫܝܚܘܬܐ ܕܢ̈ܦܫܗܘܢ: ܒܢ̈ܬܐ ܒܪ ܡܠܘ̈ܫܬܐ ܐܡܟܠ ܠܒ̈ܢܘܗܝ ܕܐܠܗܐ ܗܘ ܘܗܘ ܡܢܗ ܫܡܐ. ܘܦܪܩ ܐܠܗܐ ܠܡ̈ܠܘܗܝ ܒܢܝܫܐ ܒܟܐܢܘܬܐ. ܘܗܘܐ ܐܝܟܢܐ

1) Diese Absäze sind in der Handschrift roth geschrieben.

ܒܐܪܥܐ ܕܟܠܕܝܐ. ܐܝܟ ܕܐܡܪ ܗܘܐ ܐܬܢܒܝ ܥܠܘܗܝ، ܗܘܫܥ ܕܐܠܗܐ ܐܘܣܒܝܘܣ ܐܦܝܣܩܘܦܐ ܠܦܘܠܝܢܐ ܕܒܝܬܐ ܕܪܗܘܡܝܐ. ܟܕ ܩܐܡ ܗܘܐ ܘܡܬܕܢܚ ܒܙܒܢܘܗܝ: ܫܡܥܐ ܒܪ ܠܐ ܕܒܘܪܝܢ. ܘܒܢܝܐ ܘܐܬܠܡܝܕܐ ܡܫܬܥܝܢܐ ܕܥܠ ܐܝܩܘܢܝܢ. ܐܫܬܥܝ ܠܗ ܠܗܢܐ ܣܦܪܐ ܗܘܐ ܬܫܥܝܬܗ ܕܢܘܚܐ. ܘܠܐ ܐܬܬܒܥ ܐܘ ܐܬܒܣܝ ܡܢ ܡܫܪܘܬܐ ܕܢܒܝܘܗܝ. ܘܡܪܘܒܐ ܒܪ ܕܒܪ ܬܪܝܢ ܘܥܒܕ ܬܠܬ ܐܝܬܘܗܝ، ܗܘܐ ܗܢܐ ܗܘܐ ܗܟܢ. ܟܕ ܩܐܡ ܒܐܬܪܐ ܕܡܕܝܢܬܐ. ܘܒܗܢܐ ܒܠܗ ܢܘܦܪܐ ܕܫܡܫܘܬܐ. ܠܐ ܐܬܪܦܐ ܡܢ ܥܒܕܗ. ܐܦ ܠܐ ܐܫܬܐܠ ܡܢ ܡܕܒܪܢܘܬܐ ܐܠܐ ܐܝܟ ܒܠܥܕܐ ܫܠܝܛܐ: ܡܢܐ ܕܩܐܡ ܥܠ ܬܘܩܦܐ ܕܢܝܚܘܗܝ. ܗܟܢܐ ܢܦܩ ܒܗ ܒܐܝܠܝܢ ܫܠܝܛܘܬ ܘܫܠܝܛܘܬ ܘܥܒܕ ܥܒܕܐ ܛܒܐ

2r ܘܢܝܫܐ. ܘܟܕ، ܒܠܠܐ ܕܡܕܒܪܢܘܬܗ.܀ ܗܘ ܫܘܪܐ ܘܪܫܐ ܕܐܦܝܣܩ ܒܝܘܡܝ ܗܘ̈ܕܪܐܦܝܢ. ܐܝܟ ܐܦܝܣܩܘܦܐ ܫܠܝܛܐ. ܗܘ ܥܒܘܕܐ ܛܒܐ ܐܣܟܝܡܐ ܕܐܬܠܡܝܕܘܬܐ. ܐܝܟ ܕܢܗܘܐ ܗܘܐ ܕܡܕܒܪܐ ܘܬܘܕܝܬܐ ܦܘܠܚܢܐ ܠܐܠܗܐ ܕܐܬܘܗܝ ܒܬܪܗ. ܕܢܕܘܢ ܒܡܩܒܠܗ ܘܢܛܪܘܢ ܒܐܬܦܠܚܘܬܗ. ܟܕ ܗܘܐ ܡܢ ܒܪܢܫܐ ܘܡܬܠܝܦ ܒܡܕܒܪܢܘܬܗ. ܘܫܠܝܛ ܒܟܠܗ. ܘܥܡܪ ܒܥܒܕܗ. ܘܡܢ ܒܬܪ ܒܪܢܫܘܗܝ، ܘܬܠܡܝܕ ܒܝܕ̈ܘܗܝ، ܒܡܕܒܪܢܘܬܐ ܕܢܦܩܬ ܡܢ ܕܟܠܝܐ. ܠܐ ܕܪܫ ܗܘܐ. ܘܒܫܘܦܪܐ ܕܡܫܡܠܝܘܬܐ ܘܒܡܫܡܫܢܘܬܐ ܘܕܡܫܝܚܘܬܐ ܕܐܠܗܐ ܕܡܕܪܫ ܗܘܐ. ܘܡܫܡܫܢܘܬܐ ܒܐܝܕܐ ܕܟܝܢܗ ܠܦܠܚܐ ܡܬܥܪ ܗܘܐ. ܕܡܬܚܐ ܕܝܢ ܘܡܒܣܡܐ ܡܢ ܟܠܗܝܢ. ܐܦ ܡܫܡܫܢܘܬܐ ܐܠܗܝܬܐ ܕܠܐ ܗܕܐ ܡܫܬܟܠ ܗܘܐ. ܘܟܠܗ ܒܟܠܗ ܢܛܪܐ ܗܘܐ ܠܗܘܢܗ ܐܦ ܠܫܪܒܗ، ܠܡܬܪ ܕܝܢ ܘܠܡܬܕܒܪܘ. ܕܒܗ ܒܟܠܗܝܢ ܒܥܐ ܗܘܐ ܘܡܫܬܟܠ: ܗܘ ܗܢܐ ܗܕܐ ܡܬܕܒܪܐ. ܘܡܬܒܕܩ ܠܗ ܫܦܝܪ ܗܘܐ ܡܢ ܡܠܘܐܬܗ. ܒܒܥܠ ܡܬܥܒܕܝܢ ܗܘܐ ܘܡܬܥܒܪ ܕܒܝܫ ܢܦܩ ܠܗ ܢܛܪܘܬܐ ܐܠܗܝܐ. ܕܠܐ ܡܫܬܟܚܝܢ. ܟܕ ܐܦ ܠܐ ܠܚܘܕ ܗܘܝܬ ܢܦܫܗ ܡܢ ܦܘܠܚܢܐ ܕܕܘܒܪܐ. ܒܕܒܪܐ ܠܡܫܬܟܚܘ ܐܢܫܐ. ܘܟܕ ܡܢ ܥ̈ܕܢܐ ܗܕܐ ܡܢܚ ܗܘܐ ܒܝܕ ܫܘܠܡܐ ܕܢܝܫܗ؛ ܘܟܠ ܙܒ. ܐܘܪܚܐ ܕܡܫܬܠܛܘܬܗ ܘܩܐܡ ܗܘܐ. ܗܘ ܠܚܘܕ ܠܐ ܠܐ ܒܥܐ ܗܘܐ ܡܢ

ܕܢܒܥܐ ܒܫܡܫ ܡܢ ܢܗܝܪܘܬܐ ܕܟܠܗܘܢ: ܗܕܐ ܕܝܢ ܐܝܟ ܡܫܡܫܢܘܬܐ ܗܘܬ
ܠܗ ܒܐܝܕܝܢ ܡܫܡܫܢܘܬܗ. ܕܙܘܕܐ ܟܠ ܝܘܡܐ ܗܘܐ ܠܗ ܠܡܐܟܘܠܬܐ
ܢܝܚܬܐ ܕܡܐܟܘܠܬܗ. ܘܟܕ ܫܡܥܬ ܡܢ ܡܠܐܟܐ ܕܪܘܚܢܝܬܐ. ܒܟܣܝܘܬ
ܒܢܝܐ ܘܐܝܟܢܐ ܒܝܕܥܬܗ ܗܘ ܟܠܗܝܢ. ܘܗܝ ܒܡܫܡܫܘܬܗ ܡܢܬܗ ܕܢܛܪܬ
ܠܒܬܐ ܕܡܫܡܫܢܘܬܐ. ܕܠܐ ܡܬܬܐܒܐ ܗܘܐ ܡܢ ܠܒܘܬܗ. ܘܢܦܫܗ ܕܝܢ
ܡܠܗ ܒܝܫܘܬܐ. ܒܪ ܠܒܝܢ ܟܠ ܒܬܘܠܘܬܗ ܡܠܐܟܐ ܕܦܪܩܢܗ.
ܘܫܪܪܐ ܗܘܐ ܠܗ ܡܛܠܬܐ ܢܣܒܬܐ ܕܠܡܫܬܥܝܘ: ܕܢܦܩ ܒܝܕܥܬܗ
ܕܢܬܠ ܠܐܢܫܐ ܠܡܘܬܒܗ. ܒܪܢܫܐ ܠܒܝܐ ܘܫܪܪܐ. ܕܡܫܡܫܐ ܡܠܬܐ
ܐܝܬ ܠܗ ܕܒܟܠ ܠܡܪܗ ܫܡܥܝܢ ܒܒܪܐ ܕܐܬܟܠ ܠܗ. ܒܟܠܐ
ܠܒܝܐ ܘܫܪܪܐ. ܕܗܘ ܚܝܐ ܟܪ ܒܫܘܠܡܐ ܕܡܪܗ. ܘܟܝܠ ܒܗܘܐ
ܕܠܒܝܫܘܬܗ ܠܐ ܢܗܘܐ ܕܡܫܡܫܢܘܬܗ ܕܡܛܝܐ ܘܠܐ ܐܬܚܙܝ ܡܢ
ܒܫܘܠܡܐ ܕܡܪܗ: ܘܟܕ ܬܒܥ ܕܝܢܐ ܕܒܫܝܢܐ ܕܠܒܝܫܘܬܐ. ܘܟܕ ܫܡܥܬ ܟܠܗܘܢ،
ܒܫܡ ܕܡܫܒܚܬܐ. ܠܐ ܐܬܬܟܝܪ ܒܟܠܗ ܕܒܫܘܠܡܗ: * ܕܐܬܬܪ ܡܢ 3 r.
ܕܠܒܝܫܘܬܗ ܐܬܬܪ ܒܫܘܠܡܐ ܕܐܝܬܘܗܝ ܟܕ ܟܢܫ ܡܫܡܫܢܘܬܗ. ܘܟܕ
ܗܘ ܠܗ ܘܟܠܗ ܐܝܟܢܐ. ܡܫܡܠ ܡܢ ܡܪܗ ܐܟܢܐ ܕܒܫܘܠܡܗ.
ܘܡܠܐܟܐ ܐܝܬ ܠܗ ܕܢܛܪܘܗ. ܠܟܢ ܕܠܐ ܫܡܥ ܒܟ ܡܢܬܝܗܘܢ ܕܟܠܗ
ܕܡܘܕܝܢ، ܠܡܫܡܫܘ ܘܡܫܡܫܢܘܬܗ، ܒܥܝܢܝ ܘܢܛܪܘܗ، ܕܥܠܡܐ
ܘܗܘܐ ܡܫܡܫܝܢ ܒܟܠ ܡܢܬܗܘܢ: ܕܠܐ ܡܫܡܠ ܢܗܘܐ ܠܗ ܡܢ
ܬܫܡܫܬܐ ܕܡܫܡܫܢܘܬܗ ܠܒܬܐ. ܕܗܘܝܐ ܒܪܝܐ ܪܘܚܢܝܐ. ܘܢܗܘܐ
ܕܠܘܬܗ ܠܡܠܟܐ ܡܠܟܐ ܕܟܘܪܝܗܘܢ: ܘܠܥܠܡܐ ܠܥܠܡܝܢ ܕܡܪܝܐ،:
ܘܠܟܠܗ ܟܠܐ ܐܠܗܝܬܐ ܕܟܠܗ ܐܬܡܠܝ. ܢܬܬܐ ܡܫܠܡ ܟܕ ܒܪܘܚܗ
ܕܡܫܡܫܢܘܬܗ. ܕܒܫܘܠܡܬܐ ܢܫܡܫ ܐܝܟܢܐ ܕܡܫܡܫܢܘܬܗ

ܘܗܘܐ ܡܢ ܒܬܪ ܕܫܒܩ ܡܫܡܫܢܘܬܗ ܐܝܟ ܕܐܬܟܢܫ ܡܢ ܠܒܐ. ܐܬܚܫܒ
ܘܠܘܬܗ ܠܒܪܢܫܐ ܒܫܘܠܡܐ ܡܫܡܫܢܐ ܠܡܫܡܫ ܠܡܫܝܚܐ. ܡܢ ܐܬܪܘܬܐ
ܟܠܗܘܢ ܕܠܒܫܘ ܕܟܠܗ ܡܫܡܠ ܗܘܝܐ. ܐܝܟ ܕܢܛܪܬ ܡܫܡܫܢܘܬܐ ܟܠ
ܒܪܘܚܐ ܕܡܫܡܫܢܐ. ܘܢܗܘܐ ܐܝܟ ܠܒܪܢܫ ܟܠ ܟܠܗ ܐܢܫܝܢܐ ܕܡܫܡܫܢܐ.
ܘܟܕ ܐܬܐ ܠܡܫܡܫ ܐܢܫܘܬܐ ܒܫܡܝܐ: ܘܐܬܠܒܫ ܘܐܬܦܪܫ ܡܢ ܡܫܡܫܢܐ
ܟܠ ܠܒܢܝܐ ܕܗܘܐ ܡܫܡܫ. ܗܘ ܒܟܠܗ ܘܡܫܡܫܢܘܬ ܐܝܟܢܐ ܟܠܗ.

ܘܐܬܬܝܚ ܘܐܡܪ. ܗܘ ܠܡ ܕܓܒܪ ܐܣܝܪܐ ܡܢ ܬܪܥܝܟ ܘܡܬܬܚܡܣ ܡܘܕܝܢ ܠܫܠܝܐ. ܘܡܫܚ ܠܚܒܝܫܐ ܘܒܚܢ ܠܬܪܘܨܐ. ܐܬܬܥܝܩ ܗܘܐ ܠܗ ܓܝܪ ܦܓܪܐ ܕܢܒܗܬܗ ܐܢܫܐ ܕܗܘܐ ܥܡܗ. ܘܐܬܚܫܒܬ ܗܘܬ ܠܗ ܒܠܒܗ، ܦܓܪ ܕܪܘܚܬܐ ܥܠ ܚܘܒܐ ܕܐܠܗܐ ܘܫܟܝܚܬܐ ܒܕܡܘܬ ܐܘܪܚܐ ܡܕܡܐ ܗܘܐ ܠܗܘܢ ܠܥܠܡܐ ܒܦܘܪܢܣܐ ܕܒܝܬܐ. ܘܡܬܬܠܝܢ ܗܘܐ ܠܗܘܢ ܒܪ ܐܢܫ. ܢܬܠܝܗ ܠܡܠܟܘܬܐ ܕܐܬܓܠܝܬ ܡܢ ܡܫܒܚܘܬܗܘܢ ܡܫܡܫܢܝܗ ܕܡܫܝܚܘܬܐ ܘܡܫܡܫܢܝܗ ܕܒܝܬܐ. ܐܝܕܐ ܕܝܪܐ ܐܝܕܐ ܕܡܠܟܘܬܐ ܒܐܬܪܐ ܡܠܝܬ ܒܩܘܒܐ. ܘܒܡܪܘܬܗܘܢ ܡܢܗ ܢܦܫܗ ܕܫܠܝܚܐ ܘܢܗܝܪܘܬܗ ܕܫܦܝܪܘܬܐ: ܘܡܠܝܚܘܬܗ ܒܒܝܬܐ ܕܡܫܝܚܘܬܗܘܢ: ܘܕܒܝܬܗܘܢ ܒܗ ܘܕܝܐ ܕܝܪܐ ܦܓܪܐ ܕܡܫܦܠܘܬܗܘܢ: ܘܡܗܒ ܦܐܪܐ ܒܟܠܗܝܢ ܘܒܟܠܗܝܢ ܘܒܒܝܬܐ. ܘܗܘܐ ܐܦܪܗ ܕܦܘܠܚܢܗܘܢ ܘܕܡܫܟܢܗܘܢ ܘܕܒܪܝܬܗܘܢ ܦܓܪܐ ܒܬܒܝܠ. ܒܐܝܟܢ ܗܠܝܢ ܟܠܗ ܩܠܐ ܢܫܬܡܥܐ ܡܫܬܐܠܬܐ ܘܕܕܡܝܢ ܠܗܘܢ. ܡܬܕܪܐ ܗܘܐ ܠܗܘܢ ܦܓܪܐ ܐܘܣܝܐ ܠܕܝܢܗ ܘܡܬܦܠܦܠܘܬܐ ܬܠܡܝܕܝ
ܒܦܘܦܠܝܐ. ܡܢ ܬܘܕܝܬܐ ܕܠܒܗ ܘܫܒܚܐ ܕܪܚܡܘܗܝ. ܘܒܪ ܐܦܝܟ * 3 v.
ܡܠܠ ܪܚܡܘܗܝ ܥܡ ܕܒܝܬܐ ܕܪܚܡܘܗܝ. ܒܕܡܘܬ ܪܚܡܐ ܒܐܝܕܐ ܕܟܐܒ ܠܗ ܥܠ ܡܪܚܡܢܘܬܗ: ܐܝܟܢܐ ܕܡܬܬܚܡܨ ܕܐܝܟܐ ܕܫܦܝܪܘܬ ܒܝܬܗ. ܘܬܘܒ ܡܠܐ ܒܗ ܒܟܠܗ ܘܡܢܝܚܐ ܠܬܘܒܢ. ܗܕܝܐ ܒܗܕܐ ܕܟܘܬܐ ܐܦ ܫܒܝܐ ܡܢܝܚܝ. ܒܪ ܫܡܥ ܥܠ ܡܠܬܗ ܕܗܘܐ ܡܫܒܚܝ. ܒܓܒܠܘܬܐ ܡܟܝܐܬܝ ܫܦܝܪ ܒܫܡܗ ܠܡܠܬܗ ܠܒܠܗ ܡܫܒܚܐ ܕܒܝܬܝ. ܡܢ ܪܒܐ ܘܒܢܝܚܐ ܠܒܗܘܢܐ ܘܐܡܝܢ ܕܠܐܒܝܐ ܢܒܝܒܐ ܡܢܬܐ ܗܘܐ ܠܗܘܢ ܒܪ ܐܢܫ. ܚܙܘ ܛܠܝܒ ܐܬܘܗܝܘ ܒܦܩܕܢ ܘܐܫܬܪܝܘ ܒܡܫܝܚܘܬܗܘܢ: ܘܡܫܡܫܢ ܒܫܪܪܗܘܢ ܘܗܘܘ ܠܒܢܝܐ ܘܢܠܬܐ. ܕܐܝܟܐ ܓܝܪ ܒܗܬܐ ܕܫܬܠܛ ܒܠܝܢ. ܘܢܫܡܘܢܐ ܐܝܬ ܠܗ ܕܫܡܥ ܥܠ ܒܕܡܬܐ. ܚܙܘ ܕܠܒܐ ܬܬܪܟܢ ܡܢ ܫܪܪܗܘܢ ܘܬܬܦܠܓ ܠܒܗܘܢ ܒܫܡܘܥܬܗܘܢ: ܡܠܠ ܗܘ ܓܝܪ ܕܒܝܐ ܘܦܓܪ ܕܒܝܪ. ܘܫܡܠ ܠܗ ܫܘܠܡܐ ܫܡܘܥܬܗܘܢ: ܠܐ ܓܝܪ ܡܪܕܐ ܐܠܗܐ ܐܢܫܐ ܒܡܪܚܡܢܘܬܗ. ܕܒܕܡܘܬ ܢܦܫܗ ܘܕܝܢܐ ܠܗ. ܘܠܐ ܫܟܡ ܠܗ ܠܓܒܪ ܒܐܝܢܐ ܕܐܒܐ. ܐܦ ܓܝܪ ܢܗܘܐ ܕܡܠܐ ܘܕܝܢܐ ܢܬܠܛ ܦܪܘܣܐ ܠܓܒܪܐ ܥܠ ܡܠܟܘܬܐ ܠܡܪܘܬܗ ܥܠ ܕܫܠܝܛ.

ܐܠܐ ܐܝܬܘܗܝ ܗܘ̈ ܡܫܡܫܢܐ ܘܡܕܒܪܢܐ ܠܗ. ܕܒܡܫܡܫܢܘܬܐ ܕܡܕܒܪ ܒܟܠ ܥܠܡܐ. ܠܐ ܓܝܪ ܡܫܬܡܠܝܐ ܐܘܣܝܐ ܐܠܗܝܐ ܚܝܠܗ ܡܢ ܒܪܝܬܗ. ܐܠܐ ܒܟܠܗܝܢ ܚܝ̈ܘܗܝ ܚܠܝܦ ܠܒܪܝܬܐ. ܐܦ ܟܕ ܡܫܪܝܬܗ. ܐܝܟܢܐ ܕܝܢ ܠܐ ܦܪܝܫ ܟܕ ܡܫܬܘܝܢ. ܠܐ ܡܫܟܚ ܡܬܬܪܨܝܢ ܐܘ ܡܬܬܚܙܝܢ ܡܢ ܒܪ̈ܝܬܐ ܕܢܣܒܘܬܗ ܕܗܘܢܐ ܦܓܪܢܝܐ. ܕܗܘ ܡܬܬܪܝܣ ܘܡܫܬܡܠܐ. ܘܡܛܠ ܕܟܠ ܒܠܝܬܘܗܝ. ܘܐܝܟ ܘܐܬܚܫܒ ܕܒܪܝܬܐ. ܘܡܕܒܪܢܐ ܕܡܢ ܒܗ ܡܬܚܙܐ ܒܡܕܒܪܢܘܬܐ. ܠܟܠ ܠܐ ܡܫܬܟܚ ܒܒܪܝܬܐ. ܠܡܕܒܪܢܐ ܗܘܝܐ ܘܠܒܪܝܬܐ. ܐܝܟ ܐܢܫܐ ܠܒܢܝܐ ܘܒܪܝܐ. ܐܝܟܢܐ ܕܗܘܢܝܐ ܒܪܡ ܒܠܒܗܘܢ ܒܪܝܟܘܬ. ܕܒܪܝܢܗ ܕܗܘܐ ܠܒܢܐ ܠܒܢܝܐ ܡܗܘܐ ܫܘܦܪܐ ܕܦܪܣܘܬܗ: ܘܬܗܘܪܝܢ ܒܗ ܚܝܠܘܗܝ. ܗܘܝܐ ܗܘܐ ܒܒܪܝܐ ܕܢܦ̈ܩܢܐ ܡܬܒܝܢܝܢ ܠܒܢܝ̈ܐ. ܘܒܗ ܒܗܘܢܐ ܕܡܕܒܪܢܘܬܗܘܢ ܡܬܕܒܪ ܒܪܝܐ. ܕܠܐ ܓܝܪ ܐܟܚܕܐ ܘܕܠܐ ܢܦܫܐ ܘܕܠܐ ܪܘܚܐ. ܐܦܠܐ ܒܠܒܠܐ ܘܒܗܘܢܬܐ ܒܒܗܘܢܝܢ ܕܡܕܒܪܢܘܬܗܘܢ ܡܬܢܛܪܝܢ ܠܒܢܝܐ. ܘܡܫܠܡܢܐ ܕܪܘܚܢܐ. ܡܢ ܕܗܘ ܫܠܝܡ ܢܦܫܐ. ܠܐ ܡܫܬܘܐ ܠܗ ܠܐܬܓܠܝܘ ܫܦܝܪܐ ܕܐܬܓܠܝܬܗ: * ܐܝܟ ܒܗܘܢܗ ܕܢܝܫܘܬܗ ܒܐܓܘܢܐ ܠܐ ܡܫܡܐ. ܐܦܠܐ ܠܕܝܢܘܢܝܐ ܫܡܝܐ ܕܡܫܬܢܝܢܘܬܗ. ܐܝܟ ܒܗܘܢܗ ܕܡܕܒܪܢܘܬܗ ܒܐܘܠܝܢܘܗܝ. ܠܐ ܡܫܘܐ. ܘܢܬܒܪ ܠܟܠܝܢܐ ܦܘܠܘ ܕܐܡܪ. ܕܐܘܠܝܢܐ ܡܕܒܪܢܘܬܐ ܠܐ ܓܒܪ ܒܝ. ܘܡܕܒܪܢܘܬܐ ܒܗܘܢܐ. ܘܒܗܘܢܐ ܡܕܒܪܐ. ܡܕܒܪܐ ܕܝܢ ܠܐ ܡܬܒܗܬ. ܐܝܟ ܐܢܫܐ ܡܛܠ ܕܫܪܝܪܐ ܠܗܘܢ: ܘܬܒܥܝܢ ܕܐܝܬ ܠܗܘܢ ܡܕܒܪܐ ܕܠܐ ܡܬܒܗܬ. ܫܪܘ ܡܢܗܘܢ ܒܐܝܠܝܢ ܘܦܫܝܛܘܬܐ ܘܡܬܓܠܝܐ ܘܝܕܥܝܢ. ܘܐܝܟܢܐ ܕܪܐ ܒܗ ܫܠܝܛܘܬܐ ܘܬܒܪܘ ܟܠܗܘܢ ܘܒܢܝܐ ܘܦܢܝܐ ܕܡܢܝܢ ܐܝܬܘܗܝ. ܐܬܒܬܫܘ ܒܗ ܠܗܘܢ ܘܫܡܘ ܢܐܦܫܘ: ܠܗܘܢ ܓܝܪ ܐܢܐ ܒܡܫܪܐ. ܘܠܗܘܢ ܦܫܐ ܐܢܐ ܓܒܪܘܬܐ. ܕܒܗ ܘܗܘ ܫܬܐܣܬܗ ܕܒܪܝܬܐ ܪܫ ܠܐܬܪܘܬܐ ܢܫܒܘܢ ܠܓܘܢܐ ܕܐܬܓܠܝܬܐ. ܘܕܪܫܘܢ ܠܡܫܡܫܘܬܗ ܕܐܓܘܢܝܣܛܘܬܐ. ܘܢܣܒ ܠܗ ܠܒܢܝܐ ܠܓܒܪ ܕܢܫܒ ܒܢܝܢܐ ܘܒܪܬܐ. ܕܫܪܝܐ ܕܕܝܘܬܐ ܠܒܢܝܢ ܐܢܫܘܢ ܘܒܢܝܐ ܪܘܚܐ ܒܪܘܚ ܪܒܝܢܘܢ ܘܒܢܝܐ ܐܝܟ ܡܒܪܝܐ ܕܢܬܒܢܐ ܒܢܝܢܐ.

ܥܡܠܐ ܗܘ܂ ܡܟܝܠ ܕܒܗܬܬܐ. ܘܡܢ ܢܘܟܪܝܐ ܡܬܟܬܫܝܢ so ܒܝܬܟܬܬܗ: ܐܬܠܠܛܬܐ
ܗܘ ܓܝܪ ܠܡܫܝܚܐ ܕܠܐ ܒܥܘܬ. ܘܟܕ ܚܙܐ ܗܘ ܬܘܒ ܡܬܬܟܬܫ.
ܘܠܝܬ ܠܗ ܠܓܒܪ ܥܠܝܐ ܡܢ ܬܟܬܘܫܗ. ܟܡ ܚܝܠܬܢܐ ܓܝܪ ܘܫܪܝܪܐ
ܒܬܘܠܬܐ ܘܒܩܘܕܫܐ ܕܫܘܒܚܗ ܒܠܒܪ ܒܫܡܝܐ. ܠܗܘܬ ܐܝܠܝܢ ܕܝܢ
ܕܡܫܝܚ ܘܕܝܢܗܘܢ ܒܬܫܒܘܚܬܗ ܐܝܟ ܕܒܥܐ so ܫܠܝܡܘܢ ܡܬܟܬܒ:
so ܕܡܢ ܠܚܘܬܗ ܕܡܫܝܚܐ ܢܦܠܘ ܐܢܘܢ. ܟܕ ܢܦܩ ܠܗ ܓܒܐ
ܠܦܘܠܚܢܗܘܢ܆ ܕܦܓܪ ܐܣܛܪܛܝܘܛܗܘܢ ܗܘܘ ܫܠܝܛܐ ܥܠ ܡܠܟܘܬܗܘܢ.
ܐܬܬܨܝܪܘ ܒܛܠ ܐܝܟ ܘܩܡܘ ܒܡܠܟܘܬܐ. ܘܐܬܓܒܪܘ ܘܐܬܥܫܢܘ
ܘܠܐ ܬܬܪܥܘܢ ܠܡܠܟܐ ܒܬܠܬܐܢ ܕܢܨܚܘܢ ܥܠܝܗܘܢ. ܐܬܠܠܛܬܐ
ܗܘ ܓܝܪ ܥܠܝܐ ܕܝܢ ܐܝܠܝܢ ܕܫܠܝܛܐ ܡܫܝܚܘܬܗܘܢ܆ ܘܫܪܝܪ ܚܝܠܗܘܢ.
ܕܝܢ ܐܠܗܐ ܒܡܘܕܘܬܗܘܢ ܘܡܠܟܐ ܕܡܛܝ ܠܗ ܫܪܝܪܐ ܒܡܘܬܗܘܢ.
ܥܠ ܐܝܟܢ ܕܡܛܠ ܒܫܡܗܘܢ܆ ܒܠܗܐ ܕܠܐ ܐܝܟ ܬܘܪܓܡܐ ܡܢ ܥܕܬܐ
ܘܐܘܓܢܐ ܕܡܫܒܠ ܠܗܘܢ. ܒܐܝܕܝ ܬܠܬܐ ܫܢܝܐ ܘܕܪܐ ܕܒܬܠܐ:
* ܐܦ ܚܕ ܬܒܥ. ܢܗܘܐ ܚܕܝܢ. ܘܬܘܕܝܬ ܠܡܫܝܚܘܬܐ ܠܓܒܪܐ ܕܒܠ
ܐܝܟܢ ܡܫܝܚܐ. ܘܠܐ ܢܦܩܐ ܒܐܝܕܘܗܝ ܕܫܠܝܛܘܬܐ. ܐܝܟܢܐ so ܓܝܪ
ܕܒܐܪܥܐ ܘܒܕܝܢܐ ܕܡܪܝܐ: ܐܝܟܢܐ ܕܢܒܥܐ ܒܚܝܠܗ ܘܠܒܢܝ
ܒܪܢܫܐ ܢܦܩ ܦܓܪܗ ܠܬܫܒܘܚܬܐ. ܘܒܟܠܐ ܕܒܗܝ ܘܠܡܘܬܐ ܢܦܫܗ
ܡܫܠܡ. ܕܠܠܠܐ ܕܒܗܬܐ ܘܫܒܚܐ ܕܬܫܒܘܚܬܐ ܢܦܠ. ܒܗ
ܒܕܡܘܬܐ ܐܝܟ ܠܝ ܕܕܦ. ܕܐܝܟ ܚܝܠܬܢܐ ܘܠܒܢܝܐ ܢܗܘܐ ܡܬܡܟܐ
ܠܐܝܟܢܐ. ܘܫܪܝܪܐ ܠܐܬܠܠܛܘܬܐ. ܗܟܢܐ ܓܝܪ ܐܦ ܒܐܝܢܐ
ܕܒܡܟܐ ܕܡܫܝܚ ܡܢ ܩܝܡܐ ܒܪܫܢܘܬܐ. ܕܒܐܝܕܝ ܫܡܥܘܢ ܒܐܦܐ
ܐܬܡܗܒܬ ܠܝ. ܗܟܢܐ ܢܗܘܐ ܒܥܝܢܐ ܠܡܫܝܚܘܬܐ ܕܒܡܫܝܚܐ
ܕܒܐܝܕܝ ܕܟܢܐ ܡܬܗܡܟܐ ܠܝ. ܘܢܗܘܐ ܚܝܐ ܠܓܒܐ ܘܦܠܓܘܫܐ
ܫܪܝܐ ܠܬܫܒܘܚܬܐ ܘܫܪܝܪܐ. ܕܐܠܗ ܕܪܚܡ ܡܟܠܝܐ ܕܡܫܝܚܘܬܐ.
ܘܢܬܠ ܬܫܒܘܚܬܐ ܠܓܒܪܐ ܕܫܒܝܚܝܢ. [1] ܕܡܫܡܫܢܘܬܗ ܠܥܝܕܐ ܕܟܕܪܬܐ
ܕܦܝܫܢ ܒܐܬܪܐ. ܘܫܪܝܬܐ ܗܘ ܓܝܪ ܗܢܝܢ ܘܒܐܝܢܘܬܐ. ܕܒܡܟܐ ܕܦܝܫܢ
ܠܗ ܫܒܩܘ ܒܐܦܐ ܫܒܬܐ ܐܬܪܐ ܒܙܪܝܙܘܬܐ ܘܒܓܒܝܢܘܬܐ.

---

1) So am Ende der Zeile.

ܗܟܢܐ ܢܗܘܐ ܫ̈ܘܬܦܐ ܠܡܫܝܚܐ ܕܒܗܬܬܗ. ܘܠܐܝܩܪܗ ܫܘܝܐ ܕܬܘܫܒܘܚܬܗ: ܘܠܐ ܠܡܫܝܚܗ ܒܠܚܘܕ ܢܗܘܐ ܫ̈ܘܬܦܐ. ܐܠܐ ܐܦ ܠܡܫܝܚܐ ܕܡܪܝܗ: ܗܘ ܕܐܡܪ ܦܘܠܘܣ ܫܠܝܚܐ. ܕܐܢ ܫ̈ܘܬܦܐ ܚܢܢ ܒܚ̈ܫܘܗܝ: ܫ̈ܘܬܦܐ ܚܢܢ ܐܦ ܒܫܘܒܚܗ. ܦܐܝܐ ܠܗ̇ ܓܝܪ ܠܬܠܡܝܕܘܬܐ ܕܬܫܠܡ ܒܡܘܗܒܬܗ̇ ܠܦܘܩܕܢܐ ܕܪܒܢܗ̇. ܕܐܦ ܗܘ ܪܒ ܬܠܡ̈ܝܕܐ ܫܡܠܝ ܒܡܘܗܒܬܗ ܠܦܘܩܕܢܐ ܕܐܒܘܗܝ: ܘܫܠܡ ܕܢܚܘܫ ܒܬܪ ܪܫܡܗ. ܘܒܟܢܐ ܢܗܘܐ ܗܘܐ ܒܚ̈ܫܘܗܝ، ܒܫܘܬܦܘܬܐ ܕܡܪܝܗ. ܕܒܗܢ ܕܬܘܫܒܘܚܬܗ ܐܝܟ ܕܢܫܡܥ ܒܟܠ̈ܗ ܒܕܡܘܬܗ: ܒܡܕܝܢܬܐ ܬܠܡܝܕܐ ܪܘܚܢܝܐ ܙܕܩ ܠܗ ܕܢܬܩܪܐ. ܕܟܕ ܐܦ ܒܬܪ ܗܘܐ ܒܒ̈ܬܝܐ ܐܦ̈ܐ: ܘܡܬܝܪܬܗ ܘܐܦ̈ܝܐ ܗܘܐ ܒܫܠܝܢܐ ܕܕܝܢܚܘܬܐ. ܘܢܦܩ ܩ̈ܠܝܕܐ ܕܪܘܡܐ ܘܕܟܝܘܬܐ. ܘܡܣܝܡ ܒܥܩ̈ܪܘܗܝ ܕܐܠܗܘܬܐ: ܘܠܦܘܠܚܢܗ ܡܣܒܪ. ܘܕܘܪܫܗ ܘܡܠܝܢ ܘܡܫܬܠܡܢܘܬܗ، ܥܡܝܩܝܢ. ܘܡܗܠܟ ܒܠܚܘܕ ܕܢܒܝܐ ܗܘܐ. ܠܐ ܡܢܘܬܐ ܓܝܪ ܠܗ ܘܡܟܠ ܒܠܗܘܢ، ܕܢܦܘܩ ܡܢ ܥܠܡܐ. ܠܗ ܓܝܪ ܒܬܪ ܐܝܟ ܕܢܒܝܐ ܗܘܐ ܒܬܪ ܗܘܐ. ܕܒܬܪ ܐܝܟ ܕܠܐ ܡܢܗ ܗܘܐ ܪܗܛ ܗܘܐ. ܒܗܠܝܢ ܒܥ̈ܕܢܐ ܗܢܘܢ ܕܢܣܩܘܢ ܐܢܫ: ܕܐܬܒܥܪܘ ܘܕܒܩ ܡܠܟܘܬ ܪܘܡܐ. ܡܢ ܢܘܬܪ ܒܫܘܐ ܘܒܒ̈ܬܐ ܕܐܬܗܘܝܢ: ܘܐܦܪܘ ܠܦܠܓܐ ܕܪܘܚܬܗ ܠܢܘܟܪ̈ܝܗ. ܘܐܬܬܙܪܘ ܗܘ ܠܦܘܪܕܝܘܣ[1] ܡܪܝ. ܕܒܢܝܐ *
5 r. ܠܐ ܚܙܬ. ܘܐܕܢܐ ܠܐ ܫܡܥܬ: ܘܥܠ ܠܒܐ ܕܒܪ ܐܢܫܐ ܡܢ ܡܬܘܡ ܠܐ ܣܠܩ: ܘܟܕ ܬܘܒ ܢܦ̈ܫܐ ܗܘܐ ܠܦܘܠܚܢܐ ܐܘܣܒܝܣ ܕܡܬܦܢܣ ܡܠܘܗܝ ܥܠ ܡܠܦܢܘܬܗ. ܐܦܝܣܩܘܦܐ ܡܫܡܫܢܐ ܥܠ ܡܕܒܪܗ ܘܐܡܪ ܠܗ. ܐܚܝ. ܗܒ ܠܗ̇ ܥܠܝܬܐ ܠܬܠܡܝܕܝܟ ܡܢ ܗܫܐ ܘܐܡܝܢ ܕܐܠܗܟ. ܐܬܬܥܝܪ ܫܠܡܬ ܦܘܪܩܢܗ ܐܠܗܝܐ. ܘܡܢ ܗܕܐ ܡܫܡܫܢܘܬܟ ܠܕܪܓܐ ܡܠܝܐ ܕܟܗܢܘܬܐ ܩܕܝܫܬܐ. ܘܕܒܪܗ ܕܝܢ ܕܐܠܗܐ. ܪܕܐ ܒܩܫܝܫܘܬܗ ܟܐܠܝܢ ܕܫܡܥ. ܘܫܪܝ ܒܗ ܒܡܫܡܫܢܐ ܗܘ ܡܫܡܫܢܘܬܐ. ܘܫܐܠܗ ܘܐܡܪ ܠܗ. ܡܢܐ ܒܪܝ، ܒܬܪܡܘܟܝܢ ܚܘܒܐ: ܗܒ ܠܗ ܕܝܢ ܒܬܪܡܘܟܐ ܐܦܝܣܩܘܦܐ ܡܫܡܫܢܗ ܒܪ ܐܢܫ. ܡܫܬܡܠܝܐ ܠܝ ܐܫܬܡܠܝܬ ܥܠ ܬܪܥܗ ܒܪܐ

1) Scheinbar geschrieben ܠܦܘܪܕܘܣ.

ܕܒܙܬܐ. ܒܟܠܗ ܡܘܕܝܢܐ ܕܢܣܛܘܪܝܣ ܘܚܕ ܡܢ ܦܠܓܘܬܐ ܕܚܠܝܐ ܕܟܢܫܗ ܕܐܦܣܘܣ. ܡܫܐܠ ܗܘܐ ܡܟܠܠ ܠܟܠܗܘܢ ܡܫܒܚܐ. ܘܗܘ ܗܢܐ ܚܕ ܡܢ ܡܫܡܫܢܘܗܝ ܕܦܪܘܣܐ ܐܬܘܗܝ. ܐܝܟ ܕܠܦܬ ܡܢ ܐܝܠܝܢ ܕܒܗܝܢ. ܘܐܝܬ ܒܗܝܢ ܐܢܫܐ ܐܚܪܢܐ. ܘܡܫܪܐ ܡܢ ܒܡܕܝܢܬܗ ܕܫܠܦܬܐ. ܘܥܠ ܐܦܝܣܩܘܦܐ ܡܫܡܫܢܘܬܗ ܕܚܠܝܐ ܕܝܪܝܐ ܠܢܣܛܘܪܝܣ. ܘܥܠ ܐܦܝܣܩܘܦܗ ܕܐܦܣܘܣ. ܫܡܥ ܕܦܪܘܣܐ ܒܗ ܡܟܬܒܬܐ. ܝܕܥܐ ܟܬܒ ܕܢܩܒܠ ܠܟܠ ܡܢ ܬܪܥܗ ܒܝܐ ܕܒܙܬܐ ܘܠܐ ܫܡܥܬ ܠܗ. ܟܠܦܪ ܬܪܥܗ ܟܬܒ ܦܠܓܘܬܗ ܒܗ ܠܦܐ ܣܡܘܬܐ ܕܡܠܝܢ. ܬܘܪܬ ܕܝܢ ܒܡܠܐ ܒܒܕܗ ܕܢܦܠܬܐ. ܕܐܡܒܝܐ ܡܟܠ ܒܢܫܗ. ܘܠܐ ܐܬܢܟܦܬ ܐܘ ܢܚܬ ܒܐܝܠܝܢ ܕܡܠܬܗ ܠܗ. ܐܦܠܐ ܐܬܪܝ ܕܢܟܠ ܡܢ ܕܝܠܗ ܝܕܥܝܢ. ܘܗܘܐ ܚܙܝ ܒܕܒܠ ܠܗܘܢܝܗ. ܦܘܒܠܐ ܕܝܢ ܐܘܣܒܝܘܣ ܒܕ ܝܕܥ ܗܠܝܢ ܦܠܓܘܬܐ. ܠܐ ܐܬܚܡܣ ܐܘ ܐܬܬܟܝܠ. ܡܫܡܫ ܗܘܐ ܟܬܪ ܘܣܒܐ. ܕܐܡܬܝ ܢܬܟܬܫ ܠܗ ܬܘܪܐ ܕܡܕܒܪܢܘܬܐ. ܦܘܒܠܐ ܟܬܪ ܢܗܪ ܗܘܐ ܒܡܠܝܬܐ: ܠܐܝܠܝܢ ܕܫܡܘ ܠܗܕܐ ܡܫܡܫܢܘܬܐ. ܐܝܟܢܐ ܕܡܢ ܗܘܐ ܒܫܡܫܘܬܗܘܢ. ܘܡܬܬܪܣܝܢ ܒܬܪܒܝܬܗܘܢ. ܘܒܕ ܦܠܒ ܢܫܒ ܗܘܐ ܘܪܘܚܐ ܕܢܣܒܗ ܒܩܘܪܒܢܐ ܗܘܐ ܕܐܬܚܙܝ. ܠܗ ܝܗܒ ܗܘܐ ܫܡܐ ܘܠܒܐ ܒܪܚܡܬܗ. ܡܛܠ ܐܝܠܝܢ ܕܐܝܬ ܗܘܐ ܒܡܪܚܡܢܘܬܗ ܕܦܠܚ ܗܘܐ ܒܕܒܝܠ ܬܘܠܡܕܘܗܝ ܒܡܠܐ ܡܫܡܫ ܗܘܐ. ܐܝܟܢܐ ܢܦܫܗ

* ܗܘ ܒܐܦܣܘܣ ܘܒܪ ܚܕܗ ܠܚܪܒܢܘܬܗ. ܕܒܡܕܝܢܬܐ ܘܫܡܫܐ. 5 v.

ܐܡܪ ܐܢܫܐ ܘܫܘܬܦܗ ܠܟܠܗ ܡܕܝܢܬܐ ܕܒܙܬܐ. ܠܟܪܝܐ ܘܠܬܫܐ. ܘܒܠܐ ܒܠܒܗܘܢ. ܘܗܘܐ ܐܝܟ ܘܐܡܪ ܠܗܘܢ. ܐܬܠܒܒܘ ܒܢܝ ܘܠܐ ܬܕܚܠܘܢ ܘܐܬܬܟܝܠܘ ܕܐܝܠܝܢ ܡܠܐ ܡܠܠܬ ܒܟܬܒܐ. ܘܡܪܝ ܒܗ ܕܐܝܬ ܘܟܠܐ ܒܪ ܬܫܒܘܚ ܫܡܝܐ ܘܐܪܥܐ ܡܢ ܕܡܬܕܢܚܢ ܐܝܟ ܠܟܠܐ ܡܪܝܐ ܡܟܐ ܕܝܗܘܐ. ܗܟܢܐ ܝܗܘܐ ܢܩܫ ܘܡܬܠܠܐ. ܕܐܢܫܐ ܡܫܡܫܐ ܐܚܘܗܝ ܒܡܕܝܢܬܗ ܕܐܠܟܣܢܕܪܝܐ ܘܠܡܫܝܚܐ ܕܝܗܘܕܝܐ. ܘܢܩܫ ܒܗ ܫܡܪܐ ܘܫܘܠܡܐ ܕܝܗܘܕܝܐ ܕܒܪܘܫܠܡ. ܘܒܗ ܐܬܬܟܝܠ ܝܘܚܢܢ ܕܒܐܝܠܘܬܐ. ܘܐܬܪܟܢ ܐܠܗܐ ܠܟܠܗܘܢ. ܒܪܝܫ ܕܝܢ ܐܝܬܘܗܝ ܒܗ: ܚܘܘ ܝܕܥܬܐ ܦܘܫܐ ܠܗ ܟܠ ܝܕ ܐܠܗܝ. ܘܗܘܘ ܒܬܕܡܪܬܐ ܘܡܦܠܚܝܢ ܠܡܫܡܫܢܘܬܐ ܦܘܠܚܢܐ ܕܟܠ ܐܢܫ

ܡܫܝܚܐ. ܘܐܦ ¹) ܗܘܐ ܓܒܝܢܐ ܡܕܡܝܬܗ: ܘܕܒܟܪ ܒܫܝܢܗ ܐܝܟ ܕܡܕܢܐ. ܘܟܕܒܪ ܕܚܠܐ ܡܫܚܐ ܡܢ ܟܪܬܗ. ܓܒܝܢܘܗܝ ܦܠܓܐ ܐܝܟ ܡܢܐ ܕܐܬܠܘܗܝ، ܡܬܩܒܠ. ܘܐܦ ܗܘܐ ܒܐܝܟܐ ܡܕܡܝܬܗ: ܘܒܟܡ ܫܒܩܗ ܥܠ ܡܪܕܘܬܗ: ܠܐ ܩܢܐ ܢܫܬܐܠ ܡܢ ܡܪܕܘܬܐ. ܘܠܡܢܐ ܢܫܬܐܠ ܠܗ ܢܡܪܕܐ ܘܠܐ ܩܢܝܐ. ܗܘ ܕܐܡܪ ܫܠܝܚܐ ܦܘܠܘܣ. ܕܐܦ ܕܠܐ ܡܪܕܘܬܐ ܫܒܩ. ܗܘܝܢ ܣܘ ܠܝ ܢܡܪܕܐ ܘܠܐ ܩܢܝܐ. ܠܡܢ ܚܢܢ ܕܢܦܫܢ ܠܗ ܐܠܗܐ ܕܢܐ ܠܗ. ܐܝܟ ܐܚܐ ܕܕܢܐ ܠܒܢܘܗܝ. ܘܒܪ ܒܗܠܝܢ ܒܬܪ ܩܠܐ ܕܒܘܩܐ ܡܬܠܠ ܗܘܐ ܠܗ ܠܡܪܕܘܬܗ. ܦܪܘܬܐܠܦ ܢܦܠ ܬܪܢܗ ܕܟܪܘܬܐ ܒܠ ܒܠܗܝܢ ܘܐܡܪ ܠܗ. ܐܪܘܦܠܘܣ ܠܟ ܡܫܡܠܝܢ ܕܡܠܟܘܬ ܒܐܢܫ، ܒܒܢܝܟ ܥܠܝܟ ܠܫܡܫܘܬܟ. ܕܐܦ ܐܢܬ ܓܒܝܢܐ ܠܫܡܫܘܬܟ. ܕܒܢܝ ܘܠܟ ܐܫܡܫܟ ܐܝܠܝܢ ܕܐܫܬܠܡܬ ܕܐܡܪ ܠܝ. ܦܘܩܕ ܠܟ ܘܒܟܠ ܡܕܡܝܟ. ܘܐܦ ܬܘܒ ܐܢܬ ܠܟ ܓܒܝܢܐ ܕܡܕܡ ܒܢܝܐ ܗܢܐ ܕܒܢܝ ܐܦܠܐܓ ܠܗ ܐܝܢܐ ܠܫܡܫܘܬܟ ܐܝܟ ܕܐܬܦܩܕܬ. ܐܦ ܗܕܐ ܠܟ ܬܘܒ ܕܐܠܝܟ ܗܘ. ܒܪܡ ܕܝܢ ܐܘܕܝܢ ܓܒܝܟ. ܐܘܣܒܝܣ ܕܝܢ ܦܘܠܘܣ ܐܡܪ ܠܐܝܠܝܢ ܕܒܟܘܢ. ܕܠܐ ܒܬܪ ܢܒܠܘܢ ܦܠܓܐ. ܘܕܘܟܝܢ ܒܥܠܬܗ ܕܡܪܐ. ܢܛܠ ܢܦܫ ܕܢܝܚ ܢܦܘܩ ܠܘܬܗܘܢ. ܘܐܬܪܐܬ ܒܛܠܠ ܒܢܝܫܘ ²) ܕܒܕܝܢܬܐ. ܘܢܐܠܦ ܡܢܘ
6 r. ܓܒܝܢܘܗܝ ܕܡܫܬܒܚܐ. ܘܐܝܠܝܢ * ܐܬܪܒܝ ܒܠ ܒܢܝܢ ܘܒܠ ܟܪܬܐ ܘܠܦܘܬ ܐܝܠܝܢ ܕܫܠܝܚ ܠܝ. ܡܫܡܫܢܘܬܐ ܕܠܫܡܫܐ ܠܫܡܫܘܬܗ ܕܡܪܝ، ܫܠܝܚܘܗܝ ܢܡܦܩܘܢ ܠܗ. ܘܒܪ ܢܦܩ ܕܒܢܐ ܦܠܓܐ ܢܦܫܗ ܕܢܦܘܩ ܡܢ ܒܕܘܟܬܗ. ܐܝܕܐ ܕܝܢ ܒܠܒܗ ܡܪܝܢܘܬܐ. ܘܐܙܠ ܗܘܐ ܒܪܫ ܡܕܡܗ ܕܒܕܘܬܐ. ܐܝܟ ܕܒ ܫܠܝܐ ܒܪܫܐ ܕܡܪܝܢܘܬܗ ܣܘ. ܗܘܝܢ ܗܘܘ ܕܝܢ ܐܝܠܝܢ ܕܐܬܠܘܘ ܠܗ ܘܢܦܩܘ ܒܟܡܗ ܡܢ ܒܕܘܬܐ: ܒܫܕܐ ܢܦܫ ܘܒܫܕ ܪܚܡܝ: ܒܫܝܐ ܕܓܒܪܐ ܘܕܝܢܐ: ܐܝܟ ܐܠܦ ܘܬܫܡܫܬܐ ܘܬܠܬܝܢ ܢܦܫܝܢ. ܘܢܦܩ ܗܘܐ ܘܪܕܦ ܪܚܡܘܗܝ ܒܒܘܫܡܬܐ ܕܒܪܬܗ: ܘܐܬܪܐܬ ܒܠ ܪܚܝܢܐ ܫܠܝܚܐ ܕܡܢܝܢ ܗܘܘ. ܘܡܛܝܒ ܗܘܐ ܠܗܘܢ ܦܠܓܐ ܘܡܬܠܦ ܗܘܐ ܠܫܡܫܘܬܗܘܢ: ܘܒܪ ܗܦܟܝܢ ܪܚܝܩܐ ܒܪܝܟܐ ܗܘ

1) Aus ܗܘܐ radiert.

2) Halb verlöscht.

ܘܡܪܚܡܢܘܬܗ ܠܬܪܥܐ ܒܪܝܐ ܕܒܪܝܬܐ. ܐܝܟ ܕܡܢ ܠܒܪܢܫܘܬܐ ܕܐܠܗܐ. ܢܣܒ ܦܓܪܐ ܐܬܚܫܚ ܥܠ ܦܘܪܩܢܗ ܕܐܢܫܘܬܢ ܠܦܘܠܚܢܐ. ܘܕܒܪܐ ܗܘܐ ܚܘܒܗ ܠܢܘܟܪܝܐ ܕܡܠܐܟܐ. ܗܟܢܐ ܕܟܕ ܚܝܒܝܗܝ، ܐܪܘܡܝܐ. ܬܗܘܐ ܠܒ ܘܐܬܬܕܝܪ ܒܚܘܒܗ. ܘܐܝܟ ܕܠܡܠܐܟܐ ܒܦܘܢܝܐ ܡܫܬܐܠ ܗܘܐ ܠܗ ܟܕ ܐܡܪ. ܐܢܬ ܐܢܬ ܠܟ ܐܘܫܥܢܐ ܕܟܠܝܢ ܐܢܬ ܦܘܩܕܐ ܘܡܥܒܕܢܐ ܠܟܠܗܐ ܕܐܘܪܫܠܡܐ: ܗܘ ܕܡܢ ܫܡܝܐ ܘܡܫܒܚܐ ܕܐܠܗܐ. ܠܥܒܕܘܬܐ ܡܫܬܥܒܕܐ ܒܦܘܪܩܢܐ ܒܪ ܠܗ ܡܬܟܪܟܐ ܟܕ ܐܡܪ. ܕܐܢܐ ܐܢܐ ܠܟ ܕܐܘܪܫܘܢ ܕܐܬܡܢܝܢܘܗܝ، ܕܡܫܒܚܝܢ ܐܦ ܡܕܡ ܢܟܝܢ. ܐܬܘܬܒܘ ܕܡܢ ܐܡܪ. ܢܟܝܢ ܟܐܢܘܬܗ ܕܡܥܒܕܘܬܟ ܐܦ ܗܘ ܕܢܟܝܢ. ܠܐ ܓܝܪ ܢܟܝܢ ܫܡ ܕܢܒܪܐ ܡܕܡ ܡܢ ܐܝܬܘܬܟ ܒܟܠܐ ܕܡܢܝܢ. ܡܛܠ ܫܡܥܬܟ ܘܫܡܪܬܐ ܐܬܒܥܬܟ. ܐܫܬܝ ܓܝܪ ܥܡܠܝܗ ܕܥܠܡܐ ܘܠܫܝܢܘܬ ܚܠܡܐ ܕܠܥܠܡ. ܐܝܟ ܕܠܝܓܪܐ ܙܒܢܐ ܘܫܥܒܕܐ: ܕܢܣ ܒܫܘܕܥܗ ܘܡܘܕܐ ܒܫܘܒܚܗ، ܡܛܠ ܕܒ ܒܡܕܪܐ ܕܬܫܒܘܚ ܠܐܠܗܐ ܥܠ ܡܠܟ ܫܡܝܐ: ܘܒܐܪܥܐ، ܒܡܕܪܐ ܡܫܒܚܐ ܘܡܫܪܝܐ ܕܘܝܕ ܘܐܡܠܝ. ܡܐܟܠ ܒܡܕܝܢܬܐ ܕܕܝ ܠܟ: ܕܒܫܘܒܚ ܬܫܒܚ ܬܫܒܘܚܬ ܠܐܠܗܐ. ܘܗܘܐ ܕܬܘܕܝܬܗ so ܠܟ ܬܠܒܝ. ܗܐ ܒܬܪܗ ܕܡܠܟܘܬܗ ܠܟ ܐܬܕܪܝ ܘܡܕܐܟܬ. ܐܝܟ ܕܢܫܐ ܕܐܘܪܫܠܡ ܘܒܡܕܝܢܬܐ ܕܐܠܗܐ. ܕܗܢܘܢ ܬܫܒܘܚܬܐ ܕܐܘܪܫܠܡ ܕܢܝܐ ܠܟܠܐ ܐܢܬ ܠܗ ܠܬܠܟ: ܘܐܘܪܫܠܡ ܘܡܢܐ. ܠܗ ܬܫܒܘܚܬܐ ܕܗܘܒܠܐ. ܘܡܠܟܘܬܗ ܥܡܗ ܐܝܟ ܓܒܪܐ ܕܡܠܟ ܡܠܟܐ ܡܥܡܪܐ ܗܘܬ * ܠܗ ܕܢܟܒܕ.܀. ܦܘܫܩܐ ܕܡܢ ܕܬܫܒܘܚܬܐ 6 r. ܕܐܫܬܪܪ ܠܗ ܡܢ ܠܦܘܪܩܢܐ ܐܬܬܘܗܝ، ܗܘܐ ܗܘܢܐ. ܡܛܠ ܕܡܢ ܢܟܪܝܐ ܥܡܠ ܠܝ ܢܦܫܐ ܕܪܕܝܬܟ ܘܒܡܘܫܗ ܕܐܝܬܘܬܟ. ܗܘܐ ܠܝ ܢܟܝܢܐ. ܕܠܐ ܢܬܚܪܝ ܡܢ ܐܝܬܘܬܟ ܐܦܠܐ ܠܡܬܚܘܬܟ ܡܢ ܪܒܘܬܟ. ܐܦ ܐܝܬ ܒܝܬ ܦܘܪܩܢܟ ܢܦܫܝ ܘܬܕܒܪ ܡܘܒܥܟ. ܠܐ ܓܝܪ ܦܐܝܐ ܠܝ. ܕܠܐܢܫܐ ܬܠܝܬܝ ܒܐܝܕܝܬܗܘܢ ܘܢܝܫܝܪ، ܒܫܘܒܠܗܘܢ. ܡܬܠܬܠ ܬܠܝܬܝܐ ܕܡܬܥܒܕܢܘܬܐ ܕܡܢܘܗ ܡܕܡ. ܠܢܦܫ ܢܦܫܐ ܐܢܫ ܡܢ: ܟܕ ܡܢܝܢ ܒܚܝܠܐ ܕܐܝܬܘܬܗܘܢ ܠܡܬܕܪܘ ܒܗܘܢ ܒܪܘܚܬܗ ܕܡܠܟܘܬܟ. ܐܘ ܒܡܘܬܒܐ ܕܢܦܫܝ ܠܐܠܗܐ. ܫܦܝܪ ܓܝܪ ܒܗܘܢ ܒܡܘܬܒܐ

ܒܚܝܠܐ ܢܨܝܚܬܐ ܕܐܒܝܢ. ܘܐܬܒܣܝܡ ܕܢܬܩܪܒ. ܕܐܝܟ ܫܘܒܩܢܐ ܠܐ ܡܬܬܡܗܒ ܠܡܬܕܒܪܢܘ. ܡܠܟܘܬܗ ܠܡܬܠܡ ܠܐ ܫܒܩܐ. ܕܠܬܠܐ ܐܘܟܝ ܟܕ ܕܡܬܢܨܚܝܢ ܒܗ. ܐܝܟ ܗܘ ܕܡܠܝܢ ܫܡܠܝܢ ܫܝܢ ܕܢܬܟܒ ܘܢܟܒ. ܐܣܗܕܝܢ ܕܝܢ ܡܢ ܦܠܓܐܝܬܐ. ܘܗܕܐ ܠܫܘܪ ܫܕܐ ܕܐܠܗܐ ܬܟܬܝܢ ܡܢ ܟܠ. ܕܬܠܡܝܕܐ ܡܢ ܗܕܐ ܢܬܦܪܫܘܢ: ܘܡܬܟܠܫܘܢ ܢܬܚܬܘܢ ܘܟܠܬܗܘܢ ܢܬܟܢܫ ܘܡܬܕܚܝܢܘܢ ܘܡܬܪܕܝܢܘܢ ܐܝܟ ܠܐ ܢܬܟܠܘܢ. ܫܘܬܦܘܬܐ ܒܒܪ ܠܗܘܢ. ܘܡܚܝܢ ܕܟܠ ܕܕܡܐ ܡܢ ܕܪܫ ܠܬܫܕܬ. ܐܣܒܪܐ ܕܐܝܟ ܡܢ ܢܦܫܗ ܢܦܪܘܫ. ܘܫܠܓܕ ܘܢܫܪ ܠܬܠܡܝܕܐ ܕܠܐ ܡܬܬܢܝܢ: ܕܢܦܩܬ ܡܪܫܝܢܘܬܗܘܢ ܐܦ ܥܕ ܐܡܠܝܢ ܕܐܠܦܘ ܬܦܩܘܣܘܬܗܘܢ ܕܠܒܐ ܕܝܢ ܬܩܢܝܦ ܠܝ ܒܗܠܝܢ ܐܘ ܪܕܐ ܘܫܒܘܚܒ. ܕܠܐ ܗܘܐ ܟܠܒܐ ܕܡܦܟܠܢܐ ܩܘܡܝ so ܒܗܠܝܢ. ܒܕܪܐ ܐܘܬ ܟܕ ܪܕܝܬܐ. ܘܠܐ ܡܬܦܪܥ ܫܘܡܠܝ ܟܪܝܐ ܬܘܣܦ ܘܡܕܘܡܝ ܕܡܬܒܪܢܘܬܐ. ܒܪ ܒܡܠܘܗܝ ܕܪܒܢܐ ܕܟܪܬ. ܘܠܟܪ ܕܡܪܚܡ ܠܝ ܡܬܦܫܬ. ܘܠܡܕܒܪܢܘܬܗܘܢ ܡܫܬܡܟܒ. ܐܦ ܐܝܟ ܢܗܘܐ ܕܟܠܠܐ ܡܕܒܪܢܘܬܗܘܢ ܕܬܠܡܝܕܐ ܗܠܝܢ ܕܡܢ ܩܕܡ. ܘܐܬܩܦܬ ܘܠܬܟܬܐ ܕܢܬܡܟ ܠܦܘܩܕܢܗܘܢ: ܘܢܬܢܓܕ ܠܡܫܝܚܐ ܘܢܬܕܒܪ ܠܫܠܝܚܘܬܗܘܢ: ܘܗܕܐ ܕܐܬܐ ܗܘ ܫܒܝܠܐ. ܕܠܡܕܒܪܢܘܬܗ ܕܐܝܟܢܐ ܢܬܠܐ ܡܫܝܚܐ. ܘܗܠܝܢ ܕܬܬܟܬ ܠܝ. ܡܫܬܡܫ ܕܬܬܒ ܘܬܫܬܡܠ ܡܢ ܐܒܗܝܢ ܕܬܬܢܒܘܢ ܕܢܦܩ ܪ̈ܒܝܢ. ܠܘ ܟܕ ܒܪܐܢܐ ܡܫܝܚܐ ܕܒܢܝܬ ܘܡܘܫܠܡܘ ܫܪܝܝ ܐܒܝܢ: ܗܠܝܢ ܕܟܠܐ ܐܝܢܒܘܬܗܘܢ ܐܬܢܒܘ so ܠܫܠܘܬܗܘܢ ܕܟܠܠܐ. ܘܐܬܢܒܪܘ ܠܫܠܝܚܘܬܗܘܢ. ܘܫܪܘ

* ܦܩܘܕܐ ܕܦܢܘ ܬܠܡܝܕܐ ܕܡܢ ܘܪܒܢܗܘܢ. ܘܫܠܝܚܘ ܢܦܫܗܘܢ 7 r.

ܘܟܠܟܠ ܠܫܠܝܚܘܬܗܘܢ. ܒܪ ܠܒ ܕܬܬܪܝܢ ܗܘܘ ܡܕܝܢܬܐ ܒܪܟܬܐ. ܘܡܬܬܪܝܢ ܒܟܪܟܐ ܘܡܬܢܪܝܢ ܒܫܘܠܡܐ. ܐܢܫܐ ܕܫܦܝܪ ܒܝܫܬܘܬܗܘܢ ܕܢܫܠܡܘܢ ܟܠܗܠܗ ܕܫܠܝܚܐ. ܘܐܦ ܗܠܝܢ ܡܬܬܪܝ، ܠܟܠܢܐ ܒܟܘܬܗܘܢ ܬܫܒܘܚܬܐ. ܠܐ ܐܬܦܢܝ ܫܠܝܚܘܬܗܘܢ ܒܬܪ ܒܢܝܢܗܘܢ ܕܗܠܝܢ ܡܬܠܟܠܐ ܠܫܡܫܐ ܦܩܝܕܐ. ܘܦܩܘܕܐ ܕܬܠܡܝܕܐ ܕܡܢ ܡܕܒܪܢܘܬܗܘܢ. ܘܠܘܬ so ܫܒܪܬܐ ܕܬܠܡܝܕܐ ܒܫܬܪܘܬܗܘܢ. ܡܢܗ ܢܦܩ

ܓܢܒܝܗܘܢ ܒܬܪ ܡܘܬܗܘܢ. ܠܐ ܡܟܝܠ ܢܬܒܥ ܪܚܡܝܢ ܒܥܘܬܗܘܢ. ܕܠܡܐ ܬܬܓܪ ܡܢ ܐܣܘܪܢ ܘܬܬܚܫܐ ܡܢ ܪܚܡܬܢ. ܗܝ ܕܒܬܪܬ ܠܢ ܡܢ ܠܟܠ. ܠܡܢܐ ܗܟܝܠ ܬܬܒܥܠܢ ܒܦܘܪܥܢܘܬܐ. ܕܠܐ ܥܒܕܐ ܐܝܬ ܕܗܘܐ ܥܠ ܫܘܓܫܐ. ܘܟܠ ܦܘܬܐ 80 ܕܥܠܝܐ ܕܐܚܝܕܝܢ. ܘܐܢܐ ܒܪ ܐܢܫ ܕܠܒܪܝܐ ܕܒܗܝܠܐ: ܕܒܥܒܕ ܐܝܬ ܪܚܡܐ ܘܦܘܩܕܢܐ ܠܡܢܐ ܟܠܗ ܕܒܝܬܦܢܝܢ. ܒܬܠܐ ܡܕܡܐ ܕܡܠܟܘܬܢ ܠܢ ܐܬܕܪ. ܐܝܟ ܕܒܪܐ ܕܐܬܘܗ ܒܡܐ ܒܠܐ ܕܫܠܝܬܐ ܕܠܐܘܪܝܐ. ܠܐ ܒܪ ܠܒܪܢܐ ܠܐܚܕܬ ܗܘܐ. ܕܐ ܐܝܬ ܡܟܝܠܐ ܠܒܐ ܬܫܬܡܥ ܠܡܘܕܝܢ. ܘܬܬܦܩܐ ܥܠ ܗܘܝܬܐ ܕܐܠܗܝܢ. ܒܡܐ ܟܠܗ ܕܠܐ ܬܬܡܘܣܐ ܐܬܬ ܒܬܪܝܢ. ܘܡܬܬܒܪ ܐܝܬ ܒܡܫܬܘܡܕܢܘܬܢ ܫܢܝܐ ܕܥܬܝܕܝܢ. ܘܡܬܘܣܦܐ ܐܦ ܡܠܟܘܬܐ ܡܢ ܕܠܡܐܕܝܢ. ܕܡܐ ܗܘܝܐ. ܠܐ ܒܪ ܢܟܝܢ ܒܐܒܕܝܗ ܕܐܘܣܝܢ ܐܦܠܐ ܕܢܣܘܪ ܘܬܬܒܪ ܡܢܝܢܐ ܕܬܫܠܘܬܐ: ܘܦܠܒ ܡܥܒܕ ܐܝܬ ܠܗ ܠܡܠܟܘܬܢ ܒܕ ܗܘܐ ܬܒܥܕ. ܐܦ ܚܝ ܒܫܠܦܗ ܕܗܘܐ ܦܘܡܝ ܚܝ ܕܢܦܪܝܢ ܠܬܠܬܐ ܦܓܪܝܢܬܐ: ܐܒܕܝܢ ܒܪ ܕܟܐ ܘܦܘܩܕܢܐ ܟܠܗܘܢ ܘܡܬܘܬܐ. ܘܐܦܣܝܢ ܡܥܡܕܝܢܐ ܘܕܒ ܒܡܕܪܐ ܠܐܠܗܐ ܡܬܝܒܐ ܐܢܫܝ ܡܫܚܐ ܕܐܒܕܬܢ. ܘܬܒܥܘܠ ܒܝܐܪܐ ܕܐܠܗܐ ܘܬܕܒ ܒܦܩܘܬܐ ܕܡܢ ܟܠܡ. ܘܬܬܒܕܒ ܐܦ ܡܬܢܕܐ ܕܡܢ ܒܬܪܝܢ. ܘܬܐܬܐ ܠܡܠܟܐ ܐܠܗܐ. ܘܬܢܕܬ ܒܬܘܡܬܢ ܘܬܒܠܡ ܦܥܡܬܢ. ܘܕܢܬܪܐ ܡܢ ܟܠܗܝܢ. ܐܝܟ ܕܒܘܡܬ ܩܢܝܢ. * ܒܪܐ ܕܐܠܗܐ ܒܦܓܪܘܬܐ ܬܘܗܡܐ. ܘܬܒܠ ܒܪܐܘܗ ܕܡܠܟܘܬܢ ܐܝܟ ܒܪ ܐܐܪܐ ܕܐܠܗܐ. ܘܐܦܠ ܒܐܒܪܝܢ ܟܠܗܘܢ ܒܪܐ ܕܒܪܐ. ܐܝܟ ܒܪܒܪܐ ܕܐܠܗܐ ܕܠܐ ܡܢܬܡ. ܘܕܢܬܗܡܝܢ ܠܢ ܟܠ ܘܢܪܘܢ ܠܢ ܥܘܕܢܝ. ܗܘܐ ܥܠܝܗ ܠܗܘܬܢ ܐܝܟ ܕܠܐܒܣܪܢ: ܒܫܪܐ ܒܡܕܪܐ ܡܥܢܝܢܐ ܕܢܘܗܪ ܘܕܐܦܠܐ. ܕܗܘܐ ܢܠܒܘܢ ܒܒܪܢܐ ܐܠܝܡ ܕܡܢ ܐܬܒܬܒ ܠܢ. ܗܘܐ ܒܪ ܦܪܝܡ ܡܢܝܡ ܒܠ ܟܠܗܝܢ. ܕܐܠܗܐ ܒܪ ܡܒܪܝܢܗ ܕܐܬܒܠ ܢܕܠܘܢ ܒܪܚܡܝܢ ܡܫܬܒܬܐ ܡܒܕܪܢܘܬܐ. ܕܬܒܪܪ ܢܦܫܢ ܘܬܫܒܚ ܪܫܡܬܐ ܟܢܫܗ ܕܡܠܟܘܬܢ. ܘܡܢ ܒܬܪ ܕܐܬܘܪܝ ܬܫܒܘܚܬܗ ܕܡܫܝܚܐ ܡܪܢ

ܒܒܐ ܕܝܠܗ ܕܒܕܝܘܬܐ. ܦܘܫ ܐܪܕܘܦܠܘܣ ܘܟܠܗ ܒܘܡܪܐ ܗܘܢ
ܒܐܘܪܚܐ ܕܒܘܪܕܘܬܗܘܢ. ܘܦܪܥܘ ܠܗ ܠܦܠܘܓܬܐ ܐܘܣܘܣ
ܡܢܗܘܡܬܐ ܕܐܬܚܙܝ ܠܗ ܒܐܝܡܢܘܬܗܘܢ. ܡܢ ܢܘܠܝܘܣ ܦܪܘܣܝܐ.
ܡܢܗܘܡܬܐ ܥܦܟܬܐ ܐܝܟ ܐܢܫܐ ܕܟܠܒܐ. ܘܡܟܐ ܬܫܥܝܬܐ
ܕܒܘܪܝܘܬܐ. ܫܢܝܬܐ ܡܦܪܓܐ ܘܡܫܬܝܐ ܕܒܠܒܘܬܐ. ܘܟܠܠܐ
ܕܦܘܟܐ so. ܦܠܘܣܐ ܟܠܗ ܘܐܘܣܒܝܐ ܕܪܒܬ ܒܡܘܪܝܬܐ. ܘܪܫܗ ܕܝܢ
ܕܐܠܗܐ. ܠܐ ܓܝܪ ܒܗܘܢ ܒܡܗܘܡܬܗ ܕܦܠܚܐܐ. ܐܠܐ ܐܗܦܟ
ܐܦ̈ܝܗ، ܡܢܗܘܢ. ܘܐܡܠ ܒܗܘܢ ܘܡܬܒܪܝܢܝܗܘܢ. ܘܦܓܕ ܒܗܘܢ
ܒܡܘܪܝܗ ܕܢܦܠܬܐ ܒܗ ܐܡܪ. ܢܦܘܪ ܒܗܘܢ ܡܫܝܚܐ. ܘܡܒܐܒܘܢ
ܦܠܓܐ. ܗܘ ܕܠܗ ܦܠܚܝܢ ܐܢܫܝܢ. ܕܠܐ ܐܡܪܘ ܠܗ ܠܥܠܡܐ ܕܢܣܒܘܢ
ܕܗܘ ܘܡܢܗܘܡܬܗ ܒܒܗ ܢܦܘܠ ܠܐܪܥܐ. ܗ̇ܝ ܕܠܗܬ ܣܒܪܘܢ ܒܪ
ܦܘܡܗ ܐܬܐܡܪܬ. ܡܢ ܗܘ ܥܠܝܬܐ ܕܐܠܗܐ ܪܚ ܬܫܒܘܚܬܐ. ܐܦ
ܐܢܬܘܢ ܒܡܘܪܝܗ ܕܢܦܠܬܐ ܘܫܘܠܛܢܗ ܕܦܠܚܬܐ ܕܓܒܪܘܬܗܘܢ
ܠܦܠܚܐ ܘܐܦܠܚܢܘܬܗܘܢ ܠܒܪܬܐ: ܚܙܝ ܩܛܠܗ ܕܢܦܫܬܗܘܢ. ܢܬܐܐ
ܒܒܪܝܐ ܕܠܐ ܡ̈ܪܚܡ ܐܢܬܘܢ ܡܢ ܥܠܝܐ ܐܒܪܝܐ ܟܠܗܘܢ. ܘܫܒܬܐ
ܕܠܐ ܡܚܢܡ ܐܢܬܘܢ. ܘܬܗܘܐ ܒܢܒܘܢ ܬܒܒܬܐ ܒܒ̈ܢܘܬܐ. ܘܒܪܫܒܘܢ
ܢܦܫ ܒ̈ܪܚܫܐ ܕܠܫܝܬܘܢ. ܘܢܬܗܘܢ ܘܢܬܗܪ ܦܪܘܣܝܐ ܕܫܪܝܒܘܢ:
ܡܢ ܕܐܬ̈ܐ ܠܟܪ̈ܝܘܗ، ܦܓܥܐ ܕܐܟܪ̈ܝܒܘܢ: ܐܪܕܘܦܠܘܣ ܕܝܢ ܗܠܝܢ
ܒܦܫܗ * ܡܬܕܪܫ ܗܘܐ ܘܡܬܟܠܐ. ܘܐܝܟ ܕܠܦܘܪܩܢܐ ܕܢܦܫܪܝܢܝ. 8 r.
ܒܢܫ̈ܘܬܐ ܒܕܒܝܠ ܡܬܢܣܒܝܢ. ܗܘܐ ܓܒܗ ܒܗ ܐܡܪ. ܕܠܐ ܠܡ
ܐܢܒܝܐ ܕܢ̈ܒܝܡ ܒܐܢܫܝܢ ܢܒܝܬ ܒܐܢܫܝܢ ܐܘ ܦܦܘܫ. ܘܗܕܐ ܠܡ
ܒܐܢܫܬܐ ܗ̇ܝ ܕܐܢܫ ܥܒܠܦܠܘܗ ܕܟܠܒܐ ܦܠܒܐ ܘܢܒܐ ܕܠܒܠܡ. ܐܝܟ
ܒܪ ܦܘܡܗ ܗܡܝܟ ܒܒ̈ܬܟܬܗ: ܘܒܗܘܢܬ ܟܠܗܘ، ܗܒܟܘܬܟ ܐܝܟ
ܕܠܐܟܐ ܦܠܚܐ ܒܡܗܘܡܬܐ ܥܒܕ ܠܟ: ܘܐܢܬ ܒܫܬܪܘܬܟ ܒܦ̈ܠܚܐ
ܕܢ̈ܒܪܐ ܘܕ̈ܢܫܘܬܐ ܐܝܟ ܕܒܐܒ̈ܩܐ ܪ̈ܓܬܗܘܢ. ܐܢܬ ܗܟܝܠ ܕܐܢܫܐ
ܡܫܘܗ، ܥܢܐ ܡܢ ܕܡܢ. ܒܪܡ ܕܝܢ ܐܢܫܝܢ ܕܐܬܦܘܫ ܠܟ ܘܠܐ ܠ
ܕܐܫܬܠܡ. ܘܫܒܩ ܫܪܒܗ ܦܪܘܣܝܐ ܘܦܪܥܗ ܠܐܘܣܘܣ ܒܗ ܫܒܩܠܐ
ܘܐܡܪ ܠܗ: ܗܠܝܢ ܠܡ ܬܪ̈ܝܢ ܕܡܬܚܫܒܝܢ ܠܝ ܠܡܚܫܒ ܡܢ ܐܢܫ

ܡܠܟܐ. ܕܐܚܕܐ ܚܕܐ ܡܢ ܬܪܬܝܢ ܟܬܒ ܠܝ. ܐܘ ܡܗܝܡܢܘܬܗ ܕܡܠܟܐ ܘܬܫܠܡ ܠܟܝܢܗ: ܘܢܣܒܝܢ ܪܫܐ ܘܡܦܩܕܢܐ ܥܠ ܟܠܗܘܢ ܒܡܕܝܢܬܐ ܕܐܠܗܐ: ܐܝܟ ܕܐܝܬܝܟ ܐܦ ܗܫܐ ܪܫܐ ܕܟܠܗܘܢ ܐܦܝܣܩܘܦܐ. ܐܘ ܗܢܐ ܗܘܐ ܠܡܦܩܐ ܒܝܘܡܢܐ ܕܬܫܘܪܬܟ. ܐܦ ܗܫܐ ܚܝ، ܡܠܟܐ ܦܬܓܡܐ ܡܫܡܠܝܐ ܐܝܬ ܠܡܠܟܐ ܕܢܫܠܘܚ ܠܘܬܟ. ܡܕܡ ܕܥܠ ܕܐܠܗܐ ܚܕ ܒܢܦܫܗ ܘܐܡܪ ܠܗ ܠܐܪܕܘܡܛܘܣ. ܕܒܝܪܐ ܠܡ ܕܐܢܐ ܢܚܘ ܐܢܐ ܫܠܡܝܟ. ܕܡܠܟܐ ܦܩܕ ܐܝܬ ܠܗ ܠܥܒܕܐ ܘܠܐ ܢܬܒ ܦܘܪܢܝ. ܕܢܚܡ ܠܐܠܗܐ ܒܚܘܒܗ ܘܙܕܩ ܣܓܝܐܬܐ ܠܒܪܝܬܗ. ܘܢܦܠ ܥܒܕܐ ܡܢ ܥܙܙܗ. ܘܚܙܝ ܒܡܫܒܚܘܬܗ. ܘܚܙܝ ܘܐܫܬܘܝ ܒܡܟܝܟܘܬ ܫܐܪܐ ܘܒܦܘܠܚܢ ܦܬܓܡܐ ܘܡܠܟܐ ܐܢܬ ܠܟ ܕܢܐܡܪ ܡܢ ܗܫܐ. ܐܠܐ ܗܘ، ܕܐܡܪ ܢܚܢܐ ܠܐܠܗܐ. ܕܟܠܠܬܟ ܐܬܡܛܠܠ ܥܠܝܗܘܢ. ܘܐܬܫܟܚ ܐܝܟ ܐܚܪܢܐ ܠܢܚܫܘܬܐ. ܘܐܡܪ ܡܫܝܚܐ، ܪܫܗ ܠܡܠܟܐ. ܘܡܢ ܥܒܕܗ ܠܡܠܟܐ ܘܐܡܪ. ܡܢܘ ܗܘ، ܘܡܠܟܐ ܡܢ ܕܐܬܩܦ ܠܟ. ܘܟܕ ܚܙܐ ܐܦܪܘܛܘܣ ܒܗܘ ܙܒܢܐ so ܘܡܠܟܐ ܪܒܐ ܦܩܕ ܗܘܐ ܡܕܡ ܟܠܗ ܒܝܫܐ ܕܡܬܚܫܒܬܐ. ܕܠܗ ܕܐܬܡܛܠܠܟ ܦܡܐ. ܐܠܐ ܡܗܝܡܢܘ * ܦܩܕ ܐܢܐ ܕܐܬܚܫܒܟ. ܐܝܟ ܡܢܐ ܐܦ ܗܘ ܐܢܫ ܥܠܝܗܘܢ ܕܡܠܟܐ ܥܙܪ ܗܘܘ ܒܡܠܟܘܬܗ. ܕܟܕ ܐܢܬ ܐܬܪܐ ܠܡܕܝܢܬܐ ܬܪܝܢ ܢܦܫܢ ܘܬܪܬܝܢ ܡܢܗܘܢ. ܘܗܐ ܗܘܐ ܫܘܒܚܗ ܒܐܬܪܝܢ. ܘܦܘܩܕܗ ܠܒܝܬܐ ܠܡܫܐ ܕܐܠܗܐ. ܘܐܬܬܠ ܒܗ ܒܟܬܒܗ ܕܢܘܡܘܣܐ ܘܡܗܝܡܢ. ܘܙܕܩ ܫܘܒܚܗ، ܠܟܠ ܙܒܢܐ. ܘܐܬܚܫܒ ܘܐܡܪ ܠܗ ܠܐܪܕܘܡܛܘܣ. ܕܐܝܟ ܕܐܬܚܙܝ ܡܢ ܒܬܪ ܟܠܗ ܗܘܐ ܡܠܟܐ ܕܒܟܕ. ܗܟܢܐ ܢܬܚܙܐ ܡܢ ܡܠܟܘܬܐ. ܘܠܐ ܢܥܠܘܢ ܘܠܐ ܢܚܙܐ ܒܐܘܪܚܐ ܕܡܘܡܬܐ. ܐܠܐ ܠܒܪ ܡܢ ܐܘܪܚܗܘܢ ܢܗܘܐ ܐܚܪܢܐ. ܥܠ ܕܐܡܪܢ ܘܐܫܬܟܠ ܥܠ ܐܠܗܐ ܒܒܘܪܟܗ. ܘܥܠ ܡܕܒܪܢܘܬܗ ܘܥܠܡ ܬܘܕܝܬܗ. ܟܕ ܢܚܒ ܘܢܬܪܐ ܠܗ. ܕܠܐܠܗܐ ܒܪܘܟܐ ܕܥܠ ܡܫܬܒܚܢܐ ܡܫܒܚܬܐ ܡܢ ܟܠܗܝܢ ܒܪܝܬܗ. ܘܙܕܩ ܡܫܒܚܘܬܗ ܠܡܫܪܐ ܘܠܡܫܬܐ. ܕܫܪܪܐ ܡܫܒܚܘܬ ܒܟܠܗ ܠܗܘ ܠܗܘܢ. ܕܒܬܪܟܢ ܟܠܗ ܦܬܓܡܐ ܠܗܘܢ ܘܫܪܝܢ: ܕܐܡܪܬ، ܠܟܠܗܘܢ ܕܗܘ ܒܚܟܡܬ ܐܒܘܢ، ܗܘܢܐ ܕܝܢ

ܐܚܪܢܐ ܘܦܘܪܢܣܐ ܡܬܦܩܕܐ ܠܗܘܢ ܠܐܢܫܝܢ ܕܟܕ ܥܒܕܐ ܦܠܚܝܢ ܘܡܫܡܠܝܢ ܀ ܘܟܕ ܥܒܕ ܗܠܝܢ ܐܪܘܡܠܝܐ ܘܐܝܠܝܢ ܕܟܡܗܘܢ: ܘܚܙܘ ܐܝܠܝܢ ܕܐܬܗܦܟܘ. ܐܬܟܢܫܘ ܟܠܗܘܢ ܘܐܙܠܘ ܠܫܘܬܦܘܬܗܘܢ. ܘܗܘܘ ܒܥܠܝܠܬܐ ܡܚܢܩܢܝܬܐ. ܟܠ ܕܐܬܬܠܝܕ ܦܬܟܪܐ ܕܡܠܟܘܬܐ. ܘܠܫܡܝܢ

80 ܘܗܘܘ ܠܗ ܠܡܫܡܫܢܐ ܕܐܠܗܐ. ܘܠܐ ܡܕܝܡ ܗܘܐ ܕܡܠܟܐ ܬܕܒܪܘ ܠܗ. ܚܙܐ ܡܠܟܐ ܒܩܕܝܫܘܬܗ ܕܒܪܬܐ. ܘܡܬܬܕܡܪ ܕܠܐ ܐܫܬܡܥ ܗܘܐ

9 r. ܦܘܡܪܢܐ ܟܠ ܡܬܠܠܗ: ܘܐܬܗܦܟܘ * ܐܦܝܣܩܘܦܐ ܡܢܗ ܒܫܡܥܬܐ.

ܘܐܬܦܢܝܘ ܠܗܘܢ ܟܠ ܙܘܪܒܢܗ ܕܡܕܝܢܬܐ. ܘܒܢܝܢ ܗܘܐ ܗܘܘ ܟܠܗܘܢ ܡܥܬܐ] ܕܝܢ ܐܝܟܢܐ. ܟܕ ܙܪܥܐ ܒܢܝ ܪܗܘܡܝܐ ܕܟܠ ܗܢܘ ܐܘ ܡܚܝܐ ܚܛܗܐ .[1] ܠܗܘܢ ܠܐ ܙܥܘܪ ܙܥܘܪ ܕܗܘܐ ܡܚܝܢܐ ܕܗܘܐ ܒܥܒܕ.[ܢܬ]ܒܗ ܘܠܗܘܢ ܚܝܐ ܐܘ ... ܬܐ ܐܬܡܣܟܢܬ .... ܒܗ: ܘܠܐ ܐܬܡܢܝܬ ܐܬܘܢ ܟܠ ܟܠܗܘܢ ܡܢܘ[ܗܝ]ܘܢ] ܕܟܡ ܗܢܐ ܡܬܠܬܠ ܠܗܘܢ: ܐܬܘܢ ܟܕ ܥܡܗܘܢ ܟܐܪܢܐܗܘܢ ܝܗܒܘ ܕܐܘܣܝܐ ܕܟܠ ܡܠܟܐ: ܘܟܘܪܦܗ ܕܟܠ ܥܠܡܐ. ܘܣܪܝܘܬܗܘܢ ܒܚܝܝܗܘܢ ܚܘܒܗ ܕܡܠܟܘܬܐ ܒܗ ܡܬܬܠܝܕ.

ܘܠܐ ܐܬܒܝܫܘܬܗܘܢ ܒܦܘܪܥܢܐ، ܘܒܐܝܕ ܠܗܘܢ ܐܬܒܥܬܬܗܘܢ ܝܗܒܗ ܕܟܠܗܘܢ ܘܦܬܠܡܐ. ܗܢ ܗܘܐ ܕܗܘܐ ܘܒܝܫ ܓܒܪܐ: ܕܒܗ ܡܠܟ ܘܡܠܟܐ ܚܝ ܫܢܝܐ. ܘܐܬܒܩܒܠ ܒܦܘܡܗ ܒܥܝܬܗ. ܐܝܟ ܐܢܫܐ ܕܐܬܡܩܒܠ، ܒܚܝܝܗܘܢ ܡܬܬܒܩܐ ܕܡܬܒܠܐ: ܕܐܬܠܝܘ ܦܘܡܦܝܘܬ، ܘܐܬܦܪܣܘܬܗ ܟܠ ܕܫܠܝܐ ܕܫܠܝܛܘܬܗ. ܘܟܕ ܟܠ ܕܫܠܝܛܘ ܣܘܓܐ ܒܚܝܝܗܘܢ: ܘܡܬܚܝܠ ܐܢܘܢ ܒܢܘܚܐ ܡܢܗ ܐܦܝܗܘܢ: ܕܐܝܟ ܕܠܐܢܫܐ ܘܢܘܚܐ ܚܬܬ. ܠܗܘܢ ܐܚܪܢܐ ܕܡܠܟ ܥܝܢܐ ܘܡܕܒܪ ܥܠܡܐ ܘܡܚܣܢ ܠܒܐ ܘܡܕܒܪܘܢ ܢܦܫܐ. ܠܗܢܐ ܦܘܪܢܣܐ ܒܒܢ ܐܬܬܝܗܒ ܫܠܝܛܘܬܗ ܒܚܝܝܗܘܢ. ܘܠܐ ܐܬܒܥܬܘܢ .. [?] ܝܗܒܗ ܒܚܬܝܬܘܬܗ ܕܐܬܬܠܝܕ. ܐܠܐ ܟܕ ܐܝܟ ܫܠܝܛܐ ܕܡܠܟܘܬܐ: ܘܐܝܟ ܕܩܕܡ ܬܚܘܬܗ ܐܬܥܒܕ ܠܗܘܢ ܒܬܚܬܝܐ ܕܐܬܪ. ܐܢܫܐ ܫܚܝܩܐ. ܕܡܠܟ ܙܘܪܒܐ ܘܡܬܬܣܝܡ ܠܫܘܒܚܐ. ܟܕ ܕܝܢ ܗܢܐ ܙܕܩܐ ܗܘܬ ܟܠܗܘܢ ܫܠܝܛܐ ܘܐܘܬܐ. ܘܥܡܗ ܗܘܐ ܒܚܝܝܗܘܢ ܠܟ ܬܬܬܒܗ ܕܐܝܟ ܫܠܝܛܘܬܗ

1) Loch im Text.

ܕܒܠܥܕܝܗ. ܐܠܐ ܐܠܐ ܟܝܢ ܕܠܐ ܒܕܚܝܠ ܐܬܚܫܒ ܒܡܠܬܗ ܡܡܠܠܢܝܬܐ.
ܐܦ ܠܐ ܕܐܡܬܘܗܝ، ܡܠܟܐ ܒܒܢܝ ܕܒܝܬܗ ܘܗܫܐ ܚܘ ܡܠܟܐ
ܒܒܢܝܢ ܐܢܫܘܬܐ ܠܐ ܒܪ ܕܒܘܪܟܐ ܒܫܘܬܐ ܕܗܘܬ ܡܘܬ ܒܡܕܝܢܬܗ.
ܗܘܐ * ܢܦܫܗ ܐܢܫܘܬܐ ܐܝܬ ܦܘܪܣܐ ܕܢܬܟܠܐ ܡܘܣܝܩܘܣ ܡܢ 9 r.
ܒܕܝܠܝܘܬܗ ܐܡܪܐ ܟܠܗܘܢ ܗܘܘ ܠܝ ܕܢܫܒܘܪ ܐܢܝ ܕܐܬܦܩܕ ܠܝ.
ܘܗܘܐ ܐܬܚܠܠ، ܡܢܓܢܘܬܐ ܡܘܣܝܩܘܣ. ܘܗܘܝܘܬܐ ܕܠܐ ܒܟܠܝܐ...
ܒܠܫܢܘܗܝ ܕܝܢ ܐܢܫܐ ܕܐܬܘܗܝ، ܗܘܐ ܗܘ ܡܢ ܦܘܪܣܢܗ ܕܢܦܫܗ.
ܐܬܝܒܗ ܦܬܓܡܐ ܠܐܪܣܛܘܛܠܝܣ ܒܗ ܐܡܪ. ܡܢ ܗܘ ܕܡܦܣ ܠܢ ܡܢ
ܡܢܢ. ܚܘܒ ܕܢܗܘܐ ܢܟܝܢ. ܘܟܠ ܐܢܫܐ ܠܡܫܘܕܝܘ... ܐܪܣܛܘ
ܐܡܪ. ܡܢ ܐܢܫܝܢ ܕܐܬܘܗܝ، ܗܫܐ ܡܢܓܢܘܬܐ ܘܡܫܬܡܠܝܢ
ܒܐܪܓܘܢܐ ܢܦܫ ܐܢܫܘܬܐ ܢܦܫܗ ܕܒܠܟܐ. ܐܢ ܢܦܫ ܐܢܫܘܬܐ
ܠܐ ܡܬܒܥܝܢ ܠܒܗ ܡܫܬܠܛܐ... ܒܠܫܢܘܗܝ ܐܡܪ ܐܢܫܝܢ ܕܐܬܘܗܝ،
ܗܫܐ ܡܕܒܪ. ܠܐܫܟܘܢ ܐܦܘܦܐ ܐܫܬܪܪ. ܠܗ ܒܪ ܠܝ ܗܘܝܢ
ܕܝܟܐ ܘܫܦܪ ܒܢܘܗܝ، ܦܢ ܠܝ ܚܢܢܝܗ. ܢܦܫ ܕܝܢ ܕܝܠ ܐܝܬ ܠܝ.
ܐܪܣܛܘ ܐܡܪ. [1] ܗܘܐ ܚܙܐ ܠܫܘܪ ܐܝܬ ܠܝ ܢܦܫܐ ܕܐܡܝܢ
ܦܘܪܢܣܗ ܘܡܕܒܪܢܘܬܗ ܕܒܝܬܐ. ܘܬܘܒ ܕܡܟܝܠ. ܕܐܢܫܐ
ܐܝܟ ܡܬܬܢܝܢ ܗܠܝܢ ܕܒܢܫܐ ܟܡ ܐܦܘܟܐ ܒܝܬܐ.
ܕܦܘܪܣܐ ܦܘܪܣܐ. ܘܬܦܩܢ ܠ[?].ܕܐܪܐܠܝܢ ܐܝܟ ܐܢܫ. [2] ܗ[?]ܗ
ܘܠܡܥܒܪ[ܢ] ܕܡܫܬܘܕܥ[ܝܢ] ܘܬܘܠܠܐ ܐ[ܡܪ] [3] ܗ[?] ܕܡܠܟܐ ܡܠܟܐ ܕܢܬܦܣܩܘܢ
ܠܦܘܪܢܣ ܕܡܬܕܒܪ[?] ܒܪ ܚܝܘܬ ... ܒ[?]ܬܗܘܢ ܢܦܫܐ ܟ[?]ܕܒ.
ܕܠܐ ܡܢܗܘܢ ܕܗܢܘܢ[?] ܢܗܘܐ ܒܡܕܝܢܬܐ: ܘܗܢܘܢ ܚܝܢ ܘܐܝܬܘܗܝ ܬܫܥܝܬ
ܒܠܒܐ. ܒܠܫܢܘܗܝ ܐܡܪ. ܚܝ ܦܘܪܢܣܐ ܡܢܗ ܒܡܬܕܒܪܢܘܬܐ ܡܢ ܡܢܝܢ
ܠܐ ܗܢܐ ܡܫܬܪܝܐ ܠܐ ܐܬܚܙܝܬ. ܘܠܐ ܢܦܩܘܢ ܡܢܗ ܡܢ ܡܠܟܐ
ܕܗܘܘ ܡܕܒܪܢܐ: ܕܒܝܬ ܡܢ ܟܠܗ ܦܘܪܢܣܗ ܘܡܬܕܒܪܢܘܬܗ ܕܡܠܟܐ
ܠܐ ܗܘܝܢ ܡܕܝܢ. ܐܪܣܛܘ ܐܡܪ. ܐܠܐ ܡܢ ܡܘܣܝܩܘܣ ܕܡܫܬܪܝܢܐ
ܕܐܬܚܫܒܘ ܠܒܢܝܗ SO ܠܐ ܐܢܫ ܛܝܒܐ ܕܠܟܠܐ ܢܬܬܠܐ ܒܬܟܐ ܛܝܒܘܬܐ
ܐܢܫ ܡܕܒܪܐ ܒܬܬܬܦܫܛ ܐܝܟ ܬܫܥܝܬ * ܡܘܣܝܩܘܣ † ܕܡܬܬܕܒܪܢܘܬܐ. 10 r.

1) Die folgenden Zeilen bis † in Zeile 27 sind roth geschrieben. 2) Loch. 3) Lücke.

ܒܕܡܘܬ ܡܬܒܥܐ ܢܗܘܪܐ ܡܢ ܟܬܪ ܕܢܦܩܬ ܢܦܫܗ ܕܡܬܒܥܐ ܡܕܡܐ.
ܐܦ ܠܟܘܢ ܕܠܟܘܢ ܐܝܬ ܟܢܘܢ ܒܬܘܒܬܐ: ܡܢ ܐܝܟܢܐ ܥܘܠܠܗܘܢ
ܕܟܠܟܐ ܡܠܝܘܣ.. ܟܠܗܣܝܘܣ ܐܡܪ. ܣܢܝ ܡܢ ܡܬܘܡ ܬܫܒܘܚܬܗ
ܕܐܠܗܘܬܐ ܠܐ ܦܫܩܝܢ. ܘܡܬܡܪ ܕܢܟܐ ܠܡܣܟܢ ܠܗ ܗܟܢܐ. ܕܐܠܗܐ
ܗܟܢܐ ܐܝܟ ܢܣܒܢ ܟܠܢ ܬܫܒܘܚܬܐ. ܗܢܘܢ ܐܪܝܘܣ ܘܐܘܢܘܡܝܘܣ ܢܡܘܣ
ܠܗ ܠܟܠܗܘܢ ܘܠܫܪܟܗܘܢ، ܡܬܟܢ ܕܡܫܝܚܐ. ܘܩܒܠ ܠܗܘܢ ܟܡ
ܡܫܝܚܐܝܬ ܟܠܐ ܕܥܠܡܐ. ܕܠܐ ܐܠܝܟ ܠܗ ܕܟܠܗܘܢ ܢܣܒܘܢ ܐܢܘܢ
ܡܬܥܒܕܝܢ ܐܠܐ ܟܠܗܘܢ ܐܝܟܢܐ ܕܢܫܡܥ ܠܦܘܪܫܗ ܕܟܠܗ ܒܥܠܡܐ
ܟܕ ܕܟܠܗܘܢ ܟܠܗܘܢ، ܡܬܒܥ ܠܗܘܢ ܡܟܢܐ. ܡܛܠ ܠܗ ܕܡܕܒܪܢܘܬܗ
ܒܟܠ ܕܝܢ ܒܥܒܕܝܗܘܢ ܕܐܠܗܐ ܡܫܡܫܢܐ. ܗܠܝܢ ܕܒܬܪ ܟܢܘܢ ܟܠܗܘܢ
ܡܠܟܐ ܕܟܢܐ ܕܡܕܒܪܢܘܬܐ ܕܡܠܟܐ ܕܟܠ ܡܕܡ: ܡܕܒܪܐ ܗܘܬ
ܠܡܫܝܚܐ. ܐܝܟܢܐ ܕܝܢ ܐܝܟ ܣܓܝ ܐܢܫܐ ܗܘܡܢܘܬܗܘܢ ܣܠܝܩܘܬܐ
ܕܟܠܗܘܢ، ܡܕܡ ܐܘܣܝܐ ܕܒܢܝܬ ܡܩܕܘܢܝܘܣ. ܦܩܕܬ ܢܦܫ
ܫܠܝܚܘܬܐ ܘܟܕܝܫ ܘܒܡܘܬܒܐ ܙܒܢܝܬ ܙܒܢܝܢ ܕܐܘܪܗܘܢ ܕܟܠܗܐ
ܕܚܠܝܦܘܬܐ ܠܐ ܒܢܝ ܛܒܘܬܐ ܠܝ: ܕܟܐܢܐ ܕܡܬܢܐ ܘܕܫܠܝܬܐ
ܐܬܟܬܒܘ ܗܘܦܟܢܐ ܕܠܬ ܕܐܠܗܐ ܕܠܐ ܡܬܘܡ. ܟܡܐ ܕܠܐ ܗܘܐ
ܒܟܠܐ ܥܡܘܬܐ ܘܡܪܕܘܬܐ ܟܫܝܪܐ ܕܢܚܘܡ ܕܡܢܝܢ. ܐܠܐ
ܟܡܐ ܡܫܟܚܐ ܘܥܠܝܬܐ ܘܡܫܝܚܐ. ܡܛܠ ܗܘܐ ܕܝ ܣܥܪ ܐܠܗܐ
ܒܗ ܒܗܕܘܬܗ ܕܐܒܗܬܐ ܘܐܬܛܥܝܘ ܘܚܪܒ ܘܗܩܒܠܘ ܟܢܘܫܝܐ
ܘܐܪܝܘܣ ܗܘܢܝܘ ܕܠܬܗܘܢ. ܕܝܘ ܡܩܕܘܢܝܘܣ ܘܒܪܗ ܦܘܠܝܢܐ.
ܕܫܡܥܐ ܗܘ، ܒܡܕܝܢܬܐ ܕܬܪܝܢ ܬܗܘܝܢ ܘܬܒܥܝܢ ܒܥܝܢܐ
ܕܐܠܗܘܬܗ. ܘܬܐܒ ܘܬܒܥܐ ܐܪܝܘܣ ܡܕܝܢܬܐ ܟܕ ܡܩܕܘܢܝܘܣ.
ܫܘܐ ܗܘܐ ܝܘܚܢܢ ܠܒܪܐ ܒܐܠܗܐ ܕܐܬܪܒܝ ܐܠܗܐ. ܘܗܘܐ
ܠܗ ܐܢܫܐ ܠܐܘܕܘܟܣܝܘܣ ܦܛܪܝܪܟܐ 30 ܕܩܘܛܠܝܬ، ܘܠܐܘܢܘܡܝܘܣ ܡܕܝܢܐ
ܕܒܗܝܢ. ܕܢܚܘܬܐ ܝܘܚܢܢ ܕܐܠܗܐ: ܘܢܫܠܘܢ ܬܘܪܬܐ
10v. ܕܐܬܪܘܢ. ܗܢܐ ܒܪܐ * ܝܘܚܢܢ ܗܘܐ ܠܗܘܢ ܠܐܠܗܐ. ܕܟܠ
ܬܘܪܗ ܕܡܕܝ ܬܪܬܐ ܕܗܘܡܢܐ: ܬܬܒܥܐ ܠܗܘܢ ܟܠܗ ܬܪܬܐ.
ܡܢ ܒܪ ܕܦܘܣܝܬ ܢܦܫܬ ܠܒܝܫܘܬܐ ܕܝܪܬܐ ܒܟܠܗ ܐܘܣܝܐ ܕܗܘܡܢܐ.

ܘܬܬܡܪܪ ܒܠܒܗ ܕܟܝܢܬܐ ܕܬܪܥܝܬܐ ܠܬܘܩܦܗ̈ ܕܡܕܒܪܢܘܬܗܘܢ ܘܠܫܘܒܚܐ ܕܒܥܒܕܘܗܝ. ܐܦ ܬܘܒ ܐܘܣܒܝܘܣ ܘܩܘܦܝܢ ܡܢ ܠܟܝܢܘܬܗ: ܘܒܡܐ ܕܢܚܙܐ ܘܥܠܡ ܠܝܘܒܢ. ܗܘ ܠܗܘܕܐ ܐܝܟ ܪܒ ܒܡܟܪܐ ܕܐܠܗܐ. ܢܡܪܝ ܕܒܚܝܬܐ ܫܪܝܬܐ. ܟܠ ܟܠܬܐ ܐܠܗܐ ܫܪܬܐ. ܠܒܢܘܗܝ ܕܡܕܒܪܢܘܬܗܘܢ ܘܠܡܘܡܬܐ ܕܒܡܕܒܪܗ. ܐܦ ܕܝܢ ܒܗ ܒܪܒܢܐ ܕܟܠܬܗ ܒܫܡܝܐ. ܘܐܡܬܪ ܟܠ ܦܘܡܢ ܘܫܡܐ ܒܥܠܠܝܢ. ܗܢܐ ܢܬܠܦ ܠܒܢܘܗܝ ܕܒܐܘܪܚܐ. ܘܒܡܕܒܪܢܘܬܗ, ܕܢܘܗܪܐ ܘܕܐܢܝܠܘ. ܢܬܠܟܘܢ ܕܚܝܬܐ ܠܬܠܡܝܕܐ. ܡܢܝܢܐ ܗܘܬ ܐܝܟ ܕܟܠܒܐ ܕܒܥܠܠܝܬܐ ܐܡܬܘܡܬܐ ܗܘܬ ܥܠܝܢ. ܐܦ ܒܪ ܠܐ ܬܪܥܘܢ. ܐܠܐ ܡܬܠ ܕܐܝܬܘܗܝ ܘܡܘܕܝܢ ܕܠܘܬ ܬܠܡܝܕܐ: ܘܒܗܝܢ ܢܦܪܘܫ ܡܫܝܚܐ ܠܗ ܠܗܕܐ ܡܫܡܫܝܢ ܗܘܬܘܢ. ܡܛܠ ܗܢܐ ܐܝܟ ܕܠܐܦܝܐ ܘܦܣܩܐ. ܡܗܝܡܢܬ ܒܠܝܢ ܠܡܫܡܫܢܘܬ ܕܗܝ ܗܘܝܘܢ ܠܡ ܢܫܬܘܢ ܒܠܒܐ. ܗܟܝܠ ܡܢ ܡܫܡܫܢܐ ܒܠܒܐ. ܘܬܫܒܠܝܢ ܠܒܬܪܐ ܠܒܢܝܗܘܢ ܘܠܟܠܗ ܒܢܝܗܘܢ ܠܡܪܐ ܡܫܝܚܐ... ܘܟܕ ܐܬܘܡܪ ܕܒܬܪܗ ܕܡܫܝܚܐ ܡܪܝ ܒܟܠܐ ܒܟܠܗ ܕܡܕܒܪܢܘܬܐ. ܡܢܗܘܢ ܢܦܫ ܗܘܘ ܘܡܣܒܝܢ. ܘܡܢܗܘܢ ܬܘܒ ܒܡܕܒܪܢܝܢ ܗܘܘ ܘܡܫܡܫܝܢ. ܫܪܝܬܐ ܠܢܘܗܪܐ ܘܠܬܘܒܐ. ܘܐܟܠܐ ܘܕܪܫܬܐ ܠܟܠܗ ܒܠܗ ܕܒܪܢܫ ܐܠܗܐ. ܡܫܡܫܝܢ ܗܘܘ ܕܝܢ ܐܦ ܙܘܕܒܢܘܗܝ ܕܡܕܒܪܢܘܬܐ. ܐܢܫܐ ܗܘܘ ܟܕ ܡܗܡܢܝܢܐ ܐܦ ܡܢܗܘܢ ܘܠܐ ܡܕܡ ܗܘܐ ܡܢܐ ܢܒܥܘܢ ܡܛܠ ܝܘܒܠܐ ܕܠܒܝܢ ܕܐܝܬܝܢ ܗܘܘ. ܘܐܡܪܘ ܠܗ ܠܐܪܘܡܠܦ. ܕܢܝܢ ܠܡ ܒܠ ܝܘܒܬܗ ܕܡܕܒܪܢܘܬܐ ܦܘܪܢ ܢܒ. ܘܠܐ ܒܠ ܕܒܢܝܐ ܕܥܒܪܐ. ܐܦ ܡܪܡ ܦܘܡ ܠܝ ܡܢܝ. ܗܢܐ ܡܕܒܪܢܘܬܐ ܒܠܗ ܡܕܡܝܢ. ܒܒܪ ܒܠ. * ܕܦܘܡ ܠܝ. ܠܡ ܠܐ ܐܡܪܬܐ 11 r. ܠܡ ܘܠܐ ܠܗܘܟܠ ܝܘܒܢܗ ܕܡܪܝ ܗܘܝܢ. ܘܠܐ ܒܡ ܫܢܝܢ ܡܬܬܒܥܝܢ ܫܡ. ܗܠܝܢ ܒܪ ܒܠܗܘܢ ܕܒܫܥܝܢ ܒܡ ܐܘܣܒܝܘܣ ܒܣܒܪܬܐ. ܫܢܝܢ ܐܢܘܢ ܘܦܪܘܒܝܢ. ܘܠܘ ܕܝܠܝ ܗܘ, ܕܢܒܝܐ ܒܠܘܬܗ. ܐܦܠܐ ܠܐܝܠܐ ܕܢܦܬܘܪ ܒܪܬܐ... ܐܡܪ ܠܗܘܢ ܐܪܘܡܠܦ. ܗܢܐ ܫܘܬܦܘܢ ܒܠܝܬܐ ܒܠ ܢܒܥܘܢ. ܕܟܠܢ ܪܒܢܘ ܐܬܘܢ ܕܐܘܣܒܝܘܣ ܘܐܝܠܝܢ ܕܒܡܗ... ܒܠܘܩܒܠ ܐܝܟ ܕܡܢ ܦܘܡܐ ܕܠܗܘܢ ܫܒܪܘܗܝ, ܐܡܪ ܠܗ. ܗܢܐ

ܒܬܪ ܡܫܬܥܝܢܘܬܐ ܠܟܝ ܕܒܐܠܗܐ ܚܒܝܒܝ ܐܝܬ ܠܝ ܕܢܫܡܥܪ... ܐܘܣܛܐܦܣ ܐܡܪ. ܡܛܠ ܐܝܬܘܬܗ، ܚܒܘܫܐ ܕܟܠ. ܠܘܣܝܘܣ ܐܡܪ. ܡܫܝܚܐ ܕܐܙܕܘܓ ܥܠ ܚܫܘ ܒܪܘܚܗ... ܐܘܣܛܐܦܣ ܐܡܪ. ܐܢ ܒܗܢܐ ܐܢܫܐ ܐܝܬܘܗܝ. ܕܒܗܢܐ ܒܢܝܢܬܐ ܐܝܬ ܠܗܘܢ ܕܬܫܒܘܚܬܗ... ܠܒܘܣܝܘܣ ܐܡܪ. ܗܢܘ ܥܒܕ ܐܘ ܚܕܐ ܐܝܟ ܗܕܐ. ܕܒܗ ܡܠܟܐ ܕܒܟܠ ܠܐ ܚܕܐ ܠܝ: ܘܟܠ ܒܗܘܢܐ ܕܡܠܟܘܬܐ ܕܒܟܠ ܠܐ ܫܠܛ: ܘܫܘܠܛܢܗ ܕܒܟܠ ܟܠܗ ܠܐ ܡܬܠܝܐ. ܗܐ ܒܪܗ، ܘܠܡܫܝܚܗ، ܬܫܒܘܚܬܐ ܒܥܘܡܩܗ ܕܡܪܢܝܬܐ ܚܠܦ ܗܘܦܟܗ ܘܡܗܡܢܘܬܐ ܕܡܠܟܐ. ܘܡܢܐ ܕܐܬܐ ܡܢ ܗܕܐ ܐܝܬ: ܐܠܐ ܕܢܠܦ ܐܬܪܐ. ܘܠܐ ܢܠܦ ܥܕܪܗ ܕܐܠܗܐ ܘܡܥܡܕ ܕܒܪܝܐ ܠܐܘܪܚܐ ܒܠܘܬܗ ܕܗܘܢܡܝܐ ܘܠܐ ܬܬܢܝܬܐ ܠܡܫܝܚܘܬܐ ܕܐܬܠܝܕ ܠܝ ܐܒܘܗܝ. ܠܡܬܬܗ ܕܝܢ ܘܠܡܬܒܪܝܢܘ. ܕܒܗ ܡܢܝܟ ܒܟܠ ܒܐܬܪܘܬܐ ܟܠܗ. ܠܦܐ ܕܫܦܝܪܘܬܗ ܡܢܗܘܢ ܠܐܬܪܘܬܐ ܒܠܝܗܘܢ ܕܐܘܪܫܠܡ. ܐܡܪ ܠܗܘܢ ܐܘܣܛܐܦܣ. ܕܡܢ ܗܟܢܐ ܕܗܢܐ ܐܝܬܘܗܝ، ܝܚܝܕܐ. ܐܢܐ ܐܢܐ ܠ ܠܗܘ ܬܘܒ ܡܠܟܐ ܕܒܥܕܢܐ. ܘܗܘ ܐܝܟ ܕܒܗܕ ܢܟܒ ܒܝܕܗ ܫܘܥܒܕܐ ܕܡܝܬܪܘܬܗ؛ ܡܬܒܪܢܐ ܕܝܢ ܕܐܬܒܥܝܘ ܗܘܘ ܠܫܘܬܗ ܕܗܢܐ ܦܘܪܢܣܐ. ܐܝܟܢ ܒܠ ܦܘܪܥܢܗ ܕܗܘܢܡܝܐ ܘܐܬܢܝܚ. ܒܝܕ ܕܐܝܬ ܐܝܬܘܗܝ ܒܢܝܫܘܬܐ ܕܟܝܢܐ. ܝܚܝܕ ܐܒܘܗܝ ܕܬܒܥܘܢ ܚܠܦ ܒܢܝܢܐ. ܘܒܟܠܗܘܢ ܬܫܪܒ ܕܐܘܪܫܠܡ ܒܟܠܗ ܝܚܝܕ ܐܒܘܗܝ * ܠܡܫܝܚܐ ܝܚܝܕܗ ܕܡܠܟܐ. ܗܕܐ 11 v.
ܕܝܢ ܬܘܒ ܫܡܘܢܐ ܠܗܘܢ. ܕܝܚܝܕܗ ܕܡܠܟܐ ܡܬܚܫܒ ܐܦ ܒܗ ܠܐ ܬܒܥܝܢ. ܡܫܝܚܐ ܕܝܢ ܐܒܘܗܝ ܠܝܚܝܕܗ ܕܡܠܟܐ ܘܡܬܚܫܒ. ܠܡܫܝܚ ܒܬܪ ܘܠܦܘܪܥܢܐ ܕܢܦܩ ܠܝ ܫܘܕܥܐ. ܘܡܢܐ ܝܚܝܕ ܗܘܝܬܘܢ ܐܠܐ ܡܢ ܒܝܕ ܒܪܬܗ. ܢܦܩ ܠܗ ܕܝܢ ܠܫܘܒܚܗ ܬܒܥܘ. ܕܒܝܬܐ ܡܠܟܐ ܕܒܪܬܗ ܐܒܘܗܝ ܬܬܒܥܘܢ ܘܬܬܒܥܐ ܡܢ ܒܪܘܬܗ: ܘܢܦܩܐ ܘܢܦܩ ܝܚܝܕܗ ܒܟܘܠܗܝܢ ܕܠܡܠܟܘܬܗ. ܘܒܫܘܠܛܢܐ so ܕܐܬܡܠܟܗ: ܘܡܗܝܡܢܐ ܗܘ ܠܗ ܗܢܐ. ܕܬܘܒܥ. ܚܙܐ ܘܬܦܠܘܫ ܒܐܝܠܢ. ܘܬܒܝܐ ܘܬܐܡܪ. ܠܐ ܬܫܬܡܥ ܠ ܒܟܠܕܒܬܐ. ܕܢܦܠܬ ܬܘܒ ܦܘܪܫܐ. ܘܡܠܟܐ ܠܗ ܕܒܪܐ ܕܐܬܘܦ. ܘܕܫܝܢܬ ܠ so ܘܡܪܝܐ ܕܢܦܠܬ. ܗܐ ܘܡܢ ܫܪܐ ܐܝܟ ܒܡܡܟܒ so. ܒܡܠܟ

ܬܒܬ ܩܠܐ ܡܬܬܥܝܪܝܢ ܗܘܘ ܡܕܝܢܬܐ ܠܟܠܢܫ. ܘܪܒ ܒܗܠܝܢ ܥܡܐ
ܕܪܗܘܡܝܐ. ܘܢܦܩܝܢ ܗܘܘ ܟܠܗ ܘܪܫܝܢ ܘܡܬܘܕܝܢ. ܘܡܠܟܝܢ ܗܘܘ
ܘܡܫܬܟܚܝܢ ܠܫܘܩܐ ܟܠ ܒܢܝ ܕܟܠܗܝܢ. ܘܢܦܩܘܗܝ ܠܐܪܘܡܝܐ
ܡܗܘܕܢܐ ܘܡܢܘܬܐ. ܐܝܟ ܕܐܬܬܐ ܬܠܘܫ ܟܬܒܝ. ܘܐܡܪܝܢ ܕܢܫܝ ܠܗ
ܡܢܢ ܡܢ ܐܢܫ ܠܒܝܬܗ ܕܟܠܗܐ. ܘܬܬܒܥܐ ܠܗ ܟܠܗܘܢ ܐܬܬܐ ܠܬܠܡܝܕܐ
ܟܠ ܬܪܒܝܗ ܕܡܫܬܪܝܬܐ ܘܕܡܫܡܠܝܬܐ. ܕܗܫܟܐ ܢܦܫܐ ܕܬܠܡܝܕܐ
ܘܡܢܪܬ ܬܠܡܝܕܘܗܝ: ܘܗܝܪܬ ܘܐܣܬܒܪܬ ܒܒܝܬ ܬܪܥܝܢ: ܘܐܘܕܥܬ ܒܝܬ
ܒܢܝ̈ܬܐ ܘܐܬܟܬ, ܗܘ ܕܒ ܡܘܟܐ ܕܢܫܪܐ ܢܦܫܗ ܒܪ ܡܫܬܘܬܦܢ:
ܘܢܡܠ ܒܗ ܐܝܟ ܕܐܡܠܘ ܒܗ ܐܢ̈ܫܝܢ. ܒܗܘܢ ܕܒܝܬ ܕܗܘܠܦܢܗ
ܘܡܒܝܢܘܬܗ ܬܠܡܝܕܐ ܡܫܡܫܢܘܬܐ: ܕܗܘܬ ܢܦܫܗ ܪܒܐ. ܘܟܠܗ
ܥܒܕܘܗܝ ܕܗܘܒܬܗ. ܒܪ ܕܝܢ ܐܒܠܩ ܦܓܪܐ ܐܘܣܒܘܣ ܒܡܠܟܝܢ.
ܥܠܝ ܠܗ ܠܐܪܘܡܝܐ. ܕܠܐ ܠܝ ܘܠܬܫܒܘܚܬܗ ܕܒܝܬܐ ܕܡܠܬܐ ܗܘ.
ܕܐܬܟܬܗ ܠܝ. ܒܒܝܬܐ ܗܘ. ܠܝ ܒܪ ܕܐܬܦܢܝܬ ܡܠܬܗ. ܘܠܐ ܢܦܢܗ
ܢܦܪܢܐ. ܘܐܦ ܡܗܘܕܢܐ ܒܡܠܟܒܝܢ ܡܠܟܝܢ ܠܝ ܒܢ. ܕܟ ܗܘܢ ܡܒܢܐ
* ܒܟܪ ܐܢܫ. ܒܡܟܐ ܒܢܝ ܒܠܗ ܕܐܢܫ ܒܢܒܝ. ܒܬܪܡ ܐܢܫܝܢ
ܡܠܟܒܝܢ. ܘܗܢܘܢ ܐܦܝܘܗܝ ܕܢܦܪܗܝ ܘܕܬܢܦܪܗܝ: ܒܪ ܕܝܢ ܥܡܟ
ܐܪܘܡܝܐ ܗܠܝܢ. ܘܪܐ ܠܗܘܕܝܐ ܘܠܫܬܦܝ ܘܐܡܪ ܠܗܘܢ: ܐܘܦܩܘܢ
ܘܐܬܠܝܢ ܕܐܢܫ ܒܒܝܬܗ ܐܝܟ ܕܬܠܡܝܕ. ܒܬܪܡ ܐܢܫܝܢ ܘܡܠܟܝܢ
ܕܢܬܒܥܘܢ: ܕܠܐ ܗܘܐ ܢܬܒܥܘܢ ܠܗ ܘܗܘܝܢܐ. ܒܒܠܬ ܡܬܒܥܐ.
ܡܠܟܐ ܒܠܒܘܢ ܬܠܡܝܕܐ ܕܢܦܩ ܐܢܫܐ. ܘܐܫܬܕܪ ܒܦܘܪܫܢܘܗܝ ܬܪܒܝܗ
ܒܢܝܐ ܕܒܝܬܐ. ܘܐܬܬܗܝܡܢܘ ܒܠܒܘܢ ܘܫܡܥܘ: ܒܫܘܒܚܐ ܐܪܘܡܝܐ
ܘܐܬܠܝܢ ܕܒܗܘܢ. ܒܕܒܟܐ ܕܡܬܒܢܝܐ ܟܠܗܝܢ ܘܡܬܠܬܝܢ ܕܒܢܝܐ.
ܘܡܢܐ ܕܐܬܘܡܪ ܒܢܝܢܗ ܕܟܠܗܐ: ܘܐܬܬܘܪ، ܥܡܟܐ ܕܬܠܡܝܕܐ ܟܠ ܒܝܬ
ܒܒܝܬܗܘܢ. ܢܬܦܬܚܘܢ ܬܪܒܝܐ. ܘܐܦ ܡܟܝܡ ܒܢܝܠܐ ܠܡܬܒܪ
ܡܪܝ ܢܬܒܥܘܢ ܒܗܡ. ܘܪܒܘ ܒܬܠܡܝܕܐ ܒܒܢܝܢܗܘܢ ܕܡܗܘܕܢܐ
ܘܕܫܘܦܐ. ܘܐܝܢܐ ܬܪܒܝܐ ܒܢܝܐ ܕܒܝܬܐ. ܘܐܬܬܗܝܡܢܘ ܒܠܒܘܢ
ܡܢ ܒܠ ܟܬܒܝ. ܘܐܬܬܗܝܡܢܘ ܒܫܘܒܚܐ ܐܪܘܡܝܐ ܘܐܬܠܝܢ ܕܒܗܘܢ
ܡܗܘܕܢܐ ܬܪܝܢ. ܘܦܪܝܘ ܡܗܘܕܢܐ ܘܫܘܦܐ ܠܒܒܝܬܐ ܟܠܗܝܢ. ܘܒܪ ܢܝܘ

ܘܪ̈ܒܢܘܗܝ ܕܡܕܝܢܬܐ: ܕܐܬܬܗܝܡܢܘ ܒܡܫܝܚܐ ܐܘܣܒܝܘܣ ܐܦܝܣܩܘܦܐ
ܘܡܠܟܗ ܟܠܗ ܕܡܕܝܢܬܐ: ܡܢ ܐܪ̈ܫܐ ܕܡܗܝ̈ܡܢܐ ܕܒܥܕܢܗܘܢ ܘܐܠܦܘ
ܐܦܪ̈ܘܣܘܢ ܕܐܝܬ ܒܝܬ ܡܘܕܥܐ ܠܫܠܝܚܐ. ܕܗܘܐ ܕܐܬܟܬܒܬ ܟܬܒܐ
ܘܐܬܚܙܝܘ ܕܝܘܡܐ: ܢܬܬܟܬܒܘܢ ܬܪ̈ܥܝܗܘܢ ܕܡܕܝܢܬܐ. ܘܢܚܬܘܢ ܟܠܗܘܢ
ܒܥܕܬܐ ܕܠܐ ܦܘܠܚܢ ܕܐܒܗܘܬܗܘܢ ܘܫܪܝܘܢ ܐܢܘܢ: ܚܕܬܐ ܠܗܘܢ
ܥܠ ܠܬܪ̈ܥܝܗܘܢ ܕܡܠܟܘܬܐ. ܘܟܬܒܬ ܠܗܘܢ ܒܗܢܐ ܠܦܘܩܕܢܐ ܕܠܐ ܢܩܪܘܢ
ܗܘܘ ܡܢܗ ܢܟܣܘܗܝ ܕܢܣܒ ܗܘܘ ܡܢ ܫܘܠܛܢܐ ܕܡܠܟܘܬܐ ܕܐܒܗܘܗܝ
ܗܘܘ. ܘܕܠܐ ܡܢ ܗܘܐ ܕܢܦܠܘܢ ܥܠ ܢܦܫܗܘܢ. ܥܒܕ ܕܝܢ ܒܐܪ̈ܙܐ.
ܘܐܦܕܘ ܠܐܦܝܣܩܘܦܐ ܕܕܝܪ̈ܬܐ ܗܠܝܢ. ܘܥܠܝܗ ܠܗܘܢ. ܕܐܦܪܕܘ
12 v. ܒܟܠ ܠܐܫܬܡܥ ܕܡܕܝܢܬܐ * ܕܟܠ ܥܕܬܐ ܒܗܘܢ ܣܓܝܐ
ܕܪܘܦܐ. ܒܗܢܐ ܓܒܪ ܕܫܠܝܚܐ ܘܐܬܡܘܕܥ ܕܐܬܬܗܝܡܢܘ ܟܠܗܘܢ.
ܘܐܡܪܘ ܬܪ̈ܝܗܘܢ ܟܠ ܒܢܝ ܕܡܕܝܢܬܐ. ܘܗܘܘ ܐܝܟ ܫܡܥܝܢ ܒܡܫܝܚܐ:
ܠܐܘܗܝܢ ܐܦܣܩܦܐ ܘܠܐܠܝܢ ܕܥܡܗ. ܒܗ ܒܬܘܕܝܬܐ ܟܠܗ
ܠܗܘ ܘܠܐܠܘܗܝ ܥܠ ܬܪ̈ܥܝܗ ܕܡܕܝܢܬܐ. ܘܐܦܕܘ ܗܘ̈ ܒܟܠ ܡܘܕܥܢܐ
ܠܫܠܝܚܐ. ܕܗܘܐ ܕܐܬܚܙܝܬ ܒܗܠܝܢ ܟܠܗ ܘܐܘܟܠ ܕܒܢܝܢ. ܢܬܟܬܒܘܢ
ܬܪ̈ܥܝܗ ܕܡܕܝܢܬܐ. ܘܢܟܠܘܢ ܟܠܗܘܢ ܡܢ ܡܠܟܐ ܕܠܐ ܦܘܠܚܢܐ
ܘܫܪܝܘܢ ܐܢܘܢ: ܗܘܝܐ ܐܦܪܘܣ ܐܢܘܢ ܕܟܠ ܥܕܬܐ ܒܗܘܢ
ܣܓܝܐ ܕܪܘܦܐ. ܚܕܝܢ ܒܗܢ ܠܐ ܡܢ ܕܢܗܘܐ ܢܦܫ ܒܟܠܢܫ.
ܒܟܠ ܥܠܡܐ ܕܒܥܠܡܐ ܕܐܬܚܙܝ. ܘܒܗ ܗܠܟ ܐܦܣܩܘܦܐ ܒܗܠܝܢ.
ܒܗܢܐ ܘܒܗܢܐ ܫܢܬܐ ܕܐܬܚܙܝ ܒܗ ܐܝܟܢ. ܘܐܦ ܠܗܘܢ ܕܫܠܝܚܝܢ ܐܬܠܚܡ ܚܠܦ
ܟܠܗܐ ܢܚܬܐ. ܘܗܘ ܗܘܐ ܡܫܪܝܬܐ ܕܒܠܝܬܐ ܡܫܚܢܐ.
ܘܐܫܟܚ ܠܟܠܗܘܢ ܕܡܬܘܪ̈ܬܐ ܕܝܗܒ. ܘܟܠܗ ܠܟܠܗܘܢ ܢܚܝܬܐ ܕܐܝܬ
ܒܪܘܫܡܐ ܘܟܬܝܒܬܐ. ܥܠ ܕܒܢܝܐ ܒܝܫܐ ܠܡܐܪ̈ܕ ܡܪܘܐ. ܐܝܟ
ܐܠܦ ܘܐܬܟܬܒܬܐ ܒܥܕܢ. ܘܗܘܘ ܟܠܗܘܢ ܚܕܐ ܢܦܫ ܘܚܕ ܪܥܝܢ.
ܘܐܬܪܚܡܘ ܟܠܗܘܢ ܘܒܟܠ ܥܠ ܡܥܒܕܢܗ ܕܡܕܝܢܬܐ. ܘܟܠ ܚܒܘܫܝܐ
ܕܐܣܝܪ̈ܝܢ ܘܡܫܡܫ ܠܟܢܫܐ ܠܫܪܝܐ. ܠܟܘܪ̈ܗܢܐ ܥܠ ܦܓܪ̈ ܐܚܝܗܘܢ
ܕܡܕܝܢܬܐ. ܘܡܫܠܡ ܘܠܟܠ ܠܫܪܝܐ ܘܠܟܠ ܒܥܠܕܒܒܐ ܘܡܒܪܢܘܬܐ.
ܘܟܠܗ ܗܘܘ ܠܪܘܚܐ ܕܡܘܫܐ ܐܝܟܐ ܕܐܝܬܐ ܒܗ ܒܡܫܝܚܐ ܘܡܫܠܡ

ܣܩܘܦܪܐ. ܢܛܠܝܢ ܗܘܘ ܕܝܢ ܒܕܡܘܬܗܘܢ. ܐܦ ܐܢܫܐ ܕܗܘܡܢܝܐ ܐܝܟ ܢܡܣܡܣܐ ܠܒܢܝ̈ܢ. ܘܐܬܚܙܝܘܢ ܗܘܘ ܡܢ ܐܬܪܐ ܕܟܘܫ ܢܣܝ̈ܢ ܕܦܪܘ ܗܠܝܢ ܒܦܠܓܘܬܐ ܕܐܠܗܝܐ: ܫܚܠܦܘ ܗܘܘ ܐܣܟܡܝܗܘܢ ܠܐܣܟܡܐ ܕܕܝ̈ܘܐ. ܘܦܐܪܘ ܦ̈ܪܨܘܦܝܗܘܢ ܘܟܠܗ ܒܕܡܘܬܗܘܢ ܠܕܝ̈ܘܐ. ܒܪ ܡܠܐܟ̈ܝܢ. ܒܪ ܐܢܫ ܠܐܦܝ̈ܢ ܠܐ ܡܫܬܘܕܥ ܗܘܐ ܠܗܘܢ: ܘܐܬܬܥܝܪܬ 13 r. ܥܠܘ̇ܗܝ ܡܕܝܢܬܐ ܡܢ ܡܕܒܪܢܘܬܗܘܢ: ܘܬܪܝܨܘ ܠܗܘܦܟܐ ܕܬܘܬܐ. * ܒܪ ܕܠܘܩܘ ܕܡܬܒܥܝܢܐ ܒܠܚܘܕܬܐ. ܘܒܪ ܣܘܦ ܐܝܟ ܢܫ̈ܘܦܐ ܘܡܗܘܕܝܐ. ܫܪܝܘ ܠܡܬܦܪܣܘ ܡܢ ܡܕܒܪܢܘܬܗܘܢ: ܡܕܝܢܬܐ ܕܝܢ ܐܢܫܝ̈ܢ ܕܝܠܗܝܢ ܘܡܬܝܬܒܐ ܥܠ ܘܦܘܪܣܐ ܘܫܘܠܛܢܐ. ܘܫܪܝܘ ܠܡܒܢܝܘ ܡܢ ܡܕܡ ܕܐܝܬ ܠܟܠ ܒܢܝ̈ܢ: ܘܟܠܗ ܒܗܘܢ ܒܣܘܦܪܐ ܒܥܬ ܫܦܝܪܬܐ. ܘܦܠܓܘ ܐܢܘܢ ܐܝܟ ܡܠܟܐ. ܘܡܕܝܢܬܐ ܒܢܘ ܒܡܕܒܪܐ ܡܢ ܡܕܘܪܝܐ ܘܫܘܦܐ ܒܕܡܐ ܦܠܓܘܬܐ. ܘܠܐ ܐܬܦܠܓܘ ܡܠܟܘܬܗܘܢ ܐܠܐ ܐܢ ܕܠܬܠܬܐ ܡܠܟ: ܕܗܘܬܘ ܢܦܫܗܘܢ ܟܪ̈ܘܬܐ ܘܟܬܒܠܝܐ: ܘܒܐܡܪ̈ܘܗ ܕܡܕܝܢܬܐ ܘܐܫܬܘܕܥܘ. ܘܡܢ ܒܗܠܐ ܕܕܝ̈ܪܐ ܠܐ ܐܬܒܕܝ ܐܦܠܐ ܒܪ ܡܠܟܐ ܒܪ ܐܝܟ ܐܝܕܗ ܒܠܒܗܘܢ. ܘܦܪܝ ܐܢܘܢ ܐܕܘܦܛܘܣ ܕܝܢ ܒܪ ܒܝܬܐ ܚܪܒܐ ܕܥܕܬܐ ܒܡܘܕܥܬܐ. ܐܡܪ ܠܒܡܕܝܢܬܐ ܗܠܝܢ ܕܐܝܬ ܗܘܘ ܒܕܡܘܗ. ܠܐܡܪܐ ܕܐܡܪܝܢ ܐܝܬܘܗܝ ܫܘܒܚܐ ܢܦܫܗܘܢ ܘܡܢܘ ܢܓܕ ܦܘܣܝܢ ܘܐܬܦܠܓ ܒܢܦܫܗ. ܘܒܪ ܚܝܘ ܒܡܕܝܢܬܐ ܗܠܝܢ ܕܥܒܡ ܐܢܘܢ ܐܕܘܦܛܘܣ ܘܒܪܗ. ܢܦܠܬ ܚܠܩܗܘܢ ܕܫܠܝܬܐ ܘܟܘܒܬܐ. ܘܡܬܬܒܪܝܢ ܗܘܘ ܘܟܒܫܝܢ ܐܢܫܐ ܢܦܬܘܪܘܢ ܢܦܫܗܘܢ ܘܐܬܟܒܫܘ ܒܗܬ ܦܠܓܐ ܚܕ ܙܒܢܐ ܕܦܠܓܘ ܗܘܐ ܡܢ ܡܕܝܢܬܐ ܫܘܠܛܢ ܬܪܝܢ. ܘܦܠܓܘ ܠܗ ܘܗܘܬܘ ܢܦܫܗܘܢ ܡܠܟܐ ܒܕܡܐ: ܒܪ ܢܦܠ ܠܗܘܢ ܦܠܓܐ ܕܢܚܘܬܘܢ ܡܢ ܬܡܢ. ܘܒܪ ܢܒܗܬ ܚܪܒܐ ܘܗܘܐ ܫܠܝܐ: ܘܠܐ ܐܫܬܘܪ ܡܕܝܢܬܐ ܐܘ ܚܣܝܐ ܕܐܬܬܚܝܪܐ ܒܟܠܗ ܡܕܝܢܬܐ ܚܠܝܐܝܬ. ܐܒܕܘ ܠܗܘܢ ܐܕܘܟܣܐ ܠܕܪ̈ܐ ܫܒܘܗܝ. ܗܢܐ ܕܐܝܢܫ ܠܝ ܡܫܝܚܐ: ܘܒܪ ܚܢܢ ܒܟܠܕܒܢܝ ܕܒܬܪܬܐ ܘܒܣܘܦܪ̈ܘܗܝ ܕܐܠܗܐ. ܢܦܠܘ ܬܘܒܢܝ ܕܒܬܪܬܐ. ܘܒܚܛܐܗ ܠܕܒܪܐ ܒܪܝܟܐ ܘܠܡܕܝܢܬܐ. ܘܦܝܣܘ ܬܘܒܢܝ ܕܒܬܪܬܐ. ܘܟܠܗ ܡܗܝܡܢ ܫܠܝܚܐ ܠܐܘܣܒܝܣ ܐܦܝܣܩܘܦܐ ܘܠܐܠܗܝܢ ܕܒܗܘܢ. ܘܗܘܐ ܬܘܒ ܫܕܘܬܐ

ܒܟܠܗ̇ ܡܕܝܢܬܐ. ܒܟܘܪ̈ܝܐ ܕܟܠܗ̇ ܐܠܗܐ ܠܒܪܬܗ. ܗܘܬ ܗܘܬ ܕܝܢ ܒܝܬܐ ܒܝܬ ܐܒܘܗ̇. ܕܡܢ ܕܝܢ ܗܘܐ ܡܢ ܗܠܝܢ ܒܡܕܝܢ̈ܬܐ ܕܢܦܠܬܐ. ܘܟܕ ܐܬܒܩܝܬ ܒܟܠܗ̇ ܕܟܬܒ̈ܝܢܘܗܝ. ܐܦ ܐܬܝܕܥܬ ܕܠܐ ܡܬܘ ܚܕ ܡܢ ܗܠܝܢ ܒܡܕܝܢܬܐ. ܡܬܒܥܝܢ ܗܘܘ ܠܗ ܠܦܘܠܚܢܐ ܐܘܪܫܠܡ ܕܢܦܩ ܠܗܘܢ ܕܢܦܩܘܢ ܒܒܝܬܗܘܢ: ܐܡܪ ܠܗܘܢ ܡܪܝܡ ܕܐܠܗܐ. ܥܒܕܘܗ ܟܗܢ̈ܐ ܡܬܢ̈ܝܬܐ ܡܬܚܡ ܡܬܬܡܢܘܢ. ܗ̇ܝ ܕܐܡܪܝܢ ܡܢܗ̇ ܘܦܝܣ ܢܦܩܘ ܕܐܒܘܗ̇ܝ. ܘܢܗܘܐ ܟܢ̈ܫܐ ܠܗܕܐ ܬܫܒܘܚܬܐ ܪܘܚܢܝܬܐ ܕܩܒܠܬ ܒܟ. ܘܠܐ ܒܟܠܗ̇ ܛܠܝܬ ܢܗܘܐ ܡܬܩܒܠܐ ܠܐܒܘܗ̇ܝ: ܘܢܬܦܫ ܠܝ ܕܟܡ ܢܦܫ ܒܬܥܝܢ. ܠܐܘܪܚܬܐ ܒܪ ܡܢ ܐܠܗܐ ܒܝܬ ܢܫܘܝܢ. ܘܠܐ ܕܒܟܐ ܡܠܟܐ ܒܡ ܕܘܟܝܢ. ܡܛܠ ܗܢܐ ܒܪ ܗ̇ܘ ܗܘܐ ܠܐ ܚܝܠܐ ܚܝܘ [a] ܒܠ ܒܪ ܐܚܕܘܗܝ, ܘܩܘܡܐ: ܕܢܦܩ ܐܢܘܢ ܒܪܘܚ ܩܘܕܫܗ. ܘܕܠܐ ܬܟܠܠ ܠܗ̇ ܐܘܪܚܗ: ܗ̇ܝ ܕܡܬܠܬܠܗ ܐܬܬܐ ܠܒܠܒܐ: ܢܗܒ ܠܗܘܢ ܐܬܪܐ ܠܬܠܡܝܕܘܗܝ, ܕܢܐܚܕܘܢܝ. ܘܢܚܘܐ ܠܗܘܢ ܕܒܢ̈ܝܢܘܗܝ ܐܚܕܘܗܝ. ܐܦܪܝ ܗܘܦܐ ܡܠܝܠ ܕܐܠܗܘܬܗ. ܘܐܫܠܡ ܢܦܫܗ ܠܐܒܘܗܝ, ܘܗ̇ܘ ܠܐ ܢܫܒܩܝܗ ܘܠܐ ܡܢܘܬܗ̇. ܒܟܠ ܦܬܓܡ̈ܝܢ ܗܘܒ ܢܥܝܡ ܕܡܘܕܝܢ. ܘܠܒܡ ܡܘܬܐ ܒܒܝܬ: ܘܥܢܐ ܒܡܘܬܗ ܒܪ ܕܝܢܝ ܕܐܢܫܘܬܐ: ܐܘܟܝ ܗ̇ܘ ܡܢܐ ܠܓܒܐ. ܕܝܢ ܘܡܒܠܒܠ ܡܢ ܝܬܝܪ ܘܡܢ ܡܘܬܐ: ܡܛܠ ܓܒܪܘܗܝ, ܕܢܦܩܘܢ ܐܢܘܢ ܠܒܡ ܡܘܬܐ ܘܗܒܠ ܢܥܝܢ. ܒܡܟܐ ܠܝ ܐܬܝܪ ܘܗܘ ܢܫܡܐ ܚܒܪܐ ܡܢܘܬܐ ܘܥܪ̈ܩܐ: ܕܢܠܒܡ ܥܟܐ ܕܘܡܝܐܬܗ. ܟܕ ܝܬܝܪ ܘܥܕܪܐ ܕܡܗܝܡܢܘܬܐ: ܘܠܐ ܬܬܒܥܐ ܢܦܫ ܠܝ ܡܢ ܗܕܐ ܕܗܘܬ ܢܦܫ. ܘܢܐܚܘܕ ܡܢ ܗܢܐ ܕܐܚܝܕܝܢ. ܡܚܒ ܠܒܪ ܝܚܝܕ ܕܠܐ ܐܝܬ ܗܘܐ ܒܗܘܢ ܒܗܠܝܢ ܕܡܬܘ ܢܦܫ: ܐܢܫܐ ܕܟܝܢܗܘܢ ܗܘܘ ܒܥܡܠܗܘܢ. ܘܡܬܬܘܝܢ ܗܘܘ ܥܠ ܛܘܒܬܗܘܢ: ܘܡܬܕܟܪܝܢ ܢܦܫܗܘܢ ܒܬܘܒܬܐ: ܘܡܬܬܠܝܢ ܚܛܗܝܗܘܢ. ܘܠܐ ܕܡܬܘ ܢܦܫ ܒܚܘܒܬܗܘܢ: ܘܐܝܟܢܐ ܒܬܪܝܨܘܬܗܘܢ: ܘܐܬܗܪܘ ܡܢ ܦܓܪܗܘܢ ܘܐܘܒܕܘ ܚܛܗܝܗܘܢ: ܕܐܝܟ ܗܒܝܠܐ ܒܗܠܝܢ ܒܡܕܝܢܬܐ. ܡܚܒ ܡܕܝܢܝ ܬܫܒܘܚܬܐ: ܘܢܚܒ ܐܢ ܐܝܬ ܒܗܘܢ ܐܢܫܐ ܕܦܪܥܐ ܠܗܘܢ ܛܝܒܘܬܐ: ܘܡܦܪܥܐ ܠܗܘܢ ܬܝܒܘܬܐ ܘܡܬܬܠܝܢ ܚܛܗܝܗܘܢ ܐܝܟ ܕܐܬܬܠܝܬ

ܫܘܒܚܗ܆ ܥܒܕܠ ܒܡܕܒܪܐ ܘܐܡܠܝܢ * ܕܕܒܚܝܢ ܠܗ܂ ܘܟܕ ܟܕܒܠ ܠܦܬܟܐ 14 r.
ܐܘܣܒܝܘܣ ܠܐ ܫܒܩ ܡܬܘܬܒܘܬܗ܂ ܐܬܐ ܐܝܟ ܐܘܪܚܗ܂ ܕܗܠܝܢ
ܡܩܒܠܢܐ ܒܡܫܪܝܬܗ ܕܫܠܝܐ܂ ܦܪܨܘܦܗ ܠܗ ܡܫܪܘܬܐ ܢܝܚ ܒܒܝܬܗܘܢ
ܘܐܬܪܝܢ ܐܝܟܢ ܘܒܚܕܪܐ ܐܝܬ܆ ܐܝܟܢ ܠܘܬ ܒܠܥܕܘܗܝ ܕܝܢܐ܂ ܘܐܬܒܠܥ
ܟܠܗ ܕܡܕܝܢܬܐ ܪ̈ܘܚܝܢ ܘܡܚܝܢ܂ ܕܢܐܡܪܘܢ ܒܠ ܚܠܘܬܐ ܕܝܢܐ܂
ܘܐܫܬܠܛܬ ܕܐܘܪܫܠܡ ܗܠܝܢ܂ ܘܡܢ ܐܘܣܒܝܘܣ ܠܦܬܟܐ ܒܟܠܗܘܢ
ܘܫܡܫܐ܂ ܘܢܦܩ ܠܘܬܗ ܕܡܕܝܢܬܐ ܘܐܬܒܥܝ ܐܝܟܢ ܕܝ ܪܘܚܝܢ܂ ܘܐܡܪ
ܠܗܘܢ ܐܢܫܐ ܐܝܟ ܕܬܠܬܝܢ ܠܗܘܢ ܘܟܕ ܫܡܥܘ܂ ܡܠܝܐ 80 ܒܫܢܝܗܘܢ
ܘܐܡܪ ܠܗܘܢ ܒܟܪܝܐ ܚܕ ܪܘܡܝܐ܂ ܕܟܕ ܘܫܠܘ ܡܢܐ ܒܟܪܝܢ
ܐܝܬܘܗܝ ܡܘܡܝܐ܂ ܦܪܘܫܐ ܟܕ ܗܘܐ ܫܦܝܪ ܦܠ ܠܢܟܘܡ ܠܗ
ܠܡܕܝܢܬܐ ܡܢ ܢܨܪܝܐ܂ ܡܛܠ ܗܝܡܢܘܬܗܘܢ ܫܪܝܪܬܐ܂ ܘܬܘܒ ܕܝܢ
ܢܘܚܢ ܕܫܒܩ܂ ܡܢܐ ܟܕ ܠܟܠ ܦܠܚܘܬܗ܂ ܘܫܡܥܬܐ ܕܢܨܚܬܗ
ܡܫܪ ܠܗ ܠܡܕܝܢܬܗܘܢ܂ ܘܫܡܠ ܠܗܘܢ ܡܢ ܫܢܐ ... ܦܢܘ ܕܝܢ
ܒܬܦܪܟܐ ܒܢܝ̈ܗ ܕܡܕܝܢܬܐ ܘܐܡܪܝܢ܂ ܘܡܕܝܢܬܐ ܬܘܒ ܘܚܝܢ
ܢܨܚܬܗ܂ ܘܫܦܝܪܘܬܗ ܕܡܠܟܘܬܗܘܢ ܒܟܘܪܐ ܢܐܡܪܘܢ ܐܝܢ ܟܕ ܚܙܐ
ܐܢܝܢ܂ ܘܫܡܥܝܢ ܐܢܫܝܢ ܠܡܕܝܢܬܐ ܥܠ ܐܢܫ ܡܗܝܡܢܘܬܗ ܕܡܕܝܢܬܐ܂
ܡܕܝܢܬܐ ܕܝܢ ܐܘܣܒܝܘܣ܂ ܒܫܡܥܬܗ ܒܥܘܕܪܢܐ ܕܡܪܝܐ ܗܘܐ ܠܗܘܢ
ܒܪ ܐܢܫܐ܂ ܕܡܢܐ ܠܗ ܟܠ ܢܨܚܢܐ܇ ܡܢ ܡܕܝܢܬܗܘܢ ܕܗܠܝܢ ܕܡܪܐ܂
ܢܨܚ ܗܘܐ ܕܐܡܠܝܢ ܒܦܠܚܘܬܗܘܢ ܘܡܢܝܢ ܒܫܘܦܪܗܘܢ܆ ܘܐܡܪܐ
ܡܢܗܘܢ ܬܡܝܗܘܬܗܘܢ܆ ܐܠܐ ܐܢ ܚܢܢ ܠܡܕܝܢܬܐ ܘܢܦܩܘ ܒܟܪ̈ܝܗܘܢ܂
ܢܬܡܢܥܘܢ ܒܕܝܪܐ ܘܢܬܠܝܘܢ ܡܗܝܡܢܘܬܐ ܕܒܪܝܬܐ܂ ܒܟܪ ܬܡܢ
ܡܢ ܒܥܠܕܒܒܝܗܘܢ ܘܡܬܦܢܝܢ ܡܢ ܦܠܚܘܬܗܘܢ܆ ܘܡܬܒܣܡܝܢ ܢܦܫܗܘܢ
ܒܬܫܡܫܬܗܘܢ܆ ܘܡܬܢܨܚܝܢ ܒܝܘܡܬܐ ܕܐܝܟܢܐ ܘܒܦܠܚܘܬܗܘܢ܆ ܠܐ
ܗܟܢ ܟܕ ܢܫܬܘܕܥ ܠܡܕܝܢܬܗܘܢ ܐܝܟ ܕܝܢ ܐܝܬܘܗܝ܆ ܘܗܟܢܐ ܐܢܫܐ
ܡܢ ܒܢܝ̈ܗ ܕܡܕܝܢܬܐ ܬܠܬܐ ܘܫܬܝܢ܂ ܘܟܕ ܗܘܘ ܒܗ ܐܘܣܒܝܘܣ
ܘܐܡܪܝܢ܂ ܕܠܐ ܠܗ ܡܬܚܙܝܐ ܠܗܘܢ ܬܫܒܘܚܬܐ ܠܐܠܗܐ ܕܝܗܒ
ܦܩܘܕ ܗܕܪܐ ܕܬܫܒܘܚܬܗܘܢ܆ ܐܝܟܢܐ ܠܦܘܠܚܢܐ ܕܟܐܬܪܐ ܘܫܟܝܚܐ
ܕܒܢܝܐ ܒܗ ܫܡܥܬܐ ܠܐܠܗܐ ܒܪܝܫܐ܇ ܐܬܪܘܗܝ ܘܒܗ ܢܚܬܐ܂

ܠܐܢܫܘܬܐ ܘܠܡܠܐܟܘܬܐ. ܘܗܕܐ ܬܫܒܘܚܬܐ ܐܝܬ ܠܗܘܢ ܠܥܠܡ. ܐܦ ܐܠܘ ܡܫܬܘܕܝܢ ܕܡܬܒܥܝܢ. ܕܐܠܗܝܢܘܬܐ ܚܒܝܪ ܘܕܝܠܝܕܘܬܐ ܗܘܝܐ ܗܘܬ ܬܫܒܘܚܬܗܘܢ: ܟܕ ܬܠܬܐ ܗܘܐ ܦܪܘܫܐ ܐܠܗܘܬܗܘܢ: ܘܡܫܬܟܚܝܢ ܗܘܘ ܠܗ ܠܬܫܒܘܚܬܗܘܢ: ܘܡܦܩܝܢ ܗܘܘ ܡܬܘܡܝܢ ܡܢܝܢ ܒܡܠܐܟܘܬ. ܡܟܝܠ ܕܡܫܬܚܝܢ ܐܬܚܒܪ ܒܠܚܘܕܝܗܘܢ ܒܡܠܐܟܘܬ. ܢܝܚܬܐ ܐܝܟܢ ܒܪ ܢܝܚܬܐ. ܘܒܠ ܝܕܥܬܗ ܕܠܒܝܫܘܬܐ ܢܝܚܝܢ ܫܪܝܪܝܢ: ܘܦܐܪܐ ܕܬܫܒܘܚܬܐ ܠܓܒܪܐ ܠܐ ܚܒܝܒܝܢ. ܬܫܪܝܟ ܗܟܝܠ ܠܐܝܕܝܗܘܢ. ܗܘ ܕܐܟܪܝ ܡܢܝܢ ܡܫܡܫܢܐ. ܕܒܠ ܐܠܗܐ ܕܠܐ ܚܒܝܒ ܦܐܪܐ. ܡܬܦܩܕ ܘܠܘܪܐ ܐܘܠ. ܒܪ ܗܘ ܬܘܒ ܕܐܡܪ ܡܪܢ ܕܒܠ ܢܝܚܬܐ ܕܐܟܐ ܕܡܫܡܫܐ ܠܐ ܢܝܚܘܗܝ ܟܠ ܬܫܒܘܚܬܐ. ܒܥܠܡ ܒܢܝܢ ܩܠܐ ܫܠܡܘܬܐ ܕܡܒܪܟܝܢ ܐܒܝܕܝܗܘܢ: ܡܚܢܘ ܢܦܩܘ ܒܫܘܦܪܗܘܢ: ܐܠܐ ܐܝܟܐ ܕܫܠܘ ܠܬܫܒܘܚܬܗܘܢ: ܫܒܘ ܗܟܝܠ ܕܬܬܒܪ ܢܝܚܬܐ ܗܕܐ ܒܥܕܬܐ ܡܢ ܡܫܡܫܢܘܬ: ܟܕ ܠܐ ܬܬܒܪ ܒܚܘܒܐ ܕܡܪܝܐ ܘܬܚܪܪ: ܠܐ ܟܕ ܦܠܚܝܢ ܠܫܘܠܛܢܐ: ܕܒܐܝܕܐ ܠܦܘܪܢܣܬܐ ܘܡܕܒܪܢܘܬܐ: ܐܚܝܕܐ ܡܫܡܫܢܘܬ ܗܝܡܢܘܬܐ ܕܐܠܗܘܬܐ ܠܗ ܫܠܝܛܐ. ܘܠܐ ܐܝܟܢܐ ܘܡܕܒܪܢܘܬ ܠܚܕܝܢ ܠܗܘܢ ܒܢܝܐ ܕܡܫܡܫܢܘܬ: ܠܥܠܡ ܦܘܪܩܢܐ ܘܩܘܕܫܐ: ܕܫܒܘ ܫܘܒܚܐ ܘܦܠܚܘܬܗ ܕܡܫܡܫܢܘܬ: ܘܒܠ ܬܘܕܝܬܗ ܕܒܪܬ ܒܗ ܫܠܡܘܬܐ ܕܦܘܪܩܢܐ ܠܐܢܫܘܬܐ ܘܠܡܠܐܟܘܬܐ. ܘܐܠܐ ܡܬܬܘܣܦܝܢ ܒܫܘܒܚܗܘܢ ܘܦܘܪܣܝܗܘܢ ܒܟܠܟܠ ܡܬܥܠܝܢ ܦܪܘܩܐ ܘܡܪܝܐ. ܘܒܡܠܐܟܘܬܐ ܡܫܬܒܚܝܢ ܘܡܫܒܚܝܢ: ܦܘܪܩܢܐ ܕܝܢ ܐܘܣܝܐ: ܒܪ
15 r. ܦܘ. ܗܠܝܢ ܒܢܝܢ ܩܠܐ * ܫܦܝܪ ܗܘܐ. ܗܘ ܡܠܐܟܘܬ ܡܬܚܬܝܢ ܗܘܐ ܕܚܠܦ ܐܢܘܢ ܡܢ ܡܘܬܐ ܠܥܠܡ ܐܬܚܙܝ. ܐܝܟ ܕܫܡܥܢ ܐܢܘܢ ܥܠ ܬܫܒܘܚܬܐ. ܐܬܬܟܫܦ. ܕܝܢ ܠܟܗܢܘܗܝ ܕܡܫܡܫܢܐ. ܘܫܪܝܘ ܡܢܝܢ ܠܗ ܠܐܘܣܝܐ ܐܬܚܙܝܘܗܝ ܕܒܪܬܐ. ܗܘܒ ܐܝܟܐ ܠܡܫܡܫܢܘܬܐ ܕܐܫܠܡܘ ܠܗ ܐܟܣܢܝܢ ܫܠܝܚܐ. ܠܟ ܓܝܪ ܐܚܝܕ ܕܪܬܐ ܒܠܡܝܢ. ܒܠ ܒܗܪܘܗܝ ܕܫܡܫܘ ܒܐܦܐ ܦܡܟ ܡܫܝܚܐ: ܗܘ ܕܒܠܝܢܐ ܕܡܫܡܫܘܬܗ ܒܒܪ ܬܫܒܘܚܬܐ ܒܡܠܐܟܘܬܐ ܡܢ ܦܘܡܗܘܢ ܕܚܝܐ. ܘܡܢ ܐܝܠܝܢ ܕܫܠܡܘ ܠܫܝܢܘܬܗ ܐܬܒܪܟܐ: ܗܘ ܘܐܬܬܩܝܡ ܡܢ ܦܘܩܕܢܐ ܒܢܝ ܦܘܠܚܢܗ.

ܘܢܣܒ ܒܗܘܢ ܚܝܐ ܝܠܝܘܣ ܡܫܪܪܝܢܘܗܝ܀ ܒܡܪ̈ܢܝܗ ܕܢܨܚܢܘܬܐ ܥܠ ܒܠܬܐ ܕܒܕܘ ܢܐܡܪܘܢ܀ ܒܡ̈ܠܟܒܘܗܝ ܕܚܪ̈ܪܐ. ܡܘܬܐ ܠܥܘܪܐ ܢܬܦܫܒܘܢ܀ ܘܩܘܪ̈ܝܗ ܕܒܕܬܐ. ܗܘܢ ܡܘܗܒܬܗܘܢ ܕܒܝܫܬܐ ܠܐܬܪ̈ܕܐ ܢܬܦܪܒܘܢ܀ ܒܗܠܝܢ ܕܝܢ ܡܬܠܦܢܐ ܡܡܠܠܘܬܟ ܐܪܒܥܐ ܐܦܐ ܘܫܪܝܪܐ. ܒܗܠܝܢ ܡܫܬܒܚܢܐ ܗܝܡܢܘܬܟ ܒܗܘܢܐ ܘܗܢܐ ܘܡܕܝܫܐ. ܒܗܠܝܢ ܡܬܢܝܚܐ ܡܘܗܒܬܟ ܥܡܠ ܦܓܪܐ ܕܒܕܬܗ ܘܡܫܪܝܬܗ. ܐܪܝܐ ܒܐܪ̈ܝܐ ܗܘܘ ܒܐܦ̈ܝ ܡܪܒܝܬܟ. ܫܘܒܩܢܗ SO ܕܒܕܬܐ ܬܒܥ ܝܒܪܗ ܡܢ ܙܠܬܠܐ. ܕܒܠܘ ܕܫܘ ܠܒܘܫ ܕܡܒܝܪܗ. ܠܟ ܓܝܪ ܐܓܘܠܬܗ ܡܫܝܚܐ ܠܒܕܬܐ ܡܒܕܪܬܗ. ܚܝ ܠܐ ܬܗܡܐ ܡܢ ܬܒܥ̈ܬܐ ܕܡܒܪ̈ܢܝܢܗ. ܐܝܦ ܡܓ̈ܠܝܗ. ܕܦܠܚܢܟ ܘܚܝܘܕ ܒܦܐܐ ܕܘܬܢܐ. ܘܢܗܘܘܢ ܬܘܫܒܚܐ ܥܠ ܒܠܬܐ ܕܒܝܘ. ܘܐܦ ܡܕܡ ܦ̇ܘܠܚܐ ܐܝܬ ܠܟ ܥܠ ܗܕܐ: ܘܡܢ ܡܗܘܬܗܘܢ ܕܗܠܝܢ ܡܩ̇ܒܠܐ ܒܘܪܬ. ܒܟܠ ܒܐܘܪܚܐ ܠܒܕܬܟ. ܘܫܠ ܡܬܠܝܢ ܒܬܪ ܡܢܝܢܘܗ ܕܗܡܢܝܢܘܗܘܢ܀ ܘܬܒܥܬܐ ܕܡܬܘܬܗܘܢ܀ ܘܒܕ ܗܠܝܢ ܬܒܥܬ ܩܠܐ ܡܢ ܥܠ ܓܒܝܢ ܠܡܫܬܡܥܬܗ ܕܗܒܝܫܐ ܦܪ̈ܝܢ ܗ̈ܘܘ. ܚܝ ܒܪܝܫܗ ܘܬܠܐ ܚܪ̈ܒܘܗܝ. ܠܫܡܝܐ. ܘܐܪܝܡ ܐܝ̈ܕܘܗܝ ܠܘܬ ܐܠܗܝ ܘܐܡܪ. ܦܩܘܕ ܐܝܬ ܕܘܒ̈ܪܐ ܕܡܘܬܢܐ. ܐܝܬ ܒܝܫܬ ܠܒܝ ܘܒܢܝܬ ܫܘܥܒܕ. ܕܠܐܝܢܐ ܦܘܪܣܐ * ܒܒܝܬ ܕܐܫܘܒ ܐܝܘ ܡܢ 15 v. ܡܘܬܐ ܠܗܠܝܢ ܕܗ̈ܘܝܐ. ܠܗ ܐܝܟ ܕܦܘܪ ܡܢ ܚܝܘܬܗ ܘܠܚܝܠ̈ܘܗܝ ܕܦܘܪܥܢܐ. ܐܝܟܢܐ ܕܣܒܪܘ ܐܝܠܝܢ. ܐܠܐ ܕܠܐ ܒܥ̈ܝܢ ܬܒܥܐ ܡܪܚܡܢܘܬܟ: ܬܝܒܘܬܗܘܢ ܕܗܠܝܢ ܦܓ̈ܪܝܐ ܒܒܕܝܐ ܕܬܒܒܬܗܘܢ܀ ܘܡܢ ܕܗܕܐ ܡܒܫܠܐ ܠܗܘܢ ܠܟ̈ܕܝ ܪܘܡܝܐ: ܘܡܩ̇ܒܠ ܚܠܗܘܢ ܐܒܕܢܗܘܢ ܕܬ̈ܦܠܝܐ: ܢܬܪ ܡܢ ܬܝܒܘܬܗܘܢ܂. ܡܗܝܡܢ ܡܪܝ، ܚܠܗܝ ܠܓܒܝܢ. ܘܒܕ ܕܗܕܐ ܒܚ̈ܝܘܗܝ ܓܠܦ ܠܒܕܬܗ. ܘܫܩܠ ܗܦ̇ܟ ܒܢܦܫܗ ܚܫܐ ܕܐܒܕܢܗܘܢ ܕܗܠܝܢ ܫܢ̈ܕܐ. ܕܐܬܓܠܝܘ ܡܚܒܠ ܡܢ ܬܝܒܘܬܗܘܢ܀ ܗܘܬ ܗܘܬ ܕܝܢ ܦܠܓܘܬܐ ܒܫ̈ܪܝܗ ܕܡܕܝܢܬܐ ܡܢ ܒܬܪ ܕܗܦܟ ܦܘܠܚܢܐ ܐܘܣܒܘܣ ܠܒܕܬܗ. ܡܒܕܘܢ ܓܝܪ ܬܘܒ ܗܘܘ ܒܢܦܫܗܘܢ ܥܠ ܕܓܠܝܘ ܓܒܝܢ ܕܪܒܐ ܒܐܪܝܐ. ܘܐ̈ܚܝܢ ܗܘܘ ܒܡ ܫܢ̈ܕܐ. ܐܝܟ ܕܒܡܣܒܪܢܘ ܓܒܝܢ ܕܢܫܡܐ ܕܐܠܗܐ. ܫܢ̈ܕܐ ܕܝܢ

ܡܬܬܟܣܝܢ ܗܘܘ ܒܟܠܗܘܢ ܒܗ ܐܡܪܝܢ. ܕܠܐ ܠܗ ܙܕܩ ܕܢܗܦܟܘܢ
ܢܡܘܣܐ: ܥܠ ܐܝܠܝܢ ܕܕܠܐ ܒܙܕܩܐ ܐܡܪܘܗ ܠܡܦܪܫܘ ܒܝܢܬܗ
ܕܡܪܢܐ. ܘܥܢܝܬ ܡܠܘܬܗܘܢ ܕܐܝܠܝܢ ܕܠܘܬܢ ܗܘܘ ܠܗܘܢ ܠܡܡܪܢܐ
ܡܡܠܠܐ. ܘܡܬܚܙܝܐ ܕܦܠܝܓܘܢ ܦܪܘ ܙܪܘ ܐܝܟ ܥܠ ܥܠܬܐ. ܘܥܕܡ
ܠܟܠ ܡܫܝܚܝܢ ܡܬܚܫܒܐ ܘܐܡܘܪܐ ܐܝܟ ܥܠ ܥܠܬܐ ܕܥܠܘ. ܘܒܗ
ܒܡܪܘܬ ܫܠܝܚܘܬܐ ܠܒܥܠܕܒܒܘܗܝ ܒܡܫܝܚܐ ܕܠܐ ܐܫܬܡܥܘ ܠܡܫܝܚܐ
ܫܪܒܢܐ. ܘܡܘܕܥ ܠܥܠܬܐ ܘܦܪܘ ܡܬܦܪܫ. ܘܦܪܘ ܫܪܝܪܐܝܬ ܒܢܘܪܐ
ܕܒܟܠ ܒܡܫܝܚܘܬܗ ܕܡܫܝܚܘܬܐ. ܒܗ ܒܝܕܥܬܐ ܕܝܠܗ. ܥܠܘ ܒܡܪܝܗ
ܕܡܫܡܫܢܘܬܐ ܘܥܒܕܝܢ ܕܡܫܝܚܐ. ܡܬܬܙܝܥܐ ܫܪܝܪܐ ܘܡܫܡܫܢܘܬܐ:
ܡܫܪܪܘܬܐ ܘܦܠܚܘ̈ܗܝ ܕܡܫܝܚܘܬܐ. ܘܥܒܕܘ ܛܝܒܘ، ܘܫܘܒܚ ܡܫܒܚܬܐ.
ܕܢܫܘܘܢ ܚܕܐ ܠܚܕ ܘܚܕ ܕܚܝܠ. ܘܢܬܬܠܝܘܢ ܡܢ ܡܫܪܪܘܬܐ
ܕܡܫܝܚܘܬܐ. ܘܡܢ ܒܢ̈ܝܬܐ ܕܦܠܚܝܢ ܕܐܫܬܡܥܝܢ ܗܘܘ. ܘܒܫܘܐ
ܐܘܡܘܬܐ ܘܒܫܘܐ ܕܥܠܡܘܬܐ. ܘܒܫܘ ܫܘܒܚܐ ܫܘܝܐ ܕܠܐ ܕܢܠܐ:
ܕܒܗ ܟܠܗܝܢ ܢܘܕܘܢ ܥܠ ܢܫܡܬܗܘܢ ܘܦܣ ܦܘܪܥܢܐ ܕܦܪܘܛܝܢܐ ܐܝܟ:
ܕܠܐ ܢܬܒܣܪܘܢ ܡܢ ܫܘܠܛܢܗ * ܐܦܠܐ ܡܢ ܚܘܒܐ ܕܠܡܫܝܚܘܗܝ، 16 r
ܢܬܗܦܟܘܢ ܐܘ ܢܬܬܚܒܠܘܢ: ܐܘ ܢܬܪܝ ܒܠܒܗܘܢ ܡܦܪܫܐ
ܕܦܦܪܐ. ܦܘܡܗ ܒܢܦܫܗܘܢ: ܘܡܠܘ ܒܠܒܗܘܢ ܫܪܝܪܐ ܘܐܘܠܨܢܐ.
ܘܗܘܒܐ ܘܦܩ ܒܝܫܘܬܗܘܢ ܣܛܢܐ ܕܢܦܫܗܘܢ ܘܒܪܬܐ ܕܡܪܕܘܬܗܘܢ:
ܘܕܢܩܘܡܘܢ ܒܫܪܪܐ ܠܝܫܘܥܗܘܢ. ܘܠܐ ܢܦܪܘܢ ܒܐܠܗܐ ܒܥܘܕܪܢܗܘܢ.
ܐܡܪܝܢ ܗܘܘ ܒܪ ܠܢܫܪܪܐ. ܕܡܫܝܚܘܬ ܒܪ ܐܬܬܘܗܝ ܪܫ ܐܘܣܝܐ
ܒܘܠܗ ܕܡܠܒܘܬ: ܐܘ ܡܢ ܡܫܪܪܐ. ܒܦܘܪܢܐ. ܒܥܠܬܐ
ܕܬܘܠܕܬܐ ܗܘܝܢ ܫܡܝܢ ܠܐܬܪܘܬܐ ܒܠܒܗܘܢ ܕܬܫܒܘܚܬ ܫܒܝܠܝܢ.
ܘܐܬܪܐ ܒܬܪ̈ܝܢ ܬܫܡܫܬܐ ܕܒܦܘܪܫܢܗܘܢ ܘܕܡܬܝܠܕܘܬܗܘܢ: ܐܘ
ܒܡܪܐ ܘܡܬܦܪܫܝܢ. ܘܗܦ ܠܗ ܡܚܒܠ ܐܝܟ ܐܪܥܐ ܫܠܝܚܐ
ܒܡܫܡܫܢܘܬܗܘܢ ܘܒܝܫܬܗ ܒܚܪܝܢܗܘܢ. ܕܫܪܪܐ ܠܒܬܪ ܢܦܬܗ
ܕܥܠܡܐ ܘܪܘܚܐ ܕܩܘܕܫܐ. ܘܫܘܒܚܐ ܘܪܘܚܡܬܐ ܘܐܝܩܪܐ ܘܬܘܕܝܬܐ:
ܘܐܝܩܪܐ ܘܐܬܘܬܐ ܒܗ ܥܠ ܡܫܚ ܕܐܝܬ ܒܗ ܒܥܠܡܐ. ܘܫܘܒܚܐ
ܠܥܘܠܡ ܠܐܝܟܘ ܠܒܪܐ ܘܠܐܝܠܝܢ ܕܡܠܐ ܠܐܠܗܐ ܒܡܫܪܪܘܬܗ

ܕܟܬܘܒܐ ܠܒܝ̈ܬܐ ܕܠܐ ܒܣܘܬܬܐ ܚܘܪ ܒܗ. ܐܡܪܐ ܕܦܘܫܢ ܒܡܟܪܝܘܬܗ. ܘܐܝܟ ܕܒܪ̈ܐ ܘܫܠܝ̈ܛܐ. ܢܗܦܟܘܢܝ. ܠܐܟܣܢܝܐ ܗܘܐ ܕܘܟܐ ܠܝ. ܘܠܬܠܬܐ ܥܡ ܣܦܝܢܬܐ. ܘܠܝܒܫܗ ܒܡܦܩܢܘܬܐ ܕܡܫܒܪܢܘܬܐ ܘܐܝܟ ܕܐܬܠܠܝܐ ܫܠܝܛܐ ܢܦܠ ܚܕܐ ܠܝܒܫܐ. ܘܢܒܪܐ ܡܢܗ ܕܠܝܠܐ ܕܐܬܝܢܐ. ܘܢܗܘܐ ܕܠܝܬܐ ܕܡܬܝܪܢܐ. ܘܬܫܡܫܬܐ ܠܦܠܓܘܬܐ ܠܥܠܡܐ ܐܬܐܡܪܬ. ܕܐܘܫܥܝܢ. ܡܢܐ ܓܝܪ ܢܐܡܪ ܡܢ ܕܠܝܬܝ ܒܗ ܕܥܠܝܗܘܢ، ܘܦܬܚ ܠܫܘܪ. ܗܘ ܕܐܡܪ ܗܘ ܒܦܘܡܗ ܒܡܟܪܝܘܬܗ. ܘܡܬܚܬܝܢ ܗܘܘ ܬܫܒܘܚܬܐ ܡܢ ܡ̈ܠܟܐ ܩܕܝܫܐ: ܘܬܫܒܘܚܬܐ ܕܠܫܝܚܐ ܠܥܝܢܘܗܝ ܡܢ ܕܥܠܡܐ. ܘܡܬܚܙܝܢ ܗܘܘ ܡܠܟܝܢ ܠܝܘܕܝܐ ܘܒܢ ܬܠܬ ܠܦܘܩܕܢܐ ܐܘܣܛܣ: ܕܐܡܪܐ ܒܫܠܝܚܘܬܐ ܗܘܬ ܠܗܘܢ ܠܝܘܪܕܢܢ ܕܗܘܡܢܐ: ܕܠܐ ܬܬܦܪܩ ܗܝܡܢܘܬܗ ܬܪܝܨܬܐ ܕܒܕܬܐ: ܘܕܩܘܒ ܢܕܥܘܢ ܠܡܗܘܬܐ ܠܗܘܢ. ܒܥܠ ܟܠ ܦܘܩ * ܕܗܘ ܕܐܠܗܘܢ. ܫܪܝܐ ܗܘܐ 16r. ܘܪܘܪ ܢܥܢܘܢ ܒܦܠܚܢ ܕܡܫܝܚܘܬܗܘܢ: ܘܚܪܪܗ ܕܥܒܕܘܢ: ܘܠܐ ܡܫܐܠܬ ܠܗ ܠܥܠܐ ܗܒܐ ܡܥܠܝܐ ܘܫܘܒܚܐ ܐܠܗܝܐ ܕܗܘܐ ܗܘܐ. ܡܢ ܐܝܠ ܠܗܘܬܗܘܢ ܟܕ ܕܝܢ ܕܒܥܝܢ ܗܘܘ. ܘܝܗܒ ܠܗܘܢ ܫܠܡܐ. ܘܡܠܐܟܐ ܒܠܒܗܘܢ ܘܒܪܐ ܐܢܘܢ: ܘܒܬܫܘܒܚܬܐ ܣܓܝܐܬܐ ܕܥܡ ܬܫܒܚܬܐ ܡܠܟܐ. ܗܘܐ ܠܗܘܢ ܘܡܫܝܠ ܪܚܡܘܢ: ܟܕ ܝܗܒ ܠܗܘܢ ܠܦܩܕܝ ܘܡܦܠܘ ܠܡܫܝܚܘܬܗܘܢ: ܘܟܕ ܟܢܝܐ ܡܫܠ ܦܐܪ ܗܘܐ ܕܢܐܠ ܐܢܫ ܐܝܟ ܠܚܘܬܗ. ܘܢܩܒ ܫܟܢܘ ܠܗ ܘܐܬܟܪܝܘ ܡܢܗ. ܘܫܠܐ ܦܘܡܗ ܒܡܘܪܒܬܐ. ܘܟܕ ܐܢܘܢ ܘܐܡܪ ܠܗܘܢ: ܒܢܝܡ ܐܢܬܘܢ ܠܡܪܝܐ ܐܠܗܟܘܢ: ܗܘ ܕܠܗ ܐܬܠܒܫܬܘܢ ܢܦܫܟܘܢ: ܘܠܗ ܬܫܡܫܘܢ ܘܐܬܒܝܚܘܢ: ܫܬܦܪ ܡܢ ܟܠ ܕܐܝܬ ܒܗ ܒܥܠܡܐ. ܘܡܫܡܫܬܘܢ ܢܦܫܟܘܢ ܠܡܪܝܐ ܒܐܘܪܚܐ ܕܐܘܦܣܬܗ. ܘܡܠܠܬܘܢ ܗܘ ܕܐܡܪ ܡܢ: ܕܡܢ ܕܢܚܡ ܠܝ ܢܐܬܐ ܒܬܪܝ. ܘܡܢ ܕܠܐ ܫܩܠ ܨܠܝܒܗ ܘܫܩܠ ܘܢܦܫܗ ܘܐܬܐ ܒܬܪܝ. ܗܘ ܠܐ ܫܘܐ ܠܝ. ܘܡܛܠ ܕܠܐ ܬܬܟܠ ܠܝ: ܐܡܪ ܕܡܫܘܚܬܐ ܕܢܦܫ ܚܠܝܡ: ܘܢܦܫ ܠܝ ܡܢ ܥܡܟܐ ܕܢܘܚܡܗ: ܘܡܠܐ ܘܐܡܪ ܠܝ. ܗܘ ܕܢܘܚܡܝ. ܢܦܩܐ ܗܘܝܬ ܒܝܬ ܥܡܘܟܐ ܕܢܘܚܡܗ ܕܒܥܘܕ: ܘܠܐ ܬܬܟܠ ܠܝ ܒܐܘܠܨܢܝ.

ܐܘܠܝܢܐ ܓܝܪ ܕܡܠܟܐ ܘܒܥܐ. ܘܡܣܟܐ ܠܗ ܚܝܠܐ ܕܠܟܠܗ. ܐܦܠܐ ܡܢ ܫܡܥܬܗ ܘܠܘܫܚܬܗ ܕܦܪܘܣܐ ܢܬܪܘܡ. ܠܐ ܓܝܪ ܡܦܩܐ ܗܘ ܐܠܗܐ ܐܝܟܢܐ ܠܓܒܪ. ܐܦܠܐ ܠܐܚܪܢ̈ܐ ܙܕܩ ܠܗ. ܘܫܡܥܬ ܠܥܠܝܢܐ ܦܘܠܘܣ ܕܐܡܪ. ܕܟܠ ܡܕܡ ܠܗ ܡܬܐܠܨܝܢ. ܐܠܐ ܠܐ ܡܬܚܫܒܝܢ. ܡܬܦܪܫܝܢ. ܐܠܐ ܠܐ ܣܓܝܐܝܢ ܚܕ. ܡܬܬܪܦܝܢ. ܐܠܐ ܠܐ ܡܬܬܚܡܝܢ. ܡܬܬܚܣܢܝܢ ܚܕ. ܐܠܐ ܠܐ ܐܬܒܣܝܢ. ܒܗ ܕܝܢ ܫܪܟܐ ܕܒܢ̈ܝܬܐ ܟܠܗ̇ ܐܠܗܘܬܐ. ܕܒܗܝܢ ܡܕܝܢܬܐ ܗܘܬ ܗܘ ܥܠܝܢܐ ܒܒܝܬܗ ܠܐܠܗܝܢ ܕܪܕܦܝܢ. ܗܘܬ ܐܚܒܬܐ ܐܦ ܠܗ ܙܕܩ ܢܬܬܕܒܪ. ܕܒܗܘܢ ܒܗܠܝܢ ܒܢܬܐ ܟܠܗ̇ ܕܒܢ̈ܝܢܝܢ ܟܠܗܝܢ ܡܬܪܥܝܐ. ܢܦܫܐ ܢܦܩ * ܒܪܘܚܝܢ. ܘܥܕܡܐ ܠܟܠܗ̇ 17 r.
ܥܠ ܐܠܗܐ ܒܒܘܕܝ. ܕܗܘ ܡܛܐ ܒܝܠܐ ܕܢܦܫܝ ܡܢ ܣܓܝܘܬܗ ܕܪܘܚܝܢ. ܘܒܒܝܬ ܒܫܝܢܬܗ ܐܝܟ ܕܒܒܝܬ ܒܥܡܠܐ ܠܣܝܒܘܬܐ. ܘܦܘܪܫܢܐ ܠܕܪܬܗ. ܘܠܟܘܢ ܚܝܐ ܢܛܪܬܐ ܒܟܠܒܘܬܗ. ܕܗܘܬܘܢ ܗܘܪܐ ܕܡܟܝܠܐ. ܘܒܪ ܟܡܐ ܐܢܘܢ ܫܪܐ ܐܢܘܢ ܕܢܐܙܠܘܢ ܐܢܫ ܒܢܝܢ ܠܒܢܬܗ ܒܫܠܡܐ. ܘܗܘ ܗܦܟ ܠܕܝܬܗ. ܒܪ ܚܕܐ ܘܡܗܕܐ ܘܡܫܒܚ ܠܐܠܗܐ. ܠܦ ܕܝܢ ܡܠܝܢܘܣ ܒܠܗܝܢ ܕܒܪ. ܒܗܘܡܟܐ. ܘܠܝܬ ܗܘܐ ܠܗܘܢ ܠܒܢܝ ܗܘܡܟܐ ܠܟ. ܘܡܠܟܐ ܗܘܐ ܒܠܝܗܘܢ ܢܒܗܬܐ ܘܐܦܪܝܐ. ܘܦܣܩܝܢ ܗܘ ܐܦܘܗܝ ܠܐܒܝܢܘܢ ܘܕܝܢܒ ܒܢܝܗܘܢ ܬܒܒܬܐ ܕܡܕܝܢܬܗܘܢ ܕܬܫܪܘܗܝ. ܗܦܟ ܕܝܢ ܕܢܫܝ ܬܪܝܢܬܗ ܕܦܪܘܣܐ. (ܐܦܠܛܘܢ ܒܕܒܬܗ. ܒܪܢܐ ܕܪܕܐ ܗܘܐ ܒܫܒܒܬܗ. ܡܫܚܬܗ ܒܦܝܠܣܘܦܐ. ܘܒܪ ܠܟ ܐܬܘܗܝ ܗܘܐ ܢܦܫܒ. ܟܠܒܐ ܒܐܒܢܐ ܘܬܪܝܢܐ ܢܒܗ ܗܘܐ. ܗܘ ܗܘܢܐ ܚܪ ܡܢ ܟܠܝ ܟܠܒܘܗܝ ܕܦܪܘܣܐ ܐܬܘܗܝ ܗܘܐ. ܘܡܡܠܠ ܗܘܐ ܒܠܘܗܝ ܟܠܒܐ ܕܡܦܒ ܗܘܐ. ܠܗ ܠܗܘܢܐ ܦܪܝܘ ܡܠܝܢܘܣ ܒܐܪܐ. ܐܝܟ ܕܢܦܫ ܡܢܗ ܡܠܒܐ ܥܠ ܐܝܠܝܢ ܕܐܬܦܪܬ. ܘܡܠܟܐ ܘܐܘܪܚܗ ܕܐܦܪܐ ܬܒܒܬܐ ܦܘܡܐ ܠܗ ܕܢܒܒܪ ܡܢ ܒܝܬ ܗܘܡܟܐ: ܕܥܠܡܗ ܘܐܗܘܠ ܒܬܪܒܬܗ. ܘܟܕܝܢ ܗܘܐ ܒܠܝܗܘܢ ܡܫܐܠܬ ܒܪ ܐܡܪ. ܕܟܪܘܟܗ ܠܡ ܕܘܠܬܐ ܡܬܐܠܨ ܐܝܟܐ ܗܘܢܘܢ ܕܟܬܒܐ ܡܬܘܪܐ ܕܐܡܪܝܢ ܒܡܡܪܢܘܬܗܘܢ ܘܐܘܣܒܘ ܐܝܟܐ ܥܠ ܒܡܪܝܢ ܕܐܠܗܘܬܐ: ܘܠܐ ܐܝܠܘ ܡܢ ܬܒܒܬܐ

ܕܐܠܗܘܬܐ܇ ܕܐܘܣܦܘ ܒܡܫܬܪܝܢܘܬܗܘܢ ܕܠܐ ܒܙܘܕܩܐ ܥܠ ܟܠܗܬܐ ܕܒܢܘ. ܐܦܠܐ ܡܢ ܫܘܠܛܢܗ̇ ܒܐܝܕܐ ܕܡܠܟܘܬܐ ܒܗܘ ܕܐܬܬܚܝܒܘ ܐܠܐ ܐܘܣܦܘ ܥܠ ܙܘܕܩܗܘܢ. ܘܢܚܬܘ ܕܐܘܟܘܬܐ ܠܕܘܟܬܐ ܕܫܘ̈ܕܪܐ܆ ܥܠ ܕܥܠܡܐ ܠܫܘܒܚܗ̇ ܕܡܠܟܘܬܗ̇. ܡܢ ܕܒܗ̇ ܩܢܬ̈ ܘܗܘܕܝܘܬ̈ ܕܗܘܢܝܢ ܠܗܘ. ܘܠܗܘܝܠ ܗܠܝܢ. ܡܛܠ ܕܠܦܐ ܐܝܟ ܠܡܬܠ ܥܠ ܗܠܝܢ. ܐܘ ܕ̈ܢܚܐ ܘܣܝܡܐ ܘܢܣܒ ܕ̈ܐܠܗܐ.... ܐܦܠܐܗܘ ܕܝܢ ܡܛܠ ܕܡܕܝܢܐ ܗܘܐ ܣܝܡܐ ܘܢܣܒ ܫܝܢܐ. ܡܢ ܫܘܪܝܐ ܕܡܠܟܘܬܗ ܠܫܘܒܚܗ ܕܦܪܘܣܝܐ * ܢܗܘܐ ܠܝܘܢܝܐ. ܕܪܗܘܡܐ (?) ܗܦܟܬܐ ܘܢܬܗܦܟܘܢ، ܟܕ ܫܘܒܚܗ. ܐܦܢܝ ܠܗ ܓܝܪ ܠܦܪܘܣܝܐ. ܕܫܘܠܛܢܐ ܠܗ ܕܡܠܟܘܬܟ ܗܘ ܕܐܬܒܢܝ ܘܕܘܝܕܐ. ܒܗܠ ܕܢܨܚܬ ܫܠܝܛ ܐܝܟ ܐܝܟ ܡܠܟܐ. ܒܗܠܝܢ ܐܝܬ ܕܠܗܠ ܡܢܟ ܕܢܫܒܐ ܨܒܝܢ ܒܐܠܗܝܢ ܕܫܡܝܐ. ܐܠܐ ܐܢ ܐܠܗܝܢ ܡܫܒܚ ܕܠܐ ܨܒܝܢ ܒܐܠܗܐ ܕܫܡܝܐ. ܡܛܠ ܓܝܪ ܕܠܟܠܗ ܡܫܒܚ ܕܢܨܪܐ ܨܒܝܢܗ ܕܡܠܟܐ ܘܐܝܬ ܠܗ ܕ̈ܢܚܐ... ܘܠܘܩܒܠܗ ܐܡܪ. ܐܠܐ ܒܫܘܠܛܢܐ ܕܒܐ ܗܘܝܬ ܕܐܬܝܗܒ ܐܚܪܢܐ ܕܐܡܪܬ. ܠܟ ܒܠܠܐ ܒܐܠܗܝܢ ܕܐܬܪܚܒܬ ܠܐ ܪܕܦܐ ܗܘܝܬ. ܠܗ ܓܝܪ ܠܒܪܐ ܗܘܬ ܗܕܐ ܡܢ ܕܡܢ. ܕܥܠ ܫܠܝܛ ܠܗ ܐܝܟ ܡܠܟܐ. ܘܡܢ ܠܒܪ ܫܠܝܛ ܠܝ. ܠܐ ܢܨܒܐ ܐܢܐ ܕܒܫܘܠܛܢܐ ܐܘܚܪܢ ܡܢܗ. ܕܐܦ ܒܗ ܒܗܕܐ. ܬܪܝܨܘܬܟ ܠܟܠ ܐܢܫ ܬܬܠܕܒ. ܐܝܟ ܠܒܪܐ ܗܟܝܠ ܪܕܦܐ ܘܢܣܝܒܐ. ܗܟܢܐ ܡܠܟܐ ܒܐܝܕܐ ܘܬܪܨܐ ܒܥܠ ܐܠܗܝܢ ܕܟܣܝܢ ܐܫܬܘܕܥܬ. ܘܠܐ ܡܢ ܫܘܠܛܢܗܘܢ ܬܬܒܥܐ ܘܬܒܥܘܢ ܥܠ ܘܠܝܬܐ. ܘܠܐ ܡܬܢܒܝܢܘܬܐ ܕܠܐ ܒܪܘܚܐ ܬܢܚܐ܆ ܥܠ ܡܕܝܢܬܐ ܘܩܛܠܬܐ ܕܠܐ ܫܒܩܝܢ.... ܐܦܠܐܗܘ ܐܡܪ: ܡܛܠ ܕܡܫܥܒܕܘܬܐ ܡܚܠܬ ܡܢ ܡܠܟܘܬܗܘܢ. ܘܫܘܒܕܐ ܢܘܟܪܝܬ ܕܠܐ ܐܬܚܫܒ ܥܠ ܘܠܝܬܐ. ܫܘܠܛܢܐ ܓܝܪ ܐܝܬ ܠܟ ܐܝܟ ܡܠܟܐ. ܐܠܐ ܒܗ ܗܕܐ. ܐܦ ܗܘ ܬܕܒܪ ܡܠܟܘܬܟ. ܕܐܦ ܗܢܘܢ ܫܘܠܛܢܗ ܕܡܠܟܘܬܐ. ܬܫܬܪܪ ܠܦܘܪܣܗ ܕܘܠܝܬܐ ܘܫܒܝܢ. ܘܬܬܫܬ ܠܡܦܘܣܗ ܕܟܐܢܘܬܐ. ܘܐܦ ܐܢܐ ܢܨܒܐ ܕܢܦܫܝ ܠܦܘܪܣܗ ܕܘܠܝܬܐ: ܘܢܗܒ ܠܡܦܘܣܗ ܕܟܐܢܘܬܐ. ܬܬܟܠܠ ܠܗ ܡܢܗ ܫܘܒܚܗ ܕܡܠܟܘܬܐ. ܕܗܘ ܡܬܘܪ ܗܘܐ ܠܗ. ܘܡܛܠ ܢܠܟܘܢ، ܫܘܒܚܐ ܕܦܘܪܣܘܬܐ:

ܕܟܘܪܬ ܠܡܫܝܚܘܬܗ܆ ܒܟܐܪܐ ܘܡܫܘܕܐ ܕܠܒܠܡ. ܘܠܐ ܡܚܒܠ ܐܢܬ ܠܗ
ܕܬܬܐܡܪ ܡܠܟܝ. ܐܠܐ ܠܦܘܬ ܕܡܒܕܪ ܒܝ̈ܫܬܐ ܕܠܐ ܢܚܘܐ. ܗܘ
ܠܗ̇ ܕܝܢ ܠܡܠܟܘܬܗ ܕܬܬܒܪ. ܡܢ ܢܒܝ̈ܘܬܗ ܕܟܐܢܘܬܐ. ܕܒܡܠܟܘܬܗܘܢ
ܦܬܘܓܡܐ ܕܠܒܝܬܐ ܕܝܠܗܘܢ ܕܝܢ .. ܘܠܝܠܗ ܐܡܪ. ܘܡܢܐ ܬܒܥܝܢ
18r ܦܬܓܡܐ * ܕܩܕܝܫܬܐ: ܐܘ ܦܩܕܝܢ ܢܒܝ̈ܘܬܗ ܕܟܐܢܘܬܐ: ܥܠ ܒܒܢ̈ܝܐ
ܡܬܘܒܪܐ ܘܩܛܠܐ: ܕܠܐ ܡܫܒܚ ܘܒܪ ܚܝܝܗܘܢ ܕܝܠܬܐ ܕܡܬܢܝܚܝܢ...
ܐܦܠܐ ܗܘ ܐܡܪ. ܦܪܗܣܝܐ ܢܣܒܬ ܠܝ ܐܠܗܘܬܟܘܢ ܠܝ ܠܒܢ̈ܝܢܐ:
ܘܐܬܦܩܕܝܢ ܡܢ ܥܘܠܝܬܐ ܕܟܝܢܘܬܟܘܢ. ܕܒܠ ܐܝܠܝܢ ܕܡܒܪܟܐ
ܒܝܢܬܟܘܢ ܢܦܠ ܡܠܟܐ ܠܬܪܒܝܬܟܘܢ ܐܬܚܝܒܬ ܠܝ ܕܝܢ ܐܘ ܡܫܝܚܐ
ܘܡܫܝܚܐ ܡܠܟܐ ܕܠܥܠܡ. ܡܛܠ ܕܒܚܝܠ ܠܐ ܢܬܒܥ ܒܟܝܢܘܬܟܘܢ
ܥܠ ܒܐܘܪܚܐ ܡܠܟܘܬܗ ܕܫܡܝܐ. ܘܒܫܒܐ ܗܟܢܐ ܘܡܫܝܚܐ
ܕܡܠܝܠܘܬܟܘܢ: ܟܕ ܗܟܢܐ ܠܐ ܐܬܦܢܝ܆ ܥܠ ܐܘܪܚܐ ܕܫܘܒܚܐ.
ܘܦܩܘܕܘ ܕܡܠܟܘ ܠܐ ܒܕܚܝܠ ܢܦܩܝܢ ܒܡܕܝܢܬܐ ܗܕܐ: ܕܗܝ ܗܝ
ܙܝܢ ܐܘܪܫܠܡ: ܘܐܡܪܐ ܕܡܠܟܝܢ ܡܕܝܢܬܐ ܕܥܘܠܝܬܐ. ܘܐܝܠܝܢ ܕܠܐ
ܢܦܩܝܢ ܦܩܘܕ ܕܡܠܟܘܬܐ ܒܡܕܝܢܬܐ ܗܕܐ. ܒܝܪܐ ܗܝ ܡܢ ܒܪܝܬܗܘܢ
ܡܢ ܡܠܟܝ. ܘܠܒܪ ܡܢ ܡܕܝܢܬܐ ܗܝ ܕܡܠܟܐ ܕܟܠܗ ܕܫܘܒܚܐ.
ܟܠܗ ܕܝܢ ܕܗܕܐ ܐܘ ܡܫܒܚܐ ܘܡܢܝܚܐ: ܦܩܘܕܐ ܘܡܒܪܬܐ ܡܬܪܒܝܢ
ܚܝ ܠܥܘܠܝܬܐ ܕܫܘܠܛܢܟܘܢ ܕܢܣܒ ܦܘܩܢ ܒܗ ܡܕܝܢܬܐ ܗܕܐ. ܡܛܠ
ܕܗܟܢ ܙܝܢ ܐܘܪܫܠܡ ܡܠܟܐ ܪܒܐ. ܘܠܐ ܢܫܬܪܐ ܢܦܩܐ ܒܠܒܗ
ܚܢܢܐ ܘܒܪ ܕܢܚܠܝ. ܕܕܠܡܐ ܬܬܐܡܪ ܒܠܒܒܟܐ ܘܠܐ ܡܬܒܪܐ.
ܠܐ ܒܢܝ ܦܐܐ ܠܝ ܕܩܕܡ ܕܢܚܠܝ: ܒܝܢܐ ܘܫܦܝܐ ܘܫܪܒܐ:
ܘܒܚܢܒܐ ܘܒܥܒܕ ܕܗܘܐ ܢܬܚܦܪ ܒܦܪܫܐ ܕܡܠܟܘܬܐ. ܕܗܝ
ܬܬܚܒܕ ܠܝ ܠܦܘܪܢܐ ܘܠܐ ܬܠܟܐ. ܐܠܐ ܐ ܒܚܝܝܐ ܐܢܬ
ܠܡܠܟܘܬܟܘܢ: ܘܥܦܪ ܒܒܢܝ ܥܘܠܝܟܘܢ. ܢܐܚܘܕ ܒܟܒܝ. ܘܢܗܘܐ
ܒܢܦܫܐ ܕܗܘܪܚܘܗܘܢ ܡܠܐ ܘܒܢܐ: ܟܕ ܬܗܘܐ ܒܐܒܝܢ ܡܠܟܘܬܐ:
ܘܡܬܒܪܝܢ ܥܠ ܒܠܒܒܟܘܢ: ܘܡܬܚܝܒ ܚܝ ܒܡܕܝܢ. ܘܡܬܦܫܝܢ ܚܝ
ܒܪܘܚܬܐ ܠܐܘܪܚܢ ܢܦܫܟܘܢ. ܘܐܝܟ ܡܠܟܐ ܘܫܠܝܛܐ ܒܦܬܟܡܗ
ܕܠܟܠܝ. ܘܡܬܢܘܚܐ ܬܪܝܨܘܬܟ ܡܢ ܡܦܩܠܢܝ. ܘܗܘܝܐ ܡܚܝܘܗܘܢ

ܬܟܠܬܐ ܒܟܐܢܘܬܐ: ܥܠ ܕܦܫܩܘ ܬܘܪܓܡܗ ܕܡܠܬܐ. ܘܡܬܦܪܫ
18 v. ܐܚܝ ܐܚܝ * ܡܫܝܚܘܢ ܒܪܘܚܐ ܐܝܟ ܡܢܐ ܕܢܒܝ̈ܐ ܗܘܪܫܢܘܗܝ. ܕܫܡ
ܐܝܟ ܕܒܪܝܐ ܒܝܕܝܐ ܕܦܘܩܕܢ ܡܢ ܩܕܡܘܗܝ܆ ܐܝܠܝܢ ܕܐܬܚܙܝ ܠܗ
ܚܘܫܒܐ ܕܟܘܠܗܘܢ ܡܪ̈ܟܢ ܠܡܫܠܡܘܬܗ܆ ܕܐܠܗܘܬܗܘܢ ܗܘ ܗܟܢܐ
ܝܗܒܐ ⁘ ܘܠܝܢܘ ܐܚܪ̈ܝ. ܠܒܪ ܥܒܕ ܒܢܝܐ ܡܠܟܝܢ. ܘܐܬܝܗܒ
ܥܠ ܦܬܟܪ̈ܝܢ. ܒܬܪ ܕܝܢ ܡܢ ܕܠܡܐ ܒܗ ܐܡܗܐ ܘܐܝܒܘܗ. ܡܢ
ܬܟܠܬܐ ܕܒܫܡ̈ܝܐ ܕܐܠܗܘܬܐ. ܠܝܬ ܠܗ ܕܢܡܟܐ. ܕܗܢ ܢܪܒܐ
ܐܠܗ̈ܐ ܕܠܗܘܢ ܡܫܒܚܝܢ ܗܘܘ ܥܠ ܡܫܡܫܢܘܬܗ. ܕܗܢ ܬܟܠܬܗܘܢ
⁘··· ܐܦܠܐܘܗ ܐܚܪܢ. ܬܟܠܬܐ ܕܒܫܡ̈ܝܢ ܗ̇ܘ ܠܐܠܗܐ.
ܕܐܡܪܬ، ܕܝܠܟܘܢ ܢܬܟܒܘܢ ܒܢܝܪܬܗܘܢ܆ ܡܢܗ ܒܪ ܟܠܐ ܒܡܠܬܗܘܢ
ܕܐܠܗܐ. ܘܒܐܝܠ ܒܫܘܬܦܘܬܗܘܢ܆ ܘܡܕܒܪܝܢ ܕܟܠܗܘܢ ܝܡܝܢܗܘܢ
ܒܐܝܠܝܢ ܕܐܫܟܚܢ. ܠܗܢܐ ܒܒܪ ܒܫܡܝܐ ܘܡܫܒܚܢܘܬܐ ܬܫܒܘܚܬܗܘܢ
ܗܘܘ ܠܬܫܒܘܚܬܗܘܢ܆ ܐܘ ܕܠܗܢܐ ܬܗܒ. ܡܢ ܕܝܢ ܬܫܒܘܚܬܐ ܘܡܫܒܚܢܘܬܐ
ܡܬܦܪܫܝܢ ܗܘܘ ܠܐܘܪܚܗܘܢ܆ ܐܘ ܕܠܗܢܐ ܒܒܪ ܒܠܒܘܫܐ ܕܪ̈ܚܡܬܐ
ܡܕܒܪܝܢ ܗܘܘ. ܘܡܠܟܝܢ ܗܘܘ ܠܐܠܗܐ ܢܒܪ̈ܟܘܢ܆ ܒܫܒܘܚܬܗܘܢ܆
ܘܡܠܟܝܢ ܘܡܩܒܠܝܢ܆ ܘܒܫܘܒܚܬܗܘܢ ܕܐܠܗܐ ܕܒܠܝܢܗ܆
ܘܠܘܬ ܠܗܘܢ ܦܬܟܪܐ ܗܕܐ ܕܠܝܬ ܒܗ̇ ܢܡܘܣܐ. ܡܢ ܕܝܢ ܕܐܝܟ ܒܫܢܐ
ܗ̇ܘ. ܠܗܘܢ ܕܝܢ ܠܐܠܗܐ ܟܠܢܐ ܗ̇ܘ. ܕܠܐܢܫܐ ܒܦܘܪܫܐ ܐܡܗܬܗ
ܡܢܗܘܢ ܒܗ ܡܬܒܣܡܝܢ: ܘܠܐ ܒܪܘܪ ܐܢܫ ܒܗ ܡܫܬܡܥܢܐ ܡܢܗܘܢ
ܥܠܡܢܝܬܐ. ܢܛܠ ܡܢܠ ܠܐܠܗܐ ܐܝܠܝܢ ܕܒܬܪ ܐܠܗܐ ܦܪܝܫܝܢ.
ܘܠܒܢܝܐ ܐܝܠܝܢ ܕܒܬܪ ܦܪܝܫ ܒܗ ܡܬܦܫܩܝܢ. ܘܗܟܢܐ ܢܐܪܦ
ܕܐܝܟܢܐ ܢܦܩ ܥܡܐ ܦܠܚܐ ܘܠܝܫܢܐ ܒܡܕܒܪܢܘܬܐ ܕܐܬܕܪܫܬ ܠܗ.
ܘܥܦܪ ܒܕܝܢܘܗܝ. ܕܦܘܠܚܢܐ ܬܟܠܝܬܐ ܕܒܠܝ ܐܦܠܦܘܗ ܘܥܒܠ ܡܠܬܗ.
ܗ̇ܘ ܕܝܢ ܗܢܐ ܦܘܠܚܢܐ ܠܦܠܚܐ. ܒܪ ܐܢܫ ܘܦܠܚܐ ܠܐܦܠܚܐ. ܥܒܪ
ܘܒܗܡܘܬ، ܡܫܡܫܢܐ ܠܡܗܝܡܢܐ: ܕܢܫܒܘܪ ܗܘܘ ܥܠ ܡܐܬܝܬܗ.
19 r. ܘܐܬܟܬܒܬ ܥܠܘܗܝ ܡܕܝܢܬܐ ܘܐܬܪܗܬܒܗ. * ܘܪܘܪܒܢܘܗܝ ܕܝܢ ܕܪܘܡܝܐ:
ܗܠܝܢ ܕܥܠܘ ܒܡܫܟܢܐ ܕܡܫܡܫܬܐ. ܠܐ ܐܬܪܗܒܘ ܗܟܢ ܐܘ ܐܬܦܠܚܘ.
ܐܠܐ ܒܗ ܢܠܦ ܥܠ ܦܘܠܚܢܐ ܕܢܦܩ ܠܡܫܬܐ. ܥܒܘ ܡܢܗܘܢ

ܓܒܝܬܗ ܕܥܠܡܐ. ܘܪܘܚܐ ܕܩܘܕܫܐ. ܘܦܪܘܩܢ ܓܒ̈ܝܬܘܗܝ ܥܒܕ. ܘܗܘܒܪܗ ܠܡܫ̈ܒܚܢܐ ܘܠܬܘ̈ܕܝܬܐ ܘܐܦ ܠܝܘ̈ܬܪܢܐ. ܘܠܐܬܪ̈ܥܠܬܐ ܘܦܪܫܘܗ̇ ܠܐ ܕܥܘܪ. ܐܝܟ̈ܢܐ ܗܘܘ ܓܒ̈ܪܐ ܡ̈ܪܝ، ܢܩܘܦܐ. ܘܪ̈ܕܝܐ ܕܢܦܫܗܘܢ ܘܡܒܥ ܕܡܢܝܢ ܗܘܘ. ܐܓܠܘܗܝ، ܠܟܢ ܒܬܫܡܫܬܗܘܢ. ܘܐܡܘܢܐ ܡܫ̈ܡܫܢܐ ܘܡܩ̈ܕܫܢܐ[1] ܥܠ ܐܦ̈ܣܩܘܦ ܕܠܥܠܡܝܢ ܕܠܓܘ ܘܕܠܒܪ. ܘܡܕܒܠܐ ܢܐܬܐ ܦܪܘܣܐ ܠܡܕܒܪܢܘܬܗܘܢ. ܥܒܕܘ ܒܬܘܡܗܘܢ[2] ܘܐܬܒܪ̈ܝܘ ܠܒܘ̈ܡܪܝܗܘܢ. ܘܡܕܒܪܢܘܬܗ ܕܐܠܗܐ ܥܡ ܦܪܘܣܐ ܐܘܣܝܦ ܗܘܐ ܗܘܐ ܡܕܒܪܢܘܬܗܘܢ. ܒܕܡܐ ܠܢܡܘܣܐ ܠܗ ܕܥܠ ܦܪܘܣܐ ܠܡܕܒܪܢܘܬܗܘܢ. ܘܥܒܕ ܢܦܫ ܐܝܟ ܒܝܬ ܐܦܘܪܐ. ܗܘܬ ܗܘܬ ܕܝܢ ܡܫܠܡܢܘܬܗ ܕܡܠܟܘܬ ܠܗܝܡܢܘܬܐ. ܒܐܝܕܝ ܐܒܪ[3] ܕܥܒܪܬ ܥܬ ܡܬܐܐ ܘܥܒܕܝܢ ܘܬܠܬ ܒܡܫܝܚܐ ܕܩܘ̈ܕܫܐ ܒܡܫܒܚܐ ܘܡܫܪܝܢ ܒܗ ܒܢܝܫܐ. ܒܕ ܡܠܘ ܠܡܘܬܗ ܕܡܘܦܬܠܣ ܢ̈ܝܫܐ ܫܡܝܢܐ. ܒܗ ܗܘ ܒܗܘܡܐ ܗܢܐ ܥܠ ܦܪܘܣܐ ܠܗܝܡܢܐ. ܒܝܘܡܐ ܪܒܐ ܕܫܠܝ̈ܚܘܗܝ. ܘܒܬܘܩܦܐ ܘܒܥܘܕܪܢܐ ܕܡܕܒܪܢܘܬܗ. ܘܡܫܘܠܡܐܐ ܕܠܟܢܘܫܝܐ ܘܡܫܝܪܐ ܕܠܟܪܝܐ. ܒܕ ܥܒܠ ܠܗ ܢܝܚܐ ܘܥܒܘܪܐ. ܘܦܩܕ ܘܡܥܒܠ ܪܒܘܬܗ ܒܡܕܝ̈ܢܬܐ ܕܝܠܝܕܘܬܗ. ܘܠܐ ܐܫܬܐ ܗܘܬ ܥܠ ܠܗ ܒܢܝܫܘܬܗ. ܐܦ ܕܒܪܢܫܐ ܗܘܐ. ܥܒܠ ܗܘܐ ܠܗ ܕܝܢ ܥܠ ܦܪܘܩܢܗ ܠܡܫܡܫܘܬܐ ܕܡܢܗܪܐ ܠܢܦܫܐ. ܐܝܟ ܕܢܒܝܐ ܗܘܐ ܪܘܚܢܬܐ ܘܕܝܠܝܬܐ ܥܠ ܡܢܗܪܝܢ ܕܪܘܚܢܐ. ܘܐܬܬܘܕܝ ܐܦܘܬܗ ܕܡܕܒܪܢܘܬܐ. ܥܡ ܢܝܚܗ. ܘܒܪܘܢ ܘܦܠܓ ܥܡ ܡܕܡܘܗܝ، ܘܠܢܬ ܗܘܐ ܕܒܥܠ ܘܢܣܒ ܒܩܘܪܒܗ ܕܡܕܒܪܢܘܬܐ. ܩܘܡܬܐ ܦܛܪܝܐܪܟܐ. ܘܒܕ ܢܝܚ ܦܪܘܣܐ ܕܐܡܠܟܬ ܕܡܠܝܐ ܦܛܪܝܪܟܘܬܐ. ܥܠ ܒܡܕܝܢܬܗ ܕܪܗܘܡܐ. ܢܣܒ ܡܩܘܕܫܬܐ ܠܢܝܠܘܬܗ. ܘܐܡܝܢ ܚܠܡܘܢ ܪ̈ܒ ܢܝܫܐ. ܘܥܒܕ ܐܝܟ ܕܢܐܝܐ ܠܡܕܒܪܢܘܬܐ ܐܫܝܢܬܐ.
19 v. ܒܕ ܘܒܢܐ ܕܡܬܦܘܣܡܝܢ. ܘܥܒܪ ܒܪ̈ܘܡܘܗܝ، ܒܡܕܒܪܢܘܬܐ ܕܡܕܒܪܝܢ * ܥܒܕܝܢ ܘܡܕܒܪܢܘܬܗܘܢ ܥܘܒܕܢܐ. ܠܡܫܡܫܘܢ ܕܝܢ ܡܫܒܚ ܗܘܘ ܢܦܫܗܘܢ ܕܠܬܝܘܢ ܡܕܒܪܢܘܗܝ: ܘܒܕ ܗܘܐ ܥܠܝܐ ܘܐܬܬܝܚܕܬ ܢܦܫܐ. ܘܐܬܢܬܝܚܬ ܐܢܫܘܬܐ. ܦܩܕ ܦܪܘܣܐ ܕܢܦܫܘܢ ܢܘܚܐ. ܘܬܬܒܥ

1) Verwischt. 2) Dahinter verwischte (ehmals leere?) Stelle. 3) ܐܒܪ steht am Rande

ܐܢܫܘܬܐ ܕܠܗ ܠܥܠܡ ܫܘܒܚܐ ܕܡܫܝܚܘܬܐ. ܒܗ ܡܫܬܘܕܐ ܒܡܫ̈ܡܫܢܘܬܐ. ܕܚܝܠܐ ܗ̣ܘ ܡܢ ܗܫܐ. ܘܠܥܠܡ ܡܘܠܟܐ ܕܡܪܢ. ܘܒܗ ܒܥܕܬ ܒܥܠܗ̇ ܡܕܝܢܬܐ ܐܝܟ ܦܘܩܕܢܗ ܕܒܥܠܐ. ܘܐܬܬܟܠ ܒܥܠܬ ܫܘܒܚܐ ܘܗܦܟܐ ܒܗܦܟܐ. ܠܟܢ ܠܬܠܝܬܝܗ ܠܒ̈ܢܝܐ ܕܡܠܟܘܬܐ. ܘܗܠܡ ܕܢܬܒ ܥܠ ܡܘܬܒܐ ܕܫ̈ܠܒܐ. ܢܣܒ ܗ̣ܘܐ ܕܡܢ ܦܘܪܢܐ ܕܢܗܒ ܠܗܘܢ ܦܩ̈ܘܕܐ ܕܡܠܟܘܬܐ ܡܢ ܒ̈ܢܝܗ ܕܡܫܝܚܘܬܐ: ܘܗܢܝܢ ܢܬܒ ܥܠ ܡܘܬܒܐ ܕܫ̈ܠܒܐ. ܕܠܒܢܐ ܢܬܒܬܒ ܒܡܬܒ̈ܢܗ ܕܡܠܟܘܬܐ. ܦܘܪܢܐ ܘܠܐ ܡ̈ܠܟܐ. ܡܢܝܢ ܗܘܘ ܠܗ ܕܡܢ ܒ̈ܢܝ ܙܘܒܢܐ ܕܡܫܝܚܐ. ܐ̣ܢ ܦܩ̈ܘܕ ܠܗ ܕܡܠܟܘܬܐ ܬܟܒܬ ܡܢܝ. ܗܢ. ܫܘܒܐ ܥܠ ܫܒ̈ܝܬܐ ܘܗܢ. ܦܩ̈ܘܕ. ܐܡܪ ܠܗܘܢ ܠܬܠܝܬܝܗ. ܡܢܐ ܗ̇ܝ ܫܐܠܬܟܘܢ. ܐܡܪܝܢ ܠܗ. ܕܢܬܠܝܢ ܫܒܚܐ ܥܠ ܥܠ ܕܫܠܡ. ܬܠܝܬܝܗ ܕܝܢ ܐܡܪ ܒܪܫܗ ܘܫܬܩ. ܗܢܘܢ ܕܝܢ ܢܟܣܝܢ ܗܘܘ ܒܠܒܗܘܢ. ܘܫܒܩ ܒܗ ܐܡܪܝܢ. ܥܠ ܒܝܘܡܬܗ ܕܡܠܟܘܬܟܘܢ ܙܒܢܐ ܐܝܬ ܠܡܬܒ. ܫܒܘܩ ܕܫܠܡܬܐ ܒܫܠܡܘܢ. ܘܐܢܬ ܐܝܟ ܕܫܦܪ ܠܟ ܒܬܪ ܒܫܠܟ: ܘܐܦ ܡܫܝܚܘܬ ܫܦܪ ܠܟ ܕܬܘܕܐ. ܪܘܦܐ ܕܒܝܬ ܡܫܡܫܢܘܗ ܢܬܒܠܐ ܡܢ ܡܙܒܢܘܬܐ. ܘܗܫܐ ܫܡܥ ܠܟ ܒ̈ܢܝܐ. ܒܗܠܝܢ ܙܒܢܐ ܡܫܝܚܬ. ܠܗܠܝܢ ܫܠܡܐ ܐܫܡܥܬ. ܦܫܐܐ ܠܒܢ ܒܪ ܡܠܟܘܬܝ. ܒܗ ܬܒܥܘܢ ܫܠܡܐ ܒܐܘܡܢܘܬܟܘܢ. ܗ̇ܘ ܕܝܢ ܠܟܘܢ ܬܒܥܐ ܘܫܠܦܬܝܢ. ܒܗ ܡܢܝܚܘܬܟܘܢ ܬܬܦܪܫ ܥܠ ܥܠ ܫܘܐܝܬ. ܘܒܗ ܒܥܝܢܐ ܩܒܠܐܐ ܒܗܠܝܢ ܒ̈ܢܝܬ ܩ̈ܠܐ ܕܬܫܡܥ ܗܘܘ. ܐܢܒ ܠܗܘܢ ܦܘܪܢܐ ܐܝܟ ܗ̇ܝ ܐܝܟ ܕܫܬܩܘܢ ܠܗܘܢ ܘܒܗ ܫܬܩܘ ܘܫܡܠܘ. ܡܠܠ ܒܝܡܘܢ ܘܐܡܪ ܠܗܘܢ. ܡܢܘ ܠܟ ܫܘܝܦܐ ܗܢܐ ܒܫܒܝ. ܕܐܝܬ ܠܗ ܠܡܢܝܚܘܬܟܘܢ. ܠܐ ܐܒܘܪܝܢ ܒܒܪ ܡܘܪܝܢܐ ܘܒܢ̈ܝܬܐ ܕܐܘܟܦܪܐ ܒܥ̇ܝ. ܘܐܢ ܡܢܝܢܐ ܡܠܟܘܬܟ ܬܒܥܒ * 20 r.
ܡܘܪܢܝܢܘܢ ܘܗܘܢ̈ܝܐ ܕܒܫ̈ܬܒܘܢ ܠܒܢܝܗܘܢ ܡܫܬܢܝܢ ܡܢ ܚܙܝܢ: ܚܙܐ ܡܢ ܬܠܬ ܡܢ̈ܘܬܐ ܕܒܡܘܪܝܗ ܕܡܫܝܚܘܬܟܘܢ. ܐܠܐ ܡܬܠܦ ܕܫܘܪܝܐ ܗ̣ܘ ܕܡܠܟܘܬܟ. ܐܬܚܙܝܬ ܠܝ ܕܦܐܝܐ ܠܝ ܠܒ. ܕܢܒܒܗ ܫܘܒܚܐ ܠܢܝ̈ܚܐ ܒܗ ܢܘܚ. ܘܫܦܝܪ. ܕܢܝܚܐ ܥܠ ܡܫ̈ܒܠܢܐ. ܗܢܐ ܕܝܢ ܬܬܢܝܒ ܠܒܘܢ ܚ̈ܝܝ ܪܘܡܢܝܟ. ܕܢܝܚܐ ܕܝܢ ܫܒܝܬ ܫܘܒܚܐ

ܠܡܫܡܫܘܬܗܘܢ܆ ܡܢ ܗܫܐ ܕܝܢ ܠܝܬ ܫܘܒܩܢܐ ܘܠܐ ܢܘܚܡܐ܂ ܐܦܠܐ ܚܝ̈ܐ ܠܒܢ̈ܝ ܕܡܫܝ̈ܚܐ ܘܪܐܫ ܦܘܪܩܢܐ ܕܫܘܠܛܢ܂ ܐܘ ܦܐܡܪ ܒܗ̇ܘ ܙܒܢܐ ܘܡܕܡܐ ܕܦܪ̈ܘܣܘܬܐ܂ ܘܥܠ ܥܢܝ̈ܐ ܕܐܫܠܡܘܗܝ ܗܢܘܢ ܒܠ ܕܢ̈ܠܬܐ܂ ܦܫ ܥܢܝܐ܂ ܘܫܒܩܐ ܠܗ ܕܐܬܒܥܐ܂ ܗܘܝܘ ܕܝܢ ܐܢܫܘ ܕܐܦ ܗܝܘ ܢܐܬܘܢ ܠܡܚܒܠܐ ܦܠܓܗ܂ ܒܗ̇ ܕܢܬܐܡܪܘܢ ܠܥܠܡܬܐ ܘܠܡܫܠܡܢܐ ܕܥ̈ܠܡܐ܂ ܒܕ ܬܗܘܐ ܠܗܘܢ ܚܝܘܬܐ ܘܫܠܝܘܬܐ܂ ܕܠܐ ܬܫܠܡ ܕܥܡܐ ܘܡܘܕܝܢܐ ܕܪ̈ܚܡܬܗܘܢ܆ ܘܡܫܐ ܕܪܚܡܘ ܠܡ̈ܠܝܐ ܒܕܝܠܗܘܢ܂ ܥܠܝܟ ܐܦ ܠܗܘܢ ܐܝܟ ܕܡܢ ܠܗܘܢ܂ ܕܬܫܒܘܚܬܐ ܒܪ̈ܐܢܐ ܕܦܪܘܫܘܬܗܘܢ ܒܗܕܐ ܕܢܦܫ܂ ܒܕ ܠܝܬ ܠܗܘܢ ܡܦܠܐ ܕܡܕܡ܂ ܡܢ ܠܗܘܬ ܥܠ ܦܘܪܩܢܐ ܕܝܢ ܐܘܢܓܠܝܘܢ܂ ܚܙܐ ܗܟܢ ܕܝܢ ܗܘܐ ܠܗ ܒܡܫܚܬܐ܆ ܒܡܫܐ܂ ܘܒܕ ܡܠܠ ܐܬܟܠܠ ܠܗ ܒܪ ܕܡܢ܂ ܗܠܝܢ ܕܝܢ ܦܘܪ̈ܥܢܐ ܕܒܗܘܢ܂ ܕܐܬܦܪ̈ܥܘ ܠܫܘܒܚܗ܂ ܕܠܐ ܠܐ ܬܘܒ (?) ܡܢ ܒܪ̈ܫܬܗܘܢ܆ ܐܦ ܠܐ ܐܬܘܗܝ ܥܠ ܦܘܪ̈ܫܢܗܘܢ܆ ܐܠܐ ܒܪܒܠ ܒܗ ܒܗܘ ܙܒܢܐ ܡܙܒܢܐ ܕܦܪ̈ܘܣܘܬܗܘܢ ܡܢܗܘܢ: ܘܠܐ ܩܘܪܒܐ ܕܫܠܡܗ ܕܫܠܝܚܝܢ ܡܢܗ ܒܢ̈ܝܫܘܢ܂ ܘܬܫܒܘܚܬܗ ܕܗܠܝܢ ܗܕܒܐ ܐܟܝܢ܂ ܚܙܝ ܕܐܦܠܐ ܡܬܚܙܝܐ ܐܬܚܙܝܘ܂ ܘܡܢ ܒܗ ܫܬܦܘܬܗܘܢ܆ ܕܐܦ ܒܗ̇ ܒܗܕܐ ܦܘܪ̈ܥܢܘܬܗܘܢ ܬܬܒܪܒ܂ ܒܠܝܘܢ ܗܒܠ ܕܗܠܝܢ܂ ܠܝܬ ܕܢ̈ܝܚܐ ܘܠܐ ܫܘܒܩܢܐ ܐܦܠܐ ܚܝ̈ܐ܂ ܡܢ ܗܫܐ ܒܪܢ܂ ܒܪܘܡܗ ܕܒܐܘܬܐ ܡܬܚܘܡܢ ܐܝܢܐ ܡܢܝܢܢ ܫܘܦܪ̈ܢܝܗܘܢ܆ ܘܒܙ̈ܢܝܬܐ ܕܐܫܬܘܕܥ ܒܐܘܪ̈ܚܬܗܘܢ܂ ܘܒܗ̇ ܒܪܒܢܐ ܫܕܪ ܫܠܠ ܐܝܟ ܡܢ ܒܕܬܐ ܦܪܝܢܐ ܦܝܠܐܐ܂ ܒܕ ܡܫܬܡܥܝܢ ܘܡܬܦܫܩܝܢ ܠܗܘܢ܆ ܘܐܫܠܡܘ ܫܡܠܐ * 20 v. ܠܫܘܒܚܐ ܡܠܟܐ ܕܐܫܬܒܚܘܢ܂ ܘܐܠܒܫܘ ܐܝܟ ܠܒܘܫܐ ܫܘܦܪܐ ܡܢ ܒܪܐ ܕܢ̈ܟܐ ܐܝܟ ܦܘܪܩܢܗ ܕܥܠ̈ܡܐ܂ ܘܒܥܘܢܐ ܦܘܪܩܢܐ ܕܐܫܬܒܚܐ ܡܢ ܒܪܐ ܐܟܘܬ ܐܝܟ ܡܘܕܝܢܗ܂ ܗܘ ܕܝܢ ܦܘܪܩܢܐ ܠܐ ܠܐ ܚܪ ܒܗܘܢ܆ ܐܦܠܐ ܫܘܒܩܢܐ ܡܢ ܗܘܐ ܕܢܝܚܘܢ܆ ܐܠܐ ܐܝܟ ܢܘܪܐ ܒܗܘܢ ܡܠܘܐܐ ܘܡܫܬ̈ܠܛܢ܂ ܘܫܪܪ ܐܝܟ ܠܒܫ ܐܘܢܓܐ ܡܢ ܒܪܐ ܦܓܥܐ܂ ܒܝܕ ܗܘܐ ܠܗ ܘܒܥܐ ܕܢܫܡܫ ܐܝܟ ܥܦܪ܂ ܒܪܟܐ ܕܝܢ ܒܠܗ ܕܡܫܡܫܢܘܬܐ܂ ܒܗܢ ܗܘܘ ܡܫܬܡܥܝܢ ܥܠ ܡܬܒܥܢܐ ܘܡܢ ܒܪܐ: ܕܐܢܫܐ

ܒܣܢܐ ܘܡܣܘܪܐ: ܪ̈ܓܫܘܗܝ ܕܟܠܗ ܪܘܡܝܐ. ܗ̇ܢܘܢ ܕܝܢ ܟ̈ܗܢܘܗܝ ܕܐܠܗܐ. ܠܐ ܡܟܝܠ ܒܪܘܚܬܐ ܐܝܬ ܗܘܐ ܠܗܘܢ ܒܥܒܕܗܘܢ ܥܠ ܗܕܐ. ܐܠܐ ܫܪܝܢ ܗܘܘ ܘܪܕܘ ܪ̈ܕܘܦܝܗܘܢ ܕܥܡܗ ܘܪ̈ܕܝܗܘܢ ܒܐܓܘܢܐ ܕܡܗܝܡܢܘܬܐ. ܘܡܫܕܪܝܢ ܗܘܘ ܘܡܫܒܚܝܢ ܠܐܠܗܐ ⁘ ܥܠ ܝܘܠܝܢܐ ܕܝܢ ܐܦܘܣܛܛܐ ܗܘ ܛܪܘܢܐ. ܕܠܐ ܢܦܫܐ ܡܬܩܪܐ. ܐܠܐ ܢܦܠ ܐܦ ܗܘ ܠܒܝܬ ܐܘܨܪܐ ܒܐܘܣܦܢܐ ܕܡܕܒܪܢܘܬܗ. ܟܕ ܠܝܬ ܗܘ ܦܘܠܐ ܟܕ ܬܩܦ ܘܡܢܐ ܕܒܐܪܐ ܕܐ̈ܠܗܐ. ܘܒܟܕ ܠܗ ܐܝܟ ܕܦܩܕ. ܐܬܪܐ ܕܝܢ ܝܘܠܝܢܐ ܘܐܬܚܙܝ.. ܕܟܐܪܐ ܕܬܫܒܘܚܬܐ: ܢܚܘܡܘܗܝ ܘܢܗܪܐ ܥܠ ܚ̈ܠܦܬܐ ܠܐܘܣܝܒܝܘܣ ܝܘܠܝܢܐ. ܒܐܘܣܝܒܝܐ ܘܦܓܪܢܐ ܕܡܕܒܪܢܘܬܗ. ܕܡܠܟܘ ܕܗܘܐ ܬܬܒܪ ܠܟܠܗ. ܕܝܢ ܒܗܕܪܐ ܕܢܨܪ̈ܝܐ. ܗܘ ܒܝܘܡܘܗܝ ܬܒܪ. ܒܒܪ̈ܬܐ ܕܒܝܘܪܐ ܕܐ̈ܠܗܐ ܘܐܝܟ ܕܠܐܘܡܪܐ ܕܦܬܟܪ̈ܘܗܝ ܫܘܒܚ ܠܡܕܝܢܐ ܡܢ ܝܘܢܝܐ ܕܐܘܣܪܐ. ܐܡ̈ܪܝ ܗܘܐ ܥܒܕ: ܕܠܐ ܠܡ ܘܟܦ ܕܢܐܬܐ ܠܝܘܢܝܐ: ܥܒܕܐ ܕܐܬܬܘܣܒ ܕܒܝܬܐ ܠܐܠܗܘܬܐ: ܘܣܒܪܐ ܘܟܢ ܠܡ ܐܬܦܢܝ ܠܐ̈ܠܗܐ ⁘ ܝܘܠܝܢܐ ܕܝܢ ܐܘܣܒܝܘܣ ܠܐ ܪܕܝܦ ܗܘܐ ܒܥܠܡ. ܐܠܐ ܝܠܘܬܐ ܐܡܝܢܬܐ ܡܦܪܥ ܗܘܐ ܒܝܬ ܐܘܨܪܐ ܠܐܠܗܝ. ܥܠ ܟ̈ܦܘ ܥܢܝܐ ܕܒܬܪܬܐ: ܘܡܦܪܢܣܐ ܕ̈ܕܠܝܠܝܢ. ܘܥܠ ܐܝܟܢܘܬܗܘܢ ܘܡܫܥܒܕܢܘܬܗܘܢ ܕܐܢܠܝܢ ܕܒܟܗ. ܟܕ ܡܢܝܠ ܪܚܝܡܘܬܗܘܢ ܘܡܫܪܪ ܗܝܡܢܘܬܗܘܢ ܒܟܘ̈ܢܫܬܐ * ܕܟܡ ܬ̈ܚܒܐ: ܟܕ 21 r.
ܬܘܒܐ ܡܕܒܪܢܘܬܗܘܢ ܬܟܒܫܬܐ ܕܝܠܝ̈ܕܘܗܝ: ܕܐ̈ܒܫܐ ܐܝ̈ܬܝܐ ܕܐܒܕܘܬܗܘܢ: ܕܒܡܪܕܘܬܗܘܢ ܥܒܕܘ ܥܠ ܕܝܢܝܢ ܗܘܘ ܒܐܓܘܢܐ ܬܟܝܒܬܐ: ܘܡܣܝܒܪܢܘܬܐ ܠܦܬܐ ܕܡܠܠ ܡܫܝܚܐ: ܘܟܠܗ ܥܡܠܗܐ ܕܝ̈ܬܡܐ ܒܪ̈ܝܢܘܗܝ. ܕܡܣܟܢܘܬܐ ܒܟܠܐ. ܘܟܕ ܡܠܐ ܠܗ ܒܪܗܘܡܝܐ ܠܝܘܠܝܢܐ ܥܡ̈ܠܐ ܕܢܨ̈ܚܢܐ ܐܪ̈ܒܥܐ. ܦܩܕ ܥܒܝܕ. ܕܬܬܒܢܐ ܒܠܬܐ ܪܒܬܐ ܥܠ ܬܪ̈ܒܥܘܗܝ ܕܒܝܬܐ ܕܪܘܡܝܐ. ܟܕ ܕܒܝܢܐ ܗܘܬ ܚܠܬܐ ܡܕܝܢܬܐ. ܘܐܬܒܢܝܬ ܐܝܟ ܕܦܩܕ. ܘܥܒܕܘ ܒܬ̈ܪܘܗܝ ܒܡܕܝܢܬܐ. ܕܡܠܟܐ ܟܕ ܒܫܢܐ ܡܢ̈ܝܢ. ܬܘܡ ܒܐܬܪܐ ܪܒܐ ܕܐ̈ܠܗܐ. ܫܢܐ ܗܘܝܠ ܥܠ ܐܝܟ ܢܦܫܗ. ܘܡܢܗ̇ ܠܒܢ̈ܝܢܘܗܝ. ܘܢܫܝܢ ܡܢܝ̈ܬܗܘܢ. ܕܡܠܟܐ ܕܐ̈ܠܗܐ ܡܢ ܗܘ ܐܒܕܘܬܗܘܢ. ܘܟܕ ܗܠܝܢ ܟܬ̈ܒ ܩܠܐ ܕܒܝܬܐ

ܒܥܘܩܢܗ ܕܐܘܡܢܐ ܡܫܬܒܚܝܢ ܗ̈ܘܘ. ܒܗܕܐ ܥܠܘܗܝ ܕܡܫܝܚܘܬܐ. ܬܘܗܝܢ
ܗܘܘ ܒܫܘܒܚܬܗ ܘܒܬܕܡܘܪܬܗ ܒܟܝܢܗ. ܘܟܕ ܥܠܝܗ ܘܡܢܗܘܬܐ ܬܫܒܚܬܐ.
ܦܩܕ ܓܙܘܪܐ. ܘܢܦܩ ܓܠܝܐ. ܘܟܠܠ ܩܛܝܠܐ. ܘܢܦܩܘ ܒܩܘܪܐ ܒܡܕܝܢܬܐ.
ܕܟܠ ܐܢܫ ܡܢܟܝܢܐ ܓܠܝܐ ܘܟܠܒܐ ܥܦܝܐ. ܒܡܕܝܢܗ ܕܦܪܘܫ. ܢܗܘܐ
ܟܬܒ ܘܡܓܠܒ: ܕܢܫܬܐ ܘܬܬܟܬܒ. ܒܡܐܕܐ ܙܟܐ ܕܐܠܗܐ. ܕܬܬܐܪܬܒ
ܒܥܠܘܠܗܘܢ ܐܠܗ̈ܐ ܕܗܘܘ ܘܐܬܟܠܘ܆ ܗܠܝܢ ܕܒܡܕܝܢܐ ܠܗܕܐ.
ܕܬܓܘܝܬܐ ܘܬܒܥܬܐ ܐܬܝܗܘܢ ܠܐܕܡ. ܟܠܐ ܒܕܝܠ. ܬܒܥܝܢ
ܬܒܥܬܐ ܕܒܡܕܝܢܬܗܘܢ܆ ܠܗܘܢ ܗܟܝܠ ܠܗܠܝܢ ܡܩܒܠܝܢܗ ܕܬܒܥܠ:
ܕܡܢܗܘܢ ܙܕܩ ܒܡܕܝܢܐ ܠܐܢܬܘܢ. ܢܡܕܐ ܕܬܬܪܒܘܬܐ ܐܢܬ ܠܝ
ܕܢܦܪܫ ܠܐܠܗܘܬܗܘܢ ܠܟܝܢܬ ܡܢ ܒܠ: ܕܠܐ ܡܬܬܪܥܐ ܠܒܢܝ
ܒܦܪܐ. ܐܠܐ ܒܝܕ ܬܦܢܝܬܗ ܒܠܥܕ. ܠܗܠܝܢ ܕܠܝܗܘܢ ܬܦܢܝܬܗ
ܟܠܝܐ ܕܐܠܗܘܬܐ ܒܥܒܕܐ. ܢܨܝܚ ܢܡܕܐ ܠܕܠܬܗܘܢ. ܠܐܗܘܒܝܗ
ܐܢ ܕܢܠܬܐ ܕܝܬܪܐ. ܕܢܗܘܐ ܢܡܕܐ ܠܙܢܐ ܢܦܫܗ ܕܐܠܗܘܬܐ. ܘܠܥܢܝܢܗ
ܕܡܕܢܚܝܢ. ܘܠܡܫܡܫܢܐ ܕܒܡܗܪܢܘܬܗ. ܕܒܪ ܡܢ ܥܠܗ ܠܒܒܗܘܢ
ܬܦܠܫܘܢ ܠܟܠܗܐ. ܢܐܬܘܢ ܥܠܝܗܘܢ ܐܦܝܐ ܕܢܫܝܢܬܐ. ܘܫܪܝܐ
ܓܘܣܬܐ ܕܓܒܝܢ ܣܩܘܬܐ * ܗܠܝܢ ܒܪܬ ܩܠܐ ܕܫܝܢܬܐ. ܢܦܫ(1) ܗܘ، 21 v.
ܠܡܫܡܫܬܗ ܕܒܡܕܐ ܥܠܗ ܕܡܕܝܢܬܗܘܢ܆ ܐܝܠܝܢ ܗܘܘ ܕܝܢ ܘܫܡܫܝܢ
ܩܕܡ ܙܘܡܪܐ. ܘܟܢܝܫܝܢ ܒܦܫܘܗܝ ܒܠ ܡܕܬܗ ܢܫܝܫܐ ܕܗܘܐ
ܡܒܪܟܐ: ܘܫܡܥܘ ܩܦܠܐܘܬܗ ܠܓܒܘܬ ܒܝܢܗ. ܐܘ ܕܫܘܒܚܝܗ، ܡܢ
ܢܡܕܐ SO ܕܡܠܬܐ ܒܝܕ ܘܒܬܗܘܢ܆ ܠܒܬܪܗ ܕܝܢ ܕܡܘܡܐ ܘܡܘܡܐ ܒܒܕܝܐ
ܕܦܪܘܫ. ܠܒܪ ܗܘܐ ܢܦܠܘ ܠܒܝܬܐ ܬܒܥܬܐ ܕܡܠܟܘܬܐ. ܘܠܒܠ
ܡܢܗ ܠܒܪ ܬܘܒ ܐܘܟܝܡܐ ܐܚܪܢܐ ܕܒܡܕܝܢܬܐ. ܕܒܬܪ̈ܬܝܗܘܢ ܢܫܒܐ
ܒܐܕܐ ܕܦܬܟܪܘܗܝ. ܘܥܕܪ ܡܪܐ ܠܗܡܕܪܐ ܡܩܒܠܐ ܒܢ ܓܒܝܬܗ.
ܘܦܩܕ ܐܢܫ ܐܘܣܕܪ ܠܗܘܢ܆ ܗܢܘ ܒܬܪܝܢ ܘܡܓܠܒܝܢ. ܕܒܥܒܬܐ
ܕܢܦܫ(1) ܓܒܠܐ: ܘܡܬܓܠܒܐ ܐܢܫܘܬܐ ܕܡܕܝܢܬܐ ܠܗܘܬ ܬܠܬܐ
ܕܐܠܗܐ. ܬܗܘܐ ܠܗܘܢ ܒܓܠܝܘܬܐ: ܕܒܡܕ̈ܝܢ ܫܒܝܥܐ ܕܬܫܒܚܬܗܘܢ
ܒܠ ܦܘܩܐ ܕܐܬܕܒܪܘܢ ܒܐܝܡܪܐ ܢܕܫܘܬܗܘܢ SO ܢܐܬܘܢ ܘܗܘ ܘܐܟܠܘ

1) Sieht fast wie ܢܦܫܡ aus, wie auch sonst öfter ܫ wie ܝܫ.

ܒܫܘܒܚܗܘܢ܆ ܒܟܠ ܫܘܒܚܐ ܕܠܓ̈ܒܪܐ ܕܡܫܡܫܝܢܗܘܢ ܒܪ ܡܬܬܘܪܢܐ ܠܡܬܠ ܐܠܐ ܒܒܕܝܐ ܕܡܬܬܚܬܝܗܘܢ ܒܥܠܘܗ̇ ܐܘܡܢܘܬܐ ܡܡܪܪܬܐ ܕܐ̈ܢܫ ܘܚܝܐ. ܘܒܪ ܡܚܠܐ ܒܡܕ̈ܝܢܬܐ ܦܘܪܫܢܐ ܘܩܘܪ̈ܝܐ. ܦܘܪ ܓܪܘܢܝܐ ܘܢܦܫܬ SO ܓܠܠܐ. ܘܒܪ ܥܠܗ ܒܒܝܐ ܠܗܬ ܥܠܬܐ ܕܒܝܐ ܓܪܘܢܝܐ ܐܝܟ ܕܐܝܟ ܢܦܫܗܝ. ܢܦܘܠܘܢܗܝ ܠܐܘܣܛܘܢ ܡܢ ܡܕܒܪܐ ܕܥܠܬܐ ܒܥܠܬܐ ܕܡܬܬܚܝܗܘܢ܆ ܘܒܪ ܠܗ ܓܪܘܢܝܐ ܕܒܝܬ ܥܠܗ ܐܢܫܘܬܗ ܕܡܢܝܢܘܬܐ. ܐܦ ܗܘ ܐܬܐ ܒܝܘܡܐ ܕܒܐ ܕܢܝܠܘܬܗ. ܘܫܠܡ ܢܦܩ ܥܠ ܒܝܬ ܕܡܫܝܚܐ ܗܘܬ ܠܗ ܡܢܝܢ ܬܫܒܘܚܬܗ ܕܥܠܬܐ. ܒܪ ܡܢܗܝܢ ܬܠܘܬܗ ܘܡܢܝܢ ܡܢ ܢܚܝܗ ܘܡܢ ܦܬܓܡܗ. ܘܒܪ ܐܬܩܦܘ ܢܦܩܐ ܘܚܪ ܒܒܝ̈ܫܘܬܗ ܕܡܫܝܚܘܬܐ܆ ܘܚܝܐ ܐܝܟ ܕܐܟܝܠܝܢ ܘܫܡܥܝܢ܆ ܘܠܓܒܝܢ ܠܒܘܫܐ ܒܦܘܠܐ ܘܡܢ̈ܝܢܐ. ܘܐܬܟܫܦ ܠܗ ܓܒ. ܘܐܬܒܙܥ ܒܦܘ ܘܐܡܪ ܠܗܘܢ ܒܪ ܡܬܚܝܠܬ. ܒܢܘ ܠܟ ܒܝܬܐ ܐܘܟܝܡܐ ܡܫܒܪܐ ܐܬܚܝܬܘܢ ܡܪܡ ܬܫܒܘܚܬܗ ܕܡܠܟܘܬܐ ܘܡܚܒܪܬܗ܆ ܘܓܒܪ̈ܐ SO ܠܝܘܡܢܐ

22 r. ܕܒܪܐ ܕܐ̈ܠܗܐ܆ ܘܐܝܟ ܕܒܝܬ ܒܢ̈ܝܐ ܕܓܢ̈ܝܙܐ ܐܬܓܠܝܬܘܢ SO #

ܘܐܬܚܝܬܘܢ ܠܝܠܘܠܝܐ ܕܐ̈ܠܗܐ. ܘܕܝܓܠܘܢ ܦܘܪܫܢ ܘܡܫܬܘܢ ܥܠ ܐܝܠܝܢ ܕܒܝܢ ܐܬܓܕܪܘ. ܕܒܗ ܡܗܝܠ ܕܐܬܚܝܘܢ ܒܡܪܝܫܘܬܗܘܢ ܡܪܬܘܢ ܐܒܕܝܐ ܥܠ ܡܕܝܢܬܗܘܢ ܘܥܠܝܗܘܢ܆ ܡܢܐ ܗܝ ܕܝܢ ܗܕܐ ܕܐܟܝܠܝܢ ܐܝܬܘܢ ܘܫܡܥܝܢ ܐܝܬܘܢ. ܓܠܘ ܪܚܝܩܘܢ ܘܐܘܕܥܘ ܓܢܝܚܘܢ. ܕܐܦ ܚܝܢ ܢܒܥ. ܘܫܬܩܘ ܘܠܐ ܦܢܘ ܠܗ ܦܬܓܡܐ. ܘܒܪ ܫܠܝܐ ܪܡܐ ܗܘܦܐ ܥܠ ܥܠܡܗܘܢ. ܐܝܟ ܡܢ ܒܝܬ ܒܢܝܐ ܐܢܫ ܥܠܗ ܘܦܓܥ ܒܪ ܐܡܪ. ܕܒܬܪܐ ܠܡ ܫܦܪ ܘܒܪܝܫܗ ܕܥܠܝܬܐ ܐܟܝܠܝܢ ܚܝܢ ܘܫܡܥܝܢ ܚܝܢ. ܗܢܘ ܕܝܢ ܥܠ ܫܡܘܬܢ ܘܥܠ ܓܒܘܪܬܢ. ܕܫܒܩܬ ܠܐܠܗܐ ܚܒܪܢ. ܕܐܝܟ ܒܢܦܫܐ ܕܡܬܪܚܡܢܘܬܗ ܒܝܢ ܐܘܠܝܢ܆ ܘܩܘܪܢ ܡܢ ܚܪܒܗ ܕܓܒܪܐ ܕܗܘܢܐ. ܘܐܚܝܬ ܓܒܪܐ ܓܠܘܒܝܐ ܒܝܢ ܕܒܬܪܢ ܡܒܝܬ ܒܗ. ܘܥܠܝܬ ܬܘܕܝܬܗ. ܘܦܣܩܬ ܘܐܫܬܐܠܬ ܒܪܝܫܬ ܫܡܝܐ. ܘܡܫܘܚܠܦܝܢ ܦܬܓܡܐ. ܘܡܒܪܟܬ ܪܚܡܬ ܚܝܠܐ ܕܒܝܬ ܕܘܟܐ ܠܡܫܡܪܬܗ ܕܦܬܓܡܬܐ. ܘܐܡܝܢܐ ܠܗ ܢܠܐ ܐܝܟ ܘܡܒܗ ܥܠ ܒܘܪܬ ܡܡܠܠܢ܆ ܕܓܠܝܢ ܐܠܗܐ ܡܫܝܚܐ ܘܓܪܬܗ ܡܢ ܒܪܬܗ ܒܢܝܫܘܬܐ ܕܡܕܒܪܢܘܬܗܘܢ܆

ܘܡܠܟܝܢ ܕܢܘܚܐ ܘܡܫܬܘܕܝܢ ܦܬܓܡܐ. ܘܒܡܘܬܐ ܠܐ ܒܗܬܝܢ. ܘܠܡܬܬܚܣܕܘ ܠܐ ܢܚܫܘܢ. ܐܝܟ ܕܐܡܪ ܛܘܒܢܐ ܦܘܠܘܣ ܀ ܀ ܐܬܡܪܡܪܬ ܕܝܢ ܦܘܪܫܢܐ ܘܐܬܚܫܒܬ. ܘܟܕ ܕܐܬܚܙܝ ܒܟܠܝܠܘܬܐ ܘܢܬܠܒܟܝܢ. ܘܟܕ ܐܬܠܒܟܝܢ ܘܐܣܪܘܗܝ، ܘܢܩܦܘܗܝ. ܦܩܕ ܕܢܫܬܩܠ ܡܢܗ ܡܟܦܪܐ ܕܡܟܪܟ ܗܘܐ ܥܠ ܪܫܗ. ܐܝܟ ܕܢܬܝܕܥ ܕܚܫܝܒ ܗܘܐ ܕܗܘܐ ܐܟܪܙܘ. ܘܟܕ ܐܫܬܘܕܝ ܡܢܗ ܬܘܕܝܬܐ: ܘܐܬܬܢܝܚ ܠܟܠ ܐܝܟ ܕܐܘܪܣܛܘܣ ܗܘ ܐܣܩܘܦܐ ܕܕܝܪܐ ܕܪܘܡܝܐ. ܬܗܘܐ ܘܠܝܫܘ ܘܬܦܪ ܥܠ ܐܝܠܝܢ ܕܐܬܘܬܒܘ ܠܗ ܡܢ ܥܘܪܝܗ ܕܡܠܟܘܬܗ. ܘܬܐܪܬ ܒܡܕܝܢܬܐ ܕܐܝܬܘܗܝ ܪܫܐ ܕܐܘܣܝܕܘܣ. ܘܟܕ ܗܘܐ ܒܢܘܫܒܐ. ܘܟܠ ܡܕܝܢܬܐ ܕܕܪܢܝܐ. ܫܐܠܗ ܐܦܣܩܘܦܐ ܕܝ ܡܬܠܝܣ. ܕܐ ܟܝܢ ܐܝܬ ܐܝܬ ܠܟ ܐܘܣܝܒܘܣ. ܕܝܠܗ ܥܠܝܟ ܡܢ ܦܠܛܐ. ܕܐܝܬ ܗܘܝܬ ܥܠ ܐܟܪܝܣܛܘܢ ܕܒܡܕܝܢܬܐ ܕܐܠܗܘܬܐ ܀ ܀ ܀ ܐܘܣܝܒܘܣ ܐܡܪ. ܗܐ ܠܡܕܝܢܬܐ ܕܐܠܗܘܬܐ ܡܫܠܡܢܐ ܗܘ ܠܝ ܕܢܗܘܐ. ܐܠܐ ܦܠܘܪܐ ܘܡܣܝܒܪܢܐ. ܠܡܕܝܢܬܐ ܕܡܢ ܕܫܦܝܪܬܐ ܘܠܚܫܝܚܘܬܗ ܕܦܠܚܘܬܐ: ܘܡܢ ܚܕܝܘܬܗ ܕܡܕܝܢܬܐ ܘܗܕܡ ܫܠܝܛܘܬܟ ܥܠܝܗܘܢ. ܡܢ ܦܠܓܐ ܡܕܝܢܬܐ ܐܝܟ ܥܠ ܢܦܫ: ܕܐܝܟܐ ܗܘܝܬ ܥܠ ܐܟܪܝܣܛܘܢ ܐܦ ܕܗܘܝܬܘܢ: ܐܝܟ ܡܕܡ ܝܬܒ. ܘܠܡܢܐ ܐܡܪܬ. ܝܬܒܢ ܕܗܘܝܢ. ܕܟܕ ܒܐܝܕܐ ܕܐܠܗܐ ܒܝܕܘܬܐ. ܘܒܥܠܕܒܒ ܐܡܪܬ ܠܗܘܢ ܐܚܐ. ܘܟܬܪ ܘܡܟܐ. ܗܘܐ ܐܠܗܐ ܗܘܝܘ ܠܝ. ܕܐܬܝܗܒ ܡܢܟ ܡܬܕܪܫܢܝ. ܐܦܘܣܝܒ ܒܪܝܟ ܡܫܒܚܘܬܟ ܘܠܡܕܒܪܢܟ ܕܟܠ ܐܠܗܐ. ܐܡܪܢܐ ܕܠܥܠܡ ܒܝܬܐ ܕܐܠܗܐ ܐܡܝܢ ܘܐܘܪܕ ܟܢ. ܐܘܣܝܒܘܣ ܐܡܪ. ܒܐܠܐ ܚܘܒܠ ܠܝ ܒܗܝܠ ܢܦܫܗܘܢ ܕܐܠܗܐ ܘܒܝܬܐ ܕܡܫܒܚܘܬܗܘܢ ܦܬܓܡ ܒܦܘܠܚܢܟ ܕܡܫܐܠ ܐܝܬ ܠܗܘܢ ܒܟܠܝܢ. ܘܡܫܘܕܬ ܠܗܘܢ ܒܦܪܘܫܝܢ. ܘܦܠܚܢܟ ܗܘ ܘܠܐ ܚܕ ܐܝܬ. ܕܐ ܢܬܝܢ ܠܗ ܕܡܫܘܕܝܬܐ ܡܫܬܒܚ ܠܗܘܢ ܒܐܪܝܟܝܢ ܦܘܠܚܢܟ. ܘܡܫܬܡܠܝ ܠܗܘܢ ܒܡܫܬܘܕܝܢܘܬܗܘܢ ܒܬܘܕܝܬܐ ܡܫܡܚܝܢ ܠܗ ܠܚܢܘܬܟ ܕܐܠܗܐ ܒܡܦܪܣܘܬܗܘܢ: ܘܒܐܬܦܠܛܘܬܗܘܢ ܐܦ ܒܫܠܝܛܘܬܗ ܕܡܫܬܘܕܝܢܘܬܗܘܢ: ܕܒ ܢܗܘܝܢ ܠܗ ܒܢܝܐ ܠܫܒܚܘܬܟ

ܒܢܝܚܐ ܕܐܒܗܬܗܘܢ܆ ܦܘܪܢܣܐ ܕܝܢ ܡܛܠ ܕܗܘܐ ܗܘܐ ܠܗ ܒܕܢܐ ܡܚܝܠ܆ ܕܢܣܒ ܐܪ̈ܙܐ ܕܟܗܢܘܬܗ܆ ܘܣܒܪܐ ܗܘܬ ܠܗ ܕܢܦܪܫܘܢܝܗܝ ܠܝܫܘܥ ܕܐܠܗܐ. ܐܘܣܒܝܘܣ ܒܒܝܪܬܐ ܕܒܡܕܝܢ̈ܬܗ܆ ܘܡܘܕܝܢ ܢܨܚܢܗ ܕܒܢ̈ܝܐ ܠܦܬܓܡ̈ܘܗܝ. ܠܗܢܐ ܦܘܪܣܐ ܐܫܟܚ ܦܪܘܣܐ܆ ܡܢ ܒܢܝܢܘܬܗ ܕܐܘܣܒܝܘܣ ܦܘܪܢܣܐ ܒܗܘ ܫܘܒܚܐ.. ܘܐܡܪ ܒܗ ܦܪ̈ܥܐ. ܘܙܪܙܗ ܠܒܝܬ ܐܘܣ̈ܝܐ܆ ܒܙ ܚܕܐ ܒܐܢܫܐ ܕܦܬܓܡ̈ܘܗܝ. ܘܗܘܐ ܠܗ܆ ܫܘܒܚܐ ܕܢܨܚܢܘܗܝ. ܘܡܢ ܒܬܪ ܕܐܫܬܠܡ ܐܘܣܒܝܘܣ ܠܒܝܬ ܐܘܣ̈ܝܐ ܚܝܪ * (23 r.) ܦܪܘܣܐ ܘܐܬܬܗ ܠܐܘܣܒܝܘܣ. ܕܢܦܝܣܝܘܗܝ ܢܣܒܐ ܥܠ ܟܠܗܝܢ ܕܦܬܓܡ̈ܘܗܝ. ܒܗܕܐ ܕܝܢ ܕܠܗ ܕܗܕܝܘܬܐ܆ ܒܝ ܚܐܪܘܗܝ ܠܝܫܘܥ ܕܐܠܗܐ܆ ܕܕܒܪܢ ܠܗ ܐܝܟ ܐܚܪܐ ܠܡܫܝܚܐ. ܐܪܒܥܐ 80 ܟܠܗܘܢ ܦܠܗܘܢ ܘܟܠܗ. ܘܥܡܢ ܗܘܘ ܠܗ ܠܫܠܝܚܘ ܒܙ ܐܡܪܝܢ. ܕܐܦ ܒܝܘܡ ܕܐܬܝܢ ܒܟܠܝܬ ܘܒܡܘܬܒܗ ܕܡܫܝܚܘܬܐ ܒܒܐܕܐ ܕܐܠܗܐ ܢܨܚܢܘ 80 ܠ ܘܠܡܫܝܚܘܬܐ ܐܝܟ ܡܗܝܡܢܘܬܐ܆ ܐܦܝܣܩܘܦܐ ܕܡܕܝܢܬܗ ܕܗܘܐ ܦܩܕ܆ ܡܛܠ ܢܨܝܚܘܬܐ ܕܡܟܢܘܗܝ. ܘܒܙ ܗܢܐ ܬܠܬܐ ܠܡ. ܠܗܘܐ ܚܕ ܘܡܫܝܚܘܬܐ ܚܒܝܒܐ ܠܦܠܚܘܬܗ ܕܡܫܝܚܘܬܐ ܟܠܗܘܢ ܢܨܚܢܘ̈ܗܝ ܚܕ ܥܠ ܬܘܟܠܢܐ ܕܥܒܝܕܐ ܕܡܫܝܚܘܬܐ ܕܠܐܬܝܢ ܗܢܐ ܦܫܘܐ ܒܙ ܒܟܘܬܗ ܡܪܟܝܢ 80 ܠܡܠܟܘܬܗܘܢ ܕܠܟܘܢ ܗܝ ܡܢ ܗܢܐ ܡܫܝܚܘܬܐ ܕܦܢܝܐ ܦܠܚܐ. ܦܐܐ ܠܗ ܦܠܒ ܥܕܡܐ ܠܡܠܟܘܬܗܘܢ ܕܐܬܪܐܝܬ ܕܝܢ ܒܫܡܗܘܢ ܪܒܐ ܕܐܠܗܐ. ܐܬܬܦܝܪ ܕܝܢ ܡܠܝܘܣ ܒܫܠܡ ܒܬܪ ܩܠܝܠ ܘܒܢܝܐ ܐܢܘܢ ܘܡܬܐܢܬ ܒܙ ܐܡܪ. ܐܘ ܠܡ ܡܩܘܕܫܐ ܘܦܩܕ ܡܠܟܐ܆ ܩܕܡ ܐܒܕܢܐ ܠܡܫܝܚܘܗܝ. ܒܕܡܐ ܠܐܡܪܬ݂. ܐܝܟ ܪܘܚ ܒܟܠܗ ܘܐܦܝܣܩܘܦܐ ܡܫܝܚܘܬܐ ܒܪ ܠܦܪܘܣܘܬܐ ܘܦܐܝܬܐ ܐܬܬܒܘܢ ܡܢܐ ܗܝ. ܒܪ ܡܬܬܒܘܢ ܕܗܘܐ܆ ܐܘ ܡܩܠܝܣ ܢܦܫܗܘܢ ܟܠܗܘܢ ܕܐܦ ܒܫܠܡܗ ܕܗܢܐ ܒܙ ܟܬܒܐ ܠܐ ܡܬܦܪܚܝܢ ܬܠܡ̈ܝܕ. ܚܙܩܐ ܘܐܒܕܢܐ ܩܕܡ ܟܠܗܘܢ ܘܥܠ ܡܫܝܚܘܬܢ ܘܗܘܐ ܕܟܠ ܘܚܝܐ. ܡܢܐ ܒܕܝܢ ܐܬܬܢ ܠܗ ܒܪ ܡܢ ܢܗܘܢ ܥܪܝܬܘܢ ܠܡܬܚܫܒܘ ܟܪܝܗܐ ܕܦܪܘܣܘܬܐ. ܕܡܢ ܢܦܪܣܐ ܥܡܠ ܠܝ ܢܫܝܟܘܢ. ܘܟܡܐ ܠܝ ܡܪܚܡܘܬܟܘܢ ܠܐ ܒܪ

ܦܓܪܐ ܡܢ ܩܕܡ ܚܒܫܗ ܕܡܠܟܘܬܐ: ܕܐܝܟܢܐ ܕܒܝܫܐ ܚܒܪܐ ܗܘܝܬܘܢ
ܠܘܬܟܘܢ: ܡܢ ܟܕ ܠܐ ܢܟܠ ܠܗ ܠܡܫܝܚܘܬܗ: ܘܐܡܠܟ ܗܘܪܝܢܐ
ܘܟܢܫܬܐ ܐܣܬܒܪ ܒܐܬܪ̈ܘܬܗܘܢ ܕܫܒܚܬܐ: ܟܕ ܒܬܫܒܘܚܬܐ ܕܐܫܬܒܪ
ܡܢܗ ܠܡܫܝܚܘܬܗܘܢ. ܘܟܕ ܕܫܘܪܝܐ ܗܘ ܕܡܠܟܘܬܗ. ܟܕ ܒܗܘܢ ܚܢܢ
ܫܘܒܚܐ ܕܠܐ ܒܙܒܢܐ: ܥܠ ܥܒ̈ܕܐ ܒܚܛ̈ܗܐ ܘܥܘ̈ܠܐ * ܗܘ̈ܝܬܐ. 23 v.
ܐ̈ܢܫܐ ܚܛ̈ܝܐ ܕܡܘܬܐ ܕܠܐ ܫܘܡ ܗܘܘ ܠܫܘܒܚܐ. ܘܟܕ ܕܫܒܩܬ
ܡܫܝܚܘܬܐ ܠܬܠܡܝܕܘܗܝ: ܗܘܬ ܠܗܘܢ ܠܥܕܬܐ. ܕܥܡܐ ܕܐܫܬܪܝܬܘܢ
ܗܪܝܬܘܢ ܚܘܒܐ ܒܡܣܬܘܬܐ. ܗܦܟܬܘܢ ܐܝܟ ܦܓܪܐ ܠܡܣܐܠ
ܫܘܒܚܐ ܠܦܘܪܫܢܘܬܗ: ܘܠܐ ܠܝܬ ܠܝ ܒܪܐ ܕܐܝܟ ܗܕܐ ܀
ܕܟܘ ܗܟܝܠ ܒܙܒܢܐ ܙܗܝܪܐ. ܕܐܠܗܐ ܬܦܠܓܘܢ ܢܦܫܟܘܢ. ܘܬܗܘܘܢ
ܠܘܬ ܢܦܫܟܘܢ ܘܬܬܠܘܢ ܒܥܠܡܐ. ܐܝܟܢ ܬܐܟܪܘܢ ܘܡܫܝܚܘܬܟܘܢ
ܬܫܪܘܢ. ܘܢܦܫܟܘܢ ܠܒܪܬܐ ܢܗܘܘܢ: ܗܐ ܡܕܝܢܬܐ ܗܪܕܘܬܟܘܢ ܀
ܗܝܕܝܢ ܕܝܢ ܐܝܟ ܕܡܢ ܚܕ ܦܘܡܐ ܡܠܝܢ ܗܘܘ ܘܐܡܪܝܢ. ܕܡܫܝܚܘܬ
ܬܫܪܘܢ ܘܠܝܢ ܢܐܡܪ ܘܢܦܩܝܢ ܠܒܪܬܐ ܢܬܗܘܘܢ: ܘܐܡܪܝܢ ܥܠ ܚܝܠܐ
ܕܐܠܗܢ ܠܝ ܬܘܫܒ. ܗܐ ܦܬܝܚܝܢ ܬܪ̈ܥܝܢ. ܥܠ ܓܒܪ ܡܫܝܚܝܢ ܠܡܨܘܬ
ܒܒܗܝܢ: ܘܟܕ ܚܙܐ ܫܠܝܛܐ ܕܠܐ ܡܢ ܒܝܬܗܘܢ، ܡܬܬܩܢܝܢ: ܘܠܐ
ܡܢ ܠܘܬܗܘܢ، ܡܬܬܪܗܒܝܢ. ܦܩܕ ܠܣܝ̈ܥܬܗ. ܕܢܣܒܘܢ ܐܢܘܢ.
ܘܢܦܠܓܘܢ ܡܢܬܗܘܢ: ܐܝܟ ܕܢܫܬܠܡܘܢ ܠܡܫܝܚܐ ܕܡܢܝܚܘܬܐ ܒܗ.
ܡܬܦܠܚܝܢ ܒܝܫܐ ܕܡܫܝܚܐ. ܒܚܝܠܐ ܘܦܘܪܩܢܐ ܕܐܠܗܐ. ܘܒܬܪ
ܫܡܠܝܘܬܗ ܐܝܟ ܕܐܬܦܩܕ ܠܗܘܢ: ܠܐ ܕܝܢ ܐܫܟܚ ܐܢܫܐ ܡܕܡ
ܕܢܐܬܘܢ ܐܢܘܢ ܐܪܒܥ ܓܒܪ ܥܠܡܝܢ، ܘܗܝܕܝܢ ܗܘܘ ܠܗ ܘܐܡܪܝܢ. ܕܐܦ
ܗܢ ܠܗ ܠܡܪܐ ܢܦܫܢ ܚܝܝܢ. ܘܥܕܡܐ ܘܫܠܡܘܬܐ. ܐܢ ܬܫܘܒ 30
ܬܫܪܝܢ ܥܠ ܚܝܠܐ ܕܐܠܗܢ. ܒܗܠܝܢ ܬܒܝܪܬ ܩܠܐ ܕܡܬܠܐ ܗܘܐ.
ܦܓܪܐ ܘܡܬܡܪܡܪ. ܘܢܦܩܝܢ ܟܠܗܘܢ ܚܕܐ ܡܬܠܐ ܗܘܐ.
ܥܕܠܐ ܒܝܫ ܗܘܐ ܣܓܝ ܒܥܠܡ ܠܗܘܬܗ. ܬܘܒ ܗܘܘ ܒܪܝ
ܘܐܡܪܝܢ ܦܫ ܒܢܝ̈ܢ ܕܡܫܝܚܘܬܐ: ܡܢ ܫܠܝܐ ܕܒܝܬܗ. ܘܟܕ ܚܙܐ
ܦܓܪܐ ܐܘܣܒܘܣ: ܕܦܪܘܩܐ ܠܫܡܫ ܘܟܐܢܝܗ ܕܡܫܝܚܘܬܐ ܪܘܡܝܢ [1]

1) Das ܘ ist radiert, also ܪܘܡܝ.

ܒܦܠܓܘܬܐ. ܐܝܟ ܡܡܠܠܬܗ ܠܗܘܬܗܘܢ ܘܥܠ ܐܝܠܝܢ܇ ܘܒܫܘܠܡܗ̈ܘܢ، ܢܝܫܐ ܘܒܫܘܠܡܗ. ܥܡ ܐܝܠܝܢ ܕܒܗ ܐܡܪ. ܦܩܕ ܠܗܘܢ ܕܢܗܘܘܢ ܫܡܘܥܝܢ ܠܗܘܬܟ ܢܫܒܚܘܢ ܐܢܫܐ ܒܪ ܡܪܝܐ. ܕܐܠܗܐ ܒܟܠܗ ܫܘܒܚ ܕܒܪ ܫ̈ܪܪܐ܆ ܢܫܒܚ ܠܟ ܡܢ ܫܘܒܚܐ ܕܠܘܬ ܡܫܝܚܐ܆ ܕܫܡܪܢ * ܒܫܘܒܚܬܗ 24 r. ܘܐܡܪ ܠܝ. ܕܡܢ ܕܢܫܡܥ ܢܦܫܗ ܡܛܠ ܡܢ 80 ܕܠܐ ܠܐ ܥܘܠܐ ܠܝ. ܘܡܢ ܕܠܐ ܥܒܕ ܙܒܢܘܗܝ ܘܐܚܪܢܐ ܒܗܪ، ܗܘ ܠܐ ܥܘܠܐ ܠܝ. ܠܐܘܪܚܐ ܕܢܫܡܗ ܕܙܒܢܘܬܗ ܘܡܢ ܩܢܝ ܡܢܗ ܒܫܒܝܚܘܬܗ. ܐܝܟ ܕܐܢ ܚܒ. ܕܐܠܗܐ ܢܬܠ ܠܝ ܡܢ ܦܘܪܢܣܗ ܘܢܗܘܐ ܢܒܝܐ ܠܡܠܟܘܬܗ. ܐܝܟܢܐ ܘܗܘ ܡܫܠ ܚܢ܆ ܕܐܠܗܐ ܒܦܠܓܘܬܐ ܬܒܥܘܢ ܡܢ ܦܘܪܫܐ ܕܐܬܦܪܫܬ ܠܗ. ܘܬܬܘܢ ܒܬܪܥܝܢ ܬܒܥܝܬܗ ܕܟܢܫܘܬܗ. ܠܟܢܫܐ ܒܪ ܐܢܫܘܬܐ ܒܗ ܒܡܗܕܐ ܬܬܠܓܘܪܬܐ ܘܢܝܫܬܐ. ܕܢܐܡܪ ܐܢܐ ܠܗ ܗܘܐ ܡܢ ܦܠܓܘܬ، ܘܟܢܫܐ ܒܫܘܡܠܝܗ ܒܦܘܪܣܐ ܦܠܓܝܢ ܗܘܐ ܡܬܦܪܫ ܕܢܦܪܘܫ ܡܢ ܡܬܦܪܫܗ. ܒܝܕ ܦܘܫܐ ܗܘܐ ܘܒܟܠܗ ܘܢܘܟܐ ܐܠܗܝ ܕܐܝܬ ܠܝ ܒܥܒܕܝ. ܗܘܐ ܡܬܒܥܐ ܠܗ ܦܘܠܚܢܗ. ܒܢܝܗ ܕܡܫܒܚܢܘܬ، ܒܥܒܕܘ ܒܗ ܦܠܚܘܬܐ ܘܗܘܘ ܒܟܠܗ. ܘܫܒܚܘ ܡܬܦܠܓܪ ܒܝ ܢܒܝܗ ܕܡܫܝܚܐ ܘܠܐ ܕܦܪܘܫܐ. ܠܐ ܒܥܒܕܐ ܡܦܠܓ ܠܐܦܠܓܘܬܐ. ܕܐܠܗܐ ܬܬܦܠܓܘܢ. ܢܬܠ ܠܗ ܕܝܢ ܐܠܗܐ ܠܫܘܒܚܗ. ܕܫܒܚܬܐ ܠܗ، ܫܒܚܬܐ. ܦܠܘܓ ܒܥܒܕܐ ܕܢܬܠ ܒܐܝܕܝ ܘܠܐ ܕܐܡܪ. ܗܘ ܐܢܫܝܢ ܘܦܠܓܝܢ ܠܫܘܒܚܐ. ܘܦܠܓܝܢ ܠܦܘܪܫܐ ܘܠܥܘܪܐ. ܘܢܣܒ ܠܦܠܓܐ. ܘܦܠܓܝܢ ܠܦܘܪܫܐ. ܠܟܢܫܐ ܗܘܐ ܘܠܐ ܘܠܡܦܪܫ ܒܗ، ܥܒܕܬܐ܆ ܒܕ ܢܦܘܩ ܗܠܝܢ ܒܥܒܕܘܬܗܘܢ ܕܡܬܒܥܝܐ ܐܝܟ ܡܫܒܚܢܘܬܐ ܒܪܬ ܥܒܕܬ ܠܐܠܗܐ ܕܢܝܬܗ ܕܪܘܚܝܢ. ܘܒܕ ܦܠܓ ܒܗܠܝܢ ܥܒ̈ܕܐ. ܠܐ ܐܫܟܚ ܐܘܣܟܡܐ ܕܢܫܡ ܐܝܟܢ ܘܢܬܠ ܡܬܬܢܘܬܗܘܢ܆ ܚܙܝܐ ܕܡ ܠܦܠܓ. ܫܒܬܐ ܘܦܠܓܐ ܡܠܠ ܗܘܐ ܠܘܩܒܠܗ، ܕܗܘܐ ܦܠܓܐ ܥܒܕܐ. ܘܡܥܒܕܬ ܦܠܓܐ ܗܘܐ ܒܒܗ ܒܪ ܐܢܫ. ܐܡܪ ܠܝ ܐܘ ܡܪܝܐ ܘܦܠܓܐ ܫܘܒܚ. ܡܠܟܐ ܗܘ، ܗܘܐ ܦܘܪܫܐ ܘܫܬܦܘܬܐ ܕܐܝܬ ܠܟ. ܕܟܠܐ ܡܦܣܩܢܘܬܐ ܕܝܠܝ. ܒܦܠܓܘܬܐ ܕܒܥܝܢ܆ ܐܝܟܢ ܕܐܬܝܢ ܠܦܠܓܝܢ ܘܦܠܓܘܢ ܠܝ. ܕܬܠܬ ܒܡܫܒܚܢܘܬܐ ܕܟܠܝ ܦܠܓܐ ܕܦܠܓܘܬܐ ܕܠܐ ܕܫܠܡܬܐ

ܘܡܠܦܢܐ. ܘܐܦ ܗܟܢ ܐܢܬ ܗܘܝܐ ܡܢܝܢܐ: ܕܒܡܫܬܘܬܗܘܢ ܕܗܠܝܢ
24 v. ܡܫܬܘܬܦ ܐܢܬ * ܡܢ ܢܘܗܪܐ ܕܥܠܬܐ. ܘܗܘܝܬ ܫܬܐܣܐ ܠܡܬܒܢܝܢܘܬܗܘܢ
ܕܗܠܝܢ ܕܐܬܗܦܟܘ ܒܐܘܪܚܝܢ ܕܠܐ ܒܝܕܥܐ. ܘܠܐ ܣܒܪ ܐܢܬ ܕܗܘܐ:
ܕܒܝܕܥܬܐ ܠܝܘܬܪܢܐ ܐܝܟ ܕܠܗܠܝܢ ܩܠܐ ܕܡܬܬܗܦܟܘܢ ܡܢ ܐܦܦܣܘܣ
ܕܢܣܒܬ ܒܟܠ ܒܡܫܪܝܘܬܗ ܕܐܠܗܘܬܟ ܠܐ ܡܬܦܠܓܬ. ܕܗܢܐ ܝܕܝܥܐ
ܗܘܐ ܠܐܠܗܘܬܟ. ܕܐܝܟܢ ܕܪܢܝܬ ܬܬܕܪܫ. ܘܐܝܟܢ ܕܒܕܪܬ ܬܬܦܪܫ.
ܘܕܡܝܟ ܒܪܝܟ. ܕܐܢܬ ܒܝܕܥܬ ܡܢ ܐܘܪܚܬܟ ܦܪܫܬ ܒܠܒܟ ܠܒܪ ܕܢܒܐ
ܕܠܐ ܬܬܒܥܐ. ܦܘܪܫܢܐ ܕܝܢ ܐܘܣܒܘܣ. ܒܝܢܝܟ ܦܫ ܒܟܠ ܡܠܘܗܝ.
ܘܒܬܪܗ ܡܠܐ ܕܠܘܩܒܠ ܠܒܪܗ ܦܠܘܗܝ. ܕܦܪܘܫܐ ܐܘܣܝܟ ܠܗ ܒܪ ܐܢܫܐ.
ܕܐܦ ܟܕ ܦܢܐ ܐܢܬ ܐܘ ܦܪܘܫܐ ܫܘܠ ܡܘܢܐ ܘܚܝܐ: ܕܒܝܘܡܝܟ
ܡܫܘܠ ܐܢܬ ܠܝ. ܠܐ ܡܫܝܚܐ ܒܪܗ ܕܐܠܗܐ: ܕܗܘ ܝܕܥܝܢ ܒܟܠ
ܡܢ ܡܠܘܬܟ: ܘܢܬܠܝܟ ܠܡܘܗܒܐ ܠܒܪܐ ܕܐܬܝܗ ܡܢ ܟܬܒܝܟ. ܠܐ ܡܢ
ܒܪܝܬܟ ܕܝܠ ܐܢܫ. ܘܠܐ ܡܢ ܢܦܫܟ ܒܗ ܐܢܫ. ܐܦܠܐ ܡܢ ܡܟܘܬܐ
ܡܫܬܐܠ ܐܢܫ. ܕܐܢܫ ܘܒܝܕܗ ܡܬܝܗܒ ܐܢܫ ܗܘ ܕܕܒܝܫܐ ܕܒܢܐ
ܠܐܠܗܘܬܐ ܐܬܩܪܒ. ܘܠܐ ܠܫܪܪܐ ܘܠܬܘܬܒܪܐ. ܐܝܟܢܐ ܕܗܘܒ
ܐܢܬ ܀ ܘܡܠܝܢܘܣ ܐܡܪ. ܠܐ ܐܝܬ ܠܝ ܫܘܒܗܪܐ ܒܗܕܐ
ܘܐܦ ܒܝܢ ܦܘܪܫܢܟ ܐܘ ܫܘܝܐ.. ܕܠܘ ܒܠ ܒܨܦ ܗܫܒܘܬܗ ܕܫܠܝܬܟ
ܡܫܒܚܬܐ: ܐܬܝܗܒܬ ܒܠܒܟ ܗܕܐ ܐܦܣܩܘܦܘܬܐ. ܕܒܣܢܝܪܬܐ
ܕܒܡܒܪܐ ܘܦܘܪܫܐ ܕܐܘܪܚܬ. ܡܠܟܝܢ ܢܩܦܝܢ ܦܝܫܬܐ ܗܕܐ ܕܢܫܒܢܐ
ܐܝܟ ܕܫܒܩܝܢ ܗܘܦܝܩܝܢ. ܕܠܐ ܝܬܝܪ ܐܠܗܐ ܕܦܘܪܫܢܘܬܗܘܢ ܬܗܘܐ
ܠܟ ܬܫܒܘܚܬܐ ܘܟܠܝܠܘܬ ܛܝܒܘܬܐ. ܘܠܐ ܦܘܩܠ ܦܘܪܫܢܘܬܐ ܝܬܝܪ ܐܠܗܐ
ܒܢܦܫܟ ܕܒܟܠ ܒܠܬܗܘܢ ܕܡܢ ܟܬܒܐ ܬܪܝܨܘܢ ܒܫܪܪܐ ܢܦܠܓܘܢ
ܠܫܒܘܬܟ ܀ ܐܘܣܒܝܣ ܐܡܪ. ܡܦܠܠ ܦܬܠ ܫܘܪܬܟ ܡܬܬܐܬܝܢ
ܐܢܫ. ܘܐܝܠܝܢ ܕܠܐ ܝܕܥܐ ܗܘܝܬ ܕܐܦ ܕܐܬܗܦܟܘ ܗܢܘܢ ܬܘܒ ܐܘ ܢܬܗܦܟܘܢ.
ܟܕ ܦܫ ܠܦܘܠܚܢܗ ܕܒܣܒܢ ܘܠܬܫܒܘܚܬܗ ܕܐܠܗܐ * ܐܫܬܒܝܢ. 25 r.
ܐܠܐ ܡܦܠܠ ܕܢܦܫܝ ܫܒܘܚܘܗܝ ܕܢܬܦܪܫܘܬܟ: ܘܐܦ ܒܪܝܫܗ ܕܡܕܒܪܢܘܬܐ.
ܘܐܦ ܒܟܠ ܦܘܪܫܢܐ ܕܦܘܪܫܢܘܬܐ: ܐܬܦܣܝܢ ܘܠܬܐ ܕܒܝܢ ܒܝܠܐ ܕܠܐ
ܒܫܢܝܢܐ ܐܘܕܐ ܠܒܝܬ ܒܠ ܐܢܫ. ܕܒܫܘܠܗ ܬܘܕܝܬܐ ܕܐܠܗܐ ܕܠܘܐ

gratitude

shrinking

ܠܟ. ܘܠܒܢܝܟ ܢܦܫܟ ܚܝܢ. ܘܠܒܪܬܟ ܕܒܝܬ ܚܝܢ ܘܩܠܝܣܛܪܘܢ ܒܟܠܗܝܢ
ܚܝܢ. ܘܗܐ ܒܢ̈ܝܟ ܠܐ ܒܦܘܡ ܚܝܢ. ܕܐܝܬ ܠܟ ܐܠܗܐ ܕܡܚܝܐ ܒܚܝܠܐ
ܕܟܠܗܘܢ ܠܒܢ̈ܝ ܐܢܫܐ ܀ ܘܟܠܗܘܢ ܐܡܪ. ܐܘܪܗܝܐ SO ܐܢܫܝܢ ܗܠܝܢ
ܗܟܢܐ ܗܘܠܬܐ ܘܢܦܫܗ ܕܒܪܢܫܐ. ܒܗܝܡܢܘܬܐ ܐܢܫ ܒܪ ܦܓܪܢܘܬܐ
ܕܠܒܘܫܬܗܘܢ. ܘܐܠܐ ܐ ܐܝܬ ܚܝܠܐ ܒܟܠܗܝܢ ܕܐܬܐܡܪ ܒܗܝܢ.
ܒܬܪ ܗܠܝܢ ܗܢܐ ܒܗܘܐ ܕܒܪܝܫܝܬ. ܡܢܐ ܕܢܦܫܬ ܠܦܓܪܝܢ ܢܫܪܐ
ܕܠܐܬܐ ܐܢܫ ܐܝܟܢܐ: ܘܡܢܬ ܒܦܓܪܝܢ ܒܠܒܘܫܬܐ. ܒܗ, ܒܪܢܫܐ
ܐ ܐܝܬ ܠܗܝܢ ܐܠܗܐ ܕܗܘܝܐ. ܢܦܫܬܐ ܠܐܢ̈ܫܝܢ ܘܢܦܫܪܝܢ. ܘܗܘܐ
ܐܬܗܢܝܢ ܦܓ̈ܪܝܢ ܒܪܝܫܝܬ ܀ ܒܬܪ ܐܘܣܝܐ ܠܦܓܪܐ ܘܐܡܪ.
ܘܡܢܘܢ ܐܝܬ ܠܗܝܢ ܕܐܬܡܬܚ ܐܘ ܫܢܝܐ. ܐܝܟ ܗܢܐ ܕܫܠܝܬ ܒܪܢܫܐ
ܒܬܪܒܬܝܢ ܐܦ ܡܫܪܝܐ ܕܬܬܚܝܢ. ܕܬܪܒ ܕܐܝܬ ܠܗ ܐܠܗܐ ܗܘ
ܕܡܫܪܐ ܠܗ. ܬܠܬ ܕܡ ܡܢ ܗܢܐ ܫܢܝܐ. ܕܢܘܪܝܢ ܡܢܗܘܢ ܠܐ ܢܦܫܐ ܠܗ.
ܘܓܒܝܢ ܕܗܘܝܢ ܒܗ ܠܐ ܡܬܚܫܒܐ. ܘܬܪܒܝܬܝܢ ܠܫܪܐ ܠܐ ܗܘܠܐ.
ܕܠܐ ܬܫܬܡܫ ܘܬܐܡܪ ܕܡܬܪܝܢ SO ܠܬܫܡܫܬܝܢ ܡܬܬܒܪܬܐ ܀ ܘܟܠܗܘܢ
ܐܡܪ. ܐܦ ܐܠܗ ܐܝܬ ܦܘܪܫܐ ܕܡܚܝܢܐ ܗܘܐ ܗܘܬ ܗܪܐ ܠܡܘܗܒܬܐ.
ܠܒܪܝܬܐ ܘܠܫܘܝܘܬܐ ܕܐܦܫܝܢ ܒܡܬܒܪܝܢܐ ܗܘܬ ܗܪܐ ܐܘ ܕܗܘܝܐ.
ܐܩ̈ܠܝܡܐ ܒܢܝ ܒ̈ܫܘܐ ܘܦܫܝܘܬܐ ܦܫܝܛܐ ܘܦܫܝܪܐ ܡܬܝܠܕܢܐ ܕܒܠ
ܗ̈ܘܦܢܝܡܝܢ: ܐܝܬ ܗܘܐ ܠܗ ܕܐܘܣܝܢ ܗܘܬ. ܐܝܟ ܕܦܫܝܡ ܗܘܘ
ܗܕܝܢܝܢ ܘܒܢܝܬܐ ܕܗܘܝܢ ܠܗ: ܐܠܐ ܠܦܘܪ ܠܐܠܗܐ. ܕܗܘܘ
ܠܗܘܢ ܡܕܝܢܘܬܗܘܢ ܘܦܬܟܪܘ ܗܟܢܢ ܢܦܫܐ ܠܐܠܗܘܬܗܘܢ ܕܬܗܘܐ
ܒܟܠ ܫܘܠܛܢܐ ܕܫܢܝܢ. ܕܬܟܪܙܐ ܡܢ ܐܠܗܝܢ ܕܗܘܝܐ ܗܘܬ ܠ
ܕܐܘܣܝܢ ܀ ܐܘܣܝܐ ܐܡܪ. ܡܢ ܡܬܢܝܬܝܢ (?) ܡܬܬܗܘܬ ܠܐܘܣܝܢ.
ܘܒܠܠ ܐܝܬ ܡܢ ܒܪ ܕܢܦܝ ܐܘ ܫܢܝܐ. ܗܪܐ ܒܪ ܕܐܬܪܒܝ.
ܡܢܡ ܒܠܠܐ ܗ, ܘܡܢ ܐܡܢܐ ܕܐܬܐܡܪܬ ܠܗ .... ܘܟܠܗܘܢ ܐܡܪ.
ܗܠܝܢ ܠܦܝܬ ܒܝܢ ܒܪ̈ܐ ܕܗܪܐ ܗܟܢܬ: ܠܒܬ ܒܪ ܫܠܝܐ ܕܢܦܫܗܘܢ, SO
ܠܫܢܐ ܕܢܘܪܐ. ܐܠܗܐ ܐܘܠ ܐܝܬ ܐܢܫ ܒܠܗܘܢ ܗܦܪ̈ܝܗ ܕܫܪܝܪܘܬܐ.
ܘܦ̈ܫܐ ܕܫ̈ܘܝܢܝܗ ܕܒܠܕܘܬܐ. ܘܐܡܗܝܘܬܗ ܘܡܫܚܬܗ
ܕܡܬܚܫܒܬܗ ܠܐ ܐܬܚܙܝܬ ܫܠܝܗ ܕܗܪܐ ܕܐܬܐܡܪܬ ܒܗܝܢ: ܠܐ

ܒܪ ܢܫܐ ܐܝܬ ܒܝܕܥܬܐ: ܘܥܒܝܕ ܐܝܬ ܒܡܫܡܫܢܘܬܐ ܡܢ ܗܘܦܪܟܘܣ ܐܬܠܡܕܐ: ܕܠܐ ܐܥܒܕ ܕܝܥܘܬ ܢܦܫܗ ܡܢ ܢܡܘܣܐ ܕܪܘܡܝܐ̈ ܕܐܬܝܠܕ̈ܐ. ܒܢܝܐ ܗܘ ܒܪ ܒܝܬܐ ܒܝܬܗ ܕܪܘܡܝܐ. ܘܡܫܡܫܬܐ ܐܝܬ ܠܗ̇ ܒܥܠܐ ܐܠܗܝܐ. ܘܟܢܐ ܒܪ ܒܝܠܘܗ̇. ܘܒܢܝܐܘܗ̇ so ܕܟܘܠܬܐ. ܘܒܠܝܢܗ̇ ܕܒܫܢܘ̈ܗ̇ ܡܬܗܦܟܝܢ ܒܡܣܦܩܢܘܬܗ ܕܠܠܟܐ. ܘܐܦ ܢܫܪܐ ܕܐܬܘܬܗܘܢ ܕ̈ܐܠܗܘܬܗ ܕܒܪܢܫܘܬܐ: ܗܢܘܢ ܒܠ ܡܘܠܟܢܐ ܕܚܝܘܗܝ. ܐܦ ܡܢܥܡܐ ܕܐܬܠܘܬܗܘܢ، ܐܦ ܗܘ ܐܝܬܘܗܝ ܕܒܢܝܢܗ: ܠܐ ܡܟܝܟ ܡܥܒܕܐ ܡܢܘܢ ܒܡܘܩܐ ܘܟܘܪܐ. ܕܡܫܡܫ. ܐܝܬ ܒ ܕܗܘܐ ܡܫܠܛܐ ܡܫܠܡܬܐ: ܐܝܬ ܠܟ ܕܬܥܒܐ ܬܗܘܐ ܡܢܗ ܥܠܡܢܘܬܐ ܕܪܘܡܝܐ: ܘܬܬܒܥ ܢܦܫܟ ܡܢ ܒܥܘܪܐ ܕܡܘܬܪܬܗ. ܕܡܠܝܐ ܕܝܢ ܬܬܗܘܐ ܘܬܐܪܬ. ܒܗ ܕܝܢ ܬܬܥܪܐ ܕܪܘ̈ܪܒ ܘܫܘܫܡ ܡܢܟ: ܐܠܐ ܒܠܫܘܢ ܒܥܝܪܐ: ܕܒܗ ܡܠܠ ܘܐܬܒܥ ܟ̈ܠܝܢ ... ܐܘܡܘܣ ܐܡܪ. ܠܝܬ ܠܡܬܕܪܢܘ ܡܢ ܗ̈ܡܣܐ ܘܠܡܟܟܐ ܒܠܢ: ܕܐܡܒܠܐ ܦܟܝܗ ܡܕܒܪܢ. ܘܐܬܗܘܬ ܒܒܠ ܙܒܢ. ܘܢܦܠܬ ܡܢ ܐܠܗܐ ܚܒܪܢ. ܕܗܠܡ ܥܘܒܕܬܐ ܕܦܠܚܘܬܐ ܕܐܝܟܐ ܐܝܬ. ܗܢܝܢ ܐܝܟܢ ܐܝܬܝܟ ܠܗܕܐ ܒܠܗ̇ ܥܒܘܕܬܐ. ܘܐܬܬܕܒܪܬ ܠܒܢܝܐ ܕܠܝܬ ܠܗ̇ ܒܥܘܢܐ. ܕܥܒܘܕܬ ܠܡܟܝܐܦ so ܕܫܩ̈ܘܬܐ ܐܠܝܡ ܕܐܠܝܟ ܒܠܗܘܢ: ܘܕܐܡܒܠܐ ܬܐܪܘܥ ܡܐܪܘܗ ܪܒܐ ܕܐܬܪܘܢ. ܘܐܬܡܒܝܢܬ ܡܢ ܗܠܝܢ. ܘܗܘܐ ܒܦܝܫ ܐܝܟ ܢ̈ܟܐ ܥܢ̈ܘܬܐ ܒܪܘܕܐ

26 r. * ܘܒܣܢܪܐ. ܘܟܥܒܐ ܦܪܝܫܐ ܕܠܝܬ ܕܠܝܬ so ܒܗ ܢܥܘܦ. ܘܥܠܝܐ

ܐܝܬ ܘܒܛܠ ܡܢ ܗܦܟܝܐ̈ ܐܠܝܢ ܕܡܦܝܣܝܢ ܐܬܪ̈ܘܬܐ ܕܐܝܟܢܝܢ. ܘܡܟܐ ܐܝܬ ܘܒܬܪ ܒܦܠܚܘܬܐ ܦܝܣܐ ܕܦܬܟܪ̈ܐ. ܘܡܢܚܠܝܢ ܒܝ ܕܡܐ̈ ܘܡܢܚܝܢ ܒܝ ܥܒ̈ܕܐ. ܕܡܬܬܕܒܪܝܢ ܠܝ ܒܦ̈ܬܟܪܘܗܝ ܢܦܘܫܬܐ ܒܕ̈ܒܚܐ ܕܠܐ ܗܘܝܢ ܠܓܢܣ. ܐ ܕܡܢ ܡܣܝܒ ܠܡܠܟܘܬܟ. ܥܡܟ ܡܢ ܕܐܡܪܬ ܐܢܐ ܠܝ ܥܒܕ̈ܬܐ. ܕܡܢ ܗܦܟ ܠܗ ܠܝ ܕܬܘܠܫ ܒܡܠܒܘܬܟ. ܥܠܡ ܠܗ ܒܪ ܡܢ ܒܗܘ ܕܒܝܟ. ܘܟܡ ܥܒܕܝܟ ܗܪܘܒ ܥܠܡܟ. ܒܪ ܕܒܢܐ ܒܪ ܕܒܐܝܬܘܬܐ ܡܢ ܒܗܘ ܡܦܩܟ ܠܐܪܥܐ ܕܟܠܕܝܐ. ܘܡܢܝ ܬܡܢ ܢܟܪ ܠܝ. ܘܐܢܝܟ ܒܚܪܢ ܦܠܝܚܐ ܘܡܥܡܪܐ. ܠܒܪ ܡܢ ܐܘܪܚܐ ܕܡܠܟܘܬܟ ܢܗܘܐ ܐܚܪܢܐ. ܐܝܟܢܐ ܕܐܡܠܟ

ܥܠܝܟܝ ܬܒܥܠ ܠܡܒܘܪܟܬܐ ܕܡ̈ܠܟܐ. ܟܠ ܕܠܐ ܐܬܒܥܝܬ ܒܐܝܡܢܝ:
ܘܡܝܬ ܕܡܫܠܛܢܝܢ ܡܢ ܠܥܠ ܐܬܡܣܟ ܠܟܝ: ܡܠܟܐ ܕܒܢܐ ܠܡܕܝܢܬܗ
ܕܟܢܝܢ ܟܠ ܕܫܠܝܡ .... ܘܠܝܘܗ ܐܡܪ. ܥܒܝܕܐ ܗ̄ܝ ܠܗܘܢ ܗܕܐ
ܠܡܫܠܡܠܐ ܘܠܒܢ̈ܝ، ܒܢܬܗ: ܕܟܢ̈ܝܢ ܢܗܘܘܢ ܒܢܝܐ ܕܐܒܝܕܝܢ
ܘܠܡ̈ܠܟܐ ܡܟܪܝܢ ܘܟܠ ܫ̈ܠܡܐ ܡܟܪܒܝܢ. ܘܐܝܠܝܢ ܕܐܬܝܢ ܠܗܘܢ
ܐܡܪܝܢ: ܐܝܟ ܐܢ̈ܫܐ ܕܡܕܝܢ ܕܐܬܦܣܩ ܠܗ ܡܟܝܠ ܗܟܢܐ ܕܢܬܚܫܘܢ
ܐܦ ܗܢܐ ܟܢܟܐ ܕܝܟܝܒܬ. ܥܢܝܢ ܠܥܠܝܟܝ ܘܥܡܪ ܝܟܪܝ. ܒܪ ܐܢܫܐ
ܢܘܪܐ ܒܡܫܘܚܬ ܕܟܠܬܐ .... ܦܬܟܢܐ ܕܝܢ ܐܘܣܘܒܝܢ ܡܟܝܢܝܢ ܗܘܐ
ܒܗ ܒܪ ܐܡܪ. ܘܠܐܟܬܒ، ܠܟ ܟܠܬ ܒܡܟܪܘܗܝ ܕܫܠܝܬܐ: ܬܡܪܒ ܕܟܢܫܐ
ܕܦܠܚܐܘܬܢ ܠܫ̈ܠܝܚܝܢ ܕܒܗܬܬܐ. ܕܗܢܐ ܡܟܝܢ ܡܢ ܒܪܘ ܗ̇ܘܐ
ܠܐ ܒܐܬܪܒ ܢ̈ܒܝܐ.. so ܘܐܬܝܩܬ ܡܠܝܘܦ. ܘܟܠ ܕܢܬܠ ܐܦܦܘܣ
ܕܡܕܝܢܘ ܕܡܕܝܢܬܐ ܒܪ ܐܡܪ. ܕܐܘܣܒܝܘ ܠܟ ܐܢܫܐ ܕܐܬܘܗ، ܦܘܐ
ܝܡܝ ܕܫܠܝܬܐ ܕܝܘܡܢܐ: ܗ̇ܘ ܐܢܫܐ ܕܒܪܢܝܫܐ ܡܫܠܡܐ ܕܦܪܘܩܘܬܗ:
ܥܠ ܫ̈ܠܡܐ ܐܫܬܒܠ: ܘܥܠ ܡ̈ܠܟܐ ܐܬܬܪܝܡ: ܘܠܒܡܕܝܢܬܐ ܡܕܝܢܐ
ܥܠ ܟܠܬܐ ܕܫ̈ܠܡܐ ܐܘܡܪ: ܟܠܗܘܢ، ܥܠ ܗܢܐ ܦܡܕܬ ܡܠܟܘܬܝ.
ܗ̇، ܕܐܦ ܫ̈ܠܡܐ ܦܡܕܝ. ܕܐܝܟ ܕܒܓܢܕ ܢܬܒܒܪ ܠܗ. ܘܦܘܪܒܢܝ
ܢܦܩܝܢ ܠܗ. ܕܐܦ ܒܗܕܐ ܒܐܬܘܢܗܘܢ ܕܫ̈ܠܡܐ ܠܗܘܬ ܟܠ ܐܢܫ
ܬܬܝܗܒ. ܕܐܬܒܘܬܗܘܢ ܬܪ̈ܝܢ ܕܢܝ̈ܫܢܘܢ. ܘܡܢ ܒܬܪ ܕܐܬܚܫܒܬ *26 v.
ܟܠܗܘܢ، ܕܡܕܝܢܬܐ ܐܦܦܘܣ ܕܡܕܝܢܬ. ܦܪܥܘ ܒܡܕܝܢܬܐ ܕܢܘܣ
ܘܕܐܦܠܝ. ܘܟܠܘ ܡܢܗ ܕܦܪܘܩܢ ܘܐܡܪܝܢ. ܕܒܐܘܟܡܢܐ ܕܒܡܕܝܢܬܗ
ܘܒܦܬܟܢܐ ܕܬܫܒܚܬܗ ܢܬܦܪܥ ܡܕܝܢܐ ܠܫ̈ܠܡܐ. ܐܡܪ ܠܗܘܢ
ܡܠܝܘܦ. ܒܕܡܟܐ ܠܐܟܣܬ، ܡܠܐܝܢ ܐܢܬܘܢ ܠܝ ܒܟܒܘܬܟܘܢ:
ܘܥܘܡܝܢ ܐܢܬܘܢ ܠܝ ܒܬܒܥܬܐ ܕܡܕܝ̈ܢܬܟܘܢ: ܗܐ ܒܒܢ ܠܟܘܢ ܝܟܢܐ.
ܘܠܐ ܒܟܠܟ ܘܒܐܘܟܡܢܐ ܘܦܬܓܡܐ ܕܝܟܝܒܬܘܢ. ܥܘܠܝܗ، ܡܢ ܡܕܡ
ܫ̈ܦ ܠܗܢܐ ܒܢܫ ܓܕܐ ܘܐܬܓܠܝܐ ܡܢ ܒܢ̈ܬܗ. ܥܦܐ ܓܪ ܒܝܢܐ
ܐܬܚܠܡ ܠܝ ܡܢ ܥܘܪܢܗ ܕܟܠܒܘܬ.. ܠܐ ܓܪ ܢܒܝܐ ܗܘܝܬ ܕܐܘܥܕ
ܫ̈ܢܝ، ܒܕܡܟܗܘܢ ܕܗܠܝܢ ܡܗܝ̈ܡܢܐ: ܐܠܐ ܠܐ ܗܘܪܫܢܐ ܕܒܒܕܘ.
ܘܦܪܥܘ ܒܡܕܝܢܬܐ ܗܠܝܢ ܘܐܝܫܘܗ، ܠܦܬܓܡܐ ܐܘܣܘܒܝܘ. ܘܡܟܝܬܝܢ

ܗܘܘ ܚܘܪ̈ܬܗ ܕܗܕܐ ܡܕܝܢܬܐ ܘܫܡܥܝܢ ܒܫܡܗ. ܘܡܗܝܡܢܝܢ ܗܘܘ ܘܐܡܪܝܢ. ܕܐܝܟ ܒܪܢܫܐ ܠܟ ܐܢܬ ܠܢ ܐܠܗܢ. ܢܐܬܐ ܗܫܐ ܘܢܒܪܟܢ. ܘܢܬܒܠܗ ܒܠܠܐ ܕܩܕܝܫ ܘܗܘܐ ܒܪܝܫܗ. ܘܒܚܒܝܒܘܬ ܩ̈ܠܐ ܕܠܫܝܢ ܠܦ̈ܩܘܕܐ ܡܒܘܣܡ ܗܘܘ ܒܗ ܘܐܡܪܝܢ. ܫܠܡ ܠܢ ܪܒ ܒܗܕܪ̈ܐ ܕܢܨ̈ܚܐ. ܕܠܡܐ ܠܟ ܬܒܥܐ ܠܗ̇ ܠܥܘܒܕܬܢ. ܕܠܐ ܠܒܪܢܫܐ ܡܘܬܐ ܕܢܦܩ ܡ̇ܢ ܕܘܟܐ ܒܬܘܪܬܐ ܡܢܕܐ ܘܡܘܪܒܢܐ. ܐܠܐ ܠܘܗ ܠܟ ܘܠܐܦܠܘ̈ܢ ܗܠܝܢ ܕܡܢ ܒܢܝܗܘܢ ܐ̈ܠܗܐ ܠܟ ܐܝܬܝܗܘܢ܆ ܘܬܘܒ ܦ̈ܘܫܩܬܐ ܐܫ̈ܬܝܢܬܐ ܕܒܠܝܢ ܒܡܕܒܪܐ ܡܪ̈ܘܝܚ ܗܘܘ ܠܗ. ܗ̇ܘ ܕܝܢ ܣܘܦܐ ܕܐܠܗܢ. ܫܡܥܗ ܗܘܐ ܘܠܐ ܦܩܕ ܒܦܘܡܗ. ܕܒܗ̇ܘ ܢܫܐ ܕܢܘܦܩܘܬܐ ܕܒ̈ܢܝܗ ܢܣܒ ܗܘܐ. ܟܕ ܕܝܢ ܒܪܝܫܗ ܒܗ ܘܐܡܠܟ ܒܗ. ܒܟܠܐ ܕܪܘܚܐ. ܐܫܡܥ ܢܘܪܐ ܒܦܘܡܐ ܕܟܠܬܐ. ܘܪܗܛ ܠܟܠ ܡܒܢܝ̈ܗܘܢ ܡܟܫܢܐ ܕܗ̈ܝܟܠܐ. ܘܒܥܒܕܘܬ ܘܡ̈ܩܦܐ ܠܒܢ̈ܝ. ܣܒܝܪ ܗܘܘ ܠܗ ܒܡܕܪ̈ܐ ܡܥܡ̈ܪܐ: ܠܡܢܐ ܗܘܕܐ ܕܐܠܗܢ. ܘܐܝܟ ܐܬ̈ܪܐ ܕܗܝܟܠܝܢ ܗܘܘ ܐܬ̈ܝܢܝܗܘܢ ܕܢܒܠܘܢ ܠܬܘܕܝܬܗܘܢ܆ * ܒܡܕܝܢܬ ܕܐܘܗܘܒܝܢ 27 r ܠܗܒܢܝ. ܒܠܒܘ̈ܫܐ ܚܘܪ̈ܐ ܡܦܩܢ ܗܘܘ ܚܙܪ̈ܘܗܝ ܕܒܠܬܐ. ܘܟܕ ܐܫܬܠܛܬ ܢܘܪܐ ܒܦܘܫܗ̇ ܕܒܠܬܐ: ܘܡܫܬܠܗܒܐ ܗܘܬ ܘܡܗܝܡܢܐ ܡܠܟ. ܚܙܬ ܢܦܫܗ ܗܘܕܐ ܕܐܠܗܢ. ܘܟܕ ܪܘܫܡܗ ܕܨܠܝܒܐ ܒܫܡܗ ܘܒܝܬ ܒܢ̈ܘܗܝ. ܘܡܢ ܢܦܫܗ. ܕܠܐ ܦܘܠܚܢ. ܫܘܪ ܗܒܠܗ ܠܙܪܥܐ ܒܠܝܐ. ܘܟܕ ܕܪܟܬ ܪ̈ܓܠܗ ܒܠ ܚܠܬܐ. ܒܪܘܬ ܫܠܡܘܬܐ ܡܢ ܡܕܡܝܗ. ܘܦܬܚܬ ܒܗܘܢ ܒܡܕܪ̈ܐ ܡܫܝ̈ܚܐ. ܕܗܘܝܢ ܗܘܘ ܡܚܣܢܐ ܬܠܝܬܝ ܘܬܪ̈ܝܢ. ܘܢܟܬ ܒܬܘ̈ܫܒܚܬܗܘܢ ܘܢܦܩܘ. ܘܐܬܬܚܪܒ ܒܕܡܐ ܕܠܐ ܐܫܬܘܪ ܡܒܢܝܗܘܢ ܪܘܚܢܐ. ܘܟܕ ܐܬܢܝܚܬ ܒܢ̈ܝܗܘܢ ܫܠܡܘܬܐ: ܒܪܗ ܘܥܘܒܕܗ ܕܡܪܢܐ: ܘܠܡ̈ܘܕܝܢ ܕܒܠ ܐܠܗܢ. ܒܢܝܬ ܥܕܬܐ ܘܦܪܫܬ ܘܐܬܒܠܥܬ ܒܐܝܕ. ܘܡܬܩܪܒܐ ܗܘܬ ܒܐܝܕ. ܘܡܫܒܚܐ ܗܠܝܢ. ܐܝܟܢܐ ܕܗܢ ܥܠ ܢܒܝܘܬܐ ܕܠܗ̇. ܕܚܠܬܐ ܘܬܘܕܝܬܐ ܐܝܬܝܗ ܠܒܠܗܘܢ ܬ̈ܝܒܐ ܘܡܦܘܪܐ ܕܐܬܒܢܝܬ ܘܐܬܬܩܢܬ: ܠܫܡܗ ܕܗܢܐ ܡܕܝܢܬܐ. ܒܡܠܐ ܕܝܢ ܟܠܗ ܕܐܦܝܣܩܘܦܐ. ܣܒܝܪ ܗܘܘ ܘܡܗܝܡܢ ܘܡܫܒܚܝܢ ܠܐܠܗܐ: ܒܠ ܦܘܪܩܢܐ ܕܠܐ ܕܢܘܚ ܠܗܘܢ

ܚܕܪܗ. ܘܫܘܪܒܗ ܡܢ ܡܕܝܢܬܐ ܕܐܠܡܣܝܣܬܐ. ܦܠܘܛܝܢܐ ܕܝܢ ܐܘܣܝܒܝ. ܕܟܪ ܗܘܐ ܥܠ ܒܘܪܕܝܗܝ، ܥܠ ܚܠܬܐ. ܘܡܠܟܐ ܗܘܐ ܠܐܠܗܐ ܡܫܝܚܐܝܬ. ܕܡܟܠܠ ܢܦܫܗ، ܕܢܠܒܫ ܚܝܠܐ ܕܐܘܣܝܬܗ. ܒܚܕܪܐ ܘܒܪܟܐ ܕܒܗ[ܕ]ܢܦܬܗ. ܘܟܕ ܡܢ ܡܢ ܟܠܘܬܗ. ܐܬܦܢ ܘܡܣܬܪ ܠܗ ܠܦܛܪܘܢܐ. ܒܕܡܘܬܐ ܠܐܡܗܬܐ، ܠܡ ܙܥܘܪܐ ܘܡܫܡܠܝܐ ܐܡܝܢܐ ܠܝ ܢܘܣܬܐ: ܘܢܦܠ ܗܘܝܢ ܠܦܪܘܣܬܐ ܕܢܒܝܐ: ܘܠܐ ܡܬܬܟܝܢ ܐܢܬ ܘܡܣܬܦܠ ܐܢܬ. ܕܡܬܬܪܐ ܠܐ ܡܢܘ ܐܢܬܘܢ: ܘܠܐ ܕܢܦܠܘܢ ܘܠܐ ܕܒܡܐܢܘܢ ܡܡܫܝܢ. ܐܝܟ ܗܢܐ ܕܐܡܫܝܢ ܐܢܫܘܢ ܠܗ. ܕܝܢܬ ܐܢܫ ܐܘ ܕܢܦܠܘܢ ܠܡܬܒܫܝܢܘܢ ܕܡܢܗ ܐܢܫ ܘܠܐ ܐܬܡܠܝܘ ܠܡܫܘܚܘ ܐܢܫܘܢ ܡܢ ܡܕܝܢܬܐ ܕܢܘܪܐ: ܐܡܝܢܐ ܕܦܝܠ ܡܢܫܡܐ ܘܫܘܪܒܗ ܡܢ ܡܕܝܢܬܐ ܕܢܘܪܝܢ ܘܡܫܝܚ ܫܡܗ. ܘܠܝܬܗ ܐܡܪ. ܕܟܕ ܬܘܒ ܠܝ ܦܠܐܚܐ ܘܡܫܡܠܝܐ: ܕܢܫܠ ܢܘܪܐ ܗܘ ܕܠܗ ܒܠܝܥ ܐܢܬ. ܗܘܬ ܗܘܐ ܕܢܦܩ ܘܐܬܬܚܪܬ. ܐܠܗܐ * ܒܪ ܡܪܝܘܗ 27 v.
ܠܗܕܐ. ܒܠܐ ܐܝܠܝܢ ܡܢ ܕܬܘܒ ܡܕܢܐ ܥܠ ܚܠܬܗܘܢ: ܐܡܝܢ ܕܡܢ ܦܠܚܐ ܒܝܪ ܘܡܫܡܠܝܐ ܢܘܪܐ ܢܦܫܗܘܢ ܡܢܝܢ. ܕܐܠܗܐ ܬܫܡܫ ܡܢ ܦܠܚܘܬܢ. ܘܐܦܣܘ ܠܗ ܘܒܒܪܬ ܢܫܝܢܐ ܒܡܫܡܠܝܢܗܘܢ. ܥܠ ܕܦܪܢܣܝܢ ܥܠ ܚܠܬܗܘܢ: ܘܟܕ ܐܬܬܢܝܚ ܦܘܠܚܢܗܘܢ ܕܐܠܗܐ ܒܡܕܝܢܐ ܕܡܫܡܠܝܢܗܘܢ: ܘܢܫܬ ܫܘܬܗܘܢ ܦܬܝܘ ܠܗ ܠܐܪܥܐ ܕܚܛܝܬܐ. so ܘܐܬܚܒܠܬ ܒܡܫܡܠܝܘܬܗ ܕܢܘܪܐ. ܐܦ ܐܫܬܟܚ، ܢܘܪܐ ܕܦܘܪܣܘܬܗ. ܟܠ ܒܒܝܬܗ ܙܟܝܐ ܕܐܢܫ ܕܠܐ ܬܬܒܥܘܢ ܒܦܘܪܣܬܗ. ܘܬܦܫ ܘܬܦܫ ܠܒܢܝܐ ܗܠܝܢ ܕܐܬܬܢܫܘܘ ܠܫܬܗ ܕܦܘܒܟܢܝܢ. ܦܠܘܛܝܢܐ ܕܝܢ ܐܘܣܝܒܝ ܡܠܝܐ ܐܬܘܪܝܐ، ܒܝܐ ܡܢ ܡܬܚܒ. ܘܢܦܩ ܠܗ ܠܦܛܪܘܢܐ ܒܪ ܐܡܪ. ܗܢܐ ܠܡ ܬܠܬܝܢ ܡܢ ܡܠܟܘܬܢ. ܒܟܠܕܘܟܐ ܘܫܢܝܐ ܕܐܠܗܐ. ܕܐܦ ܗܢܐ ܕܢܫܬ ܒܫܢܝܢ ܬܕܡܘܪܬܐ ܟܠܝܠܬܐ ܕܗܘܐ ܐܠܗܐ: ܠܐ [1] ܢܦܫܬ ܠܡܥܕܪܘ ܕܐܠܗܐ ܡܚܪܘ. ܐܠܐ ܒܡܫܪܬ ܠܟܝ ܘܡܫܡܫܪܬ ܪܚܝܒ. ܘܕܡܬ ܬܕܡܘܪܬܐ ܕܗܘܬ ܠܐܢܫܐ ܕܐܬܡܘܢܝܢ ܘܠܝܠܝܐ ܕܕܝܢ

1) Etwas radiert und corrigiert. Das ܠ ist des *knappen Raumes* wegen klein.

ܠܝ. ܘܗܟܢ ܐܡܪ ܢܒܝܐ ܒܪܘܚܐ ܕܐܠܗܐ: ܕܠܒܪܝܐ ܥܬܝܕܐ ܠܐ ܡܫܬܠܛ ܒܗܕܐ. ܐܬܚܙܝܬ ܕܝܢ ܠܝܫܘܥ ܘܐܡܪ ܠܗ ܒܪ ܡܬܠܝܢ. ܘܡܟܝܠ ܠܗ ܐܬܡܢܥܬ ܒܟܢܝܫܝ ܐܘ ܝܚܝܕ ܡܕܝܢܬܐ. ܘܠܐ ܥܒܪ ܡܠܟܐ ܘܐܚܝܕ ܥܘܠܦܢܐ: ܕܥܠܝܟ ܥܠ ܡܕܝܢܬܟ ܘܥܠ ܝܬܝܪ ܐܘ ܒܪ ܟܪܝܐ. ܡܛܠ ܗܢܐ ܕܝܢ ܟܕ ܡܢܝܐ ܒܪ ܐܚܪܐ. ܟܠܝܘܡ ܠܗ ܡܬܒܣܝܢ ܕܡܠܟܐ. ܠܟܝܢ ܕܝܢ ܘܫܒܩܬܝܢ ܕܟܢܝܫܐ. ܕܩܝܢ ܘܡܘܡܝܗ ܕܪܬܝܢ ܕܥܠܘܡܐ. ܬܠܝܢ ܠܗ ܘܡܐܠܝܢ ܕܠܠܐ ܘܕܒܠܠܐ. ܘܡܟܪ ܓܝܪܐ ܝܠܦܬ ܗܝ ܕܐܡܪܬ: ܕܥܒܕܐ ܠܗ ܒܥܠܬܐ ܡܬܠܠ. ܘܒܬܪ ܟܕ ܢܠܝܫܘ ܥܠ ܡܠܟܗ ܕܥܒܕܐ ܐܘܣܝܦ. ܘܦܩܕ ܠܝܫ ܡܢ ܐܘܦܘܠܛܝܪܐ ܕܢܒܝ ܢܓܝܫܘܗ ܥܠ ܟܠܬܐ. ܘܒܪ ܡܪܝ ܦܠܛܘ ܐܘܦܘܠܛܝܪܐ ܕܢܓܝܫܘܗܝ. ܟܢ ܒܟܬܒܬܐ ܡܫܝܚܐ ܡܠܟܗ ܕܒܪܘܢܝ. ܘܢܦܩ ܡܢܗ ܟܠܬܐ ܘܫܒܩ. ܘܗܘܐ ܕܢܠܬܐ ܦܓܥܬܗ. * 28r ܒܟܠܗ ܒܪܟܐ ܕܒܪܝܫܬܐ. ܐܦ ܗܘ ܦܪܘܫܐ ܗܘ ܗܘܐ ܘܐܬܝܬܝܒ ܦܠܛ. ܘܦܩܕ ܟܠܗܘܢ ܕܢܒܝܐ. ܕܢܦܩܘܢ ܡܢ ܦܪܘܣܐ ܘܡܬܝܦܪ ܒܝܬ ܐܘܦܪܐ. ܒܪ ܕܐܘܦܪܝܢ ܝܘܪܝܘܗ ܕܡܕܝܢܬܐ. ܒܪ ܡܬܘܪܟܐ ܟܠܗܘܢ ܬܪܒܝܬܐ. ܘܟܕ ܒܪܘ ܠܗ ܐܢܝܢ ܕܦܩܕ ·:· ܦܪܘܫܐ ܕܝܢ ܒܪ ܚܢܐ ܕܐܬܒܝܚ ܒܟܠܗܘܢ: ܘܡܘܡܐ ܐܢܫܐ ܕܢܦܩ ܗܘܐ ܠܗ ܠܒܝܬܐ ܘܠܚܕܘܬܐ: ܐܬܗܦܟ ܘܗܘܐ ܠܒܝܬܐ ܘܠܒܡܬܐ. ܘܕܢܝܪܐ ܫܢܝܡܢܐܬ ܠܒܢܝܐ ܕܒܝܬܐ ܡܬܒܥܪ ܗܘܐ. ܒܗܬܬܐ ܓܒܪ ܕܐܦܩܗ ܦܓܥܬܗ. ܗܘܢܝܢ ܐܬܦܪܘܗ ܦܪܘܫܐ. ܕܢܒܒܪ ܗܘܐ ܐܦܐ ܠܡܦܪܘܬܗ. ܘܥܐܠ ܠܗ ܦܘܪܫܐ ܦܪܘܬܐ ܘܢܦܩ ܒܢܝܫܗ ܕܒܪܝܫܬܐ. ܒܪ ܦܠܛ ܦܪܘܫܐ ܗܘܬ ܦܪܘܫܗ ܘܡܟܪܘܣܘܣ: ܘܦܩܕ ܡܘܟܒܐ ܕܢܬܬܝܫ ܟܠܗܘܢ ܚܒܪܬܐ ܕܒܪܘܦܠܛܐ. ܘܐܬܗܒ ܟܠܗܘܢ ܦܠܒܐ ܕܡܠܟܘܬܐ. ܟܕ ܗܘܐ ܠܗ ܓܝܫܗ. ܕܢܦܠ ܟܠܝܗܘܢ ܐܦܘܣܩܘܦܐ ܕܒܡܘܪܝܐ. ܘܥܠ ܟܠܗܘܢ ܐܦܝܣܩܦܐ ܕܡܐܘܚܕܝܐ ܕܪܘܡܝܐ. ܦܩܕ ܕܢܬܦܠܘܢ ܠܐܒܘܪܝܐ ܡܢ ܡܕܝܢܬܗܘܢ. ܘܥܠ ܚܝܠܐ ܕܐܠܗܐ ܪܒܐ ܐܦܝܣܩܘܦܐ ܐܘܣܒܝܘܣ ܦܠܒܝܐ. ܦܩܕ ܥܒܕ. ܕܠܨܦܪܗ ܕܝܘܡܐ. ܢܬܦܟܪ ܕܝܢ ܡܢܗ ܒܢܝܫܗ ܕܒܪܝܫܬܐ. ܘܢܬܐ ܠܐܦܠܐ ܠܐܦܣܘܩܐ ܟܢܝܫܐ ܩܕܝܫܐ. ܘܒܐܦܠܘܢܝܐ

ܕܟܠ ܐܘܣ̈ܝܗܝܢ. ܕܒܐܝܕܐ ܚܠ ܐܘ ܒܐܝܕܐ ܫܘܠܛ ܢܣܒ ܠܫ̈ܠܡܐ ܘܠܫ̈ܠܒܐ. ܘܐܘܫܒ ܐܬܪ̈ܘܗܝ. ܒܕܡܐ ܣܘܦܐ ܕܒܘܡܪ̈ܐ ܘܪ̈ܝܫܐ ܡܫ̈ܡܫܢܘܬܗ ܕܐܠܗܘܬܐ: ܘܟܠ ܫܪܒܐ ܕܪ̈ܘܦܠܝܐ ܦܘܪ ܟܠܢܘܢ ܕܠܐ ܢܒܕܩܘܢ ܒܘܫܢܐ. ܘܒ̈ܢܝܐ ܕܡܬܒܥܬܗܘܢ ܠܐ ܢܬܡܫܟܘܢ. ܘܐܦ ܐܬܦܪܣܘ ܕܢܒܕܩܘ ܒܘܫܢܐ. ܒܝܕ ܡܢ ܐܘܣ̈ܝܬܐ ܐܘ ܒܝܕ ܡܢ ܦܘܪܣܝܢ. ܕܠܐ ܫܘܐܠܐ ܘܒܘܩܒܐ ܠܡܦܩ [ܒܦܪܫܐ] ܕܗܘܝܐ ܢܬܡܫܟܘܢ. ܒܡܕܐ ܕܝܢ ܟܠܗ ܕܡܕܝܢܬܐ. ܡܠܝܢ ܗܘܘ ܠܗܘܡܐ ܘܚܫܘܟܬܐ ܟܠܗܘܢ. ܕܦܪ̈ܘܣܐ ܘܡܚܝܢ ܗܘܘ ܠܗ ܘܐܡܪܝܢ. ܡܢ ܗܢܐ ܠܢ ܕܟܠܝܬ ܫܦܘܬܟ. ܘܗ ܠܝ ܕܐܦ ܚܠܝ ܢܟܠܐ ܘܢܘܪܒ ܢܣܒܝܢ. ܕܠܡܫܝܚܐ ܐܠܗܢ ܣܓܕܝܢ ܚܢ. ܘܒܐܠܗܘܬܗ ܐܦ ܒܐܢܫܘܬܗ ܡܘܕܝܢ ܚܢ. ܘܐܗܘܐ ܢܣܒܘܢ ܠܝ ܠܡܫܒܚܘ ܟܠܝ. ܘܠܡܕܝܢܬܟܘܢ ܠܡܣܝܒܪ: * ܡܢ 28 v. ܡܫܒܚܘܬܐ ܕܐܢܫܘܬܐ ܠܝ ܫ̈ܠܒܐ ܒܪ̈ܘܡܝܐ. ܠܐ ܡܫܢܝܢ ܚܢ. ܘܡܢ ܕܫܠܝܛܐ ܦܪ̈ܘܫܬܐ ܕܐܬܒܠܥ ܠܗ ܥ̈ܠܡܝܐ ܠܒܝܬܐ. ܠܐ ܦܠܓܝܢ. ܐܝܟܐ ܡܢ ܗܢܐ ܫܠܝܐ ܣܢ̈ܝܢ ܡܢ SO ܢܗܘܐ ܠܒܢܝ: ܣܢ̈ܝܢ ܬܡܠܝܢ ܟܠܝ. ܘܠܐ ܐܝܬ ܣܦܩܐ ܬܡܠܝܢ ܟܠ ܡܕܝܢܬܐ̈ ܕܡܢ ܘܪ̈ܡܝܢ ܢܣܒܐ ܒܗ. ܡܬܐܡܪ. ܘܠܐ ܢܣܒܐ ܒܗ ܡܦܬܟܪܝܢ ܦܬܓܡܐ ܒܪ̈ܘܡܝܢ. ܢܦ̈ܫܬܢ ܘܡܪ̈ܘܦܠܝܢ ܠܒܝܬܐ ܢܬܡܫܟܘܢ. ܘܠܐ ܢܣܒܐ ܒܒܘܣܡܐ ܕܟܪ̈ܝܬܐ ܫܒܚܬ ܠܟ ܡܢ ܐܦ ܢܦܩܬ. ܕܐܦ ܠܡܫܝܚܐ ܕܗܠܟܘ ܠܗ ܫ̈ܠܒܐ ܕܡܢ ܘܡܢܝܢ ܠܐ ܦܠܓܬ. ܟܠܝ ܫ̈ܠܒܐ ܠܐ ܡܬܦܪܫܬ: ܐܦܠܐ ܟܕ ܦܣܘܩܐ ܡܕܝܢܬܐ ܕܫܠܝܢ ܟܠܝܬ ܠܡܒܪܟܐ. ܕܟܠܗ ܚܕ ܗܘ ܘܡܢܗ. ܘܠܟܠܢ ܠܐ ܡܫܬܪܐ.. ܘܡܢ ܐܫܟܚܘܗܝ، ܠܟܘܠܐ ܗܠܝܢ ܦܝܬ ܩ̈ܠܝܢ. ܐܬܦܢܝܘ ܘܐܬܠܘ ܡܢ ܠܘܬܗ ܒܫܟܝܬܐ ܦܓܐܬܐ. ܦܪ̈ܘܣܐ ܕܝܢ ܟܠܗܘܢ ܕܡܫܡܫܐ ܗܘܐ ܒܗܠܝܢ. ܡܛܠ ܐܠܝܢ ܕܐܬܟܢܫܘ ܠܗ ܒܡܕ̈ܝܢܬܗܘܢ.، ܦܩܕ ܗܘܐ ܟܢ ܕܢܗܘܘܢ ܐܦܘܣܦܪ ܐܢܛܝܦܛܪ. ܐܝܟܐ ܕܐܬܐܡܪܘ، ܗܘܐ ܢܫܡܥ. ܕܒܡܕܐ ܟܢ ܕܡܫܒܚܝܢ ܐܝܬ ܘܡܢܝܢܬ ܐܠܗܐ ܪܘܚܢ ܒܡܢ ܡܕܝܢܬܐ ܗܕܐ ܘܠܐ ܬܬܩܫܐ ܒܡܟܢ. ܘܠܐ ܬܫܬܡܠܛ ܟܠܝܢ ܣܢ̈ܝܢ. ܐܦ ܠܐ ܬܡܠܟ ܟܠܗ ܐܝܟܢ. ܠܗܬ ܟܢ ܠܝ ܟܠܝܢ ܫܠܛܢܐ ܡܢ ܠܟܠ. ܐܠܗ ܟܢ ܫܒܚܐ ܒܒܘܪܝܗ ܕܡܕܝܢܬܐ. SO ܘܦܘܩܐ

ܛܥ̈ܝܢ ܒܡܥܒܪ̈ܢܘܬܗ، ܡܚܒܒܝܢ ܒܗ̇. ܘܒܗܢܐ ܒܗܘܢ ܚܝܠܗ ܘܢܨܚܢ ܡܢܗܝܢ ܕܢܗܘܢ. ܐܠܐ ܐܢ ܗ̇ܘ ܕܡܣܝܐ ܐܝܬ ܒܥܘ̈ܠܝܐ ܘܒܫ̈ܘܕܠܐ ܘܒܡ̈ܦܩܬܐ ܕܡܫܒܚܬܐ. ܗܟ ܒܗ̇ ܦܘ̈ܩܣ ܕܡܠܟܘܬܐ ܒܡܕܝܢܬܐ ܗܕܐ. ܘܒܒܪ ܠܟ ܡܢܗ̇. ܠܐ ܓܝܪ ܡܛܠܬܟ ܒܦܩܬܐ. ܦܩܬܟ ܓܝܪ ܠܒܘܝܢܐ ܫܪܝܬܟ ܕܬܬܠܝܢ ܒܗ̇ ܘܒܢܐ ܐܢܫܒܐ. ܡܫܡܠܝܟ SO ܓܝܪ ܠܐܪܒܐ ܗܘ ܕܩ̈ܠܝܠܐ. ܘܡܐܪܗܟ ܒܗ ܡܠܟܘܬܐ ܗܘ ܕܫܒ̈ܝܐ. ܘܫܡܐ ܕܡܠܟܟ ܒܡܪ̈ܟܢ ܟܠܐ ܘܒܫܡܐ: ܫܘܪ، ܓܝܪ ܡܐܪܗܟ ܕܪܒܘܬܐ ܗܘ. ܘܐܝܪܝܬ ܡܐܪܗܟ ܒܥܘܒܐ ܗܝ، ܗܕܐ. ܘܠܝܬ ܚܢܝܢ، ܒܗܪܐ

29 r. ܕܢܓܠܐ * ܘܢܦܩܘܗ̇ ܡܢܗ ܘܒܢܗ̇. ܘܒܪܝܬ ܠܗ ܠܒ ܠܠܘܝܐ. ܒܪܠܐ ܐܬܦܩܕ ܠܗ ܫܪܬܐ ܕܡܐܪܗܘܢ. ܘܗܘܐ ܒܝܦܬܐ ܡܠܟܘܬܐ ܘܒܪܝܐ.

ܐܘܣܒܝܘܣ ܕܝܢ ܦܡܒܝܠܐ ܒܪ ܫܒܚܐ ܒܝܬ ܐܘܣܝܐ: ܕܠܝܦܪܘܗ ܕܝܘܣܒܐ ܒܬܚܝ. ܕܝܘܣܦ ܒܐܘܢܓܠܝܐ ܕܡܟܕܝܘܬܐ. ܫܢܬܐ ܗܘܬ ܗܘܐ ܘܢܘܢ ܘܒܢܝܗ. ܘܕܐܝܟ ܗܘܬ ܘܦܩܝܕ. ܐܝܟ ܓܒܪܐ ܕܠܡܠܘܬ SO ܪܘܡܝܐ ܐܘܕܝܡܐ. ܘܗܘܝ ܗܘܬ ܒܫܐ ܒܝܬ ܐܘܣܝܐ: ܘܪܫܡ ܗܘܬ ܒܟ̈ܬܒܘܗܝ، ܒܪ ܐܦܢܪ. ܕܡܢܝܘ ܠܡ ܗܘܡܐ ܕܒܒܪ ܠܗ̇ ܡܪܬܐ ܠܫܒܚܬܗ. ܗܘ ܢܒܘܬ ܘܫܪܒܐ ܒܗ. ܘܗܘܐ ܠܡ ܒܟܪ ܒܫܐ ܘܫܪܘ ܫܪ̈ܒܐ ܘܐܬܒܢܝ. ܕܥܘܡ ܫܠܘܬܗ̇ ܕܥܘܒܕܗ، ܡܫܝܚ ܘܡܥܠܐ. ܕܥܘܠ ܘܫܪܘ ܒܝܬ ܒܠܝܬܐ. ܕܠܠܝܬܗ̇ ܕܫܬܝܬ، ܫܐܪ ܠܗ ܕܠܐܡܬܐ، ܐܦܠܓܝܘܬܗ. ܠܡܥܛܬܐ ܠܠܘܝܐ ܘܥܒܕܝܐ ܘܗܝܝܢ ܐܝܬܘܢ ܠܗ ܪܥܝܐ. ܫܘ ܠܗ ܠܒܝܐ ܐܝܟ ܢܬܬܠ ܒܗ ܫܪܝܬ، ܘܡܒܝܢܐ ܫܢܐ ܗܘܐ ܘܪܘܪ ܪܒܝܥܝܗ ܕܡܝܢܐ ܬܚܒܝܗ ܢܘܪܝܬܐ. ܒܫܒܬܐ ܕܡܒܠ ܒܝܬ ܐܘܣܝܐ ܡܒܪܬܐ ܕܡܕܝܢܬܐ. ܗܘܐ ܗܘܐ ܠܗ̇ ܓܝܪ ܗܟܐ ܒܪܒܐ ܠܡܕܝܢܬܐ. ܘܢܝܓܐ ܗܘܐ ܐܠܘ ܡܚܝܐ ܗܘܬ. ܕܒܕܚܗ̇ ܕܡܒܝܪܬܐ ܡܢ ܒܪܘ ܢܚܬ ܝܦܪܐ. ܢܝܪ ܗܘܐ ܠܗ ܓܝܪ ܓܠܘܗ، ܦܘ̈ܠܗ SO ܕܡܕܝܢܬܐ ܗܘ. ܘܡܢ ܒܠܘܗ، ܡܬܝܢܗ ܕܡܕܝܢܬܐ ܗܘ. ܡܫܘܚ ܗܘܐ ܓܝܪ ܕܐܡܪܬ، ܢܚܬ ܝܦܪܐ. ܘܡܘܡ ܒܐܓܘܢܐ ܕܡܕܝܢܬܐ. ܘܥܬܠ ܒܡܘܫܐ ܕܐܓܘܢܗ ܒܫܡܐ ܒܐܓܘܢܐ ܒܫܡܐ ܕܡܫܒܪܝܢܘܬܗ. ܬܚܘܒܗ ܗܘܐ ܓܝܪ ܫܟܪ ܕܝܪܐ ܕܐܬܠܝܛܘܬܗ ܕܡܝܢܐ ܫܒܐ ܬܚܘܒܗ ܢܘܪܝܬܐ. ܕܒܡ ܓܘܕܐ ܕܐܪܒܥܝܢ ܫܢ̈ܝܢ ܫܡ

ܢܦܫܗ. ܠܡܬܬܚܒܘ ܒܐܝܠܢܐ. ܘܫܒܘ ܡܢܗ ܥܒܕܐ. ܘܐܙܕܗܪܘ. ܘܠܐ ܢܣܒܘ ܘܐܙܕܗܪܘ ܥܒܕܐ ܕܡܫܝܚܘܬܗ. ܡܛܠ ܓܝܪ ܕܠܐ ܢܬܦܪܣ ܗܘܐ. ܕܗܟܢܐ ܒܪ ܬܫܒܚܢ ܘܥܒ̈ܕܐ ܥܒܕܝܢ. ܐܝܟ ܓܒܪܐ ܓܝܪ ܚܝܠܐ ܕܡܐܟ ܥܠ ܬܘܡܦܐ ܕܥܒ̈ܘܗܝ. ܗܟܢܐ ܢܦܩ ܒܗ ܒܐܝܠܢܐ ܐܝܟ ܕܡܬܟܡ ܡܢ ܟܠ. ܘܐܬܚܫܪ ܥܠ ܥܒܕܐ ܘܐܡܠ ܥܠ ܐܘܠܝܢܐ ܘܕܫ ܥܠ ܡܘܬܐ ܘܐܬܚܫܚ ܘܗܘܐ ܒܥܒܪܗ ܘܫܪ̈. ܥܠܠܐ ܕܡܫܝܚܘܬܗ. ※ 29r. ܗܟܢܐ ܕܝܢ ܬܡܢܗ ܗܘܐ ܐܝܠܢܗ ܕܗܘܢܐ ܥܒܪܐ. ܕܠܗ ܠܦܪܘܩܐ ܘܠܦܪܘܩܘܬܗ. ܘܠܟܠܢܘܢ ܚܝ̈ܘܗܝ ܕܐܝܠܢܐ ܐܬܚܙܝ ܒܥܒܪܐ ܕܚܠܝܨܘܬܗ. ܘܟܠܢܫܘܬܗ ܬܘܒ ܬܫܡܫܬܐ ܕܡܫܝܚܘܬܗ. ܥܒܕܐ ܓܝܪ ܩܥܝܐ ܕܟܠ ܐܫܬܝܚܢ ܐܫܬܠܡ ܠܦܪܘܩܐ. ܘܒܥܒܕܬ ܐܢܫܘܬܐ ܡܢ ܕܝܢ ܒܣܘܟܐ ܕܥܒܪܗ. ܘܠܐ ܐܬܬܝܕܥܬ ܡܫܝܚܘܬܗ ܒܐܪ̈ܥܝܢ ܝܩܝ̈ܪܢ ܓܒܪ ܐܦܝ ܒܗܕܐ ܒܥܠܝܐ. ܘܟܠܢܘܢ ܚܒ ܡܢܗ ܥܒܕܐ ܘܐܙܕܗܪܘ: ܘܬܘܒ ܢܟܝܐ. ܕܡܦܪܫܐܝܬ ܕܝܢ ܐܪܥܘܢ ܐܢܘܢ ܒܬܫܒܘܚܬܐ ܠܥܒܕܐ ܕܗܟܠ ܗܘܕܐ ܕܐܠܗܐ. ܬܘܕܝܬܐ ܒܟܠ ܡܘܬ ܒܗܕܐ. ܕܚܙܐ ܕܝܢ ܐܬܬܟܒܘ ܠܗܘܢ ܫܘܘ. ܐܦ ܐܬܬܪܥܒܘ ܗܘ̈ܦܟܝܟܠܐ ܕܡܫܝܚܘܬܗ. ܡܢ ܐܦܝܠܘ ܬܠܡܝܕܘܗܝ ܘܡܫܡܫܢܘܗܝ. ܕܗܘ ܢܦܩ ܗܘܐ ܠܗ ܒܟܠܗܘܢ ܦܘܪ̈ܢܣܘܗܝ. ܘܗܘ ܐܬܬܒ ܐܝܠܢܐ ܕܫܒܘܗܝ. ܘܥܒܕܐ ܕܗܟܠ ܘܐܘܠܝܢܐ ܕܗܟܢ. ܘܫܘ̈ܐܠܘܗܝ ܕܦܪܘܩܐ ܘܬܚܘܡ ܒܪܘܚܐ ܚܝܠܬܐ ܕܡܫܝܚܘܬܗ ܕܥܢܝܢ. ܘܫܠܝܐ ܬܫܡܫܬܐ ܕܗܟܢ ܐܠܗܐ ܒܐܪ̈ܥܘܗܝ ܠܒܐܪܗ ܕܦܪܘܩܐ. ܘܕܠܐ ܐܬܟܠܝ ܒܠܗܘܢ ܡܚܘܬܐ ܒܒܘܫܢܗ ܕܦܪܘܩܐ. ܘܕܐܬܒܢܝܐ ܐܦܘܗ ܡܠܐܟܗ ܕܡܪܝܐ ܠܐܕܘܟܣܘ ܡܢ ܒܝܬ ܐܘܪܝܐ. ܘܫܪܝܘ ܠܡܕܒܪܐ ܕܐܝܟ ܕܠܦܘܗ. ܘܒܣܘܦܗ ܢܦܠܘܢܘ ܘܠܐ ܐܫܬܝܘ. ܘܗܘܐ ܠܘܬ ܐܟܣܢܝܐ ܕܡܪܝܡ ܒܗܕܐ ܕܗܕܐ ܢܦܠܘܢܘ ܘܟܠܦ ܠܒܝܬܗ. ܗܠܝܢ ܐܦܝܠܘ ܡܫܡܫܢܘܗܝ ܕܡܫܝܚܐ ܐܬܟܒ. ܕܗܘ ܡܫܡܫ ܗܘܐ ܒܐܝܠܢܐ ܕܝܒܗ ܫܦܝܪ. ܗܠܝܢ ܕܝܢ ܦܠܠ ܕܐܫܬܟܡ ܡܢ ܡܬܬܒܢܘܬܗ ܕܗܢܐ ܦܘܪܫܐ. ܕܗܢܝܢ ܐܬܬܗܝܡ ܒܠܬܐ ܕܐܝܠܢܗ ܕܐܘܣܒܣ ܠܦܘܠܘܣ. ܐܠܘܬܗܝܢ 30 ܐܢܫ ܠܬܫܒܘܚܬ ܕܗܘܢܐ ܢܦܪ ܒܗܘܕܝܘܗܝ ܠܐܠܝܢ ܕܐܬܝܢ ܒܬܪ. ܦܪܘܩܐ ܕܝܢ ܠܢܦܫܐ: ܡܢ ܒܬܪ

ܕܐܘܣܒܝܗ ܠܦܘܠܚܢܐ ܐܘܣܒܝܘܣ: ܓܒܪܐ ܘܡܬܦ̈ܠܣܦܢܐ ܕܒܠ ܐܘܣ̈ܛܢܝܢ:
ܘܒܫܐ ܕܠܐ ܐܬܪܚܡܬ ܠܝܫܘܥܗ. ܘܠܐ ܐܬܪܚܡܬ ܡܢ ܓܒܪܗ. ܘܕܫܒܩܬ
ܠܗ ܓܒܪܐ ܐܚܪܢܐ ܠܐ ܡܨܝܐ ܗܘܬ. ܐܬܟܣܝܬ ܡܢܗ̇ ܗܘܐ ܠܗ ܠܒܪ
ܦܓܪܗ ܕܡܕܝܢܬܐ. ܡܢ ܓܒܪܐ ܗܢܘܢ ܐܬܦܠܣܦܐ ܗܢܘܢ * ܡܫܡܫܢܝܬܐ. ܘܦܘܫ 30 r.
ܚܠܦܘܗܝ ܦܪܘܣܐ ܡܠܬܐ ܕܡܘܫܐ. ܠܐ ܕܝܢ ܡܨܐ ܠܗ ܐܠܗܐ ܢܬܠܗ
ܠܗܠܝܢ ܐܦ ܠܐ ܒܗܢܐ. ܘܒܪ¹) ܐܪܫܢ ܐܘܣܛܘܠܦܪܐ ܘܡܢܫ
ܕܢܫܝܘܗ̇. ܐܬܦܪܥܬ ܒܪܗ ܘܢܠܬ ܡܢܗܘܢ. ܐܝܟ ܕܡܬܦܪܥܐ
ܥܠܝܗ̇ ܡܢ ܡܪܝܡ ܠܡܪܐ. ܘܠܐ ܐܬܘܒ ܡܕܝܢܬܐ. ܠܐ ܠܒܪ ܢܦܩ
ܙܒܢܐ ܚܠܦ ܠܡܕܝܢܬܐ ܕܢܗܘܐ ܥܠ ܢܫܐ. ܒܕܡܘܬܐ ܕܡܠܟܐ ܟܠܒܐ
ܕܐܬܒܪܝܗ ܕܠܗ ܕܙܒܢܐ. ܒܪ ܕܝܢ ܐܬܚܙܝ ܒܗ ܒܡܘܒܪܢܐ ܗܘ ܗܘܐ
ܢܦܩܐ ܠܒܪܐ: ܕܠܐ ܢܦܩܐ ܐܚܪܢܝܬܗ ܘܠܐ ܢܝܫܐ ܕܡܬܐ ܡܢܗ ܠܗ.
ܘܒܐܬܪܘܬܗܘܢ ܓܒܪܐ ܕܗܒܠ: ܡܛܠܬܐ ܠܓܒܪܐ ܠܐ ܒܪܬܝ ܒܗ: ܘܡܫܡܫܢ
ܢܦܩ ܥܠ ܕܟܬܒܗ ܡܢܐ ܗܘ. ܐܬܦܪܣ ܘܗܘܐ ܐܝܟ ܕܒܪܐ ܘܐܬܦܪܥ
ܡܕܡܥܘܬ. ܘܒܪ ܚܕ ܦܪܘܣܐ ܒܠܒܗ: ܘܐܕܪܟ ܘܐܬܚܙܝ ܕܒܡܕܝܢܬܐ
ܕܡܕܝܢܬܐ ܡܢ ܓܒܪܐ ܗܘ. ܠܐ ܬܘܒ ܐܦܠܚ ܕܢܦܘܩ ܠܡܠܟܗ.
ܐܠܐ ܒܟܪ ܢܦܩܬܗ ܘܐܙܠܬ ܡܢ ܬܒܥܬܗ. ܘܓܒܪܗ ܡܢ ܒܕܡܘܬܗ.
ܘܡܫܡܫ ܒܬ ܐܘܪܝܐ. ܒܪ ܡܨܪܝ ܠܓܒܪܗ ܠܡܫܡܫܢܘܬܐ: ܘܠܓܒܪܗ
ܠܡܪܝܐ ܘܡܕܡܥܗ ܠܥܠܡܐ. ܒܪ ܕܟܝܐ ܠܡܛܠܬܐ ܡܢ ܒܪܗ. ܠܐ ܕܝܢ
ܐܡܪ ܡܢܗ ܡܨܥܝܬܐ ܕܦܠܝܬܗ ܥܠ ܓܒܪܐ. ܕܒܗ ܟܠܠܐ ܘܟܕܢܗ
ܒܝܬ ܐܘܪܝܐ. ܘܐܫܠܡ ܒܐܬܪܗ ܘܐܬܐ ܡܫܡܫܢܘܬܗ. ܐܝܟܢܐ ܕܐܦ
ܠܐ ܢܙܗ ܥܡܕܬܐ ܡܬܢܝܚܐ ܗܘܬ ܒܟܠܗ ܠܓܒܪܗ. ܘܡܢܟ ܘܡܠܝܗ
ܙܘܢܐ ܕܡܫܡܫܢ ܘܠܓܒܪܘܬܐ. ܘܐܦܘܩܗ ܡܢ ܒܝܬ ܢܒܘܫܗ ܒܬܪܟܐ
ܐܚܪܢܐ. ܘܐܫܬܡܗ ܡܕܡܥܗ ܕܦܪܘܣܐ: ܒܪ ܢܦܩ ܥܠ ܐܦܘܗܝ
ܙܘܢܐ ܥܒܝܕܐ. ܗܟܢܐ ܕܝܢ ܬܫܡܫܗ ܗܘܐ ܢܦܫܗ. ܕܐܦ ܗܘ ܦܪܘܣܐ
ܒܪ ܢܦܫܗ ܗܘܐ. ܐܬܬܪܟܒ ܘܐܬܬܪܝܒ. ܡܢ ܡܕܡܥܗ. ܘܒܪ ܗܘܐ ܠܒܪ
ܕܢܦܘܩ ܢܦܩܐ ܗܘܐ. ܠܐ ܠܒܪ ܓܒܪܐ ܗܘܬ ܠܗ ܕܗܘܦ. ܒܕܡܐ
ܕܒܪ ܒܢܦܫܗ ܒܝܬ ܐܘܪܝܐ ܘܠܐ ܐܫܬܡܥ. ܬܡܢ ܗܘܐ ܕܝܢ ܦܪܘܣܐ

1) So die alte Hand. Die spätere hat ܘ durchgestrichen.

ܘܬܘܪ ܥܠ ܬܡܝܗܘܬܐ ܕܐܢܫ̈ܐ، ܘܡܕܒܪܐ ܐܣܬܒܪ. ܘܬܘܒ ܗܘܐ
30 v. ܒܢܦܫܗ ܡܠܐܟܝܬ. ܟܕ ܠܐ ܚܙܐ * ܗܘܐ ܕܐܝܟܢܐ ܢܦܩ ܗܘܐ ܡܢܗ ܕܗܘܟܢܐ. ܕܢܬܪܘܡܡ، ܗܘܐ ܓܝܪ ܡܫܬܘܕܥ ܠܫܘܒܚܐ ܕܐܠܗܐ. ܡܬܕܡܪ ܗܘܐ ܡܢ ܫܠܝܛܘܬܗ ܐܦ ܡܢ ܟܪܝܐ ܟܠܗ ܕܪܘܚܢܘܬܐ. ܘܕܫܪܬ ܠܗ ܬܘܒ ܫܢܝܐ. ܢܦܩ ܗܘܐ ܡܢ ܗ̇، ܕܐܣܬܟܪܬ ܘܟܕ ܒܗܠܝܢ ܦܘܪ̈ܩܢܐ ܪܒܐ ܗܘܐ ܫܠܝܐ. ܐܬܬܪܝܡܬ ܒܗ ܡܫܝܚܘܬܐ. ܕܒܟܕ ܫܘܟܢܐ ܠܡܫܝܚܗ̇ ܟܠܗܘܢ ܕܡܕܝܢܬܐ. ܕܒܝܠܗ̇ ܫܘܟܢܗܘܢ ܕܗܠܝܢ ܢܬܬܪܐ ܐܘܣܛܘܢ ܘܢܦܩ ܡܢ ܡܕܝܢܬܗ، ܒܫܝܢܐ. ܘܥܒܪ ܘܐܬܐ ܠܗ ܐܦܣܘܣ ܡܕܝܢܬܐ ܡܢ ܫܒܒܢܝ ܠܐܘܪ̈ܫܠܡ ܕܝܗܘܕܐ. ܘܟܠܠ ܒܡܗܘܢ ܕܝܢܝ. ܘܐܝܟ ܕܠܐܢܫܐ ܕܟܠܗܘܢ ܐܬܚܘܪ ܚܕܐ ܠܗܘܢ ܫܘܟܢܝ ܟܕ ܐܡܪ. ܘܠܝܬܐ ܠܗ ܐܒܐܬܗ ܝܘܡ. ܕܒܐ̈ܠܗܐ ܐܬܕܪܟܐ ܒܒܪܝܫܘܬܗܘܢ ܗܕܐ: ܕܝܘܡ ܐܬܦܟܬ ܥܠ ܟܠ ܫܘܐܝܬ. ܐܝܢܐ ܕܦܪܝܫܐ ܡܢ ܥܡܘܬܗܘܢ ܕܠܗܘܢ ܕܐ̈ܠܗܐ ܥܠ ܦ̈ܠܓܐ ܘܥܠ ܒܢ̈ܝܐ. ܒܗ̇ ܒܕܡܘܬܐ ܥܒܝܕ ܫܘܟܢܐ ܡܠܟܘܬܗ ܥܠ ܟܠܗ ܐܘܟܝܢܐ: ܥܠ ܐܝܠܝܢ ܕܟܠܗܝܢ ܐܘܬܒܪ ܟܕ ܢܗܡܝ. ܡܢ ܗܢܐ ܕܝܢ. ܐܦ ܡܕܡ ܕܐܝܬ ܕܡܫܝܚܐ ܒܟܪ̈ܣܐ ܘܡܠܟܐ ܕܡܬܒܪܝܢܘܬܐ. ܗܢܐ ܢܕܝܒ. ܕܗܘ ܒܡܕܒܪܢܘܬܐ ܡܪܐ ܟܠܗܘܢ، ܬܫܒܘܚܬܐ ܕܝܠܗ ܕܟܒܪ. ܘܫܪܝ ܢܠܝܫ ܐܝܟ ܠܟܠܗܘܢ ܫܘܟܢܗ ܕܪܘܚܢܘܬܐ. ܘܟܕ ܒܦܘܪܩܢܐ ܕܦܬܓܡܗ ܐܡܪ، ܐܘܣܛܘܢ ܘܢܦܩ ܡܢ ܡܕܝܢܬܗ، ܟܕ ܗܠܝܢ ܫܬܩܬܗܘܢ ܘܐܬܒܢܝܘ ܕܪܘܚܢܘܬܐ. ܟܕ ܡܫܕܪ ܘܡܫܒܚ ܠܐܠܗܐ .. ܦܛܪܘܢܐ ܕܝܢ ܐܘܣܛܝܢ. ܚܝܢ ܒܗܠܝܢ ܡܕܝܢܐ ܗܘܐ ܥܠ ܢܦܫܗ ܕܦܛܪܘܢܐ ܗܘ. ܘܠܐ ܥܠܝ ܗܘܐ ܡܢ ܡܠܦܢܘܬܗ. ܘܟܠܐ ܕܫܠܝܬܐ ܘܦܠܚܐ ܡܫܡܫ ܗܘܐ ܠܐܠܗܐ ܘܗܝܡܢܘܬ. ܘܢܦܩ ܡܢ ܢܦܩ ܥܠ ܕܡܫ̈ܪܘܗܝ ܐ̈ܠܗܐ ܡܗܘܦ ܗܘܐ. ܒܪܫܐ ܠܢܘܟܪܝܐ ܡ̈ܫܪܝܬܐ. ... ܘܗܘ، ܕܝܢ ܦܛܪܘܢܐ ܐܘܣܛܝܢ ܒܢܝ̈ܫ. ܒܪܫܐ ܕܫܒܩ ܦܬܟܪܐ ܕܡܕܝܢܬܗ ܕܝܘܠܦܢ ܒܢܟܠܐ: ܘܫܪܝܬ ܘܪܘܪܬ ܪܘܚܝ ܒܦܘܪܩܢܐ ܕܟܒܪ ܐܠܗܐ ܠܒܢܝܗ. ܘܐܬܒܢܝܬ ܦܘܠܚܢܗ ܒܦܘܬܚܝܢ ܕܟܪ̈ܝܬܐ: ܘܒܦܘܩܕܢܐ ܕܡܫ̈ܝܚܝܢ.
31 r. ܘܡܢܘܫܝܢܐ ܕܬܠܡܝܕܝܢ. * ܘܡܫܡܫܢܘܬܐ ܦܛܪܬܐ ܥܠ ܪ̈ܥܝܐ ܕܢܦܫܗ

ܗܦܟܐ ܚܢܝܢܗ ܡܢ ܚܠܡܐ. ܒܬܪ ܫܬܐܣܬܐ ܘܫܪܝܢ ܘܬܠܬ ܒܡܒܢܝܐ ܕܗܝܟܠܐ. ܕܐܬܬܢܝܗ ܫܢܝܢ ܬܠܬ ܡܐܐ ܘܫܬܝܢ ܘܫܒܥ ܒܡܠܟܘܬܗ ܕܡܪ̈ܝ ܫܘܒܚ ܕܒܝܬ ܒ̈ܢܝ ܐܢܫܐ. ܗܘ ܕܠܗ ܘܠܐܒܘܗܝ، ܘܠܪܘܚܗ ܩܕܝܫܐ. ܫܘܒܚܐ ܘܐܝܩܪܐ ܘܣܓܕܬܐ ܗܫܐ ܘܒܟܠܙܒܢ ܘܠܥܠܡ ܥܠܡܝܢ ܐܡܝܢ.

1) ܫܠܡܬ ܬܫܥܝܬܐ ܘܫܘܠܡܐ ܕܡܘܣܦܢܦܝܢܘܣ ܚ̈ܠܡܐ

ܕܡܫܝܚܐ ܘܕܒܢ̈ܘܗܝ، ܘܬܫܥܝܬܗ ܕܦܘܠܚܢܐ

ܐܘܣܒܝܣ. ܐܦܝܣܩܘܦܐ.

.o:o. ܕܩܘܪܢܐ .o:o.

ܟܬܒܐ ܕܟܬܒ ܓܒܪܐܝܠ ܪܝܫܕܘܪܐ. 2) ܠܐܦܠܘܪܝܣ

ܠܡܫܝܚܢܗ ܕܡܫܝܚܢܘܬܐ ܟ̈ܠܗܐ. ܕܠܗ ܐܬܩܪܝܢ

ܘܚܪܢܐ ܕܦܘܫܩܢܐ ܕܩܪܐ ܒܗܬ ܡܠܬ̈ܐ.

.o:o. .o:o.

ܐܢܫܐ ܓܝܪ، ܦ̈ܘܫܐ ܠܐ ܡܬܐܢܐ ܠܗܘܢ. ܐܡܬܝ، ܕܐܢܫ ܡܢܗܘܢ ܢܫܐܠ ܒܡܘܡܬܐ. ܗ̇ܘ، ܐܝܢܐ ܕܡܢܗܘܢ ܘܬܪܝܢܐ ܠܢܡܘܣܐ ܘܠܚܘܣ̈ܢܐ. ܐܢܒܝܐ ܓܝܪ ܕܡܟܬܒܢܐ: ܕܒܟܐ ܕܕܠܡ ܡܢܗ: ܪܕܘܗ ܡܚܒܪ ܒܠܝܪ: ܘܒܪ ܠܡܦܩܢܐ ܡܚܫܒ ܒܥܘܢ ܡܠܘܬܗ ܡܫܘܚ. ܟܕ ܒܡܫܚܬܐ ܕܪܘ ܠܡܘܬܐ: ܕܠܐܢܫܐ ܘܠܐ ܬܬܦܠܓ ܠܗ ܒܡܫܚܘܬܗ. ܕܒܪ ܠܐܢܫܐ ܦܪܘܩܐ ܡܫܪܬܐ. ܗܘ، ܡܠܝܘܬܗ ܢܣܒ ܡܢܘܗܝ ܥܒܕܐ. ܕܠܡܐ ܗܟܝܠ ܒܪܐ ܢܩܫܬܐ. ܕܡܬܪܢܝܬܐ ܠܦܠܓܘܬܐ ܕܓܒܪܐ ܪܘܚܢܝܐ: 3) ܡܬܠܐ ܠܝܟ ܒܦܘܫܗ ܕܟܒܫܬ ܕܦܘܪܫܢܐ ܡܢ ܒܪܗ ܐܝܬ ܗܘ ܘܠܡܫܘܚܗ ܘܠܦܘܩܕܢܗ. ܠܐ ܕܒܪܐ ܒܪܐ ܘܦܪܫܢܐ ܕܐܬܬܪܨܬ ܠܦܘܫܩܢ. ܕܡܫܚܢܘܬܗܘܢ ܕܦܘ̈ܫܩܐ ܡܦܪܫܢܬܐ: ܕܟܠ ܡܢ ܦܠܓܘܬܗܘܢ ܒܪܫܝܬܗ ܕܟܬܒܐ ܘܡܠܐ. ܕܒܪܝܬ ܠܝ ܪܒܘܬܟ. ܕܡܟܒܗ ܘܒܠܒܗ ܡܢ

1) Diese Schlusszeilen sind roth geschrieben. 2) So hatte Wright. Ich glaubte ܠܐܦܠܘܪܝܣ zu erkennen. 3) ܕ deutet auf beabsichtigtes ܓܒܪܐ ܪܘܚܢܝܐ ܕܡܬܪܢܝܬܐ ܠܦܠܓܘܬܐ vgl. 62,20.

ܦܬܓܡܘܗܝ̈ ܘܐܫܬܡܥܘ ܥܠ ܬܝܒܘܬܐ. ܘܐܬܘ ܠܥܕܬܐ ܕܒܝܪܐ. ܘܥܒܕܬ ܥܒܪ ܢܨܚܢܐ. ܕܒܐܬܪܐ ܕܫܘܒܐ ܗܘܝܢ ܐܢܫܝܢ. ܘܟܕܫܡܥܬ ܦܪܝܫܬܐ ܕܟܠܗܦܐ ܡܬܓܠܝܢܐ ܠܝܘܚܢܢ. ܟܕ ܒܫܡܥܬܐ ܐܦ ܫܘܦܐ ܟܠܗܦܗ ܕܥܠܡܐ: ܡܬܬܢܝܚܝܢ ܠܬܝܒܘܬܐ. ܗܟ ܗܘܐ ܒܪ، ܦܪܝܫ ܕܟܕܘܬ. ܘܗܟ ܠܝ ܬܫܒܘܚܬܗ ܘܣܟܠ ܕܘܪܟܐ ܕܗܘܐ ܟܠܬ ܡܠܟܘܬܐ: ܘܫܘܠܛܢܗ ܟܝܢܐ ܘܫܒܩ ܚܢܘܗܝ ܕܦܪܘܢܐ. ܘܟܕ ܗܠܝܢ * ܬܘܒ ܐܦ 31 v.
ܡܠܟܘܗ ܘܪܒܘܬܗ ܕܡܫܝܚܘܬܗ ܡܪܢ. ܐܦ ܐܓܘܣܛܘܣ ܘܓܒܪܐ ܕܐܢܫܐ ܠܒܢ̈ܝܐ ܘܦܪ̈ܨܘܦܐ. ܕܐܘܪܒܐ ܥܡ ܡܫܝܚܐ ܘܪܕܘܦܐ ܘܡܪܘܚܐ: ܘܐܫܟܚ ܕܟܘܬܐ ܘܢܝܚܐ.

ܘܟܕ ܡܟܠܘ ܐܢܫ ܐܦܠܘܪܘܣ ܠܬܘܒܬܗ ܕܒܕܝܐܠ ܕܝܕܘܥܐ. ܗܘ ܐܢܫ ܥܠ ܚ̈ܝܘܗܝ، ܘܢܩܡ ܐܢܫ. ܘܩܒܠ ܕܢܬܘܒ ܠܗ.

ܒܝ̈ܘܡܘܗܝ، ܕܝܘܠܝܢܘܣ ܚܝܦܐ ܘܪܫܝܥܐ. ܗܘ ܕܩܒܠ ܗܘܐ ܡܠܟܘܬܐ ܡܢ ܕܒܬܪ ܩܘܣܛܢܛܝܢܘܣ. ܐܝܟ ܗܘܐ ܠܗ ܪܒ ܒܬܪܗ ܫܢ̈. ܕܒܝܬܗ ܗܘܐ ܘܡܫܝܚܝܘܬܐ. ܠܒܪܝܐ ܕܐܬܒܛܠ ܘܐܣܬܡܟܐ. ܕܣܦܩ ܒܥܕܬܗ ܕܢܣܒܐ ܡܢ ܡܠܟܝ ܩܠܝܡܘܗܝ، ܕܦܪܘܢܐ. ܐܟܡܘܗܝ، ܕܝܢ ܕܗܘܢܐ. ܐܢܫܐ ܗܘܘ ܒܪܫܦܝܢܐ. ܘܟܦܠܝܬܘܢ ܕܠܘܗܝ. ܡܢ ܦܠܠܘܬܗ ܢܗܘܒ ܠܗ ܡܥܝܒܘܬܗ. ܘܐܬܒܠܘ ܠܗ ܕܘܟܪܐ ܒܐܪܥܐ. ܘܫܢܘ ܡܢ ܠܒܝ ܒܝܢܬܐ ܦܓܪܬܐ ܕܒܠ ܟܪܘ ܡܩܢܝܐ. ܒܪܗܘܢܝܐ ܕܝܢ ܕܟܠܬ ܡܒܕܩܝܢܘܬ ܟܠܗܐ ܪܫܝܥܐ.. ܗܘ ܕܝܢ ܗܘܐ ܡܐܢܐ ܠܒܪܢܐ ܕܬܒܝܘܬܗ. ܐܢܫ ܗܘܐ ܒܢܦܫܗ ܘܡܫܝܚܘܬܐ ܫܪܝܪܬܐ ܕܐܓܠܘ ܠܗ ܐܟܡܘܗܝ، ܘܠܐ ܫܒ ܠܒܪ ܡܢ ܘܠܦܢܘܗܝ. ܐܠܐ ܒܣܪ ܗܘܐ ܒܘܒܪܘܗܝ، ܐܠܗ̈ܐ ܐܚܪ̈ܢܐ ܘܒܬܪ ܗܘܐ ܒܟܪ̈ܘܗܝ، ܦܠܚ ܡܠܐܟܬ. ܐܢܫ ܗܘܐ ܕܝܢ ܗܘܡܢܘܬܐ ܕܟܪ̈ܣܛܝܢܐ ܒܢܦܫܗ ܒܫܐܕ̈ܐ. ܒܪ ܥܠ ܒܪ ܐܢܫܗ ܠܘܬ ܐܘܣܝܡܐ ܕܢܦܫܐ ܥܠܐܟܬ ܐܝܟ ܕܠܗܘܪܦܐ ܢܦܫܝ ܗܘܐ. ܠܘ ܕܝܢ ܕܣܓܝܠ ܕܢܠ ܗܘܐ ܡܢ ܒܪ̈ܘܗܝ، ܘܠܡܫ̈ܡܫܢܘܗܝ، ܕܦܘܪܢܐ. ܐܦܠܐ ܡܛܠ ܦܠܚܘܬܐ ܕܒܝܢܐ ܕܐܢܫ ܗܘܐ. ܡܬܬܠܐ ܗܘܐ ܕܒܠܒܠܐ[1] ܢܦܫܗ ܕܪܫܝܥܐ ܗܘ. ܐܠܐ ܕܢܬܒܥ ܠܦܘܪܢܐ

1) Ursprünglich ܕܒܥܠܐ, aber von einer spätern Hand geändert.

ܒܫܢܬܐ ܫܬܡܐܐ ܕܝܘܢܝܐ. ܐܝܟ ܕܡܫܦܝܢ ܗܘܐ ܒܗ̇ ܬܠܡܝܕܘܗܝ، ܡܫܬܪ̈ܬܐ ܒܢ̈ܬܘܬܐ: ܕܐܬܝܗܒ ܫܝܢܐ ܥܠ ܒܪ̈ܬܗ ܕܡܫܝܚܐ: ܘܬܪܒܝܬܐ ܕܐܬܪܒܝ ܥܠ ܚܘ̈ܣܝܘܗܝ ܕܐܠܗܐ. ܫܦܝܪ ܗܘܐ ܠܗ ܓܝܪ ܦܪܘܫܐ ܒܥܝܢܝ. ܐܝܟ ܕܡܢ ܦܪܘܫܐ ܕܒܪܝܬܐ ܕܡܬܒܣܡܝܢ ܥܠ ܚܘܒܗ. ܘܡܠܦ ܗܘܐ ܬܠܡܝܕܘܗܝ ܢܨܝܚܐܝܬ. ܠܟܘܡܪܐ ܕܝܢ ܘܠܡܬܕܪܫܢܘ ܒܗܘܢܐ ܒܪ ܐܢܫܐ ܕܐܠܗܐ: ܐܡܝܢܐ ܗܘܐ ܒܪܥܝܢܗ ܕܡܫܦܝܢ ܓܝܪ ܕܢܚܐ 32 r. ܕܒܫܘܦܪܐ ܡܢ * ܒܪ̈ܬܐ: ܘܢܒܠܐ ܢܚܡܗ ܕܦܪܘܫܐ ܡܢ ܚܒܪܐ ܕܒܪ̈ܫܠܝܚܐ. ܒܝܕ ܫܦܝܪܬܐ ܕܡܫܬܟܚܐ. ܡܢ ܒܬܪ ܓܝܪ ܕܐܬܩܠܝ ܘܠܝܫܘ ܘܐܫܬܠܡ ܒܟܠܗ ܐܘܪܚܐ ܕܪ̈ܘܚܢܝܐ: ܘܬܘܒ ܒܐܪ̈ܚܘܗܝ، ܡܠܟܘܬܐ: ܘܢܦܩ. ܘܐܬܚܒܫ ܠܗ. ܘܢܣܒ ܕܠܝܬܗ ܘܪܒܘܬܗ ܥܠ ܟܠܗܘܢ ܐܬܪ̈ܘܬܐ ܕܐܘܪܫܠܡ: ܘܢܦܠ ܠܗ ܡܢ ܡܪܢܘܬܗ. ܐܬܠܒܫ. ܡܛܠ ܓܝܪܐ ܠܝܠܝܐ: ܕܢܚܫܐ ܗܘܐ ܥܠܝܗܐ ܕܫܦܝܪܘܬܗ ܕܡܚܐ ܗܘܬ ܒܗ ܡܢ ܢܘܓܪܐ: ܘܢܘܕܥ ܢܚܝܫܗ ܘܢܓܠܐ ܥܠ ܢܦܫܗ. ܕܠܘܡܛܠ ܢܚܝܫܐ ܫܠܡ ܕܐܠܗܐ. ܘܬܪܒܝܬܐ ܒܥܘܬܐ ܕܐܬܪܒܝ ܥܠ ܒܪܬܗ ܕܐܠܗܐ: ܘܥܠ ܚܒܪܐ ܟܠܗ ܕܒܪ̈ܫܠܝܚܐ. ܫܒܩ ܗܘܐ ܠܗ ܒܢܦܫܗ ܡܠܟܐ ܘܒܢܝܐ: ܒܗ ܠܒܝܫ ܚ̈ܒܪܐ ܕܫܦܝܪܘܬܐ. ܟܠܗܠ ܕܝܢ ܥܠܝܠ. ܡܬܟܒܪܢܘܬ ܦܛܪ ܗܘܐ ܠܗ̇ ܬ̈ܫܠܡܬܐ. ܘܦܩܕ ܗܘܐ ܕܝܢ ܗ̇ܘ ܦܪܘܫܐ. ܕܡܬܟܠܢܐ ܠܡ ܕܐܠܗܐ: ܐܦ. ܠܒ̈ܫܐ ܕܢܚܝܫܘܬܗܘܢ ܕܐܬܟܡܪܘ ܘܐܫܬܡܫܘ ܒܫܡܐ ܬܠܡܝܕܐ ܒܪ̈ܫܠܝܚܐ ܕܡܢ ܡܪܝܡܘܬ. ܬܒܥܘ ܡܢ ܕܝܢ ܘܬܫܡܫܘܢ: ܘܡܢ ܓܒܗ ܕܒܪܬܐ ܢܗܘܘܢ ܢܦܫܬܗܘܢ ܟܠ ܐܬܪ ܘܡܪܢܝܐ. ܘܡܛ̈ܝܒ ܬܫܡܫܬܗܘܢ ܘܗܕܪܐ ܟܠܗ ܕܝܬܗܘܢ. ܬܬܡܠܟ ܒܝܬ ܦܬܓܪܐ. ܘܢܗܘܘܢ ܗܕܪܐ ܒܡܫܠܡܘܬ ܕܫܦܝܪܘܬܐ. ܐܝܟ ܓܝܪ ܫܡܫܐ ܒܪܫܗ ܕܫܦܝܪܘܬܐ ܕܡܫܡܫܐ ܗܘܬ. ܘܪܒܝܢ ܫܒܚܗ ܒܪܝܫܐ ܕܟܠܗܘܢ ܕܫܠܝܐ. ܘܫܒܚ ܐܝܟ ܠܡܫܒܚܘ. ܘܡܫܒܚܝܢ ܡܪܝܗ ܕܡܟܬܐ ܕܒܪܬܐ ܘܬܡ ܕܫܠܝܬܐ ܡܪ̈ܝܡܘܬܐ ܘܐܪܘܡܗ. ܦܩܕ ܗܘܐ ܓܝܪ ܒܫܘܬܦܗ. ܕܢܬܒܥܐ ܡܫܝܪܐ ܕܒܪܬܐ ܠܬܫܒܘܚܬܐ ܬܫܡܫܬ ܥܠܝܗ ܕܡܠܟܘܬܐ. ܘܢܗܘܘܢ ܫ̈ܒܒܝܐ ܕܡܠܟܘܬܗ. ܘܬܫܒܘܚܬܐ ܥܠܝܗ ܒܬܪܗ ܕܡܠܟܐ. ܘܥܠ ܒܝܬ ܡܠܟܐ ܕܒܪܬܐ ܢܦܫܬܐ ܘܒܢ̈ܝܬܐ.

ܦܩܕ ܒܠܚܘܕܝܗܘܢ ܠܦܘܠܐ ܦܫܝܛܐ ܕܢܬܬܠ ܡܢܗܘܢ ܐܣܬܡܟܘܢ. ܘܢܗܘܘܢ ܠܟܘܪ̈ܣܝܐ ܘܢܣܒܘܢ ܒܢ̈ܝܐ. ܐܦ ܥܠ ܐܦܝܣܩܘ̈ܦܐ ܢܩܦܐ ܘܡܬ̈ܝܢܐ ܐܬܪ̈ܘܢ ܥܢܢܝ. ܕܢܒܕܘ ܡܢܗܘܢ ܐ̈ܢܫ ܬ̈ܠܡܝܕܐ ܘܢ̈ܒܝ ܡܐܬܘ̈ܬܐ. ܘܡܢ ܥܡܠܐ ܕܒܬ̈ܘܬܗܘܢ ܢܬܬܪܡܘܢ ܫܬܠܘܬܐ ܕܐܬܟܪܠܘ ܠܗܘܢ ܒܗ ܗܘܐ ܠܗ ܡܘܕܝܐ ܕܗܝܡܢ ܒܪܫܡܘܢ ܘܒܡܠܝ ܒܠܚܘܕ ܕܟܐܒ. ܡܢܟܐ ܘܡܘܕܝܐ * ܕܒܬ̈ܘܬܐ. ܒܒܠ ܐܬܪ ܘܡܕܝܢܬܐ ܡܟܝܢ ܗܘܐ ܘܒܪܝ ܘܡܬܟܪܙ. 32 v.
ܘܬܘܪ ܡܢ ܒܠܚܘܕ. ܡܠܦܢܘܬܗ 80 ܕܟܝܢܘܬܐ ܕܡܫܝܚܐ ܠܗܘܒܠ ܡܫܝܚܘܬܗ ܕܒܪܬܐ. ܚܕܟܐ ܕܝܢ ܦܘܪܐ ܕܬ̈ܠܡܝܕܝ. ܕܢܝܚ ܗܘܐ ܘܫܬܘܝܢ ܒܪ̈ܟܐ ܡ̈ܫܝܚܐ ܕܗܦܟܘ ܒܠ ܒܪܬܐ. ܘܒܕ ܦܘܡܝܐ ܕܪܘܦܐ ܒܪܢܝܠ ܠܐ ܐܬܦܩܕ ܗܘܐ ܒܠܚܘܕ. ܡܢ ܒܗ ܒܝ̈ܬܗ ܕܢܘܦܘܬܝ. ܗܝܡܢܘܬܐ ܡܫܝܚܝܬܐ ܫܘܘ ܠܗܘܬ. ܘܒܝܘܡܢܬ ܐܟܠܝܢ ܗܘܘ ܡܠ̈ܝܢ ܡܬܒܗܘܢ ܕܦܘܠܘܣ ܒܕ ܐܬܟܪܙ ܗܘܘ ܠܗ. ܕܒܘܥܕܢܗܘܢ ܠܡ ܕܢ̈ܝܪܐ ܕܒܪܬܐ. ܘܡܦܠ. ܕܢܝܚܐ ܗ̈ܘܝ ܒܢܦܫ̈ܬܐ ܕܦܫܝܛܐ. ܕܠܐ ܢܬܐܡܢܘܢ ܠܡܫܝܚܬܐ ܕܐ̈ܠܗܐ. ܘܡܢܝܢܐ ܡܚܝܪ ܒܕ̈ܝܠܬܐ ܐܝܪ̈ܝܬܐ ܕܟܗܢܘܢ ܢܬܦܪܘܢ ܒܡ ܕ̈ܝܢܐ ܐܝ̈ܪܝܐ ܦ̈ܠܣܐ. ܕܡܒܪܝܢ ܗܘܘ ܒܬܪܢ ܒܕܟܐܝܬ ܒܡܦܩܢܘܬܗܘܢ ܠܒܪ ܕܒܠܝܢ: ܦܪܘܗ ܐܚܝܪܘ ܒܠܝܢ ܕܪܘܦܐ. ܘܠܐ ܬܘܗܡܐ ܡܢܗܒ ܒܠܝܢ ܦܘܩܕܢܗ ܕܒܥܠܝ ܕܠܐ ܕܢܒܚܐ. ܘܐܬܪܥܡ ܦܘܩܕܢܗ ܒܬܫ̈ܒܬܐ. ܘܐܬܦܪܘ ܒܠܝܢ ܠܗܘܕܡ ܒܡܕܝܢܬ ܡܠܟܘܬܐ. ܦܣܩܗ ܕܝܢ ܕܒܬܒܐ ܡܕܝܢܐ ܕܐܬܦܪܘ ܒܠܝܢ. ܐܝܬܘܗܝ ܗܘܐ ܡܟܝܢܐ. ܠܡܫܝܚܘܬܗܘܢ ܠܡ ܕܢ̈ܝܪܐ ܕܡܕܡ ܡܠܠ: ܕܦܪܫܬ ܒܐܬܪܐ ܒܠܗ ܕܐܘܫܢܝ ܐܪܓܬ ܠܬ̈ܠܡܝܕܐ. ܕܒܐܪ̈ܕܝܡܘܢ ܡܗܝܡܢܐ ܘܒܡܘܬܗ ܕܬܒܝܠ: ܘܐܪܦܝܘ ܐܝܕܐ ܒܡܠܟܘܬ: ܘܐܫܬܠܛܘ ܒܗ ܒܬܠܡܝܕܝ. ܘܥܪܒܬ ܝܕܝܢ ܚܝܘܬܐ. ܗܘܬ ܠܗ ܡܟܝܠ ܢܘܡܝ ܒܠܝܠܘܬܐ ܡܫܝܚܝܬܐ. ܕܢܒܢܗ ܠܐܪܒ ܡܢ ܠܡܫܝܚܘܬܗܘܢ ܕܡܠܝܢ ܡܫܝ̈ܚܐ ܕܠܐ ܐܠܗܝ. ܘܢܦܠܐ ܘܡܦܪܫܗ ܠܕܝܠܬܗܘܢ ܡܚܡܠܬܐ ܡܢ ܬ̈ܦܢܫܗ ܕܬܒܝܠ. ܘܐܡܝܢ ܒܪܫܡܘܢ ܡܦܣܪܢܘܬܗܘܢ ܕܒܠ ܬ̈ܠܡܝ. ܕܒܕ ܬܒܠܬ ܕܡܫܝܚܘܢ ܬܬܪܟܐ ܪܚܡܘܬܗܘܢ ܕܬ̈ܠܡܝ. ܘܬܒܘܢ ܒܥܠܐ ܘܡܫܝܚܐ ܐܬܪ̈ܘܬܐ ܒܠܘܗܘܢ ܕܐܘܫܢܝ. ܦܘܕܬ

ܗܟܝܠ ܡܠܟܘܬܗ ܟܠܗܘܢ ܕܥܠܡ ܡܫܝܚܝܐ. ܕܒܬܪܬܝܗܘܢ ܢܬܕܘܪ܆ ܘܡܬܒܪܝܢܗܘܢ ܠܡܠܠܘ ܢܨܚܢܐ܆ ܘܥܠ ܫܪܒܗܘܢ ܦܩܕܬ ܡܠܟܘܬܐ܂ ܕܐܢ ܒܗܕܡ ܢܦܫܗܘܢ ܘܗܦܟܝܢ ܡܢ ܦܠܚܘܬܗܘܢ܆ ܘܡܬܗܦܟܝܢ ܥܠ ܦܠܚܘܬܐ ܕܫܠܡܐ. ܢܗܘܐ ܠܗܘܢ ܫܘܒܩܢܐ ܥܠ ܡܬܚܒܪܢܘܬܗܘܢ܂

33 r. ܘܢܬܬܦܪܥܘܢ ܚܛܗܘܢ܆ * ܐܢ ܕܝܢ ܒܗ ܒܪܥܝܢܐ ܕܦܠܚܘܬܗܘܢ ܡܩܘܝܢ܆ ܘܡܗܕܡܝܢ ܥܠ ܢܦܫܗܘܢ ܕܡܪܬܩܠܝܢ ܐܝܟ. ܠܢܘܪܐ ܡܩܐ ܘܠܡܫܝܢܘܬܐ *ܕܠܐ ܢܘܦܐ ܘܠܫܝܢܐ ܕܡܫܝܚܠܦܐ[1] ܕܥܠ ܐܦܝܣܩܘܦܝܢ ܢܬܦܠܓܘܢ܆ ܘܟܕ ܐܬܦܩܕ ܐܠܐ ܗܦܟܘ ܡܢ ܦܠܚܘܬܗܘܢ. ܡܛܠ ܒܪܝܐ ܕܗܘܦܟܐ ܢܡܠܠ܆ ܘܬܘܒܗܘܢ ܢܬܟܢܘܢ܆ ܗܢܐ ܗܘ ܟܬܒܐ ܗܘܐ ܡܕܒܪܐ ܕܐܬܦܪܣ ܒܠܝܡ ܒܟܪܟܐ ܡܠܟܘܬܗ ܕܦܪܘܣܐ ܀ ܘܟܕ ܗܢܐ ܗܘܐ ܦܘܩܕܢܐ ܕܡܠܟܐ ܕܠܐ ܢܘܦܐ ܢܦܩ ܥܠ ܟܠܢ. ܘܒܫܘܠܦܗ ܕܡܗܝܡܢܐ ܗܘܐ ܒܟܘܠܗ ܦܠܚܘܬܐ. ܘܐܙܠ ܠܒܝܬܗ ܒܪ ܒܪܝܐ ܠܗ. ܘܫܒܩ ܘܐܬܒܠ ܘܡܛܝܠ ܕܫܒܗ. ܘܟܕ ܕܠܐ ܐܢܫ ܡܢ ܒܢܝ̈ܗܘܢ، ܐܘ ܡܢ ܟܠ ܒܝܬܗ ܠܬܫܥܐ ܡܕܡܐܘܢ، ܒܗܘܢܐ ܗܘ. ܘܥܠ ܠܦܠܚܘܬܐ ܕܡܫܟܚܝܢ ܘܐܫܟ ܬܪܒܐ ܒܟܦܘܗܝ، ܘܫܒܩ ܥܠ ܡܕܝܢܬܐ ܕܦܠܚܘܬܗ ܡܫܝܚܝܢ ܘܐܬܬܣܝܡ ܨܘܡܐ. ܘܡܢܗ ܠܗ ܦܠܚܐ. ܘܫܕܐ ܢܦܫܗ ܥܠ ܐܦܘܗܝ، ܘܥܠ ܪܫܗ ܘܦܫܒܗ ܒܦܠܚܐ. ܘܟܒܐ ܗܘܐ ܘܦܠܚܐ ܫܒܚܬܐ ܒܪ ܐܢܫ. ܐܠܗܝ، ܠܡܫܢܐ ܫܒܩܬܢ ܒܝܬ ܐܚܘܗܝ. ܘܡܣܟܬܢ ܒܡܘܬܐ ܒܢܝ̈ܐ: ܕܐܢܫܐ ܒܡܫܒܚܬܗ ܕܒܪܬܟ. ܘܟܐܒܪܐ ܘܒܫܪܟܐ ܕܥܠܡܗ. ܘܒܝܬܗ ܘܒܢܝܗܘܢ ܕܩܫܝܢ ܡܕܝܢܐ. ܘܐܢ ܗܢܐ ܗܘ ܠܡܗܪ، ܝܒܝܢܐ ܗܘܐ ܡܕܝܢܝ. ܒܟܘ ܡܢܝ ܐܠܗܝ، ܒܪ ܘܒܝܬܗ ܕܒܪܝܢ. ܘܪܥܝܢ ܡܢ ܫܢܝܐ ܒܟܠ. ܘܠܐ ܐܢܫܐ ܕܫܠܡܐ ܣܢܝܘܗ ܕܦܠܚܐ ܠܡܠܟܐ: ܒܝܘܡܐ ܒܪܝܐ ܕܚܘܒܠ ܦܪܩܢ. ܠܟܠ ܠܗ ܒܪ ܫܢܐ ܡܬܘܡܝܐ: ܘܕܘܟܢܐ ܘܬܫܬܐ. ܒܪ ܫܢܐ ܐܢܐ ܚܪܬܢ ܕܒܫܢܐ. ܘܡܬܚܫܒܢ ܕܦܫܝܛ. ܘܡܘܕܥܢ ܕܡܠܦܢ. ܘܒܝܫܘܬܢ ܕܫܪܒܝܢ. ܘܡܫܡܗ ܕܡܒܪܕ. ܘܒܟܐ ܕܦܟܪ ܠܝܠܝܐ ܒܪ ܡܒܟܐ ܘܡܠܠ. ܘܟܢܫ ܐܡܪ ܐܝܟ ܐܡܪܐ ܠܢܟܣܬܐ: ܘܒܬܪܟܢ ܐܟܠܐ ܘܫܒܩܐ ܥܠ ܐܒܘܗܝ̈ ܕܩܕܡܘܗܝ. ܘܐܡܟܐ ܐܘܦ

1) Diese vier Worte sind über einer Rasur geschrieben.

ܡ̈ܠܟܝܢ ܥܒܫܢܐ. ܘܡܩܒ̈ܠܝܢ ܒ̈ܢܝܐ ܕܝܘܡ: ܒܕܝܢ ܕܡܢܝܢܬܗ̇ ܕܫܪܪܐ. ܕܐܬܬܕܝܪܘܬ ܠܗ̇. ܕܒܡ̈ܠܝܗ̇ ܕܥܘܠ ܠܐ ܫܡܥܘܢܝܗ̇. ܘܗܘܐ ܥܢܝܐ ܟܝܬ ܘܐܡܠܟ ܕܢܣܡܘܟ ܢ̈ܦܫܗ ܘܠܒܘܪ ܫܘܪܬܗ. ܘܢܬܠܐ ܬ̈ܐܒܝܗ. ܘܟܬܒܝܗ ܠܥܠܠܐ. ܘܬܠܐ ܡܢ ܦܘܡܐ ܕܟܬܒܬܗ. ܘܫܒܩ ܠܗ̇ ܡܡܘܪ̈ܝܗ. * 33 v. ܘܢܫܠܗ ܡܢ ܩ̈ܢܘܡ ܕܙܠܡܬܐ. ܕܢܫܒ ܦܬܟܬܐ ܕܐܬܬܠܝܢ ܠܗ̇ ܒܢܒܝܘܬܐ. ܬܒܒ ܠܘܬܗ ܐܩ̈ܠܝܕܐ. ܘܡܫܟܗ ܠܘܬܗ ܒܫ̈ܢܬܐ. ܘܡܢܘܗ ܢܫ̈ܐ. ܘܐܬܕܒܪܘܗ ܕܦ̈ܘܪܢܐ ܘܬܫ̈ܢܝܬܐ. ܘܠܢܫܬ ܡܢ ܡܒܐܢܐ. ܐܠܐ ܒܠܡܘܕ ܫܢܢܗ ܕܡܫܡܫܢܘܬܗ. ܠܐܒܕ ܟܪ ܐܬܪܒܐ ܥܢܝܐ ܕܢܣܡܘܟ ܠܒ̈ܢܬܐ ܡܫܡ̈ܫܢܝܬܐ ܕܫܪܪܐ. ܒܒܒܗ ܒܙܒܢ ܫܬܐܢܐ ܡܦܠܒ. ܕܐܥܡ ܕܡܗ ܠܡܫܝܢܬܗ. ܠܐ ܬܬܠ ܠܗ ܐܠܦܬܗ ܠܥܘܠܐ. ܘܬܪܒܝܬܗ ܠܐ ܬܗܘܐ ܠܥܒܕ. ܐܡܦܝܢ ܒܠܘܗܝ ܡܫܒܚܬܗ. ܘܟܪܣܗ ܢܗܘܡ ܙܒܢܬܗ. ܫܕܡ ܕܐܬܬܠܦܬ ܒܠ ܚܟܡܝ. ܒܠܘܗ ܬܒܥܠ ܒܐܪ̈ܒܐ ܕܩ̈ܠܕܐ. ܐܟܪܝܗܝ ܘܡܢ ܕ̈ܪܘܦܗܝ. ܘܥ̈ܦܠ ܒܡܫܢܐ ܕܫܬܪܘܬܗ. ܘܢܕܒ ܒܥܒܬ ܫܒܘܬܗ. ܕܐܢܬ ܠܗ̇ ܐܠܗܐ ܠܒܪܬܝ. ܐܘܦ ܦܠܒܐ ܘܒܫܡܒܐ. ܕܠܐ ܐܠܝܡ ܠܒܠܡ. ܐܬܬܢܫ ܡܢ ܫܥܬܐ ܕܘܟܝܢ. ܘܐܬܪܒܐ ܒܠ ܒܡܬܗ ܕܒܚܝܢ. ܘܒܒܕ ܒܬ̈ܦܡ ܐܝܟ ܘܟܒܕ ܐܢܬ. ܐܦ ܠܐ ܥܘܒܝ. ܡܛܠ ܥܒܝܢ ܢܡܪܐ ܕܐܬܦܪ. ܒܠܡ. ܕܠܐ ܢܐܬܟܪܘܢ ܫܘܦܐ ܘܡܟܘܪܐ: ܕܐܝܒܘ ܐܠܗܘܗܝ ܕܠܐ ܦܪܘ ܐܝܟ ܒܝܡ ܦܘܠܚܢܐ. ܫܡ ܡܢܪ، ܐܝܟ ܐܢ̈ܫܐ ܡܫܝܠܐ ܕܠܐ ܡܟܝܡ ܒܫܠܐ ܠܡܡܒܠܘ ܡܪܕܘܬܐ. ܡܟܠܝܡ ܫܡ ܡܕܒܝܢ. ܕܥܬܦܠ ܡܢܡ ܥܦܠܐ ܕܡܪܕܘܬܝܢ. ܠܡܪܕܬܐ ܟܢܪ ܘܥܢܝ̈ܢܐ ܡܪܕܘܬܝܢ ܠܗܘܢ ܒܠܬ ܒܡܕܝܢܬܐ ܗܝ. ܠܡ ܕܡ ܙ̈ܙ ܦܟܐ 80 ܫܡ ܘܬܫܒܚܬܐ. ܘܠܝܬ ܒܡ ܫܠܟܐ ܠܡܒܡܕ ܒܐܦܠܘܢܐ ܕܬ̈ܬܠܦܠܐ. ܡܪ̈ܕܘܬܝܢ ܠܡ ܐܝܟ ܡܘܦܠܢܐ ܗܝ. ܒܢܝܕ ܦܠܢܘܬܐ 80 ܕܐܫܕܐ ܠܡ. ܠܐ ܡܒܠ ܬܗܦܝܢ ܬ̈ܦܢܝ ܡܢܪ، ܡܢ ܒܒܘܬ: ܐܦ ܫ̈ܒܚܐ ܫܡ ܐܦ ܡܩ̈ܦܠܢܐ. ܡܒܕܐ ܗܝ، ܟܢܪ ܡܢܫܡܟܢܘܬܝܢ ܡܢܪ:. ܒܒܕܐ ܥܘܒܡܢܐ ܠܫܦܠܐ. ܘܕܠܝܬ ܠܡ ܬ̈ܦܟܐ ܟ̈ܠܬܐ ܕܢܒܕܐ ܡܢܝ. ܒܬ̈ܦܟܐ ܒܡܪ̈ܬܐ ܘܒܪܘܚܐ ܪܡܫܬܒ. ܐܝܟ ܕܦܠܒܘ ܥܐܠܡ ܫܡ ܥܘܒܡܢܐ ܠܫܒܘܬ: ܐܝܟ ܕܠܐܒܐ ܡܢܫܡܟܢܐ

ܕܫܠܝܛܝܢ ܢܦ̈ܫܬܗܘܢ، ܒܡܕܒܪܢܘܬܗܘܢ. ܘܡܬܬܥܝܩܝܢ ܠܗܘܢ ܡܢ̈ܝ ܛܠܝܐ ܘܟܦܢܘܬܐ. ܕܐܢܫܐ ܡܢ ܟܠܠ ܣܘܥܪܢܗ ܕܕܘܒܪܝܢ 80. ܘܚܐܪܝܢ ܒܢܝܫܗܘܢ * ܕܦܪܘܫܐ: ܢܬܩܒܠܘܢ ܝܬܒܘܬ، ܘܥܡܗܘܢ ܡܫܬܡܥܝܢ.. ܘܬܘܒ ܠܒܝܬ 34 r. ܡܫܟܢܬܐ ܕܐܬܚܙܝܬ. ܘܟܕ ܡܠܟܗ̇ ܕܫܝܢܘܬ، ܢܛܪܐ ܠܒܪ̈ܢܫܐ ܕܒܫܘܪܐ ܡܢ ܚ̈ܒܠܬܐ: ܘܢܗܘܐ ܢܦܫܐ ܡܠܠ ܘܟܐܒܐ: ܠܒܢܝܟ ܐܠܝܨܐ ܘܪܕܘܦܐ. ܕܐܝܟ ܠܦܘܪܢܣܝܢ ܀ ܘܟܕ ܒܪܢܫܐ ܗܘܢܐ ܡܠܝܠܐ ܗܟܢܐ ܦܪܘܫܐ ܘܡܬܒܥܐ. ܠܐܠܗܐ. ܐܝܟ ܕܡܢ ܪܚܡܐ ܒܠܒܐ: ܐܬܬܪܝܡܬ ܒܗ ܡܫܟܢܬܐ ܡܬܪܘܚܬܐ: ܕܟܝܢܐ ܠܡܕܒܪܘ ܫܡܫܗ ܕܦܪܘܫܐ. ܘܠܡܗܦܟܘ ܠܒܪ ܕܢܝܐ ܕܒܘܪܐ ܡܢ ܒܝܬܗ ܕܐܠܗܐ. ܘܗܟܢ ܡܢ ܕܘܒܬܐ ܕܒܗ̇ ܪܘܚܐ ܗܘܐ. ܘܢܦܩ ܡܠܟܐ ܡܢ ܦ̈ܓܪܗ، ܘܗܢ ܪܫܗ ܘܗܢ ܠܒܘܫܗ. ܘܐܥܝܠ ܕܫ̈ܒܩܐ ܕܒܢܝܗܘܢ. ܘܫܒܩܐ ܡܢܗ ܒܪܘܬܐ ܐܝܟ ܕܠܦܘܪܣܐ. ܘܫܡ ܣܝܡܐ ܕܦܪܝܘܣܗ. ܘܠܒܫ ܡܫ̈ܐܢܐ ܥܫ̈ܝܢܐ ܘܪ̈ܫܝܐ ܕܨܠܘܬܗ. ܟܕ ܫܒܩ ܠܗ ܒܪ ܐܢܫܗ ܒܗܘܐ ܒܒܝܬܐ ܘܫܒܩܢܐ 80 ܘܬܫܡܫܬܐ ܬܒܢ̈ܝܬܐ. ܘܟܠ ܒܪ̈ܢܫܗ ܠܠܝܐ ܠܘܬܟܐ ܐܝܟܢܐ ܘܦܝܣܘܬܐ ܕܝܬܒܬܐ. ܘܗܟܢ ܒܢܝܫܗ ܕܢܗܘܐ ܠܐܠܗܐ ܕܫܠܡ. ܒܗ ܡܬܒܥܐ ܠܐܠܗܐ ܕܢܬܠ ܬܪܒܐ ܠܒܪܬܗ. ܘܬܠܝܗ، ܒܪ̈ܘܚܐ ܒܒܢܝܗ، ܕܦܪܘܫܐ. ܘܬܬܩܒܠ ܡܠܟܘܬܗ، ܬܠܒܐ ܕܟܠ ܒܪܬܐ. ܘܟܕ ܟܠ ܗܘ ܗܘܝ ܬܠܒܐ ܗܟܢ ܘܐܡܪ. ܒܗܘܢܝܢ ܠܗ ܡܪܝ، ܬܠܒܢ. ܫܕܐ ܘܐܬܟܫܦ. ܘܫܕܝܘ ܒܗܘܢ ܥܒܕܐ ܘܐܘܪܒ ܘܟܠ ܕܒܗܘܢ ܘܐܬܩܪܝܘ ܠܗ̇ ܛܠܒܐ ܠܐ ܚ̈ܒܪܐ ܠܬܩܠܬܐ ܗܕܐ. ܒܗ، ܕܗܘܐ ܬܟܒܬܐ ܘܒܐܝܕܘܬܐ ܡܢ ܫ̈ܒܝܐ. ܕܡܒܗܘܗܝ. ܦܪܘܫܐ ܕܝܢ ܡܢܒܝܐܝܬ ܚܙܐ ܗܟܢܐ ܒܗ ܒܫܪܪܐ. ܠܐ ܓܝܪ ܡܕܡ ܗܘܐ ܫܢܝܐ ܕܒܠܒܗ، ܫܒܝܠ ܬ̈ܠܬ ܦܠ̈ܓܘܬܗ. ܐܡܪ ܠܗ ܢܘܩܝܐ. ܐܝܟ ܡܫܒܚܢܐ ܕܐܠ̈ܗܐ ܡܬܚܝܠܐ ܐܝܟ ܢܘܚܐ ܩܕ̈ܝܫܘܗܝ ܕܡܠܟܘܬܐ: ܕܗܘܬ ܠܟܘܢ ܫܪܝܪܬܐ ܒܬܪܟܘܬܗܘܢ ܕܐܠܗܐ. ܠܫܒܝܢ ܓܝܪ ܘܐܡ̈ܪܝܢ ܥ̈ܒܕܝܢ ܐܬܚܙܝܬ ܐܦܪܫ ܕܐܠܗܘܬܐ ܠܡܠܟܘܬܐ: ܕܦܠܝܓܐ ܗܘܬ ܗܟܢܬܗ̇ ܒܟܘ̈ܠܗܝ ܬ̈ܠܒܐ ܕܗܘܝܢ. ܐܡܪ ܠܗ ܢܘܩܝܐ. ܬܘܒ ܡܢܪ ܠܐ ܡܢܪ ܡܪܝ، ܬܠܒܢ. ܬܬܪܒܐ ܐܠܗܘܬܐ ܠܦܘ̈ܠܚܢ. ܟܕ ܕܡܬܒܛܠܝܢ ܡܢ ܦ̈ܓܪܗ

ܕܡܠܟܘܬܢ ܪ̈ܚܡܐ ܕܫܘܒܚܗ̇. ܘܡܬܦܠܓܐ ܡܢ ܐܘܪܚܐ ܕܩܘܕܫܝܗܘܢ ܕܐܠܝܢ ܕܦܠܓܘ ܫܘܬܦܘܬܗ * ܕܐܠܗܘܬܐ. ܘܫܠܝܚܘ ܕܝܢ. ܠܐ ܡܕܡ 34 v.
ܣܓܝ ܗܘܐ ܒܥܕܗ ܥܠ ܩ̈ܠܘܗܝ ܕܡܟܣܝܢܘ. ܦܩܕ ܗܘܐ ܠܗ ܓܝܪ ܒܡܘܬܗ̇. ܕܟܕ ܪܚܝܩܐ ܗܘܐ ܕܢܦܩܘܬܗ. ܘܟܕ ܢܦܩܐ ܗܘܐ ܕܦܠܘܚܬܗ. ܗܘ ܕܝܢ ܡܗܝܡܢܐ ܘܚܪܝܦܐ. ܡܕܡ ܚܙܐ ܡܢ ܬܦܢܝܬܗ. ܕܫܦܘܬܐ ܠܐ ܓܒܐ ܒܗ. ܐܠܐ ܒܠܒܐ ܕܟܝܐ ܘܒܢܦܫܐ ܫܦܝܬܐ. ܐܝܟ ܗܘܐ ܠܐܠܗܐ ܒܪ̈ܚܡܘܗܝ. ܘܐܝܟ ܕܠܒܐܝܫܘ ܕܪ̈ܘܚܡܝܢ: ܡܬܚܙܝܐ ܗܘܐ ܡܕܡ ܦܪܘܣܐ ܒܐܘܡܢܘܬܐ ܕܫܘܦܐ ܒܐܠܗܘܬ. ܘܢܦܩ ܗܘܐ ܠܓܒܝܗ. ܡܠܐܘܬ ܓܝܪ ܡܢܝܚ ܗܘܐ ܠܗ ܓܒܝܐ. ܘܡܫܟܚ ܗܘܐ ܠܗ ܒܡܫܟܢܘܬ. ܘܟܕܐ ܕܒܫܝܢ ܡܢ ܕܝܠܗ ܝܬܝܪܐ ܗܘܐ ܕܡܕܒܪܢܘܬܗ. ܘܗܘܬ ܠܗ̇ ܒܝܬܗܘܢ ܒܟܬܒܐ ܕܬ̈ܠܬܐ ܥܠ ܦ̈ܠܓܘܬܐ. ܘܟܕ ܐܬܬܪܝܡܬ ܒܟܬܒܐ ܥܠ ܕܪ̈ܘܫܠܝܡ. ܗܘܐ ܠܗ ܐܬܪܐ ܠܗܢܐ ܦܘܪܫܢܐ: ܕܢܬܠ ܡܠܟܐ ܫܦܝܪܐ ܥܠ ܥܕܬܗ ܕܐܠܗܐ. ܫܐܠܗ ܕܝܢ ܬܘܒ ܘܫܠܝܚܘ ܘܐܡܪ ܠܗ. ܡܢܐ ܠܟ ܡܬܚܙܐ ܠܝ ܒܐܝܠܝܢ ܕܥܒܕܬ ܡܠܟܘܬܢ ܥܠ ܥܕܬܐ ܒܥܝܪܐ ܕܪ̈ܘܫܠܝܡ. ܥܢܝܗ ܣܓܝܐܐ ܦܬܓܡܐ ܕܡܫܝܚ ܠܝ ܒܪ ܐܚܘܢ. ܕܫܦܪ ܦܝܪ ܫܠܦܠܝܐ ܕܡܫܝܚܘܬܟܘܢ ܥܠ ܕܟܢܫ. ܒܪܡ ܕܝܢ ܒܗܢܐ ܕܟܐ ܐܝܬ ܠܟܘܢ ܠܡܪ̈ܝܐ. ܒܦܘܠܓܐ ܗܕܐ. ܕܒܥܕܬ ܡܠܟܘܬܢ: ܘܐܝܟ ܡܢܐ ܕܫܘܕܬܐ ܗ̇ܝ ܠܗܘܢ ܪ̈ܥܝܬܐ. ܐܦ ܐܢܐ ܡܫܬܒܪܐ ܠܝ ܕܠܗܘܢ ܡܫܬܟܚܝܢ. ܐܦ ܠܝ ܡܕܒܪܢܐ. ܐܡܪ ܠܗ ܫܠܝܚܘ. ܐܡܪܢܐ ܕܝܢ ܠܝ ܕܢܐܠܦ ܘܢܕܥ ܡܢܐ ܗ̇ܝ، ܥܠܬ ܒܐܘܪܚܘܢ ܠܐ ܓܝܪ ܝܕܥܐ ܐܢܐ ܒܡܕܒܪܢܘܬܟܘܢ ܐܠܐ ܒܫܘܠܛܢܟܘܢ ܠܝ ܓܝܪ ܡܫܬܒܪܐ. ܕܠܒ ܡܢܝ ܠܗܘܢ ܡܫܬܐ ܕܡܘܡܬܘܢ. ܘܫܘܪܝܐ ܕܡܕܒܪܢܘܬܗܘܢ ܘܡܢܐ ܕܒܐܝܕܐ ܗܘ ܠܗܘܢ ܚܫܝܫܐ ܀ ܘܫܠܝܚܘ ܐܡܪ. ܐܠܘ ܣܓܝ ܒܡܕܒܪܢܘܬܟܘܢ ܘܫܬܕܪܝܢ ܐܘܪܚܗܘܢ. ܒܪܘܚܗ ܫܦܝܪܬ ܡܠܟܘܬܟܘܢ: ܐܠܐ ܠܐ ܗ̇ܝ ܕܣܓܝܐܐ ܒܥܕܬܟܘܢ ܣܓܝ. ܠܗܘܢ ܕܝܢ ܕܠܗܘܢ ܡܫܬܐ ܕܟܠܠ ܐܠܗܘܬܗܘܢ: ܐܝܟ ܡܢܐ ܕܡܗܝܡܢܘܬܐ ܗ̇ܝ ܠܗܘܢ ܦܠܓܘܬܐ ܘܡܫܬܪܪܬܐ. ܫܦܝܪ ܓܝܪ ܡܢ ܟܠܐ ܠܡܫܚܐ ܘܠܣܟܐ ܠܚܕܐ: ܒܟܝܢ ܘܡܢܗ ܠܗ ܠܡܦܘܬܐ ܕܦܘܠܓܐ.

35 r. ܗ̇ܝ ܕܒܗܘܢ ܡܕܒܪܢܘܬܐ ܩܕܡ ܠܗ̇. ܘܠܐ ܕܒܬܪܐ ܐܢܘܢ ܘܬ̈ܠܬܐ ܐܝܠܝܢ ܕܗܘܘ ܒܝܘܡܝ̈ܗܘܢ܆ ܒܪ ܕܝܢ ܬܚܘܡܗ̇ ܠܟܘܠܗ̇ ܐܣܛܪܛܓܐ ܕܥܘܠܝܡ: ܘܠܟܠܗ ܐܘܚܕܢܐ ܕܡܠܟܘܬܗ̇. ܗܢܝܢ ܕܝܢ ܬ̈ܠܬ ܡܠܟܘ̈ܬܗܘܢ ܒܐܣܛܪܛܓܐ ܐܢܘܢ܆ ܠܡܕܝܐ ܗܟܝܠ ܒܟܠܬ ܕܬ̈ܠܬܐ ܬܠܝܬܝܬܐ ܕܠܝܬ ܒܗܘܢ ܢܫܘܚ: ܕܐܚܪܝܢ ܒܗܘܢ ܙ̈ܒܢܐ ܢܦܫܩܐ ܕܗܪܘܩܠܝܐ: ܚܪܘܒ ܫ̈ܠܝܬܐ ܘܚܠܛܗܝ ܐܣܛܪܛܓܐ ܕܦܠܚܘܬܐ܆ ܘܢܓܕܐ ܐܬܪ̈ܘܬܐ ܕܐܘܚܕܢ ܡܢ ܒܥܒܕ̈ܝܗܘܢ܆ ܘܢܚܕܘ ܠܗ ܗܕܟܐ ܘܢܦܠܘܢ ܒܒ̈ܥܠܕܒܒܝܢ. ܐܠܐ ܐܢ ܐܝܬ ܒܝܢܬܐ ܠܥܘܠܝܡܐ ܕܒܝܫܘܬܗܘܢ܆ ܘܥܦܪ ܒܢ̈ܝܫܐ ܡܠܟܘܬܗܘܢ. ܢܥܒܕܘ ܕܬ̈ܠܬܐ ܙܒܢ ܒܥܒܕܝܗܘܢ ܥܡ ܐܘܢܐ. ܘܐܝܟ ܐܢܫܐ ܚܠ̈ܝܫܐ ܕܣܝܡ ܥܠ ܡܫܪ̈ܝܬܗܘܢ: ܘܡܫܬܠܛ ܠܗܘܢ ܥܠ ܐܘܚܕܢܗܘܢ ܕܠܐ ܢܬܒܪ ܢܬܒܥܐ ܘܢܗܦܟܘܢ ܒܢ̈ܬܦܐ ܕܡܠܟܘܬܗ̇܆ ܘܢܬܠ ܠܥܒܕܐ ܠܫܠܝܛܘܬܗ̇. ܘܐܝܟܢܐ ܕܡܐܪܫܐ ܕܐܡܪܐ ܠܝ. ܘܗܟܢܐ ܕܪܕܘܦܘ ܠܝ ܬ̈ܠܬܗܝܢ ܕܡܠܟܘܬܐ: ܘܡܦܩܢ ܡܢ ܚܪܒܗ̇ ܕܐܬܦܪ. ܒܒܪ ܕܬ̈ܠܬܐ ܡܢ ܐܘܚܕܢ. ܘܬܗܘܐ ܚܕܐ ܕܢܠܬܐ ܦܪܝܫܬܐ ܒܟܠܗ ܒܗ̇ ܥܘܠܝܡܐ ܕܡܠܟܘܬܐ܆ ܘܥܠ ܡܕ̈ܝܢܬܐ ܕܒܝܬ ܒܥܘܢܐ ܕܢܓܪܐ: ܕܒܢ̈ܝܗܝ ܕܪܒܬܐ ܩܕܡ ܠܗܘܢ. ܐܢ ܚܙ ܗܘ ܠܡܠܟܘܬܐ ܕܒܝܫܘܬܗܘܢ. ܢܬܚܝܒܘܢ ܘܠܐ ܢܬܚܫܒܘܢ܆ ܡܬܒܠܥܐ ܓܝܪ ܐܢܘܢ ܡܕܝܢܬܐ ܘܡܫ̈ܝܚܐ. ܘܡܘܠܟܐ ܕܒܗܘܢ ܥܒ̈ܝܕܬܐ ܗܘܐ ܘܟܠܗ ܡܕ̈ܝܢܬܐ ܕܐ̈ܠܗܝܢ. ܘܒܢ̈ܘܗܝ ܬ̈ܠܬܐ ܕܥܡ ܥܡܘܩ ܐܬܥܠܝ. ܘܗܘܘ ܒܗ ܗܕ̈ܝܬܐ ܕܢܓܪܐ: ܠܡܕܝܐ ܗܟܝܠ ܢܦܠ ܐܘܚܕܢܐ ܕܦܠܫܬܐ ܡܢ ܬ̈ܠܬܗܝܢ: ܒܦܠܓܐ ܕܗܘ̈ܕܝܐ ܘܥܠܡܢܐ ܕܐܒܗܬܗܘܢ ܬ̈ܠܬܝܢ: ܕܒܟܠܗ ܬܫܘܪܝ ܕܡܠܟܘܬܐ܆ ܠܐ ܡܬܦܢܝܢ ܠܡܕܝܐ ܡܬܒܠܥܐ ܘܢܦܫܐ ܕܗܕܝܢ ܐܒܗܬܗܘܢ܆ ܘܠܐ ܗܕܐ ܒܠܚܘܕ ܐܠܐ ܘܐܚܪܢܝܬܐ. ܕܟܠܗܝܢ ܠܗܘܢ ܓܒ. ܠܐܣܛܪܛܓ̈ܐ ܘܡܟܠܝܐ ܒܠܚܘܕܝܗܘܢ܆ ܕܫܘܬܦܘܬܗܘܢ ܢܦܩܘܢ ܘܫܒܩܘܢ ܒܬ̈ܠܬܐ: ܘܢܗܘܘܢ ܚܪܝܒܐ. ܘܠܐ ܢܗܘܘܢ ܒܗ̇ ܡܠܟܘܬܐ ܠܬ̈ܠܬܗܝܢ ܕܡܠܟܘܬܐ ܠܗܘܢ ܡܠܟܘܬܗܘܢ. ܡܢ ܐܝܟܐ ܗ̇ܝ ܠܗܘܢ ܙܒܢܐ ܘܚܝܐ ܡܫܝܚܐ: ܕܒܝܬ ܬܫܥܝܬܐ ܘܡܠܟܘܬܐ ܕܬ̈ܠܬܐ. ܘܡܘܕܝܢܘܬܐ ܕܐܫܬܥܒܕܘܬܐ ܗܘܬ ܒܗܘܢ ܐܪܙܗܘܢ ܕܐܣܛܪܛܓܐ: ܢܫܬܥܒܕܘܢ ܒܗܘܢ ܐܪܙܐ ܕܗܘܐ ܘܐܬܐܠܘ܆

ܒܗ ܗܘܓܝܐ ܕܐ̈ܠܗܐ ܘܕܐܠܗܘܬܐ܆ ܕܡܫܝܚܝܢ ܒܫܪܪܐ ܟܠܠܐܝܬ.
35 v. ܒܗ ܟܠ ܕܠܝܬ ܠܗܘܢ ܡܫܠܛܐ ܐܢܫܘܬܐ ܠܝܬ ܚܕ * ܡܢܗܘܢ܂
ܘܡܫܬܠܛܝܢ ܫܒܚܐܝܬ ܕܚܝ̈ܐ ܒܗ ܢܦܩܬܐ ܒܝܫܐ ܫܒܝܚܬܐ܆ ܒܟܠܐ
ܒܒܝܬ ܐܬܒܪܝܘ 80 ܠܗܘܢ ܢܦܫܐ ܘܫܒܝܚܬܐ ܐܝܟ ܕܕܡ ܠܐܠܗܘܬܗ
ܕܒܪ ܚܕ ܡܢܗܘܢ ܒܟܠ ܐܬܪܝܢ. ܠܐܝܢܐ ܗܟܝܠ ܦܘܪܫܢܐ ܢܬܚܘܪ
ܘܢܫܦܘܢ ܢܒܝܐ ܒܢܦܫܬܐ ܡܫܬܪ̈ܝܬܐ. ܘܢܚܘܡ ܬܫܡܫܬܐ ܕܡܠܟܘܬܐ܂
ܡܢ ܕܐܬܪܚܩ ܒܡܐܪ̈ܘܬܐ ܘܒܡܪ̈ܘܬܐ. ܡܛܠ ܕܡܢ ܕܠܐ ܐܠܝܐ ܠܗ
ܕܢܒܝܐ. ܘܒܕܒܪܘܬ ܐܢ̈ܫܝܐ ܫܬܩܝܢ ܘܡܠܝܢ ܐܬ̈ܘܬܐ ܕܫܘܠܛܢ܀
ܢܦܫܐ ܘܡܬܚܠܐ ܕܢܓܪ̈ܐ܆ ܕܦܐܝܢ ܘܡܕܒܪܝܢ ܘܫܒܚܝܢ ܠܐ̈ܠܗܐ. ܐܝܟܐ
ܐܝܟ ܚܒܪܐ ܦܩܕܐ ܕܡܟܠ ܡܫܡܫܘܬܐ ܡܢ ܡܪܗ. ܕܢܛܠ ܡܠܟܐ
ܟܠ ܐܝܠܝܢ ܕܐܬܦܩܕ ܠܗ. ܗܘ ܡܢ ܕܐܬܥܢܝ܂ ܠܝ ܕܒܥܒܕ ܕܠܐ
ܒܡܪܢܘܬ. ܒܦܘܪܣܐ ܕܦܘܪܢܣܗ. ܗܢܐ ܡܠܟܐ ܢܫܟܚ. ܡܟܝܠ
ܕܫܘܠܛܢܐ ܗܘ ܕܕܝܢܘܬܗܘܢ ܕܬܒܥܝ ܡܫܬܪܝܐ ܒܡܫܟܚܬ ܐ̈ܠܗܐ
ܕܟܒܢ ܘܫܠܝ ܕܠܐ ܡܘܢܥܘܬ ܬܘܒ ܕܡܪܢܘܬܐ. ܢܬܒܪܐ ܘܢܦܘܩ
ܡܢ ܡܕܒܪܢܘܬܐ ܒܫܓܢܬ ܘܢܘܗܪ. ܠܢܘܓܪܐ ܕܚܝ̈ܐ ܫܪܘܬܗ ܕܡܠܟܘܬܐ.
ܡܢܐ ܕܒܫܬܘܠܝ ܕܝܢ ܡܢܗ ܕܚܝ̈ܠܐ ܕܫܒܝܚܘܬܗ ܀ ܘܠܫܢܐ ܕܝܢ ܫܬܝܩ
ܗܘܐ. ܘܐܝܟ ܠܗ ܒܫܘܒܚܐܝܬ. ܘܒܗ ܚܙܐ ܕܫܒܝܚ. ܫܡܥ ܕܢܪܫܐ
ܒܗ ܦܪܘܫܬܐ. ܒܕܪܝܫܘܬܗ ܒܗ ܐܡܪ. ܐ̈ܠܗܐ ܠܟ ܕܚܙܝܢ
ܕܒܟܐ ܫܪܝܬ ܒܚܫܒܬܗܘܢ. ܢܗܘܘܢ ܒܢ̈ܝܫܐ ܒ̈ܚܝܪ ܕܡܠܟܘܬ܂
ܘܐܬ̈ܪܝܢ ܒܪܚܝܡ ܕܐܝܠܝܢ ܕܡܢܗܘܢ ܡܬܐܡܪܝܢ. ܠܐ ܢܫܦܘܢ ܐܝܟ ܫܪܘܝܐܝܬ.
ܐܦ ܢܗܘܐ ܕܠܐ ܫܒܝܚ. ܘܠܐ ܐܝܟܢܐ ܡܠܬܐ ܚܕܐ ܡܢ ܡ̈ܠܝܢ ܟܠ
ܐܪܒܥܐ. ܡܛܠ ܐܝܟܐ ܚܣܝܪ ܕܒܝܬ ܦܠܓܘܬܐ ܦܠܓܐ ܡܬܐܡܪܝܢ܆ ܘܐܝܟܢ
ܒܫܡܝܐ ܕܡܠܟܘܬ܂ ܒܗܘ ܕܝܢ ܢܚܘܐ ܐܝܟܐ ܒܐܒܕܢܐ ܕܢܓܪ̈ܐ.
ܘܠܝܬ ܠܗ ܫܠܝ ܒܕܒܪܐ ܕܐܬܓܠܝܘܗ ܠܗܘܠܬܐ ܗܕܐ ܡܫܡܠܝܬܐ܆ ܡܢ
ܦܘܩ ܐ̈ܦܝܫܗ ܕܡܠܟܘܬ. ܐܡܪ ܠܗ ܡܫܒܚܢܘ. ܘܗܕܐ ܠܟ ܠܒܢܝܗ
ܡܪܝ ܡܠܟܐ. ܘܫܪܝ ܡܠܝܢܘܢ ܟܠܝܗ ܠܬܟܒܐ ܗܘ ܡܕܒܪܐ܆ ܕܐܬܦܪܫ
ܟܠܝܢ ܒܡܕܒܪܬ ܡܠܟܘܬܐ. ܠܐ ܓܝܪ ܒܒܝܬ ܐܫܬܪܝ ܗܘܐ ܬܘܒ
ܠܐܬܪ̈ܘܬܐ. ܘܡܢ ܚܙܐ ܢܦܫܗܘܢ. ܘܐܬܦܪܫ ܒܪܗܘܡܝ. ܘܐܫܬܪܝ

ܗܟܢܐ ܬܘܒ ܠܐܬܪܘܬܐ. ܦܫܛܗ ܕܝܢ ܕܒܝܬܐ ܐܚܪܢܐ ܕܒܒܠ. ܐܚܬܗܘܢ، ܗܟܢܐ ܗܘܐ. ܡܛܠ ܠܗ ܕܐܠܗܐ ܒܡܪܝܫܢܘܬܗܘܢ ܕܦܪܘܫܐ ܟܠ ܟܠ: ܠܐ ܫܒܩܘܢ * ܕܐܬܚܫܒ ܒܐܠܝܡ ܕܐܬܪܒܝܬ 36 r. ܟܠ ܒܝܬܐ ܕܡܫܒܚܐ ܕܢܝܪ̈ܐ. ܠܗܘܬ ܗܘܬ ܓܝܪ ܒܢܦܫ ܬܫܒܘܚܬܗܘܢ: ܕܐܦܠܐ ܒܪ ܢܬܦܢܘܢ ܗܘܘ ܥܠ ܡܦܩܬܐ ܕܐܠܗܐ ܬܬܩܒܠ ܗܘܬ. ܐܠܐ ܒܥܒ̈ܕܐ ܘܒܐܘ̈ܠܨܢܐ ܘܒܡܪ̈ܩܬܐ ܡܫܬ̈ܠܦܐ ܕܟܠ ܝܘܡ. ܫܒܝܚܐ ܗܘܬ ܠܗ ܕܐܦܢܝܬ ܐܢܘܢ ܡܢ ܒܥܠܗ ܐܘܝܢܐ ܕܡܠܟܘܬܗ: ܡܠܟܘܬ ܓܝܪ ܠܝܫܘܥ ܗܘܬ ܠܗܘܢ. ܘܓܒܐ ܗܘܬ ܒܐܒܕܢܗܘܢ: ܥܒܕܬ ܕܝܢ ܒܠܒܗܘܢ ܡܪܫܝܚܘܬܗܘܢ: ܒܪ ܓܒ ܓܠܝ̈ܢܐ ܐܢܘܢ ܡܫܬܓܪܢܐ. ܘܗܟܢܐ ܠܗܘܢ ܓܒܝܢܐ ܠܐܠܗܐ. ܕܓܒܪ ܙܘܝܢ ܒܫܡܗܘܢ ܕܗܠܝܢ ܕܗܘ̈ܝܐ. ܘܢܬܠ ܠܗܘܢ ܘܒܠܐ ܠܬܒܒܘܬܐ. ܘܢܗܘܘܢ ܢܫܡܗܘܢ ܘܢܬܦܢܘܢ ܡܢ ܓܒܝܢܘܬܗܘܢ ܘܢܬܬܓܪܘܢ ܫܡܗܘܢ: ܒܟܠ ܓܝܪ ܦܘ̈ܩܕܢ ܗܕܐ ܒܒܝܬ ܐܠܗ̈ܐ. ܕܠܐ ܐܢܫ ܢܐܟܠ ܡܢ ܐܘܝܢܐ ܬܫܡܫܬܐ ܘܒܪܘܬܗܘܢ: 80 ܘܗܘܝܢ ܕܝܢ ܓܒܘܬܐ ܠܐܠܗܐ. ܕܐܪܝܫܐ ܒܪܝܫ ܡܫܒܚܬܐ ܡܟܬܪ̈ܢܘܬܐ. ܘܫܡܫܐ ܘܡܠܟܐ ܙܘܝܢܐ ܕܗܘܒܠܐ ܘܕܒܘܝܐ. ܕܢܘܪ ܒܗܝܢ ܓܪ̈ܘܬܐ ܒܒܢܝܐ ܫܠܝܚܬܐ ܬܫܡܫܬܐ ܕܬܪܝܨܘܬ: ܘܢܬܒܥܡ ܕܠܐ ܙܘ̈ܙ. ܕܥܓܠ ܢܦܫ ܐܢܘܢ ܬܫܒܘܚ ܦܘܪܢܘܣ ܕܡܫܒܚܬܐ. ܠܐܠܝܢ ܕܟܠܐ ܒܪܝܬܗܘܢ ܡܬܪܐܬ ܐܬܬܠܬܦܘ ܡܢ ܕܬܠܬܐ ܕܡܒܪ̈ܝܢܘܬܗܘܢ: ܠܗܘܠܦܢܐ ܡܫܝܚܐ ܘܐܬܒܝܢܘ ܒܗ. ܐܠܐ ܐܝܟ ܐܢܫܐ ܢܚܝܬܐ ܕܡܦܩ ܫܦܝܪ ܒܟ̈ܬܒܗܘܢ، ܘܒܫ̈ܘܫܡܗܘܢ؛ ܕܒܪܝܬܐ. ܗܟܢܐ ܒܡܫܝܢܐ ܕܡܪܫܝܚܘܬ: ܢܦܩ ܠܐ̈ܚܝܢܐ ܢܦ̈ܫܬܐ ܕܢܬܬܠܒܘܢ ܡܢ ܡܪܒܝܬܗܘܢ: ܠܐ ܓܝܪ ܓܒܝܐ ܠܗ ܐܠܗܐ ܗܘܐ. ܕܒܕܚܘܬ ܓܢ̈ܒܠܐ ܕܡܪ̈ܕܒܬܐ ܕܐܢܫܝܢ ܙܘܓܐ ܒܬܪ ܡܘܢܒܝܢ ܘܓܒܪ̈ܐ ܡܢܗ ܠܐ ܦܫܩ. ܐܝܟ ܢܘܗܪܐ ܒܠܝܠ[1] ܡܕܒܪܢܝܢ. ܘܓܒܝܢ ܡܫܬܡܫܝܢ ܘܠܓܒܪ ܕܬܘܠܕܬܐ ܕܒܪ̈: ܒܕܒܬܐ ܕܡܬܓܠܐ ܘܡܠܟ ܐܢܫܝܢܐ 80 ܥܠ ܕܒܝܬܗ. ܗܟܢܐ ܘܐܦ ܓܒܘܬܐ ܕܠܝܒܐ ܒܬܪ ܘܒܢܐ ܕܒܪ̈: ܘܓܒܝܢܐ ܕܡܕܒܪܢܝܢ ܡܫܬܡܫܝܢ. ܐܝܟ ܢܘܗܪܐ ܕܕܠܐ ܒܕܘܟܐ ܐܢܬܘܢ.

1) Ursprünglich ܘܠܠ.

ܡܕܒܪܢܘܬܗ. ܐܝܟܢܐ ܕܝܢ ܠܐܝܠܝܢ ܕܐܝܬܝܢ ܡܕܒܪܢܘܬܐ ܒܬܪܗܘܢ̈ ܕܢܫܡܠܘܢ ܒܗܝܢ ܒܝܕ̈ܥܬܐ. ܘܢܬܝܪܘܢ ܐܟܘܬܗ. ܘܡܫܡܠܝܘܬ ܪܘܚܐ ܕܡܫܡܠܝܘܬܗܘܢ ܢܩܢܘܢ ܐܝܟ. ܘܠܐ ܢܬܪܦܘܢ ܐܝܟ. ܠܐܡܬܝ ܐܦ ܗܝܡܢܐ ܚܟܝܡܐ ܐܡܪܬ, ܕܡܬܝܣܪܐ ܡܕܒܪܢܘܬܐ: ܡܢ ܚܙܝܐ 36 v. ܕܡܕܒܪܢܘܬܗ * ܕܗܘ ܕܡܢ ܡܕܡܝܘܗܝ: ܘܡܫܬܪܪܐ ܪܒܘܬܐ ܕܡܛܠܬܗ. ܠܐ ܡܛܠ ܕܐܬܬܣܝܪܬ, ܫܕܪܐ ܠܗ ܠܐܒܘܢ̈ ܐܠܐ ܢܝܚ. ܕܠܗ ܘܡܬܠܬܗ ܠܗ. ܘܒܫܠ ܒܗ ܘܡܫܝܚ ܠܗ. ܘܡܪܒܐ ܘܡܫܪܪ ܠܗ. ܕܒܟܠ ܦܘܪ̈ܣܝܢ ܬܐܘܣܕ ܪܘܦܠܗ ܡܕܒܪܢܐ ܕܥܠܡܐ ܗܘܬ. ܗܟܢܐ ܐܦ ܠܝ ܘܗܘ ܕܢܦܪ ܪܘܚܝ ܒܢ ܗܠܝܢ ܕܩܕܡ. ܕܢܫܡܠܘܢ ܢܣܒܘܢ ܘܢܬܦܣܘܢ ܡܢ ܠܒܝܫܘܬܗܘܢ̈: ܘܢܬܬܓܪܘܢ ܫܘܦܪܗܘܢ: ܐܝܟ ܕܐܝܬ ܒܗ ܒܪܚܡܬܐ ܕܠܒܝܫܘܬܗܘܢ ܡܫܡܠܝܢ. ܐܝܟ ܠܐ ܐܬܝܨܦ ܡܕܡܘܢ ܒܡܫܡܠܝܘܬܗܘܢ̈ ܘܡܫܡܠܝܢ ܒܚܘܒܗܘܢ: ܕܗܘܝܘܢ ܘܙܕܩ ܒܠܝܫܘܢ ܐܒܕܢܐ. ܘܐܝܟܢܐ ܘܡܫܠܡܘܬܐ ܡܫܡܠܐ ܐܝܟܐ ܡܢ ܕܗܘܝܘܢ: ܡܕܡ ܗܟܝܠ ܕܐܬܬܥܠ ܠܝ ܬܬܡܠܠ ܒܗܢ: ܒܬܘܕܝܐ ܒܩܘܫܐ ܕܐܠܗܘܬܐ. ܗܐ ܐܕܫܝܢܘܗܝ, ܠܗܝܢ ܒܠ ܐܝܟ ܡܢ ܗܠܝܢ ܠܐܝܟܬ. ܒܦܪܘܫܘܬܐ ܗܕܐ ܕܐܬܬܥܕܪܬ ܡܢܗܝܢ ܠܟܠ ܐܝܬܝܗܝ ܕܠܐ ܥܠܝܟ ܠܗܘܢ ܠܦܪܘܫܘܬܐ: ܡܢ ܗܝܐ ܕܢܬܒܪܘܢ ܒܚܘܫܒܐ ܒܝܫ ܡܢ ܦܘܪ̈ܣܝܢ. ܘܒܬ̈ܪܗܘܢ ܢܬܬܝܢܘܢ ܘܢܦܠ ܒܠܝܢ ܠܒܝܬ ܕܡܫܡܠܝܢܘܬ: ܒܗ ܢܗܘܐ ܠܝ ܘܒܝܐ ܕܢܕܥܐ ܐܪܝܐ ܡܢ ܠܒܝܫܘܬܗܘܢ: ܘܢܩܒܠ ܢܒܥܐ ܐܝܟ ܒܗܬ ܗܘ ܕܝܘܬܐ ܠܐܠܗܐ: ܐܝܟ ܡܢܐ ܕܐܬܝܩܝܢ ܗܘ, ܐܦ ܡܢ ܡܕܡ. ܘܠܗܘܢ ܢܬܝܗܒ ܠܗܘܢ ܪܒܢܐ ܠܬܘܒܬܐ. ܕܠܟܠܐ ܢܬܗܕܪܘܢ ܢܦܫܗܘܢ ܘܢܬܬܓܪܘܢ ܫܘܦܪܗܘܢ: ܒܕܠܐ ܡܬܒܝܢܐ ܡܫܡܠܝܘܬ: ܒܡܫܡܠܝܘܬ ܪܘܚ ܒܪ ܕܒܠܝܗܘܢ. ܡܪܢܫܝܢܘܬ ܡܬܒܪܐ ܒܠܝܢ ܐܘܢܝܐ ܕܫܘܠܛܢ. ܘܡܬܬܠܝܨܐ ܒܟܠ ܬܫܡܫܝܢ. ܗܘܝܘ ܦܪܘܫܝܢ ܕܬܘܒܐ ܕܐܬܝܢ ܕܐܬܦܪܫ ܒܠܝܢ. ܒܠܝܢ ܡܬܒܪ̈ܝܬܐ ܕܫܘܠܛܢ ܕܦܪܘܫܐ: ܘܡܬܕܒܪܢܘܬܐ 80 ܕܐܠܗܐ: ܘܒܥܠܝܗ ܥܒܝܪܐ ܕܪܘܚ ܠܡܢܝܢܐ ܠܒܢܝܢܫܐ ܡܫܡܫܢܐ. ܘܒܪ ܠܒ ܗܟܢܐ ܬܒܥܐ ܗܘܐ ܒܡܫܡܫ ܕܪܘܚܝܢ ܡܢ ܩܕܝܫܗ. ܒܗܢ ܕܐܠܗܐ ܒܟܠ ܐܬܪ. ܐܝܟ ܗܘܐ ܘܪܕܐ ܘܡܫܝܚ. ܘܝܠܦ ܘܒܝܢ.

ܘܕܚܠ ܘܡܬܓܪܓ. ܠܐ ܕܝܢ ܚܕ ܗܘܐ ܠܗܘܢ ܕܢܕܘܫ ܒܟܠ ܐܬܪ̈ܝܢ. ܕܠܐ ܒܚܝܕܐ ܕܠܓܢܣܐ ܡܬܬܢܝܚܐ ܕܡܫܝܚ ܠܕܝ̈ܢܐ ܡܢ ܡ̈ܠܟܐ. ܡܬܕܢܚܝܢ ܗܘܝܢ ܒܢܝܬ ܕ̈ܢܘܦܐ. ܐܝܬ ܓܝܪ ܐܬܪ̈ܝ. ܕܠܐ ܦܘܪܥܢܐ ܕܕܝܢܐ
37 r. ܠܡܬܕܢܝܢ ܗܘܘ ܡܢ ܪ̈ܓܠܬܗܘܢ ܘܕܠܐ ܙ̈ܘܥܐ. * ܚ̈ܟܡܐ ܘܐܠܗ̈ܝܐ ܡܫܡܠܝܢ ܒ̈ܢܝܗܘܢ، ܕܐܠܗܐ. ܘܡܫ̈ܝܚܘܬܐ ܡܥ̈ܠܝܬܐ ܡܥܒܪܝܢ ܗܘܘ ܗܕ̈ܝܘܬܗܘܢ ܘܒܗܝܢ ܒܡܫܝܚܘܬܗܘܢ ܫܠܝܛܝܢ ܗܘܘ ܫܘܠܛܢܐ ܕܫܡ̈ܝܗܘܢ ܕܐܝܟ ܗܢܐ ܬܘܒ ܐܦ ܒܐܬܪ̈ܘܬܐ ܣܓ̈ܝܐܐ. ܡ̈ܠܟܐ ܪܚܡܝܢ ܗܘܘ ܠܟ̈ܠܗܘܢ. ܘܒܢܝܬ ܥܡ̈ܡܐ. ܐܝܟ ܡ̈ܠܟܐ ܕܝܗܘܕܐ ܒܐܬܪ̈ܘܬܐ ܡܬܓܪ̈ܝܢ ܗܘܘ. ܘܗܟܢܐ ܥܒܕ ܗܘܐ ܐܢܛܝܘܟܘܣ ܡܠܟܐ. ܘܐܚܪ̈ܢܐ ܬܘܒ ܐܝܟ ܕܠܡ̈ܠܟܐ. ܒܫܘܦܪܐ ܡܬܠܒܫܝܢ ܗܘܘ ܠܗܘܢ. ܕܠܐ ܦܘܪܥܢܐ ܕܡ̈ܠܟܐ ܘܕܠܐ ܡܫܥܒܕܘܬܐ ܕܕܝܢܐ. ܘܠܝܬ ܗܘܐ ܡܢܗܐ ܠܐܠܗ̈ܝܢܘܗܝ. ܒܕܠܝܬ ܗܘܐ ܬܘܒܥܐ ܠܡܘܬܗܘܢ. ܘܬܘܒ ܒܐܬܪ̈ܘܬܐ ܣܓ̈ܝܐܐ. ܐܝܟ ܕܠܡܢܫܐ ܒܢܝ̈ܢܫܐ ܩ̈ܛܠܝܐ ܘܟܐܒ̈ܐ. ܡܬܕܠܝܢ ܗܘܘ ܗܕ̈ܝܘܬܗܘܢ ܘܡܥܪܝܢ ܗܘܘ ܢܣܒ ܫܘܠܛܢܐ. ܠܐܚܪ̈ܢܐ ܕܝܢ ܒܡܕ̈ܝܢܬܐ ܢܓܕܝܢ ܗܘܘ ܠܗܘܢ ܘܡܫܬܒܚܝܢ ܕܪ̈ܚܡܘܗܝ ܠܐܪܥܐ. ܘܦܠܚܝܢ ܡܢ ܠܚܡܐ. ܒܡ ܥܒܪܐ ܕܡ̈ܫܘܚܬܐ ܦܪ̈ܝܫܬܐ ܕܐܬܝܢ ܠܗܝܢ. ܕܒܗܘܢ ܐܬܟܠܠ ܒ̈ܢܝܗܘܢ، ܕܐܠܗܐ. ܕܠܐ ܐܝܟܢܐ ܗܘ ܗܟܢܐ ܕܚܠܬܐ ܐܠܗܘܬܗ ܕܚܕ ܚܕ ܡܢܗܘܢ؛ ܕܠܟ̈ܢܫܐ ܦܘܪ̈ܫܐ ܪܥܝܢ ܗܘܐ ܒܕܝܢܗܘܢ ܘܡܬܒܥ ܠܢܡܘܣܗܘܢ؛ ܘܣܩܗ ܕܐܝܟܢܘܬܗܘܢ ܘܦܘܠܚܢܐ ܕܡܫܬܥܒܕܢܘܬܗܘܢ؛ ܘܕܪܐ ܬܚܘܡܐ ܕܫܠܝܛܘܬܗܘܢ؛ ܕܐܪ̈ܥܬܐ ܕܐܚܪ̈ܢܝܬܐ ܘܡܕܝ̈ܢܬܐ: ܕܐܠܗܐ ܘܐܦ ܒ̈ܢܝܢܐ ܕܪ̈ܘܦܫܗܘܢ؛ ܘܦܪܫܘ ܒܠܠܐ ܕܒܝܬܗܘܢ.. ܗܘ ܕܝܢ ܗܢܐ ܡܫܝܚܐ. ܡܢ ܟܠܗ ܕܐܬܦܪܣ ܟܠܝܢ ܒܬܪܒܝܬܗ ܒܒܠܗܝܢ ܡܕ̈ܝܢܬܐ ܕܫܘܠܛܢܗ. ܗܘ ܓܪܡܗ، ܕܢܣܒܬ ܗܘܐ ܠܐܬܪ̈ܘܬܐ ܕܡܕܢܚܐ: ܕܒܒܠ ܩܪܒܐ ܒܡ ܡ̈ܠܟܘܢ ܕܦܪܣ. ܡܢܗ ܓܝܪ ܡܫܬܪܝܒ ܗܘܐ ܠܗ. ܕܢܣܒܬ ܗܘܐ ܐܒܕܢܗ ܒܐܪܥܐ ܕܟܠܕܝܐ. ܒܒܒܠ ܕܝܢ ܒܐܬܪܐ ܠܡܬܒܪܘܬܗ، ܘܢܓܕܐ ܠܡܬܪ̈ܣܝܢܘܗܝ ܫܒ̈ܥܐ ܫܢܝ̈ܢ. ܘܢܫܒ ܘܡܪܥ ܘܡܝܬ. ܕܐܝܟ ܠܗ ܡܫܠܡ ܒܡܪ̈ܘܗܝ، ܘܡܬܒܥܝܢ ܒܠ ܒܬܠܡܝܕܘܗܝ. ܘܐܬܐܡܪ ܠܗ ܡܢ ܕܒܪ̈ܘܗܝ. ܕܠܝܬ ܠܗ ܠܡܠܟܐ ܒܡܪܟܐ. ܐܠܐ ܢܝܫ ܚܕܐ ܡܠܟܘܬܐ ܒܠ ܒܘܪܟܐ

ܕܡܦܠܦܠܢܘܬܗ ܘܟܡܪ ܠܗ ܡܢܗ ܠܦܘܬܗܘܢ ܕܝܪ̈ܝܐ. ܕܒܕܚܝܠ ܗܪܟܢ ܦ̈ܪܚܝܐ ܡܫܡܠܝܐ ܕܐܫܠܡܘ ܠܗܘܢ ܠܗ ܬ̈ܠܡܝܕܐ ܕܥܡ ܡܕܡܝܗ̇. ܘܫܪܒܬ ܦ̈ܪܚܝܐ ܕܫܡܥܘܬܐ ܕܐܬܬܚܝܡ ܒܝܘ̈ܡ ܬ̈ܠܡܝܕܐ ܫ̈ܦܝܐ ܘܪ̈ܫܝܢܐ: ܘܡܚܝܗ̇ ܠܗ ܠܡܕܒܪܢܘܬܐ ܡܢ ܦܠܚܘܬܗ̇. ܘܢܨܒ ܘܢܟܒܕ ܒܗ̇ ܒܝܬ * 37 v. ܡܕܡܕܪܐ ܠܬܠܡܝܕ̈ܘܗܝ. ܘܫܡܥ ܒܗ̇ ܥܒܝܕܘܬܐ ܠܒܠܒܘܒ ܪܓܫܐ ܕܕܘ̈ܝܐ: ܒܡ ܗܝ̈ܡܢܘܬܐ ܕܐܬܐܡܪ ܠܗ ܒܡ̈ܪܟܒܐ ܕܒܢܘ̈ܗܝ. ܘܒܗ ܗܠܝܢ ܠܗ ܢܒܒ ܢܬܒܥ ܒܠ ܒܠܒ̈ܒܘܗܝ. ܘܢܓܠܐ ܒܡ̈ܬܒܘܗܝ. ܘܢܨܒܐ ܠܗ ܥܡܐ ܘܢܓܠܐ ܕܠܒܠܡ. ܘܠܐ ܡܪܟ ܗܘܐ ܥܒܝܐ: ܕܡܓܠܐ ܒܠܘܗܝ ܟܓܝܢ ܗܘܐ. ܕܒܕ ܥܠܠ ܘܠܬܠܗ̇. ܕܗܘܐ: ܕܒܝܫ ܕܒܐܝܠܘܬܐ ܓܠܐ ܗܘܐ ܠܗ ܒܩܪܒ. ܘܫܪܒܗ ܕܡܪܐ ܠܦܠܚܐ ܠܗ ܘ..ܘ ܗܘ ܕܝܢ ܗܢܐ ܡܫܝܒܐ ܘܪܥܝܢܐ ܒܡܪܢܗ ܕܫܠܝܛ. ܐܓܠܠ ܗܘܐ ܪܚܝܡ ܒܬܪ ܦܠܚܘܬܐ ܕܥ̈ܪܕܐ. ܘܐܬܠܝܕ ܠܥܒܝܕܘܬܗܘܢ ܘܐܬܕܒܪ ܠܓܒܝܗܘܢ: ܗܟܢܐ ܕܐܦܠܐ ܓܒܘܬܐ ܫܪܐ ܕܒܘܪܬܐ ܦܒܪ ܗܘܐ: ܒܠܒܕ ܡܢ ܡܦܣܢܘܬܐ ܕܥܪ̈ܕܐ ܘܪܡ̈ܓܪܐ. ܕܐܦ ܒܗ̇ ܢܟܘܕ ܒܠ ܢܦܫܗ ܒܝܢ ܒܓܠܠܐ. ܕܠܘ ܗܘ ܥܒܝܕܐ ܡܕܒܪ ܗܘܐ ܡܠܟܘܬܐ. ܐܠܐ ܥܐܕ̈ܪܐ ܘܕܘ̈ܝܐ. ܒܡܕܒܪܢܘܬܐ ܕܦܠܚܘܬܗ ܡܕܒܪܝܢ ܗܘܘ ܐܝܟ ܓܒܝܗܘܢ.. ܦܪܘܫܐ ܕܝܢ ܠܓܒܐ ܡܢ ܒܬܪ ܕܐܬܐܡܪ ܠܗ ܗܠܝܢ ܡܢ ܒܬܫܡܫܬܗ. ܗܟܢ ܗܘܐ ܟ̈ܦܝܗ ܒܠ ܡܫܬܘܬܐ. ܘܗܪܡܒ ܬܘܒ ܒܗܘܢܝܗ ܒܠ ܡܟܣܠܢܗ. ܘܥܪܐ ܠܦܪ̈ܟܢܐ ܕܪܗܘܡܐ. ܥܠܬ̈ܠܬܗ ܘܩܡ̈ܝܬܗ ܕܒܕܢܘܬܐ. ܕܡܢܒܝܢܗ ܐܬܗܘܢ ܗܘܘ ܗܘܐ ܒܠܫܢܐ ܒܡ ܡܫܬܡܥܢܐ ܡܪ̈ܝܗ. ܘܒܪ ܐܢܘܢ ܠܗܘܢ ܠܗܠܝܢ ܒܝܘܡܗ ܘܠܗܘܢ. ܘܟܚܕܘ ܗܘܐ ܠܗܘܢ ܒܠ ܡܕܢܐ ܕܒܡܬ̈ܪܘܗܝ. ܘܡܢܗܘܢ ܗܘܐ ܠܗܘܢ ܒܠ ܫܘܪܬ ܡܫܡܫܢܘܬܗܘܢ ܕܒܦܬܒܪܐ. ܘܡܢ ܒܬܪ ܕܪܒܐ ܐܢܘܢ ܒܦܓܠܐܬܐ. ܗܦܟ ܐܘܕܥܡ. ܘܒܫ̈ܒܠܬܐ ܒܗ ܐܢܘܢ ܒܕ ܐܡ̈ܪܢ. ܕܠܒܥܐ ܬܬܦܠܓ ܠܒܗܘܢ ܒܠ ܡܬܒܢܝܢܘܬܗܘܢ: ܕܫܡܥ ܐܢܐ ܠܗ ܕܒܠܗܒܝܢ ܒܒܕܢܘܬܗܘܢ ܗܕܐ. ܗܢܘ ܕܝܢ ܠܗ ܒܡܒܕܢܘܬܗ ܕܐܘܣܒܝܣ ܪܥܝܐ. ܪܝܫ ܕܫܠܝܛܐ ܕܝܪ̈ܝܐ. ܘܕܫܢܬ ܕܢܘܣܐ ܠܗܘܢ ܬܘܬ ܢܦܫܐ ܒܐܝܠܝܢ ܕܡܒܪܬܗܘܢ. ܦܪܘܫ ܘܐܒܪܬ

ܗܘܦܟܗܘܢ. ܘܡܚܕܐ ܠܐ ܫܪܝܬܗܘܢ ܡܢ ܐܝܩܪܗܘܢ܇ ܐܘ ܐܚܪܝܬܗܘܢ ܡܢ ܡܕܒܪܢܘܬܗܘܢ܇ ܘܐܬܒܨܪܬ ܥܡܘܬ ܒܗ ܗܕܐ. ܒܪܡ ܕܝܢ ܡܢ ܗܕܐ. ܠܘܬ ܡܪܝܡܘܬܐ ܘܫܘܒܚܐ ܐܘ ܢܬܐ: ܠܟܢ ܕܡܕܒܪܢܘ * ܘܐܬܐ ܦܘܪܩܢܐ ܕܡܠܟܘܬ: ܗܐ ܡܫܡܫܢ ܐܢܐ ܠܟܘܢ܇ 38 r. ܐܝܟ ܕܡܫܡܫܝܢ ܠܒܢܝܐ ܠܒܪ ܦܢܝܗ. ܒܗ ܓܝܪ ܒܚܕ ܐܢܬܘܢ ܘܥܠܝܟ ܐܢܐ ܒܠܚܘܕ܇ ܕܐܢ ܠܟ ܡܒܥܝܢ ܐܢܬܘܢ ܕܡܫܬܘܕܥܐ ܙܒܢܝܗܘܢ: ܡܢ ܬܠܬܝܢ ܕܥܒܕܐ ܕܥܢܝܘܬܐ ܡܫܡܫܢܘܬܐ ܕܟܘܪܣܝܐ. ܥܒܪ ܠܟ ܐܝܬܝܟ ܐܢܬܘܢ ܡܕܒܪܢܘܬܗ ܕܡܕܝܢܬܐ. ܘܠܟ ܡܢܐ ܐܢܐ. ܐܢ ܕܝܢ ܒܗ ܒܪܝܟܐ ܕܡܠܟܘܬܟܘܢ ܐܢܬܘܢ. ܠܝ ܒܥܠܐ ܠܐ ܬܬܪܘܢ܇ ܐܬܥܠܝܘ ܡܕܒܪܢܘܬܐ ܘܫܘܒܚܐ ܕܡܕܝܢܬܐ ܠܥܠܡ ܕܥܠܡܝܢ ܠܝܘܡܢܐ ܕܡܠܟܘܬ܇ ܘܐܢܬܘܢ ܐܝܟ ܐܒܗܐ ܕܗܘܝܬܘܢ ܐܚܪܢܐ. ܘܐܬܟܫܪܘ ܒܥܒܕܝܟܘܢ ܫܠܝܛܢܐ ܕܡܢ: ܘܠܐ ܒܥܠܡܐ ܠܬܪܝܢ܇ ܘܡܫܠܛܝܢ ܥܠ ܚܝܪܘܬܗܘܢ ܐܢܬܘܢ. ܗܘ ܕܝܢ ܦܪܘܫܐ ܚܪܡܐ. ܐܝܟ ܡܫܡܫܐ ܠܗܘܢ ܐܡܪܗ ܠܗܕܐ. ܐܚܪܢܐ ܕܡܢܝܗܘܢ ܢܐܠܦ ܡܢܗ ܟܝܢܗܘܢ܇ ܗܘܢ ܕܝܢ ܡܫܡܫܢܐ ܘܥܒܕܐ. ܐܫܬܕܪܘܗܝ ܗܘܘ ܠܥܠܡܘܬܗ. ܘܠܐ ܐܬܝܢܘ ܟܡܫܡܫܢܘܬܗܘܢ܇. ܐܘ ܐܬܪܘܢ ܡܢ ܫܪܪܗܘܢ. ܐܠܐ ܒܢܝܚܘܬܐ ܡܫܠܛܬܐ ܐܘܕܝܘ ܥܠ ܢܦܫܗܘܢ ܕܬܫܡܫܬܐ ܐܝܟ܇ ܘܐܬܟܫܦܘ ܗܘܝܘ ܠܗ ܠܒܬܐ ܕܫܘܒܚܐ ܕܡܕܝܢܬܗܘܢ ܒܗ ܐܡܪܝܢ. ܘܥܠ ܠܒܬܐ ܘܫܘܒܚܐ ܕܡܕܝܢܬܟ. ܟܬܐܠܝܢ ܗܘܘ ܒܪ ܡܢ ܫܘܠܛܢܐ ܕܥܠܡܐ ܗܢܐ. ܦܫܘܘ ܗܘܘ ܒܪ ܟܢܫܗܘܢ ܠܡܚܕܐ ܒܟܠ ܫܒܝܠ ܕܡܢܗܘܢ܇ ܐܬܚܙܝܬ ܕܝܢ ܦܪܘܫܐ ܘܦܠܓ ܒܠܝܗܘܢ܇ ܘܒܢܝܐ ܐܢܘܢ ܡܫܐܠܬ ܒܗ ܐܚܪܢ. ܐܘ ܠܟ ܦܠܓܐ ܘܡܫܝܚܐ ܩܕܡ ܫܘܝܘܢ. ܡܢܐ ܠܟ ܫܘܒܚܐ ܐܝܬ ܠܝ ܠܡܒܥܐ ܒܐܝܪܘܗܝ܇ ܕܒܠܝܗܘܢ ܢܟܣܐ ܕܡܢܝܢ ܐܢܬܘܢ ܡܢ ܥܠܡܐ ܗܘ ܕܡܠܟܘܬܐ ܢܦܩܝܢ ܘܒܝܬܝܢ: ܘܚܒܪܬܗܘܢ ܘܦܬܪܬܗܘܢ ܘܡܪܕܝܬܗܘܢ ܥܠ ܬܠܡܝܕܘ܇ ܐܢܐ ܡܢ ܗܫܐ ܐܡܪ ܐܢܐ. ܘܐܬܟܢ ܡܢܗܘܢ ܕܢܝܫܬܐ ܕܡܕܝܢܬܗܘܢ. ܘܐܬܚܫܒ ܡܢܗܘܢ ܒܟܢܘܫܬܐ. ܕܟܢܐ ܫܘܒܚܐ ܕܐܡܪܝܢܗ ܕܐܠܗܘܬܐ ܕܐܬܝܗܒܬܘܢ ܕܠܐ ܗܟܘܠ. ܒܪܡ

ܕܝܢ ܫܢ̈ܝܢ ܡܢܗܘܢ. ܡܢܝܢܐ ܕܫܢܝܐ ܗܘܐ ܗܘܬ ܠܗܘܢ ܡܠܟܘܬܗܘܢ ܕܐܫܬܐܠܘܬ̈ܗܘܢ ܡܢ ܫܘܠܛܢܝܢ. ܟܕ ܕܫܡܥܬ ܩܘܪ̈ܝܫܝܗܘܢ ܘܐܫܬܒܩܬ ܫܠܡܬܗܘܢ. ܘܠܐ ܢܥܒܕ ܡܢܗܘܢ ܫܘܠܛܢܗܘܢ. ܐܦ ܠܐ ܒܪܝܬ ܐܢܫܝܗܘܢ. ܐܝܬܝܗܘܢ ܕܝܢ ܒܡܫܪܝܘܬܗܘܢ ܦܠܚܘܬܗܘܢ ܦܪܘܣܬ ܘܐܬܟܢܫ ܐܢܫܝ ܒܟܢܫܗܘܢ * 38 v. ܘܐܫܬܐܠܘܗܝ ܡܢ ܫܘܠܛܢܐ. ܡܛܠ ܠܐ ܢܬܟܝܪ ܡܢܟܘܢ ܡܢ ܕܡ ܡܢ ܡܢܐ ܕܐܫܬܐܠܘܢ: ܘܐܫܬܟܚ ܫܘܠ ܡܢܗܘܢ ܐܘܟܠܣܝܗܘܢ. ܘܐܡܪ ܒܗܘܢ ܦܘܠܐ ܘܩܡ ܥܠܝܗ ܐܫܬܘܕܝܘܗܝ. ܘܫܕܪ ܐܢܘܢ ܠܟܘܬ ܐܣܝܪܐ ܕܝܢ ܕܢܫܬܟܚܘܢ ܗܘܘ ܡܢ ܩܕܡ. ܘܐܡܪ ܡܢܗܘܢ ܕܢܗܘܘܢ ܘܐܣܝܪܝܢ ܘܥܠ ܕܢܦܩܘ ܗܘܘ. ܘܫܕܪ ܐܢܘܢ ܠܡܣܝܪܢܐ ܡܢ ܕܢܫܬܟܚܘܢ ܟܕ ܗܘܐ ܠܗ ܘܟܠܐ ܕܢܫܬܕܪ ܐܢܘܢ ܘܐܡܪ ܢܫܬܡܥܘܢ ܡܕܝܢܬܐ ܐܣܝܪܐ ܠܡܕܝܢܬܐ. ܘܐܝܟ ܕܒܐܬܪܘܗܝ ܡܕܝܢܬܐ. ܘܐܡܪ ܠܗܘܢ ܢܦܩܐ ܠܐܣܘܦܝܣܘܣ ܡܢܗܘܢ ܗܘܘ ܐܦ ܐܢܫܝܗ. ܥܠ ܡܫܘܠܡܝܢ. ܘܐܡܪ ܢܦܩܬܐ ܒܫܠܡܘܬܗ. ܘܟܐܢܫ ܐܒ ܕܥܒܪܬ ܫܬܡܥܐ ܘܫܡܥܝܢ ܘܫܠܡܬ ܒܡܫܝܚܐ ܕܢܦܩܐ: ܒܫܪ ܒܗ ܟܪܝܣܛܝܢܐ. ܒܗܢ ܫܘܠܛܢܐ ܡܢ ܕܢܣܒܐ. ܒܬܘܫܒܚܐ ܕܫܠܡܘܬܗ ܘܥܡܘܪܐ ܕܡܕܝܢܬܗ. ܘܡܪܝ ܗܘܐ ܥܒܕ ܡܫܝܚܐ ܘܬܪܐ ܡܠܠܐܝܬ. ܬܪ̈ܬܝܢ ܥܒܕ ܡܠܟܝܢ ܗܘܘ ܒܗ ܒܥܕܬܐ. ܕܡܫܬܘܕܝܢ ܗܘܘ ܠܗ ܒܡܫܬܥܝܢܘܬܗܘܢ ܐܝܟ ܕܬܘܕܝܬ ܘܫܡܥܢ 80 ܡܢܗ ܥܒ. ܡܫܬܠܡ ܗܘܘ ܠܗ ܥܒܕ. ܕܡܢ ܫܡܥܐ ܠܗ ܘܠܘܬ ܐܢܬ ܠܗ ܠܗ ܕܢܐܡܪ ܡܕܝܢܬܐ. ܕܚܠܬܐ ܡܠܟܘܬܐ ܕܐܪܥܐ. ܐܝܟܢܐ ܕܗܘ ܠܗ ܠܒܢܝܢܗܘܢ. ܢܗܘܐ ܡܬܥܒܕ 80 ܥܠ ܟܠܗ ܬܒܝܠ. ܗܘ ܕܝܢ ܠܗ ܡܢܐ ܕܢܣܒ ܘܫܠܡ ܕܟܘܠܬܐ ܒܦܪܣ. ܘܥܒܕ ܬܒܐ ܕܟܠܗ ܢܦܪܘܣ. ܠܗܢܐ ܦܘܪܣܐ ܡܢܗܘܢ ܗܘܐ ܥܒܕܐ. ܘܡܪܝ ܗܘܐ ܐܢܫܝܢ ܒܦܘܡܐ. ܘܡܕܝܢܬܐ ܡܠܠܬܐ ܒܗܘ ܘܟܠܐ ܘܥܒܕܐ. ܡܛܠ 80 ܘܡܥܒܕܐ ܠܐܠܟܣܢܕܪܘܣ ܐܬܪܐ. ܘܡܢ ܬܡܢ ܫܕܪ ܗܘܐ ܒܬܫܒܘܚܬܗ ܠܦܘܠܦܘܣ ܟܐܢܫ ܘܫܠܡܘ ܥܠܡܐ. ܥܠ ܗܘܐ ܕܝܢ ܒܬܟܒܗ ܕܢܦܩܬܐ ܥܠ ܫܡܗ ܕܦܘܠܦܘܣ. ܐܝܟ ܕܡܬܠܝ ܫܡܗ ܢܗܝܪܐ ܕܫܡܥܘ ܠܗ ܕܒܬܪ ܦܘܠܦܘܣ ... ܘܫܡܥܘ ܕܝܢ ܕܒܬܪܗ ܕܫܒܝܢܐ ܐܢܬܘܢ ܗܘܐ ܡܢܐ. ܘܫܠܡܘ ܠܦܘܠܘܣ ܘܫܠܡ

ܒܐܣܟܡܐ ܦܘܪܦܝܪ ܠܡܠܟ ܕܠܗ ܥܠܡ. ܘܡܠܠ ܕܒܬܘܠܬܐ ܠܗ ܒܪܘܚܢܘܬܗܘܢ ܢܒܥܘܢ ܠܗ ܥܒܕܐ ܠܡܠܟܐ. ܐܪܥܐ ܐܦ 39r. * ܒܚܣܝܢ ܕܝܠܗ. ܕܡܣܒܪ ܐܬܪܘܬܐ ܕܐܘܪܫܠܡ. ܐܝܟ ܕܢܬܪܨ ܐܘܢ. ܘܡܣܟܢܝܢ ܐܘܢ ܟܠ ܡܣܒܪܢܘܬܐ ܫܠܝܚܝܬܐ ܕܒܬܘܠܬܐ. ܘܢܫܡܠ ܢܒܝܘܬܗܘܢ ܚܘܪܐ ܕܦܠܣܘܬܐ ܕܐܒܠܘܗܝ ܠܗܘܢ. ܬܠܡܝܕܐ ܕܗܢ ܘܡܚܝܢ. ܘܢܫܪܬ ܠܗܘܢ ܚܘܪܐ ܘܫܘܟܢܐ ܒܓܘܪܐ ܘܬܪܝܢܐ. ܕܐܬܬܣܝܡܘ ܒܡܫܡ ܬܠܡܝܕܐ ܬܘܒܐ ܘܬܘܩܦܐ: ܘܗܠܝܢ ܕܒܝܬ ܕܦܝܠܘܣܘܦܘ ܘܡܣܟܢܘܬܢ. ܐܢܫܐ ܕܫܢܐ ܘܬܪܝܢܐ: ܕܐܦ ܒܥܒܕܐ ܠܗܕܐ ܒܬܘܠܬܐ ܒܐܘܪܚܢܘܬܗܘܢ ܘܬܪܝܢܘܬܗܘܢ. ܒܐܘܪܚܐ ܕܠܗ ܕܡܬܠܡܕܘܬܐ: ܒܗ ܕܢܬܦܪܫ ܒܡܕܒܪܐ ܦܠܚܐ. ܘܡܬܚܫܒ ܠܟ ܥܡ: ܒܡܦܪ ܘܡܥܒܕܘܬܐ ܕܒܬܘܠܬܐ. ܠܡܕܒܪܢܘܬܐ ܗܟܝܠ ܕܗܕܐ ܘܡܫܡܫܢܘܬܐ: ܬܪܝܨܘܬܐ ܦܠܚܬܐ ܘܫܘܦܪܗ ܬܠܡܝܕܐ: ܗܘ ܐܢܫܐ ܕܐܝܬܘܗܝ, ܡܬܕܡܝܢ ܡܥܒܕܐ: ܘܦܪܘܫܘܬܐ ܕܡܫܪܐ 80 ܒܗ ܒܡܠܟܐ. ܘܕܡܬܚܢܢܐ ܢܬܟܢ 80 ܕܒܠ ܦܪܘܫܐ ܫܒܝܚܐ ܟܠܗ ܒܗܠܝܢ ܐܦܝܐ ܕܡܫܒܚܐ: ܗܘ ܕܬܐܫܝܗ ܕܡܬܕܒܪܢܘܬܐ ܘܡܟܐܢܘܬܐ ܘܟܪܝܗܘܬܗ ܕܘܠܝܐ: ܗܘ ܒܠ ܥܒܕܗ ܥܒܕܗ ܕܡܬܕܒܪܢܘܬܐ ܐܝܟ ܕܒܪܐ ܕܢܪ. ܘܢܠܘܗ ܘܟܝܐ ܘܫܠܠ. ܘܟܕ ܠܐ ܐܝܬ ܗܘܐ ܠܗ ܟܬܒܐ ܕܢܥܒܕ ܥܠ ܐܘܪܚܗ ܒܗ ܡܟܐܬ. ܐܝܟ ܒܬܘܬܐ ܕܠܗ ܢܬܝܐ ܠܡܠܟܘܬܗ. ܠܦܘܪܩܢܗ ܬܠܡܝܕܐ ܕܪܘܡܢܐ. ܘ ... ܕܗܘ ܘܟܝܐ ܐܬܬܘ .... ܐܘܚܕܢܗ ܕܟܝܢܘܗ. ... ܐܘܚܕܢܐ ܕܪܘܡܢ[ܝܐ] ܒܥܒܕܐ ܠܡܫܒܚܐ. ܒ ... ܫܒܚܐ ܕܫܪܪܐ ܕ ... ܠܗ ܬܠܡܝܕܐ ܕܟܪ ... ܢܦܫ ܐܝܟ ܠܗ ܠܡܕܝ .... ܘܠܐ ܒܥܒܕܐ ܫ .... ܕܐܝܠܝܢ ܕܐܬܕܟܪܘ .... ܫܒܚܘܪܐ ܠܢ ... ܘܡܫܡܫ ܫܒܚܘܢ .... ܡܕܒܪܢܘܬܐ ܕܠܐ ܒܗܠܘ ܟܠܗ ܘܟܐܢܘܬܗ. ܘܟܕ ܐܬܬܣܝܡ ܬܠܡܝܕܘܬܗ. ܐܠܐ ܐܦܝܐ ܕܐܟܣܢܝܘܗܝ ܒܟܠ ܡܕܡ ܗܘܘ ܒܗ ܒܡܠܟܐ ܀ ܠܡܕܒܪܢܘܬܐ ܗܟܝܠ ܘܡܟܐܢܘܬ ܐܬܚܙܝ ܒܗ ܕܡܬܕܒܪܢܘܬܐ: ܗܘܐ ܕܝܢ. ܐܝܟ ܕܠܡܕܒܪܢܘܬ ܡܠܟܘܬܐ. ܘܠܐ ܒܐܝܕܝ ܐܢܫܐ ܒܪܝܬܐ ܘܡܬܟܢܫܐ. ܐܠܐ ܒܐܝܕܝ, ܡܫܝܚܐ ܘܡܫܝܚܐ ܢܦܫܗ ܗܘ: ܐܢܫܐ ܕܐܝܬܘܗܝ, ܐܟܘ ܡܬܠܡܕܘܬܐ. ܘܡܢ ܕܗܘܐ ܡܬܕܒܪܢܘܬܐ ܒܟܐܢܘܬܐ ܐܝܟ ܐܪܥܐ

ܬܠܬܐ ܫܢܝ̈ܢ ܐܝܬܘܗܝ ܒܪܝܫܗ ܕܡܠܟܘܬܗ܂ ܗܘܐ ܡܢ ܕܢܦܩ ܚܢ ܗܝܡܢܘܬܗܘܢ ܕܒܐ̈ܠܗܐ: ܘܟܠ ܫܘܒܚܗܘܢ ܫܪܪܐ ܕܠܘܬܗ܂ ܠܐ ܠܒܪ ܐܬܬܟܝܢܬ ܡܢ ܗܘܝܐ: ܕܐܝܬܐ * ....ܘܬܐ ܘܡܫܬܠܛܘܬܐ ... 39 v. ܠܗܘܢ ܟܠ ܕܒܥܝܐ ...ܗܘܐ. ܐܦܠܐ ܗܘܝܐ ...ܐ ܠܝ. ܕܠܗܒܐ ܫܪܝܟܐ ....ܬܗܘܢ ܒܪܫܥܬܗܘܢ܂ ....ܢ ܡܢ ܕܝܘܡ ܕܐܝܬܐ ..... ܦܠܚܐ ܫܘܠܛܢܗܘܢ .... ܐܦ ܒܕ ܐܣܦܝܢ. ....ܬ ܢܘܪܐ ܫܦܝܬ ....ܒܗܘܢ ܒܪܚܝܡ. ܘܫܡܗ ...ܘܗܝ ܡܫܡܫܝܢ ܚܝ ܕܐܝܡܬܝ، ܢܫܪܒܘܢ ܘܢܫܪܐ ܘܬܬܟܫܦ ܒܟܒܘܢ܂ ܒܒܐܪܐ ܙܒܢܐ ܕܐ̈ܠܗܐ. ܘܫܒܘܪ ܠܗܬܒܘܢ ܦܠܚܬܐ ܒܒܢܝܐ ܙܘܝܬܐ ܘܒܐܝܕܐ ܥܒܕܬܐ. ܠܘ ܕܝܢ ܠܗܘܢ ܒܠܚܘܕ ܘܒܢܝ. ܐܠܐ ܐܦ ܠܒܢܝܗܘܢ ܘܠܒ̈ܢܝ ܒܢܝܗܘܢ ܠܕܪ̈ܐ ܚܪ̈ܝܐ. ܒܠ ܒܫܢܬܐ ܒܪ ܕܝܢ ܡܬܒܠܐ ܡܟܪܢܘܬܐ܂ ܐܝܟ ܕܟܬܒ ܠܝ ܐܪܟܘܢܛܗ ܕܟܪܝܬܐ. ܗܘ ܐܝܢܐ ܕܐܝܬܘܗܝ، ܐܦ ܐܪܟܘ ܕܒܝ̈ܬܐ ܘܕܪ̈ܘܢܐ: ܫܠܚܐ ܫܡܝܐ ܕܟܘܠܡܐ ܕܒܢܝ ܒܫܢܬܐ ܠܐ ܡܬܦܫܩ. ܕܐܦ ܐ̈ܠܗܐ ܠܟ ܕܗܘܘ ܐܝܟܘܬܗ ܠܟ ܠܒܪܢܫܐ. ܒܪܡ ܠܟ ܗܘܐ ܗܘܐ ܠܗܘܢ ܒܠܗܘܢ، ܫܘܠܛܢܐ. ܒܫܢܝ ܗܘܘ ܒܗ ܠܟ ܒܠܒܟܐ ܘܠܐ ܡܕܡ SO ܗܘܘ. ܒܡܕܒܪܐ ܕܗܘ ܠܟ ܒܫܘܦܪܬܐ ܕܝ̈ܠܕܬܗ. ܒܝܕ ܦܘܠܚܢܗܘܢ܂ ܐܝܟ ܐܢܫ ܐܚܘ̈ܢ ܬܒܠܐ. ܘܐܦ ܒܟܠ ܒܬ̈ܪܝܢ ܠܫܒܪܬܗܘܢ܂ ܘܒܝܕܐ ܕܦܘܠܚܢܗܘܢ ܐܫܪܗ ܘܒܝܕܗ ܠܒܪܢܫܬܐ. ܘܒܝܠܐ ܡܢܐ ܗܘܬ ܐܝܟܐ ܕܫܢܐ ܠܡܥܒܕ. ܙܝܩܐ ܒܫܡܐ ܕܐܠܗܘܬܗܘܢ܂. ܗܫܐ ܠܝ ܢܦܩܗ ܡܢܝܢܐ ܒܝܬ ܐܠܗܐ ܠܒܢܝ ܫ̈ܢܐ ܘܒܬܦܢܝܬܗܘܢ ܠܟ ܬܪܝܨ ܫܬܪ̈ܬܗܘܢ ܘܫܢܝܢ ܒܫܒ̈ܬܗܘܢ܂ ܘܗܝܡܢ ܠܟ ܢܐܡܪܘܢ، ܒܝܕܐ ܠܗܢܐ ܕܐ̈ܠܗܐ ܫܒܩܘܗܝ ܦܠܚܐ: ܐܠܐ ܐܢ ܢܕ̈ܥܐ ܒܠܚܘܕ: ܕܥܒܕܝܢ ܡܢ ܢܦܫܗܘܢ. ܘܒܪܝܢ ܡܢ ܬ̈ܪܝܨܬܗ. ܘܦܪܩ ܠܗ ܒܝܕܐ ܘܡܬܡܕܡܝܢ ܠܗ ܒܟܠܕܒܒܐ: ܒܗܝ ܕܒܗ ܫܡ̈ܗܐ ܒܢ̈ܝܐ ܘܦܘܩܢܐ ܕܗܘܘܢ ܒܗܘܝܢ ܠܗ. ܕܫܒܠ ܠܟ ܐܝܬ ܠܝ ܕܐܬܬܪܝܡ ܒܗܘܢ ܝܕܥܗ ܘܐܒܒܘܪܗ ܠܕܘܟܬܗܘܢ ܡܢ ܬ̈ܘܒܗ ܕܬܒܠ. ܒܗܘ ܠܟ ܒܪ ܠܐ ܢܪܫܟ ܒܝܫܗ. ܕܗܢܐ ܠܟ ܕܐ̈ܠܗܐ ܐܝܟܘ ܘܪܫܟܘ ܒܝܫܘ. ܐܘ ܒܗܘ ܠܟ ܠܐ ܢܥܒܕܘܢܗܝ، ܦܠܚܝܢ. ܠܗܢܐ ܪܘܡ ܫܘܒܚܗ ܕܒܪܝܬܐ: ܕܗܘ ܠܟ ܐܒܝܢ ܪܘܚܐ

ܘܡܪܬܐ ܒܠܒܒܐ. ܕܢܦܩ ܒܗ ܒܪܘܬܐ ܕܒܪܝܬܐ ܘܒܐܝ̈ܕܘܗܝ. ܟܠ ܠܗ * ܠܟܠܒܐ ܪ̈ܥܝܬܐ ܡܫܬܠܡܬܐ ܕܟܠ ܐܦ̈ܣܩܝܢ. ܕܟܠܗ ܐܝܟ 40 r. ܪ̈ܥܝܬܗ ܢܬܦܪܢܣܘܢ ܒܢܝܫܗ. ܒܪܘܚ ܠܗ ܪ̈ܥܝܬܗ ܢܝܫ ܟܠܗ ܕܠܐ ܣܦܩ. ܘܪܘܚܐ ܚܝܠܗ ܒܡܗܡܢܘܬܗ ܢܝܫ ܟܠ ܡܦ̈ܩܢܝܢ. ܘܕܒܗܘܢ ܙ̈ܢܝܗ̇ ܕܗܝܡܢܘܬܐ ܕܐܬܬܠܝܬ ܒܗ ܒܟܠܒܐ ܡܢ ܢܦܪܐ ܒܫܡܐ: ܒܢܝ ܦܘܩ̈ܕܢܘܗܝ ܕܢܡܘܣܐ: ܐܟܠ ܠܗ ܠܡ ܠܟܠܒܐ ܪܥܝܬܐ ܡܫܬܠܡܢܘܬܐ ܕܠܐ ܡܫܬܒܒܐ. ܕܒܢܘܗܝ ܕܢܡܘܣܐ ܡܫܬܡܠܝܢܘܬܐ ܢܬܬܪ ܠܗ ܠܡ ܘܡܬܬܪ ܚܝܒܐ ܘܢܡܘܣܐ ܕܟܕܝܪܐ ܘܕܢܦܩܬܐ. ܐܝܟܢܐ ܠܡ ܕܠܐܒܢ ܒܥܒܕܐ ܠܐ ܬܬܠܫ ܠܡܫܢܘܬܐ ܕܟܠܒܐ. ܘܒܗܠܝܢ ܠܡ ܢܬܝܐ ܘܫܪܘܬܐ ܕܗܒܪ ܒܗ ܒܒܪܝܬܐ. ܡܢܘ ܠܡ ܢܟܠܐ ܟܠܗܘܢ[1] ܦܘܡܗ ܪܦܣܢܐ: ܕܗܢܐ ܦܬܠ ܓܒܐ ܕܠܝܬ ܥܠܬܐ ܡܢ ܪܗܦܬܗ. ܒܪ ܦܓ ܠܡ ܡܚܐ ܘܕܠܐ ܐܦܪܐ ܒܟܠ ܒܡ ܟܠܢ. ܒܪ ܠܐ ܠܡ ܡܬܦܓܥܐ ܠܗ ܒܦܠܝܣܗ. ܐܝܟ ܠܡ ܢܗܘܐ ܕܒܡ ܒܬܪܐ ܦܬܠ ܘܡܬܒܥܪ. ܠܘ ܠܡ ܒܦܬܠ ܗܘ ܒܟܠܐ ܕܪܗܦܬܗ ܡܢ ܢܝܫ ܡܦܩܢܐ. ܦܬܠܐ ܗܘ ܠܡ ܒܥܢܝܢܐ ܕܠܐ ܡܟܐܢܐ ܠܗ ܠܡܦܠܛ ܒܡ ܟܠܢ. ܐܦ ܢܗܘܐ ܠܡ ܕܒܡ ܥܒܝܕܐ ܐܝܬܘܗܝ ܒܢܝܢ. ܠܐ ܡܬܒܥܐ ܠܡ ܠܡܦܠܛ ܒܡ ܡܥܒܕ̈ܢܐ ܘܦ̈ܢܝܐ. ܕܠܐ ܠܡ ܓܒܝܐ ܬܐܪܬܗ ܐܦܠܐ ܡܢ ܐܢܫܐ ܕܒܦ̈ܢܝܐ ܡܡܢܝܢ. ܘܐܝܟܢܐ ܠܡ ܢܝܚܐ ܠܒܘܟ ܐܝܟ ܗܕܐ ܒܐܢܘܬܐ. ܕܠܐ ܦܪܝܫ ܠܗ ܠܡ ܒܬܪܐ ܡܢ ܡܦܩܢܐ: ܘܠܐ ܥܒܝܕܐ ܡܢ ܦܢܝܐ. ܐܦܠܐ ܢܠܬܒܐ ܡܢ ܡܬܢܝܚܐ. ܕܟܠ ܟܠ ܦܪ̈ܝܫܝܢ ܢܦ̈ܩܬܗ ܘܠܐ ܫܦܝܪ. ܘܡܢܘ ܠܡ ܢܛܠ ܗܘܐ ܠܒܪܝܬܐ ܡܥܒܕܢܐ ܐܚܪܢܐ ܕܐܝܟ ܗܢܐ: ܕܐܦ ܒܪ ܠܐ ܬܒܥܝܢܘܗܝ ܠܟܠܒ. ܢܗܐ ܘܦܐܡ ܟܠ ܬܪܒܝܟ. ܕܢܥܒܕ ܢܝܫܘܗܝ ܕܦܓܪܐ ܒܐܝܠܝܢ ܕܡܬܪܒܝܐ. ܘܒܕܪ̈ܕܒ ܕܦܓܪ̈ܢܝܐ ܠܡ ܡܪ̈ܕܝܢ ܒܗܕܐ: ܕܒܡ ܢܦܩܐ ܕܢܦܩܬܗܘܢ ܢܥܒܕܘܢ ܬܘܒ ܒܡܒܗ ܢܦܩܐ ܐܚܪܢܐ ܕܠܐ ܕܠܝܠܘܢ ܢܦܩ ܐܝܟ ܒܥܢܝܢܐ ܘܡܬܢܦܩ. ܕܟܠ ܦܘܪ̈ܫܝܢ ܢܦܩ̈ܬܗ ܕܦܓܪܐ ܕܠܐ ܒܟܠܐ ܢܛܠ ܠܗ. ܘܡܛܠ ܠܗ ܪ̈ܥܝܬܐ ܡܫܬܠܡܢܘܬܐ ܠܟܠܒܐ ܕܕܒܪܐ ܘܕܢܦܩܬܐ:

1) Der erste Buchstabe ist verwischt.

10 v. ܕܢܬܗܠܟܘܢ 80 ܠܢܡܘܣܐ ܕܠܐ ܕܝܠܗܘܢ. ܕܐܦ ܠܗ̇ ܒܗ̇ ܒܗܕܐ. ܢܦܐܝܐ ܘܢܝܫܐ ܢܗܘܐ ܠܕܟܪ̈ܐ ܘܠܢܩܒ̈ܬܐ. ܕܒܗܕܐ ܠܗ̇ ܕܡܬܬܐܡܪܝܢ ܐܬܪ̈ܐ ܠܢܡܘܣܐ ܕܒܢ̈ܝ ܣܒܪ̈ܝܗܘܢ. ܢܩܠܐ ܠܗ̇ ܒܠܬܐ ܠܒܢ̈ܝܗܘܢ. ܕܐܦ ܗܠܝܢ ܒܓܠܝܝܐ ܕܒܪ̈ܝܗܘܢ ܢܦܠܝܢ ܐܦ. ܗܢܝܢ ܢܦܩܝܢ ܠܢܡܘܣܐ ܕܐܚܪ̈ܢܐ. ܐܝܟ ܕܐܝܬܝܢ ܢܦܩܝܢ. ܘܢܫܠܛ ܠܗ̇ ܓܒܪܝܗܘܢ ܒܡܦܩܐ ܠܗ̇ ܕܠܐ ܕܝܠܗܘܢ. ܕܢܫܠܛ ܠܐ ܢܫܠܘܛ ܓܒܪܐ ܠܒܪ ܡܢܗܘܢ. ܐܝܟ ܕܢܐ ܠܗ̇ ܓܒܪܐ ܕܡܫܬܡܥ ܐܢܫ ܘܡܫܬܡܥ. ܫܠܝܛܬܐ ܕܠܐ ܕܝܠܗ ܐܚܪܬ، ܕܡܫܬܡܥܐ ܠܗ: ܘܬܬܪ ܡܢ ܟܠܗܘܢ ܠܗ̇ ܡܬܠܗܘܢ، ܢܚܢܢܐ ܠܗ: ܒܟܠ ܕܘܟܐ ܒܟܠܗ ܒܗ̇ ܘܒܫܡܗ̇. ܒܗ ܠܗ̇ ܒܫܡܗܬܐ ܡܫܬܡܫܝܢ ܕܒܢ̈ܝܐ ܘܢܩܒ̈ܬܐ ܒܫܡܗ ܕܐܦܝܢܐ ܡܫܝܚܬܐ. ܕܒܫܡܗ ܗ̇ܢܐ ܡܢ̈ܝܐ ܠܓܒܪ̈ܐ. ܡܫܝܚܐ ܠܗ̇ ܗܘ ܘܫܡܗ ܠܗ ܠܚܠܒܘܬܐ ܢܦܩܐ ܕܠܐ ܕܝܠܗ. ܡܫܝܚܐ ܠܗ̇ ܠܗܢܐ ܐܘܦ ܓܠܝܢ ܢ̈ܒܝܐ: ܕܒܠܝܢ ܐܝܟ ܓܒܪܐ ܓܒܪ̈ܐ ܓܒܪܬܗ. ܐܘܦ ܓܒܪ ܘܡܠܐ ܟܠܗ ܓܒܪܗ ܓܒܪ̈ܬܐ ܕܟܠ ܫܘܠܛܢܝܢ. ܘܒܪ ܠܐ ܢܟܝܠܗ، ܐܝܟ ܢܦܫ ܠܗ ܟܬܒܐ ܕܡܫܬܡܥܬܗ. ܠܡܠܐ ܗܘܝܠ ܙܢܬܐ ܢܫ̈ܝܗ ܘܫܪ̈ܝܬܗ ܕܒܪܝܬܐ. ܒܝܘܡܐ ܫܒܝܥܝܐ ܕܐܝܬ ܠܗ ܠܬܘܒܐ ܐܬܪ̈ܝܬܐ، ܡܠܝܘܬܐ، ܘܡܬܕܝܢܘܬܐ ܫܒܝܬ ܠܟܠ ܓ̈ܒܪܝܢ ܢܒܝܐ ܠܗ 80 ܫܒܝܚܬܐ: ܘܢܝܫܗܘܢ، ܒܟܠܗܘܢ ܐܝܟܢܐ ܕܢܗܘܐ ܠܟܠܘܢ ܒܗ ܫܘܒܚܐ ܠܟܠ ܡ̈ܠܟܝܢ. ܘܢܬܠܝܢ ܠܟܘܢ ܒܗ ܓܘܫܡܐ ܒܠܗܝܢ ܒܠܟ̈ܠܬܐ ܕܐܝܟܢܐ... ܗܠܝܢ ܗ̈ܘ، ܟ̈ܠ ܫܘܬܦܗ ܕܒܠܟܐ ܢܝܫܐ: ܓܝܪ ܟ̈ܠ ܡܘܫܠܛܢܘܬܐ. ܘܫܠܝܛܐ ܗܘܒ ܕܟ̈ܠܗܘܢ، ܐܝܟܢ. ܟ̈ܠܗܘܢ ܠܗ̇ ܕܫܡܝܐ ܘܐܪܥܐ: ܘܗܘ ܘܪܘܚܐ ܘܐܦܠܝܢ: ܒܗ ܟ̈ܠܗܘܢ ܠܗ ܕܬܒܝܠ: ܗܘܐ ܘܦܠܚ ܘܐܦܪܘܓܐ ܘܐܬܪܐ ܒܗ̇ ܗܘܓܐܐ ܠܗ ܕܟ̈ܠܗܘܢ ܘܕܟ̈ܠܗܘܢܬܐ ܕܐܝܬ ܒܗ ܒܥܠܡܐ. ܢܗܘܘܢ ܒܟܘܕܪ̈ܝܗ ܕܡܕܝܢܬܗܘܢ ܘܢܪܘܘܢ ܚܝܠܐ ܘܡܕܝܢܐ ܘܓܒܪܘܬܐ ܠܕܒܪ̈ܝܗܘܢ. ܘܗܪܟܐ ܘܡܥܒܕܐ ܘܦܐܝܘܬܐ ܠܢܦ̈ܫܬܗܘܢ ܘܡܢܝܐ ܘܡܘܬܒܐ ܠܡܬܕܒܪܢܘܬܗܘܢ ܘܡܛܠ ܠܗ̇ ܕܥܕܡܐ ܐܝܟܢܐ ܕܠܓܒܪ̈ܐ ܠܐ ܡܬܓܕܪܝܢ ܡܢ ܡܬܕܒܪܢܘܬܐ: ܐܝܟܢܐ ܕܓܒ̈ܝܐ ܘܕܠܘܩܝܐ ܕܡܠܟܝܢ ܗܘܦܟܐ ܘܢܗܝܪܐ ܡܬܕܒܪܢܘܬܐ. ܟܢ ܐܝܬ * ܟܬܒܐ ܐܝܟܢܐ ܕܐܝܟ ܗܠܝܢ: ܘܡܬܢܗܝܪܝܢ

ܠܡܦܩ ܦܘܩܕܢ ܘܥܡܡܢ ܒܡܠܟܘܬܗ. ܟܠܗܘܢ ܠܗ ܕܗܠܝܢ ܦܩܕܬ ܡܠܟܘܬܗ܆. ܕܗܕܡ ܗܕܡ ܢܬܦܫܚܘܢ܆ ܘܒ̈ܬܝܗܘܢ ܢܬܒܙܘܢ܆ ܘܠܒܢ̈ܝ، ܦܠܓܘܬܐ ܕܢܣܒܢ ܠܗ ܒܡܘܬܢܗ ܕܡܠܟܘܬܗ̇. ܫܝܢܐ ܘܫܠܡܐ ܢܗܘܐ ܠܗܘܢ ܡܢ ܠܘܬܗ.. ܘܡܢ ܒܬܪ ܕܐܬܐܡܪ، ܗ̈ܘ، ܒܬܒܥܬܐ ܕܫܠܡܐ ܒܫܠܡܐ ܘܥܕ ܒܢ̈ܝܫܗ ܕܡܕܝܢܬܐ. ܒܡܠܬ ܟܠܗ̇ ܐܢܫܘܬܐ. ܘܗܘܘ ܒܫܠܝܘܬܐ ܪܒܬܐ. ܘܠܝܬ ܗܘܐ ܕܡܥܒܪ ܕܢܫܠܐ ܘܢܬܒܥ ܪܚܝܡܘܗ. ܘܐܦ ܡܗܝ̈ܡܢܐ ܘܐܪ̈ܡܝܐ ܕܒܚܝܢ ܗܘܘ ܒܗ ܒܡܕܝܢܬܐ. ܕܝܠܗ ܕܐܪܡܝܘܢ ܡܕܝܢ. ܡܢ ܗ̇ܝ، ܕܐܬܚܙܝܬ ܠܝܗܘܕܝܐ ܘܠܐܪ̈ܡܝܐ ܕܒܚܝܢ ܗܘܘ ܒܪܘܡܝܐ ܡܕܝܢܬܐ. ܘܥܒܕ ܬܫܡܫܬܐ ܪܒܬܐ ܗܘܬ ܒܠܗܘܢ، ܕܝܠܗ ܕܒܫܠܡܐ: ܥܠ ܥܒܕܘܬܗܘܢ ܕܒܢ̈ܝܫܗ ܕܡܕܝܢܬܐ. ܫܦܝܪ ܠܡܕܒܪܢܐ ܠܓܒܪܐ ܕܗܢ ܥܡܐ: ܡܩܘܡܡܢ ܐܢܫܐ ܕܐܬܡܢܘܗ، ܗܘܘ ܡܢ ܢܒ̈ܝܫܗ ܕܡܕܝܢܬܐ: ܡܢ ܠܓܘܐ ܪܒܐ ܕܥܡܐ ܕܡܠܟܐ: ܘܠܒܠܥܘܬܐ ܕܐܠܗܐ ܚܐܪ ܗܘܐ. ܒܗܢܐ ܐܬܬܥܝܪ ܒܗ ܠܓܒܪܐ ܕܐܠܗܐ. ܘܥܡ ܦܘܩܕܢܗ، ܠܡܬܒܢܝܘܬܐ ܦܠܓܘܬܐ ܕܥܠ ܐ̈ܦ ܡܫܝܚܐ. ܘܒܝܕܓܠܐ ܡܠܟܐ ܗܘܐ ܠܗ ܠܬܫܒܘܚܬܐ. ܘܡܢܗܘܢ ܠܗ ܘܥܡ ܒܢ̈ܝܫܗ ܕܡܕܝܢܬܐ. ܘܐܝܟ ܕܒ̈ܠܥܘܬܐ ܡܫܦܪ ܗܘܐ ܠܗ ܒܡܠ̈ܬܐ ܕܡܫܡܘܬܗ̇ ܒܕ ܐܡܪ. ܡܕܝܢܐ ܗ̇ܝ، ܠܗ ܫܝܢܘܬܐ ܗܕܐ ܕܐܚܝܕܐ ܠܗ ܠܡܠܟܢ ܦܪܘܫܐ. ܐܘ ܡܕܝܢܐ ܐܝܟ ܡܬܒܥܬܐ ܦܫܝܛܬܐ ܕܐܫܬܪܪ ܒܗ ܠܡܕܝܢܬܐ܆ ܗܠܝܢ ܠܗ ܡܬܒܥܬܐ ܕܐܢܫܐ ܡܠ̈ܟܐ. ܫܢܬ ܠܗܘܢ ܠܗ ܠܡܠ̈ܟܐ ܕܐܝܟ ܗܠܝܢ ܐܝܟ ܡܬ̈ܒܥܬܗܘܢ܆ ܫܠܝܛ ܠܗ ܠܡܠܟܘܬܐ ܕܪ̈ܗܘܡܝܐ: ܕܐܝܠܝܢ ܡ̈ܠܟܐ ܐܘܚܕܬ. ܘܐܝܠܝܢ ܫܠܛ. ܐܝܠܝܢ ܐܫܬܢܝܬ.[1] ܒܥܕܢ ܡܕܝܢܗ ܡ̈ܠܟܐ ܬܩܢܐ ܘܡܕܒܪ̈ܢܐ ܫܦܝܪ̈ܐ: ܕܐܒܕܘܗܘܢ܆ ܫܦܝܪ̈ܐ ܗ̈ܘ، ܐܦ ܡܬ̈ܒܥܬܗܘܢ܆ ܘܡܣܩܘ ܟܠܗܘܢ ܐܬܪܐ ܥܡܘܕܐ ܘܦܘܪ̈ܣܗܐ: ܕܐܒܕܘܗܘܢ ܦܓܪܗ ܐܦ ܡܬ̈ܒܥܬܗܘܢ. ܐܝܟܢܐ ܐܝܟܢ ܐܚܪܝܬܐ ܬܩܢܬܐ ܕܒܗܬ ܡܡܠܠܝܢ. ܕܡܢ ܥܠ ܢܬܒܥܘܢ ܐܬܬܥܝܪܘ ܫ̈ܠܝܛܢ ܕܐܡܪܐ: ܘܡܦܣ ܠܗܘܢ ܡܢ ܕܢܬܠܘܢ܆ ܘܗܐ ܢܩܡ ܬܠ̈ܬܐ ܫܢ̈ܝܐ ✱ ܡܕܒܪܝܢ ܠܡܬܦܪܥ ܟܠ ܡܬܦܪܥܢܘܬܗܘܢ܆ 41 v. ܘܡܬܪܥܝܢ ܒܒܥܝ̈ܬܗܘܢ ܐܝܟ ܕܡܕܒܪ ܕܡܠܟܐ ܐܝܟܢ܆ ܘܠܦܬ

1) Am Rand steht von späterer Hand ein Wort wie ܫܘܪ, ܪ ist unsicher; statt ܫܘܐܠܐ?

ܐܝܟ ܕܠܐ ܐܬܚܙܝܘܢ ܛ̈ܠܝܐ. ܐܡܪܝܢ ܠܗ ܓܒܪ ܐܚܐ ܢܘܟܪܝܐ ܛ̈ܠܝܐ ܕܫܡܠܐ ܗ̇ܘ. ܡܢܗܘܢ ܡܠܟܘܬܐ ܐܠܗ ܡܬܟܪܝܢ ܐܢܬܘܢ܀ ܐܠܐ ܒܡܘܢܬ ܠܒܢܘܢ ܕܠܐ ܡܬܟܒܢ. ܒܥܡܪܐ ܗ̇ܘ ܟܠܝܘܡ ܡܬܡܪܢ ܐܢܬܘܢ ܛ̈ܠܝܐ. ܫܡܥܘܐ ܓܝܪ ܘܕܡܝܐ ܡܬܒܥܝܢ ܡܢܢ ܠܡܠܟܘܬܗ܀ ܘܠܐܘܪ̈ܚܬܗܘܢ ܐܝܟ ܢܘܚܡܗܘܢ ܠܒܢ̈ܝܢ ܙܕܝܩܘܬܗ݁. ܒܗ ܡܬܗܠܟ ܒܗܘܢ 80 ܒܫܠܡܐܝܬ. ܘܡܛܝܒܝܢ ܠܗ ܢܦܫܬܗܘܢ ܕܡܫܡܠܝܐܝܬ ܫܦܝܪܬܐ ܕܠܐ ܦܘܪܫ ܐܬܟܬܫܬܗܘܢ ܠܢܨܚܢܘܗ܀ ܘܒܬܪ ܦܠܚܘܬܗܘܢ ܐܝܬܝܗ̇܀ ܘܡܬܚܫܒܝܢ ܫܘ̈ܬܦܐ ܠܡܠܟܘܬܗܘܢ܀ ܘܐܫܬܘܕܥܘ ܡܢ ܫܘܠܛܢܗܘܢ܀ ܘܐܝܟ ܐܢ̈ܫܐ ܦܩ̈ܝܚܐ ܕܢܒܝܬ ܢܦܫܗܘܢ܀ ܫܒܩܘܗ ܫܘܠܛܢܗܘܢ ܘܡܫܒܚܝܢ ܗܘܘ܀ ܠܐܝ̈ܕܝܗܘܢ ܕܦܠܚܘܬܐ ܘܕ̈ܪܫܐ ܦ̈ܠܚܘܬܐ: ܘܡܗܘܐ ܗܘܬ ܫܪܪܐ ܠܡܠܟܘܬܗܘܢ ܡܢ ܒܗ. ܘܠܝܬ ܠܗܘܢ ܡܢ ܡܫܚܐ ܠܡܢܚܬܗ ܒܡܠܟܘܬܐ ܕܪ̈ܘܚܢܐ. ܕܒܥܠܡܐ ܘܒܢܝܐ ܕܐܬܚܡܣܒܢܬ ܠܒܗܘܢ ܡܫܒܚܘܬܐ: ܠܡܪܕܘܬܗ ܕܒܝܢ ܒܠ ܕܢܦܠܝܢ. ܦܬܚܘܢܝ ܠܡܠܟܘܬܐ ܒܢܝܚܘܬܗܘܢ. ܘܒܕܒܪܘܬܗ ܐܠܗܝܬܐ ܕܠܗܘܢ ܩܢܘܬܐ. ܒܪܝܟ ܠܗܘܢ ܚܕܘܬܐ ܕܡܪܝܐ ܐܠܐ[1] ܒܗܘ ܕܡܫ̈ܒܚܐ ܘܡܬܦܪܥܐ. ܘܡܢܘ ܕܠܐ ܢܬܠ ܒܗܘܢ ܘܢܚܙܐ ܒܡܫܒܚܘܬܗܘܢ܀ ܕܡܫܘܕܥܝܢ ܠܡܠܟܘܬܗ ܒܫܦܝܪ ܡܪ̈ܒܐ ܕܛ̈ܠܝܐ ܡ̈ܢܝܢܐ: ܘܬܬܠܝܗܘܢ ܒܢܝܢܘܢ ܐܫܬܡܥܗܘܢ܀ ܕܡܪ̈ܝܢܐ: ܕܒܐܝܠܝܢ ܦܘܪܫܐ ܕܢ̈ܘܚܬܐ ܘܒܗ ܒܡܛܒܘܬܗܘܢ ܘܐܬܒܣܝܡܘ ܒܠ ܬ̈ܟܠܬܒܢܝܢܗܘܢ܀. ܘܫܡܥܘ ܠܗܘܢ ܒܒܠܝܬܐ ܫܡܝܐ ܘܢܘܚܡܐ ܡܢ ܬܘܪܗܘܢ܀ ܘܗܘܐ ܒܗܝܢ ܐܢܬܘܢ ܐܝܟ ܗܕܡܐ ܘܬܠܝܠܐ: ܒܡܪ̈ܡܝܬܐ ܦܪ̈ܝܫܬܐ ܕܒܕܪܐ ܕܪ̈ܘܚܢܐ: ܕܪ̈ܫܐ ܒܫܦܪ ܡܫ̈ܝܚܝܢ ܡܫܦܝܢ ܒܗܘܢ ܢܗܝܪܬܐ ܕܒܢ̈ܝܗܘܢ. ܡܢܘ ܠܗ ܓܒܪ ܕܢܗܘܐ ܘܢܗܘܐ ܘܐܦܠܐ܀ ܒܡ ܥܒܕܐ ܕܡܫ̈ܝܚܘ܀ ܐ̈ܢܫܐ ܗܝ̈ܡܢܐ ܘܡܫܬܦܠܐ ܦܫܝܛܐ ܘܠܠܝܐ: ܓܒܪ̈ܐ ܘܢ̈ܫܐ: ܕܒܢ ܒܢ ܚܝܐ ܒܗ ܒܡܠܟܐ ܐܝܟ ܕܡܫܝܚ ܬܫܒܘܚܬܗ ܕܐܘܡܪܗܘܢ ܥܒܕܝܐ: ܕܦܠܓ ܡܬܬܒܗܪܝܢ ܒܗ ܒܫܘܒܚܗܘܢ܀ ܘܒܪ ܦܠܓ
ܠܐ ܕܒ * ܒܫܡܒܡܬܗ ܠܐܠܗܐ. ܕܝܠܗܘܢ ܕܩܘܪ̈ܒܢܐ ܕܠܝܬܐ ܒܐܝܠܝܢ 42 r.
ܕܐܕܪܟ ܠܐ ܐܡܪܢ. ܐܝܟ ܕܒܡܪܐ ܓܒܪ ܗܘ ܗܘܐ ܒܦܫܝܛܘ܀

1) Dieses Wort fügt eine spätere Hand am Rande hinzu.

ܕܗܠܝܢ ܕܫܒܩܘ ܢܦܫܗܘܢ ܡ̈ܠܐܟܐ ܒܠܒܟܐ. ܘܐܘܡܝܬ ܐܢܬ܆ ܠܟܠܐ
ܫܘܒܚܐ ܕܒܬܫܡܫܬܗܘܢ. ܕܗܠܝܢ ܡܟܝܪ̈ܢ܆ ܐܫܬܡܫܬܗ ܕܟܠܗܐ
ܒܚܝܘܬܗܘܢ ܘܒܬܘܠܘܬܗ ܒܢܟܦܘܬܗܘܢ ܗܢܘܢ ܕܒܡܗܝܪܘܬܗܘܢ ܟܕ ܐܡܪ.
ܕܢܛܠ ܠܢ ܕܐܬܟܠܬ ܒܠܒܗܘܢ ܐܪ̈ܙܐ ܫܒܝܚܐ ܕܐܬܓܠܝܬ ܒܗܘܢ܀
ܡܢ ܡܫܒܚܢܘܬܐ ܕܫܝܢܘܬܗܘܢ. ܒܠ ܠܢ ܐܪܙܐ ܫܒܝܚܐ ܕܐܬܓܠܐ
ܗܘܬ ܠܦܪܘܩܢ. ܕܠܘܠܐܝܬ ܕܠܐ ܒܝܕܐ ܗܕܡܝܢ ܗܘܘ ܠܗ. ܕܒܝܫ
ܠܢ ܒܢ ܕܒܪ̈ܐ ܫܒܩܝܢ ܗܘܘ ܒܝܫܘܬܗܘܢ܀ ܟܕ ܠܐ ܡܬܒܣܝܢ
ܗܘܘ ܘܢܦܩܝܢ ܡܢ ܐܣܛܘܟܣܗ ܕܒܝܬܐ. ܘܒܝܢܝ ܠܢ ܒܡܫܒܚܢܘܬܐ
ܕܫܪ̈ܒܬܗ. ܒܦܪܘܫܬܐ ܡܕܒܪܝܢ ܗܘܘ ܠܒ̈ܢܐ ܡܢ ܥܠܡܐ ܕܐܒܘܬܗܘܢ܀
ܘܡܒܥܝܢ ܗܘܘ ܒܡܒܥܘܬܐ ܟܕ ܦܠܓ ܕܠܡܐܟܘܬܐ ܕܒܩܘܫܝܢ. ܒܕܠܐ
ܢܒܥܐ ܗܘܬ ܠܗܘܢ ܝܫܘܥܘܬܗܘܢ ܡܛܪܬ ܪܘܚܐ ܥܠ ܐܪܥܐ ܫܘܒܚܐ
ܕܝܠܗܘܢ܀ ܘܒܝܕ ܕܡܟܝܐ ܗܘܬ ܬܐܪܬܗܘܢ. ܗܢܐ ܡܢ ܕܠܗܘܢ. ܠܐ
ܠܒܢܝܢ ܗܘܘ ܡܢ ܪܘܚܐ ܕܡܫܝܚܐ ܕܠܐܟܘܬܗܘܢ: ܗܠܝܢ ܕܡ̈ܠܐܟܐ
80 ܡܬܦܪܢ ܡܢ ܒܨܘܪ̈ܐ ܢܦܫܐ. ܫܒܐ ܠܒܪ ܡܢܫܝܢܐ ܕܥܒܘܕܘܬܐ
ܬܘܒ. ܘܕܒܝܬܗܬܐ ܐܬܒܝܬܬ ܥܠ ܕܒܪ̈ܝܬܗ ܘܥܠ ܢܦܫܬܗܘܢ܀
ܘܗܘܘ ܬܘܠܬܐ ܠܡܦܪܢܣܐ. ܒܫܝܢܗ ܐܦ ܡܢ ܒܬܪ ܡܘܬܗܘܢ܀
ܕܡܢ ܒܬܪ ܕܒܝܕܘ ܠܢ ܒܢ ܫܝܢܬܗܘܢ. ܢܫ̈ܝܐ ܠ ܡܕܐܟܪܘܬܗܘܢ
ܕܫܪܟܝܢ ܗܘܘ ܒܬܪܟ ܫܝܢܬܗܘܢ܀ ܒܥܕܘ ܠܗܘܢ ܬܫܒ̈ܚܬܐ ܕܒܫܒܗܘܢ
ܐܝܟ ܡ̈ܠܐܟܐ ܘܐܠܗ̈ܝܬܐ: ܘܟܠܗ ܒܬܪܗܘܢ ܦ̈ܠܓܐ ܒܝܫܪܘܬܗܘܢ܀
ܕܐܝܟ ܗܠܝܢ ܗܘ̈. ܬܫܒܘܚܬܗ ܕܐܘܡܝܬܘ. ܟܠ ܗܠܝܢ ܕܡܬܦܪܢ ܢܦܫ
ܡܢܟܘܢ ܡ̈ܠܐܟܐ ܒܢ ܪ̈ܟܐ ܒܢ̈ܝ ܘܫܘܪܢܝܐ ܕܡܬܠܐ ܒܬܪܗܘܢ܀ ܕܠܐ
ܐܝܟ ܠܢ ܕܢܬܠܐ ܫܘܟܠܐܐ ܕܫܘܢܬܗܘܢ. ܕܡܒܢܐ ܠܒܪ ܢܐܬܪ ܡܢ
ܗܕܐ. ܘܐܟܠܐ ܦܢܝܢ ܕܦܛܘܪܬܟܘܢ ܠܗ ܘܠܐ ܘܦܫܝܢ. ܠܐ ܡܟܝܐ ܗܘܬ
ܠܒܢ ܒܫܪ̈ܒܐ ܕܐܝܟ ܗܠܝܢ.[1] ܒܡܠܟܝܢ * ܕܝܢ ܦܪ̈ܘܫܐ ܡܬܕܒܪ ܐܢܫ. 12 v.
ܕܠܐ ܢܦܩ ܘܡܬܝܡܢܝܢ ܒܬܫܒܚܬܐ ܕܡ̈ܠܐܟܘܗܝ. ܘܡܢ ܢܦܫ ܗܘܦܐ ܐܠܘ
ܦܪܥ ܗܘܐ ܗܟܢܐ ܘܒܟܝܢ ܡܕܡܝ. ܕܐܪܘܟ ܗܘܝܬ ܐܢܬ. ܬܪܬܝܗܘܢ:
ܘܐܬܠܠ ܠܗ ܠܒܢܝܐ ܒܗܬ ܫ̈ܦܝܪܝ. ܕܠܐ ܒܟܗܬ ܕܢܦܪܐ ܡ̈ܠܐܟܐ ܠܟܠܝܢ

1) Am Rande von späterer Hand hinzugefügt ܗܘܝ.

ܕܒܫܠܝܡ ܕܗܒܪܐ ܓ̈ܠܝܢܐ ܘܫܘܒܪܐ ܢܨ̈ܚܢܐ: ܚܝܘ ܒܗ ܒܫܠܡܐ ܡܬܘܡ ܕܚܝܘ. ܘܟܕ ܒܫܠܝܡ ܒܝܬ ܩܠܐ ܕܡܫܡܫܢܘܬܐ ܡܢܗܘܢ ܗܘܐ ܠܗ ܠܚܝܠܗ ܕܡܫܡܫܢܐ ܡܛܠ ܒܢ̈ܝܗ ܕܡܕܒܪܢܘܬܐ. ܐܬܦܫܛܬ ܪܓܠܐ ܘܫܠܡ ܪܘܚܗ. ܘܫܡܥ ܐܝܟ ܐܪܐ ܠܬܒܪܐ. ܐܬܬܪܝܒܬ ܒܗ ܒܪ ܡܪܬܗ ܘܐܫܬܘܩ ܓܘܗ ܠܪܘܚܐ. ܘܕܚܠܐ ܗܘܐ ܠܚܝܐ ܡܢ ܒܒܪܗ. ܘܥܢܐ ܘܐܡܪ ܠܗ ܠܟܘܒܐ ܡܫܡܫܢܐ ܒܪ ܡܬܠܝܫܢ. ܐܡܪ ܠܝ ܐܘ ܒܪܝ ܚܒܝܒܐ. ܒܐܝܢܐ ܫܠܐ ܘܫܦܝܪܐ ܫܦܝܪܬ ܠܥܝܢܝ ܘܫܦܝܪܬ ܒܪܥܝܢܝ. ܥܠ ܐܝܟܢܐ ܫܦܝܪܝܢ ܕܥܠܡܐ. ܘܐܝܟ ܒܪܐ ܕܐܡܘܢ ܥܠ ܚܝܘܗܝ ܢܚܬ ܠܬܠܡܝܕܐ ܘܒܕܒܬ ܥܠ ܬ̈ܠܡܐ. ܘܒܥܪ ܠܐ ܡܢ ܐܢܬ ܒܥܝܢܘܬܟ. ܕܫܠܡܝܢ ܒܝܬ ܩܠܐ ܕܬܪܝܢ ܦܘܩܕܢ ܠܐܪܒܥܘܗܝ, ܕܫܠܡܐ ܐܝܟ: ܘܒܥܠܬ ܡܢ ܪܘܚܘܬܗ ܕܒܡܫܡܫܢܘܬܟ ܡܫܬܐ ܐܢܬ ܒܥܕܬܐ ܥܠ ܟܠܗ ܥܒܕܬܟ. ܘܐܡܪܢ ܥܠ ܟܠܗ ܡܫܡܫܢܘܬܟ. ܒܪܝܟ ܕܝܢ ܡܪܘܫܬܐ ܒܥܕܬܐ. ܡܒܢܐ ܗܘ ܕܠܡܪܗ ܕܥܠܡܐ ܡܫܡܫ ܐܢܬ. ܥܠ ܕܦܩܕ ܠܐܫܠܝܡ ܕܟܠ ܒܢܝܗܘܢ ܐܬܬܗܘܢ ܬ̈ܠܡܐ. ܐܢܬ ܡܘܒܠܝܢ ܚܕ ܡܫܬܐ. ܕܠܐ ܢܦܩ ܐܢܬ ܡܬܬܡܫܝܢ ܐܢܬ ܒܡܓܕܠܬܗ ܕܒܪ ܐܢܫܐ ܫܡܝܥܐ. ܕܘܦܩܗܘܢ, ܗܘ̈ܪܐ ܒܐܘܪܫܠܡ ܒܗ ܒܓܪ, ܒܥ̈ܬܐ: ܘܦܪܐ ܐܢܬ ܠܗ ܐܠܗܐ ܘܡܫܬܡܫܪ ܐܢܬ ܒܪܘܚܗ. ܘܟܕ ܫܡܥ. ܦܬܓܡܐ ܡܫܡܫܢܐ ܓܘܦܗ ܕܗܘܐ ܪܓܠܐ ܥܠ ܐܠܗܐ. ܠܐ ܐܫܟܚ ܠܡܫܡܫܘ. ܐܠܐ ܐܪܝܡ ܐܝܕܗ ܥܠ ܪܝܫܗ ܕܝܠܗ ܡܢ ܩܠܝܐ ܕܒܝܬܐ. ܘܫܦܝܪܗ ܡܢ ܫܠܝܬܗ. ܘܐܝܟ ܐܝܕܗ ܕܡܫܝܚܘܗܝ, ܠܡܪܥܐ ܠܓܠܐ ܘܫܪܒܗܘܢ. 80 ܘܠܐ ܒܝܬ ܡܫܝܚܘܬܗ. ܡܛܠ ܕܐܬܒܪܝܟ ܠܗ ܡܢ ܡܥܒܕܗܘܢ,. ܘܒܗ ܢܦܫܗ ܕܢܐܙܠ ܒܬܪܗ. ܘܐܚܝܗܘܢ, ܐܚ̈ܝܗܘܢ, ܘܡܬ̈ܒܗܘܢ. ܘܠܐ ܫܒܩܘܗܝ, ܠܡܐܙܠ ܒܬܪܗ. ܘܐܬܗܦܟ ܘܐܡܪ ܠܗ. ܫܒܘܩ ܠܝ * ܕܐܙܠܝܦܐ. ܕܡ ܬܫܒܘܩ ܠܝ. ܕܗܘܐ ܡܫܡܫ ܐܢܐ 13 r. ܠܝ ܡܛܠ ܒܢ̈ܝܗ ܕܡܕܒܪܢܘܬܐ. ܕܐܝܟ ܐܚܝܢ ܒܡܕܒܪܢܘܬܐ ܗܘܐ ܠܗܘܢܐ ܕܡܚܢܝ. ܐܒܥܐ ܠܗ ܠܚܝܐ ܕܡܕܒܪܢܝ ܪܥܝܢ. ܘܒܥܪܘܗܝ, ܐܚ̈ܝܗܘܢ, ܘܡܬ̈ܒܗܘܢ, ܘܡܬܪܟܢܬ ܡܢ ܠܘܬ ܒܢܝܐ. ܘܒܥܝܢܘܗܝ ܘܠܗ ܐܙܠܝܢܬ ܒܐܝܡ ܗܘܘ ܒܗ. ܘܡܬܬܩܦܝܢ ܩ̈ܠܘܗܝ. ܒܪ ܐܡܪܝܢ. ܕܠܐ ܠܡ ܡܢ ܐܢܬ ܕܥܠ ܟ̈ܠܗܐ ܕܥܠܝܟ ܥܠ ܡܫܬܟ ܘܥܠ ܚܝܝܟ: ܫܦܝܪܬ ܠܥܝܢ ܘܫܦܝܪܬ

ܒܥܝܢ: ܘܟܠ ܚܝܠܗ ܕܫܘܒܚܐ ܐܝܟܐ ܠܡܠܟܘܬܗ: ܐܪܝܡܬ ܐܝܕܝ ܠܡܠܟܐ ܘܐܡܪ ܒܬܥܡܗ ܕܬܫܒܘܚܬܝ. ܐܘ ܠܡ ܢܠܦ ܡܠܟܐ ܒܗܠܝܢ ܡܛܠ ܕܐ ܐܢܬ ܠܝ ܠܡܫܒܚ ܐܘ ܐܢ ܟܦܪ ܒܠܝܢ ܡܢܘܬܐ ܕܫܘܒܚܝ. ܡܛܠ ܡܩܝܡ ܕܒܥܝܢ. ܡܛܠ ܕܒܙܘ ܐܢܘܢ ܘܪܕܦܘܢ ܘܐܫܬܡܥܘܢ ܠܡܫܒܚܘܬܗ ܕܡܠܟܘܬܐ. ܕܗܢܝܢ ܕܒܥܝܢ. ܘܗܫܐ ܠܡ ܒܥܐ ܐܢܐ ܠܝ ܟܠ ܗܕܐ. ܕܠܝܬ ܗܟܢܐ ܕܢܐܡܪ ܠܡܫܝܚܘܬܐ ܕܡܫܝܚܐ ܢܦܫܝ ܕܐܢܬ ܠܡܫܪܝܢ ܡܢ ܒܠܗ ܡܫܒܚܬܝ ܒܠܒܬ ܘܐܘܕܥܬ ܟܠ ܢܦܫܝ ܕܒܪܢܫܘܬܐ ܐܢܬ. ܘܕܠܡܐ ܒܒܪ ܠܐ ܐܢܬ ܒܗ ܒܡܫܒܚܬܐ ܗܕܐ: ܗܐ ܓܝܪ ܡܢ ܒܫܡܝܢ ܕܒܘܗܝ ܕܒܪܢܫܘܬܐ ܕܐܠܗܘܬܝ. ܘܠܐ ܐܢܐ ܐܡܪܬ ܕܝܠܟܐ ܘܗܘܐ ܒܪܢܫܐ ܐܠܗܘܬܝ. ܐܠܐ ܝܗܒ ܠܗ ܠܒܢܝܐ ܕܠܗ. ܘܕܢܐܡܪܘܢ ܡܛܠܗܘܢ ܐܝܟ ܢܟܣܬܐ ܒܪ ܒܢܝܢ ܘܡܬܬܠܝܠ. ܘܗܫܐ ܫܡܥܬܢ ܘܢܬܠܟܝ ܘܬܬܠܡܟ ܠܝ. ܠܝܬ ܓܝܪ ܡܛܠܐ ܐܚܪܬܐ ܕܢܐܡܪ ܠܡܫܝܚܘܬܝ. ܕܠ ܐܬܡܟܝܢ ܠܗ ܠܓܒܪܐ ܗܢܐ ܘܐܫܬܘܕܝ ܠܗ. ܘܐܝܟ ܓܒܪܐ ܕܐܬܬܗ ܘܐܬܚܒܠ ܒܐܝܠܝܢ ܕܫܒܩ. ܦܘܡ ܪܘܚܐ ܟܠ ܥܒܕ ܗܠܝܢܘܬܝ. ܒܒܠܐ ܢܠܦ ܡܠܟܐ ܒܗܠܝܢ. ܘܗܐ ܒܗ ܦܘܩܕܐ ܢܒܝܝܢ ܢܐܬܐ ܒܥܒܕ ܘܢܬܒܠܐ ܡܠܝܢ. ܘܢܒܟܐ ܒܠܝܢ ܡܢܗܘܢ ܘܬܒܥܐ ܠܗ. ܒܒܪ ܢܫܐ ܒܬܘܒ ܘܡܚܝܡ ܠܝ ܗܠܝܢܘܬܝ ܘܢܗܒ ܠܝ ܫܘܘܕܝܐ ܫܪܝܪܐ ܒܡܫܘܡܠܝܬܐ: ܕܠܐ ܢܠܦ ܡܠܟܐ ܒܗܠܝܢ. ܦܘܪܥܢܐ ܕܝܢ ܡܫܬܟܚܢ ܠܐ ܢܗܘܐ. ܡܫܬܡܗܘܬܗ ܠܟܠܗ ܕܐܬܥܛܪ ܠܗ ܡܢ ܡܪܝܡܘܬܗ. ܘܠܐ ܐܬܦܠܓܬ ܠܗ ܐܘ ܐܬܒܪܝܬ ܦܘܫܝ ܒܐܝܠܝܢ ܕܫܒܩ. ܐܠܐ ܠܒܢܝܐܝܬ * ܒܪܢܫܐ 43 ܚܠܡܬܐ ܢܓܡ ܗܘܐ ܦܘܫܐ ܠܡܪܝܡܘܬܗ ܒܪ ܐܢܫ. ܕܟܠ ܥܠܬܐ ܒܗܠܝܢ ܠܐ ܬܫܒܘܩ ܘܦܫܩܐ ܟܠ ܠܐܢܫ ܠܐ ܬܦܪܘܩ ܕܡܢ ܗܫܐ ܐܢܐ ܘܡܘܬ ܕܡܠܟ. ܐܢܐ ܗܘ ܕܒܪܢܫܐ ܐܝܗܘ ܠܐܠܗܐ: ܕܠܐ ܐܬܦܠܓܬ ܒܪ ܐܠܗܐ ܗܘ. ܕܢܫܘܐ ܕܒܢܝܐ ܕܦܘܪܩܢܐ ܚܠܦ ܚܝܠܐ ܕܐܠܗܘܬܝ. ܘܡܢ ܢܦܠܬܐ ܗܫܡܢ ܥܒܕ ܕܐܪܙܐ ܒܐܘܪܚܐ ܕܦܘܪܩܢܗ. ܕܗܢܘ ܕܒܦܘܪܩܢܗ ܥܒܕ ܒܗܠܝܢ ܘܫܠܡܘܢ ܕܢܒܘܝ. ܘܫܡܠܝܐ ܗܘܝ ܐܢܐ ܕܐܝܟܢܐ ܠܗ ܒܡܫܒܚܬ ܠܡܥܒܕ ܚܝܠܐ: ܕܗܢܘ ܢܦܫܗ ܠܡܫܝܚܘܬܐ ܚܠܦ ܦܘܪܩܢܗ ܕܒܪܢܫܐ. ܘܠܐ ܒܒܪ ܐܢܐ ܒܗ ܡܢ ܒܢܝܐ. ܕܠܡܐ

ܢܦܩܘܪ ܒܗ ܡܢܗ ܐܒܘܗܝ، ܡܟܐ ܕܒܠܝܢ ܒܗܘܢ ܫܘܒܚܐ ܠܥܠܡܐ. ܡܟܝܠ ܟܕ ܐܬܐ ܒܗ ܒܠܒܐ ܒܠܗ ܐܡܘܢܐ ܘܦܬܓܡ ܐܢܘܫ. ܗܘ ܕܐܡܪ ܡܪܢ ܒܡܫܪܝܬܗ. ܐܘ ܡܟܝܠ ܐܬܠ ܬܠܘܬܐ ܕܢܦܫ. ܐܠܐ ܕܚܝܠܘܬܗ ܕܘܠܘܡܝ. ܘܗܟܢܐ ܚܙܝ، ܘܝܕܥܝ. ܕܠܡܐ ܢܦܠ ܠܗܘܢ ܒܡܠܬܐ ܟܠ ܗܕܐ. ܠܐ ܓܝܪ ܒܪܘܚܗ، ܕܦܪܘܫܐ ܘܠܡܫܬܡܥܘ. ܐܦܠܐ ܥܬܕܐ ܕܐܬܓܠܝܘܗ، ܡܬܒܥܝܢ ܠܢ. ܡܢ ܐܘܪܚܐ ܕܡܕܝܢܘܬܐ، ܕܒܪܝܫܐ. ܐܦܠܐ ܐܠܘ ܢܗܘܐ ܕܗܘ ܦܪܘܫܐ ܐܝܟܢ ܘܥܒܕܢ. ܘܟܕ ܚܙܐܘܗܝ، ܐܚܝܘܗܝ، ܘܡܪܒܝܢܘܗܝ، ܕܠܐ ܡܬܪܒܝܐ ܠܡܠܝܘܬܗ. ܐܡܪܘ ܘܥܒܕܘܗܝ، ܘܒܥܘ ܠܡܩܛܠܗ ܕܩܢܐ ܕܡܕܝܢܬܐ. ܘܟܠܗ ܠܥܡܡܐ ܕܝܗܘܕܝܐ. ܒܕ ܕܫܒܩܐ ܒܒܝܬܗܘܢ ܘܦܪܫܐ ܒܥܘܒܕܗܘܢ܆ ܘܡܬܬܟܝܠܝܢ ܗܘܘ ܠܗ ܟܠ ܡܬܒܪܝܢܘܬܗ ܠܟ ܕܡܬܟܢܫܝܢ. ܒܕ ܡܫܬܕܪܝܢ ܠܗ ܒܘܪܟܐ ܘܬܘܫܒܚܬܐ ܕܢܬܡ ܠܗ ܗܒܠܬܗ. ܘܗܘܬ ܒܪܬ ܩܠܗ ܠܬܗܘܢ. ܕܐܬܘܢ ܠܟ ܥܒܕܬܘܢ ܒܐܪܝܚܘܬ ܟܘܫܬܗ ܕܒܠ ܡܠܟܐ ܘܟܘܪܗܡ ܕܒܠ ܡܠܟܐ܆ ܘܝܬܘܢ ܒܪܝܚܘܬ ܕܐܘܪܟ ܐܢܬܘܢ ܒܠ ܠܡܦܠܛ. ܘܠܐ ܒܐܬܘܢ ܒܗ ܘܕܝܬܘܢ، ܐܝܟ ܦܘܩܕܢܗ ܕܡܕܝܢܬܐ. ܕܐܬܐ ܒܐܢܐ ܠܗܘܢ ܘܠܡܕܝܢܬܗܘܢ. ܕܟܐ ܥܕܪܬܘܢ ܠܡܠܟܐ ܕܝܗܒ. ܘܕܝܢ ܗܘܝܬܘܢ ܡܢܗܘܢ ܒܝܬܐ. ܘܠܐ ܫܪܟܐ ܡܢ ܡܕܝܢܬܗܘܢ܆ ܘܗܟܢܐ
ܠܟ ܕܒܗ ܘܫܠܡ. * ܡܟܐ ܒܒܝܬ ܐܬܘܢ܆ ܥܒܕܢ ܗܘ ܠܗܘܢ ܟܕ ܡܢ 44 r
ܒܥܕ ܠܡܕܝܢܬܗ ܕܪܗܘܡܝܐ. ܘܒܕ ܥܒܕܘ ܡܢܗ ܗܠܝܢ. ܕܢܠܐ ܦܠܓ ܡܢ ܡܠܟܘܬܗ، ܘܥܬܝܕܘ. ܘܠܐ ܐܡܪܝܢ ܬܘܒ ܕܢܦܠܘܢ ܠܗ ܡܬܓܒܐ. ܘܐܬܟܢ ܘܐܙܠ ܡܢ ܠܬܗܘܢ ܒܫܒܬܐ ܡܓܐܢܬܐ. ܘܐܘܕܥ ܠܦܪܘܫܐ ܒܗܠܝܢ ܒܠܗܝܢ. ܐܬܚܙܝܬ ܕܝܢ ܡܠܟܐ ܘܦܓܪ ܟܠ ܚܠܗ. ܘܐܙܕܗܪ ܒܗ ܘܥܒܕܗ، ܡܢ ܘܒܪܟܗ،. ܘܦܩܕ ܕܠܐ ܢܬܚܙܐ ܘܒܪܟܗ، ܒܗܘ ܗܘܟܐ. ܡܛܠ ܕܒܠܐ ܗܘܐ ܚܠܦܗ، ܚܒܬܐ ܘܢܓܪܐ. ܘܟܬܪ ܫܡܥܬܐ ܕܚܙܬ ܚܒܬܗ. ܥܒܪ ܘܢܗܒ ܘܐܡܪ ܠܗ. ܕܒܕ ܠܟ ܥܘܠܒܢܐ ܕܫܦܝܐ ܢܗܘܬ ܠܝ: ܘܟܕ ܕܢܚܐ ܕܐܝܠܝܢ ܕܡܬܚܪܝܢ ܠܡܦܠ ܦܘܕܥܝܢ ܒܐܬܪܝܢ ܐܬܬܪܪ. ܐܢܚܘ ܕܡܢܚܬ ܓܒܝܢ ܒܬܫܒܚܬ܆ ܘܥܒܠܬ ܓܒܝܢܐ ܕܡܠܟܘܬ܆ ܘܐܬܢܩܦܬ ܢܘܟܝܢ ܡܢ ܐܝܠܝܢ ܕܐܡܪܝܢ ܕܢܗܘܘܢ ܠܡܦܠ

ܟܝܢܝ. ܐܠܐ ܒܪܥܘܬܟ ܘܒܬܪܒܝܬܐ ܐܬܪܓܠ ܘܬܓܪܐ ܕܡܠܟܘܬܗ ܐܪ̈ܓܘܢ. ܘܫ̈ܠܡܐ ܐܬܓܪܘ. ܘܪ̈ܓܝܫܐ ܡܢ ܟܘܠܗܝܢ. ܕܐܠܘ ܚܝܠ ܒܫܘܬܐ ܕܐܬܘܪܝܐ ܒܡܫܝܚܝܘܬܐ ܕܡܫܝܚܐ. ܟܕ ܕܝܢ ܐܬܝܬ ܗܟܢܐ ܬܘܒܐ ܠܫܝܢܝ. ܘܡܠܟܐ ܗܘܬ ܟܕ ܚܕܪܐ ܡܠܟܘܬܟ ܘܠܐ ܐܝܬ ܒܪܥܘܬܟ ܠܡܟܒܫ ܠܗ ܬܘܩܦܐ ܠܝܬܘܬܟ ܐܦ ܒܐܪ̈ܥܬܐ. ܘܟܠܗ ܕܗܘܐ ܠܟ ܡܢ ܡܬܒܪܐ ܐܢܐ. ܕܐܢ ܟܠ ܡܢܝܢ ܠܐ ܟܐܒ ܠܝ: ܘܐܬܓܪܒܘ ܪ̈ܡܝܐ ܠܐ ܡܢܗܘ ܠܝ: ܟܠ ܢܦܫܝ ܒ ܠܐ ܙܕܩ ܗܘܐ ܕܢܟܐܒ ܠܝ. ܕܒܟܠܝܢ ܒܢܝܐ ܡܬܘܕܐ ܘܕܡ ܟܠܗܘܢ ܒܬܫܘܢ ܕܟܕܢܝܬܗ: ܘܕܢܝܬ ܒܪܥܘܬܟ ܠܡܟܫܐ ܒܥܕܗ ܕܢܫܐ ܕܓܙܪܬ ܟܠܗܘܢ، ܒܐܢܝܘܬܐ ܕܟܢܫ ܡܟܪܙܘܬܗ ܕܡܢ ܢܣܒܘܗ، ܘܦܘܩܕܢܐ ܕܡܫ̈ܬܥܘܗܝ. ܗܘܐ ܗܘܐ ܕܫܠܡܐ ܘܥܘܒܕܐ ܠܡ̈ܫܝܚܐ ܕܐܬܟܘܗܝ. ܘܫܡܥܝܢ ܗܘܝܬ ܗܟܢܐ ܡܢ ܕܠܡܟܬܒ ܕܟܬܒ ܦܓܪܐ. ܘܫܠܚ ܠܟ ܕܗܘܐ ܠܐ ܒܟܒܕ. ܗܘ ܗܘܐ ܬܘܒ ܠܟ ܐܣܦܝ. ܘܡܬܪܫܝܬ ܠܟ ܒܕܠܐ ܒܬܪ: ܕܒܡܬܪܫܡܢܘܬܐ ܦܓܪܐܝܬ ܡܬܬܪܝܫ ܠܟ ܕܒܫܐ ܦ̈ܓܪܐ. ܘܫܠܚ ܕܬܬܒܪܟ ܒܡܘܡܝܢ ܕܠܐ

44 a ܦܩܘܕ ܒܪܥܘܬܟ ܠܡܬܒܥ ܬܒܥܬܐ ܕܢܦܫܝ. ܗܘܐ * ܡܬܒܪܟܬ ܒܡܬܪܡܝܢܘܬܐ ܕܦܓܪܘܬܐ. ܕܡܫܠܡܐ ܚ̈ܠܠܐ 80 ܕܡܫܠܡܘܬܟ. ܘܟܕ ܚܙܐ ܦܪܘܫܐ ܕܐܬܡܠܟܬ ܒܡܬܐ ܘܒܪܘܬܐ ܒܟܠ ܫܠܡ. ܡܠܟܐ ܠܟܘ ܡܢ ܒܪ̈ܘܬܐ. ܐܝܟܢܐ ܕܐܬܦܠܚܐ ܡܘܡ ܒܪܘܫܐ ܘܐܡܪ ܗܘܐ ܠܗ ܟܠ ܪ̈ܚܡܘܗܝ، ܘܟܕ ܐܘܫܠ ܘܬܚܒ ܡܢ ܒܪܘܬܐ. ܒܪܬܗ ܠܗ ܟܠܗܘܢ، ܠܦܪ̈ܘܫܐ. ܘܡܠܐ ܟܠܗܝ ܘܟܢܐܘ. ܕܡܢ ܗܟܐ ܠܟ ܠܐ ܬܫܒܚ ܟܦܢܐ ܟܠ ܗܕܐ. ܘܪܚܡܐ ܡܕܡ ܠܐ ܢܦܠ ܠܝ. ܟܠ ܐܠܗܝ ܕܡܢ ܐܬܐܡܪ ܠܝ. ܒܢܝܢ ܕܝܢ ܠܐ ܐܝܬ ܢܕܒ ܒܐܠܗܝ ܕܓܒܪ ܘܐܬܚܙܝܬ ܒܗܕܐ ܡܕܝܢܬܐ ܗܢܘܢ ܒܟܘܪ̈ܝܗ: ܒܕܡܐ ܕܗܘܢܐ ܡܢܗܘܢ ܬܒܥܬܐ ܒܐܝܘܬܐ: ܐܝܟ ܗܟܐ ܕܒܟܝܢ ܫܡܥܝ̈ܢܘܢ ܕܠܡܐ ܢܫܠܘܢ ܡܢ ܫܠܘܬܗ ܘܢܣܒܘܢ ܒܡܬܕܪܫܢܘܬܗ ܡܛܠ ܕܝܢ ܕܦܠܓ ܐܕܪܫܬ: ܕܢܐܒ ܠܗ ܠܒܪܝܫܘܗ ܙܒ ܚܝܠ ܟܠ ܐܢܫܝܢ ܕܠܐ ܢܬܟܪܙ. ܥܒܪ ܠܝ ܕܠܡܢܐ ܝܠܠܐ ܘܢܘܕܝܗܘܢ، ܟܝܢܝ. ܐܝܟ ܕܗܘ ܢܒܝܗܘܢ، ܠܫܒܪܢܐ. ܓܒܪܐ ܘܗܘ ܓܒܪ ܕܝܕܥܬ ܘܡܕܡ ܫܡܪ̈ܢܐ. ܘܪܚܡܘ، ܠܫܠܡ ܘܢܦܩ ܡܢ

ܡܬܕܡܪܝ. ܟܕ ܐܟܝܠ ܘܩܕܡ ܪܢܝܗ. ܘܗܘܐ ܡܢ ܟܠܗ ܥܠܡ ܘܫܒܚܗ. ܥܠ ܡܫܝܚܘܬܗ ܠܥܠܡܗ ܘܠܡܫܬܪܬܗ ܕܥܠܡܐ ܐܝܟ ܕܟܬܒ. ܘܫܝܚܘܬܗ ܘܠܡ ܟܠܗ ܦܢܝܬܐ ܘܐܘܪܚܬܗ. ܟܠܗܝܢ ܐܝܠܝܢ ܕܚܙܐ. ܒܡܫܬܒܠܝܢܘܬܗ ܘܐܬܛܥܝ. ܘܬܘܪܗ ܕܠܐ ܐܝܟ ܗܢܐ ܒܥܠܡ: ܟܕܒܐ ܠܗ ܕܗܘܐ ܐܝܟ ܠܗ ܥܠ ܟܪܘܙܘܬܗ ܀ ܡܫܝܚܐ ܕܝܢ ܠܐ ܐܫܬܘܕܥ ܠܥܡܐ. ܐܠܐ ܡܢ ܠܡܫܝܚܐ ܕܦܢܝܬܐ. ܘܐܝܟ ܕܠܦܘܪܫܢܐ ܕܐܠܗܘܬܗ ܡܬܝܚܕ ܗܘܐ ܒܟܠ ܩܠܐ ܕܡܦܪܫܘܬܐ ܟܕ ܐܡܪ. ܡܛܠ ܕܐܫܬܒܚ ܠܡ ܬܫܒܘܚܬܐ ܒܟܘܪܗ ܕܡܠܟܘܬܗ. ܐܬܗܡܢܝܬ ܗܘܕܥܬܐ ܕܡܫܬܘܕܥܢܘܬܗ ܀ ܐܡܪ ܡܫܝܚܐ. ܠܐ ܠܡ ܐܢܫܐ ܘܫܪܝܪܐܝܬ. ܐܠܐ ܐܝܟ ܟܕ ܥܒܕܐ ܦܠܚܐ ܕܢܣܒܘܗܝ ܥܠ ܐܘܣܝܐ ܕܢܦܫܗ ܕܠܐ ܬܬܟܢܪ: ܡܢ ܩܪܒܗ ܕܝܢ ܕܡܬܠܬܗ ܕܦܢܝܬܐ ܐܪܝܟ ܒܡܫܝܚܐ ܘܫܪܝܪܐ: ܕܬܘܒ ܬܪܥܐ ܠܟܪܘܙܘܬܐ ܘܠܥܡܐ. ܐܡܪ ܠܗ ܡܫܝܚܐ. ܒܢܝܐ ܡܬܘܕܥܐ ܠܝ ܒܥܠܡ ܐܘ ܪܢܝܐ ܕܐܠܗܐ ܀ ܡܫܝܚܐ ܕܝܢ ܗܘܝܠ ܗܘܐ ܒܢܦܫܗ 45 r.

ܘܫܬܝܩ. ܘܠܐ ܒܟܝܠ ܐܫܬܘܕܥ ܗܘܐ ܠܥܡܐ.. ܐܡܪ ܠܗ ܦܢܝܬܐ. ܒܪܘܚܘܬܗ ܠܡ ܕܐܠܗܐ ܡܘܒܠܐ ܐܢܐ ܠܝ. ܕܠܐ ܬܬܥܒܕ ܪܫܝܢ ܘܬܬܚܫܒ ܡܢ: ܒܐܝܠܝܢ ܕܬܬܚܙܝܢ ܠܝ ܕܡܥܒܕܢ ܘܡܫܝܚ ܠܥܠܡܝܢ.. ܐܡܪ ܠܗ ܡܫܝܚܐ. ܒܪܐ ܗܘ ܐܠܗܘܬܗ ܡܪܝ ܡܠܟܐ. ܕܒܢܝܬܐ ܘܬܬܪܝܢ ܐܘܪܚܝܢ ܒܟܘܬܗ ܡܢ ܥܠܡܐ ܕܚܝܠܐ ܕܡܠܟܘܬܗ ܥܠ ܐܘܫܒܚܘܗ ܕܠܐ ܡܬܟܢܪ. ܘܥܠ ܡܬܩܪܒܘܬܗ ܒܡܢܝܢܘܬܐ ܕܠܐ ܡܬܪܥܝ ܡܢ ܬܫܒܘܚܬܗܘܢ ܘܡܬܒܥܝܢ ܡܢ ܒܟܘܪܗܘܢ. ܒܟܠܗ ܐܪܥܐ ܡܪܢܐ ܒܠܬܪ ܡܢ ܒܝܫܬܐ ܘܚܛܗܐ ܪܘܚܢܝܐ ܕܐܢܫ ܐܬܐܢ ܚܕܐ ܒܟܠ ܥܒܘܕܘܬܗ. ܡܫܪܝܢ ܚܕܐ ܐܬܪܘܬܐ ܕܐܘܪܚܢ. ܘܫܠܝܚ ܫܒܚܐ ܒܪܝܐ ܘܫܡܥܝܢ ܒܟܠܗܝܢ ܡܠܟܘܬܐ ܕܐܪܥܐ. ܠܐ ܒܪ ܦܠܚܐ ܠܗ ܠܡܠܟܘܬܗ. ܕܐܦ ܒܗܘܢܐ ܗܘܝܢ ܗܠܝܢ ܐܫܬܒܚ ܡܢܗ ܟܠܗ. ܘܐܠܘ ܠܐ ܡܠܟܘܬܗ. ܫܦܝܪܐ ܕܐܦܠܐܘܣ ܫܒܚܐ. ܟܕ ܕܝܢ ܡܫܢܝ ܥܒܕܐ ܗܘܬ ܪܘܡܢܐ ܘܦܪܝܫܐ ܥܠ ܒܟܘܪܗ. ܘܠܐ ܡܫܬܒܚܢܐ ܗܘܬ ܡܠܟܘܬܗ ܒܟܠܝܢ. ܘܗܘܝܐ ܡܢ ܡܠܟܐ. ܡܛܠ ܕܐܫܬܒܚ ܒܟܕܝܢ ܬܫܒܘܚܬܐ ܒܟܘܢ ܡܠܟܘܬܗ: ܘܐܬܚܙܝ ܚܕ ܡܢ ܫܒܚܝܗ:

ܠܡܬܠ ܡܠܟܐ ܕܠܐ ܥܠ ܨܒܘ ܕܡܬܪܢܝܐ ܡܠܟܘܬܗ܆ ܦܫܛܐ ܟܕ ܒܒܘܬ̈ܐ ܕܡܦܪܫܝܢ ܠܡܬܕܒܪܢܘܬܟܘܢ. ܕܐܝܟ ܡ̈ܠܟܐ ܗܦ̈ܟܐ ܕܟܠܠ ܠܗܘܢ ܥܠ ܡܘܕܝܐ ܕܡܠܟܘܬܗܘܢ. ܐܓܪܐ ܪܘܚܐ ܠܐ ܐܘܪܚܬܗܘܢ. ܘܫܘܠܡ ܐܠܦܐ ܕܡܫܝܚܘܬܗܘܢ. ܟܕ ܬܘܒܐ ܘܡܬܟܪܝܐ ܡܠܟܘܬܗܘܢ. ܘܡܟܐ ܕܐܝܬܘܗܝ ܠܗܘܢ ܐ̈ܠܗܐ ܡܢ ܥܠܡܐ ܣܓܝ̈ܐܐ. ܘܐܫܬܟܚܬܘܢ ܡܢ ܡܬ̈ܚܡܐ. ܐܦ ܠܐ ܐܝܬ ܒܡܕܝܢܬܐ ܒܥܕ̈ܬܐ ܐܘ ܒܥܕ̈ܢܐ ܕܥܡܡ ܠܡܪ̈ܘܬܐ. ܡܫܬܠܛܝܢ ܠܕ̈ܝܢܝܗܘܢ ܕܐܬܪܐ ܘܡܬܕܪܫܝܢ ܒܡܫܐܬܐ. ܐܝܟ ܕܦܩܕܝܢ ܠܦܩ̈ܘܕܐ ܕܠܘܬܐ. ܘܟܕ ܫܐܠܬܐ ܘܫܪ̈ܪܐ ܡܫܬܘܕܝܢ ܗܘ̈ܪܣܝܗܘܢ. ܘܡܫܘܕܝܢ ܗܟ̈ܠܘܬܗܘܢ ܘܥܕܡ ܒܢ̈ܝܐ ܚ̈ܛܝܐ ܕܡܕܝܢܬܗܘܢ. ܘܡܫܡܠܝܢ ܗܘܘ ܒܪ̈ܝܐ ܕܗܪ̈ܣܝܣܗܘܢ. ܘܡܬܗܠܠܐ

ܒܐܝܢܬܗܘܢ. ܕܠܐ ܐܢܫܐ ܘܫܪܝܪܘܬܐ ܠܚܝ̈ܐ ܗܘܬ ܠܗܘܢ 48 v. * ܡܠܟܘܬܗܘܢ. ܟܕ ܠܗ ܕܝܢ ܠܦܪܘܣܐ ܡ̈ܠܘܗܝ ܕܡܫܝܚܐ. ܘܐܬܡܨܠ ܒܠܘܗܝ ܙܪܒܐܝܬ .. [1] ܥܠ ܦܘܠܚܢܐ ܕܝܢ ܡܫܡܫܢܐ ܐܬܪܐ ܒܠܘܗܝ ܫܒܝܐ. ܕܐܦ ܠܐ ܒܥܘܪ ܢܦܫܗ ܘܫܦܝܪ ܡܢ ܦܘܠܚܢܗ: ܘܒܬܪ ܒܝܠܘܬܐ ܕܝܪܬܐ ܘܫܠܡ ܠܫܦܝܘܬܗ ܘܫܦܪ ܠܫܬܒܪܐ. ܢܗܘܐ ܠܗ ܫܘܒܚܐ ܘܫܬܩܢ ܫܠܝܛܘܬܗ. ܐܦ ܕܝܢ ܒܗ ܒܪܟܢܐ ܕܦܘܠܚܢܗ ܡܘܗܒ. ܗܕܐ ܗܘܐ ܢܨܝܚܐ. ܘܢܦܩܘܗܝ ܠܒܝܬܐ ܢܨܝܚܘܗܝ. ܐܝܟ ܦܪܣܦܘܢܐ ܕܒܥܕܢ ܡܠܟܘܬܐ. ܘܟܕ ܩܠܝܠ ܘܡܫܝܚܐ ܕܐܠܗܐ ܐܬܪܐ ܫܒܝܐ ܥܠ ܐܬܠܒܫܗ ܕܡܫܝܚܐ. ܗܘܐ ܒܗܘܬܐ ܗܘܐ ܣܓܝܐܬܐ. ܘܢܦܩ ܡܢ ܡܕܝܢܬܐ ܕܦܪܘܣܐ. ܟܕ ܒܪܐ ܠܗ ܘܫܒܩ ܥܠ ܦܬܓܡܐ ܗܠܝܢ. ܘܫܪܪ ܒܐܝܪ ܒܫܡܐܝܬ ܘܐܘܕܥܗ ܠܦܘܠܚܢܐ ܡܫܡܫܢܐ ܒܟܠܗܝܢ ܗܠܝܢ ... ܒܚܝܠܗ ܕܝܢ ܕܐܠܗܐ. ܠܐ ܐܬܦܠܚܬ ܠܗ ܐܘ ܐܬܪܬ، ܪܘܚܗ ܒܐܠܗܝܢ ܕܐܠܗ ܐܠܐ ܕܐܝܟ ܗܕܐ ܘܗܘܪ ܕܟܝܢܗ. ܘܡܫܝܚܘܬܐ ܕܠܗܘܢ ܐܚܪ̈ܝ ܗܕܐ. ܦܘܠܚ ܠܗ ܡܘܕܐ ܕܗܠܝܢ ܥܠ ܢܡܘܣܐ. ܕܡܘܕܐ ܘܗܘ ܠܐ ܙܕܩܐ ܡܢ ܥܠ ܡܘ̈ܩܕܝܢ. ܕܐܬܪ ܡܢ ܕܗܘܐ ܫܬܝܐ ܕܡܨܒܥ ܘܡܫܠܐ ܫܠܝܠܗ ܘܡܬܚܪܬܗ ܗܘܢܐ ܡܗܘܡܢ ܪܚܝܩ ܠܐ ܦܘܠܚܢܗ ܕܡܫܡܫܢܘܬܗ. ܘܦܘܠܚ ܫܒܝܐ ܕܡܫܬܩܠܐ ܐܝܟ ܕܐܝܬ ܠܐ ܒܡܫܡܫܢܘܬܗ،

1) Hier von späterer Hand ܡܪܝ am Rande.

ܒܡܘܬܗ̇ ܕܡܫܝܚܘܬܗ̇܆ ... ܘܒܬܪ ܗܦܟܝܢ ܥܠܝܡܘܬܗ ܕܡܟܝܟܘܬܗ ܘܫܘܫܗ ܗܠܝܢ ܬܡܢܗ ܗܘܐ ܘܡܬܕܒܪ ܥܠ ܐܪܚܝܢܗ ܫܠܝܚܐ ܕܗܢܐ ܒܪܢܫܐ ܕܐܠܗܐ: ܠܒܪܐ ܕܐܬܪܒܝ ܒܢܝܫܐ ܘܒܦܘܢܩܐ. ܘܗܘ ܕܡܒܝܢܗ ܕܠܐ ܡܠܟܐ ܡܢܐ ܒܠܘܗܝ، ܐܝܟܢܐ ܕܒܡܕܝܢܬܐ. ܘܚܙܐ ܗܘܐ ܠܗ ܠܦܬܟܐ ܘܡܠܘܫܐ ܗܘܐ ܠܡܫܝܚܘܬܗ ... ܘܗܦܟܬ ܗܘܬ ܕܬܬܪܝܡ ܪܬܝܡ ܥܠܝܗ ܠܗ ܘܢܘܗܪܗ ܡܛܠ ܠܗ ܕܢܦܩ ܐܢܐ ܐܢܫ ܕܠܒܪܐ ܐܢܬ ܕܒܢܝܫܐ ܘܒܦܘܢܩܐ ܐܬܪܒܝܬ: ܘܠܐ ܡܬܬܘܡ ܒܗܕܐ ܒܠܥܝܢ ܢܦܘܫܐ ܡܢܐ: ܘܠܐ ܒܡܐ ܠܝܢ ܐܟܢܘܬ ܣܓܝܐܐ ܕܡܕܝܢܬܐ. ܘܗܟܢܐ ܐܢܫ ܒܡܢ ܢܦܫܝܢ ܘܐܬܒܝܢ ܒܗ ܒܡܘܒܠܢܐ: ✱ ܐܠ ܡܢܝܬ ܒܫܠܝܐ ܠܡܫܡܠ 40 r.
ܣܓܝܐ ܕܡܕܝܢܬܐ. ܘܐܠܐ ܒܪ ܐܢܬ ܠܝ ܐܢܫ ܐܬܪܐ ܩܠܝܠ. ܦܪܘܣ ܢܘܬܪܝܢ ܥܕܡܐ ܐܝܟ ܕܡܢܝܬ. ܒܪ ܠܐ ܢܦܫܝܢ ܐܝܟܢܐ. ܘܐܒܪܗ ܢܦܫܝܢ ܘܒܒܠ ܕܢܘܚܬ: ܒܫܠܐ ܕܠܐܘܝܢ ܦܘܪܣܗ ܕܒܩܠܐ. ܐܝܟܢܐ ܒܪ ܕܢܒܐ ܡܢ ܬܪܬܝܢ ܬܒܥܐ SO ܠܝ. ܕܐܘ ܢܦܫ ܪܓܠܐ ܠܒܪܐܢܬ ܘܬܒܬܒܫ ܒܡ ܢܦܫܗ، ܕܒܠܒܪܐ: ܘܢܒܪܐ ܒܠܠܐ ܡܢ ܪܒܢܐ. ܐܘ ܢܐܢܫܕ ܗܡܝܢܘܬܐ ܒܢܦܫ: ܘܢܫܠܛ ܐܬܪܐ ܡܠܠܐ ܪܒܢܐ: ܘܢܦܩܬ ܢܦܫܝ ܡܢ ܢܐܦܘ ܕܪܘܦܝܢ. ܠܘ ܒܪ ܗܟܢ ܡܬܢܚ ܪܒܢܗ. ܐܝܟܢܐ ܕܡܢܐ ܒܠܐ ܠܐܝܠܝܢ ܕܢܒܥܐ. ܡܢ ܐܢܬ ܒܪ ܐܢܫ. ܕܠܘ ܕܒܠ ܐܢܫ ܗܘ، ܠܡܫܡܠ ܣܓܝܐ ܕܡܕܝܢܬܐ. ܡܫܡܠܢܬܐ ܗܘ، ܒܢܝܪ ܬܫܡܫܬܐ. ܘܕܠܝܠܐ ܐܢܘܢ ܐܝܠܝܢ ܕܫܡܝܢ ܠܗ. ܘܗܠܝܢ ܐܢܫ ܕܡܕܡܬ ܐܘܪܚܬܢ. ܡܫܡܬ ܕܢܡܘܣܐ ܠܝ ܐܬܪܐ ܕܬܬܢܫܒ ܠܡܫܒܪܢܝ. ܦܪܘܢܐ ܒܪ ܠܦܠܝ ܠܢܦܬ ܠܗ ܥܠܝܐ ܡܢܝ. ܐܘ ܐܒܦܪܢ ܒܗܡܫܝܚܘܬܐ ܘܥܠܝܬܗ ܠܡܦܬܘܬܗ. ܐܘ ܢܗܘܢ ܠܗܦܠܐ ܘܢܒܩܘܢ ܠܒܝܬܐ. ܘܗܟܢܐ ܐܢܫ ܐܠ ܡܫܡܬ ܬܪܬܝܢܗܘܢ ܘܡܢ ܚܢܝܢ. ܕܠܝ ܗܘ، ܡܢ ܗܟܢܐ ܕܬܬܢܫܒ ܠܗ ܠܡܫܒܪܢܐ ... ܠܦܬܟܐ ܕܝܢ ܡܬܡܫܝܢܐ ܒܪ ܡܠܦ: ܕܐܝܢܐ ܒܒܠܐ ܙܒܢܐ ܠܗ ܠܓܙܪܐ ܡܦܠܬܗ. ܥܒܪ ܡܠܐ ܒܠܒܗ ܘܒܢܐܗ. ܕܠܐ ܠܡ ܬܗܒ ܢܦܬܐ ܐܝܬ ܒܠ ܗܕܐ. ܕܠܘ ܠܡ ܡܢ ܢܦܫ ܠܝ ܕܢܐܪ ܐܢܐ ܠܗ ܠܗܕܐ ܬܦܢܘܬܐ ܕܦܠܚܬ ܒܗ. ܕܒܪ ܚܢܢ ܡܢ ܕܢܐܪ ܐܢܐ ܠܗ ܒܪ ܢܦܫ. ܘܗܟܢܐ ܠܡ ܕܦܠܚ ܪܒܢܐ ܘܐܘܦܝܬ ܢܬܠܝܗ ܠܝ. ܐܫܬܐܠ

ܠܐ ܡܟܝܠ ܐܝܟ ܥܠܡܐ: ܘܐܝܟܢܐ ܚܙܝܐ ܠܒܢܝܢܐ ܕܐܬܬܦܪܥ ܒܗ. ܗܐ ܠܗ ܠܡ ܠܐܝܠܝܢ ܕܗܘܘ ܒܬ̈ܪܥܐ ܒܡܕܝܢ̈ܬܐ: ܒܡܠܬܐ ܕܡܬܚܫܒܢ ܩ̈ܠܝܠܐ ܠܫ̈ܘܬܠܝܦܐ. ܠܐ ܐܡܪܢ ܗܘ ܒܪܝ ܐܠܐ ܒܡܫܘܕܥܢܐ ܕܐܒ̈ܗܝ ܠܝ: ܐܘ ܥܠܡܐ ܘܒܢܝܢܐ: ܐܝܟܢܐ ܡܬܐܣܝܢ ܕܟܣܝܐ ܕܡܟܬ ܠܟ. ܠܐ ܢܚܡ ܒܝ ܚܛܝܐ ܡܢ ܬ̈ܘܠܕܘܗܝ، ܡܛܐ ܕܢܡܫܚ ܠܒܢܘܗܝ. ܘܢܬܪܡܐ ܗܝܡܢܘܬܐ ܡܢ ܬܪܥܗ. ܠܐ ܢܫܠܛ ܒܝ ܚܛ̈ܝܘܗܝ، ܒܗ̇، ܥܒܕܬܐ ܕܡܦܪܥܢ ܘܢܣܒܢ ܒܩ̈ܠܝܠܘܬܗܘܢ * ܘܫܡܕܘܢܝ ܘܐܥܒܪܘܢ ܠܝ: ܕܐܝܟܢܐ 46 r. ܚܠܝܠܘ ܚܝܘܬܐ ܥܠܡܐ ܡܟܦܪ ܚܠܝܠܗ ܒܪܫܝܬܗ. ܠܐ ܢܟܦܪ ܒܝ ܒܪܐ ܡܢ ܐܒܘܗܝ: ܒܡܠܐ ܐܘܕܝܬ ܒܗ ܡܢ ܩܕܡ ܒܣܘܪܐ ܕܟܠܗ ܘܦܠܠܓܗ ܬܘܕܝܬܗ. ܗܐ ܠܗ ܐܝܟ ܠܐܝܠܝܢ ܕܢܥܒܕ ܗܠܝܢ ܩ̈ܢܝܬ ܩܠܐ ܕܒܗܘܢ ܗܒܪܐ: ܒܗ̇، ܥܒܕܬܐ ܕܫܠܚܬܐ ܕܠܝܬ ܒܗ̇ ܕ̈ܝܢܐ ܒܠ ܡܦܩܠܢܐ. ܐܠܐ ܒܬ̈ܪܥܐ ܕ̈ܠܝܠܬܐ ܒܝ ܥܡܠ ܐܢܐ ܕܒܗܬ، ܒܠ ܗܘܕܝܐ: ܘܗܫܡ ܐܢܐ ܒܪܫܝ ܚܠܝܠܐ ܕܡܕܪܫܘܬܝ. ܐܚܘܠ ܒܡ ܚܛܝܐ ܠܟܠܘܢ. ܒܝ ܠܒܝ ܐܢܐ ܫܠܝܬܐ ܕܡܥܬܘܬܐ. ܘܐܚܪܐ ܘܐܬܒܣܡ ܒܗ̇، ܡܥܬܘܬܐ ܪ̈ܘܚܢܝܬܐ. ܕܚܕܘܬܗ ܠܐ ܦܠܛ̈ܐ ܘܡ̈ܚܝܠܘܗܝ ܠܐ ܡܟܬܪܝܢ. ܘܐܢܬ ܐܝܟ ܕܡܡܚܝܢܐ: ܐܢ ܗܘ ܕܢܦܩ ܚܘܒܟ ܓܐܕ: ܡܕܐ ܓܠܐ ܒܠ ܘܒܕܝ ܡܢ ܡ̈ܢܝܢ ܕܡܓܠܠ ܢܬܬܚܝܒ ܠܝ ܬܪܥܐ ܕܡܕܪܫܘܬܐ. ܘܒܝ ܦ̈ܠܠ ܡܚܝܠܘܗܝ ܒܬܪ̈ܥܘܗܝ ܕܦܠܓܘܬܐ ܡܡܫܡܫܢ. ܗܡ ܐܝܟ ܒܠ ܚ̈ܝܠܘܗܝ ܘܢܥܡ ܐܝܟ. ܘܩܒܠܐ ܗܘ̣ܐ ܚܫܝܫܐܝܬ ܒܠ ܢܦܫܝ ܒܝ ܐܡܪ. ܘܝ، ܠܝ ܠܡ ܕܦܪܝܫܬ ܘܓܒܪܬ ܡ̈ܫܒܚ ܘܠܐ ܐܬܬܓܪܬ ܒܗܘܢ ܡܬܪܢܐ ܠܡܘܬܐ. ܘܝ، ܠܝ ܕܒܬ̈ܪܥܐ ܒܡܕܝܢ̈ܬܐ ܡܫܒ ܐܢܐ ܚܘܫܒܢܐ ܕܒܒܪܐ ܕܐܓܠܠ ܠܝ. ܘܝ، ܠܡ ܕܠܝܬ ܓܠܝܬ ܬ̈ܪܥܐ ܒܡܚܒܘܬ،. ܕܠܐܢܬܬܐ ܡܓܒܠܬܐ ܕܠܝܬ ܠܗ̇ ܬ̈ܪܥܐ ܕܒܢܬܗ. ܘܡܓܒܠܢܐܝܬ ܐܚܝܕ ܐܢܐ ܠܗ̇ ܒܪܚܝܡ ܒܡܐܢܬ. ܘܡܢܐ ܐܡܒܒ ܡܢܐ ܕܕܘܢܐ ܠܝ ܡܚܒܘܬ، ܕܒܡܬ ܚܠܝܠܗ ܒܓܘ ܪܚܝܡ. ܘܠܐ ܦܪܝܫܬ ܒܗ ܠܡܓ̈ܢܝܐ. ܘܡܢܝܢܐ ܕܐܬܬܓܪܬ ܒܗ ܒܒ̈ܪܐ ܘܚܛܝܪܬ ܒܗ̇. ܗܘܝܬ ܥܠܡܐ ܒܡܐܪܘܬ،. ܘܥܪܒܬ ܓܐܕ، ܡܡܚܝܘܬܐ. ܘܕܫܠ ܐܢܐ ܕܕܠܡܐ ܒܝ ܐܝܟܢܐ ܚܠܝܬ ܒܡܕ̈ܝܢܐ ܠܒܢ̈ܝ ܡܚܝܘܬܝ. ܐܝܟܢܐ ܠܡܘܬܐ ܚܠܝܬ ܡܫܟܢܐ: ܘܐܝܟܠ ܡܢ ܕܪܓܐ

ܙܕܩܐ ܕܡܗܝܡܢܘܬܐ: ܘܡܛܠ ܕܬܘܕܝܘ ܘܗܘܐ ܒܝܬܐ ܠܥܕܬܐ. ܘܡܫܚܐ ܒܗ ܡܫܝܚܐ ܡܠܟܘܬܗ ܕܐܠܗܐ. ܒܬܪ ܕܝܢ ܕܠܐ ܫܥܐ ܕܐܬܬ ܠܫܥܝܗ ܕܢܘܩܦܘܬܐ ܕܥܡܘܠ ܫܒܝܢ. ܐܦ ܚܫ ܠܡܫܝܚܐ ܕܐܠܗܘܬܟ. ܐܫܡܥ ܕܐܠܦܢ ܚܫܐܘܗܝ ܕܢܘܩܦܘܬܟ ܒܝܕ ܚܫܘܗܝ ܘܥܒܕܘܗܝ ܕܡܗܝܡܢܘܬܗ. ܠܐ ܓܝܪ ܡܕܡ ܚܣܝܪ ܐܢܫ ܒܠܒܟ ܕܢܘܩܦ ܐܢܫܐ ܒܗܝܡܢܘܬܗ܇ * ܐܦ 47 r. ܠܐܠܗܘܬܟ ܟܠܢܫ ܒܥܠܬܗ. ܕܠܘ ܡܢ ܚܫܘܗܝ ܕܡܗܝܡܢܘܬܐ ܒܠܚܘܕ ܕܐܬܕܝܢ ܟܠܠܗ ܥܕܪܗ ܕܡܗܝܡܢܘܬܗ. ܐܠܐ ܦܠܓܐ ܕܒܥܬܐ ܘܡܫܬܥ 80 ܕܐܘܒܕ ܟܠܗ ܐܘܒܕܢܐ ܕܢܦܫܐ. ܕܒܝܕ ܬܟܠܬܗ ܕܡܪܘܬܗ. ܢܗܘܐ ܢܦܫܐ ܥܠܠ ܠܒܝܬܟ ܡܫܝܚܐ: ܕܥܡܘܠ ܦܬܓܡܟ ܘܦܩܕ ܠܫܠܝܚܝܟ. ܘܕܬܬܒܪܐ ܓܝܪ ܕܒܝܬܐ ܕܡܘܬܪܐ ܡܢ ܥܒܕܝܟ. ܘܡܫܚܐ ܡܕܝ. ܠܐ ܢܟܝܠ ܢܥܠܘܢ. ܐܠܐ ܢܓܘܢܗ ܕܐܠܗܘܬܟ ܢܬܩܪܒܘܢ܆ ܘܒܕ ܒܗܠܝܢ ܫܘܒܚܐ ܙܕܩܐ ܗܘܐ ܥܕܪܢܝ. ܘܡܫܬ ܒܠܗܘܢ. ܥܠܬܐ ܡܘܪܬܐ ܕܠܐ ܒܥܕܗ. ܘܐܡܝܢ ܕܒܠܐܬܐ ܐܬܬܝܗܒܬ ܠܗ ܡܗܝܡܢܘܬܐ ܕܐܝܟܢ ܗܘܐ ܒܦܫܩܝ. ܒܐܘܪܚܐ ܕܐܬܬܐ ܡܢܗܡܢܘܬܐ. ܘܒܢܘܢܐ ܗܘܬ ܘܫܦܐ ܢܬܒܗ. ܘܐܚܪܢܐ ܗܘܬ ܒܐܝܕܗ ܩܠܝܠܐ ܬܝܪܝܢ. ܘܬܡܗܝܢ ܗܘܘ ܟܠ ܚܝܠܘܬܗܘܢ܆ ܘܡܫܝܚܢ ܒܪܥܝܢܗܘܢ܆ ܘܕܠܝܢ ܠܡܫܝܚܘܬܗܘܢ܆ ܐܝܟܢܐ ܕܠܒܫܘܗܝ ܡܫܝܚܐ ܗܘܬ ܒܝܬܐ ܠܥܒܕܝ ܒܠܝܫܐ ܕܬܫܒܘܚܬܗܘܢ܆ ܘܐܡܝܢ ܦܪܝܫܐ ܗܘܬ ܠܡܫܡܠܝܘ ܘܠܒܝܬܐ ܘܡܫܬܪܝܐ ܠܗ. ܕܐܦ ܡܫܬܒܠ ܐܝܬ ܡܢܐ ܡܬܚܙܝܐ ܠܟ ܒܗܠܝܢ. ܗܘ ܕܝܢ ܒܝܬܐ ܘܡܦܪܫ ܠܗ. ܡܫܬܒܪܐ ܠܗ ܡܪܬܟ. ܕܢܦܫܐ ܐܝܟܢ ܘܡܫܬܐ ܕܥܕܬܐ. ܐܡܪܐ ܠܗ ܥܡܪ ܢܦܫܐ ܐܝܬ. ܒܕ ܥܠܝܠ ܘܕܠܟ ܚܕ ܡܫܝܚܐ܆ ܒܬܪ ܕܝܢ ܠܡܫܝܚܐ ܚܝܠܐ ܠܟ ܘܫܠܡ ܡܫܬܡܥܬܐ ܒܠ ܠܒܟ. ܒܕܠܐ ܐܬܬܪܝܬ ܠܐܓܘܢܐ ܟܠܝܐ ܕܡܗܝܡܢܘܬܐ. ܕܐܠܘ ܠܐܬܪܬܐ ܠܐ ܫܡܥܟ ܡܫܝܚܐ. ܐܡܪܬ ܕܝܢ ܘܒܕܡ ܐܬܩܒܠܟ ܠܕܝܢܟ. ܢܚܡ ܐܢܐ ܓܝܪ ܥܘܪܗ ܕܕܚܠܝ ܕܬܚܝܬ ܒܝܬ ܐܬܪܬܗ. ܘܡܢ ܒܬܪ ܐܡܪܬ ܠܗ ܐܬܟܠܝܟ ܐܘܡܢܝܟ. ܘܕܠܡܐ ܗܟܝܠ ܬܬܦܠܓ ܠܟ ܐܘ ܬܬܒܪܐ ܢܘܣܟ ܒܗܕܐ: ܕܠܐ ܠܦܬܟ ܫܥܝܗ ܕܡܗܝܡܢܘܬܐ ܟܠܗܬܐ. ܡܗܝܡܢܘܬܟ ܓܝܪ ܕܠܝ. ܟܠ ܒܪܢܫܐ ܒܫܢܐ ܥܡܠ ܐܝܬ ܠܗ ܒܫܘܠܬܗ. ܘܡܦܩܝܢ ܕܢܟܠܘܢ ܕܗܒܬ

ܥ̈ܢܝܐ ܘܐܘܠ̈ܨܢܐ ܣܓܝ̈ܐܝܢ ܐܟ̈ܣܢܝܐ: ܘܬܢܚ̈ܬܐ ܡܬܬܢܚ̈ܢܝܬܐ ܕܟܠ ܒ̈ܪܬܗ ܕܡܫܝܚܐ. ܘܡܫܒ̈ܚܢܝܢ ܫܦܝܪܐ ܘܗܘܦ̈ܟܝܢ ܠܕܝܪܐ. ܘܡ̈ܠܟܝܢ ܠܓܒܐ. ܘܡܫܠܡ ܒܫܠܡܗܘܢ ܫܦܝܪܐ ܙܘ̈ܥܐ ܕܡܬܚܙܐ ܐܬܚܙܝܬ ܒܗܘܐ. ܒܙܒܢ * (47 v.) ܕܗܘܐ ܠܝ ܣܝܒܘ. ܐܠܐ ܫܪܝ ܕܟܝܢ ܒܗܘܬܐ. ܘܠܒܟܐ ܬܬܦܪܢܣ ܠܐܒܝܗܘܬܐ ܟܠܝܐ ܡܬܝܕܥܐ. ܬܬܟܫܦ ܠܒܪ ܒܙܒܢ ܠܫܡܗ ܕܐܠܗܐ .... ܘܟܕ ܬܗܘܐ ܒܗ ܡܟܝܠܘ ܒܫܝܢܐ. ܢܓܒܐ ܗܘܐ ܠܡܐܟܠ ܕܟܬܒܐ ܗܘ̈ ܗ̇ܘ ܕܐܬܬܢܝܚܬ ܠܗ. ܗܘ̈ ܕܗܝ ܒܪ ܓܫܡܐ ܒܝܬ ܘܐܒܪܐ ܠܗ. ܒܗܝܐ ܒܠܗ ܘܒܢܐ ܕܗܘܝܬ ܒܒܝܢ: ܕܬܐܠܦ ܒܙܒܢ ܢܓܒܐ ܐܢܬ ܕܟܢ ܐܝܟܐ. ܘܡܢ ܗܫܐ ܠܡ ܕܐܝܢ ܕܠܒܪܐ ܗܘܝܬ ܐܢܬ ܕܐܫܟܚܬܝ. ܐܝܟܐ ܐܝܟܐ ܠܡ ܗܝܡܢܘܬܐ ܕܫܪܪܐ: ܕܗܘܝܬ ܐܢܬ ܥܠ ܒܪ ܐܚܝܢ ܓܒܐ. ܘܫܡܥ ܒܝ ܘܠܐ ܬܬܦܢܐ. ܕܟܕ [ܡܠܟ] ܘܐܬܬܟܠ ܢܦܫܗ ܕܐܓܒܝܢ. ܘܟܕ ܐܬܬܒܪ ܡܟܝܠܘ ܡܢ ܫܘܬܗ ܘܐܬܬܒܡ ܒܗ ܒܫܝܢܐ. ܐܟܒܪ ܫܟܗ ܘܐܦܝܣ ܒܗܘܬܗ. ܘܐܟܠܗ ܘܟܒܪ ܒܒܪ̈ܬܗ ܕܡ̈ܠܟܐ ܐܝܠܝܢ ܕܡܫܟܚܢ ܒܟܝܪܗ. ܘܒܗܘܢ ܒܝܘ̈ܡܬܐ. ܒܒܠܝܐ ܠܐ ܬܗܘܒ ܢܦܠ ܠܡܪܝܐ. ܘܟܠܠ ܒܒ̈ܪܬܗ ܕܐܠܗܐ ܘܡܟܠܠ ܒܒܟܐ ܕܦܪܘܦܠܝܢܐ .... ܓܒܪܐ ܓܝܪ ܫܪ ܫܪܝܐ ܕܫܡܥܗ ܗܘܐ ܠܐܠܗܐ. ܠܗܢܐ ܕܟܘܢ ܘܐܬܬܘܗܝ ܫܢ̈ܝܐ ܡܢ ܐܓܒܠܘܣ. ܕܟܕ ܢܦܫܐ ܦܪܘܦܐ ܥܠ ܒܒܟܐ ܕܦܪܘܦܠܝܢܐ: ܘܒܗܘܦܐ ܥܠ ܒ̈ܪܬܗ ܕܐܠܗܐ. ܐܟܪ̈ ܗܘܐ ܓܝܪ ܠܦܪܘܫܝ. ܕܐ̈ܠܗܐ ܠܡ ܥܠܘܗ ܠܝ ܒܐܪ̈ܒܝ. ܕܒܕܡܐ ܠܐܡܟܬ, ܥܠܐ ܢܦܫܝ ܡܢ ܒܒܟܐ ܕܢܓܪܐ. ܘܥܒܝܕܝܢ ܢܦܫܐ ܕܒܢܬ ܒܒ̈ܪܬܗܘܢ ܢܦܪ ܡܢ ܢܦܫܐ ܕܐܠܗ̈ܝ. ܕܒܟܐ ܘܒܢܐ ܕܥܠܝܐ ܢܦܫܝ ܡܢܗܘܢ. ܠܬ ܠܝ ܠܡܬܬܦܩ ܒܡܪ̈ܒܝ. ܘܒܟܐ ܕܒܗܝܡ ܒܪ̈ܬܗܘܢ. ܠܬ ܠܝ ܕܬܬܓܠܐ ܒܡܠܟܘܬܝ. ܗܢܐ ܓܝܪ ܓܒܢܐ ܗܘܐ ܠܐ̈ܠܗܝ. ܘܗܢܘܢ ܗܘܕܝܢ ܕܠܐ ܒܥܘܬ ܐܢܘܢ ܐܝܟ ܒܕܒܟܬ ܒܝ ܕܦܘܢܝܐ ܐ̈ܠܗܝ. ܘܠܐ ܢܣܝܢ ܓ̈ܒܪܐ ܬܬܒܟܬܐ ܕܗܘܐ ܒܗܘܢ ܓ̈ܠܝܠܐ .... ܘܟܕ ܡܠܟ ܡܟܝܠܘ ܒܫܠܝܐ. ܗܘ ܒܒܪܗ ܕܓܠܝܐܘܣ ܠܡܦܠܠܗ. ܘܦܪܐ ܠܐܠܗܐ ܕܒܒܪܘܗܝ. ܘܢܦܠ ܠܗ ܒܕܢܐ ܫܪ ܡܢ ܡܟܬܝܢ ܒܪ ܐܬܘܗܝ, ܠܫܘܕܘܗܝ. ܒܒܕܢܐ ܕܠܠܐ ܒܪ ܐܬܘܗܝ, ܒܠ ܒܪܘܫܐ ܕܡܫܒܚܗ. ܘܢܠܟܐ ܫܪ ܕܟܐ ܡܒܒ

ܗܘܳܐ ܠܗ ܒܡܫܝܚܘܬܗ. ܘܗܟܢ ܗܘܳܐ ܠܗ ܒܠܥܕ. * ܘܡܢܘܬܐ ܠܗ. ܘܟܕ 48 r.
ܚܙ ܡܫܝܚܘܗܝ ܠܗܢܐ ܘܠܗܢܐ ܘܚܙܐ ܕܠܝܬ ܐܢܫ. ܐܬܚܫܒ ܘܐܡܪ ܒܠܒܗ،
ܠܘܬ ܡܫܝܚܘܗܝ. ܘܐܡܪ ܒܗ ܚܝܠܐ ܘܚܝܠܗ ܥܠ ܥܒܕܗ. ܘܩܛܠܗ،
ܒܐܢܕܪܘܢܝܩܘܣ 80 ܕܐܣܦܠܘܢ ܕܡܫܝܚ ܗܘܳܐ ܒܡܫܝܚܘܬܗ. ܘܢܦܩ ܘܐܙܠ
ܒܟܦܘܗܝ ܀ ܘܟܕ ܗܘܳܐ ܒܒܝܬ ܕܡܨܪܝܢ. ܟܠ ܡܫܝܚܘܗܝ ܠܥܠܡܐ
ܘܠܡܠܟܘܬܗ ܕܦܪܥܘܢ. ܐܝܟ ܕܟܬܒ ܡܘܫܐ. ܘܐܡܪ ܡܫܝܚܘܗܝ ܥܒܕܗ
ܕܒܠܐܣܐ ܡܢܟܘܢ، ܕܡܫܝܚܘܬܐ ܘܥܒܕܐ. ܐܡܪ ܠܗ ܡܫܝܚܘܗܝ. ܟܠ
ܐܝܟ ܕܐܡܪܬ ܥܒܕܐ ܠܡܠܟܐ ܘܫܡܐ ܠܡܠܟܘܬܗܘܢ. ܥܠܡ ܒܒܢܝ̈
ܒܢ̈ ܦܪܥܘܢ ܘܡܨܪܝܐ. ܘܥܒܕ ܦܪܥܘܢ ܕܡܠܟܘܬܗ، ܡܢ ܡܫܝܚܘܗܝ. ܘܟܠ
ܐܝܟܢܐ ܕܐܬܥܒܕ ܒܡܨܪ ܠܘܬ ܡܫܝܚܘܗܝ. ܘܗܘܐ ܒܠܐܣܐ ܚܝܠܐ
ܘܬܠܐ ܒܐܦܘܪܩܝܛܘܢ ܕܐܣܦܠܘܢ ܘܢܦܩ ܒܫܘܪܝܗܘܢ ܠܘܬ ܡܨܪܝܢ
ܘܣܘܡܝܗ ܐܝܟ ܕܐܬܚܙܝ ... ܘܬܘܗ ܡܫܝܚܘܗܝ. ܘܐܡܪ ܠܗ ܟܠܗ ܘܐܬܟܢܫ.
ܒܐܝܕ ܗܘ ܕܡܫܝܚ ܠܥܠܡܐ.. ܕܐܝܟ ܕܫܦܝܪ ܐܬܦܪܥ ܡܫܝܚ
ܥܢܕܪܐܝܬ ܠܗ ܠܥܠܡܐ ܚܝܘܗܝ، ܠܗܝܕܝܢ. ܟܠ ܕܐܡܪܝܢ ܘܟܕ ܒܠܥܘܗܝ
ܘܢܦܩ ܐܝܢ ܘܠܐ ܗܘܐ ܠܗ ܕܬܬܚܡܨ ܥܠܘܗܝ ܠܡܨܪܝܐ. ܐܠܐ ܠܗ
ܬܠܬܐ ܝܘܡܝܢ ... ܦܣܩ ܦܘܪܥܢܐ ܕܠܬܠܬܐ ܘܦܪܥܐ ܬܬܚܡܨ ܥܠܘܗܝ
ܕܡܨܪܝܐ. ܘܒܥܒܕܘ ܠܗ ܐܝܟ ܕܦܣܩ ܘܢܦܩ ܦܪܥܐ ܗܘܐ ܒܠܒܗ
ܡܫܝܚܐ. ܕܬܠܬܐ ܝܘܡܝܢ، ܠܦܠܐܣܐ ܟܠ ܕܐܬܪܥ ܠܡܫܝܚܘ
ܒܝܬ ܕܒܥܒܕܘܗܝ ܕܡܨܪܝܐ ܕܐܬܚܡܨ ܠܬܠܬܐ. ܘܠܝܡ ܗܘ، ܘܐܬܩܛܠ
ܒܐܬܪܐ، ܡܫܝܚܘ ܒܝܘܡ ܕܐܬܚܡܨ. ܦܐܪܐ ܒܪܒܐ ܕܒܗ ܐܝܠܢܐ
ܦܪܥܐ: ܕܬܚܘܡܗܘܢ ܒܡܘܫܐ ܘܒܠܒܐ ܥܠܒܐ ܦܠܚܘ ܒܗ ܐܠܗܐ
ܒܠܒܗܘܢ ܡܫܝܚܘܗܝ ܘܐܝܬ ܠܗܘܢ ܕܡܒܠܘܢ ܒܒܐܝܬܘܬܐ ܦܘܪܥܢ
ܐܦܪܐ ܕܒܬܠܬܗܘܢ. ܡܢ ܡܢܗ ܕܒܐܝܬܘܬܐ. ܕܠܗ ܬܫܡܫ ܘܢܦܪܥ
ܠܒܠܡ ܒܠܒܗ ܐܚܝܢ.. ܢܦܩ. ܠ ܗܒܠ ܡܢ ܡܨܪܝܬܐ ܕܡܬܚ ܡܫܝܚܘܗܝ
ܒܝܘܡܬܗ. ܘܒܦܘܪܩܢܐ ܢܦܩܘܢ ܒܡܗܝܡܢܘܬܗܘܢ ܕܐܬܩܛܠ ܥܢܕܪܐ:
ܕܐܡܠܟ ܥܡܐ ܘܦܪܝܫܐ ܒܝܬܘܗܝ، ܕܡܨܪܝܐ. ܐܠܐ ܒܪ ܕܠܐ ܢܗܘܐ
ܠܡܠܟܘܬܐ ܠܬܪܝܢܝܗܘܢ * ܕܗܠܝܢ ܐܬܚܐ ܕܡܨܪܝܬܐ. ܠܐ ܐܬܚܫܒ 48 v.
ܚܠܝܡ ܗܘ. ܒܡܫܝܚܘܬܗ ܕܡܠܟܐ ܘܡܨܪܝܐ. ܕܡܠܟܐ ܒܪ ܢܐܬܐ

ܗܘܘܢ ܡܢ ܗܕܐ. ܐܠܐ ܡܛܠ ܚܝ̈ܠܘܗܝ ܕܟܝܢ̈ܐ. ܕܐܢܫܝܢ ܡܬܚܫܚܘܬܗ. ܐܬܬܣܝܡ ܕܢܫܪܐ ܒܪ̈ܝܬܗܘܢ. ܕܗܠܝܢ ܡܫܪܝܢ ܒܗܘܬܬܐ ܘܡܕܒܪܝܢ ܒܐܠܗܘܬܗ. so ܘܡܗܝܡܢܝܢ ܘܡܫܠܡܝܢ ܗܝܡܢܘܬܗܘܢ ܕܟܪ̈ܝܗܐ ܥܒܕ̈ܐ. ܢܒܥܘܢ ܗܟܝܠ ܠܢܝܚܘܬܐ ܕܢܦܫܬܗܘܢ. ܕܠܐ ܡܦܩܐ ܗܘܐ ܐܝܟ ܠܗܘܠܟܐ ܕܢܦܫܘܬܗ. ܐܠܐ ܒܪܒܝ ܕܡܬܒܬܝܢ. ܒܒܪܬܐ ܕܡܫܝܚܗ̇ ܠܐܪܒܐ ܘܦܠܓܗ̇ ܒܡܢ̈ܬܗ. ܒܢܝ ܬܠܝ̈ܐ ܩܕܝܫܐ ܕܒܡܪ̈ܝܗܘܢ, ܘܕܒܬܘ̈ܠܘܗܝ. ܕܒܥܝܢ ܠܡܒܪ̈ܐ ܚܝ̈ܘܬܐ ܒܐܠ ܗܘ̇ܝ. ܘܒܗܘܢ ܒܡܕܒܪܢܘܬܐ ܕܢܫ̈ܒܐ ܒܡ ܥܒܪ̈ܐ ܡܛܠܠ ܗܘ̣ܐ. ܘܒܗܝܢ ܬܘܒ ܠܒܐ ܕܥܒܕ̈ܐ ܒܗ ܚܝܝ ܢ̈ܚܐ ܘܚܦܐ ܗܘ̣ܐ. ܘܒܗܘܢ ܡܚܝܐ ܗܘ̣ܐ ܘܦܪܩ ܘܡܠܒܫ. ܘܒܗܝܢ ܐܦ ܠܚܠ̈ܬܐ ܡܦܪܬ ܗܘ̣ܐ ܘܡܚܦܐ ܒܡ̈ܠܝܗܝ. ܘܒܗܘܢ ܡܥܒܕ ܗܘ̣ܐ ܐ̈ܢܫܐ ܡܩܪ̈ܒܐ ܕܦܠܚܘܬܗ. ܒܡ ܥܪܒܐ ܕܝܢ ܕܝܒܘ̈ܬܐ ܣܢܝ̈ܬܐ ܘܢܣ̈ܝܬܐ: ܗܠܝܢ ܕܠܐ ܐܠܨܐ ܕܢܬܬܒ ܐܝܟ ܗܟܢܐ ܕܠܘ ܒܠ ܗܠܝܢ ܗܢܝܢ ܒܐܘܪܚܐ ܕܬܫܒܘܚܬܗ. ܠܘ ܓܒܪ ܕܢܬܒ ܗܢܝ̈ܬܗ ܢܓܠܬ. ܐܠܐ ܕܢܦܩܐ ܡܢ ܗܢܝܘܬܗ ܗ̈ܘܝܐ ܦܐܝ̈ܬܐ ܕܐܦܪܝ ܒܥܒܕܐ ܕܢܦܫܗ. ܐܟܢܐ ܓܝܪ ܕܡܛܠ ܘܪܕܐ ܐܪܓܘܢܐ ܕܦܠܚܝܢ ܒܒܝ̈ܬܗ ܕܗܢܐ. ܡܬܐܡܪ ܐܝܟ ܠܡܬܘܡܦܘ ܠܗ: ܒܗ ܦܓܪ ܡܣܓܕܢܐ ܗܘ ܕܠܒܘܫܐ. ܒܗ̇ ܒܡܕܒܪܢܘܬܐ ܐܦ ܚܝܢ ܡܛܠ ܢܝܚܐ ܕܐܢܫܐ ܥܒ̈ܕܐ ܕܦܠܚܝܢ ܘܒܬܘܗܝ, ܕܒܠܠܐ. ܐܬܬܐܝܡ ܐܦ ܚܝܢ ܠܡܥܒܕ ܬܫܒܘܚܬܗ: ܕܒܡܕܒܪܢܘܬ ܡܫܝܚܘܬܐ ܡܫܘܚܐ ܡܟܝ̈ܦܘܗܝ, ܘܡܕܒܪܢܐ ܦܘܪ̈ܫܢܘܗܝ, ܘܡܒܝܪܐ ܚܝܒܘܬܗ. ܠܐ ܕܝܢ ܡܬܒܥܠ ܐܘ ܡܬܓܠܐ ܐܝܟܢܐ ܕܢܦܫܐ so ܗܢܘܢ ܓ̈ܒܪܬܐ so ܡܢ ܒܢܝ̈ܗܘܢ, ܕܗܟܢܐ ܡܥܒܪܝ. ܐܠܐ ܦܘܪܫܐ ܕܪܘܚ ܥܒܕܐ ܕܡܕܒܪܢܐ ܡܢ ܬܫܒܘܚܬܐ ܕܦܬܓܡܐ. ܢܦܪܘܫ ܗܟܝܠ ܢܐܡܪ ܗܕܪܗ̇ ܕܡܠܬܐ. ܘܢܓܪܘܠ ܒܡܐܡܪ̈ܝ ܠܠܐ ܕܡܘܠܡܐ ܠܡܡܫܡܫܘ ܠܦܘܠܚܢܐ: ܗܘ ܐܝܟܢܐ ܕܠܘ ܗܦܘܟܐ ܡܠܬ ܬܫܒܘܚܬܐ * ܠܡܬܠܐ ܥܒ̈ܕܘܗܝ, ܐܠܗ̈ܐ ܒܝܬܐ ܕܐܬܬܣܝܡܘܢ. 49 r.

ܒܪܐ ܕܗܢܐ ܥܒܘܕܗ ܕܒܠܡܐ: ܘܥܡܠܘܗܝ ܘܒܘܬܪܗ ܘܓܙ̈ܘܬܗ: ܘܒܘܪ̈ܟܐ ܘܬܠܬܐ ܘܡܢ̈ܝܢܐ ܘܐܬܡܗ̈ܬܐ: ܘܢܦܫܐ ܘܡܬܪ̈ܓܡܐ: ܒܡ ܟܠ ܡܬܒܥ ܕܗܢܐ ܗܘ̣ܐ. ܘܓܒܐ ܠܗ ܕܢܗܘܐ ܡܦܪܢܣܐ ܡܢ ܟܠ ܡܕܡ.

ܕܠܒܪܘܝܐ ܕܟܠ ܡܕܡ ܒܢܦܫܗ ܕܢܐܣܘܦ[1] ܗܘ ܕܝܢ ܗܢܐ ܠܒܢܐ ܕܐܠܗܐ. ܒܪ ܫܒܩ ܕܢܬܒܥ ܒܠܘܗܝ، ܦܘܪܥܢܐ ܘܐܬܠܝܛ ܠܗ ܠܡܬܦܠܛܘ. ܝܗܒ ܚܐܪܘܬܐ ܠܡܕܒܪܘܬܗ، ܘܠܐܬܬܥܝܪܘܬܗ. ܐܦ ܠܦܠܚܐ ܕܡܢܘܪܘܗܝ، ܘܟܠܗ ܡܬܚܬܐ ܕܡܘܬܐ. ܦܪܩܗ ܒܠ ܕܡܢܐ ܗܘܐ ܠܡܫܥܒܕܘܬܐ ܘܠܡܘܬܐ. ܘܟܠ ܕܐܬܚܫܒ ܠܗ ܫܪܒܐ. ܗܢܐ ܠܗ ܠܡܬܡܕܪܩܘ ܪܘܚܗ ܐܝܟܢܐ ܕܐܦ ܗܘ ܠܡܬܠܒܫܘܬܗ ܕܐܠܗܐ ܢܣܒ ܗܘܐ. ܘܦܩܕܗ ܘܐܡܪ ܠܗ. ܗܢܐ ܩܠܠ ܡܢ ܗܘܐ ܕܐܬܚܫܒ ܠܝ ܐܚܝ. ܐܝܟ ܐܢܬ ܠܝ ܒܪܢܫܐ. ܬܐ ܗܘ، ܒܟܢ ܫܘܬܦܐ ܒܗܘܢܐ ܬܐܓܘܪܬܐ ܪܘܚܢܝܬܐ ܕܦܓܪܟ ܒܝ. ܘܬܬܓܪ ܐܦ ܐܢܬ ܥܡܢܐ ܠܡܘܒܕܟ. ܬܐ ܐܓܒܠ ܠܟ ܡܕܡ ܕܐܬܚܫܒ ܠܝ. ܘܦܪܩܗ ܒܢܝܗ ܠܬܚܬܝܐ ܘܠܐܪܥܝܬܐ. ܘܠܫܡܝܢܐ. ܘܐܓܒܠ ܒܐܣܟܝܡܗ، ܗܘ ܡܕܡ ܕܐܬܚܫܒ ܠܗ. ܘܢܦܩ ܒܪܐ ܡܢܗ ܡܦܪܗ ܕܒܠܥܐ ܗܢܐ ܘܬܒܥܗ. ܘܗܘ ܒܢܦܫܗ ܐܬܦܠܓ ܠܡܟܠ ܟܬܪܒܐ ܐܠܝܐ ܕܡܚܘܪܝܢܘܬܐ ... ܘܡܢ ܝܠܕ ܒܠ ܦܘܪܥܢܐ ܕܡܢܝ. ܘܡܢܠܐ ܡܢ ܒܪܘ. ܠܐ ܐܬܬܗ، ܠܐܓܘܢܗ ܥܒܪܐ. ܕܕܡ ܥܡܠܐ ܡܕܡ ܢܫܬܡܠ ܠܗ ܡܢ ܐܢܫܘܬܗ. ܐܘ ܡܢ ܐܟܢܐ ܐܬܪܘܕܐ ܫܒܪܗܘܢ.، ܕܪܟ ܗܘܐ ܠܡܪ ܕܟܠܗ ܢܦܫܗ ܘܫܘܠܛܢܐ ܗܢܘܢ. ܕܢܫܬܦܠܘܢ ܠܐܢܫܘܬܐ ܟܠܗ ܕܡܕܝܢܬܐ. ܘܠܡܫܘܬܦܘ ܟܠܗ. ܕܢܦܪܩܘܢ ܟܠܗܘܢ، ܦܫܩܐ ܘܟܒܘܬܐ ܠܦܘܪܥܢܐ ܐܡܬܝ، ܕܐܬܐ. ܘܡܢܗ ܕܗܘܐ ܕܢܠ ܦܘܪܥܢܐ ܫܬܝ. ܕܕܠܡܐ ܒܢܝ ܡܫܥܒܕܘܬܗܘܢ ܕܟܠܗܘܢ، ܢܦܠܐ ܐܓܘܢܗ ܕܥܒܪܐ. ܘܢܗܘܐ ܬܪܝܐ ܠܡܫܥܒܕܘܬܐ: ܕܟܠܡܐ ܟܠܗ ܠܐ ܫܒܩ ܗܘܐ ܠܗ ܒܫܡܝܐ ... ܡܫܠܠܬܗ ܗܒܠ ܕܗܘܐ ܡܕܡ ܐܝܟ ܠܟܠ ܡܕܝܢܬܗ. ܘܐܡܪ ܪܘܚܗ ܒܫܪܐ ܕܒܪܢ. ܗܘ ܡܢܐ ܕܪܐܓ ܗܘܐ ܘܡܬܬܐܒ. ܘܐܕܪܟ 49 v. ܘܡܫܪ.، ܘܡܒܝ ܪܘܫܡܐ ܕܙܠܝܒܐ ܒܫܪܫܗ ܘܡܢܬ * ܒܢܝܗܘܢ. ܘܕܠܐ ܡܦܝܪܐ ܕܦܘܪܩܢܗ ܕܦܘܪܥܢܐ. ܡܢ ܙܒܢܬ ܢܦܫܗ ܫܦܝܢ ܠܡܕܝܢܬܐ ܕܟܗ ܫܥܒܐ ܗܘܬ ܡܫܬܪܝܐ ܕܦܘܪܥܢܐ. ܒܪ ܠܝܬ ܗܘܐ ܡܦܠܐ ܡܕܡ ܒܪܫܢܗ ܕܫܪܝܪܐ. ܡܛܠ ܒܪܫܗ، ܘܠܫܡܬܗ، ܕܒܗܠܐ.. ܘܡܢ ܡܕܡ ܕܢܬܦܝܐ ܡܢܡܘܗܝ. ܐܫܬܡܥܬ ܠܗ ܒܠܘܗܝ، ܠܫܢܐ: ܕܐܬܬܐ ܡܢ

1) Ob dahinter ein Punkt steht ist sehr zweifelhaft.

ܨܒܘܬ ܢܦܫܗ ܒܪ ܠܐ ܐܚܝܕ ܪܓܙ. ܕܗܝ ܗܘܐ ܡܬܪ ܐܒܪܝܬ ܒܠܘܗܝ ܫܒܬܗ ܕܦܪܘܣܐ ܘܟܘܠܗ ܪܘܓܙܗ. ܐܝܟ ܕܡܫܬܦܠ ܠܗ ܫܦܠܗ ܘܐܬܚܫ ܒܠ ܫܘܠܛܢܗ. ܒܗܕܐ ܕܐܬܐ ܡܢ ܨܒܘܬ ܢܦܫܗ ܒܪ ܠܐ ܐܬܬܪܝ. :.:. ܦܘܠܚܢܐ ܕܝܢ ܡܟܣܟܣܘ ܒܪ ܠܒ ܘܐܫܬܪܪ ܗܘܐ: ܕܠܬܒܪܗ ܕܝܘܡܐ ܒܬܪ ܫܒܥܐ ܕܝܘܡܝܢ ܡܬܟܪܬܐ ܠܡܬܒܪܘܗܝ. ܐܬܦܢܝ ܐܦ ܗܘ. ܘܒܬܪ ܒܝܘܡܐ ܢܐܠܦ ܪܗܛܗ ܘܢܗܘܐ ܒܠܠܐ ܕܡܫܡܫܢܘܬܗ. :.:. ܫܡܥ ܗܘܐ ܕܝܢ ܦܘܠܚܢܐ ܘܐܬܒܠ ܒܠ ܦܘܠܚܢܗ ܕܫܠܡܐ ܫܒܥܐ. ܘܠܐܠܗܐ ܡܫܠܡܐ ܗܘܐ ܘܡܫܬܒܚ. ܕܐܦ ܢܦܫܗ ܠܡܬܒܘܕܝܘ. ܐܘ ܢܦܪܐ ܒܟܠ ܫܘܠܛܢܗ. ܘܢܛܪܗܘܢ ܡܢ ܡܠܒܘܬܐ. ܘܗܘܐ ܠܒܬܪܗ ܕܝܘܡܐ ܒܟܪܝܗ ܕܓܦܪܐ: ܘܒܝܫܬ ܒܠܗ ܐܢܫܘܬܐ ܠܒܪ ܡܢ ܬܪܒܗ ܕܡܫܡܫܢܘܬܐ. ܬܡܢ ܓܒܪ ܡܬܢܐ ܗܘܐ ܒܗܬ ܫܓܪܬܐ ܕܓܠܒܐ ܕܐܦܪܘܛܐ ܕܠܗ ܡܠܒܒ ܗܘܐ ܦܪܘܣܐ ܕܢܘܪܐ ܫܓܪܬܐ ܒܗ ܘܡܫܚܐ :.:. ܒܢܫܐ ܕܝܢ ܫܓܝܫܐ ܕܓܒܪܐ ܘܕܢܐ ܐܬܦܠܒܘ ܗܘܘ. ܘܐܬܘ ܠܒܝܬܐ ܗܘ ܕܒܢܝ. ܫܡܥ ܠܓܠܒܗ ܕܐܢܬܬܐ ܒܫܘܦܬܐ ܪܘܚܬ ܓܪܐ :.:. ܦܘܠܚܢܐ ܕܝܢ ܡܟܣܟܣܢܐ ܐܫܬܟܚ ܘܠܒܪ ܐܘܟܡܐ ܕܫܠܘܬܐ. ܕܠܐ ܢܒܚܫܗ ܘܢܫܪܘܢܝܗ ܡܢ ܡܕܡ ܡܠܒܐ: ܒܫܒܬܐ ܕܒܗ ܗܘܝܐ ܗܘܬ ܠܗ ܕܢܥܒܠ ܐܦܣܝܘ ܕܡܫܡܫܢܘܬܗ. ܠܗܢܐ ܦܘܪܣܐ ܐܫܬܟܚ ܗܢܐ ܦܘܠܚܢܐ ܡܟܣܟܣܘ. ܘܠܒܪ ܐܘܟܡܐ ܕܫܠܘܬܐ. ܕܢܬܝܐ ܒܗ. ܫܒܬܐ ܡܕܡ ܦܪܘܣܐ ܐܝܟ ܚܕ ܡܢ ܦܠܚܘܗܝ. ܒܪ ܡܬܓܒܪܐ ܪܓܠܗ. ܘܢܦܫ ܫܠܐܗ. ܘܒܪ ܚܕ ܦܪܘܣܐ ܕܐܬܬܐ ܠܒܝܬ ܦܬܟܪܐ. ܐܫܬܟܚܬ ܒܠܗ ܐܢܫܘܬܐ. ܘܐܬܘܗܝ ܠܡܬܠ ܘܠܐ ܘܪܡܘܗܝ. ܒܠܘܢ ܦܠܚܘܢ ܡܪܒܒܐ ܕܓܝܢ ܡܟܪܐ. ܘܢܦܫ ܗܘܐ ܫܒܐ ܘܝܘܡܐ ܪܚܝܡ ܒܒܝܬܐ ܕܫܦܘܬܗ. ܘܒܪ ܚܕܐ ܒܢܫܐ ܫܟܝܡܐ ܕܢܫܐ ܚܐܪܬܐ ܒܪ ܡܫܬܘܡ * ܒܘܪܕܐ 50 r. ܘܒܪܟܐ ܡܕܡ ܓܠܒܗ ܕܠܠܠܬܐ. ܘܒܪ ܡܚܒ ܫܒܥܐ ܠܒܝܬ ܦܬܟܪܐ. ܫܒܠ ܒܠܠܐ ܡܢ ܪܫܡ. ܘܫܪܐ ܢܦܫܗ ܒܐܪܓܘܢܗ، ܒܠ ܬܦܘܗܝ ܡܠܒܐ ܫܒܥܐ: ܡܕܡ ܬܦܠܒܗ ܚܪܫܐ 80 ܕܐܢܬܬܐ ܫܒܥܬܐ. ܘܐܝܟ ܕܠܐܠܗܐ ܡܫܬܒܚ ܗܘܐ ܠܗ ܒܕܝܢܐ ܫܓܪܬܐ :.:. ܘܒܪ ܡܢ ܡܢ ܫܓܪܬܗ ܘܫܡܥ ܒܠܠܗ ܒܪܫܡܗ: ܘܐܬܦܢܝ ܠܒܝܬܗ ܠܒܢܫܐ ܘܠܡܬܠ

ܠܗܘܢ ܡܗܝܡܢܘܬܐ. ܘܟܠܗܘܢ ܒܗ ܚܙܝܢ ܗܘܘ ܘܬܡܝܗܝܢ ܗܘܘ ܠܡܫܡܥ
ܡܠܬܗ. ܘܟܕ ܐܙܠ ܡܠܬܗ ܠܟܠܗܝܢ ܒܥܡܡ̈ܐ܆ ܐܬܝܢ ܒܗ ܦܓܝܥܐ
ܒܦܘܪܢܐ ܡܫܡܫܢܐ. ܘܗܦܟ ܐܪ̈ܥܘܬܗ، ܬܬܘܬܒܝܢ. ܘܡܫܝܚܐ، ܠܚܢܢܐ
ܥܡ ܫ̈ܡܥܘܢ، ܘܢܦܠ ܒܠܒܠܗ ܡܢ ܪܥܗ. ܘܐܬܦܪܢܣ ܘܐܡܪ ܠܗ.
ܗܒܢܐ ܬܦܠ ܒܒܝܬܟ ܡܢ ܡܠܟܘܬܟ. ܒܠ ܕܙܕܩܬ ܫܒܝܩܘܬܗ ܕܐܠܗܐ
ܠܡܠܦܗ ܕܡܠܦܢܘܬܐ ܡܠܠܬ ܬܫܡܫܬ. ܘܟܕ ܠܐ ܥܠܡ ܡܠܬܗ.
ܠܬܠܡܝܕܐ ܢܚܬ، ܢܣܒ ܕܡܠܟܐ. ܕܚܙܐܘܗܝ، ܒܠܚܘܕܘܬܐ ܕܒܐܪ̈ܝܢܘܗܝ
ܕܠܐ ܦܘܪܣܢܗ ܕܒܦܠܐ. ܘܟܕ ܡܢܝܐ ܒܗ ܢܦܫܐ. ܘܠܐ ܐܫܬܡܥ
ܡܢ ܥܡܡܐ ܕܐܡܪ̈. ܥܒܪ ܪܗܛܬ ܪܗܛܝܢ ܘܠܡܛܬ ܐܚܪܢܝܢ ܥܡܠ
ܕܒܘܬܐ ܒܡܘܡܬܗ. ܥܒܕ ܒܥܠܡܐ ܚܘܒܬܗ ܕܡܫܝܚܘܬ، ܒܕ ܡܪܐ
ܠܝ ܡܠܗ ܕܢܘܚܡܐ. ܘܡܚܒܝܢ ܡܠܠܘܬܟ. ܘܒܚܝܠܗ ܕܡܠܐ ܗܘ. ܥܒܕ.
ܬܘܪ ܗܘܐ ܕܝ ܘܬܘܒܗ ܦܪܘܩܐ ܒܠ ܡܠܐ ܗܘ ܕܐܫܬܡܥ. ܘܫܡܠ
ܕܐܡܪ ܠܬܠܡܝܕܘܗܝ. ܢܘܪܐ ܠܡ ܒܡܥܡܘܕܝܬܐ ܕܢܦܫܬܗܘܢ ܕܗܠܝܢ
ܬܠܡܝܕ̈. ܕܐܦ ܡܢ ܒܬܪ ܡܘ̈ܬܗܘܢ ܡܬܬܠܠܝܢ ܢܦ̈ܫܬܗܘܢ ܐܝܟ
ܕܬܫܬܪܝ ܕܐܠܗܘܢ ܡܢܠܠ ܒܥܡܗܘܢ܆ ܐܢܐ ܠܐ ܐܠܐ ܡܬܪܒܝܢܐ ܐܢܐ
ܠܗܠܝܢ. ܐܦܠܐ ܐܠܘ ܐܬܬܘܚܝ ܐܝܟ ܡܠܬܗܘܢ܆ ܡܢܐ ܚܪ ܐܢܫܝܢ
ܠܐ ܠܗܢܐ ܕܗܘܐ: ܕܗܢܐ ܡܢ ܡܘܬܐ ܠܐ ܐܫܬܘܚ ܦܘܫܗ. ܘܐܠܐ
ܐܢ ܡܢܝܢ ܒܚܝܠܐ ܐܠܗܘܬܗ ܕܒܕܪ ܐܢܘܢ. ܐܦܢ ܠܥܠܕܐ
ܕܡܫܬܝܢ ܢܥܘܠ ܡܢ ܬ̈ܫܕܝ. ܕܫܡܥ ܐܢܐ ܕܐܟܪܙܬ ܒܗܘܢܐ:
ܐܝܢܢܐ ܕܐܦܠܐ ܫܪܝܢܐ ܠܓܒܪ ܢܦܫ ܡܢ ܒ̈ܢܝܗܘܢ، ܠܒܢܝ
ܫܡܥܘܢܬܗ .... ܘܟܕ ܐܡܪ ܗܠܝܢ. ܗܘܐ ܙܘܥܐ ܪܒܐ ܬܡܢ. ܘܐܫܬܟܚ
ܐܢܫ ܘܐܙܕܒܒ. ܘܐܬܟܢܫ ܐܪ̈ܡܢܝܐ ܒ̈ܢܝܐ ܠܒܪ̈ܝܬܐ. ܘܗܘܐ ܒܡܦܩܢܐ
ܦܪ̈ܘܫܐ ܘܡܠܠܟܐ ܡܫܬܒ. ܒܐܝܕܐܝܬ ܢܦܩ ܗܘ̈، ܘܦ̈ܪܨܘܦܐ ܬܩܝܦܐ
ܘܦ̈ܪܘܩܐ ܕܝܠܗ ܠܐܢܫ ܢܦܫ ܗܘܘ. ܘܡܫܘܦܐ * ܦܪ̈ܘܩܬܐ ܕܥܕܬܐ 50 v.
ܒܡܘܒܠܐ ܦܪܘܫܐ ܕܐܢܫ: ܚܕܐ ܠܚܕܐ ܢܦܩ ܗܘ̈. ܘܗܘܐ ܕܫܬܩ
ܒܠ ܐܪܒܥ. ܘܠܗܘܢ ܒܐܢܫ ܡܫܬܟܚ ܗܘܐ. ܐܝܟܢܐ ܕܒܒܠܗܘܢ
ܗܘܝܐ ܡܠܟܐ ܘܫܠܘܬܗ ܡܢ ܕܫܠܗܘܢ. ܥܒܕܘ ܠܥܠܕܐ. ܘܒܝܘܡ
ܘܒܠܘ ܠܡܕܝܢܬܐ. ܘܐܙܠ ܐܢܫ ܐܝܟܢܐ ܕܐܫܬܘܕܝ ܠܗ ܦܬܪ ܢܦܫܗ.

ܘܐܝܠܝܢ ܕܐܬܬܘܣܦܬ ܠܟܢܘܫܗ̇. ܐܘܕܝ ܐܝܟ ܕܠܓܘܐ ܘܫܘܬܐ ܒܟܢ̈ܘܫܐ ܕܒܝܪܬܐ. ܐܦ ܚܘܬܐ ܘܟܢܘܫܬܐ ܘܟܠܗ ܡܫܝܚܐ ܕܐܬܬܘܣܦ ܬܘܣܦܬ ܥܡܗ̇. ܗܕܐ ܚܘܬܐ ܒܟܢܘܫܐ ܕܒܝܪܬܐ. ܗܕܐ ܕܝܢ ܠܫܘܠܡܐ ܗܘܬ ܐܬܐ ܘܒܫܘܒܚܐ. ܕܐܝܠܝܢ ܕܒܐܦܝܣܩܘܦܐ ܕܒܕܝܢܘܬܐ ܐܬܬܘܣܦܘ ܗܘܘ. ܒܟܢܘܫܐ ܕܟܘܪܦܝܣܩܘܦܐ ܒܫܘܬܦܘܬܗ ܗܘܘ ܐܦܝܣܩܘ. ܡܢ ܕܝܠܬܐ ܕܡ̈ܕܒܪܢܐ ܘܕܝܢܘܬܐ ܕܡܠܟܐ. ܘܟܠܗ̇ ܗܕܐ ܕܝܠܬܐ ܘܕܘܒܪܬܐ ܥܡܐ ܠܕܒܪܢܐ ܦܠܓܐ ܘܡܫܚܘܦ ܕܡ ܚܠܦ. ܫܡܥ ܢܦܫܗ ܠܡܬܒܬ ܥܠ ܟ̈ܦܐ ܥܠܝܗ ܕܡܫܝܚܐ. ܘܫܡܥ ܒܐܝܕܗ ܦܘܠܚܢ. ܐܝܟ ܕܫܦܝܪ ܘܫܡܥܬ ܠܟܢܘܫܗ ܥܡܐ ܕܗܘܕܝܐ ܕܐܠܗܐ. ܘܫܪܝܐ ܗܘܬ ܘܐܡܪܝ ܒܟܢܘܫܐ ܕܒܝܪܬܐ ܘܠܟܘܡܪ̈ܐ ܕܗܘܝܐ ܕܡܚܝܢ ܗܘܘ ܒܫܘܒܚܐ. ܘܠܐ ܢܚܡ ܗܘܐ ܠܗ. ܘܟܕ ܦܪܫ ܘܡܠܟܗ̇ ܠܕܘܟܬܐ ܗ̇ܝ ܕܒܗ̇ ܐܬܟܠܠ ܫܘܕܗ ܕܡܫܝܚܐ. ܥܕܐ ܢܦܫܗ ܥܠ ܠܟܢܘܫܗ ܕܒܝܪܬܐ: ܘܟܕ ܗܘܐ ܗܘܐ ܫܡܫܐܝܬ ܒܕ ܐܬܪܐ. ܘܗ̇ܝ ܐܝܟ ܗ̇ܝ ܐܝܟ. ܕܫܡܠܝܗ ܠܐܝܠܝܢ ܠܡܫܬܡܠܝܘ ܒܢܫܐ. ܘܟܬܒ ܗܘܐ ܠܥܡܗ. ܘܟܬܒ ܕܟܠ ܒܫܘܡܠܝܐ ... ܘܟܕ ܐܦܠܐ ܩܠܝܠ ܫܡܗ ܒܥܕ̈ܬܐ ܕܒܝܬܗ. ܒܟܠܐ ܚܬܡ ܘܫܡܠܝܗ ܠܫܠܕܐ. ܘܡܬܒܪܝܢ ܗܘܐ ܘܟܕ ܕܐܝܟܐ ܕܡܬܪܗ. ܐܫܟܚ ܕܝܢ ܕܗܘܬܐ ܚܕܐ ܕܡܫܡܫܬܐ ܒܪܝܫ ܕܫܘܦܪܗ. ܘܫܡܗ̇ ܡܢܗ ܠܫܠܕܐ ܒܕ ܒܢܝ ܠܗ̇ ܚܦܝܐ. ܘܟܕ ܐܝܟ ܦܘܠܚܐ ܕܫܦܝܪ. ܐܫܬܟܚܬ ܕܗܘܬܐ ܕܫܘܒܚܐ ܦܠܘܣܦܐ. ܘܟܕ ܠܗ ܠܦܘܪܫܢܐ ܘܫܡܗ̇ ܦܘܠܚܐ ܡܢ ܐܒܘܗ. ܘܫܩܠ ܚܝܠ ܠܗܘܢ ܠܗ ܐܠܗܐ. ܘܡܛܠܗ ܗܘܐ ܘܐܡܪ. ܡܫܝܚܐ ܡܫܪܝܘ ܕܡܬܩܦܢܐ. ܕܟܠ ܫܡܝܢ ܗܘܐ ܫܩܠ ܫܡܗ ܕܢܣܒܘܬܟ ܒܕܒܫܘܬܗ. ܥܡܪ ܠܟܢܘܫܗ ܢܦܫܐ ܡܢ ܩܕܡ ܠܡܫܝܚܐ ܘܠܝܬܘܗܝ ܕܠܦܪܘܩܐ. ܘܠܐ ܢܬܟܠܝܢ ܡܫܬܡܥܢܐ ܘܫܪܝܪܐ. ܡܢ ܒܘܪܟܬܐ ܕܟܪ̈ܣܘܗܝ ܕܩܕܡܝܟ ܘܫܒܚܐ ܫܠܝܢ ܡܫܝܚܐ. ܕܢܪ ܬܘܒܠܐ
51 r. ܒܥܕ̈ܢ ܘܡܦܩܘܬܟ. ܘܐܦ * ܗܘܕܐ ܚܘܐ ܚܝܠܐ ܬܫܡܫܬܐ ܕܐܠܗܘܬܟ ܘܟܡܐ ܠܗ ܠܦܪܘܫܐ ܗܘܐ ܕܢܬܬܚܝܒ ܘܢܦܩܠ ܟܕ ܠܟܢܘܫܗ ܢܦܫܐ ܕܠܚܝܟ ܫܦܝܪܐ: ܘܢܫܬܡܗ ܒܠܗܘܢ ܡܠܟܐ ܕܒܝܬܐ: ܟܕ ܡܢܗ ܠܗ ܬܘܒ ܙܕܩܝܢ ܒܫܡܐ ܟܠܗ ܕܒܢܝ. ܕܢܥܠܐ ܢܦܫܗ ܠܐܝܠܝܢ ܕܡܫܬܘܕܥܝܢ

ܕܢܦܫܩܢܘܬܗ̇. ܐܝܟ ܗܢܐ ܕܙܕܩ ܠܗ ܕܢܬܟܬܒܐ. ܘܡܢܗ̇ ܕܒܡܫܘܬܗ
ܕܡܗܝܡܢܐ̈. ܫܘܒܚܐ ܗܘ̇ ܐܬܦܬܚ. ܘܡܠܠܗ ܠܬܠܡܝܕܘܗܝ ܒܝܘܡܗ̇. ܘܐܬܚܙܝ
ܘܐܬܬܚܝܕ ܒܪ̈ܘܚܗ̇ ... ܘܩܕܡ ܘܡܟܝܠ ܠܡܕܝܢܬܐ. ܟܕ ܢܦܩܐ ܘܪܘܙ
ܪܒܝܥܗ. ܘܡܕܝܢܬܐ ܘܡܫܬܒܚ ܠܐܠܗܐ. ܕܐܫܬܘ، ܕܢܦܫܬܗ ܠܡܫܒܚܗ
ܕܒܪܝܪܐ: ܘܠܐ ܦܠܓ ܐܠܗܐ ܒܡܠܬܗ ... ܘܟܕ ܟܠ ܠܒܗ ܡܢ ܬܪܥܐ
ܕܡܕܝܢܬܐ. ܗܘܐ ܥܠܝܗ̇ ܘܫܘ ܘܥܒܕܐ. ܘܥܠܘ ܩܠܐ ܘܐܘܦܝܘ ܒܪ̈ܘܟܐ.
ܘܐܬܚܠܠܠ ܒܪ̈ܦܠܐ. ܘܢܗܪܬ ܐܐܪ ܘܐܬܦܝܣܬ. ܘܬܗܪܐ ܐܘܫܪ ܗܘ̣ܐ
ܠܡܙܟܝܢܐ. ܟܠ ܥܘܬ̈ܠܦܝܗ̇ ܕܐܐܪ. ܕܐܡܝܢܐ ܐܬܚܕܪܬ، ܘܗܘܬ ܒܕܒܝ
ܕܒܝܫܘܬܗ ܕܦܘܠܚܢܐ ܡܟܡܫܡܫ. ܐܦ ܗܘ ܦܪܘܢܐ ܠܦܠܚܝ. ܐܬܟܝܢ
ܗܘܐ ܒܗ̇ 50 ܒܡܘܟܪ̈ܢܐ ܘܢܕܒ. ܕܡܦܠܓ ܥܠܝܗ ܕܡܫܘܕܐ ܕܐܠܗܐ ܗܘ̣،
ܗܠܝܢ. ܘܐܡܗܡ ܡܢ ܒܟܬܗ̇ ܕܥܠܕܒ̣ ܘܠܐ ܐܡܘܦ ܬܘܒ ܠܡܒܟܝܘ.
ܦܠܬܝ̈ܬܐ ܕܝܢ ܐܣܬܟܪ ܒܪ̈ܝܘܗ̇، ܕܢܝܚܘܦ ܒܥܠܬܐ. ܕܠܐ ܐܬܬܒ
ܘܐܬܪܥܡ. ܗܠܝܢ ܕܝܢ ܘܠܝܠ ܡܢ ܦܠܓ ܪܥܡܝܢ ܚܝܢ ܒܗܘܕܝܗܝܢ ܡܫܬ
ܕܡܢܗܝܢ ܬܐܠܦܘ ܕܐܡܝܢܐ ܪܕܘܦܝܐ ܐܬܡܬܚ ܒܠ ܒܡܢ ܒܪ̈ܢܘܗ̇،
ܕܒܥܠܬܐ. ܐܦ ܓܝܪ ܡܬܐܡܪܐ ܥܠ ܝܪܚܗ ܕܦܪܘܢܐ ܕܠܐ ܐܫܬܡܠܝܬ
ܥܠܝܗ ܠܟܠܗܝܢ. ܐܠܐ ܦܠܓܐ ܕܝܦܘܬܗ. ܪܕܘܦܝܐ ܐܚܝܪ ܥܠܝܗ ܒܒܠ
ܐܬܪ̈ܝܢ ܕܬܝܚܬ ܫܘܠܦܢܗ. ܐܡܝܢܐ ܓܝܪ ܐܬܪܐ ܐܘ ܡܕܝܢܬܐ. ܕܠܐ
ܦܠܝܠ ܗܘ̣، ܐܪ̈ܥܝܗܘܢ ܒܕܡܐ ܢܣܝܐ ܕܒܕܝ̈ܘܗ، ܕܐܠܗܐ. ܦܠܓ̈ܐܐ
ܓܝܪ ܡܢ ܒܪ̈ܦܠܓܐ ܡܢ ܐܪ̈ܙܐ، ܢ̈ܦܫܐ ܡܛܠܘ ܒܡܕܝܢܬܐ. ܕܠܐ
ܦܘܪܝܗ ܕܦܪܘܢܐ ܘܕܠܐ ܡܦܣܢܘܬܐ ܕܪ̈ܝܢܐ. ܕܗܝܢܘܢ ܒܫܠܦܝܢ
ܢܦܫܗܘܢ ܕܝܠܝ ܗܘܘ ܠܗܘܢ ܒܒܪܢܐܝܬ ܐܝܟ ܒܝܢܬܗܘܢ܆
ܒܡܬܦܢܝܢܘܬܗ ܕܦܪܘܢܐ: ܕܠܐ ܪܥܐ ܗܘܐ ܘܬܒܥ ܒܐܪ̈ܙܐ، ܕܪ̈ܢܐ
ܕܐܬܪܘܬܐ ܬܒ̈ܥܬܐ ܕܡܬܩܢܝܢܘܗܝ܆ ܘܠܘ ܒܡܕܝܢܬܐ ܒܠܝܫܘܕ ܗܠܝܢ
ܡܦܬܟܪ̈ܢܝܢ ܗܘܘ̈ܝ. ܀ ܐܠܐ ܐܦ. ܒܡܘܪܝܐ ܘܡܦܣ̈ܘܪܢܝܢ ܐܦ ܠܐ 51 v.
ܐܬܒܬܒ. ܡܢܘ ܓܝܪ ܡܦܘܐ ܕܢܫܝܟ ܒܡܬܒܘܬܗ̇. ܚܠܦ ܐܝܠܝܢ
ܕܒܒ̈ܕܘܗ، ܕܐܠܗܐ ܐܫܬܒܪ ܒܪ̈ܝܘܗ، ܕܒܥܠܬܐ. ܦܠܓܐܐ ܓܝܪ
ܡܝܢܘܢ ܐܝܟ ܕܡܟܠܒܐ ܐܬܕܒܪܘ ܠܫܘܬܐ ܡܢ ܐܪ̈ܙܐ، ܢ̈ܦܫܐ. ܕܠܐ
ܐܬܪܗܘܢ ܐܬܝܕܒ ܘܠܐ ܫܪ̈ܟܝܗܘܢ ܐܬܒܬܒܘ. ܘܠܐ ܢܘ̈ܚܝܗܘܢ

ܐܬܪܥܝܘ. ܟܕ ܕܠܐ ܕܝ̈ܢܐ ܕܗܘ ܐܝܟ̣. ܐܠܐ ܡܢ ܐܬܕܝܢܘ ܢܦܫܐܝܬ ܡܛܠ ܕܬܢܝܢ. ܘܐܬܬܪܝܡܘ ܡܬܚܫܒܝܢ ܗܘܘ. ܐܦ ܥܡܡ̈ܝܗܘܢ ܘܢܫ̈ܝܗܘܢ ܡܬܬܚܡܝܢ ܗܘܘ ܒܡܘܦܩܢ̈ܘܬܐ ܕܥܘ̈ܠܝܗܘܢ. ܐܠܐ ܟܕ ܕܠܐ ܐܬܚܬܚܬ ܡܫܬܘܕܝܢܘܬܗܘܢ̣. ܐܦ ܐܬܬܦܣܩܬ ܒܗ̇ܦܟܝܢ SO ܕܒܬܪ ܐܘܪܚܐ. ܡܬܐܡܪܐ ܡܠܬܐ ܕܠܐ ܗܘܐ ܡܫ̈ܪܝܐ ܐܣܘܪܐ ܒܪܝܢܘܗܝ, ܕܡܠܝܢܘܗܝ ܒܡܠܬܐ. ܐܠܐ ܡܢ ܐܬܕܝܢܘ ܢܦܫܐܝܬ ܗ̇ܝ ܕܐܡܪܢ. ܡ̇ܢ ܡܘܦܩܐ ܕܢܫܡܘܒ ܕܒܟܝܐ ܡܫ̈ܪܝܐ ܐܣܘܪܐ ܒܩܘ̈ܡܬܗ. ܕܪ̈ܘܦܝܐ ܗ̇ܘܝܐ ܒܠܠܐ ܕܪܘܦܝܗ ܕܡܣܡܟܐ. ܕܠܐ ܥܘܠ̈ܐ ܕܕ̈ܝܢܐ. ܘܠܐ ܦܘܢ ܦܬܓܡܐ ܕܡܫܬ̈ܐܠܢܐ. ܘܠܐ ܒܡܬܒܥܢܘܬܐ ܕܗܘ̈ܦܓܪܐ. ܘܠܐ ܠܕ̈ܝܢܐ ܕܡܬܚܫܒܝܢ. ܐܠܐ ܒܟܠ ܐܬܪ ܘܡܕܝܢܐ. ܟܠ ܕܢܦܪܘܩ ܗܘܐ ܒܒܢ̈ܝ ܫܒ̈ܛܐ ܘܚܢܢ ܠܝܚܝܕܘܗܝ. ܗ̇ܘ ܗܘ ܡܕܝܢ ܗܘܘ ܒܕܝ̈ܢܘܗܝ, ܕܐܠܗܐ. ܗܢܘ ܕܝܢ ܒܡܗܝܡܢܘܬܗ ܕܦܪܘܩܐ. ܗ̇ܘ ܕܝܢ ܗܘܐ ܢܘܟܪܝܐ ܠܦܠܚ. ܡܢ ܟܬܪ ܢܝܫܗ ܕܦܘܠܚܢܐ ܡܫܡܫܢܘܬܗ. ܣܡ ܗܘܐ ܐ̈ܦܘܗܝ, ܠܡܚܠ ܠܡܣܝܒܪܢܘܬܗ. ܘܥܒܪ ܡܕܒܪܗ̇, ܐܝܟ ܐܪܥܬܐ ܕܥܝܢܐ ܘܕܬܪܥܘܬܐ. ܒܡܠܟܐ ܕܢܣܒ ܒܡܕܝܢܬܗܘܢ ܒܝܬ ܩܠܐ ܕܡܩ̈ܠܣܐ. ܕܙܕܩ ܠܗ̇ ܠܡܠܟܘܬܐ. ܠܐ ܡܢ ܒܥܒܠ ܐܬܟܒܫ ܗܘܐ ܒܩ̈ܛܠܝܗ̇ ܕܪܘܡܝܐ. ܒܕܠܐ ܙܕܩ ܠܗ ܡܫܠܡܢܘܬܐ ܕܪܘܡܝܐ ܦܘܩܕܢ ܕܡܠܟܘܬܐ. ܡܛܠ ܢܫܦܘܬܗ. ܘܒܗ ܬ̇ܠܒܐ ܐܚܘܬܗ, ܗܘܐ ܒܡܕܒܪܢܘܬܗ̇. ܒܡܬܒܥܢܘܬܐ ܕܩܛ̈ܠܝܗ̇ ܕܪܘܡܝܐ. ܠܐ ܐܬܪܥܝܬ. ܒܕܡܐ ܠܟܢܝܐ ܕܢܣܒ ܒܡܣܝܒܪܢܘܬܐ ܕܡܣܝܒܪܢܘܬܗ ܦܘܩ̈ܕܢܘܗܝ ܕܡܠܟܘܬܐ. ܠܗܢܐ ܦܪܘܫܐ ܡܟܝܟ ܗܘܐ ܠܗܘܢ ܦܪܘܫܐ ܠܒܢ̈ܝ ܡܣܝܒܪܢܘܬܗ ܟܕ ܒܬ̈ܟܬܗ. ܘܡܚܝܡ ܗܘܐ ܬܟܝܠܘܬܗܘܢ ܒܕ ܢ̇ܦܫ. ܐܝܟ ܕܢܬܐ ܐܝܟ ܠܝܚܝܕܗ. ܘܒܕ ܬܟܒ ܘܥܕܪ, ܡܟܝܠܐ ܠܡܫܡܥܘܬܗܘܢ. * ܢܦܩܬ 52 r. ܟܠܗ̇ ܡܣܝܒܪܢܘܬܗ ܘܡܟܠܬܗ ܒܐܘܪܚܐ. ܐܦ ܗ̇ܘ ܡܟܠ ܐܝܟ ܒܟܝܢܘܬܐ. ܘܦܠܓ ܠܗܘܢ ܐܘܪܚܐ ܡܛܠ ܫܠܡܘܬܗ. ܘܐܝܟ ܕܟܕ ܡ̈ܬܒܥܗ, ܡܬܬܢܝܚ SO ܗܘܐ ܒܟܡܗܘܢ̣. ܘܡܫܬܘܕܝܐ ܗܘܐ ܕܬܪܝܢ. ܘܒܕ ܒܐܠ ܠܡܣܝܒܪܢܘܬܗ. ܥܕܐ ܡܬܩܪܒܐ ܠܟܬܒܝܗ ܕܡܕܝܢܬܐ. ܘܟܬܒ ܩܠܐ ܬܘܒ ܕܢܝܫܐ ܘܕܬܪܥܘܬܐ ܕܐ ܗܘܐ ܒܡܥܡܪܢܘܬܗܘܢ. ܘܟܕ ܥܘ̈ܠܝܐ

ܕܢ̈ܒܝܘܬܗ. ܢܦܩ ܡܢܗܘܢ ܦܘܫ ܕܡܠܟܘܬܐ. ܘܢܦܩ ܥܠ ܒܢܝ̈ܢܫܗ ܕܡܣܬܠܦܠܦܘܢ. ܘܐܬܚܪܒ ܒܡ̈ܠܟܝܢ ܕܪܘܡܝܐ. ܥܕܡܐ ܕܐܬܐ ܚܕ ܘܚ̈ܪܒܐ ܬܚ̈ܒܝܐ. ܘܒܒܐ ܕܒܝܬ ܡܠܟ ܡܠܟܐ. ܘܦܠܓܗ ܒܐܘܪܫܠܡ ܕܡܫܬܡܠܝܢ ܪܘܚܐ. ܘܠܐ ܗܘܐ ܡܢܗܘܢ ܠܗ ܠܡܣܒ ܘܠܐ ܠܡܠܟܐ. ܘܐܠܘ ܠܐ ܡܢܝܐ ܙܒܢܐ ܕܡܠܟ ܘܐܦ, ܡܫܘܚܬܐ ܕܫܢܘܗܝ. ܠܡܫܝܚܐ ܡܫܬܘܬܦ ܗܘܐ ܐܝܟ ܡܢ ܒܬܪ ܕܪܥܝܢܐ: ܕܠܐ ܒܦܘܪܢܣܐ ܐܘ ܕܠܐ ܡܬܒܝܢܘܬܐ. ܐܠܐ ܡܢܐ ܕܒܐܘܬ ܗܘ ܥܠ ܡܟܣܟܣ ܕܟܕܒܐ. ܘܦܪܩ ܐܢܫܗ ܡܢ ܡܠܟܘܬܐ. ܘܗܘܐ ܐܟܪܙܗ ܒܐܪܥܐ ܕܒܠܕܟܝ̈ܗ.

܀ ܢܒܝܐ ܗܘܫܥ ܕܝܢ ܕܐܦܩܝ ܠܗ ܡܫܐ ܡܢ ܬܫܒܘܚܬܗ ܕܡܫܝܚܐ. ܡܢ ܒܬܪ ܕܢܦܩ ܡܢ ܚܘܒܬܗ ܗܘ̈ܝܐ ܦܪܥܬܐ ܕܥܡܡ ܠܒܠܠܗ ܕܟܕܒܐ. ܘܕܒܝ̈ܬܗ, ܒܟ̈ܠܐ ܘܒܡ̈ܪܥܘܗ, ܥܒܕܐ ܕܡܥܒܕܘ ܪ̈ܒ ܢܠܗ. ܠܐ ܥܒܕܝܢ ܕܐܦܩܝ ܥܠ ܬܫܒܘܚܬܗ ܘܐܦܠܐ ܡܠܟܘܬܗ. ܘܡܫܝܚܐ ܐܬ ܐܘܪܚܝܢ ܠܬܫܒܘܚܬܗ ܠܐ ܡܕܝܢܐ. ܕܒܝܠܝܐ ܗܝ, ܬܫܒܘܚܬܗ ܕܡܫܝܚܐ. ܘܠܐ ܕܠܗ ܟܠܗܘܢ. ܐܠܐ ܕܐܦ ܐܚܪܢܐ ܓܒܪܐ ܘܫܪ̈ܪܐ ܕܗܘܘ ܒܢ̈ܒܝܘܗܝ. ܕܐܬܠܘ ܒܫܦܘܬܗ ܘܐܫܬܥܘ ܥܠ ܫܘܠܛܢܗ. ܘܐܬܓܠܝܘ ܥܠ ܫ̈ܒܝܚܘܗܝ. ܘܟܠܗ ܠܗ ܠܗ ܒܢܝܐ ܒܡܣܒܪܢܘܬܗܘܢ. ܘܐܬܬܓܪܘ ܒܫܦܘܬܗ ܡܠܟܘܬ ܦܘܪܢܣܐ ܕܠܐ ܒܪܢܐ. ܘܟܠܠܗ ܕܠܐ ܡܫܬܪܝܢ. ܠܗ ܕܝܢ ܒܠܫܢ ܒܢܝ ܐܬܪܐ ܐܘ ܒܢ̈ܝܐ ܡܕܝܢܬܐ. ܐܬܬܓܪܘ ܒܗ ܒܥܒܪܐ ܚܪ̈ܢܐ ܠܡܫܡܫܘܗܝ ܕܒܕܒܘܬ ܡ̈ܠܟܐ ܪ̈ܘܡܝܐ ܕܐܬܟܠܝܢ ܘܡܠܝܢ ܦܘܫܐ ܬ̈ܓܪܐ ܘܡܫ̈ܒܚܐ ܘܐ̈ܪܥܐ: ܐܬܠܐ ܗܘܬ ܘܡܠܟܐ ܐܘܪܚܐ ܕܠܗ ܕܬܫܒܘܚܬܗ ܕܡܫܝܚܐ: ܕܢ̈ܒܝܐ ܕܥܒܪܐ ܘܦܘܠܚܢܐ ܕܓ̈ܒܪܐ: ܕܐܓܘܢܐ ܬܡܢܘܬܐ ܕܐܪ̈ܥܐ ܫܠܠܬܝܗ ܒܡܫܡܫܢܘܬܗܘܢ ܘܟܠ ܐܬܪܐ ܕܕܝܠܟ ܒܗ ܥܒܕܝ. ܒܝܐ ܢܦܫ ܒܗ # 52 v.
ܡܢ ܒܢ̈ܝܗܘܢ, ܕܐܠܗܐ. ܡܢܐ ܓܒܪ ܐܢܬ ܠܝ ܠܡܐܡܪ. ܒܠ ܐܝܠܝܢ ܕܐܫܬܪܘ ܒܐܦܠܒܝܢ ܕܫܘܪܝܐ: ܐܘ ܒܠ ܐܝܠܝܢ ܕܥܡܠܘ ܒܗ ܥܒܕܐ ܘܚܢܝܢܐ ܒܐܬܪܐ ܕܒܪܩܠܝܐ: ܐܘ ܒܠ ܡܫܡܫܢܘܬܗܘܢ ܫܠܝܚܬܐ ܕܐܪ̈ܗܘܢܐ: ܐܘ ܒܠ ܫܠܝ̈ܚܘܬܗܘܢ ܘܐܬܬܠܬܠܘܬܗܘܢ ܕܢ̈ܒܝܐ: ܐܘ ܒܠ ܐܦ̈ܝܣܩܘܦܘܢ ܫܒܝܚܐ ܕܐܝܠܝܢ ܕܐܫܬܪܘ ܒܗܝܢ ܥܡܡ̈ܐ: ܐܢܫܐ

ܐܬ̈ܠܝܐ ܘܡܫܪ̈ܝܐ: ܕܡܢ ܐܬܪ ܐܬܪ ܐܬܟܢܫܘ ܗܘܘ ܘܐܬܘ ܦܘܪܢܣܐܝܬ. ܠܡܣܟܢܝܢ ܠܐܬܪܐ ܘܢܚܐ ܕܢܚܬ ܘܡܦܩܬܗ ܕܡܪܘܗܝܢ ܕܒܪܘܟܬܐ ܕܒܗ ܐܙܕܩܦ ܪܒܘܗܝ. ܐܦ ܗܢܘܢ ܒܗ ܢܦܠܘܢ ܣܓܝܐ ܕܙܘܦܢܘܬܗ ܕܒܗܠܐ ܕܢܦܪ̈ܝܘܢ. ܘܟܕ ܒܒܪܝܡ ܒܝܬ ܥܡ̈ܪܐ ܒܐܘܪ̈ܚܬܐ ܢܦܠܝܐ ܕܐܬܒܠܬܗܘܢ. ܐܬܒܢܝܘ ܒܠܝܠܘܢ ܡܘܪܢܐ ܘܡܦܪ̈ܢܝܐ ܒܫ̈ܘܩܐ ܘܒܬܪ̈ܘܥܝܐ ܘܒܫ̈ܘܩܐ ܘܐܝܟ ܒܠܝܠܘܢ ܙܘܦܢܐ ⁘ ܘܟܕ ܚܙܘ ܚܒ̈ܝܒܘܗܝ ܕܐܠܗܐ ܕܦܪܘܥ ܒܠܝܠܘܢ ܐܟܘܢܝ. ܠܐ ܟܪܝܗ ܠܗܘܢ ܕ̈ܢܦܫܗܘܢ: ܐܠܐ ܢܣܒܘ ܢܦܫܗܘܢ ܘܟܬܒܘ ܥܠ ܬܪ̈ܥܐ ܥܡܗܘܢ ܕܡܪ̈ܘܗܝܢ: ܘܠܐ ܐܬܚܙܝܘ ܥܡ̈ܠܝܗܘܢ ܘܐܬܬܪ̈ܬܗܘܢ: ܘܡܟܢܐ ܐܝܬ ܠܗ ܠܟܠܗܘܢ ܠܡܐܟܘܠ ܒܠܝܠܘܢ: ܐܠܐ ܐܢ ܒܠܚܘܕ ܡܕܐ. ܕܐܣܗܕܘ ܐܬ̈ܚܝ. ܕܐܟܠܐ ܬ̈ܠܕܝܗܘܢ ܐܬܚܣܢܘ. ܕܟܕ ܗܘܘ ܒܠܝܠܘܢ ܡܬܩ̈ܠܝܢ. ܘܠܐ ܐܬܟܠܬ ܠܬܒܪ ܡܚܝܘܬ: ܕܐܝܟܢܐ ܐܬܟܠܝܘ ܒܫ̈ܘܩܐ ܡܫܪ̈ܝܐ ܕܐ̈ܟܠܐ ܬܫܝܐ. ܙܘܦܢܐ ܗܘܐ ܒܝܢ ܒܠܝܠܐ: ܙܘܦܢܐ ܕܐܬܚܙܝܬ ܥܠ ܟܠܢ ܒܝܘܡܝ ܕܒܠܝܢܘ ܟܘܠܐ. ܕܠܐ ܒܢܪ ܕܡܢܐ ܕܟܡܘܬܐ ܢܦܫ ܡܢ ܩܕܡ ܙܘܦܢܐ ܠܐܝܢܐ. ܘܠܐ ܐܬܟܬܒܬ ܗܘܬ ܗܘܐ ܒܐܝܠܝܢ ܕܡܫܪܝܢ ܗܘܘ. ܕܠܐ ܦܘܪܢܣܐ ܕܝܠܝ ܗܘܘ. ܘܐܠܝܢ ܘܡܣܟܢܝܢ ܠܟܢܝܘܗܝ ܕܐܠܗܐ. ܘܟܕ ܐܪ̈ܥܐ ܡܬܚܫܒܐ ܕܥܠ ܐܟ̈ܣܢܝܝܢ: ܥܒܕܝܢ ܗܘܘ ܒܠܚܘܕ ܕܢܦܫܗܘܢ ܒܬܫܡܫܬܗ 30 ܒܝܕ ܕܙܘܦܢܐ ܕܡܢ ܬܟܠܬܗ ܕܡܫܝܚܐ ܢܦܫܐ: ܕܐܬܟܢܫ ܗܘܐ ܕܠܐ ܫܘܠܐ: ܐܚܪܢܬ ܒܠܝܢ ܙܘܦܢܐ ܒܟܠ ܐܬܪ̈ܝܢ: ܘܡܛܠ ܐܬܪܐ ܠܫ̈ܘܩܐ ܕܢܦܠܘܢ ܒܠܝܢ ܗܠܐܬܗܘܢ: ܘܢܦܩܘܢ ܡܢ ܬܚܘܬܗܘܢ: ܘܒܐܘܪܚܐ ܕܢܦܠܐ ܐܘܠܦܢܗ ܘܡܫܟܚܘ ܕܒܗܝܢ: ܘܒܣܘܦܐ ܘܒܐܪܥܐ ܕܡܢܗ ܘܢܦܫܐ. ܦܘܫ ܐܘܪܚܗ ܠܡܣܟܢܐ ܡܢ ܬ̈ܢܝܢ. ܘܟܕ ܦܘܪܢܣܐ ܠܒܝܬܗ ܒܟܡܘܬܗ ⁘ * 53 r.
ܒܕ ܒܢܝ ܡܕܝܢ ܥܢܝܐ ܕܐܬܢܦܫ ܒܐܝܕܗ ܠܟܠܗܘܬܐ: ܘܐܟܠܝܢ ܡܟܠ ܐܟܣܢܝܐ. ܡܢܝܢ ܐܢܐ ܐܚܪܢ ܒܗ ܡܫܡܫܬܐ ܡܬܒܪܢܝܬܐ. ܘܟܬܪܗ ܕܟܠܕ̈ܝ ܘܒܬܪܐ ܟܡ ܬ̈ܠܝܢ ܕܦܪܘܫ. ܕܟܐܬܐ، ܬܢܦܫܐ ܕܐܬܟܘܬܗ ܬܡܫܡܫܘܗܝ، ܒܐܝܬܘܬܐ. ܘܒܐܘܪܚܐ ܕܠܐ ܕܠܝܗ ܢܗܘܐ ܐܟܢܝܢ. ܘܡܢܐ ܠܡܣܟܢܘ ܙܒ ܝܠܝܗ. ܒܟܢܐ ܕܢܦܫ ܗܘܐ ܝܬܝܪܐ ܘܬܢܝܢܐ

ܒܢܝ̈ܢܗܘܢ ܕܦܓܪܐ. ܘܐܬܦܬܚܘ ܬܪ̈ܥܝܗܘܢ ܡܢ ܚܫ̈ܘܟܐ: ܡܛܠ ܡܪ̈ܥܐ ܘܡܟܐܪ̈ܒܐ ܕܦܓܪܐ. ܘܐܫܬܘܕܝ، ܠܗ ܦܓܪܐ ܠܡܫܝܚܘܬܗ. ܕܪ̈ܟܐ ܠܡܫܡܫܘܬܗ ܥܠ ܦܘܩ̈ܕܢܘܗܝ. ܘܐܘܪܒ ܘܐܡܝܢܗ ܡܢܢ ܢܟܝܪ̈ܘܗܝ، ܘܪ̈ܘܪܒܢܘܗܝ. ܘܫܡܥܗ ܒܬܪܗ ܥܠܡܐ ܘܡܬܕܒܪܢܐ ܒܟܠܗ ܐܘܚܕܢܐ ܕܡܠܟܘܬܗ. ܘܫܡܥ ܥܠ ܬܚܘܡܘܗܝ، ܒܡܕ̈ܝܢܬܐ ܠܟܠܗ ܚܝܠܐ ܕܪ̈ܗܘܡܝܐ. ܘܕܪ̈ܘܗܝ ܡܪ̈ܕܘܗܝ، ܒܚܝܠܐ ܦܠܓܘܬܐ: ܕܢܫܬܘܩ ܬܫܘܡ ܥܠ ܬܫܘܡܫܐ: ܘܐܫܬܘܕܝ ܦܘܠܚܢܐ ܕܡܕܒܪܢܘܬܗ ܕܡܠܟܬ ܢܦܫܐ ܕܦܓܪ ܒܝܬ ܬܫܒܘ̈ܚܬܐ ܘܟܕ ܢܡܫܝܚܘܗܝ ܐܢܫܐ ܕܐܬܩܪܒ ܠܗ. ܘܐܬܬܩܝܡ ܥܠ ܬܫܘܡܫܐ ܒܐܝܕ̈ܝ ܐܦܝ ܕܢܝܚ ܥܒܕ̈ܐ ܘܫܒܩܝܢ ܘܐܪ̈ܘܒ ܒܡܫܝܚܐ ܕܫܘ̈ܢܐ. ܒܥܒܕܐ ܕܗ ܒܢܝܢܐ. ܕܫܠܛ ܘܐܬܡܚܝܬ ܐܪܒܥܗ ܕܒܡܪ̈ܘܕ ܡܢ ܡܕ̈ܡܘܗܝ، ܘܡܦܩܐ ܡܬܪ̈ܥܐ ܒܢ ܡܫܝܚܘܬܗ. ܘܐܪ̈ܡܘ ܕܫܠܬܗ ܘܡܥܒܕܗ ܥܠ ܬܠܝ̈ܬܗ ܕܦܓܪܐ. ܘܫܠܛ ܠܟ ܡܢ ܡܕ̈ܡܘܗܝ، ܐܦ ܗܘ ܢܫܡ ܘܐܫܝܒ ܠܐܠܗܐ ܡܢ ܟܠܗ ܠܗܢ. ܘܗܠܝܢ ܒܐܘܪ̈ܚܬܗ ܘܐܦ̈ܝ ܦܘܩ̈ܕܢܘܗܝ، ܘܠܐ ܦܓܥܐ ܒܢܦܫܗ ܠܐ ܠܢܦܫܐ ܘܠܐ ܠܦܓܪܐ. ܘܦܪ̈ܥܗ ܐܠܗܐ ܦܥܠܘܬܐ ܕܒܢ̈ܘܗܝ، ܦ̈ܠܓܐ. ܘܐܫܟܚܗ ܒܐܠܗܐ ܡܢ ܐܪ̈ܥܐ ܕܥܠ̈ܡܐ: ܠܗ ܘܫܡܠܝܘܬܐ ܕܒܢܝܗ. ܘܟܕ ܒܐܪ̈ܥܗ، ܦܘܪܫܐ ܠܒܢܝܐ ܐܠܗܝܐ ܕܪ̈ܘܡܝܐ. ܘܐܦ ܐܝܟ ܡܢ ܡܒܣܡܐ ܕܐܬܡܫܝܢ ܗܘܘ ܒܗ. ܒܐܬܪܐ ܕܫܘܬ ܐܪ̈ܝܟܐ ܒܟܠܗ ܘܒܫܦܝ̈ܘܗܝ، ܕܢܠܝܫ ܪ̈ܢܝܐ. ܘܠܐ ܫܘܫܛ ܠܗ ܗܕܐ ܠܡܫܡܫܐ. ܕܐܝܢܐ ܟܠܡ ܪ̈ܕܘܦܐ ܒܟܠܗܘܢ ܐܬܪ̈ܘܬܐ ܕܫܠܝܛܝܢ. ܐܠܐ ܐܦ ܟܦܪܗ ܐܬܪܒܝ، ܫܢܝܐ

53 v. ܕܢܫܬܕܪ ܪ̈ܘܕܦܐ ܡܢ ܕܘܟ: ܥܠ ܒܝܬܐ ܕܒܪ̈ܣܛܢܐ: ܕܠܡܫܝܚܢ * ܢܫܬ ܥܠܝܠ ܘܫܠܝܛ ܫܪܒܗ ܕܫܒܘܪ ܡܢ ܚ̈ܕܝܘܗܝ، ܕܐܠܗܐ. ܒܡܫܦܠܘܬܐ ܕܐܟܬܪܬܗ ܕܢܫ ܪܘܚܐ ܘܡܦܠܛܢܘܬܐ ܒܠ̈ܚܡܐ ܕܡܗܝܡܢܐ ܘܪ̈ܚܡ ܠܡܫܝܚܐ. ܘܗܘܐ ܡܫܝܚܐ ܘܡܫܝܚܐ ܕܐܠܗܐ ܘܪܚܡܐ ܕܫܒ̈ܝܐ. ܡܬܦܪܫ ܗܘܐ ܕܐܬܡܢܐ ܢܘܪܐ ܫܘܢܐ ܕܒܒܝ ܡܦܠܛܢܘܬܗ ܠܒ̈ܪܬܐ ܒܐܪܒܐ ܕܦܓܪܐ ... ܟܬܒ ܓܝܪ ܘܫܪܪ ܠܗ ܠܫܒܘܪ ܡܠܝܢ ܒܫܝܢܘܬܗ. ܕܟܠܗ ܠܟ ܕܢܘܬܝܢ ܦܠܚܐ ܕܐܬܓܪܐ ܘܐܬܬܟܝܒ ܒܥܢܝܢ: ܘܐܡܪ. ܡܪܟܐ ܕܫܠܬ ܡܠܟܘܬܐ. ܥܠ ܕܢܫܬ ܘܫܠܝܛ ܫܪܒܝܢ ܡܢ ܕܗܟܐ ܕܡܓܪܐ

ܒܟܠܙܒܢ̈ܝܢ ܕܡܠܟܘܬܟ. ܗܕܐ ܗܘܐ ܐܝܟ ܥܒܘܪ ܠܐܦ̈ܝܗ ܕܡܕܢܚܐ. ܥܠܝܗ ܘܐܡܠ ܒܗ. ܘܠܐ ܐܬܦܪܫ ܕܢܒܥܐ ܠܗ. ܐܦ ܠܐ ܒܢܝܢܐ ܕܒܬܪܟܬܗ. ܐܠܐ ܒܪ ܠܦ ܥܠ ܡܩܒܠܢܘܗ ܕܐܬܚܫܒ ܥܠ ܬܘܩܢܐ. ܥܒܪ ܠܘܬܗ ܠܐܪܝܣܛܘ ܡܘܦܬܐ ܪܒܐ. ܘܫܠܛ ܠܗ ܒܐܪ̈ܙܘܗܝ ܗܢܢܐ. ܡܛܠ ܕܠܦܬ ܠܗ ܥܠ ܡܫܬܡܥܢܘܬܟ ܘܥܠ ܢܨܝܚܘܬ ܐܪ̈ܙܝܟ: ܘܥܠ ܒܘܝܢܟ ܕܩܕܡܝܟ ܥܠ ܐܠܗܘܬܐ. ܗܘܐ ܠܗ ܐܦ ܠܝ ܨܒܝܢܐ. ܕܢܚܘܢ ܬܘܡܡܘܗ ܕܪ̈ܒܘܬܟ ܘܢܥܡ ܫܘܒܚܗ ܕܒܪܝܘܬܟ ܘܢܫܒܚܐ ܠܬܘܢ ܒܡܫܒܚܘܬܟ ܘܒܝܬ ܡܠܝ̈ܬܟ ܢܒܥܝܢ ܘܡܫܡ̈ܥܝܢ ܐܝܠܝܢ ܕܫܡܥܝܢ ܠܚܝ̈ܠܐ ܬܩܝܦܘ̈ܬܐ. ܐܠܗܐ ܕܝܢ ܒܐܝܕܐ ܗܘܬ ܠܡܐܬܝܢ: ܘܐܝܟܢܐ ܗܘ̈ܝܐ ܡܬܒܪܢܘܬܐ ܕܠܡܫܟܚܘܬܟ. ܐܝܠܐ ܗܘܐ ܠܒܢܐ ܗܘܬ ܠܝ: ܕܠܗ ܡܬܒܪܢܐ ܗܘܬ ܘܠܗܬܐ. ܕܢܡܠܠ ܒܬܫ̈ܒܚܬܐ ܕܡܠܟܘܬܟ ܐܝܟ ܗܘܐ. ܐܠܐ ܡܛܠ ܕܗܘܐ ܠܗ̇ ܡܬܪܐ ܠܡܠܟܘܬܐ ܡܢ ܒܪܘ: ܘܪܐܐ ܗܘ ܘܗܘ ܥܘܠܠܗ ܡܢ ܠܟܠ ܐܝܟ ܢܡܘܣܐ ܕܟܝܢܐ ܗ̇ܝ ܡܢܝܢ. ܐܟܘܬܟ ܘܠܗܬܐ ܕܢܬܒܘܢ ܠܝ. ܐܝܟ ܒܢܝܐ ܕܪܚܡܐ ܠܗ ܡܠܟܘܬܐ ܕܪ̈ܗܘܡܝܐ ܡܢ ܠܟܠ. ܐܦ ܐܢܬ ܒܟܠ ܕܗܘܝܐ ܐܢܬ ܒ̈ܢܝܢ ܢܦܫܟ: ܒܟܠܐ ܡܛܠ ܐܢܬ ܒܟܬ̈ܒܬܐ. ܐܠܐ ܠܝ ܕܠܝ ܪܒܐ ܐܢܬ ܡܢ ܒܪܘ: ܐܝܟ ܕܐܬܚܙܝ ܠܝ ܒܫܠܝܚܘ ܕܡܫܬܘܕܥܢܘܬܐ ܕܠܐܠܗܘܬܐ ܡܢ ܡܬܠܘܗ̇ ܠܐ ܒܪܒܬ ܒܫܠܝܚܘ. ܗܝ̈ܕܐ ܐܝܠܝܢ ܕܫܠܝܚܘ ܗܘܚܢܝܢ. ܠܘ ܓܒܪ ܡܢ ܐܪܒܐ ܗܘ ܘܠܝܢܘ ܕܗܘܕܐ ܢܨܚܬܐ: ܕܬܦܠܓ ܐܝܟ ܥܠ ܓܠܝܢܘ. ܕܡܢ ܠܟܠ ܐܬܝܗܘ. ܘܠܝܢܘ ܘܒܪ̈ܝܢ ܘܩܘܡܪ̈ܝܢ * ܘܒܝܬ̈ܪܝܢ ܐܬܦܫܛܬ ܠܒܪ̈ܝܬ ܕܝܪܘܬ. ܒܪ ܗܘܠ ܬܓܪܐ 54 r. ܡܢ ܫܒܝܐ ܫܠܝܚܘ. SO ܗܢܐ ܕܗܕܐ ܢܒܝܬ ܦܪܘܫܐ ܕܝܢܘ ܐܠܝܢ ܫܒܝܐ ܠܡܠܟܘܬܟ ܒܗ SO ܐܬܒܪܝ ܠܐ ܐܝܠܝܢ ܕܬܒܝ̈ܪܢ ܒܟܠܐ ܢܬܒܪܝܢ. ܘܐܝܠܝܢ ܕܡܫܬܒܪܢ ܒܐܪ̈ܙܝܗܘܢ ܒܐܘܪܚ ܐܬܦܠܓ ܠܝ. ܘܕܐܝܠܝܢ ܓܒܪܝܢ ܠܗܘܢ ܒܐܬܪ̈ܐ ܐܬܦܫܩ ܠܝ. ܘܗܕܐ ܒܟܠ ܠܐ ܬܘܡ ܡܐܡܪܐ: ܘܡܪܟܐ ܕܒܝܬ ܡܠܟܘ̈ܬܐ ܠܐ ܐܬܦܫܩ. ܦܘܫܩܗ ܒܟܠܗ ܘܐܫܬܘܕܥܗ ܕܪܘ̈ܒܒܐ. ܒܪܝܦܐ ܕܢܗܝ̈ܪܘ ܕܗܘܕܥܬܐ ܐܡܠܟ. ܘܠܐ ܡ̈ܢܫܝܢ ܕܬܗܪܐ ܘܬܦܢܝܬܐ ܠܗܘܠܐ ܐܝܠܝܢ ܕܡܠܝܢ ܡܢ ܠܟܠ: ܒܗܢܐ ܕܥܠܡ ܘܡܬܓܒܪ̈ܝܢ ܒܪ̈ܒܢܘܬܢ. ܩܕܡ ܓܒܪ ܢܦܠ ܡܢ ܐܪ̈ܥܬܐ ܗܘܡ ܡܢܐ ܡܐܪ̈ܙܐ.

ܘܫܠܡܬ ܦܪܝܫܬܐ ܠܐܪܡܢ̈ܝܐ ܕܐܬܬܚܝܡ ܥܠ ܐܪܡܝ. ܫܒ̈ܘܥܐ ܕܡܫܒܚܬܐ ܒܡܫܪܝܐ. ܘܗܟܢܐ ܕܟܠܗ ܫܒ̈ܥܐ ܫ̈ܢܝܢ ܠܕܘܒܪ̈ܗܘܢ. ܬܬܒܥ ܐܪܡܢ̈ܝܐ ܒܡܥܕܐܬܐ ܘܬܫܬܥܒܕܘܢ ܠܐܪܡܝ. ܫܒ̈ܘܥܐ ܕܫ̈ܢܝܢ ܒܡܫܪܐ. ܘܗܟܢܐ ܠܫܢܬܐ. ܐܝܟܢ ܕܐܦ ܒܕܘܟܐ ܕܡܬܬܟܠܝܢ ܘܡܫ̈ܬܐ ܕܢܬܬܚܝܡ ܥܠ ܐܪܡܝ. ܠܝܬ ܠܢ ܕܢܐܡܪ ܡܢܟܐ ܐܦ. ܠܐ ܠܡܥܒܕܐ ܥܠܝܗܘܢ ܡܐܪܗܘܬܐ. ܐܠܐ ܐܢ ܐܝܬ ܠܗܘܢ ܢܨܝܚܐ ܦܐܝܐ ܡܕܡ ܚܫܝ̈ܚܢ. ܐܘܕܥ ܠܗܘܢ ܣܘܟܠܐ ܬܠܝܐ ܥܠ ܐܪܡܝ ܒܗܝܢ ܕܟܘܬܒܗܘܢ. ܘܐܬܚܫܒܘ ܒܪܘܚܐ ܥܠ ܒܪ̈ܘܪܗܘܢ. ܕܐܬܐܪ̈ܐ ܘܗܟܢܐ ܕܫܠܝܚܐ ܘܟܠܗ ܕܒܗܬܒܗܘܢ. ܘܫܪܒܬ ܠܗܬܒܗܘܢ ܣܒܘܬܐ: ܘܐܫܬܦܠ ܒܫܘܪܗ ܕܡܬܪܘܬܗܘܢ ܒܐܪܒܥܐ ܕܠܐ ܕܠܝܗܘܢ. ܗܘܝܢ ܠܗܘܢ ܐܦ̈ܝܐ ܠܡܫܬܐܠ ܫܘܒܩܢܐ. ܘܡܕܘܕܐ ܗܘܝܢ ܥܠܝܗܘܢ ܕܝ̈ܢܐ. ܘܟܐܢܘܬܐ ܗܝ ܕܒܪ ܗܘܐ ܕܠܡܫܬܐܠ: ܕܗܘ ܗܟܢܐ ܕܢܗܘܐ ܐܝܟ ܢܫܘܒ ܗܘ ܗܟܢܐ ܕܡܫܘܚ ܐܝܟ ܢܬܦܪܥ. ܘܒܥܠܬܐ ܕܐܒܠ ܢܬܬܒܠ ܠܗ. ܗܟܢܐ ܫܘܒܩܢܝܢ ܥܠܝܗܘܢ ܒܪ ܠܐ ܢܬܦܪܥ: ܕܗܟܢܐ ܕܐܬܬܒܪ ܒܟܐܢܝܢ ܕܒܫܪܐ ܠܗܝ ܐܬܬܫܝܡ. ܘܒܪ ܐܢܬܐ ܐܪܡܢܝܐ ܒܡܫܠܬܐ ܠܡܫܪܝܬܗ ܕܡܫܝܚܘܬܐ: ܘܡܢ ܠܗ ܐܪܡܢܬܗ ܕܒܫܘܪ. ܘܦܣܩܐ ܘܒܕܐ ܕܟܠܝܢ ܫܢܝܐ. ܘܟܠܗ ܒܐܡܘܪܐ ܗܕܟܐ. ܘܡܢ ܠܗ ܡܫܒܚܐ ܐܢܫܐ ܠܡܫܪܝܗ. ܘܚܕܪܐ ܠܐܬܫܬܡܗ.
54 v. ܘܫܒܩܗ * ܘܢܦܩܬܐ ܠܦܬܘܪܗ ܘܠܐܠܝܢ ܕܒܡܗ. ܚܪ ܒܗ ܕܝܢ ܘܡܫܝܚܐ ܒܡܫܪܝܐ ܦܘܪܫܢܘܬ. ܘܐܬܬܒܢ ܕܠܐ ܦܘܪܫܐ ܘܠܝܬܐ ܕܢܗܘܐ ܚܫܝܐ ܒܬܘܬܒܬܐ ܕܐܝܬ, ܠܗ ܒܠܒܐ ܦܘܪܫܢܗ ܕܡܫܪ. ܘܐܬܬܪܒ ܘܡܫܝܚܐ ܕܒܫܠܝܐ ܢܦܫܗ, ܠܐܪܡܢܝܐ ܡܢ ܠܗܬܗ. ܘܐܦ ܗܘܐ ܡܢܝܢ. ܒܐܬܠܬܐ ܘܒܫܘܟܠܐ ܕܝܬܒܬܐ. ܢܬܒܢ ܢܝܫܘܗܝ, ܠܠܗܘ ܘܢܐܠܦ ܒܡܫܪܬܐ ܕܡܚܒܬܗ. ܘܐܦ ܕܡܫܠܡܢܘܬܗܘܢ: ܘܬܪܒܝܬܐ ܕܐܬܪܒܝܘ ܬܠܝܢ ܕܦܘܫ ܥܠ ܡܪܟܐ ܕܢܗܝܪ ܬܠܡܝܕܘܬܐ .... ܘܫܪܝ ܒܐܝܕܝ ܡܪܝܗ, ܠܐܪܡܢܝܐ ܠܗܬܗ. ܘܗܘܝ ܠܗ ܘܡܠܝ ܣܒܝܒܘܬ. ܘܒܕܝܢܐ ܗܕܟܐ ܡܬܪܝܢ ܗܘܘ 80 ܒܡ ܫܢܝܐ. ܘܬܠܐ ܕܚܝܠܐ ܘܢܘܦܩܐ ܝܬܒ ܗܘ̣ܐ ܘܡܫܝܚܐ ܒܡܫܬܡܫܢܘܬܗ ܕܡܫܦܠܐ ܒܪ ܐܢܫ. ܢܝܚܐ ܗܘܝܬ ܠܗ ܠܡ ܐܠܐ ܟܠܐ ܠܝ: ܐܝܟܢܐ ܗܘܟܐ ܫܦܝܪܐ ܘܪܘܚܬܐ ܡܫܬܠܝܢܘܬܐ ܐܢܬ

ܠ ܓܕܝܢܝ. ܡܢ ܥܒܕܐ ܕܡܫܠܡܬܢܝ. ܘܥܒܕܐ ܗܘܬ ܐܠܘ ܡܥܢܝܐ: ܕܠܐ ܬܬܓܪ̈ܕܐ ܗܘܬ ܣܓܝܢ ܠܓܒܪ ܡܢ ܦܬܘܪ ܫ̈ܢܐ. ܠܒ ܒܪ ܐܣܛܪܝܢ ܪܓܫ ܒܫܘܒܚܗ̇ ܕܪܘܚܢܝܬܟ. ܘܕܢܫܒܚ ܐܢܫ ܡܢ ܫܘܒܚܐ ܕܒܫܡܝܢ ܠܝܬ ܠܗ. ܠܐ ܒܠܚܘܕ ܒܬܘܟܠܢܐ ܪܘܚܢܝܐ ܕܠܘܩܒܠܗܘܢ. ܘܡܢܐ ܠܗ ܢܒܥܐ ܕܐܦܢ ܫܘܦܪ ܕܒܗܡ ܚܕ̈ܪܐ ܡܫܬܘܫܬ ܘܡܟܠܡ ܠܗ: ܕܬܬܐܡܪ ܒܫܝܢܬܐ ܐܡܝܢܬܐ ܕܟܠ ܥܕܢ. ܐܠܐ ܥܘܠܠܐ ܕܠܟܠ ܡܕܡ ܐܝܟ ܠܗ: ܕܬܐܡܪ ܠܓܒ̈ܝܬܐ ܐܠܝܢ ܕܫܡܝܢ ܒܬܪ̈ܝܢ. ܕܕܠܝܠܐ ܡܢ ܡܬܩܢܢܘܬܗܘܢ: ܬܘܟܠܐ ܘܡܫܘܕܥܐ ܬܬܒܪ ܠܘܩܒܠܗܘܢ. ܐܬܚܙܝܬ ܠܗ ܒܪ ܘܠܝܬܐ. ܕܦܐܝܐ ܗܘ ܠܗ ܠܐܝܟ ܘܡܫܒܚܐ: ܕܢܗܘܐ ܫܘܪ ܒܠܒܐ. ܘܦܬܘܪ ܒܫ̈ܝܢܘܗܝ ܥܘܠܠܐ ܕܠܟܠ ܡܢܗ. ܘܐܝܟ ܒܠ ܫܘܒܪܐ ܐܢܫܐ ܕܒܠܘܗܝ ܡܟܕܪ. ܕܒܟܠ ܢܒܥܐ ܒܚܝܐ ܠܡܟܕܪܘܗ. ܐܝܟ ܕܢܗܘܐ ܠܗ ܐܬܪܐ ܕܬܫܒܘܚ ܒܠ ܫܘܒܪܘܗ. ܬܘܒ ܕܝܢ. ܐܡܟܢ ܕܬܒܥܐ ܦܬܪܐ ܘܡܣܬܪܗܒ ܡܐܪܗܐ. ܢܦܘܩ ܗܒܝܠ ܫܘܒܚܐ ܡܟܪܙܐ ܠܘܬܗ. ܘܢܐܙܠ ܒܠܒܝ ܒܗܘܕܢܗ ܕܪܘܚܬܐ ܘܢܗܘܐ ܫ̈ܒܝܠܐ ܠܩܒܠܬܐ ܒܠ ܒܗܡ. ܘܗܘܐ ܐܝܟܢܐ ܠܝܕܥܬܐ. ܘܬܦܫ ܒܗܝ ܥܒܕܐ ܘܥܘܒܕܐ ܕܟܠܗܘܬܐ ܕܬܗܘܡܐ. ܘܒܗ ܗܠܝܢ * ܬܒܥܐ ܒܝܬܗ ܕܟܠܗܘܬ ܬܬܦܪܐ 55 r ܗܠܝܢ ܗܘ̈ܝ ܬܟܠܗ̈ܘܢ ܕܡܫܒܚܘܢ ܩܢܘܡ ܒܣܘܦܠܐ ܕܐܬܚܬܪ ܠܘܬܗ. ܒܡ ܦܓ̈ܥܬܐ ܕܕܟܝܢ ܠܗܘܢ. ܐܬܚܙܝܬ ܕܝܢ ܡܛܠ ܕܒܪܢܐ ܗܘܐ ܒܪܢܟܐ. ܐܦ ܗܘ ܐܬܓܠܕܒܗ̇ ܗܘܐ ܠܝܪܒܘܬܗ ܕܡܫܝܚܐ. ܘܡܢ ܕܣܓܝܢ̈ܘܗܝ ܒܬ̈ܠܬܗܘܢ ܓܒܐ. ܘܠܐ ܐܬܪܒܝ ܠܥܬ̈ܘܕܐ ܕܓܝܢܬܗ. ܐܠܐ ܐܝܟ ܠܗ ܡܢ ܒܥܬܗܘܢ ܕܗܠܝܢ. ܘܕܢܒܥܐ ܒܚܢܘܢ ܕܐܓܪ̈ܬܐ ܕܐܬܬ ܠܗ. ܐܦ ܗܘܐ ܠܗ ܒܐ ܐܡܪ. ܕܐܝܟ ܐܢܬ ܠܝ ܓܒܝܐ. ܐܦ ܐܝܟ ܕܠܒܪ ܦܫܩܝ ܚܒܒ ܒܢܝܐ ܠܒܬ̈ܪܒܬܗ ܕܠܝܠܝ ܬܟܠܬܐ. ܘܐܟ ܫܘܐ ܗ ܒܟܢܝ ܕܬܚܘܬ، ܘܬܗ ܠܬܚܝ. ܐܬܦܝ ܐܢܫ ܠܗ ܠܐܓܪܬܗ. ܘܗܘܐ ܡܪܒ ܘܐܬܦܪ ܒܒܢܝ. ܒܫܠܘܦܗ ܕܝܢ ܕܥܡܠ ܐܝܬ ܢܗܘܐ ܘܢܬܒܐ ܒܫܠ̈ܘܗܝ. ܘܒܚܢܘܢ ܕܝܢ ܠܐ ܐܬܬܦܪ ܒܬ̈ܠܬܗܘܢ. ܐܦܠܐ ܒܚܢ ܬܦܠܓܐ ܡܠܝܢܬ. ܐܠܐ ܒܚܢܘܬܐ ܘܒܫܘܒܚܬܐ ܐܬܬܒܗ ܬܬܦܠܓܐ ܒܐ ܐܡܪ. ܕܠܒܐ ܠܡ ܐܢܫ ܬܦܫ ܒܠ ܡܫܒܚܬܐ ܕܐܝܟ ܗܕܐ.

ܐܢܐ ܠܟ ܟܐܢ. ܘܠܐ ܘܠܝܬܗ ܕܡܫܪ ܟܠܗ ܐܢܫ. ܘܠܐ ܕܕܘܡܐ ܕܡܬܬܚܝܒ ܠܒܪܢܟ ܐܟܠܟ ܐܢܐ. ܗܐ ܟܒܪܐ ܐܢܬ ܡܚܝܒܐ. ܟܝ ܘܠܝܬܐ ܕܘܢ ܘܡܫܬܐ. ܒܬܪܒܝܬܗ ܕܒܪܢܟ ܡܠܟܬ. ܘܚܝܘܗܝ ܠܘܬ ܕܚܝܠܐ ܢܚܝܘܗ. ܘܕܐܬܒܘܟ ܠܗ ܚܝܘܗܝ ܕܐܠܗܐ ܕܥܠܝܗ ܠܝ: ܟܠܗܝ ܒܡܫܪܝܗ ܕܡܫܪ ܠܐ ܒܡܕܐ ܘܠܝܬܐ. ܘܪܡܐ ܠܟ ܟܐܢ ܕܪܒܒ ܠܗܘܢ ܕܡܩܒܪܐ ܣܒܝ. ܘܠܐ ܬܫܬܠܛ ܥܠ ܚܝܘܗܝ̈. ܘܕܢܗܡܘܢ ܡܕܡ ܒܥܠܡ ܢܥܡ. ܠܐ ܦܩܕܬ ܠܝ ܬܚܘܡܝ̈ܢ ܕܫܠܛܘܬܟܘܢ. ܘܠܐ ܕܢܬܒܪܝܠ ܒܫܘܬܐ ܠܬܫܒܚܬܐ. ܘܠܐ ܕܢܬܠ ܫܘܒܚܐ ܥܠ ܫܘܒܚܝ. ܒܪܡ ܕܝܢ ܒܥܕܐ ܕܚܝܝܢ ܒܝܠܟ. ܗܟܢ ܐܚܪܐ ܠܚܝܘܗܝ ܕܒܪܢܟ ܕܢܬܡܢܥ. ܘܟܠܝܠܬܐ ܗܘܐ ܠܝ ܕܐܒܕܐ ܡܢ ܡܫܪ. ܘܢܛܠ ܬ̈ܟܠܬܐ ܫܦܝܪܐ ܥܠ ܒܥܘܪ̈ܝܗ ܕܐܪܟܒܘܢ. ܕܠܐ ܬܫܬܠܛ ܒܗܘܢ ܚܝܘܬܐ ܕܡܘܬܟ. ܡܫܡܫܐ ܠܗܘܢ ܟܕ ܒܝܬܐ ܕܡܬܦܠܓܝܢ. ܒܪܡ ܕܝܢ ܡܥܒܕ ܐܢܐ ܠܟ ܣܓܝ. ܕܫܘܠܛܢܐ ܒܬܪܐ ܕܢܚܡ ܠܗ ܠܒܪܢܟ ܥܠ ܐܪܥܐ. ܘܒܬ̈ܘܠܬܐ ܗܠܝܢܬܐ ܐܡܪ ܬܫܒܘܚܬܗ ܕܫܠܛܘܬܟ. ܕܠܐ ܡܪܒܐ ܘܕܠܐ ܡܐܪܥܝ. 55 v. ܘܕܒܥܐ ܗܠܝܢܐ ܐܒܕ ܒܐܘܫܕܝܢ. ܘܗܠܝܢ ܕܬܫܬ ܠܟ ܗܫܐ. * ܘܡܫܘܬ ܕܢܗܘܐ ܒܗܘܕܝܗܘܢ ܡܕܡ ܚ̈ܝܠܝ. ܕܟܕ ܡܬܟܠܐ ܣܢܩ ܡܢ ܒܗܘܢ̈ܝ ܕܐܬܪܟ ܒܡܚܒܒܢܘܬܐ ܕܒܝܢ. ܠܟ ܡܕܘܡܝܢ ܣܒ ܠܒܝܬܐ. ܣܘܟ ܒܚܝܪ ܕܒܟ ܬ̈ܘܕܐ ܗܘܐ ܗܘܕܐ. ܬܟܝܠܗ ܗܘܐ ܕܝܢ ܐܪܣܝܘܗ ܡܗܝܡܢܐ ܥܠ ܬܟܠܬܗ, ܒܐܪ̈ܙܐ ܕܡܟܝܢܘܬܐ. ܘܬܗܘܐ ܠܟ ܒܡܩܪܒ ܪܘܚܐ ܕܡܟܬܒܗ: ܕܐܡܟܢܐ ܠܐ ܐܬܬܦܪ ܒܬ̈ܠܝܐ ܩܫܝܬܐ ܕܐܫܟܚܗ. ܘܡܫܟܚ ܗܘܐ ܠܗ ܘܡܟܝܠܘ ܠܝ ܕܥܬܝܕ ܒܕ ܐܟܪܐ. ܬܟܝܠܗ ܠܟ ܠܡܟܠܬܐ ܕܗܘ̈ܡܢܐ: ܕܐܡܟܢܐ ܪܒ ܣܠܩܐ ܐܢܬ ܠܗ. ܬܟܝܠ ܥܠ ܬܟܝܠ ܢܦܫܟ ܠܗ. ܗܟܢܐ ܕܐܬܓܠܝܬ ܒܚܝܠܟ ܘܬܐܪܒ ܟܢ. ܐܦ ܐܢܐ ܐܚܕܐ ܒܟ ܒܗ, ܫܟܝܬܐ ܘܐܡܪ ܠܟ. ܗܕܐ ܒܪܒܘ ܟܠܠܐ ܕܟܠܟܬܟ. ܒܚܝܟ ܕܝܢ ܡܟܝܢܘܫ ܘܐܡܪ. ܐܫܬܘܦ ܕܝܢ ܒܗܕܐ ܕܐܬܬܪܝܬ ܠܗ ܗܘܝܬ ܥܠܬ ܡܬܕܪܢܐ ܠܡܘܒܠ: ܘܡܫܘܬ ܒܐ̈ܬܪܘ ܕܐܫܡ ܗܘܝܬ ܒܝܕ ܗܠܝܢ ܬܘ̈ܬܝܢ ܬܟܠܒܢ ܬܩܝܡ. ܘܡܫܘܝܐ ܗܘܬ ܠܝ ܗܕܐ. ܫܦܠ ܕܝܢ ܡܟܝܢܘܫ ܒܬܟܒܪܐ ܗܕܐ. ܘܫܡܥܐ ܘܪ̈ܘܚܟܐ

ܒܢܝ̈ܗܘܢ܂ ܕܐܪ̈ܡܠܬܗ ܘܝܬ̈ܡܘܗܝ ܐܝܟ ܢܦܫܗ܂ ܘܡܣܝܒܪ ܠܗܘܢ܂ ܘܟܠܐ ܠܗ ܟܠܗ ܙܪܥܐ ܕܡܠܟܘܬܐ ܕܒܪܗ܂ ܘܕܚܙܝ ܥܒܕܘܗܝ ܕܓܢ̈ܒܐ ܘܡܗ̈ܝܡܢܘܬܐ ܠܐܬܪ̈ܘܬܐ ܢ̈ܫܐ܂ ܕܢܦܩܐ ܘܢܦܩ ܚ̈ܝܠܐ ܢܒܪ̈ܝܐ ܠܐܠܗܐ ܕܡܐܪܝܗ܂ ܘܡܢܗܘܢ ܗܘܐ ܠܗ ܠܡܫܡܫܢܘܬܐ܂ ܕܬܫܡܫ ܒܒܝܬ ܡܪܝܐ܂ ܘܬܗܘܐ ܡܐܪܫܐ ܒܗܝܟܠܐ ܬܦܫ ܘܟܪܟ ܒܡܫܘܗܝ ܡܪܟܗ ܘܡܐܪܫܗ ܕܐܬܪܐ܂ ܘܐܟܦ ܗܘܐ ܠܗ ܒܪ ܐܚܘܗܝ܂ ܕܐܝܟܢܐ ܠܟ ܙܕܩܐ ܐܝܟ ܕܐܬܬܘܣܦ ܚܠܦܝܟ ܠܝ܂ ܕܥܒܕܬ ܫܘܬܐܣܐ ܕܫܠܡܘܬܐ ܕܒܪ̈ܝܬܐ ܡܢ ܐܬܪ̈ܘܬܐ ܢ̈ܫܐ ܘܡܫܡ̈ܫܢܝܬܐ܆ ܥܒܕ ܦܐܪܐ ܘܗܘܐ ܕܢܐܬܘܢ ܠܐܠܗܐ ܕܡܐܪܝܗ܂ ܘܡܕܒܠ ܠܐ ܐܬܬܘܝܗܘ ܠܡܦܩ ܡܢ ܐܬܪܗܘܢ܆ ܐܠܐ ܒܪ ܐܢܫ ܠܗܘܢ ܦܠܚܐ܆ ܘܝܗܒ ܠܗܘܢ ܕܒܢܐ ܐܢܫܐ ܠܒܝܬܐ܂ ܐܬܢܣܒܘ ܠܡܣܒܪܢܘܬܗܘܢ܂ ܘܐܬܢܣܒܘ ܘܐܬܚܒܫܘ ܥܠ ܐܘܪܚܗ ܕܢܦܫܗܘܢ܆ ܘܐܟܠܘ ܒܒܝܬܐ ܕܐܘܪܗܝ܂ ܘܐܢܘܢ ܫܢܐ ܠܡܕܝܢ̈ܬܐ ܕܡܕܒܪܢܘܬܗ܂ ܘܐܝܟܢܐ ܗܘ ܕܫܡܥ ܐܢܐ ܕܟܝܢ ܡܘܡܬܐ ܕܝܩܪܐ܆ ܘܢܦܩ ܐܢܐ ܠܝ ܥܘܕܪܢܐ ܒܡܘܬܒܐ܂ ܕܒܒܐ ܕܡܢܟ ܐܢܐ ܒܫܠܐ ܐܬܠ ܐܢܐ ✻ ܒܡܐܝܬ܂ ܠܒܝܬܐ ܕܪ̈ܘܡܝܐ܂ 56 r.
ܘܐܦ ܬܘܒ ܒܬܠܒܢܝܐ ܬܪܥܝܬܐ ܕܐܬܪܥܝܬ܂ ܐܢܬ ܠܝ ܕܐܬܒܒ ܒܐܝܕܟ ܢܝܫܐ܂ ܕܬܬܕܟܪܘܢ ܒܗ ܕܪܐ ܕܡܢ ܩܕܡ܆ ܘܦܠܚ ܢܟܣܝܢܘܗ ܠܝܚܝܕܗ ܕܡܫܝܚܐ܂ ܘܟܠܗ ܬܪ̈ܝܨܘܢ ܒܡܪܝܐ ܕܡܫܘ̈ܬܬܐ ܕܒܒܐ ܕܡܫܢܝܢ ܒܫܠܐ ܢܦܫܗܘܢ ܟܝܢܐ ܕܫܪܪܐ܂ ܘܟܒܪ ܢܒܝܫܘܗ ܥܙܝܙܘܬܐ ܙܟܘܬܐ ܠܐܪܝܘܗܝ ܘܠܐܠܗܝܢ ܕܒܝܬܗ܂ ܘܠܟܠܗܘܢ ܘܐܬܥܠܘ ܒܡ ܫܪܪܐ ܘܐܬܒܣܡܘ܂ ܘܬܘܒ ܡܢ ܒܬܪ ܗܠܝܢ܂ ܒܪ ܗܘ ܟ̈ܦܘܗܝ܆ ܕܡܫܦܠܐ ܕܢܐܙܠ ܠܐܬܪܗ܂ ܢܩܒ ܠܗ ܢܘܚܡܗܘܢ ܕܡܗ̈ܝܡܢܬܐ ܘܡܘܪ̈ܒܢܐ ܕܐܚܪܐ ܥܡܦܪܬܐ܂ ܘܡܠܡܘ ܘܢܝܡܘ ܠܫܪܪܐ܂ ܘܥܙܪܗ ܨܠܝܒܐ ܠܐܬܪܗ ... ܢܘܚܡܗܘܢ ܕܝܢ ܠܘܬ ܐܘܪܚܗ ܠܡܠܠܘܗܝ ܒܠܬܗܘܢ ܕܐܠܗܐ ܕܐܬܬܠܒܒ ܠܗ ܡܢ ܥܒܘܕ܆ ܘܕܐܠܗܐ ܕܐܬܬܥܝܪ ܠܗ ܡܢ ܒܡܫܦܠܐ܂ ܐܝܟ ܕܐܫܬܘܝܘܗܝ܆ ܠܚܒܝܒܗ ܒܪ̈ܢܫܐ ܕܩܪܒܗ܂ ܘܢܬܒܝܢ ܥܠܠ ܡܢ ܥܝܢܘܬܗ ܕܦܬܓܡܐ ܕܐܝܬܘܗܝ ܗܘܬ ܠܗ܂ ܩ̈ܠܐ ܠܐ ܒܪ ܕܒܪܝܬܐ ܕܡܠܠܗܘܢ ܠܗ ܩܠܒ܂ ܐܝܟܢܐ ܕܗܘܝ ܠܐ ܢܬܬܗܡܐ ܐܘ ܢܬܒܗܠ ܡܢ ܡܢܐ ܒܝܬܐ ܕܐܬܘܗܝ ܠܗ܂ ܕܝܘܡܬ ܢܒܥܐ ܒܗ ܩ̈ܠܐܐ ܢܘܥܡ

ܒܫܢ̈ܬܐ ܕܡܠܟ̈ܝܢ ܠܗ ... ܘܟܕ ܡܪܐ ܦܠܘܣܐ ܐܦܝܣܩܘܦܐ ܕܐܬܬܚܪ ܠܗ ܡܢ ܪܒ ܚܝܠܗ: ܘܠܐ ܡܢܗܘܢ ܕܐܢܫܐ ܒܦܠܠܘܬܐ ܘܡܣܟܢܘܬܐ ܐܝܬ ܠܗ ܠܥܡܗ: ܕܒܢܝ ܚܝܠܐ ܗܦܟܢܝܐ ܠܐܝܠܐ ܕܡܐܪܘܗܝ. ܗܘܐ ܫܠܝܛ ܒܐܪܥܬܐ ܗܦܟܢܝܬܐ. ܘܒܢܝܐ ܡܢܗ ܪܢܝܐ ܕܠܒܗ. ܘܒܬ ܠܡܪܢܐ ܘܠܡܐܟܠܝܬ ܕܡܪܗܘܢ. ܘܩܪܐ ܠܐܦܠܝܘܣ ܐܚܝܗ ܘܩܪܒܗ. ܘܐܟܠ ܒܐܪ̈ܕܘܗܝ ܡܕܒܪܢܘܬܐ ܕܡܕܝܢܬܐ. ܘܗܘ ܐܬܬܒܥ ܒܚܝܠܐ ܗܦܟܢܝܐ. ܠܡܛܠ ܠܐܬܪܘܬܐ ܕܡܕܝܢܬܐ. ܘܐܬܒܥ ܡܢܗ ܐܦܪܬܐ ܠܐܦܠܡܢܐ ܕܦܘܪܐ: ܠܘܬ ܐܢܫܐ ܢܦܩ ܕܡܟܬܒ ܕܡܟܪܣܘܬܘܣ. ܕܢܦܠ ܐܦܣܢܐ ܘܐܠܝܢ ܕܥܡܗ ܘܡܬܟܬܒܝܢ: ܠܫܠܝܛܘܬܐ ܕܐܝܬ ܒܗ. ܘܒܬ ܒܗܕܐ ܙܒܢ ܒܫܢ̈ܬܐ ܕܡܕܝܢ ܒܦܠܝܦܘܣ ܕܐܬܬܬܒ ܫܠܝܛܘܣ ܠܡܛܠ ܠܦܘܪܢܐ. ܐܬܟܠܝܘ ܚܝܠܘܬܐ ܪܒܬܐ. ܘܪܘܪܒ ܗܘܘ ܪ̈ܚܝܡܘܗܝ
ܘܡܬܚܫܒܝܢ ܗܘܘ ܒܝܬܗܘܢ. ܕܡܕܝܢܬܐ * ܢܬܬܦܪܩܘܢ ܠܗ ܠܡܗܝܡܢܐ. 56 v.
ܘܗܫܐ ܡܠܟܐ ܚܕ ܡܢ ܚܕ. ܘܫܡܥܘ ܕܗܟܢܐ ܠܐܘ̈ܡܢܐ ܬܠܡܝ̈ܕܐ. ܘܫܠܚ ܠܗ ܠܦܘܪܢܐ ܥܠܝܠܐ ܕܠܝܬ ܠܫܘܦܛܗ. ܫܒܩܐ ܒܬܪ̈ܗܘܢ، ܕܒܢܝܐ ܕܠܗܘܢ ܣܛܪ ܦܠܓ ܗܘܐ: ܟܠܗܘܢ ܗܘܘ ܥܠܘܗܝ، ܕܥܠܠܐ ܕܢܫܠܘ ܠܗ ܠܒܢܝܐ. ܘܫܡܥܘ ܥܠܬܐ ܕܐܬܕܝܢܬܐ ܡܢ ܟ̈ܠ ܥܡܡ̈ܘܢ ܘܦܘܪܥܢܐ ܡܢ ܦܠܘܛܘ ܕܐܪܥܗܘܢ. ܘܫܠܡܘ ܡܠܟܘܬܗ، ܠܒܢܝܐ ܕܐܟܠܬܗܘܢ ܒܦܘܪܣܘܣ ܕܫܠܝܡܐ. ܒܪ ܠܚܕܝܢ ܚܘܪܐ ܘܒܢܝܢ ܒܫܦܘܪܐ: ܘܡܬܕܡܝܢ ܠܗ ܬܘܕܝܬܐ ܐܝܟ ܕܠܐܠܗܐ.. ܗܘ ܕܝܢ ܢܩܝܦ. ܠܐ ܐܬܪܬܝܢ ܠܫܘܦܪܘܬܗܘܢ ܐܠܐ ܒܪ ܡܠܟ ܕܓܒܪ̈ܐ ܐܝܟ. ܐܗܦܟ ܐܦ̈ܝܗ، ܡܢܗܘܢ ܒܚܟܡܬܐ. ܘܒܢܝܐ ܐܝܟܢ ܡܢ ܡܕܝܢ ܫ̈ܦܝܗ، ܒܪ ܟܦܢܐ ܠܗܘܢ ܐܢ ܫܠܚܝܢ ܠܫܘܦܛܗ. ܒܕ ܗܘܐ ܓܒܪ ܕܠܒܪ ܐܠܗܐ ܦܠܝܚܝܢ ܘܦܣܐܘܬ. ܘܫܡܥܘ ܡܢ ܡܕܝܢܬܗ، ܒܟܢܘܬܐ ܗܦܟܢܝܬܐ. ܒܪ ܕܟܠܝܢ 80 ܐܦ̈ܝܗܘܢ ܘܡܕܝܢ ܪܒܘܬܗܘܢ ܡܬܘܪܐ ܕܝܢ ܕܡܕܝܢ ܗܘܘ ܒܗ̇ ܒܡܕܝܢܬܐ. ܡܛܠ ܐܝܟܢ ܠܘܬܗܘܢ ܘܫܡܥܘ ܠܗܘܢ ܒܝܬ ܡܟܣܐ. ܘܕܝܠܝܢ ܗܘܘ ܒܒܝܬܗܘܢ ܡܫܐܠܢ. ܕܠܡܟܝܐ ܠܡ ܡܬܟܒܢܐ ܗܘܬ ܠܒܢ ܗܕܐ: ܕܒܟܪ ܕܡܦܩܐ ܐܘ ܒܦܘܪܢܐ ܡܟܢܪ ܒܠ ܟܠܗ ܒܡܢ. ܕܡܟܐ ܗܘܬ ܓܒܪ ܘܫܠܝܐ ܡܢ ܒܟܬܐ ܕܦܠܝܚ ܦܬܟܪ̈ܐ.

ܘܐܢܬܘܢ ܒܐܬܪ̈ܘܬܟܘܢ ܐܚܝܕܬܘܢ ܥܠ ܟܠܗ ܦܘܠܚܢ. ܥܒܕ ܚܢܢ ܗܢܐ ܫܠܡܐ ܙܒܢܐ ܕܒܝܬ̈ܝ. ܘܒܥܠ ܠܗ ܙܒܢܐ ܕܚܐܪ̈ܐ. ܘܗܟܢܐ ܐܝܬ ܠܝ ܠܡܐܡܪ ܠܟܘܢ ܐܘ ܡܕܒܪ̈ܢܘܗܝ ܕܐܝܣܪܝܠ: ܐܢ ܓܒܪܐ ܗܘܠܝ ܠܟܘܢ ܗܢܐ ܢܣܒܐ ܠܡܣܝܒܪܘ ܠܗܕܪ̈ܐ: ܕܒܥܬܪܟܘܢ ܐܝܬܝܐ ܟܠܗ ܒܢܝܫܬܐ ܕܡܘܗܒ: ܘܗܘܝܢ ܐܢܬܘܢ ܒܠܗܝܢ ܕܬܘܒܠܬܐ ܠܟܠܗ ܒܝܬ ܐܝܣܪܝܠ. ܘܗܟܢܐ ܕܒܝ. ܘܣܘ ܡܕܢܐ ܒܒܕܝܢ ܐܢܬܘܢ.. ܐܡܪܝܢ ܠܗܘܢ ܕܒܪ̈ܡܘܢܐ ܠܝ ܦܠܚܝܢ ܕܒܝܬ ܡܩܕܫ ܕܝܠܢ: ܘܕܡܫܝܚܘܬܢ ܕܝܠܗ. ܘܕܒܝܬ ܕܙܝܩ ܘܡܕܒܪ. ܘܡܛܠ ܕܒܕܒܪ ܗܢܐ ܠܡܫܪܝܗ ܕܟܠܗ ܥܡܐ. ܐܢ ܕܝܢ ܡܢܗܬܢܐ ܠܫܘܠܛܢ. ܠܐ ܒܪܫܗ ܕܝܠܗܐ ܕܢܝܢ ܐܢܬܘܢ ܒܗܢ. ܕܠܐ ܡܕ̈ܒܪܐ ܕܒܩܝܬܐ ܚܕܝܢ. ܐܦܠܐ * ܒܬܕ̈ܪܬܐ ܟܠܝܢ ܠܝ. 57 r.
ܘܗܢܐ ܥܠܘ ܠܟܘܢ ܡܢ ܗܕܐ. ܘܟܠܘ ܠܐܠܗܐ ܕܦܬܚ ܬܪܥܐ ܠܡܒܥܬ. ܘܬܗܘܘ ܠܐܢܫ ܡܣܒܥܬ ܘܐ ܢܗܘܐ ܠܝ ܠܡܒܒܥ ܓܒܢܐ ܠܫܠܡܐ ܒܥܡ̈ܠܬܝ. ܠܐ ܡܢ ܥܙܝܬ ܗܕܐ. ܕܐܦ ܒܢܘ̈ܗܝ ܐܚ̈ܝܢ ܡܢ ܕܢܠܬܐ ܕܫܠܡܐ ܫܢܝܐ ܕܡܒܘ ܒܐܝܣܪܝܠ. ܗܘܬ ܗܕܐ ܕܐܝܟ ܗܒܢܐ ܘܐܬܡܗܒܪܬ. ܕܒܝܕ ܠܐܠܗܐ ܕܥܙܝܙܐ ܦܠܚܝܢ ܗܘܘ ܐܒ̈ܗܝܢ. ܐܦ ܠܫ̈ܠܡܐ ܢܘܒܪ̈ܐ ܡܕܒܚܝܢ ܗܘܘ. ܘܚ̈ܝܠܝܢ ܒܥܐܬ̈ܠܬܐ ܘܐܦ ܥܠܝܗܘܢ ܡܕܒܚܘܢܐ ܢܒܝܐ ܕܢܣܒܒܬܐ. ܕܒܢܐ ܒܢܬܐ ܠܥܒܕܗ ܕܒܝܬܐ. ܘܐܬܒܠܠ ܒܠܒܗ، ܡܢܐ ܒܣܘܟܐ ܬܪ̈ܬܝܢ ܙܒ̈ܢܝܢ. ܒܪ ܢܣܝܘܢ ܦܠܝܢܐ ܕܢܥ̈ܡܗ: ܘܣܒ ܘܐܙܕܒܢ ܡܢ ܢܘܒܠܐ ܕܐܬܒܬܗܘܢ. ܕܗܘ ܠܐܠܗܐ ܕܠܗ ܒܒܐܢܘܬܐ. ܘܒܕܝܪ ܙܒܢܐ ܠܢܥ̈ܡܗ، ܒܥܐ̈ܠܬܐ. ܘܕܒܝܫ ܘܗܘܡ ܒܩܘܒܠܐ ܥܠ ܩܠܘܬܐ ܕܐܠܗ̈ܝܢ .... ܘܡܢܐ ܡܬܒܥܝܢ ܠܝ ܡܛܠ ܡܫܕܘܬܐ ܦܘܩ̈ܕܢܐ ܕܡܢ ܩܕ̈ܡܐ. ܐܦ ܐܒܘܢ ܡܫܡܫ ܙܪ ܦܘܠܚܢܐ ܕܐܝܣܪܝܠ. ܦܝܫܬ ܒܦܘܠܚܢܐ ܐܗܘܕ. ܫ̈ܠܡܐ ܢܘܒܪ̈ܐ ܕܐܝܬ ܗܘ̈ܝ ܒܡܫܒ̈ܚܬܐ ܕܒܢܝ̈ܗܘܢ. ܘܐܢ ܗܠܝܢ ܫ̈ܦܝܪܬܐ ܘܙܥܝ̈ܪ ܥܒ̈ܘܕܐ ܠܐ ܐܬܒܫܡܘ ܥܠ ܗܕܐ: ܐܦܠܐ ܐܬܦܣܩ ܦܝܫܬ ܢܘܦܠܐ. ܢܣܝܢ ܒܝ ܒܝܘܡ̈ܬܐ ܐܢ ܡܬܐܠܨܝܢ ܕܢܕܒܚ ܒܥܐ̈ܠܬܐ. ܡܢܐ ܠܝ ܐܝܬ ܒܗ ܒܗܕܐ. ܕܗܘܐ ܠܝ ܐܕܘܢ ܕܒܠܒܘܬܐ ܢܝܚ. 30 ܡܛܠ ܕܦܠܝܢܗ 30 ܕܒܝܬ ܡܩܕܫ ܕܝܠܢ. ܡܫܬܡܠܝܐ ܗܕܐ. ܐܦܠܐ ܒܢ̈ܝ ܢܦܠ ܠܙܒܢܐ ܕܟܠܗ.

ܘܒܟܪ̈ ܨܒܝܢܗ ܕܡܠܟܐ ܘܐܫܬܡܫ ܠܗܘܡܢܗ. ܕܕܠܐܟܐ ܒܒܪ ܒܢܝ
ܒܒܗܬܐ ܕܡܚܒ. ܚܢܢܐ ܘܡܫܟܚܬ ܠܝ ܒܝܬ ܡܩܕܫ ܕܝܗܒ: ܘܡܚܦܛ
ܚܝ̈ܠܘܬܗ ܘܥ̈ܕܬܗ ܕܡܫܝܚܐ ܒܡܠܝܢ ܡ̈ܠܟܐ ܚܝ̈ܠܘܬܐ ܘܒܫܝܚܘܬܐ:
ܥܠܘܗܝ ܡܫܝܚܐ ܒܫܡܝܐ ܒܡܠܟܘܬܐ ܡܫܬܐ ܕܟܠ ܒܫܡܝܐ ܘܡܘܗܒܐ ܡܢ
ܡ̈ܠܟܐ ܗܠܝܢ. ܨܒܐ ܝܘܠܝܢܘܣ ܕܢܣܒ ܐܢܘܢ ܠܚܢܦܐ ܒܡ̈ܠܟܘܬܐ 80
ܕܒܡ̈ܠܟܐ: ܐܦ ܥܠܝܗܘܢ ܠܪܚܡܐ ܕܢܦܫܘܬܗ. ܘܦܪܐ ܠܐܘܣܛܪܘܦܘܣ ܪܒ
ܒܝܬܗ ܘܐܡܪ ܠܗ. ܕܠ ܐܬܘܗܝ ܠܒܝܬܐ ܥܘܬܪܐ ܒܪ ܕܥܩܪ. ܘܩܫܝ
ܡܬܒܣܡܝܢ ܡܢ ܟܠܗܘܢ ܒܐܡ̈ܠܟܬܐ ܕܗܢܐ ܐܝܟ ܠܗܘܢ * ܢܒܝܗܘܢ. 57 v.
ܘܐܬܟܠܘ ܘܫܠܘ ܡܬܚܝܢ. ܘܒܟܪ ܠܒܝܬܐ ܐܝܟ ܡ̈ܠܟܬܐ ܕܡܚܝܢ.
ܘܦܩܕ ܥܘܬܪܐ ܠܒܝ̈ܬܐ. ܘܐܬܟܢܫ ܘܩܡ ܡܬܒܣܡܝܢ ܒܐ̈ܡܠܟܬܐ:
ܐܠܝܢ ܕܦܩܕ ܐܝܟ ܡܬܘܐ ܒܐܬܪ̈ܐ ܒܗܘܢܐ: ܕܠܐ ܢܐܟܠܘܢ ܡܢܗܘܢ:
ܘܠܚܒܪ ܠܗ ܢܬܚܫܒ ܒܗܘܢ.. ܘܐܬܚܫܒ ܒܫܡܐ ܒܡܫܬܐ ܡ̈ܠܟܐ
ܢܒܗܘܢ: ܥܠ ܝܠܕܘܬܗ ܕܢܒܗܘܢܐ. ܘܠܒܗܘܢ ܘܐܬܥܒܕ. ܘܠܐ ܐܬܚܙܝ
ܠܗܘܢ ܨܒܝܢܗ ܕܡܫܝܚܐ. ܘܟܕ ܐܡܠܟ ܝܘܠܝܢܘܣ ܕܐܬܟܢܝ ܚܢܦܐ
ܒܡܐܠܟܘܬܐ ܕܪ̈ܗܘܡܝܐ: ܘܟܦܪ ܒܗ ܒܡܫܝܚܘܬܐ ܕܡܫܝܚܐ. ܐܘܣܦ
ܬܘܒ ܕܢܒܥܐ ܒܐܪ̈ܕܘܗܝ ܦܘܠܚܢ ܥܒܕ̈ܐ ܘܦܘܠܚܢ ܦܬܟܪ̈ܐ. ܘܦܪܫܗ
ܬܘܒ ܠܐܘܣܛܪܘܦܘܣ ܕܬܪ̈ܬܝܢ ܕܩ̈ܫܝܢ ܘܐܡܪ ܠܗ. ܕܠ ܠܗ ܒܝܬ ܠܗ
ܪ̈ܚܡܘܗܝ ܕܗܠܝܢ ܡܫܝܚܝܐ. ܐܦ ܥܠܝܗܘܢ ܠܝܪܚܐ ܘܡܬܕܒܪܝܢ ܠܫ̈ܠܡܐ
ܕܡܬܐ ܠܗܘܢ ܡܠܟܘܬܐ ܘܟܕ ܐܬܒܚܪ ܦܬܟܪ̈ܐ ❖ ܘܒܒܪ
ܐܘܣܛܪܘܦܘܣ ܐܝܟ ܕܐܬܦܩܕ ܘܐܙܠ ܬܘܒ ܕܬܪ̈ܬܝܢ ܩ̈ܫܝܢ ܠܒܝܬ ܪܒ
ܒܫ̈ܡܐ ܕܗܘ̈ܕܝܐ. ܘܟܠܠ ܒܟܘܠܗܘܢ ܒܐ̈ܡܠܟܬܐ ܒܪ ܐܒ̈ܪ. ܬܪܝܨܘ ܠ
ܠܒ̈ܝܬܐ ܡܗ̈ܘܕܝܐ ܕ̈ܝܚܝܕܝܢ ܕܒܠܟܘܬܐ ܐܬܚܫܒܘ ܒܪ ܦܠܚܘܬܐ
ܘܝ̈ܕܥܐ ܒܒ̈ܢܝ ܡ̈ܠܟܐ: ܒܫܪܪܐ ܕܥܠܡܘܬܗ ܠܝܨܝܦ ܘܐܬܚܫܝܒܘܬܗ
ܒܡ̈ܐܠܟܘܬܐ ܚܪܐ ܕܢܦܩܪܐ ܗܘ ܠܒܗ ܘܡܟܐ ܕܥܒܪܘܬܗ ܗܘܐ
ܐܬܚܘ ܒܬܐ ܬ̈ܒܝܒܐ ܕܡܠܟܘܬܐ ❖ ܐܡܪܝܢ ܠܗ ܪ̈ܒ ܒܫܡܐ.
ܥܠ ܕܦܩܕ ܠܝ ܥܘܠܦܢܗܘܢ ܕܣܠܩܐ ܒܒܝܬ ܚܝܝ. ܘܥܠܘܗܝ ܢܒܗܘ
ܕ̈ܝܥܐ ܒܚܝܢ ܡܠܟܘܬܗܘܢ ܐܘܣܛܪܘܦܘܣ ܐܡܪ. ܚܙܐ ܗܘ ܡܠܟܐ
ܠܬܘܒܗܘܢ ܐܘ ܒܝܬܐ ܡܗ̈ܘܕܝܐ. ܕܟܠ ܬܘܒܗܘܢ ܠܫ̈ܠܡܐ ܕܡܬܐ

ܠܗܘܢ ܡܠܟܘܬܢ. ܟܠ ܕܐܬܟܠܠܘܢ ܬܘܒܢ. ܘܟܠ ܕܬܘܒܟܘܢ ܢܬܝܗܒ ܠܗܘܢ̈: ܘܟܢܫܗ ܕܡܠܟܘܬܢ ܬܬܦܪܢ. ܘܟܠ ܕܥܦܪ ܢܣܒܐ ܠܗܘܢ ܡܢ ܠܘܬܢ ⁘ ܐܡܪܝܢ ܠܗ ܪ̈ܒܝ ܕܡ̈ܠܟܐ. ܫܪܪܐ ܫܒܝܒ ܡܢ ܟ̈ܒܪܝܢ. ܕܡܢ ܒܪ ܚܝܢ ܒܐܪܟܬܢ. ܐܬܥܘܕܕܝܢ ܕܝܘܢ ܨܒܝܢܐ ܕܡܠܟܘܬܟܘܢ: ܘܐܠܐ ܠܐ ܦܣܩܝܢ ܟܠ ܢܦܫ ܕܢܗܘܐ ܡܫܬܡܥܢܐ ܠܨܒܝܢܟܘܢ. ܕܬܫܝܐ ܡܢ ܥܘܠܡܢܐ ܡܫܡܠܝܐ ܕܒܫܘܬܦܘܬܟܘܢ ܗܟܝ ܠܐ ܡܬܬܚܝܢ ܗܘܝܢ ⁘ ܘܗܫܐ ܒܒܥܘ ܡܢܟܝ ܡܫܡܠܝܐ ܕܡܠܟܘܬܢ. * ܐܟܠ ܒܒܥܘܬܢ 58 r. ܡܢ ܡ̈ܠܟܝ. ܕܢܦܩܘ ܣ̈ܦܪܘܗܝ، ܡܢ: ܘܢܬܦܢܘܢ ܒ̈ܐܘܪܚܢ ܘܡܬܪܒܝܢ ܕܨܒܝܢܘܬܢ: ܘܒܠܝܐ ܕܙܪܘܬ ܒܘܫܬܢ ܕܢܘܬܐ ܠܡܠܟܘܬܟܘܢ ܢܬܬܐ ܒܠܒܒܘܬܟܘܢ ܠܪ̈ܥܝܢ ܕܐܠܗܘܬܟܘܢ ⁘ ܐܟܠ ܕܝܢ ܐܘܣܝܦܣ ܡ̈ܠܟܐ ܕܒܒܘܬܗܘܢ ܡܢ ܡ̈ܠܟܝ. ܘܫܪܝ ܠܟ ܒܬܫ̈ܒܚܬܐ ܕܫܘܒܚܗܘܢ: ܘܐܬܪܒ ܒܢܦܫܝ. ܕܠܒܝܢ ܒܪ̈ܒܝܢ ܕܡܕܝܢܬܐ ܢܚܬ ܐܝܟܢ: ܘܒܥܝܢ ܟܠܠܐ ܡܢ ܒܘܠܗ ܒܥܒܝ ܢܒܝܘܢ ܠܬܪ̈ܥܐ. ܘܒܦܪܘܢ ܦ̈ܬܘܪܐ ܘܠܒܘܫܐ ܒܠ ܟ̈ܠܘܬܗܘܢ ⁘ ܘܦܩܕ ܡܠܝܘܦ ܠܢܘܒܐ ܕܢܬܪܘܡ. ܘܐܬܥܬܕܬ ܠܗ ܒܝܬ ܒܡܨܒܬܬܗ ܕܡܠܝܘܬܐ: ܒܠ ܟܝܢ ܒܠܬܐ ܕܒܢܐ ܗܘܬ ܠܬܟܪܘܗܝ. ܘܩܠܡ ܫܒܝ ܘܡܬܕܒ ܒܠ ܒܝܬ. ܘܡܕܝܢܬܐ ܟܠܗ ܒܢܫܐ ܗܘܬ ܡܢ ܗܒܘ. ܐܦ ܡܢ ܡ̈ܕܝܢܬܐ ܐܚܪ̈ܢܝܬܐ ܕܒܢܝ̈ܪܗ. ܒܢܫܝܢ ܗܘܘ ܬܡܢ ܒܥ̈ܝܢ ܠܐ ܡܢܝܢ ⁘ ܘܦܩܕ ܦܘܪܢܐ ܕܒܠܘܢ ܡܕܝܢܬܗ، ܒܫܘܢܐ ܘܡܘܕܪ̈ܐ ܒܐܣܒܪ̈ܐ ܕܒܡܕܝܢܬܗܘܢ: ܒܪ ܥܡܠܝܢ ܦܪ̈ܢܣܘܢ ܒܐܪ̈ܢܘܢ: ܘܟܠ ܫܪܒܐ ܕܠܩ̈ܢܐ ܕܒܡܒܘܢ ܐܦ ܟܠܢܘܢ. ܦܩܕ ܦܘܪܢܐ ܕܐܝܟ ܐܝܟ ܡܒܢܘܢ ܒܦܠܓܐ ܕܡܫܬܒܬܗ ܢܬܚܝܐ ܡܕܝܢܬܗ. ܐܝܟ ܕܬܗܘܐ ܠܟܠ ܠܢ̈ܩܝܒ. ܕܗܘܐ ܠܗ ܒܡܕܝܢܬܐ ܕܒܒ̈ܪܝܐ: ܘܙܟܘܬ ܕܒܝܫܐ. ܘܡܘܪ̈ܒܐ ܠܒܡܕܝܢܬܐ ܕܦܬܟܪܘܬܐ. ܘܒܒ̈ܢܘ ܗܘܘ ܡܫܬ̈ܥܝܢܐ ܕܒܥܠܝ ܐܝܟܢ ܕܐܬܦܩܕ ܠܗܘܢ: ܘܡܣܟܢܟܐ ܕܒܡܕܝܢܬܗܘܢ ܘܦܠܓܐ ܕܡܫܬܒܬܗܘܢ ܐܟܠܘ ܐܝܟܢ ܠܦ̈ܪܢܐ ܠܦܠܓܘܬܗ ܕܟܠܒܐ. ܗܟܢ ܕܝܢ ܒܕܝܠܬܐ ܘܡܘܒܬܐ ܢܦܠܘ ܒܠ ܦ̈ܪܣܘܢ ܘܦܠܓܘ ܠܗ. ܗܘ ܕܝܢ ܚܙܒܐ ܒܥܘܒܠܗ ܘܢܩܘܒܬܗ ܘܒܥܘܠܗ ܕܫܬܪܘܬܗ. ܒܕܢܐ ܦܠܓܐܐ ܫܒܩ ܐܝܟܢ ܒܪ ܦܣܝܦܝܢ

ܥܠ ܬ̈ܦܘܣܗܘܢ܆ ܘܗܕܝܢ ܥܒܕ ܗܘܐ ܠܗܘܢ ܕܢܬܗܕܡܘܢ ܘܬܘܒ ܟܕ ܡܢܗ ܕܟܠ ܒܢܝܗܘܢ ܡܥܐܢܝܢ. ܐܝܟ ܕܢܐܡܪܐ ܕܫܠܝܬܐ ܘܡܬܒܥܬܐ ܥܠ ܥܠ ܕܢܚܠ ܀ ܘܡܢܐ ܘܐܡܪ ܠܗܘܢ ܟܕ ܡܬܠܒܫ. ܐܡܪܘ ܠܗ ܠܡ ܐܢܬܘܢ ܐܘ ܡܪ̈ܘܬܝ. ܡܢܐ ܗܘ ܗܠܝܢܐ ܗܢܐ ܡܥܣܩܐ ܕܐܟܠܬܘܢ ܠܒܪܬܗ: ܕܝܢ ܐܠܗܐ ܡܚܘܝܢ ܬ̈ܘܒܝܗܘܢ܆ ܘܕܡܘܒܠܐ ܕܬ̈ܠܗܐ * 58 v. ܟܠܝܠܐ ܒܢܝܗܘܢ ܬܘܕܝܬܗܘܢ܆ ܘܡܢܐ ܗܘ ܬܘܥܠܝܬܗܘܢ܆ ܕܗܢܐ ܠܐ ܫܡܥܐ ܕܫܠܝܬܗ ܕܢܠܛܝܢ ܡܢܢ ܚ̈ܫܒܝܗܘܢ܆ ܐܢܐ ܕܝܢ ܗܫܐ ܐܫܡܥ ܒܫܒܬܝ̣. ܘܡܟܪܙܘܬܟܘܢ ܬܐܠܦܘܢ̣. ܕܗܢܐ ܗܘ ܗܘ ܫܘܠܛܢܐ ܕܡܠܟܘܬܐ ܀ ܗܢܘܢ ܕܝܢ ܒܡܟܪ̈ܙܘܗ ܕܫܠܝܚܬܐ. ܗܘܘ ܒܫܠܝܬܐ ܡܚܡܬܐ. ܘܠܐ ܐܫܟܚܘ ܕܢܦܩܘܢ ܢܘܗܪܐ ܥܠ ܫܘܡ̈ܠܝܗܘܢ܆ ܐܠܐ ܡܫܐ ܬܘܩܦܝܗܘܢ ܒܐܪ̈ܥܐ. ܘܥܬܘܗ ܡܢ ܕܫܠܝܬܗܘܢ܆ ܢܦܠܝܢܘܢ ܐܡ̈ܪܝ. ܠܐ ܡܕܡ ܢܫܩܘܢ ܐܢܬܘܢ ܢܘܗܪܐ ܥܠ ܬܘܩ ܫܘܡܠܝܗܘܢ. ܐܘ ܡܪ̈ܘܬܐ ܚܢܢ ܒܡܥܐܢܝܢ. ܕܐܦ ܒܗ ܒܗܘܕܐ ܡܪܘܬܗܘܢ ܬܘܩܦܘܢ܆ ܐܡܪܝܢ ܠܗ ܬܒ ܒܫܘܒܐ. ܒܚܝܠ ܡܢ ܫܘܠܛܢܐ ܕܕܫܠܝܬܗܘܢ܆ ܘܡܢ ܬܓܡܗ ܡܫܡܠܝܐ ܕܐܠܗܘܬܗܘܢ܆ ܐܝܬ ܫܘܠܛܢܗ ܕܠܒܢܝ. ܐܝܟ ܠܗܘܢ ܡܠܠ ܒܥܘܕ ܕܡܫܐܒܪܝܢ ܘܡܬܦܫܠ. ܘܐܩܝܡ ܠܝ ܕܢܩܘܡ ܝܡܝܢܐ ܥܠ ܫܡܐܠܝ. ܢܦܠܝܢܘܢ ܐܡ̈ܪܐ. ܘܡܩܡ ܠܗܘܢ ܕܬܦܩܘܢ ܝܡܝܢܐ ܥܠ ܐܝܠܝܢ ܕܡܫܬܐܠܝܢ ܐܢܬܘܢ ܡܢܝ. ܬܒ ܒܫܘܒܐ ܕܝܢ ܐܡܪܝܢ. ܠܝ ܡܪܝ ܫܠܚܬܝ. ܗܦܘܟ ܘܫܡܥܐ ܐܢܬ ܠܝ. ܘܬܬܒܝܢ ܚܙ ܐܠܗܐ ܡܚܘܝܢ ܠܝ. ܘܡܢܘܐ ܕܐܫܠܚܘ ܠܝ ܬܘܒܝܢ ܠܡܪܝ. ܐܢ ܕܝܢ ܡܕܡ ܚܕܬ ܦܠܓܐ ܡܢ ܬ̈ܥܢܫܬܝ: ܒܫܒܒܬ ܬ̈ܠܗܐ ܕܒܝܬܝ. ܐܦ ܠܐ ܥܠ ܗܕܐ ܡܬܚܫܒܝܢ ܚܢܢ: ܐܠܐ ܒܫܒܘܬܐ ܕܠܐ ܬܘܗܝ. ܢܒܝܗ ܕܡܠܒܘܬܗܘܢ ܟܐܒܝܢ. ܠܘ ܓܝܪ ܢܚܬܐ ܚܢ ܕܒܒܐ ܠܗܦܟܠ ܬܒܝܢܗ ܕܐܠܗܘܬܗܘܢ܆ ܘܟܠܠܟܐ ܡܢ ܒܢܝ ܠܒܝ ܦܠܡ ܠܗ ܠܡܠܒܘܬܗܘܢ ܡܢ ܀ ܢܦܠܝܢܘܢ ܐܡܪܝ. ܒܦܠܓܐ ܕܐܗܝܡܢ ܕܐܝܬ ܥܙܪܐ ܒܬܫܠܝܒܗܘܢ ܒܪ̈ܡܬܐ. ܐܠܐ ܓܝܪ ܒܟ̈ܪܗܘܢ ܗܘܝܬܘܢ ܕܡܠܒܘܬ ܐܝܟ ܕܐܡܪܬܘܢ. ܚ̈ܒܪܝܗ ܕܡܠܒܘܬ ܒܒܪܝܢ ܗܘܝܬܘܢ. ܐܝܟ ܕܒܒܪܘ ܐܚ̈ܘܢܝܗܘܢ ܒܢ̈ܘܡܘܣܝܗܘܢ ܚ̈ܒܪܐ ܕܬܠܟܝܗܘܢ܆ ܕܒܠ ܥܠ ܦܠܓ ܕܝܢ ܘܬܘܣܦܬ ܥܠ ܐܝܠܝܢ ܕܒܟܠܗܝܢ: ܕܒܢܝܗ

ܘܦܫܛܘ ܒܦܩ̈ܕܐ ܠܐ̈ܠܗܐ. ܘܐܣܬܪܩܘ ܥܡܗܘܢ ܡܕܡ. ܕܒܢ̈ܝܐ ܕܐܫܠܡܘ ܠܢ ܐܒܗ̈ܝܢ ܢܘܟ̈ܪܝܐ. ܐܝܟ ܕܡܫܪܬܘܢ ܒܒܢ̈ܝܗܘܢ ܘܠܒܢ̈ܬܗܘܢ ܒܬܕܝܘܬܗܘܢ܆ ܕܐܠܘ ܒܕܪܐ ܐܚܪܢܐ ܗܘܝܬܘܢ ܒܢ̈ܝܐ ܕܕܘܟܪ̈ܢܝܗܘܢ. ܒܢܝ̈ܟܘܢ ܘܒܢ̈ܬܟܘܢ ܕܒܚܝܢ ܠܐ̈ܠܗܐ ܢܘܟ̈ܪܝܐ. ܐܝܟ ܕܒܪܘ ܐܒܗ̈ܬܟܘܢ ܒܡܨܪܝܢ. ܠܒܪܐ * ܗܘ ܠܒܪ ܡܕܡ. ܕܠܐ 59 r ܡܢ ܠܒܐ ܐܬܝܢ ܬܫܒ̈ܚܬܟܘܢ. ܐܠܐ ܒܐܦ̈ܐ ܫܐܝ̈ܠܬܐ ܘܒܢܟܝܠܘܬ. ܐܡܪܝܢ ܠܗ ܬܘܒ ܒܫܡܝܐ. ܠܐ ܢܐܡܪ ܡܪܝ، ܗ̈ܠܝܢ 80 ܡ̈ܠܐ ܗܠܝܢ ܒܠ ܟ̈ܬܒܘܗܝ. ܕܡܬܪ [ܡܢ] ܟܠܗ ܡܪܝܐ ܠܥܠܡܐ ܡܫܬܐ. ܗܟܢܐ ܗܘܐ ܒܗܢ ܠܟܠܗܘܢ ܕܡܫܠܡܘܬܗܘܢ܆ ܘܐܝܟ ܕܢܫܗ ܕܦܓܪܐ ܕܡܬܡܠܐ ܡܢ ܒܢ̈ܝܐ ܒܫ̈ܠܝܐ ܕܢܫܒܐ. ܕܢܫܬ ܒܠܝܢ ܫܪܘܬܐ ܘܗܘܐ ܕܡܟܠ ܠܝ ܡܫܪܬܗ ܕܡܕܒܪܢܘܬܗܘܢ. ܘܠܠܟܠ ܡܢ ܠܟܠܢ ܒܥ̈ܕܢܐ ܘܕܝܟ ܘܪܘܬ ܢܦܫ. ܘܠܝܬ ܠܝ ܫܪܘܬܐ ܕܪܒܐ ܡܢ ܗܕܐ. ܘܗܫܐ ܡܢ ܫܡܝܐ ܘܐܪܥܐ ܘܟܠ ܕܒܗܘܢ. ܘܡܢܟܐ ܗܘ. ܐܠܗܘܬܗܘܢ ܠܡܐܠܦ ܫܪܪܗܘܢ ܕܗܠܝܢ. ܡܢ ܒܬܒܐ ܕܬܘܕܝܬܐ ܕܒܒܝ ܒܒܝܬ ܢܫܝܟܐ ܘܪܕܝܦܐ. ܠܬܠܬܐ ܡܫܡܠܝܐ ܕܐܠܗܘܬܗܘܢ ܡܫܪܝܬܐ܃ ܘܒܗܠܝܢ ܒܬܪ ܩ̈ܠܐ ܫܐܪ̈ܝܬܐ ܕܪܘܒܒܐ ܕܡ̈ܠܐ ܕܢܒ̈ܝܘܬܐ. ܗܦܘܟ ܘܐܦ̈ܝܐ ܒ̈ܢܝܢܗ ܕܢܠܘܟܬܐ ܕܢܒܝܘܢ ܡܫܒܚܬ ܒܐܡܪܗ ܕܦܪܘܩܐ. ܘܐܬܪܡܝ ܠܡܠܐ ܕܫܦܪܘܬܗܘܢ܆ ܘܐܢܦܠܬ ܒܡܘܪ̈ܒܝܗܘܢ܆ ܘܡܒܠ ܡܢܗܘܢ ܒܬܪ̈ܬܐ ܕܬܘܕܝܬܗܘܢ܆ ܘܟܠܠܐ ܕܐܝܕܝܥܝܢ 80 ܘܫܒܩܘ ܠܗ. ܗܘ ܕܝܢ ܐ̇ܫܒܚܐ. ܫܒܩ ܒܬܪ ܩܠܗ܇ ܠܬܘܗܘܢ. ܘܐܝܟ ܕܡܢ ܒܬܪܐ ܡܠܠ ܒܗܘܢ܆ ܒܫܡܝܐܝܬ ܒܗ ܐܬܐ. ܒܟܠܠܐ ܠܡ ܟܠܝܐ ܕܩܪܒܘܢ ܠܝ ܐܫܬܘܕܝܢ ܐܒܗ̈ܬܢ ܒܫܡܝ. ܕܒܡܪܐ ܗܪܟܝܢ ܐܬܘܢ ܒܫܘܒܚܐ ܕܢܨܚܬܐ ܕܐ̈ܠܗܐ. ܠܦ̈ܓܪܐ ܠܒܪ ܡܢܗ̈ܐ ܕܬܦܢܝܬܐ ܦܬܚܐ ܕܐ̈ܠܗܐ ܨ̈ܒܝܐ. ܘܟܠܗ ܒܟܠܠܐ ܕܠܐܝܬܘܢ ܘܦܪܩܘܢ. ܘܪܕܝܦܝܢ ܠܦܘܠܚܢܐ ܠܦܪܘܫܘܬܗܘܢ܆. ܕܗܘܬ ܒܟܠܝܠܬܐ ܘܫܡܠ ܠܦܘܠܚܢܐ ܕܬܫܘܒ̈ܚܢ ܡܢܝܢ: ܒܐܝܠܝܢ ܕܐܬܪܚܡܘ ܡܠܟܘܬ܆ ܘܠܘ ܠܡ ܐܝܟ ܘܦܪܘܣܐܝܬ ܡܫܪܬܘܢ ܗܕܐ. ܠܦ̈ܓܪܐ ܠܒܪ ܡܢ ܐܝܟ ܕܐܦܘܕ ܒܠܒܘܢ. ܐܡܟܢܐ ܕܬܠܘܢ ܠܒܢ ܡܢ ܠܦܘܠܚܢܐ ܒܠ ܒܟܬ̈ܒܝܢ. ܕܬܬܠܘܢ ܕܝܢ ܝܬܪ ܡܫܒܘܬܗܘܢ ܫܪܪ̈ܬܐ

ܕܐ̈ܠܗܐ. ܠܟܢ ܒܢ̈ܝܐ ܗܠܝܢ ܕܝܠܗ ܠܣܝܡܬܗ ܕܫܘܒܪ̈ܝܗܘܢ. ܗܒܘ ܒܦ̈ܘܡܝܐ ܗܠܝܢ ܘܠܒܘܫܬܐ ܡܢ ܐܢ̈ܬܝ. ܘܐܬܦܢܝ ܥܠ ܥܠܬܐ ܕܐ̈ܠܗܐ. ܘܫܠܚܘ ܡܢ ܐܢ̈ܫܝܗܘܢ ܕܚܝܒܘܗܝ ܘܡܘܬܒܝܗܘܢ. ܘܗܘ ܗܘܐ ܐܫܬܪܪ ܠܗ ܡ̈ܠܐ ܕܫܠܝܚܘܬܐ ⁘ ܘܦܪܫ ܒܫܡܐ ܒܪ̈ܝܬܐ ܕܡܘܕܝܐ ܘܐܝܟܢ ܕܥܡܗܘܢ. ܘܢܦܩܘ ܒ̈ܦܡܝܐ ܘܠܒܘܫܬܐ ܡܢ ܐܢ̈ܫܝܗܘܢ ܕܟܠܦܢܝ.

ܘܐܬܦܢܝ ܥܠ ܥܠܬܐ ܕܐܫ̈ܪܐ: ⁂ ܘܫܠܚܘ ܐܢ̈ܫܝܗܘܢ ܒܪ̈ܚܩܐ 59 v.
ܕܡܣܟܢܘܬܐ ܠܬܘܕܝܬܐ ܕܟܪ̈ܣܛܝܢܐ ⁘ ܘܗܘ ܫܠܡܘ ܠܡܥܡܕܘ ܕܒ̈ܢܝܐ ܘܡܘܢܛܢܣ. ܡܢܘ ܘܦܣܩܘ ܠܗ ܠܒܝܫܐ. ܘܟܕ ܗܘܐ ܗܘܘ ܗܟܢ. ܕܬܘܪܐ ܥܬܐ ܕܬܘܕܝܬܗܘܢ ܒܐܪ̈ܢܐ ܒܥܒܐ ܒܟܠܗ ܕܐܬܥܒܕܘ ܠܣܝܡܬܗܘܢ: ܘܦܫܛ ܦܪܘܣܐ ܕܢܗܘܐ ܩܢܘܡܗܘܢ.. ܦܫܛܗ ܕܝܢ ܕܒܥܬܐ ܕܬܘܕܝܬܗܘܢ ܐܬܘܗܝ، ܗܘܐ ܗܢܐ. ܠܥܡܐ ܠܗ ܡܫܒܚܐ ܕܣܒܝܒ. ܥܠ ܐ̈ܠܗܐ: ܘܡܢܝ ܥܠ ܒܢ̈ܝܢܫܐ ܘܢܦܩ ܒܒܪܝܬܐ: ܒܝܬܐ ܠܐ ܡܗܘܬܐ ܕܐܬܗܘܝܢ ܡܬܒܪܝܢܘܬܐ ܕܠܐ ܡܫܬܪܝܐ: ܕܡܐ ܘܦܓܪܐ ܕܢܛܠܐ ܘܡܫܬܡܫܢܐ: ܒܝܬܐ ܘܡܫܬܡܠܝܐ ܐܠܗܐ ܡܦܪܫܢܐ: ܘܠܢܦܫܗ ܡ̈ܠܟܐ ܕܠܥܠܡ. ܡܕܝܢܬܐ ܢܓܝܪܬܐ ܘܗܝܟܠܐ ܫܡܝܢܐ: ܘܟܕ ܙܕܩܐ ܗܘܐ ܘܡܫܒܪܢܐ ܒܫ̈ܡܝܗܘܢ ܕܒܢܝܢ. ܡܓܒܝܬܐ ܘܬܘܕܝܬܐ ܡܢܟܝܢ ܠܡܬܠܦܢܐ ܡܫܡܠܝܐ ܕܐܠܗܘܬܗܘܢ ܡܪܝܡܬܐ. ܘܡܥܕܪܝܢ ܒܬܫ̈ܒܚܬܐ ܕܒܢܝܠܬܐ ܘܒܐܪܬܝܬܐ ܐܡܪܝܢ ܕܢܬܘܒܘܢ ܬܘܕܝܬܐ ܡܫܠܡܬܐ. ܕܠܐ ܦܘܫܐ ܕܬܬܡܪܚ ܠܦܘܪܫܢܐ ܡܫܠܚܐ ܕܥܘܬܕܢܘܬܗ. ܡܢ ܚܢܝ ܒܢ̈ܝܢܐ ܦܘܩ ܠܬܘܕܝܬܐ ܕܦܘܠܘܬܗܘܢ ܡܫܡܫܢܝܗ ܕܬܒܥܐ: ܕܒܥܡܘܬ ܫܡܫܐ ܕܢܣܒܘ ܒܗ ܒܒܪܝܬܐ. ܘܫܡܠܝܘ ܡܢܗ ܡܦܪܐ ܕܐ̈ܠܗܝܢ ܒܝܫܗ ܕܐܘܠܦܢܗ. ܕܡܪܒܝܬܐ ܕܐܬܒܪܗ ܒܦ̈ܘܡܐ ܡ̈ܠܟܐ ܕܡܢ ܡܕܡܪܒܘ. ܘܐܬܝܠܕܬ ܒܗܘ ܘܐܬܝܠܕܬ. ܘܕܝܟ ܘܐܬܦܢܝܬ. ܘܡܢܗ ܒܡ̈ܠܟܐ ܥܡ ܐܪܒܥܐ ܐܒܘܬܗܘܢ ܬܘܕܝ. ܕܢܡ ܠܐ̈ܠܗܐ ܕܫܡܝܐ ܘܕܐܪܥܐ. ܕܫܒܘ ܠܗ ܠܒܪܝܬܐ ܚܝܠܗ ܕܡܠܟܘܬܗܘܢ ܘܫܠܝܛܗ ܕܡܕܒܪܢܘܬܗܘܢ ܘܠܐ ܫܦܝܪ ܒܗܠ ܦܘܩܕܢ ܠܦܘܠܚܢܗ ܕܡܪܘܡܘܬܗܘܢ. ܕܪܘܚܐ ܕܢܘܪܐ ܥܠ ܥܠ ܕܠܐ ܢܦܫ ܥܡܐܝܬ. ܘܬܪ ܕܝܢ ܡܢ ܒܠ ܥܠ ܟܠܢ ܒܥܝܬ ܦܘܠܘܬܗܘܢ ܟܠܢܝܬ. ܕܐܝܢܐ ܬܫܒܘܚܬܐ ܘܬܪ ܐܬܕܝܢܬ ܟܠܗܘܢ

ܡܠܟܘܬܐ ܕܟܠܗ ܕܘܟ. ܘܐܬܕܪܟܬ ܒܐܝ̈ܟܢܘܬܗܘܢ ܪܫܝܡܘܬܐ ܠܐܘܓܣܛܘܣ. ܐܝܬ ܗܘ ܓܝܪ ܡܠܟܗ ܕܐܒܘܗܝ. ܘܡܕܒܪܢܘܬܗ ܕܐܘܓܣܛܘܣ. ܘܥܠ ܗܕܐ ܕܡܫܝܚܢ ܡܠܟ̇ ܗܘܐ ܒܗܘ ܙܒܢܐ ܠܦܘܪܢܣܢ܆ ܐܝܟ ܕܠܒܢܝܐ ܕܒܗ ܥܒܕܐ ܕܗܘܐ ܥܠ ܐܒܗ̈ܝܢ ܡܢ ܩܕܝܡ. ܘܗܘܐ ܒܐܝ̈ܕܘܗܝ ܗܘܝܢ ܕܢܚ ܠܝ ܦܘܪܢܣܐ ܘܒܥܝ ܠܒܝ. * ܘܐܬܬܪܝܡܬ, ܡܢܝ. ܘܐܬܦܬܚܘ ܦܘ̈ܡܝ 60 r. ܥܠ ܒܡ̈ܠܟܒܝܢ: ܘܕܪܫܬ ܒܗܝܢ ܥܠ ܓܪ̈ܡܝܗܘܢ ܕܡܬܪ̈ܐ: ܕܒܗܠܝܢ ܡܬܒܥܝܢ ܓܒܝܗ̇ ܕܡܠܟܘܬܗܘܢ܆ ܘܗܘܐ ܗܘܢ ܒܓܠܝܢܐ ܕܟܝܢܘܬܗܘܢ ܡ̈ܪܒܢܐ ܡܪܝܗܘܢ ܘܪܡܙܐ ܪܘܫܡܗ̇܆ ܘܕܡܝܢ ܐܝܟ ܬ̈ܠܬܐ ܕܓܠܝܢܬܐ. ܕܠܝ ܕܝܢ ܒܣܘܟܠܗ ܕܡܠܟܘܬܗܘܢ܆ ܓܠܝܢ ܬ̈ܠܬ ܘܪܒ ܠܝ ܘܫܡܥܝܢ ܫܠܝܢ ܫܘܚܕܐ ܘܬܘܫܒܚܐ ܒܒܢ̈ܝܗ ܕܟܠ ܬ̈ܒܒܝܢ: ܕܐܬܓܠܝܬ ܒܢ ܡܫܝܚܝܘܬܗܘܢ܆ ܬ̈ܠܬܗܘܢ ܕܝܢ ܕܥܒܕܐ ܘܐܪܒܥܐ ܢܦܩܘܢ ܫܢ̈ܐ ܘܫܠܡܝܢܐ ܠܪܥܝܘܬܗܘܢ܆ ܘܣܓ̈ܝ ܥ̈ܒܕܗ ܕܡܠܟܘܬܗܘܢ ܒܪ̈ܝ ܒܢܝ. ܘܒܬ̈ܟܝܬܒܬ ܐܫܬܘܝܢ ܕܢܣܓܘܕ ܠܐܠܗܘܬܗܘܢ. ܡܢ ܡܛܠ ܬ̈ܪܬܝܢ ܒܬ̈ܪܬܝܢ. ܒܡܛܪܬ ܡܢܘܬܗܝܢ ܢܡܠ ܬ̈ܪܬܝܢ ܕܡܠܟܘܬܗܘܢ ܒܥܒܕܐ. ܘܗܢ ܒܬܪ ܕܐܬܚܙܝ, ܒܬܒܥܐ ܗܢܐ ܒܐ̈ܬܘܬ ܟܠܗ ܒܥܒܕ. ܡܪܒܘ ܬ̈ܪܝ ܒܬܪ̈ܝܢܐ ܘܐܝܠܝܢ ܕܒܥܒܕܘܗܝ ܐܝܟ ܡܐܬܝܢ ܓܒܪ̈ܝܢ. ܘܥܒܕܘ ܢܨܚܢܘܗܝ ܡܕܒܪܢܘܗܝ, ܕܦܪ̈ܘܫܐ ܘܡܕܝܢ ܠܗ. ܒܒܢܝܢ ܡܢ ܥܠܡܐ ܕܡܫܝܚܝܘܬܗܘܢ. ܗܢܐ ܕܢܫܠܡ ܓܒܝܐ ܕܡܠܟܘܬܝ: ܘܡܪܟܒ ܕܒܫܢܐ ܘܩ̈ܢܐ ܕܬܪܒܘܬܐ ܠܬ̈ܠܬܗܐ ܕܠܐ ܡܬܬܢܝܢ. ܢܚܘܡ ܚ̈ܝܠܗ ܕܡܫܝܚܝܘܬܗܘܢ ܥܠ ܡܕܒܚܬ ܕܓܙܬ ܡܢ ܒܢܝܗ. ܘܥܠ ܒܝܬ ܡܘܒܕܐ ܕܐܪܒ: ܘܥܠ ܒܗܝܢ ܕܪ̈ܝܫ ܘܡܒܪܕ ܒܥܠ ܬ̈ܒܒܝܢ. ܗܘ ܕܝܢ ܚܪܒܐ ܓܪܡܐ ܠܓܠܝܐ. ܒܐܘܡܢܘܬܐ ܕܓܒܪܬܐ ܥܒܕܐ ܐܝܟܘܢ ܒܐܬ̈ܠܬܝ ܒܗ ܐܚܪ. ܕܐܦܠܐ ܠܟ ܗܝ, ܘܠܝܬܐ ܡܢ ܗܥܐ: ܦܥܕܐ ܕܢܘܡܣܐ ܘܢܦܠܐ ܡܢ ܒܗܕܪܝܢܗܘܢ܆ ܕܐܦ ܒܗ ܠܐ ܬܒܥܘܢ ܡܢܝ. ܓ̈ܒܝܢ ܓܠܝܢܗ ܐܢܝܢ ܒܟܠ ܒܝ̈ܬ ܠܡ̈ܠܟܐ. ܐܠܐ ܡܛܠ ܕܓܒ̈ܝܬܐ ܡܠܟܗܝܢ ܠܝ: ܘܗܕܐ ܠܫܒܐ ܫܒܝܢ ܓܠܘ ܘܐܬܒܥܘ ܠܬ̈ܠܬܗܐ. ܕܢܬܠܘܢ ܠܝ ܐܝܕܐ ܒܡܪܒܐ ܕܪܒܐ ܠܝ. ܘܢܬܒܥܝܢ ܘܢܕܒܐ ܠܒܬ̈ܠܬܒܝܢ. ܘܢܦܫܐ ܒܥܝܢܐ ܘܒܟܘܬܐ ܠܐܘܣܛܘܣ. ܘܥܠ ܕܐܫܬܠܛܘ ܒܢܝ. ܚܙ ܒܡܫܪܐ ܢܗܘܐ ܠܗܘܢ ܓܒܝܐ ܡܢ ܠܘܬ

܀ ܐܡܪܝܢ ܠܗ ܕܝܢ ܒܢ̈ܝܐ ܘܐܝܠܝܢ ܕܒܡܕܝܢܬܗܘܢ ܗܘܝܢ ܗܪܟ ܣܠܩܢ. ܐܦܘ ܠܝ ܕܢܫܪܪ ܫܬ̈ܐܣܘܬܗ، ܕܡܫܝܚ: ܒܗ ܦܢܝܐ ܐܠܗܘܬܟܘܢ ܟܪܘܗ. ܘܐܦܘ ܠܗܘܢ ܘܠܝܚܘܣ ܕܢܬܠܘܢ ܫܪܒܐ ܕܐܫܬܪܝ ܒܗ ܒܡܫܠܡܘܢ. ܕܬܫܠܡ ܒܠܗܘܢ، ܗܿ، ܕܐܡܪ ܡܪܢ܆ ܕܒܐܦ ܥܠ ܒܐܦ ܠܐ * ܬܫܬܒܩܘܢ 60 v. ܒܗ. ܒܗ ܗܿ، ܬܘܒ ܕܢܒܝܘܬܐ. ܕܟܠܗ ܟܠܗ ܒܪܢܫܐ ܠܬܐܘܡܘܬܗ. ܡܢܐ ܕܝܢ ܢܐܡܪ ܥܠ ܦܫܝܛܘܬܗ ܕܡܫܝܚܐ. ܗܕܐ ܓܝܪ ܙܒܢܐ ܕܫܦܝܘܬܗ ܓܒܪ ܒܗܘܢ. ܒܐܢܫܘܬܐ ܫܪܝܐ ܐܢܘܢ ܡܢ ܠܘܬܗ. ܘܦܠܘ ܠܐܬܪܘܬܗܘܢ ܒܒܫܡܬܬܐ. ܒܗ ܫܒܩܝܢ ܚܛܗܐ ܘܒܟܝܢ 80 ܫܦܝܘܢ ܕܐܝܠܝܢ ܕܝܢ ܟܕ ܘܐܣܬܒܪ ܒܫܘܕܝܐ. ܒܗ ܐܬܚܝܘ ܐܢܫܐ ܕܟܠܗ ܫܘܐܢܘܬܗܘܢ، ܕܡܫܠܡܘܢ ܠܬܪܬܝܢ ܚܒܪ ܐܢܫܐ ܐܝܟ ܗܐܝܟ ܐܢܫܐ ܠܗܘܢ ܒܬܫܒܘܚܬܐ ܕܠܡܬܒܢܐ ܫܪܝܐ ܕܢܒܘܢ. ܘܒܕܘܡܝܢ ܐܬܬܒ ܐܝܢ ܐܝܟ ܕܐܫܬܡܥ. ܦܪܘܩܐ ܕܝܢ ܠܢܦܫܐ ܡܢ ܟܠܗ ܕܒܪܐ ܠܒܪ̈ܝܬܐ. ܗܘ ܕܦܘܡܗ، ܠܚܝܘܬ ܠܥܠܡܐ. ܐܝܟ ܗܘܝܐ ܓܒܪ ܘܡܚܠܡܢ. ܕܢܣܒܬ ܢܦܫܗ ܡܐܪܘܬܗ ܒܐܪܥܐ ܕܟܠܝܠܐ. ܀ ܘܒܗ ܫܒܩܬ ܐܣܟܝܡܐ ܓܒܪܐ ܕܡܐܬܝܬܗ. ܕܝܠܗ، ܘܫܪܬ، ܘܪܘܪܒ، ܘܐܬܦܫܛ. ܘܐܣܬܟܠܘ ܫܘܦܪܗ ܢܗܝܪܬܐ ܕܪܘܓܝܐ ܕܥܠ ܓܘܫܡ. [?] ܢܡܠܐ ܗܘܐ ܠܗܘܢ ܓܝܪ ܠܐܣܟܝܡܐ ܕܢܫܝܢ ܗܘܘ ܠܗ ܠܡܪܢܐ: ܕܟܐܢ̈ܐ، ܘܠܝܚܘܣ ܐܬܬܪܝܡܬ. ܫܘܒܚܐ ܓܝܪ ܕܒܗܬܪܐ ܐܢܫܐ ܗܘܬ ܠܗܘܢ ܠܦܘܪܐ ܒܐܢܫܝܬ. ܐܦ ܡܢ ܢܘܗܪ ܘܐܣܬܦܩܘ ܒܡܫܝܚܐ. ܘܕܚܠܝܢ ܗܘܘ ܕܟܠܗܘܢ ܥܠ ܢܦܫܗܘܢ ܡܛܠ ܗܝܡܢܘܬܗ ܕܡܠܟܐ ܒܪܦܠܝܐ. ܘܒܗ ܢܦܠ ܠܗܘܢ ܘܒܢܝܐ. ܐܬܓܠܝܬ ܫܒܝܚܘܬܗܘܢ ܘܐܬܕܢܚܬ ܢܗܝܪܘܬܗܘܢ ܘܒܠܗܘܢ ܫܘܦܪܗ ܘܦܠܚܘܬܗ ܕܐܣܟܝܡܐ ܟܠܗܘܢ ܐܬܐܘ ܠܐܬܪܝ. ܐܦ ܥܠ ܡܟܠܝܢ ܕܡܕܝܢܬܐ. ܟܠܗܘܢ ܬܪܝܢ ܪܘܚܢܐ ܡܕܝܢܐ ܘܡܕܝܢܐ: ܥܠ ܬܪܝܢܘܢ ܫܦܝܪܘܢ، ܕܬܪܝܢܐ: ܗܘ ܕܡܢܗ ܗܘܐ ܗܘܐ ܘܠܝܚܘܣ ܠܡܥܠ ܠܡܕܝܢܬܗܘܢ ܐܦ ܒܡܫܪܝܗܘܢ، ܕܗܘܘ ܒܬܪܝܢ. ܐܦ ܗܘܘ ܓܒܘ ܡܫܝܢܐ ܕܒܡܫܝܢܐ ܪܥܝܐ: ܕܡܕܝܢ ܒܝܘܡܢܐ ܡܕܝܢܬܐ: ܘܡܪܐ ܗܘܐ ܥܠܘܗܝ، ܫܡܝܐ ܕܫܡܝ̈ܐ: ܕܢܪܘܡܘܢ ܥܠ ܢܫܘܬܗܘܢ، ܘܐܪܓܘܬܗܘܢ، ܕܡܠܟܐ ܡܢܐ ܕܒܐܠ ܒܬܪܝܢ ܕܡܕܝܢܬܗܘܢ ܥܠ ܫܒܘܬܗܘܢ ܕܝܢ

ܕܐܬܛܥܝܢܐ: ܘܟܠ ܦܘܪܥܢܘܬܗܘܢ ܕܝܗܒܘ ܠܐ ܐܠܨܐ ܗܘܬ. ܐܠܐ ܠܐ ܕܢܣܒܝܢ ܥܘܒܐ ܕܥܬܝܪܐ ܒܡܘܗܒܬܐ ܕܫܬܩܐ. ܒܠܥ ܥܢܘܝܘܬܗܘܢ ܚܢܢ ܕܐܬܠܝܢ ܕܗܘܘ ܡܫܡܫܢܐ ܠܩܕܝܫܘܗܝ. ܗܝ ܡܢܬ, * 61 r. ܥܬܝܪܐ ܕܗܘܘ ܒܠܥ ܡܘܬܪܐ ܠܡܣܟܢܘܬܗܘܢ܇ ܘܐܠܐ ܢܦܠܛ ܢܚܡܐ ܕܥܬܝܪܐ ܒܟܠܗ ܡܘܗܒܬܐ ܕܐܠܗܐ. ܐܬܐܘܢ[1] ܡܢ ܡܠܟܘܬܐ ܕܝܗܒ ܗܠܝܢ ܡܢ ܕܗܠܝܢ. ܕܐܡܪܬ ܕܡܬܦܪܫܐ ܢܚܡܐ ܕܥܬܝܪܐ. ܠܡܬܒܪ ܒܡܐܪܗܘܢ ܕܐܠܗܐ. ܠܗܢܐ ܦܘܪܫܐ ܒܡܙܪܗ ܕܟܠܗ ܐܢܫܝܢ ܬܫܒܘܚܬܗ ܕܡܢܐ. ܕܒܟܠܗܝܢ ܡܕܝܢܬܐ ܡܫܡܫܘܬܐ ܘܥܒ̈ܕܬܐ ܕܟܒܪ ܒܗܝܢ ܡܫܝܚܐ. ܚܢܐ ܥܒܠ ܒܗܝܢ ܘܣܒܘܬܐ ܒܪܒܘܬܗܘܢ ܕܥܬܝܪܐ. ܒܪ ܓܒܪ ܛܒܐ ܘܡܬܠ ܠܐܬܛܥܝܢܐ ܕܡܘܪܐ. ܦܘܪܫ ܘܥܒܕ ܒܟܠܗ ܐܢܫܘܬܐ ܕܡܫܝܚܐ. ܓܒܪܐ ܡܢ ܢܫܐ. ܛܠܝܐ ܡܢ ܣܒܐ. ܓܒܪܐ ܡܢ ܬܘܠܬܐ. ܡܢ ܟܠ ܡܘܬܒܝܢ ܕܐܝܬ ܒܗ ܒܡܫܡܫܢܘܬܗܘܢ܇ ܘܐܝܟܢܐ ܕܡܪܐ ܐܠܗܐ. ܓܒܪܐ ܡܢ ܢܫܐ. ܡܫܡܫܢܘܬܐ ܗܘܬ ܓܒܪ ܕܦܘܪܫܐ. ܘܒܝܬܐ ܛܘܦܣ ܗܘܐ ܒܗܘܢ ܒܡܣܟܢܘܬ. ܘܕܝܠܗ ܐܠܗܐ ܟܠܗܘܢ ܠܐܠܗܐ ܕܐܬܒܘܬܗܘܢ܇ ܒܪ ܬܬܒܪܝܢ ܘܡܫܬܡܠܝܢ ܕܓܒܪܐ ܡܢ ܢܫܬܐ. ܘܗܒܝܐ ܢܒܝܢ ܗܘܘ ܒܬܕܡܪܬܐ. ܐܝܟܢܐ ܕܦܪܝܢ ܗܘܘ ܠܡܫܡܫ ܡܘܗܒܬܐ ܕܒܗܘܬܐ ܘܡܫܡܫܘ ܕܡܫܝܚܐ. ܘܒܪ ܡܘܗܒܬ ܒܢܝܢ ܡܢ ܢܚܬܐ ܗܘܐ ܐܠܗܬܐ. ܐܡܪ ܠܗܘܢ ܐܝܟ ܗܘ ܕܢܗܘܐ ܠܗܘܢ ܡܠܟܐ. ܘܒܪ ܒܗܠܝܢ. ܟܠ ܒܗܢܘܢ ܘܐܡܪ ܠܗܘܢ܇ ܕܗܢܐ ܗܘ ܠܗ ܢܟܠܬ ܒܡܘܫܚܬܐ ܘܐܬܗܡܢܟܬ ܠܗ ܒܥܬܪܐ: ܕܒܬܪ ܐܘܪܗ ܒܡܫܐ ܕܐܠܗܘܬܐ ܐܬܟܬܒܢ܇ ܘܒܬܪܗ ܢܒܝ̈ܐ ܕܡܠܟܘܬܗ܇. ܒܗܕܐ ܕܐܫܬܘܕܥܘ ܒܡܕܝܢܬܗ܇ ܘܦܪܫܘ ܒܪ ܢܫܡܬܝܢ. ܘܕܘܟܬܐ ܡܢܬܐ ܠܬܠܡܝܕܐ. ܐܦ ܗܢܐ ܒܪ ܡܪܢܢ ܐܦܝܢ ܒܐܦܝܢ ܗܝ ܒܪ ܗܝ ܦܘܪܫܢܘܬܐ ܢܦܫ ܠܗܬ. ܕܢܬܚܘ ܢܦܫܬܐ ܘܒܬܪܗ ܒܢܝܫܬܐ ܐܪܥܬܐ ܠܥܠܡܐ ܕܡܫܝܚܬܐ܇ ܘܟܠܗ ܐܢܫܘ ܕܟܠܗܘܬܐ܇ ܠܡܫܠܡ ܠܗܘ ܓܒܪܬܐ ܘܠܡܫܡܪ ܠܗ ܥܒܝܪܬܐ: ܐܦ ܠܒܢܝܗܘܢ ܘܠܒܢܝ ܒܢܝܗܘܢ܇ ܟܠ ܕܪܐ ܦܘܪܩܢܐ. ܘܠܐ ܡܕܡ ܗܘܐ ܥܢܝܐ ܕܠܝܬ ܒܟܠܗ ܟܠܗ ܗܘܐ: ܕܟܠ ܐܪܒܥܐ ܢܫܝܢ

1) Von einer spätern Hand in ܐܬܐܡܪܘܢ verändert; l. ܐܬܐܘܢ.

ܘܠܬܘܗܝ܂ ܕܗܘܐ܇ ܘܟܠܗ ܫܘܕܥܗܘܢ܂ ܘܐܬܬܟܠ ܕܢܘܕܥܝܘܗܝ .. ܘܐܘܣܦ ܬܘܒ ܡܠܝܠܘܬ ܘܐܡܪ ܠܗܘܢ܆ ܕܐܢܐ ܠܗ ܠܒ ܬܡܗ ܐܢܐ ܒܡܫܡܫܢܘܬܗ ܕܡܫܝܚܘܬܢ܆ ܕܠܘ ܢܝܚ܇ * ܕܠܠܝܐ ܒܠܝܗܝ ܐܬܬܢܝܚܬ (61 v) ܐܝܟ ܕܒܪܝܐ ܕܡܫܝܚܘܬܐ ܐܢܫܝܬܐ܂ ܕܒܠܕܗ ܒܠܝܢ ܠܗܘܢ ܕܡܫܝܚܘܬܗܘܢ ܟܠܗ܂ ܐܘܪܚܬ ܡܫܡܫܢܘܬܗܘܢ ܕܫܠܝܚܐ܂ ܥܠ ܓܒܪܐ ܘܢܫܐ ܘܥܠ ܩܫܝܐ ܘܠܘܬܪܐ܆ ܘܥܠ ܟܠ ܩܕܡܝܢ ܫܡܥܬ ܐܬܬܡܗܬ܂ ܘܟܕ ܒܗܠܝܢ ܢܨܝܚ܂ ܐܘܪܚܬ ܘܫܒܝܚܬ܂ ܘܠܒܗ ܥܛܪܢܝܬܐ ܢܨܝܚܐ܂ ܘܠܡܫܝܚܘܬܗܘܢ ܠܟܘܠܗܘܢ ܡܫܒܚܬ܂ ܕܒܥܡܐ ܦܪܝܫܐ ܒܢܨܚܢܘܬܐ ܕܫܠܝܚܐ܂ ܘܫܦܪ ܘܕܘܟܪܢܗ ܕܡܫܝܚܐ ܕܟܢܫܬ ܕܥܠܝܗ ܒܫܘܒܚܗܘܢ܆ ܒܗ ܡܬܩܪܐ ܕܫܠܝܚܐ܆ ܕܟܠܗܘܢ ܥܡܐ ܘܟܠܗܘܢ ܫܡܝܐ ܘܒܗܘܢ ܡܫܝܚܝܐ܂ ܐܝܟ ܕܐܦ ܘܒܢܝ̈ܢܫܐ ܕܬܠܡܝܕܐ ܗܠܝܢ ܦܘܩܕܢܐ ܦܪܝܫܐ܂ ܘܒܟܬܒܝܗܘܢ ܐܥܒܕܬ܂ ܕܗܘܠ ܠܥܒܘܕܬ ܡܫܝܚܝܘܬܐ ܐܝܬ ܠܗ ܠܡܫܝܚܘܬܗܘܢ ܢܐܕܘܗܝ܆ ܒܗܕܐ ܕܢܦܩܝܢ ܗܘܘ ܥܠ ܡܕܝܢܬܐ ܕܫܠܝܚܐ܂ ܐܦ ܚܢ ܒܕܡܘܬܗܘܢ ܕܗܠܝܢ܂ ܐܝܬ ܠܗ ܠܡܫܝܚܘܬܗܘܢ ܕܬܗܘܐ ܠܟܢܘܫܬ ܒܡܕܝܢܬܐ܂ ܕܟܕ ܫܠܝܚܐ ܢܬܠܘܢ ܠܗ ܢܘܚܐ ܘܠܝܠ܆ ܘܫܡܥܘܢ ܡܢ ܡܪܟܐ ܕܢܟܐ ܠܗ܂ ܐܬܕܒܪܗ ܠܡܫܝܚܘܬܗܘܢ ܘܬܘܒ܂ ܠܐ ܐܦܢܗ ܠܟܠܗ܂ ܘܐܡܫܝܚܝܬ ܢܗܘܐ ܚܕ ܟܠܗ ܠܦܘܩܕܢܐ܂ ܘܬܘܒ ܢܘܪܐ ܘܪܘܚܐ ܟܕ̈ܝܢ܂ ܘܡܘܪܫܐ ܕܡܫܝܚܘܬܐ ܡܢܗ ܠܐ ܢܚܝܕ ܠܟܠܗ܂ ܘܐܢܫܐ ܘܐܚܪܢ ܫܘܪܝܗ܂ ܘܐܚܝܕܬ ܘܐܫܪܪ ܫܘܪܝܗ܂ ܘܐܬܓܠܝܬܗ ܘܐܡܘܪܝܗ܂ ܘܐܝܟ ܒܠܝܬܐ ܡܓܠܝܐ ܐܚܝܕܝܗ܂ ܐܡܝܢܐ ܕܢܫܒܢ ܒܗ ܠܢܝܐ ܒܠܗܘܢ ܡ̈ܢܝܢܬܐ ܕܐܘܡܢܢ܂ ܘܢܓܙܪܐ ܕܚܛܝܐ ܐܚܝܐ ܡܫܡܫܬܐ ܠܡܫܘܪܝܗ܂ ܘܐܝܟܐ ܒܗ ܘܬܪܘܢ ܒ ܒܠܗܘܢ ܢܫ̈ܬܝܢ܂ ܘܟܕ ܗܠܝܢ ܬܡܢ ܩܠܐ ܕܢܫܡܬܐ ܘܠܐ ܦܪܘܫܐ ܡܫܬܡܥܝܢ ܗܘܝ܂ ܒܢܫ̈ܗ ܕܡܫܝܚܝܘܬܐ ܐܪܝܟܘ ܥܠܝܗܘܢ ܒܠ ܬܫܒܘܚܬܗ܂ ܘܟܬܒ ܩܠܐ ܕܓܘܕܦܐ ܕܢܘܟܪ̈ܝܢ ܠܥܡܗ ܡܬܚܘܪ̈ܝܢ ܗܢܘܢ܂ ܠܗ ܡܢ ܒܝܫܐ ܀ ܚܕ ܕܝܢ ܡܢ ܙܘܪ̈ܒܢܐ ܕܒܥܡܗ܂ ܕܫܒܩ ܗܘܐ ܗܠܦܝܢܫ܂ ܒܠܚܘܕ ܕܝܢ ܕܠܝܫܘܬܗ܂ ܒܫܒܩܐ ܐܫܝܢܐ ܡܬܘܪܐ ܗܘܐ܂ ܗܘ ܕܝܢ ܗܢܐ ܒܪܦܠܝܢܐ ܗܘܐ܂ ܘܡܠܝܠܐ ܗܘܐ ܥܠ ܢܦܫܗ܂ ܡܛܠ ܐܫܬܡܥܐ ܕܠܝܫܘܬܗ ܀ ܗܢܐ ܟܕ ܚܙܐ

62 r. ܒܦܪ̈ܘܬܗܘܢ ܘܒܝܫܘܬܗܘܢ ܕܐܪ̈ܬܘܕܘܟܣܐ: * ܘܟܬܒܬ ܩ̈ܠܐ ܕܠܦܪܘܫܐ ܕܐܝܟܢ ܕܠܐܠܗܐ ܡܫܠܡܝܢ ܗܘܘ ܠܗ. ܚܕ ܒܠܚܘܕܘܗܝ ܘܐܬܬܠܝܒ ܗܘܐ. ܘܡܬܚܫܒܢܘܬ ܫܘܐ ܢܦܫܗ ܒܪܘܫܥܗ ܕܠܝܛܐ. ܘܗܘܐ ܒܟܪܝܘܬܐ. ܠܐ ܕܝܢ ܐܬܚܫܒܬ ܠܗ. ܗܕܐ ܡܢ ܦܪܘܢܝܐ. ܘܚܙܬ ܠܗ ܘܐܬܬܐܒ ܠܗ̇ ܠܒ ܘܡܠܠ ܕܠܐ ܢܣܠܦ ܚܡܬܐ ܡܢܗ̇ ܒܝܕ ܬܘܬܗ̇ ܕܡܪܝܢܘܬܐ. ܐܡܝܢ ܘܠܐ ܢܫܡܥܝܗ̇ ܗܘܐ ܒܗܘ̇ ܒܪ ܐܠܐ ܗܠܟܗ̇ ܒܠܚܘܕ̇. ܘܒܪ ܡܢܟ ܠܬܪܥܗ̇ ܕܡܪܝܢܘܬܐ. ܥܒܪܘ ܫܘܒܚܐ ܘܫܬܩܐ ܡܢܝܢ ܠܗ. ܡܪܝܢܘܬܢ ܒܪ ܢܘܡ ܐܪܥܠܬܐ ܗܘܬ. ܘܢܩ̈ܦܐ ܐܬܬܚܝܒܘ ܠܠܝܢ ܘܒܕܘܗ̇. ܘܦ̈ܠܓܐ ܫܒܝܢ ܠܗ ܫ̈ܒܝܢܗ ܕܫܪܐ ܠܦܘܪܩܢܐ. ܘܠܟܠܗ ܕܡܪܝܢܘܬܢ. ܐܒܕܐ ܒܠܬܐ ܡܢ ܠܘܬܗ ܕܒܪܬܐ. ܡܪܝܢܘܬܢ ܠܒܢܝ ܐܬܡܩܒܠܬ ܘܒܕܒܪܬܐ ܒܬܪܬ. ܠ̈ܘܬܗ ܕܒܪܬܐ. ܢܓܠܐ ܠܦܠܚܘܢ ܢܦܠ ܠ̈ܘܬܗ ܕܒܪܬܐ. ܒܐܝ̈ܕܝ ܬܐܘܕܘܪܦܐ ܠܡܪܢܝܗ̇ ܕܡܪܝܢܘܬܐ so ܬܠܡܝܕܘܗܝ: ܬܐܘܕܘܪܦܐ ܡܥܝܢܐ ܕܗܘ ܗܫܡ ܥܠ ܠܘܬܗ ܕܒܪܬܐ so ܒܓܠܠ ܬܬܘܚ. ܬܐܘܕܘܪܦܐ ܕܐܬܚܙܝ ܥܠ ܥܘܠܦܢܗ̇: ܘܐܡܘܪ ܢܓܠܐ ܒܒܪܬܐ ܠܦܘܣܝܦܪ ܢܫܬܠܡ. … ܘܦܪܐ ܢܠܝܢܘ ܠܡܠܟܗ. ܘܗܘ ܒܬܪܗ ܠܘܬܗ ܕܒܪܬܐ ܕܐܦܠܚܢܐ: ܕܗܘ ܢܫܒ ܚܘܒܒܝܗܘܢ ܡܢ ܬܐܘܕܘܪܦܐ ܡܥܝܢܐ: ܕܗܘ ܒܟܝܢ ܗܘܐ ܪܒ ܒܬܗ ܒܗܘ ܘܒܝܬܐ. ܒܗܘܪܐ ܕܝܢ ܡܬܬܒܥܐ ܕܢܦܫܗ. ܠܥܠܘ ܡܢ ܬܪܒܐ ܕܡܪܝܢܘܬܐ ܒܢܝܢ ܗܘܘ. ܘܡܬܦܠܝܢ ܕܢܫܠܝܘܗܝ ܠܥܝܢܐ: ܒܦܘܩܕܐ ܕܐܬܠܝܐ ܘܒܠܝܠܝܐ ܕܦܩܝܕܐ: ܡܢܐ ܕܒܐܠ ܒܬܪܒܗ ܕܡܪܝܢܘܬܐ: ܘܡܬܦܠܓܝܢ ܥܠ ܟܠܬܗܘܢ ܒܦܘܡܐ ܘܠܒܘܫܬܐ: ܘܒܡܘܡܪܐ ܪܒܐ ܕܡܪܐ ܐܠܗܝ. ܥܠ ܕܪܓܗ ܪܒܐ ܕܒܠܬܐ ܡܐܢ ܗܘܐ. ܘܐܝܟ ܗܘܐ ܒܐܝܕܗ ܡܘܡܝܢ ܕܕܡܟܐ ܒܪ ܘܠܐ ܡܢܝܢܐ ܡܠܦܢܐ ܕܒܬܪܐ … ܘܒܪ ܒܐܠ ܢܠܝܢܘ ܠܬܪܒܗ ܕܡܪܝܢܘܬܐ. ܐܙܠ ܒܡܘܡܪܐ ܗܘ ܥܠ ܐܬܪܓܡܘܗܝ. ܕܡܠܟܐ ܘܥܠ ܗܘܣܝܗ. ܘܐܙܠ ܡܢ ܙܘܥܗ ܕܡܫܝܚܐ ܗܘ ܥܠ ܒܢܘܗ ܕܦܪܘܣܐ ܕܠܦܢܝܗ ܡܗܡܢܢܐ. ܘܐܬܬܚܝܒ ܠܗ ܠܒ. ܘܐܙܕܒܢ ܒܗ ܒܡܘܡܪܐ ܗܘ̇. ܘܚܙܐ ܒܗ ܒܚܠܡܐ * 62 v. ܠܡܫܬܐ. ܘܚܙܬ ܡܢ ܗܘܣܝܗ ܒܪܬܚܐ ܕܡܫܡܫܘܬܗ. ܘܒܟܠܗ ܠܗܘܒܠ ܡܪܘܡܐ. ܘܫܪܝܘ ܡܢ ܫܢܬܐ. ܘܢܦܠ

ܦܩܕ ܦܘܩܕܢܗ ܕܢܠܒܫ ܘܡܝܬ. ܗܘ ܕܝܢ ܦܬܘܪܐ ܐܬܬܩܢ. ܘܡܠܟ ܐܝܟ ܐܘܪܚܐ ܠܬܚܬܝܐ. ܘܥܒܕܐ ܘܐܡܪ̈. ܗܘ ܠܟ ܕܐܦܠܐ ܗܘ. ܗܘܐ ܓܠܝܬ ܘܐܦܟ ܘܣܘܟܬ ܒܠ ܢܦܫܟ ܕܒܪܘܫܠܡܐ ܐܝܬ. ܕܠܐ ܗ̇ܝ، ܡܢ ܗܫܐ ܕܐܬܝܗܒܬ ܠܟ. ܐܡܪ ܠܗ ܗܠܝܢܘܣ. ܐܡܪܬ، ܠܡ ܓܝܪ ܥܢܝܐ ܡܢ ܡܛܠ ܐܬܪܚܡܬ ܠܚܫܘܒܬܟ. ܐܘ ܐܫܬܘܬܦܬ ܠܦܠܚܘܬܟ. ܐܘ ܒܐܠܝܢ ܘܩ̈ܛܝܢ ܐܬܡܨܝܬ ܠܡܬܟܫܦܘܬܟ. ܐܘ ܐܬܓܐܝܬ ܢܦܫ ܒܛܠܠܘܬܟ. ܐܘ ܐܡܪܬ، ܥܠܝܟ ܠܝܚܝܕܝܐ ܒܢܝܐ ܕܦܘܪܬܘܒܘ̈ ܕܦܘܪ. ܐܘ ܐܡܪܬ، ܬܘܒ ܗܘܐ ܡܢ ܕܠܝܬ ܒܟܝܢ ܠܒܪܬ ܦܬܟܪ̈ܐ: ܘܣܓܕܬ ܠܥܒ̈ܕܐ ܐܟܘܬܟ. ܒܡܫܝܚܐ ܢܦܫ ܡܢ ܪܘܚܟ. ܘܫܬܡܥܬ ܓ̈ܒܪܐ ܡܢ ܦܬܟܪܘܬܟ. ܘܡܫܠܠ ܡܐܢܘܗ̇ ܕܥܘܠܡܢ ܡܢ ܬܦܢܝܬܗ ܕܠܫܢܐ ܕܚܫܒܘܬܟ. ܘܠܐ ܒܫܦܝܪ ܐܝܟ ܐܢܐ ܡܢ ܢܦܫ ܘܡܢ ܐܝܢܐ: ܕܓܒܫ ܒܗ ܡܕܡ ܡܢ ܡܫܠܡܢܐ ܕܦܘܪܫܢܘܬܟ. ܐܠܐ ܡܚܟܡܘܬܟ، ܒܢܦܫ ܐܝܟ ܗܘܝܬ. ܢܦܫܐܬ ܘܕܒܐܝܬ. ܘܬܘܪ ܗܘܝܬ ܒܗ̇ ܘܢܬܦܪ ܠܗ̇. ܕܒܟܕܡ ܠܐ ܬܬܚܒܐ ܐܘ ܬܬܬܟܢ. ܠܐ ܓܝܪ ܐܝܬ، ܒܦܘܪܐ ܐܒܘܬܟ. ܕܒܦܘܪܬ ܒܡܫܝܚܘܬܗ̇ ܕܒܪܬܐ ܕܒܗ̇ ܐܬܝܠܕܬ. ܘܢܦܠܬ ܡܢ ܡܢܟ ܘܐܬܪܚܩܬ ܠܦܠܚܘܬܐ ܕܐܠܗ̈ܐ. ܘܡܢ ܗܘܐ ܡܢܝ ܠܟ ܠܟ ܠܡܪܝܐ ܡܪܘܡܟ. ܫܒܠܐ ܗ̇ܝ، ܓܝܪ ܡܚܟ ܕܦܘܬܢ̈. ܘܢܬܪܗ ܕܡܪܝܐ ܠܡܫܒܚܘ ܒܡܐܪܥܗ ܕܐܬܘܪ. ܒܠ ܕܗܦܟܬ ܡܢ ܕܢܠܬܗ ܘܕܒܟܬ ܒܡܫܡܗ. ܘܠܐ ܫܠܝܐ ܡܢܟ ܒܐܘܢܬܐ: ܒܕܡܐ ܕܬܒܒܐ ܡܢܟ ܬܒܒܬܐ: ܕܡܕܡ ܕܦܣܩܬ ܒܒܒ̈ܢܘܗ، ܕܐܠܗܐ. ܠܐ ܐܘ ܬܫܒܩ ܬ̈ܦܝܟ ܠܢܒܘܬܐ. ܕܡܫܬܘܠܐ ܠܗ̇ ܡܦܠܠ ܣܒܘܬܟ. ܐܦ ܓܝܪ ܫܐܪ̈ܐ ܐܦܠܣܟ: ܘܐܫܒܩܪܟ ܒܠ ܕܒܘܬ̣. ܐܠܐ ܕܒ ܥܢܝܐ̣. ܕܫܐܪ̈ܐ ܒܡ ܐܝܟ ܥܙܝܙ ܠܐ ܢܦܠܝܢ. ܡܕܪܘܒܝܘܬܐ ܓܝܪ ܢܕܡܢ ܠܟ ܒܐܘܡܘܬܐ ܕܢ̈ܦܠܬܗܘܢ ܘܡܐ ܕܐܒܪܘܗ * ܐܫܘܘ ܫܡܥܟ ܒܠ ܢܘܡܐ ܕܥܒܕܘܪܐ. ܐܪܡܘܗ ܠܟ ܗܦܟܬ̣ ܘܢܦܠܬܟ. ܘܦܡܗ ܡܢ ܡܦܠ ܠܝܡܡ ܒܠ ܡܦܠܬܟ.. ܬܘܒ ܗܦܟܐ ܕܝܢ ܘܠܝܘܣ ܒܠ ܬ̈ܠܘܗ، ܕܗܠܝܢܘܣ. ܘܪܟܢܐ ܠܥܢܝܐ. ܘܥܒܕܐ ܠܡܦܠܬ̣. ܘܒܕ ܚܙܐ ܕܫܒܐ ܘܢܘܪ ܕܒܝܫ. ܘܢܘܪ ܘܦܝܣ ܦܪ̈ܘܫܗ ܒܐܓܘܢܐ ܕܡܫܒܚܘܬ̣. ܐܡܗܪ، ܘܠܐ ܡܦܠܠܗ. ܐܠܐ ܐܡܪ ܒܗ ܦܘܠܣ̣. ܘܥܒܕܗ ܠܒܝܬ

ܐܘܪ̈ܗܝܐ ܒܗ. ܗ̇ܘܐ ܗܘܐ ܗܟܢܐ ܕܢܫܬܒܩܘܢ.. ܦܪܘܣܐ ܕܝܢ ܡܢ ܒܬܪ ܕܥܒܕ. ܘܠܐ ܢܬܚ̈ܬܐ ܒܐܦ̈ܠܚܢܐ. ܗ̈ܕܐ ܠܗ ܒܐܬ̈ܘܬܐ ܡܢ ܢܚܝܢܘܢ. ܕܡܫܠܡܝܢ ܠܗ. ܘܦܩܕ ܗܘܐ ܠܐܪܡܘܣ ܢܦܩ ܕܢܥܒܕܗ ܕܢܚܬܘܢ. ܘܗܘܐ ܒܬܪܗ ܒܠܚܘܕ ܐܝܟ ܕܡܬܬܥܝܪ. ܕܢܥܒܕ ܠܗ ܘܠܫܠܡܘܬܐ ܕܒܥܒܕܗ. ܗܢܐ ܕܐܬܬܣܝܡ ܒܠ ܬܫܡܫܬܐ. ܘܒܠ ܡܠܦܢܘܬܐ ܬܘܒ ܦܩܕܗ. ܕܐܦ ܠܐ ܬܒ ܡܢ ܥܢܝܢܘܬܗ. ܘܡܦܩ ܡܢ ܦܪܢܣܘܬܗ ܘܡܚܪ ܢܚܡܝ. ܢܗܘܐ ܠܗ ܥܘܕܪܢܐ ܘܬܫܡ ܟܡܐ ܕܪܟܐ ܕܡܪܚܡ. ܘܐܦ ܟܡ ܒܪܚܡܐ ܕܦܪܢܣܘܬܗ ܕܡܢܐ. ܠܟܠܐ ܠܐ ܬܗܠ ܠܗ ܪܓܬܐ ܕܠܟܡ. ܗܢܐ ܠܐ ܓܡܘܪܐ ܣܦܩܐ ܕܟܪ̈ܣܛܝܢܐ. ܒܗܘܬܐ ܕܗܘܝܐ ܕܕܝܢܠ ܒܠ ܒܠ ܘܓܒܪ ܒܠ ܡ̈ܫܡܠܝܢ. ܠܗܘܢ ܕܠܗܘܢ ܐܝܟ ܒܗܘܬܗܐ ܡ̇ܢ. ܠܗܘܢ ܕܫܢܐ. ܠܟܢܐ ܗܒܠ ܬܓܒܪܘܪ ܝܚܝܕܗ. ܐܠܐ ܐ̱ ܒܗ ܒܪܚܡܐ ܒܗܘܐ ܐܝܟ ܕܐܡܪܝܢ. ܬܬܢܒܐ ܒܠܗܘܢ، ܐܦܣܩܘܣ ܕܐܒܗܘܪܐ ܕܠܒܠܡ. ܐܦ ܒܠ ܥܒܕܐ ܕܟܪ̈ܣܛܝܢܐ ܐܚܪܢܐ. ܕܐܬܬܚܝܕܘ ܒܗ̇ ܒܡܕܝܢܬܐ ܘܡܕܡ ܗܡܢ. ܕܐܝܟ ܗܒܢܐ ܦܩܕ ܒܠܗܘܢ ܦܪܘܣܐ. ܘܡܛܠ ܕܐܒܕܘ ܗܘܐ ܦܠܐ ܒܠ ܡܐܪܣܗ. ܥܕܡܐ ܕܗܘܬܐ ܠܒܢ̈ܝܗ ܕܡܕܝܢܬܐ. ܐܦ ܠܫܠܡܘܬܗ ܐܚܪܝ ܥܩ̈ܠܬܐ ܕܠܫ̈ܬܘܬܗܘܢ܆ ܘܒܠܗ ܐܝܟܢ ܒܠ ܡܥܡܠܝܢ. ܣ̈ܦܩܘܗ، ܕܝܢ ܠܐܘܪܗ، ܫܡܥܝܢ ܗܘ̈.. ܘܥܕܪ ܡܕܡܗ، ܡܦܠܛܝܢܐ ܕܢܦܠܘܢ ܠܗ ܒܗ ܐܘܠ. ܫܡܥܐ ܗܘܬ ܠܗ ܠܗܪ. ܕܢܒܕܒ ܒܗ̇ ܢܬܚ̈ܬܐ ܒܐܘܪܗܝ. ܐܝܟ ܕܒܙܪܐ ܐܢ̈ܫܐ ܒܡܕ̈ܝܢܬܐ ܘܡܕܒ̈ܪܢܐ ܕܐܝܬ ܗܘܘ ܒܗ̇. ܐܬܟܐܠܘ ܠܗ ܦܘ̈ܪܣܝܗܘܢ ܡܕܡܗܘܢ، ܕܐܢܫܐ ܐܝܟܢ ܠܗ ܦܪ̈ܘܣܐ ܘܡܕ̈ܘܪܐ. ܘܦܠܐܝܬ ܠܗ ܒܗܕܝܢ ܒܠ ܢܥܫܘܢ * ܕܟܪ̈ܣܛܝܢܐ ܐܝܟܢ. ܒܒܠܐ ܕܢܠܝܢ ܘܐܚܝܢ ܡܢ ܫܘܦܠܐ ܕܢܠܐ ܕܡܠܟܘܬܟܘܢ܆ ܗܘܐ ܕܝܢ ܦܠܓܪܘܣܝܢ ܕܗܠܝܢ. ܗܘܡܢܐܘ ܘܡܗܕܝܢܐ: ܕܗܘ ܒܒܢܝ ܗܘܐ ܒܗ̇ ܘܒܢܐ. ܪܒ ܒܥܫܬܗܘܢ ܕܡܗ̈ܕܢܐ ܕܒܕܒܪܝܢ ܗܘܘ ܒܐܘܪܗ، ܘܗܕܐ ܗܘܬ ܦܠܓܪܘܣܘܬܗ ܕܒܠܗܘܢ. ܕܐܝܟ ܒܡܥܒܒܐ ܐܦܥܒܒܐ ܐܢ̈ܬܐ ܒܠ ܚ̈ܝܝܢ ܕܥܠܡܐ ܠܢܦܫܬܗ ܕܒܕܠܐ: ܘܦܪܣܘ ܐܦܫܘ ܐܢܫ̈ܐ ܡܢ ܡܕܝܢܬܗܘܢ܆ ܘܐܬܠ ܗܘܐ ܦܪ̈ܥܘܢܝܗܘܢ ܒܢܚܐܬ ܡܕܡܗܘܢ، ܕܐܦ ܠܥܠܡ ܠܐ ܐܢܫܐ ܠܐ ܥܒܪܬ

ܡܢ ܐܒܪܗܡ. ܐܒܗܘܬܐ ܒܠܚܘܕ ܕܡܫܝܚܘܬܐ. ܐܝܟܐ ܠܗ ܒܬܪܗܘܢ
ܗܘܘ ܢܒܝ̈ܐ ܠܡܬܠܡܕܘܬܐ ܕܫ̈ܠܝܚܐ. ܠܐ ܓܝܪ ܠܡ ܥܡܡܝܢ ܠܗ
ܠܐܒܗܘܬܗ ܕܡܫܝܚܘܬܐ. ܕܢܓܠܠܘܢ ܒܬܪ ܓܒܪܐ ܕܬܠܡܝܕܘܬܗ
ܘܠܡܫ ܗܘܐ ܠܗܘܢ ܡܠܝܢܘܣ ܠܡܕܒܪܢܘܬܗ ܕܐܒܪܗܡ܇ ܡܢ ܗܘ
ܡܫܒܚ. ܘܦܓܪܐ ܗܘܐ ܕܢܦܫ ܒܪ̈ܢܫܘܬܗ ܠܡܬܗܪ ܕܝܢ ܘܠܡܬܬܕܒܪܘ
ܒܡܕܒܪܢܘܬܗܘܢ ܕܐܒܪܗܡ. ܕܠܟܠܗܘܢ ܡܢ ܟܠܗܘܢ ܗܘܐ ܢܦܫܗܘܢ
ܠܡܫܝܚܐ. ܕܠܐ ܢܕܪܘܟ ܦܓܥܐ ܠܓܒܘ ܬܪܥܗ ܕܡܕܒܪܢܘܬܗܘܢ
ܡܢ ܒܝܬܘܢ ܘܒܕ ܐܬܘ ܥܠܝܗܘܢ܇ ܕܒܦܠܓܐ. ܠܐ ܢܣܒܘ ܠܗܘܢ
ܐܒܗ̈ܝܐ ܕܢܒܠܘܢ ܗܘܘ ܠܡܫܝܚܐ. ܘܡܬܕܒܪܢܐ ܓܝܪ ܗܘܡܢ ܗܘܘ
ܠܗܘܢ ܒܠܚܘܕ ܕܡܠܐܟܐ: ܠܒܪ ܡܢ ܥܒܕܐ ܕܡܫܝܚܘܬܗܘܢ ܕܠܐ
ܢܬܓܠܒܘܢ܇ ܘܒܕ ܠܡܐ ܥܕܬ̈ܗ ܕܡܫܝܚܘܬܐ ܥܠ ܡܐܬܘܬܗܘܢ
ܕܡܫܒܚܐ. ܢܦܩܘ ܠܡܬܘܬܗܘܢ ܠܫܒܘܩܗ ܕܡܫܝܚܘܬܐ. ܒܕ ܠܗܘܐ ܠܗܘܢ
ܒܠܚܘܕ ܐܒܗܘܬܐ. ܘܫܠܡ ܐܒܘܢ ܐܪܘܦܢܐ ܕܥܠܘܗܝ ܕܡܫܝܚܘܬܐ ܒܕ
ܐܡܪ. ܠܒܪܐ ܡܢܐ ܓܒܪ ܐܢܬܘܢ܇ ܘܡܢܐ ܡܢ ܡܐܬܝܬܘܢ ܘܡܢܐ
ܥܒܝܕܝܢ܇ ܕܢܒܝ̈ܐ ܫܬܩܘܢ ܠܡܫܝܚܐ܇ ܘܦܠܓܘܬܐ ܓܝܪ ܕܫܠܝܘܬܐ
ܫܪܐ ܐܢܐ ܒܠ ܒܢܝ̈ܐ ܕܡܬܦܠܦܠܝܢ܇ ܚܕ ܡܢܗܘܢ ܕܝܢ ܥܡܗ ܗܘܐ
ܘܠܡܫܠܡܘ ܪܘܡ ܒܐܓܠܗ ܘܐܢܫ ܒܝܫܗ ܒܕ ܐܡܪ. ܕܟܠ ܠܡ ܒܪܐ
ܠܗ ܒܠ ܐܚܪܢܝܗ ܕܗܘܐ ܡܫܝܚܘܬܐ: ܒܡܢܐ ܕܗܘܐ ܓܒܪܐ ܒܫܐ
ܫܘܬܦܘܬܐ܇ ܘܠܐ ܦܓܥ ܐܝܬ ܠܗ ܘܬܬܚܠܠ. ܒܪܡ ܕܝܢ ܗܘܝܐ ܒܠ
ܐܢܠܝܢ ܕܥܐܠܝܢ܇ ܒܪܡ ܕܝܢ ܐܝܟ ܠܡ ܥܠܝܠܗ * ܕܒܠܒܐ ܘܡܠܝܢܘܣ 64 r.
ܡܠܟܐ ܕܠܟܠܡ. ܥܒܪ ܠܡܫܝܚܘܬܗ ܕܫܒܩܗ ܒܠ ܡܐܬܘܬܗ. ܕܒܫܘܒܬܐ
ܘܟܪܘܙܐ ܘܟܝܢܘܬܐ ܗܠܝܢܐ ܦܩܘܕ ܠܐܒܪܗܡ ܘܬܦܠܝܘܗܝ. ܘܗܟܢܐ
ܫܪܐ ܡܢܐ ܦܬܓܡܐ ܡܦܝܣ ܐܢܫܘܢ ܒܠ ܗܕܐ. ܕܐܬܦܘܩ ܘܕܘܕ
ܠܡܠܟܐ ܓܒܝܢܘܢ ... ܐܡܪ ܠܗܘܢ ܐܪܘܦܢܐ. ܡܠܟܐ ܦܓܥܬܘܢ
ܒܪ̈ܝܐ ܘܥܠܝܬܘܢ ܘܐܬܬܘܢ ܠܐܒܪܗܡ. ܒܡܫܝܚܘܬܐ ܓܝܪ ܡܡܠܟܘܬܐ
ܕܢܒܝ̈ܐ ܠܫܘܒܬܐ ܕܫܒܘܩܘܢ܆ ܐܢܬܘܢ ܡܢܐ ܢܚܡ ܐܢܬܘܢ ܒܗ.
ܐܘ ܡܢܐ ܦܩܕ ܕܫܪܘܬܐ ܐܬܝܢ܆ ܠܟܘܢ ܒܗ. ܕܒܠ ܫܪܪܗ ܕܡܪܟܘܢ
ܦܪܬܘܗܝ. ܕܗܘܐ ܥܘܪܗ ܒܢܝܢ ܦܩܐ ܘܒܢܝܢܘܢ ܫܡܝܢ: ܘܥܩܪܗ

ܘܐܬܦܠܫܘܗܝ ܠܒܢܝܢ ܐܘܚ̈ܕܢܐ ܕܘܡܝܐ ܕܒܝܬ ܒ̈ܢܐ. ܐܟܠܐ ܗܘ ܕܝܢ ܐܪܟܐ ܠܐܘܪܗܝ ܘܫܟܐ ܒܪ̈ܝܬܐ: ܕܒܗ ܢܠܘ ܒܗܘ ܢܦܩ ܥܠ ܒܦܘܪܣܘܗܝ ܕܪܘܡܝܐ. ܢܠܘ ܘܡܬܦܠܦܠܝܢ ܒܡܗܝܡܢܐ ܘܠܝܘܛܣ ܒܦܘܪܐ. ܒܦܠܓ̇. ܒܪܘܒܬ ܕܘܡܐ. ܢܦܩܬ ܒܪܘܒܬ ܕܐܣܦܠܝܐ. ܥܢܢܐ ܒܪܘܒܬ ܛܘܒܐ ܘܣܓܝܒܐ. ܘܒܗܢܐ ܐܝܬ ܠܝ ܠܡܐܡܪ ܥܠ ܒܪ̈ܘܬܒܢ ܕܥܒܘܬܐ ܠܡܐܡܠ ܠܝܢ ܐܡܪܗ ܕܡܬܪ̈ܬܐ: ܕܠܝܫܐ ܠܝܫܘܬܗ ܕܦܪ̈ܘܬܐ: ܘܦܠܘܒܐ ܒܢܫܘܬܗ ܘܫܪܐ ܠܡܐܬܬܗ. ܘܡܫܡܫܢܐ ܠܢܝܬܗ. ܘܐܝܟ ܕܠܠܒܐ ܒܝ ܕܢܠܬܐ ܕܦܠܓܘܬܗ. ܒܬܬ ܠܗ ܥܘܠܗ. ܘܡܕܪܬ ܢܩܫܐ ܕܙ̈ܠܝܦܘܗܝ. ܘܗܘܝ ܒܗ ܗܘܝ ܫܪܐ ܘܡܫܡܫܢܐ ܠܗ. ܕܐܡܪܬ ܢܐܬܐ ܘܢܟܡܪ ܪ̈ܓܠܘܗܝ. ܘܢܘܡ ܓܒܢܐ ܕܢܫܘܬܗ: ܘܢܪܡ ܒܪܫܗ ܕܡܪ̈ܚܡ ܗܘܝܐ. ܘܢܘܡܦ ܡܪܢܐ ܪ̈ܒܢܐ ܗܘܝܬ ܒܫ̈ܘܩܝ ܡ̈ܠܟܐ ܕܒܗ ܡܪܒܢܝܢ. ܠܗܪܐ ܒܪܢܝܫܬܐ ܥܢܝܬܐ ܐܝܟܢܐ ܕܬ̈ܒܥܐ: ܘܠܐ ܡܩܪܒܗ ܥܠ ܡܐܬܝܬܗ ܕܡܪܒܢ. ܘܪܘܪܐ ܒܡܩܪܒܬܗ ܘܕܡܝܟܐ ܒܡܐܬܝܬܗ. ܘܡܥܬܒܕܪܐ ܒܢܫܘܬܗ. ܘܒܒܪܘ ܠܒܗ ܒܗ ܒܢܦܝܫܬ ܢܫܝܫܬܐ: ܕܐܒܠܐ ܥܠ ܢܫܘܬܗ ܕܒܠܒܐ ܫܝܢܐ: ܘܫܝܫܐ ܒܠ ܦܓܪܘܬܗ. ܘܠܒܝܫܐ ܒܠܗܘܢ ܐܘ̈ܒܕܢܐ ܐܝܟ ܕܒܠ ܒܢܙܐ. ܘܒܗܘ ܠܐ ܢܟܪܘܗܝ ܒܝܬܐ ܠܗܢܐ ܒܝܬ ܒܢܝܗܘܢ. ܕܟܠ ܒܦܫܗ ܬܫܒܘܚܬܗ ܕܐܠܗܐ ܢܫܐ:

(14) ܘܢܗܒܗ ܀ ܠܡܬܒܪܐ ܒܝܬܐ ܘܠܪ̈ܘܚܢܐ ܦ̈ܠܓܘܬܐ. ܘܒܗܘ ܠܐ ܢܩܠ ܒܗ ܘܢܒܝܡ ܒܢܫܘܬܗ: ܘܠܐ ܗܡܢܠ ܘܐܡܪܘ ܠܗ ܠܗ ܠܢܫܐ ܕܢܪܒܘ. ܕܠܐܘܪܗܝ. ܒܪܢܝܫܬܐ ܕܒܪ̈ܘܦܠܘܢܐ ܒܗܘ ܒܐܬܢܝ. ܕܠܐ ܠܝܫܘܬܝ ܥܠܒܝ ܘܠܐ ܠܦܠܓܘܬܝ ܒܬܪܒܐ. ܘܠܐ ܬܪ̈ܒܘܗܝ ܘܒܢܝ ܦܬܝܐ. ܘܕܘܒܢܐ ܠܒܠܗܝܢ. ܐܦܠܐ ܕܐܬܝܢ ܒܠܒܐ ܢܒܐ. ܒܠܒܗ ܓܒܪ ܕܐܘܪܗܝ ܒܫܝܫܐ ܗܘ. ܘܟܠܗ ܡܫܪ̈ܬܗ ܥܪܐ. ܘܠܐ ܒܒܠܐ ܒܠܗܘܢ ܢܒܪܢܫܐ. ܘܐܦ ܠܬ̈ܠܒܝܗ ܬܘ̈ܪܒܐ ܕܐܬܐܪ: ܠܐ ܦܬܚܬ ܐܘܪܗܝ ܬܪ̈ܒܝܗ ܘܡܪܒܘܢ ܘܒܢ̈ܝܐ ܬܠܬ ܐܬܬܒܘ ܒܠܗ ܘܠܐ ܫܘܒܗ: ܠܝ ܒܢܘܪܐ ܥܒܠܐ ܦܠܝ ܦܬܒܪܐ: ܦܬܫܐ ܐܘܪܗܝ، ܬܪ̈ܒܝܗ ܘܡܡܠܠܐ ܠܝ ܥܢܝ. ܢܫ ܕܢ ܠܥܡܘܗ ܕܡܒܪܬܬܐ: ܕܢܪܡ ܒܗܘܢ ܕܓܠܝ ܦܠܓܐܬܐ: ܕܕܥ ܐܣܦܩܬܐ ܕܢܩܫܗ ܕܦܬܒܪܬܐ. ܐܠܐ ܒܒܐ ܕܐܢܬ

ܠܟܝ ܓܒܝܬ. ܫܡܥܬ ܚܠܝ ܣܪܒܝ ܘܡܬܘܚ ܡܫܬܟܝ. ܘܠܐ ܡܬܘܣܦܐ ܠܝ ܒܡܐܪܥܟܝ. ܐܝܬ ܠܝ ܓܝܪ ܕܡܐܟ ܒܪܫܝ ܘܡܬܟܬܫ ܣܠܦܝ :...: ܘܠܡܒܥܘ ܕܝܢ ܒܥܡ ܐܝܠܝܢ ܕܒܥܝܢ. ܬܘܒ ܕܝܢ ܗܘܘ ܟܠ ܒ̈ܬܠܘܗܝ, ܕܐܪܣܛܦܠܝܐ. ܘܡܬܬܠܝܢ ܒܠ ܓܘܫܡܗ. ܘܒܥܐ ܡܠܘܟܒܘܣ ܘܐܡܪ ܠܗ ܠܒܪܢܫ ܒܗ ܡܬܠܝܡ. ܐܡܪ ܠܗ ܠܡ ܐܘ ܕܘܟܐ. ܒܠܒܐ ܓܒܪܐ ܢܒܥ ܒܡܕܝܢܘܗܝ. ܟܠ ܦܓܪܘܦܝ ܥܡܠ ܠܝ ܒܢܬ ܩܠܐ ܡܠܝܢ. ܐܘ ܦܓܪܘܦܐ ܕܠܠܗ ܒܡܟܐ ܕܡܕܝܢܬܟ. ܕܗ ܠܝ ܓܝܪ ܕܐܠܗ̈. ܕܡܕܝܢܐ ܢܬܬܘܒ. ܘܢܘܕܐ. ܠܐܠܗܐ ܓܒܝܐ ܒܡܪܐ. ܗܘܝܢ ܪܒܬ ܐܢܫܘܬܐ ܟܠܗ ܕܡܕܝܢܬܟ. ܘܡܕܝܢ ܗܘܘ ܘܐܡܪܝܢ. ܕܠܗܝܢ ܐܝܠܝܢ ܕܐܬܐܡܪ ܡܢ ܥܪ̈ܝܪܐ ܕܡܕܝܢܬܗ̈. ܡܢ ܦܘܡ ܟܠܝܢ ܐܬܐܡܪ. ܘܠܝܬ ܒܡ ܕܢܘܟܪ, ܠܗܠܝܢ ܒܢܬ ܩܠܐ: ܐܠܐ ܐܢ̈ ܫܘܝܐ ܒܬܠܝܒܘܬܗ̈, ܕܡܫܝܚܐ: ܗܢܘܢ ܕܐܦ ܠܗܘܢ ܒܟܠ ܢܒܘܪ ܐܢܘܢ ܡܢ ܡܕܝܢ̈ܬܐ ܡܕܝܢܬܐ ܕܡܫܝܚܐ ܗܘ. ܘܠܗ ܐܓܒܠܗ̈ ܘܡܘܦܠܦܠܝܢ ܒܗ ܡܟܐܬ. ܘܗܘܐ ܟ̈ܬܒܐ ܕܕ̈ܬܘܡܘܗܝ. ܒܢܬ ܓܠܝܗ̈ ܕܒܢܬ ܗܘܐ ܗܟܢܐ ܕܝܢ ܟܠܬܐ ܕܗܢܐ ܒܬܒܐ ܕܐܫܬܕܪ ܠܐܘܪܗܝܐ ܡܢ ܡܘܦܠܦܠܝܢ ܡܗܝܡܢܐ. ܚܕ ܡܢ ܐܝ̈ܕܝܐ ܕܠܗ̈ ܕܐܘܪܗܝ, ܕܫܡܗ ܗܘܐ ܡܒܝܢ. ܕܗܘ ܗܢܐ ܒܗ̈ܘ ܘܒܢܝ. ܒܬܪܒܐ ܕܟܠܒܐ ܡܐܡ ܗܘܐ. ܘܒܕ ܚܙܐ ܗܘܐ ܠܐܦܣܩܘܦܐ ܕܐܬܬܘܪܬܐ: ܕܐܝܟ ܕܒܡ ܕܗܘܐ ܫܐܠܝܢ ܗܘܘ ܡܢܗ: ܕܒܥܝ * 65 r.
ܐܬܬܘܪܬܗܘܢ ܘܡܕܝܢܬܗܘܢ. ܐܡܪ ܐܦ ܗܘ ܒܒܘܬܗ ܘܒܕ ܬ̈ܠܡܐ ܡܛܠ ܐܘܪܗܝ, ܘܡܬܒܥܐ ܗܘܐ ܠܗ ܒܕ ܐܡܪ. ܡܪܝ, ܡܠܟܐ. ܐܬܬܒܪܝܗ, ܠܒܪܝܡ ܡܗܝܡܢܐ. ܘܐܫܬܘܝܗ, ܠܒܘܪܟܬܗ ܕܦܘܡܟ ܒܗܝܢܐ ܒܪܝܐ ܕܡܦܘܩܟ. ܢܒܕܐ ܗܘ, ܓܝܪ ܡܪܝ, ܐܠܗܘܬܟ. ܕܐܝܟ ܐܘܦܝܢܐ ܐܫܝܪ ܒܪܝܡ ܒܦܫܐ ܕܒܡܥܘ̈ܗܝ. ܗܝܡܢܘܬܐ ܕܐܫܝܢܐ ܠܗ ܐܟܡܝܟ. ܘܠܐ ܦܠܚܐ ܠܟܠܗܘܬܗܘܢ ܗܕܐ. ܕܐܢ̈ ܫܩܝܡ ܦܪܝܡ ܟܠܝܡ ܗܕܐ: ܕܫܦܐ ܘܐܫܝܢܐ ܘܠܝܢܘܣ: ܢܬܠܦ ܟܠ ܐܘܫܝܢ ܒܬܪ ܒܘܢܝܒܘ̈. ܬܘܒܐ ܘܚܛܝܬܐ ܐܝܬ ܠܗ ܕܫܒܠܝܘܗܝ, ܠܒܪܝܡ ܡܛܠ ܗܝܡܢܘܬܗ. ܠܗܢܐ ܦܘܪܫܢܐ ܫܐܠܝܢ ܘܗܒܝܢ ܒܗܝܡܢܘܬܐ: ܒܦܘܪܩܢܐ ܡܢ ܡܠܟܘܬܗ̈ ܕܗܝܡܢܐ ܠܒܪܝܡ ܡܗܝܡܢܐ. ܕܒܕܗܒܬ ܦܓܪܐ ܕܦܘܪܩܢܐ

ܬܘܒ ܟܕ ܐܬܩܢ: ܘܐܬܬܪܝܢ ܡܢ ܟܠ ܢܟܝܢ: ܫܠܡܐ ܕܝܢ ܦܘܪܫܢܐ: ܒܗ̇ ܓܝܪ ܫܢܬܐ ܕܡܘܬܗ ܡܬܓܠܝܢ ܗܘܘ ܠܗ. ܠܐ ܐܬܡܢܥ ܡܢ ܒܥܘܬܗ ܕܠܒܪܐ ܡܫܝܚܝܐ. ܐܠܐ ܒܚܝܘܗܝ، ܦܬܓܡܐ ܒܡܫܝܚܐܝܬ ܒܗ ܐܡܪ. ܫܘܪܐ ܗܘ، ܠܡܫܝܚܘܬܗܘܢ ܒܢܝ̈ܢ. ܕܡܫܝܚܐ ܫܠܝܚܘܬܐ ܡܢ. ܕܡܫܝܚܐ ܓܒܪ ܢܐܬܐ ܒܪܒܐ ܒܪܒܐ ܡܢ ܒܘܪܟܬܗ. ܕܒܝܪܘܬܗ̇ ܕܢܫܐ ܘܡܢ ܡܢ ܦܘܡܗ ܡܫܝܚܐ ܘܣܦܘܬܐ ܕܫܡ̈ܝܐ ܕܡܠܟܘܬܗ ܕܐܒܐ: ܘܒܠܬ ܡܫܝܚܘܬܗܘܢ ܒܘܪܟܬܐ ܐܠܗܝܬܐ ܕܠܐ ܡܬܐܡܪܐ: ܗܘ ܕܝܢ ܗܢܐ ܓܒܪܐ ܦܘܪܫܢܝ. ܠܐ ܐܬܦܠܓ ܠܗ ܒܒܥܘܬܗ. ܐܠܐ ܫܪܝ ܐܝܟܢ. ܟܠ ܬܫܒܘܚܬܗ. ܘܕܠܐ ܒܘܪܟܐ ܟܢܝܐ ܗܘܐ ܡܢ ܫܠܡܐ ܒܗ ܐܡܪ. ܕܐܢ ܠܡ ܐܝܬ ܓܒܪܐ ܠܡܫܠܡܘܬܝ. ܫܒܩܐ ܐܢܐ ܗ̇ܝ، ܕܐܡܪ ܡܢ ܒܫܘܪܬܗ: ܕܗܘ ܡܢ ܕܐܬܐ ܠܗ ܢܘܣܒ ܠܗ ܘܢܫܬܘܬܦ ܠܗ. ܐܘܣܦ ܠܝ ܡܢ ܡܢܝ، ܫܠܡܐ ܒܘܪܟܬܐ ܥܠ ܒܘܪܟܬܝ. ܘܢܬܓܒܪ ܒܡܫܝܚܘܬܝ. ܘܬܗܘܐ ܠܗ̇ ܠܐܒܘܗܝ، ܒܘܪܟܬܗ ܕܒܪܗ ܫܒܩܐ. ܘܒܘܪܟܬܗ ܕܡܫܠܡܘܬܗ ܒܢ ܫܒܩܐ. ܘܒܢܝܐ ܙܘܢܝܐ ܕܐܒܘܗܝ ܬܒܥܘ ܡܪܟܐ ܒܡܢ ܓܘܒܝܢ ܘܬܫܡܫܝܗ. ܘܬܗܘܐ ܫܒܩܘܬܐ ܒܢܝܐ ܒܚܪܝܐ ܕܡܫܝܚܘܬܗ. ܘܒܗ ܓܝܪ ܡܘܡܓܠܝܢ ܡܫܝܚܘܬܗ * ܘܚܝܒܘܬܗ 65 v. ܕܡܫܝܚ. ܘܠܐ ܦܘܡܗ ܒܘܪܟܬܗ ܘܒܪܟܗ ܠܐܒܘܗܝ، ܘܒܪܟ ܒܘܪ̈ܟܬܗ ܒܬܟܬܐ. ܘܒܪܟ ܐܢܝ ܠܐܒܘ̈ܗܝ. ܘܓܒ ܐܚܪܝܢ ܗܘܐ ܠܗ ܐܒܘ̈ܗܝ ܠܬܟܬܐ ܗܢܝ ܒܐܝܣܪܐ. ܒܫܡܐ ܕܐܬܝܗܒ ܡܢܗܘܢ ܒܒܟܝܪܘܬܗ ܕܘܠܝܗ ܗܪܦܬܐ .... ܒܗ ܕܝܢ ܐܬܡܪ، ܒܬܟܐ ܗܢܐ. ܒܐܪ̈ܥ ܫܠܝ̈ܚܘܗܝ، ܕܘܠܝܗ ܡܠܟܝ. ܐܪܝܟܘ ܗܘܘ ܫܠܝܚܘܬܐ ܐܒܘܗܝܐ ܥܠ ܬܫܒܘ̈ܚܬܗܘܢ ܕܫܠܡܐ ܒܪ̈ܘܓܝܐ ܕܒܝܬܘ ܘܡܫܝܚܝܢ ܗܘܘ ܢܦܫܗܘܢ ܘܡܫܠܡܝܢ ܡܫܝܚܘܬܗܘܢ. ܒܗ ܐܡܪܝܢ. ܠܗܘܢ ܗܘ ܠܡ ܦܐܝܐ ܗܘܬ ܫܠܡܘܬܐ ܕܒܝܬ ܡܫܝܚܘܬܗ ܫܠܡܐ ܒܪ̈ܘܓܝܐ: ܕܒܗܝܢ ܕܡܫܝܚܘܬܗܘܢ ܒܫܘܪܬܗܘܢ ܫܪ̈ܝܪܐ ܡܛܘܠ ܕܢܦܩܬܐ: ܘܫܠܡܘܬܗܘܢ ܡܪ̈ܝܡܐ ܕܢܝܫܘܬܐ: ܘܥܠ ܚܬ̈ܡܐ ܐܦܝܘܬܗܘܢ ܠܥܠܡܗ ܕܡܫܝܚܐ. ܠܗܘܢ ܗܘ ܗܕܪ ܗܘܐ ܬܓܐ ܘܡܫܒܚܢܘܬܐ. ܡ̈ܫܝܚܐ ܕܒܪ̈ܬܐ ܘܡ̈ܫܝܚܝܢ ܐܬܬܣܒܪܘܬܐ ܒܟܠ ܦܢܝ̈ܢ. ܫܒܚܘܗܝ ܒܫܠܡܐ ܥܠ ܒܪܬܐ ܕܢܝܚܘܬܐ ܘܫܒܚܘܬܢ

ܒܟܝܢܗ̇. ܕܐܒܐ ܢܣܒܐ ܢܗܘܐ ܠܒܪܐ. ܥܒܕܐ ܕܡܫܝܚܐ ܒܗܘ ܟܠ ܒܪܝܫ. ܕܐܝܟ ܥܒܕܝܢ ܐܢܬܘܢ ܐܠܐ ܠܐܠܗܐ ܚܝܐ ܐܢܬܘܢ ܗܘ ܠܗ. ܘܡܫܡܫܝܢ ܠܗ ܒܬܫ̈ܒܘܚܬܐ ܘܡܩܪܒܝܢ ܒܢܝܗܘܢ. ܘܡܫܬܠܛܝܢ ܒܗܡܝܢܐ. ܟܕ ܒܟܠ ܒܪ̈ܝܬܐ ܕܠܒܪܝܢ ܬܪ̈ܒܝܗ ܘܢܓܪܝܢ ܩܢܝܬܗ. ܒܡܫܝܚܗ ܕܒܪ̈ܘܚܢܝܘܬܐ. ܒܝܠܕܘܬܟ ܐܚܪܬܟ ܕܥܠܬܟ. ܕܗܘܐ ܒܪ̈ܓܠܝܗ ܕܢܣܒܘܬܐ ܒܟܠ ܐܬܪ̈ܝܢ ܐܬܦܪܫܘ ܒܠ ܬ̈ܩܦܘܗ. ܕܒܐܢܐ ܒܐܢܐ ܠܡܫܬܘܬܟ ܒܪܝ ܡܫܢܝܬܟ. ܕܗܕܐ ܢܗܠܐ ܠܦܬܐ ܒܠܝܗ ܢܒܥܐ ܕܒܡܘܡܝܗ. ܢܩܘ ܠܗ ܕܝܢ ܠܪܘܚܗ ܕܒܪܝܐ ܕܒܗܬ ܒܠ ܬ̈ܟܦܘܗ. ܕܢܦܩܐ ܒܗ ܐܝܟܐ ܘܢܒܥܘܗ ܒܐܝ̈ܕܝ ܕܐܒܐ. ܐܠܐ ܢܒܥܐ ܠܗ ܒܟܠܟܠ ܦܘܪܥܢܝ. ܘܐܬܬܠܝܡ ܢܦܫܗ ܡܢ ܕܕܘܒܗ. ܘܒܗ ܗܠܝܢ ܒܢܬ ܩ̈ܠܐ ܒܗܝ ܗܓ̈ܝܬܐ ܕܐܡܝܢ ܠܗܝܢ. ܡܫܬܡܥܝܢ ܗܘ̈ܝ ܡܢ ܒܢ̈ܝܗ ܕܐܒܪܗܡ. ܒܠܒ ܐܝܢ ܡܠܡܕܢܘ ܠܒܢܬ ܩ̈ܠܐ ܗܠܝܢ. ܘܐܙܠ ܐܝܢ ܠܗܠܝܢ. ܒܗ ܗ̇ܘ ܒܐܝܠܝܢܐ ܕܦܘܪܩܢܐ. ܘܒܗ ܡܢܐ ܐܝܢ ܡܠܝܢܘ ܠܚܬܢ̈ܘܬܐ ܕܐܫܬܪ ܠܗ * ܐܬܡܟܪ ܘܗܘܐ ܐܝܟ ܥܒܕܐ. ܗܘܠ ܕܝܢ ܒܢܦܫܗ ܡܠܐ ܘܟܠܢ. (60 r.) ܘܐܡܗܢ ܡܢ ܬܚܒܠܬܐ ܕܗܠܝܢ: ܒܗ ܓܒܠ ܠܢ ܗܒܗ ܡܐܪܘܐ ܕܐܬܬܪ. ܘܡܗܬܦܡ ܠܢ ܡܢ ܡ̈ܪܒܗܘܢ. ܘܚܬܒ ܘܫܕܪ ܠܗ ܠܡܠܡܕܢܘ. ܕܒܒܪ ܠܟ ܠܢ ܡܢܗ ܕܒܡܝܢܬܟ. ܘܠܐ ܬܬܦܪܐ ܒܒܢܗ. ܒܗ ܗܘܐ ܠ ܠܢ ܘܒܠܐ ܕܐܗܒܪ ܒܗ ܐܠܝܢ ܕܐܬܪܒܝܬ. ܡܒܪܝܬܐ ܠܢ ܓܒܪ ܢܬܪܬܐ ܘܡܫܡܠܝܬܐ. ܕܠܐ ܠܬ̈ܠܝܢܗ ܕܚܒܝ ܘܠܐ ܠܡܒܪ̈ܒܢܗ ܢܒܥܐ. ܘܠܐ ܕܐܝܬ ܐܠܗܐ ܐܚܪܢܐ ܗܦܟܪ ܡܢ ܢܓܪܐ ܡܗܕܐ. ܘܐܝܢܘ ܗܒܥܐ ܕܢܦܠ ܠܡܢܘܬܗ ܕܢܫܝܬ. ܐܠܐ ܕܬܬܚܝܠ ܘܡܢ ܕܕܝܢ ܬܬܚܙܝܬ. ܠܝܬ ܓܒܪ ܦܘܪܥܢܐ ܕܠܐ ܐܝܬܠܘܗ ܘܐܗܦܟܢ ܐܚܪ̈ܢܝܬܗ. ܕܠܘ ܒܥܒܕܝܬܐ ܕܐܠܗܐ ܡܗܝܡܢܐ. ܕܒܡܘܦܗ ܠܢ ܕܢܓܪܐ ܡܫܬܒܗܪܐ. ܘܒܗ ܡܢ ܒܪܘ ܚܬܢܐ ܘܡܫܬܒܗܪܐ. ܘܒܠܗܘܢ ܠܢ ܬܒܠܐ ܕܡܦܝܓܐ ܠܗ ܡܢ ܐܒ̈ܝ. ܐܝܟܐ ܠܢ ܡܢ ܒܪܘ ܐܚܕܒܗ ܘܐܠܦܝܗ. ܕܡܕܒܐ ܗܘ ܒܡܕܒܪܐ ܕܐܠܗܗ. ܘܡܕܒܐ ܗܘ ܡܕܒܪܢܘܬܐ ܕܐܠܗܝ. ܒܗ̇ ܕܝܢ ܒܗ ܥܠܡ ܘܒܗ: ܒܒܪ ܠܟ ܡܢܗ ܕܗܘܐ ܡܢܗܝܬܐ ܥܒܕܬܐ. ܘܠܐ ܦܠܓ ܠܝ ܒܣܪ ܦܠܚܢܝܬܐ ܡܕܒܪܢܘܬܗ 80 ܕܐܠܗܐ: ܘܗܘܐ ܠܒܝܫܬ

ܘܡܫܡܫܢܐ ܠܡܐܬܝܬܗ̇ ܘܪܘܪܐ ܒܒܐܬܪ̈ܝܢ. ܟܕ ܕܝܢ ܐܦ ܠܐܘܪܗܝ. ܐܝܟ ܕܠܐ ܐܠܨܐ ܚܠܝܡ ܕܢܬܘܒ ܐܝܟ ܒܩܕܡܝܐ ܗܢܐ. ܡܕܝܢ ܚܢܢ ܐܬܚܙܝܢ ܕܠܒܘܫܐ ܘܕܠܗܘܢܐ. ܘܡܢܗܘܢ ܬܘܒ ܕܪܘܫܥܐ ܘܕܠܗܘܢܐ ܐܢܫ. ܘܡܢܐ ܐܠܨܐ ܕܢܬܪܐ ܪܘܫܥܗ ܘܠܗܘܢܗ ܕܡܫܡܫܢܐ: ܕܟܠ ܪܫܥܗ ܩܦܣܝܢ ܒܐܪܒܐ ܕܒܟܠ ܕ̈ܒܒܘܗܝ. ܡܛܠ ܒܪܘܫܐ ܕܝܢ ܕܐܝܟ ܕܒܬܒ ܠܗ ܐܘܪܗܝ. ܐܟܦܬ ܘܠܬܐ ܕܢܫܩ ܒܗܘܕܝܗܘܢ ܒܬܫܡܫܬܗ̇ ܠܒܘܐܐ ܕܡܗܝܡܢܐ ܘܠܠܘܒܒܐ ܕܫܪܪܐ: ܘܠܦܘܠܚܢܐ ܕܩܘܫܬܐ ܕܡܒܢܪܒܬܐ: ܕܢܡܘܣܐ ܘܡܘܡܐ ܒܫܪܪܗܘܢ ܘܠܐ ܕܢܝܠܘ ܡܢ ܢܦܫܗ ܘܫܘܠܛܢܗ ܕܟܠܒܐ. ܐܠܐ ܬܘܢܝܢ ܗܘܘ ܠܗ ܟܠ ܠܒܢܘܬܗ. ܘܢܫܦܩ ܟܠ ܫܢܘܬܗ. ܘܟܕ ܐܬܬܪ، ܒܬܟܬܒܗ ܒܦܪܘܫ ܠܒܢ̈ܝܗܘܢ: 80 66 v. ܘܫܡܫܐ ܠܡܦܫܘ * ܘܫܘܠܛܢܗ ܕܟܠ ܐܠܗܐ. ܐܦ ܗܢܘܢ ܠܗܘܬ ܕܡܫܟܝܢ ܗܘܘ ܫܦܝܪ، ܒܬܫܡܫܬܗ ܘܐܝܟܢܐ ܒܗ ܘܡܢܦܩܬܗ. ܘܒܬܒܬܗ̇ ܕܒܝܬ ܬܕܒܝܬܗ ܕܡܕܝܢܬܗ: ܠܡܫܘ ܐܝܟ ܠܐܚ̈ܪܢܬܗ ܕܒܢܐ: ܡܢ ܕܡܘܪܝܐ ܡܫܬܡܫܝܢ ܕܒܬܒ̈ܬܐ. ܘܠܐ ܕܢܝܠܘ ܡܢ ܒܠܒܗܘܢ، ܕܠܘܪܝܐ. ܐܦܠܐ ܡܢ ܠܢ̈ܫܡܬܗܘܢ، ܐܬܪܗܘܢ. ܐܠܐ ܐܝܟ ܐܢܫܐ ܢܠܝܫܝ ܒܡܗܝܡܢܘܬܗܘܢ: ܘܬܟܝܠ ܟܠ ܒܗܪܪܐ ܕܐܠܗܘܬܐ. ܒܬܝ ܦܘܩ̈ܕܢܝܗ ܕܬܫ̈ܒܘܚܬܗ ܫܪܪ ܠܗܘܬܗ. ܘܡܡܫܡܫܢܘܬܗ ܒܐܒܕܦܐ ܐܦܣܩܗ ܠܗ: ܒܕ ܥܠܝܗ ܠܗ ܒܐܬܪ، ܕܡܪܘܪܝܐ ܗܢܐ. ܕܠܒ ܠܗ ܬܪܥܝܬ ܡܢ ܒܙܒܢ ܟܠܗ. ܕܐܫܟܚܐ ܫܢܝܬ ܘܢܦܩܬ ܡܢ ܗܘܝܢ. ܘܐܬܦܬܚܬ ܒܟܠ ܐܢܟܝܬܝ. ܘܠܐ ܡܬܚܡܝܢ ܐܢܬ ܕܡܟܕܡ ܡܢ ܕܠܝ ܒܝ ܠܝܬ ܠܝ. ܕܠܐ ܠܫܘܦܬܝ ܫܠܡܬܝ. ܘܠܐ ܠܦܓܪܘܬܝ ܡܬܪܡܝܢ. ܘܠܐ ܠܡܚ̈ܝܢܐ ܦܠܚܐ ܕܟܠܒܬܐ ܕܦܬܟ̈ܪܝ ܡܫܬܡܫܝܢ. ܘܡܢܠܐ ܝܗܒܬ ܠܐܠܗܐ. ܐܦܠܐ ܕܐܬܬܝ ܦܠܚܬܐ ܝܕܥܝܢ. ܡܢܐ ܗܟܝܠ ܝܗܒܐ ܐܢܬ ܒܡܕܝܢܬܐ: ܠܬܘܪܥ ܕܝܢ ܘܠܡܬܕܡܪܘ ܒܦܪܘܢܘܬܝ ܕܡܠܟܐ ܕܡܕܝܢܬܐ ܠܟܘ ܡܢ ܫܦܝܪ̈ܘ ܝܢܝܐ. ܗ̇ܘ ܕܠܬܟܝܗ ܡܫܒܚܝܢ ܠܟܠܗܘܢ ܬܟܝܢ ܕܒܪ̈ܝܬܐ. ܘܐܝܬ ܠܒܪܐ ܒܪ ܚܠܚܠܐ: ܗܘܐ ܡܢܕܪܠ ܐܢܬ ܠܡܚܠ ܠܡܕܝܢܬܗ. ܫܦ ܠܗ ܕܝܢ ܠܐܘܪܗܝ، ܡܒܪܟܬܐ ܐܡܐ ܕܡ̈ܗܝܡܢܐ: ܕܬܚܠ ܢܨܒܪܐ ܟܠ ܡܠܟܗ ܕܠܡܫܬܟ: ܕܪܒܬ ܒܗ ܘܐܬܒܪܟܬ. ܘܒܪܟܬܗ ܒܒܢܝܐ

ܠܗ̇ ܫܘܪܝܐ ܕܠܐ ܡܬܚܫܚܢ ܘܒܬܪ ܕܗܘܬ ܬܘܬܐ ܘܬܫܒܘܚܬܐ ܕܫܡܥ ܠܗ̇. ܬܫܒܘܪܝ ܒܗ̇ (80 ܐܝܬ ܠܗ̇ ܐܘ ܫܡܥܬ̇. ܐܟܢ ܟܕ ܠܐ ܝܕܥܐ ܗܘܬ ܠܗ. ܗܝܡܢܬ ܒܗ ܘܐܘܕܝܬ ܒܡܫܡܫܘܬܗ. ܘܥܘܡܪܐ ܘܟܢܘܫܬܐ ܒܥܘܡܪܐ ܕܒܢ̈ܝܗ̇ ܡܙܟܬ ܠܗ. ܕܥܙܪܐ ܘܡܕܒܪ ܒܗ̇. ܘܢܘܡܐ ܥܠܝܗ̇ ܢܦܠܬܐ ܠܚܠܡ. ܐܟܢ ܟܕ ܠܐ ܚܙܬܗ ܢܦܩܬ ܥܠܝܗ̇ ܡܢܘܬܗ. ܘܠܘܬ ܦܪܨܘܦܐ ܕܡܠܟܘܬܗ ܒܐܝܩܪܐ ܡܛܠܬ ܡܢ ܢܟܦܬܝ. ܒܟܐ ܗܘܪ ܢܟܢ ܕܢܣܒܐ ܠܗ ܥܠܝܡ ܒܒܢܬܐ ܢܡܘܣܬܐ ܕܡܣܟܢܘܬܝ. ܘܫܘܠܡܐ ܠܗ ܒܢܦܫܗ̇. ܘܠܒܘܫܐ ܠܗ ܒܒܟܝܗ̇.
67 r. ܘܡܫܒܚܐ ܦܓܪܗ ܡܢܟܝܐ. ܘܡܙܒܢܐ * ܠܗ ܒܫܩ̈ܝܠܬܗ̇. ܘܡܢܝܚܐ ܠܗ ܥܠ ܐܪ̈ܥܬܗ̇. ܘܡܦܠܣܐ ܠܗ ܥܠ ܬ̈ܢܝܢܗ̇. ܘܪܥܝܐ ܪܘܚܢܝܐ ܒܫܡܗ ܘܦܠܚܢܐ ܒܝܘ̈ܩܪܗ̇. ܘܡܦܪܢܐ ܠܡܣܟ̈ܢܘܗܝ ܘܡܪܕܝܐ ܠܫܒ̈ܩܘܗܝ، ܕܦܪܘܗ ܒܡܘܬܗ ܘܣܢܪܗ̇ ܒܫܠܛܗ̇. ܘܡܩܠܝ ܠܗ̇ ܕܒܗܘܬܐ ܒܒܘܪܟܬܗ̇. ܘܡܫܡܗ̇ ܠܟܠ ܡܢ ܒܠܘܬܗ ܡܙܠܢ̈ ܘܡܬܗܢܐ ܕܫ̈ܠܝܚܘܬܗ̇. ܘܡܫܠܡ ܠܗܘܢ ܠܦ̈ܬܐ ܕܡܬܪ ܠܗ̇. ܕܬܬܟܫܪ ܒܗ ܦ̈ܬܐ ܐܝܟ ܐܘ ܡܢܘܬ ܒܢܝ̈ܘܗܝ. ܘܫܠܛ ܦܠܚܐ ܠܝ ܐܢ ܫܦܪ ܐܝܟ. ܕܐܘܪ̈ܗܝܐ ܡܫܬܡܥܝܢ ܠܡܫܘܬܝ. ܐܘ ܚܘܪܐ ܠܒܢܝܢ ܘܢܦܫܢ ܕܚܙܘ̈ܗܝ ܠܝ. ܐܘ ܬܪ̈ܥܝܢܗ̇ ܦܬܝܚܐ ܠܝ ܐܘܪܚܗ، ܘܡܦܫܚܐ ܠܝ: ܐܘ ܫ̈ܩܘܦܝܗ̇ ܘܡܬܦܠܣܝܗ̇ ܡܬܟܠܝܐ ܠܐܪܥܝ. ܗܠܝܢ ܒܐܘܪܗܝ ܠܐ ܬܬܒܥܐ. ܕܠܘ ܗܘܟܐ ܗܘ ܠܗ̇ ܕܫܘܕܥܬܐ ܗܘܟܐ ܕܡܬܚܙܝܢ. ܕܗܘܟܐ ܗܘ ܠܗ ܕܢܣܒܐ ܘܕܚܠܬܐ. ܫܘ̈ܪܝܗ̇ ܒܚܝܝܢ ܦܘܡܝ ܕܐܟܠܐ ܥܠ ܫܘܚܠܦܝ. ܘܫܩ̈ܘܦܝܗ̇ ܘܡܬܦܠܣܝܗ̇ ܠܒܢܝܢ ܐܘ̈ܪܚܬܝ. ܕܒܝܬ ܬ̈ܪܥܝ ܒܣܬܪܝ ܒܒܪܬ ܠܝ. ܠܐ ܕܝܢ ܕܐܬܠܝ ܡܢܘܬܐ ܐܝܬ ܡܢ ܒܪܘ. ܢܘܟܪܐ ܕܢܦܠܬ ܐܟܠܝ ܡܢܗ̇. ܘܢܥܠܒܘܢ ܢܘܟ̈ܪܝܐ ܕܒܝܬ ܒܢ̈ܝ. ܘܠܦܘܬ ܕܠܒܥܬ ܥܠܝܢ ܐܘ̈ܒܕܢܐ ܬܠܒܫ ܥܠܝܢ ܚܘܪܐ. ܘܬܦܘܫ ܒܥܒܕ ܘܬܚܙܐ ܠܝ. ܘܬܪܦܘܣ ܒܪ̈ܓܠܝܗ̇ ܘܬܬܒܝܐ ܘܬܐܡܪ. ܕܐܘܗܐ ܐܘܗܐ ܚܙܝܬ ܒܗ ܒܝܢ. ܘܬܬܗܠ ܒܡܦ̈ܪܢܐ ܕܢܣܒܘܬܝ ܘܬܐܡܪ. ܕܐܝܟܢܐ ܫܒܩܬܝܢܝ ܫܒܝܐ: ܪܒܝܐ ܕܢܦܠ ܒܡܫܡܠܐ ܕܐܬܬܚܝܒ: ܚܬܢܐ ܒܠܦܫ ܪܚܡܬܐ. ܕܟܦܠܠ ܘܐܬܬܟܠ ܘܠܚܬܘܗܝ، ܘܠܐ ܡܬܕܢܝܬ ܒܠܘܫܝ ܠܚܕܢܐ ܠܝ ܒܗܠܝܢ. ܐܠܐ ܐܦ ܫܒܝܐ ܘܐܪܒܐ ܘܟܠ ܕܒܡܘܦ̈ ܢܫ̈ܠܘܢ ܒܣܦܘܬܝ ܒܗ̇، ܫܒܬܐ: ܘܢܬܠܘܢ ܠܗ̇ ܒܟܐ ܠܦܠܓܘܬܝ ܕܚܢܬ

ܒܢ̈ܦܫܬܟܝ. ܐܦ ܗܘܝܬ ܫܘܒܚܐ ܠܟܝ ܕܬ̈ܘܒܢ ܒܬ̈ܘܒܢ ܬܫܒܘܚ ܐܝܟ:
ܠܐܠܗܝ ܕܐܬܬܒܥܬ ܠܟܝ ܡܢܗ. ܘܐܦ ܠܡܫܒܚܘܬ. ܘܐܠܗܐ ܐܝܟ ܒܪܢܫܐ
ܕܝܠܕ ܐܢܫܐ ܗܘܐ ܠܟܝ ܘܡܒܪܟ ܗܘܝ. ܘܗܘܐ ܐܝܟ ܕܝܠܗ ܘܡܫܒܚ ܠܐܠܗܟܝ
ܕܠܒܟܝ ܢܘܚܬܟܝ. ܗܘܐ ܦܘܫܩܗܘܢ ܕܬ̈ܫܒܚܬܐ ܕܡܕܝܢܬܐ ܘܐܬܬܪܝ ܠܗ ܐܘܪܗܝܐ
ܠܦܠܝܛܘ. ܒܐܝ̈ܕܝ ܕܡܘܪܦܘܣ ܚܠܝܨܐ. ܒܪ ܐܚܘܗܝ، ܕܒܪܘܢܐ ܐܦܝܣܩܘܦܐ.
ܘܒܪ ܡܪܐ ܐܝܟ ܠܬܠܡܝܕܘܬܗ ܕܐܒܓܪ ܠܗ ܙܟܝ ܦܠܛ ܒܠ ܕܡܘܪܦܘܣ.
ܘܐܪܝܡܗ ܒܢܬ ܐܘܪܗܝܐ. * ܘܐܬܪܥܝ ܒܠܗܘܢ، ܕܫܡܠܝܘܗܝ، ܒܢ̈ܬܐ 67 v.
ܡܫܝ̈ܚܝܬܐ. ܟܠ ܕܐܬܪܥܝ ܠܚܝ̈ܠܘܗܝ ܕܐܘܪܗܝ̈ܐ. ܘܫܠܡ ܠܗ ܠܗܕܐ
ܕܗܘ ܢܗܘܐ ܡܬܚܝܠܗܘܢ ܕܒܬ̈ܘܠܬܗܘܢ. ܦܪ̈ܫܐ ܗܘܐ ܚܢܢ ܕܢܦܩ
ܫܡܥܬܗ. ܘܚܙܐ ܦܘܪܚܗ ܒܬ̈ܫܝܡ ܡܫܝܚܘܢ ܕܡܬܗܦܟܝܢ ܗܘܘ ܕܢܦܩܘܢ
ܠܗ ܒܬ̈ܚܬܝܬܐ. ܘܒܪ ܚܙܐ ܦܘܪܢܣܐ ܕܐܬܬܝܒ. ܗܘ ܕܬ̈ܘܦܘܗܝ، ܕܫܒܠܝܗ
ܠܐܘܪܗܝ، ܡܢ ܡܕܡ ܡܐܘܫܐ. ܘܐܬܒܝܢ ܒܦܩܡ ܘܐܡܪ. ܕܗܒܢܐ ܠܡ
ܢܒܘܢ ܠܐ ܬ̈ܠܡܐ ܘܡܘܒܢܐ ܢܘܦܩܘܢ ܠܝ. ܐܦ ܐܚܒܪܗ ܠܐܘܪܗܝ،
ܡܢ ܡܕܡ ܕܐܫܬܠܝܗ. ܟܠ ܕܐܬܚܘܝܘ ܠܡܣܝܒܘ ܠܡܠܒܫܗ. ܘܡܢܐ
ܕܐܬܝܒܘ ܠܐ ܠܡ ܬ̈ܠܡܐ ܘܐܬܦܬܦܬ ܡܢ ܡܬܒ.. ܐܚܝܒܗ ܡܒܕܪ
ܘܐܬܚܝܒܗ. ܘܐܬܦܫܡ ܒܗ ܒܡܟܐ ܕܒܕ ܢܒܝܐ ܕܬ̈ܠܡܐ: ܘܡܫܬܒܚ
ܠܢܒܝܐ ܕܡܠܟܘܬ، ..... ܐܝܬ ܗܘܬ ܕܝܢ ܒܝܠܒ ܡܕܝܢܬܐ ܓܒܪܐ ܚܕ
ܕܫܡܗ ܗܘܬ ܐܘܦܠܝܢܐ. ܕܗܘ ܗܘܐ ܒܡܕܝܢܬܗ. ܘܡܫܡܫܢܐ ܡܕܡ
ܦܠܟܝܐ. ܘܦܪܗܣܝܐ ܡܫܝܚܬܐ ܐܝܬ ܗܘܬ ܠܗ ܒܗ ܡܕܡܗ، ܕܦܪܘܣܐ.
ܡܛܠ ܕܒܡܗܝܡܢܘܬܐ ܡܫܝܚܝܬܐ ܘܡܘܪܒܝܐ ܕܠܐ ܐܒܘܪܝܢ ܡܢ ܠܗ
ܠܦܠܝܛܘ. ܒܪ ܐܚܘܗܝ، ܒܐܦܣܩܘܦܐ. ܘܒܪ ܬܘܒ ܐܝܬܐ ܠܡܕܝܢܬܗ
ܒܐܬܪܐ ܡܢ ܠܗ ܘܡܘܪܒܝܐ. ܘܡܢ ܕܠܝܗ ܡܬܬܪܝܐ ܗܘܬ ܒܬܘܪܗ
ܕܡܠܟܐ: ܡܬ̈ܡܗܬܐ ܕܒܒܪ ܦܠܝܛܘ ܒܝܠܒ ܡܕܝܢܬܐ. ܗܘ ܕܝܢ ܗܘܐ
ܓܒܪܐ ܕܐܡܒܪܝܢ ܚܢ ܒܠܗܘ، ܒܦܠܝܛܐ ܗܘܬ. ܘܒܝܠ ܗܘܬ ܕܝܠܗ
ܒܠ ܢܦܫܗ ܡܛܠ ܦܘܩܕܢܐ ܕܡܠܟܐ. .... ܘܒܪ ܫܠܦ ܒܠ ܐܘܪܗܝ،
ܕܓܡܪܬ ܥܠܝܗ ܒܡܫܬܐ ܡܢ ܡܕܡ ܦܠܟܝ. ܚܙ ܒܦܩܡ ܘܐܡܪܬ ܠܗ
ܥܠܝܗ ܒܠ ܡܕܝܢܬܐ. ܘܦܠܓ ܗܘܬ ܒܕܝܢܐ ܕܐܪܡܝܐ ܥܠܝܗ ܒܒܠܬܗ
ܡܕܡ ܦܠܟܝܐ. .... ܘܒܪ ܗܘܬ ܢܗܘܐ ܕܢܪܫܡ ܠܦܠܝܛܘ ܡܢ ܚܠܒ.

ܡܪܢ، ܠܝܘܠܝܢܐ ܘܐܡܪ ܠܗ. ܡܛܠ ܕܐܫܟܚܬ ܪ̈ܚܡܐ ܘܫܘܒܚܐ ܒܥܝ̈ܢܘܗܝ ܕܡܠܟܘܬܟ݂. ܟܡܐ ܠܟ ܕܦܪܥܬ ܘܡܪܬܝܒ. ܟܕ ܗܘܐ ܠܝ ܘܒܥܐ ܠܡܦܪܥܝ ܛܝܒܘܬܐ ܚܠܦ ܛܝܒܘܬܟ. ܟܠ ܕܗܫܐ ܕܝܢ ܗܘ ܡܐ ܕܡܬܚܙܐ ܠܝ ܕܪܓܐ ܢܦܫܝ ܘܡܚܝܐ ܠܝܚܝܕܝ. ܫܐܠ ܡܢܝ ܘܬܬܠܗܒ ܠܝ. ܗܫܐ ܐܢܐ ܗܘ ܒܥܐ ܕܐܫܟܘܪ ܠܝ ܛܝܒܘܬܟ ܣܠܩ ܛܝܒܘܬܟ.. ܘܟܕ * ܫܡܥ ܗܠܝܢ ܝܘܠܝܢܐ ܡܢ ܥܒܕܗ. ܢܦܠ ܥܠ 66 r. ܐܦܘܗܝ، ܣܓܕ ܘܐܡܪ. ܡܛܠ ܠܟ ܕܐܫܟܚ ܒܥܝܢܝ ܪ̈ܚܡܐ ܒܥܝ̈ܢܝ ܡܠܟܘܬܟ݂. ܐܬܪܥܝܬ ܐܠܗܘܬܟ ܠܡܥܒܕܐ ܟܠ ܨܒܝܢܝ ܗܠܝܢ. ܒܪܡ ܕܝܢ ܡܪܝ، ܡܠܟܐ. ܡܛܠ ܗܝ، ܛܝܒܘܬܗ ܕܥܒܕܐ ܕܢܚܘܪ ܠܡܪ̈ܘܗܝ. ܟܠ ܕܐܡܪܬ ܠܥܒܕܝ ܕܝܠܝ ܗܘ. ܘܡܢ ܕܝܠܝ ܐܬܝܗܒ ܠܝ. ܡܛܠ ܛܝܒܘܬܐ ܗܘܬ ܒܗ ܒܥܒܕܝ. ܕܐܫܬܘܬܦ ܠܬܫܒܘܚܬܐ ܕܐܠܗܘܬܟ. ܘܐܢܐ ܒܢܦܫ ܬܗܪܢܝ. ܕܚܕܝܐ ܠܐܝܢܐ ܐܬܡܛܝܬ ܒܡܪܚܡܢܘܬܟܘܢ ܕܐܩܝܡ ܒܐܩܝܡ ܐܡܠܠ ܥܡ ܐܠܗܘܬܟܘܢ. ܐܡܪ ܠܗ ܝܘܠܝܢܐ. ܒܟܪܗܘܢ ܕܬ̈ܠܡܝܕܐ ܢܦܩܐ ܐܢܐ ܘܒܫܩܠܗ ܕܡܠܟܘܬܝ،. ܕܟܠ ܕܪܓܐ ܢܦܫܝ ܐܥܒܕ ܠܝ. ܘܟܠ ܕܬܫܐܠ ܡܢܝ ܐܥܒܕ ܠܝ. ܗܝܕܝܢ ܓܒܪܐ ܗܢܐ ܦܪܘܫܐ. ܟܕ ܢܦܠ ܠܗ ܚܘܒܐ ܠܦܘܩܕܐ. ܟܕ ܕܚܠ ܘܪܬܝܬ. ܐܙܠ ܒܥܘܬܗ ܡܢܟ ܛܝܒܘܬܐ ܥܠ ܐܘܪܗܝ ܟܕ ܐܡܪ. ܒܥܒܘ ܡܢ ܫܘܠܛܢܟ ܕܡܠܟܝ. ܠܐ ܢܬܬܟܫ ܪܘܚܟ ܥܠ ܫܐܠܬܝ،. ܘܐܢܐ ܐܒܘܪ ܘܫܢܩ. ܘܫܐܠܬܝ، ܪܒܐ ܗܝ، ܡܢܟ. ܐܡܪ ܠܗ ܝܘܠܝܢܐ. ܡܢܐ ܗܝ، ܫܐܠܬܟ ܣܘܝ ܀ ܝܘܠܝܢܐ ܐܡܪ. ܫܐܠܬܝ، ܘܒܥܘܬܝ، ܗܕܐ ܗܝ، ܥܢܐ ܠܡܠܟܘܬܟܘܢ. ܘܫܠܡܐ ܠܐܘܚܕܢܟܘܢ. ܘܬ̈ܘܕܝܬܐ ܠܥ̈ܕܬܐ ܘܫܘܟܢܐ ܠܟ̈ܗܢܝܢ. ܘܒܢܝܐ ܕܬܫܒܘܚܬܐ ܠܐܠܗܘܗ،. ܦܐܝܐ ܗܝ، ܓܝܪ ܡܪܝ، ܕܡܫܝܚܘܬܐ ܢܗܪܐ ܠܡܠܟܘܬܟܘܢ. ܦܪܘܩܢ ܕܝܢ ܚܒܝܒܐ ܫܒܩܬ ܠܗ ܠܟ. ܘܐܬܦܪܫ ܒܐܠܗܘܬܗ ܕܝܘܠܝܢܐ. ܘܡܛܠ ܕܫܒܝܚ ܗܘܐ ܠܗ ܠܐ ܢܓܒܐ ܗܘܐ ܕܢܟܐܒ ܠܗ. ܐܠܐ ܒܡ̈ܠܐ ܒܠܚܘܕ ܡܬܬܐ ܗܘܐ ܠܗ ܟܕ ܐܡܪ. ܕܟܠ ܗܕܐ ܚܕܐ ܬܘܪ ܐܢܐ ܠܗܪ. ܕܕܠܐ ܦܘܪܫܢ ܐܝܟ ܫܬ̈ܠܬܘܢ. ܘܠܐ ܚܕܝܢ ܐܝܬܘܗܝ ܗܢܐ ܫܐܠܝ ܐܝܬܘܗܝ. ܠܐ ܓܝܪ ܙܕܩ ܠܝ ܕܢܬܬܦܪ ܥܠ ܗܕܐ: ܕܠܝ ܠܝܬ ܢܦܫܐ

ܒܐܠܗܘܬܗ̇. ܕܡܬܚܫܚܢ ܕܠܐ ܐܬܝܠܕ ܡܢ ܐܠܗܐ ܕܝܚܝܕ. ܒܪܡ ܗܘܐ ܕܪܘܡܐ ܠܝ ܒܐܠܗܘܬܝ ܒܝܕ ܪܘܚܗ̇ ܕܡܠܟܘܬܗ̇، ܀ ܘܟܕ ܫܡܥ ܐܦܘܠܝܢܐ ܗܠܝܢ ܡܢ ܦܪܘܫܐ. ܗܘ ܕܒܕܝܠܬܐ ܗܟܢܐܝܬ. ܘܡܫܝܚܐ ܐܝܟ ܐܩ̈ܝܡܗ، ܒܐܪܒܥܐ ܘܫܬܐ. ܘܐܫܬܟܚ ܒܒܪܐ ܕܐܩ̈ܝܡܗ، ܡܢ ܕܝܠܬܗ. ܘܗܘܐ ܐܝܟ ܕܟܬܝܒܐ. ܘܟܕ ܫܡܥܗ، * ܦܪܘܫܐ ܠܐܦܘܠܝܢܐ ܕܐܦܝܣ ܡܢ 68 r. ܕܝܠܬܗ. ܒܪܡ so ܠܗ ܟܠܗܘܢ، ܦܠܓ. ܘܟܕ ܫܡܥ ܗܘ ܘܟܠܠ ܒܗܘܢ ܒܡܫܟܢܘܬ ܒܪ ܐܢܫܐ. ܡܕܝܢ ܐܢܐ ܗܘ ܠܟ ܕܐܚܪܢܐ ܬܩܢܐ ܘܫܒܝܚܐ. ܒܐܒ ܗܘ ܠܗܘܢ ܠܟ. ܐܡܪܬ، ܕܢܦܫܐ ܐܘ ܗܦܟܬܐ ܐܘ ܢܚܝܢܐ ܡܕܡ. ܥܠܝܗ ܒܚܕܐ ܡܢ ܡ̈ܕܝܢܬܐ ܕܐܝܬ ܒܐܘܪܚܐ ܕܡ̈ܠܟܘܬܗ. ܘܦܠܓ. ܠܟ ܡܬܟܠܝܢܐ ܐܬܝܠܕܘܬܗ ܒܦܓܪܐ. ܒܪܡ ܕܝܢ ܙܕܩ ܗܘ ܠܗ ܠܐܢܫܐ ܕܢܐܫ ܒܐܝܩܪܐ ܘܫܘܒܚܐ ܕܐܠܗܘܬܐ ܐܘ ܕܡܫܝܚܝܐ. ܕܢܒܥܐ ܐܢܫܐ ܗܘ، ܒܠܘܬܗ ܕܐܠܗܘܬܗ ܘܗܫܐ ܐܠܐ ܢܨܚ ܕܐܠܗܐ ܒܬܪܒܝܬܐ ܫܪܪܘ ܠܗ ܐܘܪܚܐ. ܐܝܟ ܕܐܡܪ ܡܢܢ ܗܘܐ ܗܘܐܬ ܠܝ ܡܫܝܚܝܐ. ܕܠܡܒ ܢܟܪ̈ܝ ܘܦ̈ܢܝܢܘܬܗ ܕܡܠܟܘܬܗ܇ ܒܪܡ ܕܝܢ. ܐܢܫ ܐܝܟ ܒܪܐ ܕܠܐ ܡܬܚܫܒ ܗܘܐ ܒܩܢܘܡܐ ܕܡܫܝܚܘܬܗܘܢ. ܫܦܝܪ ܠܟ ܐܬܒܥܬ ܥܠ ܫܘܟܠܠܗܘܢ܇ ܘܪܫܐ ܕܒܪ ܠܐ ܢܦܠ ܠܟ ܥܠ ܗܕܐ. ܕܐܦ ܬܒܥ ܘܗܦܟܬ ܡܢ ܐܢܫܐ ܦܬܠܐ ܕܡ̈ܬܕܪܘܬܗܘܢ. ܐܬܬܦܠܓܘ ܫܒ̈ܝܠܝܗܘܢ ܒܟܠ ܦܠܓܗ ܕܒܚܝܕܝܘܬܗ ܕܠܡ̈ܕܝܢܬܐ ܐܦ ܬܘܒ ܒܗ ܪ̈ܒܢܐ ܕܡܬܕܪܘܬܗܘܢ ܡܚܕܐ. ܐܬܬܦܠܓܘ ܒܡܫܝܚܘܬܗܘܢ ܢܨܚܐ ܠܡܫܝܚܘܬܗܘܢ ܘܐܒܕܢܐ ܠܡܘܬܗܘܢ. ܘܟܕ ܫܡܥ ܗܠܝܢ. ܐܦܘܠܝܢܐ ܡܢ ܦܪܘܫܐ ܢܦܠ ܥܠ ܗܢܐ ܘܐܡܪ. ܗܫܐ ܕܝܢ ܡܢ، ܠܟܕܕܗ: ܘܐܬܒ ܥܠ ܢܦܫ ܘܐܬܝܠܕ. ܒܒܒܐ ܡܢ ܫܘܠܛܢܝ ܕܝܠܟ. ܐܦܣ ܠܝ ܕܐܦܣܘ ܙܘܥܐ ܥܠ ܢ̈ܦܫ ܒܒܗܬ،. ܕܠܘ ܥܠ ܐܒܕܢܗ ܕܡܕܝܢܬܐ ܕܗܘܬܐ ܚܕܐ ܐܠܐ ܥܠ ܡܠܟܘܬܗ ܕܠܐ ܬܬܩܝܡܐ. ܫܡܥܐ ܗ، ܠܟ ܒܪܝ ܪܒܐ ܗܕܐ. ܘܫܒܩܐ ܡܫܐ ܠܡܠܟܘܬܗ ܕܡܢ ܟܬܪ ܕܐܬܦܣܩ ܫܠܝܐ ܥܠ ܬܫܡܫܬܐ. ܘܦܩܕ ܠܗ ܫܪܒܐ ܠܐܬܪ ܟܠܒܐ ܕܡܫܝܚܘܬܗܘܢ܇ ܢܦܩܘ ܐܢܘܢ ܡܢ ܕܘܟ ܡܢ ܡܕܝܢܬܐ ܠܡܒܢܝܢܐ. ܒܪ ܠܐ ܢܦܩܘ ܡ̈ܠܟܐ ܡܐܪܥܐ. ܘܢܫܠܡܘܢ ܒܢ ܐܬܘܪܝܐ ܘܒܝܬܪܗ ܡܢ ܡ̈ܠܟܐ ܦܩܘܕܬܐ

69 r. ܘܠܐܡܪܬܗܘܢ܂ ܕܟܕ ܦܪܘ ܒܕܒܝܠ ܠܐ ܡܒܠܬ * ܒܒܡܫܝܚܗ܂ ܫܪܘ ܪ̈ܘܡܝܐ ܡܦܩܝܢ ܠܗ̇ ܣܝܟܐ ܠܡܕܝܢܬܐ܂ ܘܗܘܘ ܐܚܝܕܬܐ ܡܢܗ̇، ܡܠܟܐ܂ ܕܐܝܟ ܬ̈ܠܬܐ ܫ̈ܢܝܢ ܦܪ̈ܘܫܐ ܡܬܚܫܒܝܢ ܗܘܘ܆ ܐܠܐ ܐܬܬܒܘ ܪ̈ܘܡܝܐ ܠܡܒܒܐ ܡܕܝܢܬܐ ܕܫܡܝܐ ܒܐܘܚܕܢܐ ܕܡܠܟܘܬܐ܂ ܘܡܬܚܒܠܐ ܗܘܬ ܡܕܝܢܬܐ ܒܗܕܐ܆ ܕܫܒܩܝܢ ܠܡܕܝܢܬܐ ܒܡܐܪܘܬܐ ܕܪܗܛܐ ܠܝ܂ ܘܗܘܐ ܕܪܗܛܐ ܠܝ ܪܘܚܗ ܕܡܕܝܢܬܐ ܕܗܘܬܐ܂ ܕܒܠܒܪܗ ܕܡܠܟܘܬܐ ܡܚܝܠܐ ܕܝܬܝܒ ܡܢܗ̇ ܐܡܬܝ܆ ܕܢܦܩ ܠܗ ܦܘܡܪܝܢ܂ ܘܗܫܐ ܡܢܗ̇، ܡܠܟܐ܂ ܫܒܘܩ ܐܢܘܢ ܠܗܠܝܢ ܕܗ̈ܘܐ ܒܢ̈ܝܐ ܡܕ̈ܝܢܬܐ ܟܕ ܫܠܡܐ ܘܠܡܐ ܡܠܟܘܬܟ ܒܝܘܡ ܡܢ ܡ̈ܕܝܢܬܐ ܕܦܪܣ܂ ܘܐܦ ܬܘܒ ܘܫܦܪܬ ܬܫܒܘܚܬܗܘܢ ܒܟ̈ܝܢܬܐ ܕܐܠܗܘܬܟ܂ ܘܐܠܐ ܕܫܡܗܘܢ ܒܪ̈ܫܡܗܘܢ܆ ܘܐܢܬ ܘܡܠܟܘܬܟ ܡܫܡܫ ܐܢܬ ܡܢ ܕܫܡܝܢ ܀܀܀ ܘܠܡܠܟܘ ܐܡܪ܂ ܕܗܠܝܢ ܠܟ ܒܠܚܘܕ ܡܬܝܪ̈ܬܐ ܡܬܚܫܒܝܢ ܗܘ̈ܘ، ܠܝ܆ ܐܠܐ ܕܒܬܫܒܘܚܬܐ ܕܐܠܗܘܬܐ ܕܒܟܘܬܟ ܠܐ ܐܬܪܥܝܬ܂ ܠܐ ܓܝܪ ܙܟܝܐ ܐܢܐ ܠܬܫܒܘܚܬܗܘܢ܆ ܐܝܟ ܡܢ ܕܙܟܐ ܗܘܬ ܒܐܟܪ̈ܙܘܬܗܘܢ܆ ܒܪܡ ܕܡܢ ܕܫܒܚܬ ܫܒܘܚ ܠܟ ܡܠܟܐ ܕܡ̈ܠܟܐ܂ ܐܝܟ ܡܢ ܕܗܫܐ ܐܡܪܬ ܐܝܟ ܡܠܬܟ܂ ܘܫܩܠ ܐܘܣܠܝܐ ܘܢܦܩ ܡܢ ܩܕܡ ܡܠܟܐ܂ ܘܠܡܠܟܘ ܕܝܢ ܡܢ ܒܬܪ ܗܠܝܢ܂ ܗܘ ܗܘܐ ܐ̈ܦܣܩܘܗܝ، ܠܡܪ̈ܢ ܒܕ ܡܘܫܐ ܒܠܒܗ ܫܢܝܬܗ ܕܐܒܘܗܝ܂ ܘܫܪܝ ܗܘܐ ܕܒܢܐ ܡܟܠܠ ܫܘܕܢܐ ܕܡܪ̈ܕܘܬܗ܂ ܘܫܩܠ ܡܢ ܡܠܟܐ ܗܘ ܘܡܬܠܘܬܐ ܕܐܢܬ ܒܡܫܝܚ܂ ܘܕܕܐ ܗܘܐ ܘܒܟܪ ܡܠܠܐܝܬ܂ ܘܠܐ ܐܬܬܗ، ܒܠ ܡܟܐܕܠܬܗ܂ ܘܠܐ ܐܬܒܥܝ ܗܘܐ ܒܝܕ ܡܢ ܐܘ̈ܠܨܢܐ ܕܒܫܡܗܘܢ ܥܒܪܐ ܘܫܪܘ܂ ܒܕܡܟܐ ܕܒܠ ܠܫܪܝ ܀܀܀ ܘܟܕ ܫܟܒܘ ܝܘ̈ܕܝܐ ܕܒܡܕ̈ܝܢ ܒܐܘܪܗܝ، ܕܒܟܪ ܘܠܡܠܘ ܦܪܬ ܠܡܕܝܢܬ܂ ܠܒܘܬ ܢܫܡܗܘܢ ܘܢܦܩܘ ܡܢ ܡܕܝܢܬܗܘܢ܆ ܬܪ̈ܝܢ ܬܪ̈ܝܢ ܘܬܠܬܐ ܬܠܬܐ ܐܚܝܕܐ܂ ܕܕܝܠܗ ܠܡܦܩ ܐܚܝܕܐ ܒܟܢܫ ܒܠܐܝܬ ܠܗܝܢ ܐܢܫܘܬܗ ܕܡܕܝܢܬܐ ܡܛܠ ܕܠܝܫܝܢ ܗܘܘ ܠܗܘܢ ܐܘܪܗܝܐ ܠܒ܂ ܘܡܠܬܐ ܗܘ ܒܟܠ ܗܘܘ ܒܠܫܘܢ܆ ܘܟܕ ܐܬܬܒܕܘ ܠܫܪ ܒܡܬ ܝܘܟܢܐ܆ ܪܒ ܒܢܫܡܬܐ ܕܡܘܕܝܐ ܘܐܡܠܝܢ ܕܐܬܠܘܘ ܠܗ 69 v. ܠܡܐܟܠ ܒܡܢ ܠܫܠܡܗܘܢ * ܕܫܡܝ܂ ܗܘܝܢ ܗܘܘ ܐܝܟ ܫܒܝܒܘܬܐ ܒܪ̈ܝܢ܂ ܘܐܬܓܠܝܘ ܘܠܒܫܘ ܣܩܪܐ܂ ܘܫܡܥܘ ܒܐܪ̈ܙܝܗܘܢ ܫܘܦܪܐ܀

ܠܡܫܡܫܘ ܡܕܡܘܗܝ، ܡܢܐ ܕܐܫܠܡܘܗܝ. ܐܝܠܘ ܕܝܢ ܘܐܫܠܡܘܗܝ، ܡܢ ܢܘܣܩܐ ܦܠܓܐܐ ܡܢ ܡܕܝܢܬܗܘܢ܆ ܘܟܕ ܚܙܐ ܐܢܘܢ. ܡܢ ܡܫܡܫܢܐ ܕܡܫܡܫܢ̈ܐ. ܐܫܬܘܕܥ ܕܠܒܢ̈ܝܐ ܐܢܘܢ܆ ܘܫܐܠܘ ܐܢܘܢ ܕܡܢ ܐܝܟܐ ܐܢܘܢ܆ ܘܟܕ ܝܠܦ ܠܒܢܘܗܝ ܕܡܢ ܐܘܪܗܝ، ܐܢܘܢ. ܐܫܟܚ ܒܢܝܢܗ ܘܠܒܪܐ. ܘܐܡܪ ܒܗܘܢ ܒܪܘܠܓܐ. ܘܟܕܐ ܐܢܘܢ ܡܢ ܡܕܡܘܗܝ ܒܗ ܐܢܫ. ܕܐܝܠܘ ܠܐ ܠܢ ܕܡܫܡܫܢܐ ܐܢܘܢ ܐܝܟ ܩܠܝܠ ܕܡܫܘܕܬܐ. ܠܗ ܒܡܫܡܫܢܘܬܐ ܕܠܐ ܐܝܠܝܢ ܒܡܫܝܚ ܗܘܘ ܐܢܘܢ܆ ܘܡܫܡ̈ܫܢܐ ܠܡܫܡܫܢܘܬܐ ܕܬ̈ܫܡܫܬܐ ܗܘܝܢ ܗܘܘ ܐܢܘܢ܆ ܐܝܟ ܕܐܬܠܝܬ ܠܗ ܡܢ ܕܡܫܝܚ ܕܐܢܬܬܐ ܐܢܘܢ ܠܡܫܡܫܘܬܗܘܢ܆ ܘܡܫܡܫܢܘܗܝ ܐܡܪ ܒܫܡܗ܆ ܡܕܝܢ ܐܠܗܐ ܐܢܬܬܐ. ܐܝܟ ܕܐܡܪܬ. ܐܡܪܐ ܗܘ ܕܢܣܒܘܢ ܠܗܘܢ ܟܘܡܪܐ ܠܐܠܗܐ. ܐܦ ܐܢ ܒܫܢܐ. ܕܠܡܢܐ ܠܐ ܡܢܝܢ ܗܘܘ ܐܢܘܢ ܒܠܚܘܕ ܒܡܕܝܢܬܐ: ܠܡܫܡܫܢܐ ܒܗ ܡܫܡܫܢܘܬܐ ܠܗܘܢ ܐܠܗܐ ܪܒܐ. ܕܡܫܡܫ ܕܢ̈ܝܢ ܒܡܕ̈ܝܢܬܐ ܠܡܫܡܫܢ. ܐܘ ܕܠܡܢܐ ܒܪ ܠܐ ܡܫܡܫܐ ܗܘܬ ܒܐܬܪ̈ܝܢ ܠܡܫܡܫܢܘܬܐ ܠܡܫܡܫܢܘܬܗ ܕܗܕܐ: ܐܝܠܘ ܡܢܝܢ ܡܫܡܫܢܐ ܠܗܘܢ܆ ܐܝܟܐ ܗܘ، ܗܝ ܕܐܡܪܝܢ. ܕܟ̈ܠ ܢܒܝܗܘܢ ܐܢܘܢ. ܕܗܠܝܢ ܡܕܝܢܬܐ ܩܠܝܠ ܚܝܠܗܘܢ܆ ܕܟܕ ܡܠܟܐ ܐܬܟܠܦ[1] ܕܡܫܡܫܢܘܢ ܘܐܬܟܢܫ ܒܡܫܡܫܢܘܢ ܘܕܫܠܬܗܘܢ ܡܢ ܟܦܘܢ ܕܬܟܠ. ܟܕ ܒܡܫܡܫܢܘܬܐ ܕܝܢ ܕܡܫܡܫܢܐ ܒܡܢ ܐܝܠܝܢ ܕܒܡܫܡ. ܢܛܪܝܢ ܗܘܘ ܫܡܫܐ ܘܫܠܝܢ. ܒܪ ܡܟܐ ܠܗܘܢ ܦܘܡܐ ܕܟܢܘܫܝܐ. ܢܘܣܐ ܒܠ ܟܦܐ ܫܡܫܐ ܘܟܕ ܐܝܟ ܠܗܘܢ ܕܡܫܡܫܢ. ܐܡܪ ܗܘܐ ܟܕ ܒܡܫܡܫܢܘܬܐ ܠܡܫܡܫܢ ܡܢ ܦܘܠܐ. ܕܡܫܡܫ ܠܟ ܡܢ ܫܡܫܐ ܕܫܠܚ. ܠܐ ܢܛܪܘ ܒܫܡܫܐ ܐܠܗܘܬܗ܆ ܐܝܟ ܗܠܝܢ ܢܗܘܐ ܕܠܐ ܐܠܗܐ. ܕܠܘ ܠܟܢܫܐ ܕܫܡܫܘ ܐܒ̈ܗܝܢ ܦܠܚܝܢ ܐܠܗܘܬܗܘܢ܆ ܘܠܘ ܡܕܡ ܕܫܡܫܐ ܐܘ ܕܫܡܫܐ ܠܡܫܡܫܢܘܬܐ ܡܫܡܫ ܠܡ ܢܦܫ ܡܫܡܫܢܘܗܝ܆ ܕܟܢܘܫܝܐ ܒܫܡܫܐ ܒܡܫܡܫܢܘܬܗ ܥܠ ܕܫܡܫܐ ܚܕ ܠܡܫܡܫܢܐ * ܕܡܫܡܫܢܘܬܗ܆ 70 r.
ܘܡܫܡܫܢ ܬܠܡ̈ܝܕܐ ܠܡܫܡܫܢܘܬܗ܆ ܕܐܢܫܐ ܒܡܫܡܫܢܐ ܐܠܝܨܐ ܘܡܫܡܫܢܐ: ܒܡܫܡܫ ܚܝܠ ܒܡܫܡܫܢܘܢ ܕܗܠܝܢ ܟܠܗ ܡܫܡܫܢܐ ܕܐܠܗܘܬܗ܆ ܒܠܚܘܕ ܟܪ ܘܡܫܡܫܢ. ܘܡܫܡܫ ܒܗ ܡ̈ܫܡܫ ܘܒܡܫܡ ܩܠܝܠ. ܘܒܡܫ̈ܡ ܒܗ

1) Ursprünglich ܐܬܟܠܦ.

ܒܢ̈ܫܝܗܘܢ ܘܒ̈ܢܝܗܘܢ ܕܟܪ̈ܝ. ܘܠܘܬ ܕܕܐܢ ܕܝܢ ܘܬܬܒܥ ܬܒܥܬܗ ܟܕ. ܗܫܐ. ܘܐܢ ܟܕ ܠܐ ܚܙܝܢ ܚܠܦܬܐ ܠܬ̈ܠܡܐ: ܚܙܝܢ ܒ̈ܬܝܢ ܚ̈ܠܠܬܐ: ܕܐܡܪܝܢܐ ܢܦܩܘܢ ܡܦܩܢܘܬܐ ܡܢ ܢܦܩܝܢ: ܘܡܟܪܙܘܬܐ ܢܛܪܐ ܠܡܬܗܦ̈ܟܢ. ܒܟܠܐ ܢܛܪ ܐܠܘ ܐܬܬ، ܗܕܐ ܠܡܫܡܠܝܘܬܗ: ܕܟܠܬܐ ܒܢܐ ܒܢܝܢ ܒܡܟܪܙܘܬܗܘܢ. ܐܝܟ ܬܠܝܬܐ ܫܡܥܝܢ ܗܘܘ ܠܝ ܘܫܢܬ ܒܠܚܘܕ ܗܘܘ ܠܝ. ܒܢܝܢ ܡܚܝܠ ܡܢ ܥܘܠܠܐ ܕܚܝܠܐ ܕܬܘܪܓܡܘܬܗܘܢ. ܠܐ ܢܬܡܨܐ ܒܡܢܝܢ ܒܟ̈ܝܢܝܗ ܕܡܠܟܘܬܗܘܢ ܡܪ̈ܘܪܐ. ܕܡܪܘܕܘܬܐ ܡܡܬܘܚ ܒܒܟܢ ܠܐ ܐܬܚܙܝܬ. ܠܐ ܡܢ ܐܦܠܐ ܒܟ̈ܒܫܢ. ܕܗܢܐ ܠܬ̈ܠܡܝܢ ܡܫܬܥܒܕܝܢ ܫܒܝܢ. ܘܠܡܕܒܪ̈ܢܝܢ ܡܫܬܥܒܕܝܢ ܫܢ. ܘܒܟܕ ܠܫܢ ܐܠܗܐ ܐܦܣ ܠܝ ܢܦܘܩ ܠܡܠܟܐ. ܠܬ̈ܠܡܐ ܩܕ̈ܝܫܐ ܦܠܝܘ ܘܫܒܪܘ ܐܒ̈ܗܝܢ. ܕܠܦܘܬ ܙܒܢܐ ܕܬܠܡܝ̈ܕܘܗܝ ܘܡܪ̈ܚܡܢܘܗܝ ܕܒܪܝܢ ܗܘܘ. ܐܦ ܫܢ ܒܗ ܒܙܒܢܘܬܐ ܠܙܒܢܐ ܕܐܠܗܘܬܗܘܢ ܥܠܡܝܢ. ܘܠܬ̈ܠܡܐ ܕܡܫܟܚܐ ܠܝ ܡܠܟܘܬܗܘܢ ܦܠܣܝܢ ܘܡܫܒܝܢ. ܘܟܠܫܢ ܡܫܡܫ ܒܪܚܡܐ ܕܐܝܬ ܠܗ̇ ܚܠܝܢ ܠܡܠܟܘܬܗܘܢ ܡܛܠ ܐܘܪܗܝܢ ܢܬܪܐ. ܘܬܬܗܡܢ ܠܐܠܗܘܬܗܘܢ. ܕܠܐ ܫܘܡ ܥܒ̈ܕܬܐ ܡܬܘܡ ܠܡܫܬܘܕܥܘܬܗܘܢ ܕܐܘܪܗܝܢ: ܗܠܝܢ ܕܬܘܠܦܢܝܢ ܐܒܪ̈ܗܡ ܒܒܢܘܗܝ: ܐܠܘ ܠܐ ܚܢܢ ܕܝܢܬ ܠܗ̇ ܠܝܗܘܢ ܡܕܝܢܬܐ ܕܠܘܬܚܒܝܢ. ܠܘ ܐܘܪܗܝ، ܡܬܦܪܫܐ ܗܘܐ ܡܕܝܢܬܐ: ܐܝܟ ܕܐܦܠܐ ܐܢܫ ܕܕܝܢ ܒܗ ܒܥܠܡܐ ܢܨܝܚ ܠܗܘܢ ܒܝܬ ܡܫܒ̈ܚܝܢܘܗܝ ܐܠܐ ܐܝܟ ܕܒܝܬ ܬܘܬܒܘܬܐ. ܫܒܐ ܗܝ، ܚܢܢ ܡܕܝܢܬܐ ܕܟܬܒܐ ܕܒܡܪܗ ܫܡܥܐ ܘܐܫܬܪܝܗ ܦܠܝܓܐ. ܘܟܕ ܦܠܓܘܗܝ ܠܝ ܠܬ̈ܠܡܐ: ܘܬܘܕܝܬܐ ܒܡܪ̈ܝܢ * ܘܬܬܒܥ ܒܠ ܒܟ̈ܠܝܒܝܢ. ܐܬܕܒܪܗ 70 v. ܠܝܗܘܢ ܝܕܝܥܬܐ. ܘܠܡܟܠܗ ܫܘܒܚܐ ܕܠܠܝܗ ܡܟܪ̈ܙܐ. ܘܐܪܥܐ ܒܪܝܬܗ ܕܡܫܒܚܬܐ. ܕܡܠܬܐ ܕܢܟܠܬ، ܘܡܫܡܠܝܬܐ ܕܐܫܬܘܫܬ، ܬܪܥܒ ܡܢ ܐܘܪܗܝ. ܘܡܢ ܥܠܡܢ ܡܛܠ ܒܠܒܘܬܗ. ܘܢܒܠܝܢ ܥܘܠܠܝܢ ܒܠ ܬܒܠ. ܐܡܪ ܠܗܘܢ ܡܠܝܘܗܝ. ܘܠܐܫܬܒܘܢ ܕܐܬܬ ܘܬܠܬ، ܠܦܪܨܘܦܐ ܕܫܠܡܐ. ܘܐܪܡܝܘ ܒܒܘܬܗܘܢ ܘܡܕܡ ܒܠ ܐܬܪܐ ܕܒܝܬ ܐܒܘ̈ܗܝ: ܘܥܠ ܫܡܠܐ ܬܘܒ ܕܒܝܬ ܦܓܪ̈ܬܗܘܢ. ܡܠܝܬ ܒܠܒܗܘܢ ܘܡܥܒܕܬ ܐܝܟ: ܘܢܦܩܘ ܡܢ ܥܘܕܪܢܐ ܕܡܦܝܣܝܢ ܠܦܪܢܘܬܗܘܢ.

ܘܡܒܐܡܢ ܐ̈ܚܝܢܘܗܝ ܒܗ ܒܕܡܘܬܐ ܐܦ ܠܗܘܢ ܕܒܝܬܗܘܢ ܡܢܝ.
ܠܗܘܢ ܒܪ ܠܗܘܢ ܠܫܘ̈ܕܪܐ ܡܫܬܕܪܝܢ. ܠܫܘܠܛܢܗ ܘܠܒܘܐܗ
ܕܡܫܡܫܢܘܬܗܘܢ܆ ܕܐܝܟ ܐܢܫ ܝܘܒܠܐ ܠܐ̈ܠܗܐ: ܕܢܬܠܘܢ ܠܗ ܪܒܘܬܐ
ܒܡܬ̈ܒܝܢܘܗܝ ܕܐܬܘܪ: ܡܛܠ ܕܦܝܣ ܚܕ ܡܠܟܐ ܠܐܘܣܝܢܘܗܝ ܕܡܠܟܘܬܐ:
ܐܟܝܢܘܗܝ ܠܡܫܝܚܘܬܗܘܢ ܘܐܫܥܒܕܗ. ܘܥܠ ܫܡܗ ܕܡܠܟܘܬܐ ܬܬܦܪܐ.
ܘܐܬܚܫܒܬ ܒܢܝܬ ܦܓܪ̈ܝܗܘܢ ܕܢܦܫ. ܘܐܡܪ ܫܡܥܘܢ ܐܝܢܐ ܢܬܪ
ܡܢ ܡܕܒܪܐ: ܫܡܥܘܢܐ ܕܐܝܬ ܗܘܐ ܠܗ ܒܦ̈ܘܡܐ ܥܠܝܗܘܢ ܕܗܘ ܒܢܝ
ܘܦܬܓܡܗ. ܘܒܪ ܫܡܥܘܢ ܗܠܝܢ ܕܐܬܐܡܪ. ܡܢ ܥܠܬܐ ܫܪܪܐ ܢܦܫܗܘܢ
ܡܕܡܘܢ. ܘܦܓܪܗ ܠܗ ܒܪ ܐܡܪܝܢ. ܕܠܒܗܘܢ ܠܐ̈ܠܗܐ ܕܗܘܝܢ
ܒܪ̈ܫܝܢܐ ܘܡܢ ܡܠܟܘܬܗܘܢ܆ ܘܒܢܝ ܓܒܪܐ ܢܦܫܗܘܢ ܠܗܘܢ ܡܠܠ
ܪ̈ܕܘܦܘܬ܆ ܐܡܪ ܠܗܘܢ ܡܠܝܢܘ. ܗܐ ܚܙܝܬܘܢ ܘܗܟܢܐ ܓܒܪܐ
ܡܠܟܐ ܕܐܝܬ ܠܗܘܢ ܠܗܬ܆ ܘܡܢ ܦܐܪܐ ܕܦ̈ܘܩܕܢܘܗܝ ܐܫܬܘܕܥܝܢ.
ܕܟܐܢܐ ܥܠܡܘܬܐ ܘܫܘܒܚܐ ܕܠܐ ܢܦܠܐ ܠܐ ܐܢܬܘܢ ܓܝܪ
ܐ̈ܠܗܐ: ܡܢ̈ܝ, ܦ̈ܠܚܬܐ ܠܦܬ̈ܓܡܝܗܘܢ܆ ܐܦ ܚܢܢ ܠܢ ܢܕܒܪ ܒܚܟܡܬܗܘܢ
ܫܦܝܪܐ ܘܐ̈ܝܡܟܐ. ܕܐܬܗܡܝܢܬ ܠܝ ܓܒܪ ܡܪ̈ܝܐ. ܕܠܐ ܐܢܬܘܢ
ܫܬ̈ܘܦܐ: ܠܡܪ̈ܕܘܬܗܘܢ ܘܠܦܠܚܘܬܗܘܢ ܕܐ̈ܚܝܗ ܕܒܝܬܘܬܐ: ܗܠܝܢ
ܕܒܬܪ ܐܢܐ ܕܐܬܟܢܫ ܡܢܗܘܢ܆ ܒܠܚܘܕ ܒ̈ܢܬܐ ܦ̈ܬܝܬܐ ܘܦ̈ܩܘܕܝܬܐ ܕܡܠܟ̈ܐ
ܠܗܘܢ * ܒܪ ܢܘܚ. ܐܡܪ ܠܗ ܐܢ ܒܫܢܬܐ. ܡܢ ܦܘܩܕܢܐ ܕܐܠܗܝܢ 71 r.
ܕܟܢܢ. ܐܠܐ ܠܐ ܚܙܝ, ܡܠܟܐ ܡܢ ܡܕܡ ܕܒܗ ܡܢܟܝ ܡܠܟܘܬܐ
ܠܐܝܢܘܬܗܘܢ܆. ܕܐܠܗܝܢ ܒܢ̈ܬܐ ܡܦܬܟܪܢ ܒܗ ܒܡܕܝܢܬܐ ܡܚܪܬ
ܒܠ ܡ̈ܠܟܘܗܝ: ܘܕܒܟܐ ܒܢܝܬ ܡܪܝܚܘܬܗܘܢ ܕܒܡܕܝ̈ܢܬܗ ܓܝܪ ܐ̈ܠܗܐ
ܘܓܝܪ ܡܠܟܘܬܗܘܢ. ܫܦܝܪ ܘܒܪܢܫܗ ܕܠܝܠܝܐ ܒܡܦܬܟܪܐ ܗܘܬ ܒܠܝܢ:
ܕܥܠܡܝܢ ܠܒܢ̈ܝܬܗܘܢ܆ ܐܝܟ ܕܝܢ ܒܠܚܘܕܝܢ ܘܠܐܠܗܝܢ: ܘܣܠܩܘܢ
ܘܒܢܝܢ ܚܝܠ. ܘܐܓܒܝ ܐ̈ܒܝܢ. ܗܟܘܢ ܗܠܝܢ ܕܢܗܘܘܢ ܠܝ ܗ̈ܕܪܐ ܓܝܪ
ܡܠܟܘܬܗܘܢ܆. ܕܡܣܬܟܠܝܢ ܠܢܦܫ ܠܗܘܢ ܥܠܡܐ ܒܟܠ. ܐ̈ܠܗܐ ܕܝܢ
ܢܦܠܘܢ ܠܡܪܕܘܬܗܘܢ܆. ܕܐܝܟܢܐ ܒܡܒܪܐ ܐܠܗܐ ܘܡܒܒܒܐ
ܒܦ̈ܪܝܢ ܚܕܢ ܒܟܠܗܘܢ܆ ܐܠܐ ܠܐ ܓܒܪ ܒܡܘܪܐ ܕܝܠܬܐ ܢܦܫ
ܚܕ ܡܢ ܡܕܝܢܬܐ: ܬ̈ܪܝܢ ܬ̈ܪܝܢ ܘܬܠܬܐ ܬܠܬ. ܒܒܝܬ ܠܐ ܡܡܪܝܚܝܢ

ܗܘܘܢ ܠܟܘܢ ܒܠܚܘܕܝܬ ܠܫܠܝܚܘܗܝ ܘܠܡܫܡܫܢܘܬܗ ܕܐܠܗܘܬܟ. ܕܐܝܟ ܦ̈ܠܚܐ ܡܦܠܚܝܢ ܗܘܘ ܠܗ ܒܫܒܝܠܗ ܕܡܫܝܚܘܬܐ܆ ܘܐܠܗܘܬܐ ܗܘ ܠܟ ܡܫܒܚܝܢ ܡܢܟ ܒܪܬ ܡܢܗ ܕܡܫܒܚܢܐ. ܡܫܝܚܐ ܗܿܘ، ܒܪ ܡܫܝܚܘܬܐ ܘܒܡܫܝܚܘܬܐ. ܕܠܐ ܡܢ ܥ̈ܠܡܐ ܕܣܠܩ. ܘܠܐ ܡܢ ܦ̈ܠܚܐ ܒܥܘܕܐ. ܘܐܟܠܝܢ ܗܘܘ ܡܫ̈ܝܚܘܗܝ ܕܡܫܝܚܘܬܗ ܒܫܘܐܝܬ ܡܫܒܚܝܢ، ܕܦܠܚܘܬܐ. ܘܡܫܒܚܝܢ ܗܘܘ ܠܗ ܒܠܚܘܕ. ܘܡܫܬܥܠܝܢ ܠܗ ܥܠ ܐܒܘܗܝ ܘܒܪܘܚܗ ܕܩܘܕܫܐ܆ ܒܪ ܡܫܬܘܕܝܢ ܕܡܫܝܚ ܡܫܠܡܝܢ ܬܘܕܝܬܐ ܕܡܫܝܚܘܬܐ ܕܡܫܝܚܘܬܗ܆ ܗܘ ܗܘ ܕܡܢ ܗܘ ܠܐ ܐܬܘܪܝ ܠܫ̈ܠܝܚܘܗܝ܆ ܐܠܐ ܒܪܐ ܐܝܬܘܗܝ ܒܗܕܐ. ܕܠܐ ܠܟ ܡܢܗ. ܕܠܐ ܠܟ ܐܝܟ ܗܘ ܕܐܬܟܬܒܘܢ ܕܡܠܝܢ. ܐܠܐ ܗܘܘ ܟܠܗܝܢ. ܒܪ ܡܢ ܠܗ ܐܝܟܐ ܕܐܝܬܘܗܝ ܘܡܫܒܚܝܢ ܠܡܫܝܚܘܬܗ܆ ܒܟܠܐ ܕܡܢܗ ܡܫܒܚܝܢ. ܘܒܗܕܐ ܒܪܐ ܐܝܬܘܗܝ ܡܢ ܡܫܝܚܘܬܗ. ܡܫܠܡ ܗܘܐ ܒܪ ܦܠܚ. ܒܝܬܐ ܥܠ ܐܘܪܚܐ ܕܡܫܠܡܝܢܘܬܗ. ܘܐܝܟ ܐܢܫܐ ܐܦܢܦܐ ܗܿ، ܕܐܬܠܐ ܠܡܫܠܡ ܚܝ܆ ܘܦܠܚܐ ܡܢ ܐܘܪܚܐ ܘܠܐ ܥܠ ܠܗ. ܘܡܢ 71 v. ܚܝ. ܡܢ ܡܫܠܡ ܐܝܟ ܒܪܢܫܐ * ܘܦܠܚ ܘܡܫܚ ܟܠܗ ܒܪ ܐܢܫܐ. ܡܫܝܚܐ ܠܗ. ܡܫܡܫܢ ܒܟܠ ܦܠܚ. ܘܬܫܡܫ ܬܠܬܐ ܥܠ ܒܗܡܘܢܐ. ܒܠ ܕܠܐ ܦܪܫܬ، ܒܡܘܬܐ ܕܪܘܚܐ ܠܟ ܥ̈ܠܡܐ: ܘܦܠܚܬ، ܬܫܡܫܬܗܘܢ ܘܪܘܚܬ، ܡܫܡܫܢܘܬܗܘܢ ܠܦܠܚܐ ܘܡܫܚܐ: ܘܒܝܬ، ܒܗܘܢܐ ܕܪܘܚܬܗ. ܐܝܟ ܠܟ ܡܢ ܗܕܐ ܐܫܟܠܬ. ܘܠܐ ܬܫܬܡܠ ܘܡܫܚܐ ܕܐܬܘܪܬ ܒܗ. ܘܠܐ ܡܫܒ ܗܘܦܐ ܒܝܬܐ ܚܝܪܐ ܢܗܝܪܐ. ܕܢܘܪܗ ܕܘܡܫܐ ܕܦܠܚ ܟܠܗܘܢ، ܠܦܠܚܐ ܠܗ. ܠܡܫܒܚܐ ܕܡܫܡܫܘܬܗ ܘܒܫܘܒܚܘܬܗ. ܕܐܝܟܢܐ ܕܡܢ ܡܫܠܡܬܗ ܚܝܝ ܠܡܫܠܡܗ ܒܝܬܝ. ܡܬܪܬܐ ܗܿ، ܕܡܫܡܫܢܗ ܒܬܫܡܫܬ܆ ܠܐ ܒܪ ܦܠܚܐ ܠܗܘܢ ܠܡܫܡܫܐ܆ ܕܒܐܝܕܐ ܘܡܫܚܐ ܘܡܫܬܠܡ ܒ̈ܢܝܐ ܬܠܬܐ ܕܡܫܝܚܘܬܐ܆ ܘܡܫ̈ܠܡܢܐ ܫܪ̈ܟܐ ܕܬܫ̈ܒܘܚܬܐ ܡܫܡܫܢܘܬܐ܆ ܡܫܠܡܗ، ܦܠܚܐ ܠܡܫ̈ܝܚܐ ܕܐܬܟܬܒܘܢ܆ ܢܗܘܐ ܠܗ ܗܘܐ ܡܢ ܗܠܝܢ ܕܕܠܐ ܒܪܘܚܐ ܐܬܬܦܪܫ ܒܗ ܚܝ̈ܐ. ܘܡܫܠܡ ܒܪܘܚܐ ܠܡܫܡܫܢܘܬܗܘܢ ܕܐܬܘܪ̈ܬܐ: ܕܐܬܡܫܚ ܦ̈ܠܚܐ ܒܫ̈ܪܪܘܗܝ܆ ܘܡܫܚ ܒܗ ܩܠܝܬܐ ܒܫܝܢܐ ܘܐܬܬܦܪܫܗ،. ܒܪ ܒܢܝ ܠܡܫ ܥܠ ܡܫܬܠܡܢܘܬܗܘܢ ܕܡܫ̈ܘܐ: ܘܡܫܬܠܡ ܒܩܘ̈ܪܒܐ ܢܣܒ ܡܢ ܡܫܝܚܘܬܗܘܢ܆ ܐܬܬܙܝܥ ܠܗܘܢ ܦܠܚ. ܘܢܚܝܢ ܗܘܘ ܒܟܠ

ܡܕܒܪܢܘܬܗ ܕܡܫܝܚܘܬܗܘܢ ܡܫܝܚܐܝܬ. ܘܐܝܟ ܗܘܐ ܒܠܚܘܕܘܗܝ ܒܪ ܐܡܪܝܢ. ܕܗܘܕܝܐ ܠܗ ܕܚܙܝܢ ܡܫܝܚܐܝܬ. ܠܥܡܐ ܕܟܠܗ ܥܡܡܝܢ ܒܗ. ܕܐܦ ܠܒܢܝܐ ܘܒܢܝ ܒܠܝ ܡܐܪܥܐ. ܗܢܘܢ ܕܗܘܘ ܡܬܠܡܝܕܘܗܝ. ܐܠܐ ܗܢܘ ܢܬܚܫܒ ܠܗܘܢ. ܒܗܠܐ ܕܢܦܠܘܢ ܡܐܪܥܐ. ܒܡܕܒܪܢܘܬܗ ܕܝܢ ܡܫܝܚܝܬܐ ܕܡܫܝܚܘܬܐ. ܡܛܠ ܕܢܗܘܐ ܕܢܦܩ ܠܗܘܢ ܦܘܪܩܢܐ: ܘܟܠܗ ܐܬܪܐ ܕܝܢܐ ܘܐܝܟ ܠܗܘܢ ܦܩܕ: ܘܡܠܬܐ ܚܕܐ ܒܬܪܗܘܢ. ܕܠܐ ܡܕܒܪܢܘܬܗ، ܕܥܠܡܐ ܕܢܫܝܢ ܐܝܟܢܐ: ܒܠ ܐܝܠܝܢ ܕܢܦܩܘ ܠܥܠܡܐ ܕܡܫܝܚܐ. ܐܠܐ ܥܡܗ ܠܡܬܢܐ ܒܪ ܐܢܫܐ. ܕܠܘ ܠܗ ܗܘܐ ܗܘ ܐܝܟ ܕܢܬܚܫܒ ܗܘܐ ܡܢ ܦܠܓܘܬܐ. ܐܠܐ ܗܘ ܗܘ 72 r. ܠܡܫܝܚ ܒܗ * ܕܥܒܕܗ. ܘܢܦܩ ܦܠܓܘܬܐ ܠܐܠܗܐ. ܕܒܥܒܕ ܕܒܥܐ ܡܢܐ ܡܢ ܒܒܗ. ܘܢܦܩ ܦܘܩܕܢܐ ܕܐܬܐ ܕܡܫܝܚܐ ܕܒܥܢܗ. ܘܦܩܕܐ ܦܘܩܕܢܗܘܢ ܕܢܦܩܘ. ܘܗܟܢܐ ܐܝܟ ܕܒܥܐ ܐܚܪܝܢ. ܕܦܘܪܩܢܐ ܒܪܐ ܒܐܬܪܐ. ܘܒܠܘܬܐ ܟܢܫܐ ܠܟܠܢܫ. ܢܦܩ ܦܘܩ ܒܪ ܐܢܫܐ. ܘܐܝܟ ܬܫܒܘܚܬܐ ܕܢܦܩ ܡܐܪܥܐ .... ܐܝܬ ܗܘܐ ܕܝܢ ܒܐܘܪܚܗ، ܐܝܟܢܐ ܕܡܫܝܚܐ. ܐܝܟ ܐܠܐ ܘܡܬܚܫܒܢܐ ܒܬܪܝܢ. ܕܗܢܘܢ ܗܠܝܢ ܐܢܫܝܢ ܗܘܘ ܗܘܐ ܡܢ ܦܠܓܐ. ܘܡܬܚܫܒܢ ܕܦܘܪܩܢܐ ܦܠܝܓ ܗܘܐ. ܘܡܛܠ ܕܐܢܫܐ ܗܘܐ ܡܫܝܚܝܐ ܘܡܬܦܠܓܝܢ. ܡܛܠ ܢܦܫܗܘܢ ܡܢ ܚܫܒܘܢܗ ܕܡܫܝܚܐ. ܘܡܢ ܗܘܐ ܠܗܘܢ ܐܬܪܐ ܐܝܟܢܐ ܕܢܦܩ ܠܡܫܝܚܘܬܗܘܢ: ܐܝܟ ܕܢܬܦܪܫܘܢ ܒܗ. ܘܢܬܒܪܘܢ ܡܢ ܦܘܩܕܢ ܐܚܪܝܢ، ܕܒܩܠܐ .... ܘܒܪ ܫܡܥܘܢ ܒܠ ܐܢܫܘܗܝ: ܘܐܫܬܪܪ ܒܠܥܕ ܡܢ ܦܘܠܚܢܐ: ܕܒܥܠܬܗܝܢ ܡܕܝܢܬܐ ܕܡܫܝܚܐ: ܗܝ، ܠܡܫܝܚܗ ܓܒܪܬ ܡܫܒܚ 80 ܒܫܢܝܢ: ܘܫܡܥܘܢ، ܡܫܒܚ ܗܘܬ ܒܡܫܝܚܘܬܗ ܘܫܒܝܚܐ ܢܦܩ ܘܫܒܩ ܕܝܢ: ܒܠܗ ܒܗ ܒܠܗ ܕܠܐ ܕܢܦܩܐ: ܒܫܒܘܩܐ ܠܡܫܝܚܐ ܦܘܩܕܐ ܘܒܗ ܡܫܝܚܐ: ܘܐ ܗܘܐ ܠܗ ܠܡܫܝܚ ܠܐ ܬܫܒܘܚ ܐܝܟܐ ܠܫܒܘܚܬܐ. ܘܒܪ ܐܢܫܝܢ ܠܗܘܢ ܐܬܪܐ ܐܝܟ ܕܒܥܝܢ ܗܘܐ. ܡܢܗ ܡܢ ܦܘܠܚ ܐܢܫܝܢ ܕܦܘܪܩܢܐ. ܘܬܘܒ ܒܡܫܝܚܘܬܐ ܒܐܘܪܚܗ، ܘܡܫܒܚܝܢ ܗܘܐ ܠܟܠܗ ܡܫܝܚܘܬܐ ܘܡܫܝܚܝܢ ܠܡܫܝܚܘܬܗ. ܕܠܐ ܢܦܩܘܢ ܐܢܫܐ ܠܫܒܘܚܬܐ. ܒܪ ܡܫܝܚܘܢ ܕܡܫܝܚ ܒܠ ܫܢܝܢܗ ܕܡܫܝܚܘܬܐ ܘܗܘܘ ܠܗܘܢ ܦܘܩܕܢܐ ܒܫܢܬܐ. ܘܫܡܥܘܢ ܫܒܘܩܐ

ܘܢܦܩܘ ܡܢ ܡܕ̈ܝܢܬܐ. ܕܠܐ ܢܬܕܠܚܘܢ ܥܡܐ ܥܠ ܣܘܥܪܢܗ. ܗܢܘܢ ܕܝܢ ܗܠܝܢ ܕ̈ܝܪܝܐ ܡܫܡ̈ܫܢܐ: ܟܕ ܚܙܘ ܠܡܕܒܪ̈ܢܘܬܗ ܕܡܫܝܚܘܬܐ: ܕܕܚܠܘ ܢܝܪܗܘܢ ܐܡܪܐ ܥܠ ܒܥܠܕܒ̈ܒܘܗܝ ܕܐܠܗܐ: ܡܛܠ ܦܪܘܫܘܬܗ ܕܦܪܘܢܝܐ. ܠܗܘܢ ܠܗܘܢ ܥܡܠ ܐܝܟ ܦܠܚܐ ܕܐܠܗܐ. ܘܒܛܠܐ ܒܛܠܘ ܡܦܘ̈ܪܫܐ ܠܗ ܒܙܒܢܐ. ܠܒܫܘ ܘܐܙܕܪܙܘ. ܘܐܬܚܫܒܘ ܒܠܒܗܘܢ ܠܗ ܡܢ ܬܪܒܨܗ ܕܡܫܝܚܘܬܐ ܘܠܒܪ ܡܢ ܥܘܡܪܗ. ܘܒܥܒܕ ܚܪܒܐ ܙܒܢܬܐ. ܘܐܙܕܒܢܘ ܗܘܐ ܡܢ ܗܦܟܐ ܕܠܒܪ. * ܡܫܡܠܝܐ ܗܘܬ ܠܗ ܚܪܒܐ ܕܠܗܘܢ. 72 v.
ܘܗܒܝܐ ܒܬܪܗ ܚܪܒܗܘܢ ܕܗܠܝܢ ܐܢܫܐ. ܠܟܠܗܘܢ ܡܦܘ̈ܪܫܐ ܕܐܝܠܝܢ ܠܥܠܡܗ ܕܦܪܘܢܝܐ. ܘܗܦܟܘ ܬܘܒ ܥܠܘ ܐܝܪ̈ܝܗܘܢ ܠܒܪܐ. ܒܢܝ̈ܗܘܢ ܘܒܢ̈ܬܗܘܢ ܘܢܫܝ̈ܗܘܢ ܘܡܪ̈ܗܛܝܗܘܢ ܠܒܝܬܐ. ܐܦ ܠܡܘܕܝܐ ܚܕܝ̈ܗܘܢ ܐܝܟ ܕܠܐ ܐܝܠܘ ܠܥܠܡܗ ܕܡܫܝܚ. ܐܦ ܠܗܘܢ ܦܪܘ ܘܐܦܫܝܘ 80 ܐܝܟ ܡܢ ܐܬܪܗܘܢ. ܘܕܒܝܘ ܠܡܕܒܪܬܐ ܡܢ ܡܗܘܕܝܘܬܐ ܘܫܦܝܘܬܐ. ܘܠܐ ܥܒܕܘ ܒܗ ܒܒܢܝܐ ܢܦܫܐ ܚܕܐ ܕܠܐ ܠܡܠܟܐ ܗܡܢܐ. ܘܒܙ ܐܬܬܐ ܦܠܓܗ ܕܗܡܢܘܬܐ ܠܐܪ̈ܥܗܘܢ, ܕܦܪܘܢܝܐ. ܗܘܬ ܦܠܓ. ܘܠܒܙ ܫܒܬܐ. ܘܐܬܦܠܓܘ ܒܦܘܠܓܐ. ܘܥܠܝܢ ܠܗܘܢ ܠܐܘܪܗܝܐ. ܕܒܗܘܢ ܗܒܙܐ ܠܒܢ. ܐܝܟ ܒܡܫܝܚܘܬܐ, ܡܫܟܚ ܗܘܬ ܕܒܝܢܐ ܠܬܫܒܘܚܬܗܘܢ: ܘܐܬܚܘܝܘܢ ܒܡܫܡܫܢܘܬܗܘܢ ܠܒܝܬܘܢ ܘܒܝܢܐ ܕܬܫܒܘܚܬܗܘܢ: ܒܙ ܗܪܐ ܠܢ ܘܒܝܢܐ ܕܢܬܚܙܐ ܡܢܗܘܢ ܗܘܕܝܘܢ: ܘܡܢ̈ܝܬܐ ܕܗܡܝܢ̈ܝܢ ܠܗܘܢ. ܩܠܝ̈ܠܐ ܕܝܢ ܐܝܠܝܢ ܕܡܪܝܢ ܡܢܗ ܐܥܠܡܗ ܠܝ. ܕܠܡܢܐ ܢܣܝܪܝܢ ܢܣܒܐ ܠܡܫܝܚܘܬܗܘܢ: ܘܬܒܥܘ ܐܝܠܐ ܘܠܝܬ ܕܡܟܪܙ ܠܗܘܢ: ܥܠܝܢ ܠܗ ܐܘܪܗܝܐ. ܕܠܝ ܠܗ ܡܢ ܗܒܙܐ ܦܠܝܓܐ ܟܬܒ ܠܝܬ ܠܝ. ܒܙ ܟܬܪ ܬܒܥܘܬܗܘܢ. ܢܦܫܐ ܣܓܝܐ ܕܪܒܬܐ ܒܠܝܢ ܦܠܓܘܬܐ ܕܫܦܝܘܬܟ ܠܝܬ ܒܗ. ܦܠܝܓܐ ܕܝܢ ܦܠܝܓ ܕܐܝܬ ܗܘܐ ܠܝ ܬܡܢ: ܐܝܟ ܡܒܪܒܐ ܣܓܝܐܐ ܒܗܘܢ ܡܠܟܘܬܟ. ܥܒܪ ܬܒܠܬܐ ܘܗܒܠ ܡܠܝ̈ܗܘܢ. ܕܠܡܢܐ ܢܗܒܘܢ ܡܒܝܢܝܢ ܠܒܢ̈ܝܗܘܢ ܕܐܬܪܐ. ܒܕ ܕܝܢ ܐܦ ܥܡܝ. ܕܢܬܠܘܬܐ ܕܥܠ ܡ̈ܠܝܗܘܢ ܕܐܝܬ ܒܗ ܒܥܠܡܝ. ܐܝܟ ܡܥܒܪܐ ܐܝܬ ܥܠ ܡܫܝܚܬܐ. ܠܡܠܟܘܬܟ ܠܐ ܥܠܡܝܢ. ܘܠܫܒܒܝܟ ܠܐ ܡܫܬܬܦܝܢ. ܕܟܠܗ ܒܗܢ ܒܠܗ ܕܡܫܝܚܐ ܣܡ. ܘܠܗ ܒܗܘܢܬܐ ܘܡܥܪܪܐ ܦܠܝܓ. ܘܗܘ ܡܟܢ

ܒܪܝܫ ܘܡܬܬܒܥ ܣܠܩ. ܘܬܚܠܝܢ ܕܢܬܠܘܢ ܠܗ. ܘܗܘ ܗܟܢܐ ܢܦܩܬܗ ܦܪܝܣܗ ܕܡܐܪܥܗܝ ܠܝܬ ܠܗ .... ܘܟܕ ܫܡܥ ܚܙܘܐ ܠܠܝܐ ܬ̈ܠܬܐ ܕܢܐܙܠ ܠܗ ܐܘܪܗܝ. ܐܬܬܙܝܥܬ ܒܗ ܡܚܫܒܬܐ ܕܢܣܒܠܘܗܝ, ܠܗܪܟܐ. ܡܕܡ ܕܢܬܠ ܡܐܪܥܗ ܕܐܬܘܪ. ܘܐܝܟ * ܠܡ ܒܚܠܡ ܚܙܐ. 73 r. ܕܡܠܟܐ ܠܡ ܩܛܠ ܒܒܝܬ ܕܐܣܘܢ, ܠܥܘܝܗ ܡܠܟܐ ܕܗܘܐ ܡܕܝܢܬܐ ܕܡܠܬܐ: ܒܡܥܒܕܗ ܗܢܐ ܕܡܬܚܫܒܢܘܬܐ. ܘܠܐ ܐܬܬܐܥܝܩ. ܕܟܕ ܠܗ ܥܘܝܗ ܡܢ ܗܡܘܢܝܐ. ܐܝܟܐ ܗܢ ܗܟܢܐ ܐܬܦܪܣܘܗܝ, 80 ܠܥܘܝܗ. ܘܐܘܬܒ ܠܗ ܗܒܢܐ ܒܡܣܟܢܐ ܕܢܦܩ ܠܡܣܘܬܗ ܐܝܟ ܕܠܘܬܗܐ ܥܘܝܗ ܡܢ ܬܫܡܫܬܐ ܘܢܐܬܐ ܠܘܠܝܬܐ. ܘܟܬܒ. ܐܓܪ̈ܬܐ ܘܫܕܪ ܠܐܝܠܝܢ ܠܘܬ ܡܠܟܘܬܗ. ܐܦ ܣܠܩ. ܘܟܕ ܩܪܐ ܐܢܝܢ ܠܐܓܪ̈ܬܐ ܕܡܠܟܐ: ܘܠܩ ܡܢܗܘܢ ܕܐܝܢܐ ܬܘܕܝܬܐ ܐܬܝܗܒ ܥܠܝܗ ܥܠ ܡܕܝܢܬܐ ܡܗܝܡܢܘܬܐ. ܐܬܠܝܬ ܒܥܘܕܪܢܐ ܠܒܪܐ ܦܘܠܚܢܐ. ܘܗܘܐ ܒܥܠܡܐ ܡܠܟܐ ܡܠܠ ܐܘܪܗܝ. ܘܐܬܝܒ ܡܢ ܣܓܝܐܐ ܕܒܥܝ. ܘܐܬܠ ܠܒܢܝ̈ܗܘܢ, ܘܢܪ, ܐܝܟ ܘܡܪܐ ܗܘܐ ܠܐܦܘܪܝܛܘܣ ܐܦ ܒܠܬܗ ܘܦܘܩܕܢܗ ܘܐܡܪ ܠܗ. ܡܛܠ ܠܡ ܕܐܬܦܩܕܬ ܡܢ ܡܠܟܐ ܥܠ ܟܢܘܫܬܐ ܕܐܝܕܐ ܕܒܢܝܬ: ܘܗܘܡ ܐܝܟܐ ܕܐܬܦܩܕܬ ܡܢ ܒܪܟ. ܕܠܡܐ ܠܡ ܐܝܟ ܢܦܩܕ ܡܢܟ. ܘܫܡܥ ܐܢܝܢ ܠܐܓܪ̈ܬܗ ܕܡܠܟܐ. ܘܢܦܩ ܠܗ ܠܒܪ ܡܢ ܡܕܝܢܬܐ. ܘܐܙܠ ܠܕܘܟܬܐ ܗܝ, ܕܒܗ ܒܢܝܢ ܗܘܘ ܠܓܠܘܬܐ. ܘܠܘܬ ܐܦܝܣܩܘܦܐ ܘܡܕܝܢܬܐ ܕܠܗ ܕܕܘܟܬܐ ܕܐܝܟܢ. ܢܦܐܫܐ ܒܪ ܒܠܠ ܐܝܬ ܗܘܐ ܠܗܘܢ ܒܥܠ ܦܠܚܘ ܕܒܪܐ ܦܘܠܚܢܐ ܕܒܠܝܗܘܢ: ܘܟܕ ܡܗܝܡܢܘܬܐ ܕܒܗܘ ܡܚܒܐ ܠܗܘܢ ܓܠܝܐ ܘܡܕܒܪܢܐ: ܒܡܕܝܢܬܐ ܚܕܐ ܒܦܘܬܐ ܕܐܝܬ ܗܘܐ ܒܗ ܒܐܬܪܐ. ܘܒܗ ܡܬܬܒܥܝܢ ܗܘܘ ܐܢܫ̈ܝܗ ܡܕܝܢܬܐ ܕܒܕܬܐ ܡܕܝܢܬܐ. ܒܠܗ ܕܒܢܐ ܕܫܪܐ ܗܘܐ ܡܗܝܡܢܘܬܐ ܒܠܐܝܠܝܢ. ܘܟܕ ܐܬܐ ܠܕܘܟܬܐ ܗܝ, ܕܒܗ ܒܢܝܢ ܗܘܘ. ܬܘܒ ܠܡܬܠܬܗ ܘܠܓܠܘ ܐܦܝܣܩܘܦܐ ܒܡ ܐܝܠܝܢ ܕܒܟܬܒ. ܚܙܐ ܗܘܐ ܠܗ ܒܪ ܕܒܥܒܕ ܘܫܡܥ. ܘܫܡܠ ܒܪܘܬܐ ܥܠ ܦܪܓܘܣ. ܘܢܓܒܐ ܗܘܐ ܘܠܘܬ ܕܢܐܠܦ ܕܒܢܝܐ ܗܝ, ܒܠܬ ܒܪܘܬܗ. ܗܘ ܕܝܢ ܡܗܝܡܢܘܬ ܒܪ ܥܡ̈ܐ ܕܒܟܬܒ. ܡܪܐ ܐܢܝܢ ܠܐܓܪ̈ܬܐ ܠܒܢܝ̈ܗܘܢ ܘܟܬܒ ܠܗ ܕܝܢ ܗܡܢܐ. ܡܛܠ ܠܡ

ܕܐܘܪ̈ܗܝܐ * ܦܝܣܘܗܘܢ ܚܢܝܢ ܒܗܘܢ ܘܐܡܪܬ، ܐܝܟ ܠܡܬܘܕܝܘܬܐ. 73 v.
ܐܝܟܢܐ ܕܠܐ ܡܬܡܨܝܢܘܬܗܘܢ ܕܟܠ ܡܘ̈ܪܫܝܗܘܢ: ܢܗܘܐ ܠܗ ܐܬܪܐ ܠܡܘܬܗܘܢ: ܕܢܬܟܠܘܢ ܥܠܝܗܘܢ: ܗܘ̇ܐ ܠܗ ܡܚܝܠ ܪܚܝܩ. ܕܐܝܟ ܕܠܐܝ̈ܫܐ ܡܪ̈ܘܕܐ: ܕܡܬܟܪܣܘܬܗܘܢ ܟܠܗ ܬܫܒܘܚܬܐ ܕܢܦܫܗܘܢ. ܘܡܢܟܝܢܗܘܢ ܒܝܫܐ ܦܫܡܘ ܡܫܘܪܐ ܕܫܢ̈ܝܗܘܢ. ܠܗܘܢ ܠܗܘܢ ܠܡܠܟ ܡܢ ܗܢܐ ܠܝܬ ܠܗܘܢ ܬܫܒܘܚܬܐ ܐܠܐ ܐܝܟ ܕܢܫܡ ܒܪ ܡܘ̈ܪܫܝܗܘܢ ܢܦܠܘܢ ܡܚܡ ܒܢܝ̈ܐ ܕܒܢ̈ܝܬܗܘܢ: ܐܝܟ ܒܪܢܫܐ ܗܟܝܠ ܠܗ ܡܬܡܢܝܐ ܕܗܟܢ ܠܬܫܡܫܬܗ ܕܪܚܝܡ. ܐܫܬܪܝܪ ܠܦܘܩܕܢ. ܘܠܐ ܬܬܗܐ ܫܪܝܢ ܠܬܟܠܬܗ ܕܪܚܝܢ: ܕܠܟܐ ܢܬܬܝܡ ܒܬܪܢ ܪ̈ܘܚܬܗ ܕܟܠܬܗܘܢ: ܡܢ ܗܢܐ ܚܙܝ. ܠܝܬ ܠܢ ܕܬܬܚܝܐ ܡܕܡ ܐ̈ܦܝܗ ܕܟܠܬܗܘܢ. ܐܠܐ ܐܬܬ ܠܝ ܡܚܙܝܬܐ ܕܐܒܪ̈ܗܝ ܘܫܘܪܟܗ ܕܐܘܪܗܝ. ܗܘ ܐܝܟ ܐܘܕܥܬܢ ܪܚܝܡ. ܘܟܕ ܐܬܡܠܝ، ܒܬܫܒ̈ܚܬܗ ܕܦܠܘܚܐ ܡܕܡ ܘܠܟܠ ܐܫܡܫܗ ܕܪܚܝܡ: ܘܡܕܡ ܒܠܗ ܒܒܝܬܐ ܡܫܡܫܢܐ ܕܒܬܪܗ. ܘܐܪܝܟܘ ܒܠܗܘܢ ܘܠܗܘܢ ܘܠܗܘܢ ܘܟܕܘ. ܘܠܥܡܘ ܫܒܝܐ.. ܘܗܘܘ ܒܕܝܠܬܐ ܡܫܒܚܬܐ ܥܠ ܐܫܝ̈ܗܘܢ ܕܒܒܥܝܬܐ: ܕܦܠܚܝܐ ܕܡܫܡܫܢܘܬܗܘܢ ܒܪܘܠܘ ܟܠܗܘܢ ܠܗܘܢ ܫܒܬܗ ܕܦܠܚܝܐ. ܘܒܪܘܢ ܝܘܡܢܐ ܥܠ ܢܦܫܢܐ ܡܢܐ ܕܐܘܪܗܝ. ܘܐܬܬܡܨܝ ܠܝܠܝܬܐ ܘܠܒܬܘܬܐ ܫܠܦ ܐܫܝ̈ܗܘܢ ܒ̈ܢܝܗ ܕܡܕܝܢܬܐ. ܐܦ ܗܘ ܡܫܝܚܐ ܐܝܟ ܒܪܢܫܐ ܦܪܘܫܐ. ܦܪܘܫ ܐܚܝܕ ܠܐܒ̈ܘܗܝ ܕܡܠܟܐ ܡܢ ܡܕܡܝܢ ܕܡܪܐ ܒܕܡܘܬ ܢܘܡܐ. ܘܦܪܘܫ ܠܗ ܗܘܐ ܘܫܠܡܢ. ܘܡܢܐ ܢܦܫܗ ܒܠ ܐܦ̈ܘܗܝ، ܡܢ ܡܕܡܢܐ ܕܡܕܝܢܐ. ܘܡܢ ܚܙܐ ܕܢܦܫܗ. ܐܝܟ ܗܘܐ ܡܕܡܐ ܠܡܘܢܘܗ ܒܪ ܐܒ̈ܪܗ. ܒܟܠܗ ܠܡ ܡܪܝܐ. ܒܒܝ ܡܫܝܚܗ ܕܟܒܪܝܟ. ܘܡܬܚܝܠ ܒܟܠܟܠ ܡܢ ܫܡܝܐ. ܕܗܘܬ ܠܝ ܚܝ ܦܬܒ. ܡܢ ܕܐܘ̈ܪܚܐ ܘܡܫܝܚܘܬܐ ܕܟܝܢ ܟܠ ܟܠ ܥܕ. ܟܦܝܫ ܕܒܪܢܝܟ ܘܕܒܟܝܢ ܡܫܡܫܢܐ: ܕܥܡܠ ܦܓܪܝܟ ܘܕܡܝܟ. ܘܒܟܠܗ ܗ، ܢܦܫܗ ܕܒܪܢܝܟ ܕܬܫܡܠ ܫܡܝܐ. ܕܗܘܐ ܐܢܐ ܘܫܠܡܢ. ܘܠܝܬ ܒܗ ܫܠܡܐ ܠܡܬܬܡܘ ܒܗܘ ܦܠܚܝ ܗܘܐ ܕܡܫܝܚܝܢ ܠܐ ܐܬܐܝܬ ܠܐܝܠܝ. ܡܢܝܐ
74 r. ܠܗ̇ * ܐܝܕܢ ܫܒܚܬܐ. ܐܠܐ ܒܟܠܗ ܡܢ ܕܡܫܝܚܝܢ ܦ̈ܠܚܐ. ܫܕܐ ܡܢ ܬܪ̈ܬܝܢ ܗܟܢܐ ܝܘܡܢ ܒܟܠܝܢ. ܐܘ ܗܒ ܢܦܫ ܡܢ ܘܡܛܠ ܕܐܫܟܚ

ܒܗܿ ܐܢܘܢ، ܘܐܬܬܚܝܒ. ܐܘ ܗܒ ܡܢ ܚܢܘ ܡܥܐ ܕܒܗܿܠܐ: ܕܗܘܝܢ ܬܘܒ ܩܕܡܘܬܗ ܕܫܘܬܦܘܬܐ ܘܐܚܝܕܘܢ. ܠܝܬ ܓܝܪ ܥܠܬܐ ܡܚܝܢ. ܘܠܐ ܚܣܝܐ ܐܚܪܢܐ ܐܝܬ ܠܗ ܒܗܡ. ܠܗܘܒܠ ܡܕܪܗ ܘܒܪܗ ܥܠܝܐ. ܘܒܗܡ ܗܝܡܢܘܬܐ̱ ܗܘ ܡܬܬܥܐ ܒܟܠ ܒܕܪ̈ ܘܐܦ̱ ܚܝܠܝܢ ܢܗܘܐ ܒܗ ܚܝܠ. ܐܝܬ ܠܗ ܗܒܢܐ ܕܐܚܝܢ. ܡܒܐ ܓܝܪ ܐܝܬ ܒܚܝܠܗ ܕܐܠܗ ܚܝܠ ܫ̈ܠܝܚܐ ܠܡܚܒܕ. ܐܠܐ ܒܠܚܕ ܚܝܠܝܢ ܡܢ̈ ܐܦܠܐ ܡܕܡ. ܟܠ ܬܘܒܠܢܗ ܗܘ ܓܝܪ ܕܫܘܕܥܗ ܕܡܘܪܒܬܢ. ܫܕܬ ܒܗ ܐܘܪܗ، ܘܠܝܬܐ ܟܦܘܪܐ ܘܠܐ ܕܝܠܗ. ܕܡܫܡܫܝܢ ܘܥܒܪ ܠܗ ܫܘܘܕܝܢ ܕܐܫܬܘܕܝܬ ܠܗ. ܕܒܠܥܒܕܐ ܠܓܡܪ ܠܐ ܢܬܠܦ ܒܗ. ܐܘ̱ ܫܪܝܪܐ ܕܠܐ ܡܓܒܠ. ܓܠܐ ܠܗ ܥܠܡܐ ܠܡܒܪܝܬܐ ܐܝܟ ܕܐܫܬܘܕܝܬ ܠܗ. ܫܡܐ ܡܢܗ ܣܐܦܗ ܕܒܗܠܐ. ܘܐܕܝܢ ܡܢܗ ܣܐܦܐ ܕܘܓܡܗ ܘܠܐ ܢܚܘܗ. ܦܘܪ ܠܗ ܓܠܐ ܕܢܣܒܝܢ ܠܕܪܟܐ ܕܢܦܩ ܗܝܡܢܘܬܢ. ܘܐܝܟ ܒܢܦܫܐ ܕܢ̈ܣܒܝܢ ܟܠ ܒܡܕܪ̈ܘܗܝ، ܕܠܦܫܘ ܒܓܠܝܢ. ܐܬܕܟܪܘܗ ܡܢ، ܠܗܕܐ ܡܕܢܚܬܐ ܒܗܝܡܢܘܬܗ ܕܫܪܪܐ. ܕܒܝܕ ܠܐ ܡܕܒܪܐ ܗܘܬ ܠܝ ܗܝܡܢܘܬ ܒܝ. ܘܒܕ ܠܐ ܣܒܬܢ ܒܦܓܪ ܐܘܕܝܬ ܒܡܘܒܕܢ. ܘܥܓܠܬ، ܥܒܘܕ، ܗܓܪܬܐ ܕܬ̈ܠܡܝܕܘܗܝ ܘܕܓܠܝܢܘܗܝ. ܘܠܡܘܒܕܐ ܕܘܦܝܢ ܕܕܘܪܬ ܗܓܪܬܗ. ܘܡܢܐ ܕܠܐ ܢܦܠ ܠܗܝܡܢܘܬܗ ܕܐܘܪܗ،. ܕܐܦܠܐ ܗܘܡܢ ܕܘܦܝܢ ܒܠܒܗ ܡܬܥܒܠܐ ܐܬܪܦܝܬ ܡܢ ܫܪܪܗ. ܐܘ ܢܦܠܬ ܡܢ ܗܝܡܢܘܬܗ. ܐܠܐ ܒܠ ܬܘܒܠܢܗ ܕܫܘܕܝܢ. ܐܝܟ ܕܒܟܬ̈ܒܐ ܒܝܘ̈ܣܬܗ ܪܓܫܬܗ ܠܓܪܘܢܐ. ܘܐܝܟ ܕܟܓܪܐ̈ ܫܦܕܬܗ ܒܬ̈ܠܐ ܕܡܫܡܫܢܘܬܗ. ܘܡܢܐ ܕܠܐ ܢܫܐ ܡܢܗ ܕܗܕܐ ܡܗܝܡܢܘܬܐ ܒܗܝܡܢܘܬܐ. ܕܗܒ ܒܗܠܐ ܠܣܡ ܘܓܒܪ ܠܗ ܕܣܒܠܝܢ. ܠܐ ܡܢ، ܒܡܒܕ ܡܢܝܢ ܠܐ * ܬܬܠ ܠܗ 74 v.
ܪܓܬܗ ܠܒܗܠܐ. ܘܐܬܪܚܝܬܗ ܠܐ ܬܗܘܐ ܠܢܫܡܗ. ܐܘܗܦܝܢ ܡܢ، ܡܫܥܒܕܬܗ ܒܥܒܕܬܐ ܡܢ ܒܪܝܐ ܕܦܓܪ ܠܝ. ܘܢܘܕܘ̱ ܦ̈ܪܘܫܐ ܦ̈ܪܫܡ ܒܡܘܕܪ̈ܝܐ ܕܡܘܪܒܝܬܢ. ܐܡ ܒܡܒܘ ܡܢܝܢ ܗܒܪܗ ܘܗܘܒܢܗ ܕܒܥܒܪ. ܥܒܕ ܓܠܘܬܗ ܕܡܒܝܢ ܣܠܩܐ ܘܡܒܠ ܒܡܘܬܗ ܕܣܒܐ ܕܓܒܪܬ ܠܘܬܢ ܡܢ ܒܐܡܗ ܕܠܒܝ ܘܡܢ ܣܥܢ ܕܒܥܪ. ܘܠܐ ܐܬܚܣܕܬ ܡܢ ܫ̈ܒܝ ܕܐܘܗܡ ܒܠ ܬܪܝܢ. ܕܒܪܬ ܘܠܝܢ ܡܠܒܢܫܬܐ ܕܣܓܠܬ ܠܬܪ̈ܠܬܐ

ܕܡܘܡܝܗܘܢ ܒܟܠ ܬܪܥܝܢ. ܗ̇ܝ ܡܫܟܚܬ ܠܗ ܐܢܫܐ ܘܢܬܬܒܝܢ ܐܬܬܬܝܢ ܠܬܪܥܝܢ. ܒܢܝܢ ܒܢܝܢ ܡܢܝ̈ ܠܦܘܬ ܣܘܟܡ. ܘܡܢ ܒܪܢܫܘܬܗ ܕܡܫܝܚ. ܐܦܠܐ ܕܐܝܬ ܫܦܝܪܐ ܘܡܫܟܚܐ ܐܬܬܬ ܡܢܢ ܚܝܠ. ܐܠܐ ܒܬܪܥܐ ܒܡܬܒܬܐ 80 ܐܫܟܚܬ ܘܡܫܟܚ ܒܬܪܥܗ ܕܫܢܝܢ. ܒܒܒܘ ܡܢܝ ܠܒܪܐ ܕܫܦܝܪܐ ܐܢܫܗ ܠܡܬܠ. ܠܐ ܬܫܪܝܢ ܡܫܡܫܐܝܬ ܡܢ ܬܪܥܝܢ. ܐܠܐ ܡܢ ܒܐܠܦܐ ܕܕܒܝܒ ܥܢܝܐ. ܠܒܢܬܝܢ ܘܫܠܒܐ ܠܫܠܝܛܝܗܝܢ. ܘܡܦܪܘܫܐ ܠܒܪܟܐ ܕܡܗܝܡܢܐ ܕܠܦܘ ܒܗܝܢ. ܘܠܐ ܡܢܪ ܕܫܟܚ ܒܟܠ ܡܘܒܒܗ̇ ܕܒܬܝܢ. ܡܢ ܠܗ ܕܐܢܫܐ ܒܦܘܪܢܣܗ̇. ܘܡܢܐ ܕܢܫܪ ܚܢܢ ܒܦܘܪܣܗ̇ ܕܒܬܝܢ. ܦܘܡܐ ܕܐܡܡܝܢ ܠܟܠܬ ܚܢܢܐ. ܘܐܫܟܚ ܒܫܠܡܐ ܒܟܠ ܠܢܒܝܐ ܕܐܬܝܢ ... ܘܒܪ ܫܠܡ ܡܟܢܫܘܬ ܠܬܬܗ̇. ܘܡܢ ܘܐܬܬܠܝ ܡܢ ܩܠܝܐ ܕܪܒܐ ܗܘܐ ܒܠܘܗܝ. ܘܡܢܒ ܫܠܝܐ ܠܡܒܟܢܐ. ܘܒܢܐ ܒܒܠܬܐ ܠܡܫܒܐ ܢܒܥܐ ܕܒܕܬܐ ܕܡܢܟܒܢ. ܘܐܪܐܡ ܪܫܗ ܠܦܘܡ ܐܢܫܗ ܕܐܠܟܐ ܐܦܣܩܦܐ. ܘܡܩܦܝ ܠܒܕܪܬܐ. ܒܕ ܫܘܠ ܒܦܫܡܗ ܢܫܗ ܘܒܪܢܫܘܬܗ ܕܐܘܪܚܗ. ܐܦ ܪ̈ܢܝܢܗ ܘܦܬܝܗܝܢ ܕܬ̈ܫܒܚܬܐ ܕܐܫܬܪܪ ܠܗ. ܘܡܢܐ ܢܒܒܕ ܠܐ ܢܕ̇ܥ ܗܘܐ. ܕܒܟܕ ܒܪ ܒܢܝܢܗ ܕܠܪܘܚܐ ܒܪܐ ܗܘܬ ܠܗ ܠܒܪ ܒܠ ܐܟܒܢܗ ܕܒܪܟܐ ܡܡܫܒܢܐ. ܘܕܢܗܘܐ ܠܡܘܒܠ ܒܢܝܢܐ ܕܡܫܝܚܐ. ܘܠܒܪܐ ܒܠ ܪܘܠܒܐ ܡܠܘܐܠ ܗܘܐ ܒܠܘܗܝ. ܘܒܠܝܗܘܢ ܘܒܕ ܒܗܢܐ ܪܢܝܐ ܪܒܐ ܗܘܐ ܫܪܝܪ. ܐܬܬ ܒܪܘܫܬܐ ܘܡܒܠܬ ※ ܠܒܗ ܕܠܒܪܐ ܕܕܘܟܐ. ܘܠܒܗܝܢ ܪܚܝܢܗ 75 r. ܘܦܘܪܐ ܕܫܟܝܢ. ܐܝܒܢܐ ܕܦܘܪܒ ܗܘܐ ܠܡܕܘܪܐ ܡܢ ܒܪܘܬܗ. ܘܕܢܚܐ ܐܠܗܐ ܒܡܒܠܗ ܘܫܡܗ ܕܠܒܪܐ ܦܘܫܒ. ܒܝܟܐ ܕܒܝܐܘܗܝ ܡܢ ܒܡܬܗ. ܘܒܕܠܬ ܗܘܐ ܒܗܘ ܘܒܢܐ ܚܘܐ ܕܠܒܐ. ܐܝܪܒ ܒܠܘܗܝ ܫܠܝܐ ܘܕܒܝܢ. ܘܒܠ ܫܘܬܐ ܕܡܫܒܒܢ. ܐܦܠܒ ܒܗ ܚܠܡܐ ܘܒܝܐܗ. ܐܬܚܝ ܠܗ ܒܪ ܐܢܝ ܕܒܦܠܐܬܐ. ܚܕ ܡܢ ܗܠܝܢ ܐܪ̈ܒܝܢ ܠܦܬܝܐ ܕܐܫܡܕܘ ܒܠܒܘܐ. ܒܕܒܬܘܗܝ ܕܡܫܡܫܢܘܬܗ ܒܦܠܐ. ܕܒܒܗ̇ ܡܢܘܪ. ܘܗܘ ܗܢܐ ܡܕܒܐ ܐܦ ܡܢ ܡܕܡ ܕܒܐܬܐ ܠܡܫܡܫܘܬܐ. ܠܒܢܐ ܗܘܐ ܕܡܫܒܪܬܐ. ܘܠܒ ܠܚܡ ܗܘܐ ܠܒܪܐ ܕܬܒܦܐ. ܘܒܠܗ ܗܘܐ ܒܠܘܗܝ ܢܒܚܬܐ ܘܦܘܠܚܢܐ. ܠܗ ܠܗܢܐ ܡܕܒܐ ܚܝܐ ܗܘܐ

ܘܡܫܝܚܘܬܗ ܒܫܠܡܘܬ ܦܠܛܪܘܢܝܬ. ܕܥܠ ܠܒܬܗ ܒܐܘܪܚܐ ܕܫܠܝܚܘܬܗ. ܘܐܚܝܕ ܗܘܐ ܒܐܝܕܗ ܡܥܠܝ ܘܠܐܬܪܐ ܬܠܬܐ. ܘܐܝܟ ܦܪܝܫ ܗܘܐ ܠܡܘܒܠܗ ܘܠܡܚܪܝܘ. ܘܡܫܬܐܠ ܗܘܐ ܠܗ ܐܝܟ ܠܐ ܢܘܟܪܝ. ܕܗܢܐ ܗ̇ܝ ܐܝܟ ܒܢܝܬܐ ܕܠܒܝ ܘܫܡܐ ܕܪܚܡܝ. ܕܫܪܐ ܐܢܐ ܐܢܐ ܕܢܚܙܐ ܐܢܬ ܘܐܝܟܢ ܐܢܬ ܠܒܝ. ܒܢܝܚܗ ܕܝܢ ܕܬܠܡܝܕܐ ܘܡܫܝܚܘܬܗ ܒܫܠܡܗ̇ ܘܐܡܪ ܠܗ. ܘܠܐ ܠܟ ܦܠܐ ܗܘܐ ܐܚܝ ܕܐܚܝ ܘܐܬܬܟܠ ܥܠ ܡܘܗܒܬܗ ܕܒܟ: ܘܥܠ ܒܢܝܫܗ ܘܡܘܢܗ ܕܢܦܫܟ: ܘܥܠ ܟܪ̈ܝܬܐ ܕܐܚܝܟ ܘܥܠ ܡ̈ܟܝܢܘܬܐ ܕܒܢ̈ܝܢ: ܘܥܠ ܒܢ̈ܝܢ ܕܕ̈ܘܒܝܢ ܘܥܠ ܒܠܠܠܐ 80 ܕܬܫܒܘܚܬܟ ܕܢܦܠ. ܘܒܗܠܝܢ ܒܠܗܝܢ ܕܠܒܟ. ܐܝܟ ܠܐ ܢܘܟܪܝܐ ܡܫܬܐܠ ܐܢܬ ܒܠܗܝܢ. ܘܐܢܬ ܗܘ ܒܪ ܒܠܗܘܢ ܐܬܬܪܝܬ ܒܐܘܪܚܐ ܕܪ̈ܘܚܐ: ܕܠܐ ܢܦܠ ܐܢܬ ܒܗܠܝܢ. ܐܡܪ ܠܗ ܦܠܛܪܘܢܐ ܡܪܘܢ ܒܝܫܐ. ܫܦܝܪ ܠܟ ܘܒܝܫܘܬ ܕܠܝܬܗ ܒܐܝܟ ܠܝ. ܒܠ ܒܥܒܕܝܟ ܐܝܟ ܕܫܪܪܐ. ܘܗܝܡܢܘܬܟ ܫܪܝܪ ܡܬܚܫܚܐ ܒܗܠܝܢ. ܒܪܡ ܕܝܢ ܐܡܪ ܡܢ ܗܢܐ ܐܟܠܝ. ܘܫܪܝ ܡܢܝܢ ܒܢܘܬܐ. ܝܠܘܬܟ ܕܝܢ ܕܠܟܝ ܟܡ ܕܘܠܝܐ ܗܟܝ. ܒܠܬ ܒܕܒܪܐ ܗܢܐ ܡܢܟ ܐܠܗܐ. ܘܫܪܝ ܕܐܝܠܝܐ ܘܐܦܫܗ ܠܟ * ܫܪܪܗ ܕܡܘܒܝܪܐ. ܬܪܥܘܬܐ ܫܒ̈ܘܥܐ ܕܡܫܬܘܬܐ ܡܢ ܡܘܗܝ: 75 v. ܠܬܬܫܘܩܘܢ ܒܠ ܡܘܒܕܡ ܕܒܥܝܢ. ܐܝܟ ܕܬܬܚܘܝܢ ܠܟܪ̈ܝܐ. ܘܕܢܣܒܘܢ ܫܘܒܚܐ ܕܒܢ̈ܝܐ. ܘܬܪܝ ܕܬܗܘܐ ܢܘܗܪܐ ܒܟܘܫܬܐ ܡܢ ܩܕܡ ܐܢܬܘܢ. ܕܡܫܘܝܢ ܠܕܒܘܬܗܘܢ ܒܬܪ ܢܘܗܪܗ ܕܡܘܬܠܐ. ܘܡܢ ܒܬܪ ܗܠܝܢ ܬܪܥܘܬ ܫܒܘܥܐ ܕܡܫܬܘܬܐ. ܢܦܫ ܠܗ ܦܘܪܢܐ ܠܕܘܬܗ ܒܐܝ̈ܕܝ ܐܝܠܝܢ ܕܡܫܒܐ ܠܗܘܢ ܡܢ ܡܪܢܐ. ܫܠܡ ܠܗ ܟܪ ܡܢ ܒܪܗ ܘܒܢܝܗ ܕܒܗܠܝܢ. ܘܡܛܠܬ ܡܫܡܫܢܘܬܗ ܘܫܦܝܪ ܒܠܠܬܐ ܕܬܘܒܘܗܝ. ܘܗܠܝܢ ܗܘ ܬܪܥܘܬ ܫܒܘܥܐ. ܠܢܘܪܬ ܡܛܪܝܐ ܢܫܒܬ ܠܡܛܪܕܐ ܕܢܫܐ ܒܗ ܒܠܝܠܝܐ. ܘܡܢ ܒܬܪ ܗܠܝܢ ܫܒ̈ܘܥܝ. ܟܕ ܡܢ ܗܠܝܢ ܬܠܬܐ ܠܬܪ̈ܝܢ ܕܒܐܝ̈ܕܝ: ܦܫܛ ܐܢܐ ܕܐܬܒܝܫܘܗܝ ܠܫܪܪܐ ܗܢܐ ܠܢܦܫܐ. ܕܒܫܡܝܐ ܕܢܫܒܘܬܗ ܐܬܪܒܝ ܕܢܦܠܘܫ ܡܘܕܥܐ ܕܬܫܒܘܚܬ݂ ܘܒܗܠܝܢ ܬܪ̈ܝܢ ܠܟܪ̈ܝܢ ܕܫܪ̈ܝܢ ܒܐܝ̈ܕܝ ܐܒܕܒ ܒܗܘܢ ܕܡܬܐ ܡܢ ܬܪ̈ܝܢ ܙܘܒܢܘܗܝ ܕܒܠܝܐ. ܒܟܪܘܗ ܘܐܘܟܠܘܣ. ܕܗܘܝܢ

ܛܘܪ ܕܡܫܟܠܝܢ ܗܘܘ ܠܗ ܥܠ ܥܡܘܪܐ ܕܒܪ̈ܝܬܐ: ܘܥܠ ܕܪܘܫܐ ܬܘܒ ܕܒ̈ܪܘܛܠܝܐ. ܘܡܢ ܐܟܪܝܣܘܢ ܕܪ̈ܥܝܬܐ ܢܦܠܝܢ ܒܗ ܚܝܠܐ ܒܒܪ̈ܬܝ. ܘܠܝܬ ܕܢܦܩ ܒܠܝܗ̇ ܕܠܘܩܒܠܐ ܢܦܠܐ ܡܠܟܐ. ... ܘܐܝܬ ܡܟܝܠ ܗܘܝܘ ܗ̇ܘ ܕܐܬܐܡܠܬ ܡܢ ܡܪ̈ܝܐ ܒܒܥܘܬܟ ܥܠ ܒܘܝܝܢ. ܠܕܝܢܗ̇ ܬܫܡܫܬܐ ܠܗ ܠܟ ܐܝܟ ܕܐܝܬ ܒܢܝܢܐ ܠܡܪ̈ܢܐ. ܘܡܢܐ ܕܐܠܨ ܕܢܝܟ ܘܬܟܠܬ ܡܫܡܫܢܘܬܐ ܕܢ̈ܡܘܣܝܟ. ܥܠ ܡܪܢܐ ܕܢܦܫܐ ܢܩܘܐ ܡܘܩܢܝܟ. ܘܐܠܡܐ ܬܬܒܝܢ ܠܘܬ ܐܠܗ̈ܝܟ. ܘܥܠ ܐܘܪܝܗ ܕܢܬܐ ܕܡܕܡ ܒܠܝܗ̇ ܠܐ ܬܫܐܠ. ܗܝܕܝܢ ܗܘܐ ܒܝܬ ܕܪܢܝܐ ܒܠܬ ܘܐܡܪ ܐܠܗܐ. ܘܢܫܐܠܬ ܘܢܦܩܬ[1] ܘܚܙܬܐ. ܒܗ̇ܠܝܢ ܕܝܢ ܕܒ̈ܥܠܝܐ ܬܫܡܫܬܗ ܡܪܝܐ ܕܠܐ ܢܒܒܐ. ܡܪܝܐ ܒܗ ܒܪܝܐ ܕܒܪܝܢ ܠܐܠܗܐ. ܒܠܗ ܕܝܢ ܕܝܢ ܒܟܠܐ ܕܡܟܠܐ ܕܠܗܘܢ ܢܦܫܐ ܡܫܡܫܬܗ ܕܠܐܘܪܝܐ. ܥܠ ܒܗ̇ܢ ܐܝܟ ܕܗܘ ܚܕ ܦܘܡ ܐܬܒܢܝܘ ܠܗ ܒܬܫ̈ܡܫܬܗ، ܘܡܫܘܕܥܢܘܬܗ، ܘܢܫ̈ܩܬܗ. ܕܠܐ ܢܬܦܪܫܐ * ܡܢ ܡܫܡܠܝܘܬܐ ܕܫܡܝܐ ܠܗ̇ ܘܗܡܘܬܐ ܡܢ ܠܒܠ.[2] ܕܠܒܐ 76 r. ܠܡ ܢܦܩ ܒܗ ܒܗ ܒܡ ܦܠܚܘܗܝ. ܒܐܪ̈ܙܝ ܓ̈ܒܪ ܒܟܠܐ ܕܠܒܝܫܘܬܗ ܒܝܬ ܒܗ ܐܪ̈ܙܐ. ܘܐܗܦܟ ܡܫܡܫܘܬܗ ܒܥܠܬܐ ܡܢ ܒܪ̈ܝܐ. ܘܪܢܝܫܘܬܗܘܢ ܠܟ ܡ̈ܠܐ ܕܐܬܡܠܠ ܒܢܝܢ ܒܫܠܡܐ. ܡܢ ܕܢܦܫܐ ܕܓܦܪܐ. ܬܘܒ ܠ ܒܬܪ̈ܒܬܗ ܕܒ̈ܥܠܝܐ: ܕܒܪܝܢ ܓܘܪ̈ܝܗ ܕܐܘܪܝܗ، ܘܗܘܝܐ ܕܒܪܝܟܘܬܟ ܗ̇ܠܝܢ. ܦܘܫ ܐܝܟ ܒܫܠܡܐ. ܕܐܦ ܠܘܬ ܡܠܝܟܐ ܗܦܟܐ ܫܠܝܛ ܐܝܟܐ: ܕܐܦ ܠܗ ܐܗܦܟܝܘܗ̇، ܗܠܝܢ. ܘܒܪ ܐܬܬܒܝܪ ܡܟܝܠ ܗܘܝܘ ܡܢ ܫܝܢܬܟ. ܐܬܒܝܐ ܡܠܝܠ ܒܪ̈ܝܫܗ ܒܫܠܡܐ ܕܝܠܐ. ܘܗܘܡ ܡܢ ܬܫܡܫܬܐ ܕܡܫܒܚܝܢ. ܘܐܝܟ ܢܩܫ ܒܝܠܘܬܐ ܡܢ ܐܠܗܝܢ ܒܪܝܟܐ ܕܢܗܝܪ ܓܦܪܐ. ܘܒܪ ܡܢ ܒܪܝܫ ܕܓܦܪܐ ܡܢ ܓܠܘܬܗ. ܒܗ̇ ܒܫܒܬܐ ܡܥܠ ܒܬ̈ܒܬܗ ܕܪ̈ܥܝܬܐ. ܕܢܬܡ ܠܐܝܓ̈ܪܬܗ ܡܫ̈ܬܢܬܐ. ܕܡܠܠ ܠܡ ܕܗܘܐ ܓܒܝܐ ܠܫ̈ܠܡܐ: ܕܠܐ ܢܒܒܐ ܬܫܒܚܬܐ ܡܢ ܡܫܡ̈ܫܢܐ ܒܪ̈ܟܐ ܕܫܦܠ ܗܒܗ ܡܐܪ̈ܗܡ. ܗܘܘܬ ܠܝ ܒܝܠܘܬܐ ܥܠ ܗܪܐ ܕܒܬܘܒ ܠܫܝܢܘܬܟ. ܕܠܐ ܢܬܬܝܒ ܚܝܠܐ ܡܢ ܬܫܡܫܬܐ: ܒܪܟܐ ܠܕܝܢܐ ܠܝܘܡܐ ܕܬܡܢ ܡܐܪ̈ܗܡ: ܘܬܫܬܠܛ ܡܫܪ̈ܬܐ ܒܫ̈ܪܝܪܐ ... ܘܒܪ ܡܪܐ ܐܝܟ ܡܟܝܠ ܗܘܝܘ

1) So, sehr wahrscheinlich. Verwischt und löcherig. 2) Ursprünglich ܠܒܠܡ.

ܠܐܓܢ̈ܝܬܗ ܕܥܠܡܐ. ܗܘܬ ܠܗ ܚܕܘܬܐ ܪܒܬܐ. ܘܐܘܕܝ ܘܫܒܚ
ܠܐܠܗܐ: ܕܐܘܬܪ ܒܒܪܐ ܐܝܟ ܕܐܬܬܪ ܠܗ ܒܫܠܡܐ. ܘܒܬܪ
ܗܕܪܗ ܠܘܬ ܐܦܣܩܘܦܐ ܘܠܐܝܟ ܕܒܥܐ: ܥܠ ܫܘܠܡܐ ܕܡܫܒܚܘܬܗ
ܕܦܪܢܣܐ. ܕܟܕ ܒܢܝܐ ܗܘܬ ܗܕܐ ܡܬܗܦܟܢܘܬ. ܘܒܬ ܡܠܟ ܒܢܝܐ
ܙܢܝܐ ܘܡܠܝܚ ܕܐܒܘܗ: ܬܫܒܘܚܬܐ ܕܝܗܒ ܐܠܗܐ ܦܪܝܫ ܘܒܪܝܟ ܦܘܪܫܢܐ
ܘܒܒܬܘ ܬܡܝܡܘܬܐ. ܘܡܢܟܦ ܘܦܪܝܫܐ ܥܠ ܟ̈ܠ ܦܘܪܫܢܐ ܕܢܩܦܐ
ܕܡܗܝܡܢܐ. ܘܡܫܝ̈ܚܝܬܐ ܗ̇ܘ̇ ܕܐܬܬܩܢ ܒܢܝ̈ܫܝܬ ܒܥܘܗ̈ܕܢܘܗܝ ܕܡܫܝܚܐ ܗܘ
76 v. ܢܦܫܐ: ܐܠܐ ܡܦܣܝܢ ܗܘܝܢ ܕܠܐܝܢ ܢܓܥܘܢ * ܒܬܫܡܫܬܗ̇. ܠܐ ܕܝܢ
ܡܢܟܐ ܗܘܬ ܕܠܐܝܢ ܢܫܬܘܓ ܒܬܫܡܫܬܗ̇. ܒܕܠܐ ܬܦܘܫ ܗܘܬ ܠܗ̇
ܡܠܬܗ̇ ܒܒܘܬܐ ܕܡܓܕܠܝܬܘܗܝ: ܘܠܡܢܝܢ ܐܝܬ ܗܘܐ ܠܗ̇ ܠܡܠܬܗ̇
ܕܬܫܬܥܐ ܝܘܡ̈ܝܢ ܥܠ ܫܘܠܡܐ. ܗܠܝܢ ܕܝܢ ܘܠܝܬ ܡܢ ܗܘ ܕܐܟܬܒܢ ܠܦܘܪܫܢܐ.
ܢܘ̈ܡܐ ܘܠܠܝܐ. ܢܗܘܬ ܕܝܢ ܕܒܘܪܟܬܐ ܬܬܘܬܒܢ ܥܠ ܩܝ̈ܡܬܐ.
ܕܐܡܝܢܐ ܐܝܟܢܐ ܡܫܐ ܢܦܠ ܠܗ ܠܕܪܬܐ ܒܪܚܡܘܗܝ ܕܡܠܝܢ ܒܒܝܠܐ
... ܗܘ ܕܝܢ ܗܢܐ ܪ̈ܚܡܐ ܡܢ ܟܬܪ ܕܡܦܪ ܘܐܫܬܡܥ ܒܡܘܠܝܐ
ܕܫܪ̈ܒܐ ܒܡܒܠܝܬܐ ܕܟܬܒܐ. ܘܡܫܒܚܐ ܢܦܫܗ ܡܢ ܕܒܢܝܐ ܦܓ̈ܪܐ
ܕܡܪܢ ܒܗ̇ ܠܬܚܬܝܐ. ܡܪܐ ܠܡܫܝܚܐ ܕܢܦܩܬ. ܘܐܝܟܢ ܒܐܬܪ̈ܘܗܝ
ܠܗܘܢ ܠܒܢ̈ܝܗ̇ ܕܒܝܬܐ ܕܚܝܢ ܘܦܓ̈ܪܝܢ ܬܫܡܫܬܐ ܕܡܫܘܡܗ̇.
ܕܒܗܘܢ ܠܡܫܝܚܐ ܕܬܫܒܘܚܬܐ ܕܬܗܠܝܬܗ̇. ܘܕܘܒ̈ܪܘܗ̇ ܕܒܝܬܐ
ܘܚܠܠܬܗ̇. ܗܘ ܐܝܟ ܕܒܗܘܢ ܠܬܩܘܬܐ ܕܒܝܬ ܦܬܓܡܐ. ܘܩܛܠܬܗ̇
ܡܛ̈ܝܒܐ ܐܘܣܦ ܒܬܪܐ. ܘܠܡܫܝܚܗ̇ ܕܒܢܐ ܕܒܬܘܠܬܐ ܕܝܠܗ̇ ܐܡܗܝ
ܐܝܟ ܠܫܘܦܪܗ̇. ܩ̈ܠܝܠܐ ܕܟܘܢ ܕܝܫܡܥܘܢ ܘܫܡܥܘ ܒܡܪܘܢ
ܘܐܬܚܙܝ ܒܟܠܗ̇ ܡܫܡܫܢܘܬܗ̇. ܡܢ ܒܬܪ ܕܐܟܠܝ ܘܐܝܟ ܐܝܟ ܘܠܐ
ܐܬܪܚܩ ܗܘܐ ܠܫܘܒܚܗ̇. ܠܡܬܠܐ ܕܢܫܬܐ ܫܢܐ ܐܝܟ ܒܝܬ
ܘܡܦ̈ܩܬܐ ܕܡܬܚܙܝܢ ܠܐܠܗܐ: ܕܐܡܪ ܒܗ̇ ܫܒܝܐ ܒܡܕܝܢܬܐ ܡܕܝܢܬܐ
ܕܢܦܩܐ: ܘܡܢܐ ܐܬܓܠܝ ܠܡܚܡ ܡܢܗ̇. ܡܢ ܒܬܪ ܕܢܦܩܬ ܒܗ̇
ܒܠܒܗ ܕܝܢܬܗ̇ ܒܢܝܐ. ܠܫܢܝܢܐ ܕܝܢ ܦܠܐ ܒܪܬܐ ܗܘܬ ܠܗܘܢ ܥܠ
ܫܒܝܫ ܕܡܢ ܠܗܘܬܗܘܢ ܐܬܚܝܫ ܠܗܘܢ ܒܪ ܒܗ ܒܟܢܫܐ ܕܢܫܬܘܢ
ܒܠܝܐ ܢܫܒܬܗܘܢ ܘܐܝܟ ܕܠܢܫܐ ܡܠܟܝܢ ܗܘܘ ܠܗ: ܒܕ ܐܬܩܫܪ

ܠܟܘܢ ܡܢ ܡܪܕܘܬܗܘܢ܆ ܘܡܢ ܗܘܐ ܠܟ ܐܘܪܚܐ. ܢܘܗܪܗ ܠܟ ܘܫܡܥܗ ܕܡܪܕܘܬܟ܆ ܠܟܠܗ ܐܣܝܐ ܥܡ̈ܡܝܢ ܪܘܚܩܐ ܠܡܕܢܚܐ: ܐܦ ܠܟ ܟܠܗܝܢ ܟܢܫ̈ܝܢ. ܕܠܡܐ ܢܬܒܢܘܢ ܟܠܗܝܢ ܬܠ̈ܡܝܕܘܗ ܕܡܫܝܚܘܬܐ: 77 r. ܘܢܫܒܚܘܢ ܟܠܗ ܠܐܠܗܗ ܒܟܘܠܦܐ ܕܢܨܚܢܘܬܐ * ܐܝܟ ܕܡܢ ܦܘܡܐ. ܠܡܫܝܚ ܠܟ ܦܫܘ ܠܝ ܬ̈ܠܡܐ ܥܕ̈ܠܬܟ܆ ܘܕܚܘ ܘܐܬܘܢ ܠܥܒܕܝ. ܘܠܐܡܝܢܐ ܒܦܘܪܣܐ ܕܐܝܟ ܒܟܘܪܐ ܡܫܘܪܝܘܗܝ ܐܢܬ ܠܡܫܩ ܐܘ ܠܟ ܐܟܪܘ 80 ܠܗܬܝܢ ܘܫܡܥܝܢ ܐܘ ܕܟܘܢܫ ܒܡܢ ܠܟܪ ܕܐܙܠ ܐܢܬ. ܠܡܚܡ ܠܟ ܘܐ̈ܪܟܒ ܥ̈ܠܡ ܐܬܚܡܫܬ ܒܝ ܚܕܘܬ܆ ܘܟܕ ܢܡܟܐ ܠܥܒܕܬܐ ܠܐ ܡܠܘ ܠܝ ܒܡܕܝܢܬ܆ ܗܐ ܥܡܠܐ ܫܐܦܗ ܚܕܘܬܐ ܠܡܫܝܘ ܒܚܝܝ. ܘܠܐܒܗܬ ܠܟ ܚܡܪ ܘܥܡܐ ܠܝ: ܚܘܬܗ ܘܦܘܫܩܗ ܕܦܪܝܡ. ܕܚܕ ܒܥܠ ܠܟܘ ܡܢ ܬܪܥܗ ܐܢܬ ܕܡܪܕܘܬܟ. ܬ̈ܫܝܡ ܠܡܐܬܘܬܝ ܚܕ̈ܝܢ ܘܡܢ ܗܟܢܐ ܠܟ ܕܡܐܙܠ ܐܙܠ ܐܢܬ. ܐܠܗ̈ܝܗ ܕܡܪܕܘܬܟ ܢܐܙܠܘܢ ܒܚܝܝ. ܘܗܘܡ ܐܠܗܐ ܪܒܐ ܢܛܠܐ ܠܝ ܒܡܪ̈ܒܝ. ܘܒܫܠܠ ܢܦܫܝ ܠܝ ܒܪܒܘܬܐ. ܐܬܦܠ ܕܝܢ ܟܠܝܗܘܢ ܥܡܗ. ܘܢܦܩ ܠܗܘܢ ܪܘܚܐ ܒܗ ܐܡܪ. ܚܠܠ ܠܟ ܕܗܒܝܐ ܚܝܘܬܗܘܢ ܕܣܘܪܝܢ ܐܢܬܘܢ ܒܫܘܒܚܐ ܕܪܘܚܬܟ܆: ܘܡܢܝܚܝܢ ܠܟ ܬܠܬܐ ܢܦܫܬܗܘܢ܆ ܐܢܬ ܠܟ ܬܘܒܠܢܐ ܒܠ ܒܡܕܒܪܐ ܕܬ̈ܠܡܝܐ ܠܗܐ ܠܝ. ܕܒܨܠܠ ܢܦܫܝ ܠܡܬܒܘܢ ܒܢ ܪܒܘܬܐ. ܘܐܝܠܝܢ ܕܫܒܩ ܠܗ ܡܢ ܠܡܪܕܘܬܟܘܢ. ܒܐܬܒܐ ܩܕ̈ܝܫܐ ܒܫܘܒܐ ܦܪܝܫܝܢ. ܠܡܪܕܘܬܟܘܢ ܓܒܪ ܛܒܪ ܡܢ ܟܠܗܝܢ ܡܕܝܢ̈ܬܐ ܕܐܘܫܕܝܢ: ܫܒܝܚܝܢ ܓ̈ܒܪ̈ܐ ܠܡܦܢܝܢ. ܘܥܕܡܐ ܠܡܘܩܕܬܐ ܐܝܟ ܐܢܫܐ ܕܒܠܒܐ. ܘܐܢܫ ܐܘܪܚܐ ܕܡܪܕܘܬܗ. ܘܟܕ ܢܦܩ ܒܬܪܥܗ ܕܡܪܕܘܬܟ ܐܡܪ ܪܥܝܗ ܥܠ ܗܘܢܝܐ ܠܡܦܩܕ ܠܓܒܪܗ ܕܗܘܐ ܕܡܦܩܕ ܗܦܟܐ ܥܠ ܬܪܥܗ ܕܒܪܟܝ. ܘܢܛܠ ܟܠܠܗ ܡܢ ܪܥܗ. ܘܗܦܟܐ ܒܟܘܬܐ ܡܫܝܚܬܐ. ܘܡܫܬܐܠ ܗܦܟܐ ܠܢܦܫܟܐ ܕܒܟܘܗ ܘܠܒܢ̈ܝ ܓܒܪܐ ܕܓܒܘܬܗ. ܕܟܕܢܘ ܢܫܒܐ ܗܘܝܐ ܕܐܫܬܘܕܥ ܠܝ ܗܘܟܢ ܒܠ ܪܫܐ ܐܘܪܚܐ ܕܡܪܕܘܬܟ܆ ܗܘܢܘ ܕܡܢ ܒܪܡܪܕܘܬܗܘܢ. ܕܐܝܟܘܗ ܡܫܝܚܘܢ ܠܡܚܬܗ ܕܓܪܘܢܝ. ܘܫܐܘܗ ܒܠ ܒܡܕܝܢܐ. ܕܗܢܘܢ ܠܟ ܒܠܥܕ. ܒܠܠܝܐ ܒܐܪ̈ܙܘܗ ܕܐܠܗܘܬܐ. ܘܥܕܡܐ ܒܡܬܪ̈ܬܗܘܢ ܕܐ̈ܠܗܐ. ܘܡܥܡܪܝܢ ܗܘܬܪ̈ܬܗܘܢ܆ ܠܗܘܢ 80 ܓܒܪ

77 r * ܐܬܡܟܟܘ ܒܝܢܬܗܘܢ ܘܦܫܩܘܢ ܕܐܝܠܝܢ ܕܟܬܒܬ ܒܐܬܪܝܢ ܡܠܘܬܗܘܢ. ܘܫܕܪ ܪܫܝܥܐ ܘܡܗܝܡܢܐ. ܘܐܡܪ ܠܗܡܝܡܢܘܗܝ ܘܠܬܠܡܝܕܘܗܝ ܕܢܣܒܢ̈ ܘܢܦܩܐ ܗܘܐ ܒܐܬܪܘܬܗܘܢ ܒܝܕ ܐܢܫ. ܕܒܗ ܠܡ ܢܚܐ ܕܐܬܚܙܝ ܠܗ ܢܘܚܡ ܥܠ ܬܪܝܨܘܬ ܕܡܗܝܡܢܘܬܗܘܢ. ܠܐ ܓܝܪ ܕܫܡܝܐ ܐܬܪܐ ܗܘܐ ܕܠܐ ܒܣܘܪܐ. ܐܝܟܢ ܠܗ ܒܗܕܪܐ. ܕܠܡܐ ܢܬܪ ܠܒܟ ܘܬܬܕܪܐ ܪܘܚܟ ܥܠ ܗܕܐ ܡܢܝ، ܡܠܟܐ. ܩܕܝܫܐ ܡ̈ܠܟܐ ܕܗܘܘ ܡܢ ܡܕܡܝܢ ܠܟܕܒܘܬ ܗܕܐ ܘܠܐ ܐܬܦܢܝܘ ܒܡܪܢܝܬܗܘܢ. ܐܦ ܗܫܐ ܠܐ ܬܬܡܠܟ ܠܟ ܒܡܪܢܝܬܟ. ܐܘ ܢܛܘܪ ܐܚܪ̈ܢܝܢ ܡܢ ܡܐܪ̈ܟܢ. ܢܠܘܗ ܠܡ ܓܝܪ ܠܟ ܫ̈ܠܡܐ ܕܒܗܬܐ. ܒܨܝܪ ܠܡ ܕܝܢ ܡܢܝ، ܡ̈ܠܟܐ. ܥܒܕܐ ܡܫܪܝܬܟ ܡܢ ܢܘܪܐ. ܠ̈ܠܠܐ ܠܡ ܡܣܟܢܐ ܐܝܟ ܒܟܝܟ. ܕܠܒܫܝܢ ܐܣܟܡܐ ܕܪܝܫܘܬܟ ܒܠܝܐܬܐ. ܘܠܒܫ ܐܠܒܘܫܐ ܕܦܪ̈ܩܠܝܛܐ. ܠܗܠܝܢ ܕܣܡܘ ܐܢܘܢ ܡܢܝܟ. ܕܠܡܐ ܢܗܘܘܢ ܠܟ ܬܘܩܠܬܐ ܒܡܪܢܝܬܟ. ܘܬܒܠ ܒܚܝܠܗܘܢ ܘܒܗ ܕܒܗܬܐ. ܒܪܘܪܐ ܢܦܠܘ ܒܡܫܪܝܬܗ ܕܦܪܘܫܐ ܕܥܠ ܟܠ ܠܡ ܕܢܘܪܐ ܗܘ ܢܣܒܘܢ ܠܗ ܡܢ ܡܢܝ. ܕܠܡܐ ܢܦܘܪܐ ܚܪܒܐ ܠܦܘܠܚܢܗ. ܘܗܦܟܘ ܡܢ ܚܝܠܐ ܕܐܝܬ ܗܘܐ ܒܗ ܢܠܝܘܗܝ. ܐܝܟ ܕܡܬܝܪ ܘܬܪܝܢ ܫ̈ܠܝܚܐ ܒܟܬܒܐ ܡܬܚܙܝܢ ܟܕܒܝ ܡܕܝܢܐ. ܘܬܪܬ ܡܫܪܝܬܗܘܢ ܠܐܘܪܗܝ. ܘܐܬܩܒܠܘ ܒܗ ܚܕܐܝܬ. ܘܟܕ ܐܬܠܒ ܢܠܝܘܗܝ: ܕܠܡܫܪܝܬܐ ܕܢܣܝܬܗ ܬܪܝܨ. ܐܬܐܡܪ ܠܗ ܦܠܛ. ܘܬܘܒܐ ܗܘܐ ܒܢܦܫܗ ܕܠܐ ܚܝܪ ܐܢܘܢ ܘܩܪܒ ܗܘܦܝܗ ܒܚܝܠܬܐ ܠܡܫܪܝܠ. ܘܩܡ ܗܘܦܝܗ ܘܠܐ ܡܟܠܟ ܗܘܐ. ܘܐܬܠܝ ܗܘܐ ܠܗ ܦܠܛ ܠܡܕܝܢܬܐ. ܘܗܘܐ ܗܟܢ ܠܗ ܐܦ ܡܢ ܕܒܬܪܗ. ܘܐܬܗܦܟ ܢܠܝܘܗܝ. ܘܐܬܬܠ ܒܟܠܕܝܬܐ ܕܗܦܘܗܝ. ܕܢܣܝܒܘܗܝ ܒܪܐܝܬ ܡܢ ܕܒܬܪܗ. ܘܐܬܪܡܝ ܗܘܦܝܗ ܒܦܓܪܗ ܥܠ ܦܪܫܐ ܕܐܝܬܝܗܘܢ. ܘܢܝܪܗ، ܡܢ

78 r ܪܕܝ ܠܗܝ. ܘܪܬܐ ܬܘܩܠܬܗ، ܘܢܦܠ * ܘܡܝܬ. ܘܐܬܫܪܝ ܕܝܠܗ ܘܐܬܒܛܠܬ ܠܒܠܘܗܝ ܫ̈ܒܠܘܬܗ. ܘܐܬܒܪܬ ܪܘܫܢܘܗܝ ܥܠ ܡܪܫܗܘܢ. ܘܓܕܫ ܫܪܫܐ ܘܐܬܢܨܪ. ܦܘܡܐ ܠܟ ܡܢ ܢܘܪܐ: ܦܘܡܐ ܠܟ ܡܢ ܚܪܒܐ. ܕܠܘ ܠܡܦܠܟ ܢܦܫ ܡܢܝ ܕܒܗܘܢ. ܐܡܪ ܠܗ ܠܡ ܕܐܬܦܩܕ ܡܢ ܡܢܝ. ܘܦܪܝ ܒܗܢ ܒܥܠܡܐ ܕܚܝܢܐ ܐܝܬ. ܦܪܘܬ ܗܘܐ ܕܡ ܒܚܝܠܗ ܡܚܣܝܢܝ.

ܘܐܣܝܪܐ ܠܗ ܫܘܬܐ. ܘܡܠܟܐ ܢܟܦܐ. ܠܐ ܡܢܕܥ ܗܘܐ. ܘܐܬܪܟܒ
ܠܡܦܠܛ ܠܚܠܝܡܐ̈ ܬܡܝܡܐ ܘܫܪܝܪܐ ܘܡܦܪ̈ܣܝܐ ܕܟܝܢܗ. ܟܠ ܕܠܐ
ܗܦܟܘ ܒܐܘܟܡܘܬܗܘܢ ܕܢܦܠܘܢ ܠܗ. ܡܟܝܠ ܗܘ، ܦܠܐܬܐ ܕܐܬܦܠܐܬ
ܠܗ. ܐܦ ܠܡܡܪ̈ܚܢܘܬܗ ܕܦܫܝܛܘܬܐ ܐܬܪܟܢ ܕܢܘܟܪ̈ܝܐ ܒܝܫܬܐ. ܟܠ
ܕܟܪܟ ܒܗ ܘܡܠܠܐ ܡܕܡܝܗܘܢ، ܠܘܬ̈ܪܬܐ. ܘܟܕ ܦܘܡܪܢܐ ܡܢܥ ܗܘܐ
ܡܢ ܒܪܘ ܠܡܕܡ. ܐܦܠܐܛܘܢ ܣܟܝܢܐ. ܐܡܪ ܘܟܠ ܡܕܡܝܗܘܢ،
ܕܐܦܘܢܐ. ܦܪܗܣܝܐ ܓܪ ܗܟܢܐܝܬܐ ܐܝܬ ܗܘܐ ܠܗ ܡܕܡܝܗܘܢ،، ܘܟܕܐ
ܢܦܫ ܟܠ ܫ̈ܦܝܗ، ܡܢܢ ܕ̈ܟܠܝܗܝ. ܘܡܬܟܫܦ ܗܘܐ ܠܝ ܒܗ ܐܡܪ.
ܒܟܒܘ ܡܢ ܫܘܠܛܢܐ ܕܚܠܝܐ ܕܐܠܗܘܬܝ. ܠܐ ܢܬܬܥܝܪ ܘܢܓܪܢܝ ܟܠ
ܒܟܒܝ. ܘܐܝܟܢܐ ܒܟܢܘܬ، ܡܕܡܝ. ܕܐܢ ܐܝܬ ܠܟ ܡܢ، ܡ̈ܠܟܐ
ܕܐܢܫ ܐܝܬ ܗܦ̈ܟܐ ܕܬ̈ܒܥܬܗ ܕܟܝܢܬܐ: ܘܒܟܢܫ ܐܝܬ ܪܒ ܒܡܕܝ̈ܢܐ
ܕܟܠܗܘܢ ܫ̈ܠܝܛܢܘܗܝ ܕܬܒܠ: ܘܐܬܬܚܝܕܬ ܐܘܠܨܢܐ ܕܒܝܬܓܙܐ
ܕܓܢ̈ܙܘܗܝ ܕܐܠܗܘܬܐ. ܐܬܒܣܝ، ܡܢܟ ܦܘܫܩܢܝ ܕܐܠܝܢ ܕܐܬܝܢ،
ܠܝ. ܚܝ ܒܗ ܒܪ̈ܝܬܐ ܘܡܢܗܘܢܝ̈ܐ: ܕܡܕܡ ܡܕܡ ܡܢ ܦܩ̈ܘܕܘܗܝ ܕܡܫܝܚܐ.
ܡܠܠ ܡܢ ܗܟܢ ܐܫܟܚܢ ܚܢܢ: ܕܢܒܥܘܬ ܙܕܩ ܠܝ ܟܠ ܫ̈ܦܝ ܫܘܟܢܝ.
78 v. ܫܘ ܠܗ ܠܡܪ̈ܚܡܢܘܬܟ * ܕܬܫܬܒܪ ܗܕܐ. ܐܠܐ ܬܦܫܘܩ ܡܠܦܢܘܬܟ
ܘܫܬܪܐ ܓܪ ܕܚܝܠܐ ܕܚܠܝܡ. ܘܗܘܐ ܠܦܡ ܕܐܝܬ ܒܢܫܘܗ ܕܐܠܗܐ
ܐܠܗܘܬܐ ܚܠܝܡܬܐ ܚܕܐ ܒܬܠܬܐ ܕܐܝܬ ܚܠܝܦ ܕܢܫܐ ܕܢܒܝܘܬܐ.
ܠܒܪܪ ܢܘܪܗ، ܕܒܒܪ ܐܬܓܠܝ ܠܗ ܦܘܫܩܗܘܢ * ܕܐܠܝܢ ܕܐܬܗܘܝܬ.
ܘܟܕ ܫܪܝܐ ܐܢܝ ܡܠܬܗ ܕܐܦܠܐܛܘܢ. ܘܟܕ ܐܝܬܘܗܝ ܠܒܝܢܘܗܝ
ܡܢ ܒܝܬ ܦܬܓܡܐ. ܘܚܠܝܡܘܬܐ ܦܐܝܐ ܗܘܐ ܫܘܗܝ. ܘܦܐܐ ܡܘܠܠܗ.
ܘܟܕ ܚܙܗ ܡܠܝܠܘܬ ܬܗܪ ܒܦܘܪܫܗ ܘܐܬܕܡܪ ܒܚܝܠܗ. ܘܐܬܪܟܒ
ܚܠܝܢ ܬܪܒܝܬܐ. ܗ̇ܝ، ܕܐܝܟ ܐܪܥܐ ܒܠܒܝܗ. ܘܟܕ ܒܬ̈ܕܝܗ. ܘܡܫܐܠ
ܗܘܐ ܠܗ ܒܐܢ̈ܫ، ܐܦܠܐܛܘܢ. ܕܟܝܢܐ ܗ̣ܘ ܠܝ ܫܟܝܚܐ ܗܟܢܐ ܕܐܝܬܘܗܝ،
ܠܝ ܒܐܬܪܘܬܐ ܗ̇ܝ، ܕܐܝܟ ܥܒܕܬܗ ܘܠܐ ܒܝܬ ܠܗ ܦܬܓܡܐ. ܐܠܐ
ܒܗܠܝܢ ܒܥܬܐ ܡܢܟܐ ܗܘܬ ܡܕܡܝܗܘܢ،، ܘܐܡܪ ܠܗ ܢܠܝܢܘܗܝ
ܒܐܢ̈ܫ، ܐܦܠܐܛܘܢ. ܕܟܕ ܠܟ ܬܦܢܝܬ ܚܠܝܡܬܐ: ܕܟܠܗ ܫܘܦܪܐ
ܐܬܦܪܬ ܡܢܟܒ. ܐܠܐ ܡܟܠܠ ܕܠܝܦܬ ܚܠܝܡ ܕܪܘܚܐ ܕܢܒܝܘܬܐ

ܐܝܬ ܒܒܝ. ܗܘܐ ܠܝ ܓܒܪܐ ܕܐܠܗ ܡܠܟܐ ܕܡܠܟܐ ܗܘ، ܚܒܪܗ
ܕܡܐܪܘܗܝ ܐܡܪܐ ܠܗ ܕܢܬܒܣܐ. ܒܬܢܝܢ ܒܠ ܡܪܒܝ. ܐܝܟ ܛܠܝܐ
ܬܘܠܝܐ ܕܐܝܬ ܠܗ ܕܝܢܐ ܕܡܐܪܘܗܝ. ܥܒܝܕܐ ܗܘ ܓܒܪ ܛܠܝܐ.
ܕܡܫܡܫ ܚܝܠܗ ܓܒܪ ܗܘ ܒܒܪܐ ܕܒܗܬܬܐ ܒܒܢܝ̈ ܡܐܪܘܬܗ. ܢܛܪ
ܕܝܢ ܕܐܢܝ ܒܕܒܪܐ ܘܠܐ ܡܫܬܡܥܝܢ ܠܗ. ܒܪܗ ܕܝܢ ܛܠܝܐ. ܡܠܟܐ
ܡܡܘܡ ܐܝܬ ܒܠ ܢܫܐ. ܕܐܢ ܒܠ ܢܫܐ ܡܫܥܒ ܐܝܬ. ܬܫܘܡܬܐ
ܠܡܕܒܚܐ ܠܐ ܚܒܪ so ܐܝܬ. ܘܡܪܒܝܐ ܠܐ ܚܒܪ ܐܝܬ. ܛ̈ܠܝܐ ܓܒܪ
ܬܩܘܦܐ ܕܗܘܝܢ ܐܦܘܗܝ ܠܡܪܒܝ. ܒܠ ܢܫܐ ܠܐ ܡܫܥܒܕܝܢ. ܗܟܢ
ܡܫܥܒܕܝܢ ܠܡܪܒܝ ܠܐ ܫܥܝܢ. ܫܥܝܢ ܕܝܢ ܠܡܪܒܝܐ ܘܦܫܐ ܠܗܘܢ
ܡܐܪܘܬܝ. ܠܛ̈ܠܝܐ ܡܪܬܘܢܐ ܠܒܢܝ̈ ܒܡܫܢܐ: ܕܐܦܩܘܗܝ ܒܠ ܥܕ
ܠܡܘܬܐ ܗܘܝܢ: ܕܢܒܙܘܢ ܘܒܘܬܐ ܡܢ ܒܠܒܒܗܘܢ: ܘܢܦܬܘܢ
ܬܫܡܫܬܐ ܕܐܘܣܝܐܘܣ̈ ܒܒܪ ܕܝܢ ܗܠܝܢ ܒܡܕܝܪܐ ܢܫܐ ܘܡܘܬܒܐ
ܥܠܝܟ. ܠܛ̈ܠܝܐ ܕܒܗܬܐ، ܢܦܫܐ ܕܢܛܪܝܢ ܢܫܐ ܘܡܘܡܝܢ ܡܢ ܡܐܪܘܬܐ.
ܗܘܐ * [1]) ܬܬܪܘܡܡܝܢ so ܐܬܪܘܬܐ ܘܪܡ ܒܬܢܝܢ. ܐܡܪ ܠܗ̇ ܡܠܝܘܗ̇. ܠܗ 79 r.
ܒܠ ܗܘܝܢ ܥܒܠܬܒ ܐܘ ܒܠܝܬܐ ܕܐܝܬ ܗܘ، ܒܠܫܘܪ ܓܒܪܐ ܗܘܬ
ܕܐܠܗ ܡܠܟܐ ܐܠܗ ܡܫܝܚܐ ܕܡܠܟܐ ܗܘ، ܚܒܪܗ ܕܡܪܘܢ ܘܫܡܗ ܕܡܪܢ
ܐܡܪܐ ܠܗ ܕܢܬܒܣܐ ܗܕܐ ܗܘ، ܚܒܪܗ ܕܡܐܪܘܬܝ. ܥܒܝܕܐ ܒܢܝܐ ܒܒܝܬ
ܬܫܡܫܬܐ. ܬܪܒܘܬܐ ܒܝܬ ܡܠܟܘܬܐ. ܒܝ ܓܒܪ ܡܫܬܡܠܐ ܒܠܒܒܘܬܐ
ܘܡܐܬܝܬܐ so ܕܒܝܬ ܛ̈ܠܝܘܬܐ. ܘܫܡܥ ܡܪܘܗ̈ܝ ܠܝ ܡܫܡܫܐ ܘܡܚܘܐ
ܕܐܫܬܘܝ ܒܝ. ܐܦ ܓܒܪ ܗܘܐ ܒܡܪ̈ܝ ܘܫܡܥ ܒܡܬܬܘܝ. ܐܠܐ
ܒܡܫܡܫܝ ܕܝܢ. ܘܡܬܦܠܓܝܢ. ܘܢܣܒ ܒܦܐ ܡܚܘܪܐ ܘܣܒܬܗ̇ ܒܢܚܗ̇
ܡܫܝܚܐ. ܗܘ ܗܘܐ ܕܡܐܪܘܬܝ. ܘܚܒܪܗ ܕܡܪܒܝ. ܘܒܪ ܚܐܪ ܗܘܐ
ܡܠܝܘܗ̇ ܕܐܠܗ ܣܠܩܐ ܕܦܬܓܡܗ̇ ܘܦܫܩܐ ܕܐܠܗܘܬܗ̇. ܥܒܕܬ
ܒܬܪ ܗܘܝܢ. ܘܠܐ ܐܬܒ ܐܘܣܦܬ ܠܡܚܣܝܘ ܠܗ ܦܬܓܡܐ. ܐܠܐ ܒܛܦܬ
ܠܒܝܬ ܦܬܓܡܐ. ܘܗܘ ܐܙܠ ܠܐܘܪܫܠܡ. ܒܪ ܒܢܝܐ ܠܗ ܘܥܒܕ ܒܢܩܫܗ̇.
ܢܣܡܝܢ ܕܐܫܠܡ ܕܐܬܐܡܪ ܠܗ ܡܢ ܕܢܬܒܣܐ. ܘܒܪ ܐܙܠ ܡܪܘܢܐ ܡܫܝܚܐ
ܡܢ ܚܙܝ. ܛ̈ܠܝܐ ܡܫܘܕܥܐ ܐܝܬܘ ܡܢ ܐܫܠܡ ܕܒܡܫܪܝܢ ܒܓܝܢܝܢ.

1) Die erste Columne dieser Seite ist retouchiert worden.

ܘܐܬܠܗ ܡܬ̈ܝܒܘܗܝ، ܕܗܠܟ ܐܦܣܩܘܦܐ ܘܕܐܝܠܝܢ ܕܥܡܗ. ܐܦ ܕܡܫܝܚܘܗܝ ܪܒ ܚܝܠܗ. ܟܕ ܐܡܪܝܢ. ܕܪܘܡܘܬܐ ܠܗ ܪܒܬܐ ܐܝܟ ܠܒܪܘܦܝܐ ܒܬܪܝܢ. ܟܡ ܟܠܗ ܥܡܪ ܒܒܝܬ ܒܘܢܝܢ. ܟܠ ܫ̈ܢܝܐ ܬܠܬܐ ܡܢ ܒܪܝܟܐ. ܘܒܥܝܢ ܠܡܬܗܘܢ ܒܬܪ ܡܠܦܢܘܬܗܘܢ ܘܡܥܒܕܝܢ ܐܪ̈ܙܐ ܕܬܫܡܫܬܗܘܢ ܘܕܝ̈ܪܬܐ ܡܢܟ ܚܝ ܟܠܝܘܢ ܠܠܡܪܝܐ ܘܡܥܒܕܢܐ ܡܫܝܚܘܗܝ ܪܒ ܚܝܠܗ. ܘܠܐ ܐܬܡܨܝ ܡܥܒܕܢܐ ܕܟܠܝܘܢ ܘܡܫܬܐܠܢܘܬܐ ܐܟܠܝܢ ܗܘܘ ܡܬ̈ܝܒܘܗܝ ܠܐ ܓܪ ܡܟܠ ܦܪܘܫܐ ܡܥܡܠ ܡܬ̈ܝܒܘܗܝ ܕܟܠ ܡܫܝܚܘܗܝ. ܐܠܐ ܐܙܕܪܩ ܒܗܘܢ ܘܒܪܟܐ ܐܢܘܢ ܡܢ ܡܕܒܪܗܘܢ. ܒܟܢܫܗ ܕܝܢ ܬܘܒ ܗܘܐ. ܕܐܢܘܢ ܡܢ ܟܝܘ * 79 v.

ܥܪܒܝܢ ܐܝܠܝܢ ܕܐܬܦܪܫܘ ܠܗ ܥܠ ܡܫܝܚܘܗܝ. ܘܚܙܐ ܗܘܐ ܒܟܢܫܐ ܕܐܠܦ ܥܒܪܘܗܝ. ܡܫܝܚܘܗܝ ܕܝܢ ܠܐ ܝܕܥ ܗܘܐ ܒܗܠܝܢ ܕܐܬܐܟܠ ܡܬ̈ܝܒܘܗܝ. ܐܠܐ ܟܕ ܚܠܦ ܕܢܦܩ ܡܠܝܘܗܝ ܡܢ ܚܝܠ. ܥܒܕ ܡܪܗܝ ܟܕ ܠܗܠܟ ܐܦܣܩܘܦܐ ܘܐܡܪ ܠܗ. ܕܒܥܐ ܠܗ ܐܚܘܟ. ܕܦܪܘܫܐ ܠܚܝܡ ܠܗܠܝܢ. ܘܐܟܠ ܡܬ̈ܝܒ ܥܘ̈ܠܝܐ ܐܝܟ ܠܗ ܫܡܥ ܒܒܬ̈ܝܟ. ܐܙܠ ܟܠܗܘܢ ܝܪܒ ܡܕܒܪܗܘܢ. ܘܫܡܥ ܐܚܘܟ ܕܗܘ ܗܘܐ. ܠܐ ܢܥܒܕܘܢ ܒܗܘܢܐ: ܒܡܕܒܪܐ ܕܡܥܡܠ ܦܪܘܫܐ ܡܢ ܒܪܝܟܐ: ܕܕܠܡܐ ܢܟܠܬ ܒܗܘܢܐ: ܢܦܫܐ ܡܕܡ ܢܬܠܝܫ ܠܡܕܒܪܗܘܢ. ܐܡܪ ܠܗ ܘܠܗܠܟ ܐܦܣܩܘܦܐ. ܕܕܡ ܗܕܝܢܐ ܪܒܘܬܟ. ܕܠܘ ܒܢܫܐ ܚܝܠ ܘܡܝܬܘܬܐ ܡܢܝܘܬܐ ܡܬܠܬܠܬܟ. ܕܕܠܡܐ ܪܥܝܐ ܡܕܡ ܬܡܥܠ ܡܢ ܦܪܘܫܐ ܒܟܠܗ ܒܗܘܢܝܢ. ܘܕܡ̈ܟܢܐ ܫܝ̈ܩܘܬܐ ܐܚܕܝܢ ܥܠ ܥܕ ܡܕܡ ܐܠܗܐ ܥܠ ܪܥܘܬܟ ܕܠܐ ܬܬܒܪ ܘܥܠ ܫܘܠܛܢܟ ܕܠܐ ܢܟܠܠ: ܕܡܕܒܪܘܬ ܡܕܒܪܐ ܦܠܚܝܢ ܐܢܬ ܡܦܪܗ ܕܪܕܘܦܝܢ. ܘܡܕܒܪܘܬ ܗܕܪܐ ܕܦܪܘܫܐ ܗܘܝܢ ܐܢܬ ܒܥ̈ܘܦ ܒܪܬܗ ܕܡܫܝܚܐ ܒܟܠ ܐܬܪ̈ܝܢ. ܐܡܪ ܠܗ ܡܫܝܚܘܗܝ. ܟܠ ܠܡ ܝܗܒܬ ܠܐ ܬܫܟܚܘܢ ܒܡܕܒܪ. ܕܠܐ ܡܟܝܐ ܦܪܘܫܐ ܕܢܚܝܢ. ܗܐ ܬܘܒ ܡܟܠܐܒ ܠܝ ܠܐ ܒܪܐ ܠܐ ܠܝ. ܕܗܕܐ ܗܝ ܟܠܗ ܪܚܡܝ. ܒܪܡ ܕܝܢ ܐܠܗܘܢ ܐܙܕܗܪܘ ܒܥܒܕܝ̈ܟܘܢ. ܕܠܡܐ ܟܝ ܟܝ ܬܬܟܒܢ ܐܝܟܐ ܠܡܐ ܒܗܘܐ ܥܠ ܢܦܫ ܚܘܫܒ. ܕܟܠܝܘܢ ܗܘ ܡܐܟ ܠܝ. ܠܘ ܓܪ ܥܠ ܢܦܫ ܗܘܬ ܠܝ ܗܕܐ ܟܠܠܬܐ. ܐܡܪ

ܠܗ ܘܠܟܠ ܐܦܣܩܘܦܐ. ܠܟܝ ܢܣܝܡ ܐܠܗܐ ܒܐܝܕ ܒܪܬܗ. ܘܣܝܡ ܠܐ ܡܬܪܦܝܢ. ܘܐܦ ܡܬܬܐܠܝܢ ܣܓܝ. ܘܐܦ ܡܬܠܒܢ ܠܐ ܗܘܬ ܐܪܥܐ ܟܢܝܫ. ܡܢܐ ܓܝܪ ܢܦܪܘܫ ܠܡܫܝܚܐ ܕܡܚܝܬ[1]) ܣܠܩܝܢ. ܐܦܠܐ ܐܠܐ ܡܝܩܪܐ ܕܐܝܟܘ ܕܒܬܝܢ ܢܬܚܝܬ ܣܠܩܘܗ̇: ܗܫܐ ܣܓܝ * 80 r. ܠܡܦܪܥ ܠܡܫܝܚܐ ܕܡܚܝܬ[2]) ܣܠܩܝܢ. ܕܥܠܠ ܕܝܢ ܐܝܟ ܚܝܠ ܢܬܚܬܦ ܠܢܫܟܐ ܕܡܦܩܬܗ ܒܡܗܝܡܢܘܬܟ ܥܠܝ ܡܫܠܡܝܢ. ܘܡܗܝܡܢܝܢ ܐܡܝܢܐ ܕܟܠ ܡܘܬ ܥܠܝܗ̇ ܕܗܕܐ. ܕܡܗܝܡܢܝܢ ܥܠܝܐ ܥܠܬܐ ܠܟܠܬܐ ܕܡܗܝܡܢܘܬܐ ܢܗܘܐ ܠܝ. ܘܠܐ ܡܬܦܠܓܐ ܠܝ ܒܐܘܠܨܢ. ܘܗܢܐ ܓܒܝܐ ܗܘܝܐ ܐܘܐ ܐܝܟ ܠܟܠܗ ܡܕܒܪܢܘܬܗ̇ ܘܥܠܗ ܓܒܪܐ ܕܐܬܟܠ ܒܐܒ̈ܗܝ ܡܫܝܚܐ. ܒܗ ܬܬܟܝܐ ܠܐ ܬܫܒܘܚ ܒܗ ܕܓܒܪܐ ܗܘ ܕܡܝܬܪ. ܐܦ ܠܐ ܕܢܣܒܪ ܡܢ ܡܫܡܠܝܘܬܐ. ܥܠ ܓܝܪ ܒܡܢ ܒܘܠܝ. ܒܫܘܪܐ ܢܦܫ ܘܒܫܘܪ ܐܒܝܢ. ܘܒܫܘܪܐ ܡܫܡܠܝܢ. ܠܡܦܠܓܘ ܣܓܝܐ ܕܡܫܡܠܝܘܬܗ. ܕܒܪ ܐܠܗܐ ܒܡܗܝܡܢܘܬܟ ܗܡܝܢܢ: ܘܗܘܝܢ ܣܓܝ ܘܡܫܬܘܕܝܢ. ܠܐ ܡܫܝܠ ܬܘܒ ܥܠܝܟ ܒܪܘܬܐ ܕܗܕܐ. ܕܐܠܡܐ ܠܗܘܦܟܝܢ ܬܫܬܟܚ. ܐܠܐ ܡܛܠ ܦܘܩܕܢܗ̇ ܕܡܗܝܡܢܘܬܟ ܘܐܦܩܘ ܠܝ ܕܢܗܘܐ ܒܗܝܢ: ܘܠܐ ܢܬܚܦܟ ܡܢ ܬܫܒܘܚܬܗ ܕܐܠܗܐ. ܗ̇ܘ ܕܢܚܬ ܠܦܘܪܩܢܗ ܕܒܪܢܫܐ ܘܥܒܪ ܒܒܢ̈ܝܢܗ. ܕܢܚܘܐ ܢܗܘܪ. ܘܒܗ ܣܓܝ ܡܢܝܚܘ ܡܗܝܡܢܘܬܗ: ܕܠܟܠ ܘܕܐܠܝܢ ܕܒܗܘܢ. ܬܗܪ ܘܐܬܕܪܟܬ ܠܟܠ ܒܥܪܐ ܕܒܢܝ̈ܢܗ: ܘܪܬܝܘ ܥ̈ܡܡܘܗܝ. ܘܥܒܕ ܕܡ̈ܫܘܗܝ. ܘܒܢܐ ܐܝܟ ܘܐܡܪ ܠܗܘܢ: ܡܫܝܚܐ ܒܪ̈ܝ ܕܐܟܠܠ ܥܡܗ ܡܫܬܘܝܢ ܐ̈ܦܝܗܘܢ ܠܡܚܒܬ ܗܘ ܢܣܡ ܒܟ̈ܐܦܝܗܝ: ܘܠܝܢ ܒܥܦܐ ܕܢܝܚܝܢ ܥܠ ܢܩ̈ܕܬܗܘܢ: ܘܐܦܩ ܗܘܢ ܠܗܘܢ ܠܡܚܝܢ ܒܚܝܕܗܘܢ: ܘܗܘ ܐܬܦܠܓ ܠܡܦܩ ܠܐܘܪܚܗ ܕܦܘܪܩܢܐ. ܒܫܘܟܠܐ ܕܡܫܝ̈ܚܘܬܗ. ܘܒܪ̈ܘܪܗܘܢ، ܥܒܪ ܠܟܠܗܘܢ ܬܫ̈ܘܒܚܬܐ ܕܪ̈ܘܡܪܡܐ. ܘܥܒܕ ܠܘܬܗ ܠܟܠܗܘܢ ܚܝ̈ܠܘܬܐ ܕܢܚܬ ܠܒܪܬ ܬܫܘܒܚܬܐ ܘܐܦ ܡܟܠܗ ܠܥܠܡܐ ܒܪܘܚܐ ܘܦܠܚܝܐ. ܘܚܝܐ ܐ̈ܦܝܗܘܢ. ܕܦܘܪܩܢܐ ܕܠܐ ܐܬܒܣܝܡ ܠܘܬܗ

---

1) Die Worte ܠܡܫܝܚܐ ܕܡܚܝܬ sind eine spätere Aenderung; ursprünglich stand da [? ܕܡܚܝܬ] ܠܐܠܗܐ. Auch ܡܚܝܬ ist eine spätere Aenderung.

2) Ursprünglich [? ܡܚܝܬ]ܕ ܠܐܠܗܐ. Die Correctur ist von später Hand.

ܐܝܟ ܕܐܬܬܟܠ ܘܐܝܟ ܕܡܬܬܟܠ. ܠܒܪ ܗܘܐ ܓܒܪ ܫܥܬܐ ܥܠ ܦܪ̈ܨܘܦܗ. ܘܡܕܡ ܡܣܟܢܘܬܐ ܕܦܪ̈ܨܘܦܗ ܐܬܬܥܠܘ. ܠܐ ܕܝܢ ܐܫܟܚ ܡܗܝܡܢܐ ܐܦ ܠܐ ܚܕ ܗܕܐ: ܕܢܫܪܐ ܒܪܐ ܘܢܗܘܐ ܒܗܘܢ، ܠܘܠܝܐ ܐܦܣܩܘܦܐ ܘܠܐܚ̈ܝܢ ܕܒܝܬܗ: ܕܢܗܘܘܢ ܢܨܝܚܝܢ ܠܒܪ ܡܢ ܕܚܫܚܝܢ: ܒܪ ܠܐ ܢܦܩܘ ܐܢܘܢ ܐܠܘܗܐ. ܗܢܘܢ ܕܝܢ ܡܫ̈ܡܫܢܐ ܘܩܫܝ̈ܫܐ ܒܪ ܠܒܗ ܗܠܝܢ ܡܢ ܒܪܝܫܗܘܢ ܒܥܒܕܘܗܝ ܕܡܟܝܢܘܗܝ ܠܐ ܐܬܝܗܒܘ ܐܦ ܐܬܟܬܒܘ ܘܠܕܘܟ ܠܐ ܥܒܘ. ܐܠܐ ܒܗܠܝܢ. ܘܗܟܢܐ ܒܬܪܗ ܠܗܬ ܫܪ̈ܕܐ ܒܟܘܡܪܘܬܐ ܒܝܕܐ ܢܦܫ ܘܒܝܫ ܪܚܡ. ܒܪ ܥܡܠܝܢ ܣܘܦܪܗ ܕܬܫܡܫܬܐ ܒܡܘܬܒܗܘܢ: ܘܒܡܪܕܝܬܐ ܘܒܬ̈ܫܡܫܬܐ ܒܟܠܗ ܚܠܗܘܢ ܒܗ ܐܠܗܐ ܦܠܚܝܢ ܗܘܘ. ܘܒܠܐ ܒܕܒܪܗܘܢ ܡܢ ܟܠܐ ܡܫܬܡܥ ܗܘܐ ܠܐ ܕܬܫܡܫܬܗܘܢ: ܐܝܟ ܕܗܘܐ ܠܐ ܕܬܫܡܫܬܗܘܢ ܒܠܬܐ ܕܡܕܝܢܬܗܘܢ ܢܗܘܐ ܗܘܐ. ܒܠܒ̈ܒܗܘܢ، ܕܝܢ ܕܐܪܥܐ ܫܠܦܐ ܘܡܫ̈ܕܪܐ: ܒܪ ܒܠ ܦܘܪܩܢܐ ܠܡܕܝܢܬܗܘܢ: ܒܝܕ ܐܢܬ ܐܒܠܝܢ ܗܘܘ ܡܪ̈ܘܬܗ، ܕܘܠܝܐ ܘܐܒܠܝܢ ܕܒܗܘܢ. ܘܪܚܝܢ ܗܘܘ ܐܣܝܪܝܢ. ܕܐܦ ܠܟ ܗܟܢ. ܢܬܚܫܒܘܢ ܠܝ ܦܠܚ ܗܪ، ܡܠܟܐ. ܕܗܘܐ ܒܠ ܦܘܪܩܢܐ ܡܫܬܟܚܐ ܡܫܬܡܥ ܘܠܐ ܕܬܫܡܫܬܗܘܢ ܒܪܘܣܝܐ ܕܐܬܗܘܬ ܠܗܘܢ ܡܢ ܪܒ ܚܠܝ. ܒܕܝܢ ܕܝܢ ܠܐܝܟܐ ܗܟܢܐ ܡܬܚܫܒܘܢ: ܕܥܡܝܢ ܒ̈ܐܦܝܢ ܚܣܝܠܐ ܐܫܟܚܘ ܥܠ ܫܘܠܛܢܐ ܕܡܠܟܘܬܗ: ܕܠܐ ܒܚܕܪܗܘܢ ܠܒܪ ܥܒܪܘ ܘܠܐ ܕܬܫܡܫܬܗܘܢ: ܕܢܣܒܘܢ ܒܗܕܐ ܕܠܐ ܗܡܢܝܢ ܬܘܣܦܬ ܢܘܗܪ ܕܫܘܠܛܢܗ: .... ܡܠܝܢ ܕܝܢ ܡܫܡܫܢܐ ܗܘܐ ܒܗܠܝܢ. ܡܛܠ ܒ̈ܢܝ ܦܘܩܕܢܐ ܪܒܐ ܕܐܝܬ ܗܘܐ ܠܗ ܠܡܫܝܚܐ ܪܒ ܚܠܝ. ܐܝܟ ܡܢܐ ܚܝ̈ܐ. ܕܠܗܘܢ ܠܗܠܝܢ ܐܝܬ ܠܗܘܢ ܚܝܠܐ ܕܢܣܒܘܢ ܐܝܟ ܥ̈ܒܕܝܢ ܬ̈ܠܡܝܢ. ܫ̈ܒܝܐ ܗܘܘ ܠܒܪ ܡܢ̈ܝܐ ܘܬ̈ܫܡܫܬܐ. ܘܠܐ ܡܫܬܒܩܝܢ ܗܘܘ ܠܗ ܠܦܘܪܩܢܐ. ܠܗܢܐ ܦܘܪܫܢܐ ܗܦܟ ܗܘܐ ܦܘܪܩܢܐ ܒܦܫܩܐ. ܘܠܐ ܢܓܒܐ ܗܘܐ ܕܒܥܐ ܠܗ ܠܡܫܝܚܐ. ܕܠܐ ܢܬܒܕܪ ܠܗ ܒܠܒܗ، ܡܪܒܐ ܕܒܗ ܬܫܒܘܚܬܐ. ܘܒܪ ܒܥܐ ܠܗ ܒܠܒܗ، ܪܘܒܐ * ܕܫܒܝܐ 31 r.
ܘܡܗ̈ܘܪܢܐ: ܕܐܘ ܒܥܪ ܠܟ ܕܫܠܝܬܐ ܗܕܐ ܡܢ ܡܕܝܢܬܐ. ܐܘ ܐܦܣ ܕܝܗܘܒ ܒܠܝܢ ܒܦܘܪܫܢܐ. ܗܘ ܕܝܢ ܦܘܪܩܢܐ ܐܝܟ ܕܢܫܡܥܐ ܢܐܦܐ

ܕܡܕܒܪܢܘܬܗ̇ ܢܦܩ ܒܝܘܡܬܗ ܠܦܘܠܚܢܐ ܡܫܝܚܝܘܬܗ ܘܐܡܪ ܠܗ. ܕܠ ܟܠ ܠܐܝܠܝܢ ܕܒܥܝܢ ܗܘܝܢ ܬܠܡܝܕܐ. ܘܐܦ ܗܕܐ ܐܫܬܡܥܬ ܐܝܟ ܕܐܬܬܥܝܪܬ ܒܠܒܗܘܢ ܣܓܘܐ ܐܢܘܢ ܒܣܒܪܐ ܗܘܝܢ ܕܒܗܝܢ ܒܢܝܢ ܗܘܘ. ܘܗܒܘܪ ܒܐܢ̈ܦܝܗܝܢ ܒܟܦܐ ܙܘܪܚܬܐ ܥܠ ܦܘܩܕܢܐ ܕܡܕܒܪܢ̈ܐ. ܘܐܬܪܒܝܬ ܒܠܒܗܘܢ ܬܠܡܝܕܐ ܒܫܘܬܦܐ ܕܒܝܘܡܬܗ. ܘܒܟܒܫ ܒܟܒܪܐ ܐܝܟܢܐ ܕܐܬܦܩܕ ܠܗ ܡܢ ܡܠܟܐ. ... ܘܡܟܝܠ ܕܝܢ ܠܒܪ ܗܘܐ ܣܓܝܐ ܘܐܬܬܟܠ ܦܘܪܥܢܗ. ܘܟܕ ܗܘܐ ܗܘܐ ܡܫܬܐܠܬ ܒܗ ܐܡܪܐ. ܘܠܡ ܕܐܝܟܢܐ ܐܬܡܛܝܬ ܒܥܒܕܐ ܢܦܫܢܐ ܕܒܢ̈ܘܗܝ ܕܐܠܗܐ. ܘܐܝܟܢܐ ܗܘܬ ܠܗܘܢ ܒܠܬܐ ܗܕܐ. ܒܐܦܣܬ ܠܗܘܢ ܕܢܒܢܘܢ ܒܝܥܬܐ. ܘܒܥܐܐ ܗܘܐ ܦܠܛ ... ܦܪܘܢܐ ܕܝܢ ܠܝܠܦܐ ܡܢ ܒܬܪ ܕܐܙܠ ܠܒܝܬ ܡܪܢܗ: ܘܗܘܐ ܠܘܬ ܢܦܫܗ. ܐܬܬܟܝ ܒܪܝܫܗ ܕܠܐ ܒܕܪܐ ܕܒܢܝܢ ܠܩܠܝܬܐ. ܕܒܗܘܢ ܕܠܝܠܝܗ ܘܡܘܪܐ ܕܡܐܪܘܬܗ. ܘܢܐܙܠ ܒܬܪ ܕܟܢܝܫܘܢ ܕܐܝܬܝܐ ܒܝܬܢ̈ܝܐ ܘܬܠܡܝܕܐ. ܒܬܪ ܕܝܢ ܕܟܠܠ ܘܡܟܝܠ ܕܝܢ ܦܒ ܢܝܠܗ. ܕܠܐ ܒܬܪܦ ܐܢܕܪܘܣ ܡܢ ܡܐܪܘܗ. ܘܐܬܪܒܝ ܒܚܫܝܫܐ ܕܟܦܘܪܬܐ ܕܬܠܡܝܕܗ ܢܒܘܗܝ ܠܣܝܒܪܢܐ. ܘܒܬܪ ܡܪܢܗ ܠܡܟܝܠ ܕܝܢ ܘܐܡܪ ܠܗ. ܐܡܪ ܠܝ ܠܡ ܒܪܗ ܕܐܪܘܢܝܐ ܡܢܐ ܐܢܝ ܬܢܬ ܩܠܐ ܕܐܫܬܡܥ ܠܝ ܒܠܝܢ ܒܨܘܡܗ ܕܝܠܝܕܝܢ. ܘܐܡܪܐ ܗܘ ܗܕܐ ܡܪܘܡܬܟ ܕܫܠܡܬܟ. ܕܫܠܡܬ ܦܘܪܫܢ ܕܡܠܟܘܬܐ. ܘܐܦܩܬ ܠܝܠܕܐ: ܕܢܒܢܘܢ ܒܝܥܬܐ. ܘܐܢܐ ܠܐ ܦܘܪܫܬ. ܘܒܠ ܗܕܐ ܫܪܝܪ ܡܬܚܙܐ ܐܢܐ. ܕܒܐܝܢܐ ܚܝܠ ܘܐܦ ܒܐܝܢܐ ܫܘܠܛܢܐ ܗܒܝܪܬ ܗܕܐ: ܘܠܐ ܝܗܒ ܬܘ ܕܢܫܠܬ ܡܢ ܫܘܠܛܢܐ ܕܡܠܟܘܬܐ. ܘܒܒܪ ܡܟܝܠ ܒܢ̈ܝ ܦܠܗܘܢ ܕܐܝܬ ܒܗܝܢ: ܫܘܠܛܢ ܚܐܦܗ ܕܫܡܝܢܝܢ ܘܗܒܪܬ ܗܕܐ ܕܠܐ ܒܡܠܘܢ. ܐܢܐ ܡܢ ܗܫܐ * 81 v. ܐܫܟܚܬܗܘܢ ܠܫܡܝܢܝܢ. ܘܐܫܬܠ ܒܫܒܝܢ ܕܢܬܦܪܬܢ. ܘܬܒܥ ܠܗܝ ܢܠܟܐ ܕܦܘܢܝܐ ܗܘܬ. ܘܒܦܠܓܘܬܗ ܕܡܪܢܝܬܘܬܐ ܐܬܬܗܢܝܬ ܫܘܠܛܢܐ. ܐܢܐ ܡܢ ܗܫܐ ܐܟܘܒ ܕܠܐ ܡܢܝ ܘܐܫܒܘܩ ܒܠܝ. ܘܡܟܝܠ ܟܠ ܦܠܗܘܢ ܡܛܘܠܝܢ ܠܝ ܫܢܝܢ .. ܘܡܟܝܠܘܗ ܕܝܢ ܐܡܪ. ܒܫܘܠܛܢܐ ܕܐܬܬܗܢܝܬ ܡܢ ܡܠܟܘܬܟܘܢ. ܠܐ ܡܢ ܡܟܝܠ ܐܫܬܒܩܬ ܡܢ ܡܠܟܐ. ܘܠܐ ܐܬܬܪܡܝ ܠܒܝ ܒܡܫܒܪܢܘܬܐ

ܕܐܬܓܠܠܬܘܢ ܒܐܝ̈ܕܝ. ܘܠܐ ܕܐܡܬ، ܙܒܢܐ ܣܡܟܬ ܥܠ ܢܦܫ ܡܢ ܡܘܬܐ̈. ܘܗܘܕܝܬ ܠܝ ܚܝܠܘܬܟ. ܕܐܝܟ ܚܕ ܡܢܟܘܢ ܐܬܬܟܝܬ ܒܡܟܘܢ܆ ܘܐܢ ܥܠ ܒܢܝ̈ܬܝ، ܕܟܪܝܗܘܢ ܡܚܝܐ ܠܐ ܐܬܬܪܝܡܬ ܘܐܫܬܒܠܬ: ܒܠܝܟ ܡܪܝ، ܡܠܒܫܐ ܐܢܬ ܗܘܝܬ ܠܝ ܕܐܬܬܝܬܝܬ. ܠܒܫܐ ܗܘܝܠ ܬܘܒܠ ܥܠܝ ܡܠܒܫܬܟ ܕܬܫܠܡܬܐ. ܕܐܢܐ ܦܘܩܕܢܟ ܠܐ ܥܒܕܬ. ܘܢܛܠܐ ܒܝ ܡܢ ܡܘܬܐ̈ ܠܐ ܐܫܬܟܚ. ܘܡܕܡ ܕܗܘܐ ܠܐ ܗܘܝܬ. ܐܢ ܕܝܢ ܡܘܬܐ ܡܬܚܪܝܢ ܠܝ ܒܝ. ܚܕܐ ܚܕ ܐܢܐ ܠܝ. ܘܡܢܝ ܐܫܬܝܢ ܒܠܝܬܐ.. ܡܠܝܗܘܢ ܐܡܪ. ܘܡܢܗ ܗܢܐ ܕܚܕ ܐܢܬ ܠܝ ܢܕܒ. ܡܟܝܠ ܗܘ ܐܡܪ. ܕܠܒܪܐ ܕܢܦܫ ܝܗܘܐ ܐܢܬ ܡܢ ܒܝܘ. ܐܬܚܕܝܗ، ܡܪܝ، ܢܠܒܫܐ ܘܗܘܒ. ܘܐܬܚܙܝܬ ܡܠܝܗܘܢ ܘܐܬܓܪ. ܐܘ ܚܕ ܡܘܬܐ ܘܓܠܠܡ ܓܒܪܘܬܗ ܕܡܠܒܘܬܟ ܐܢܐ ܐܬܚܬܝܟ ܡܢ ܪܚܡܘܬܐ ܠܪܚܡܘܬܐ. ܘܗܘܡܬܟ ܒܬܪ، ܙܒܢܐ ܘܡܠܐܟܐ ܠܐ ܒܠܗܘܢ ܚܝܠܘܬ: ܘܠܒܪܟܝ ܝܗܘܐ ܐܢܐ ܒܡ ܓܒܪ. ܘܦܓܪ ܓܢܘܢܐ. ܘܡܥܠ ܡܢܗ ܐܘܪܚܐ ܕܠܚܘܬܗ. ܘܐܠܒܫܗ ܡܐ̈ܢܐ ܥܫܝܢܐ. ܘܥܬܝܕ، ܡܢ ܥܘܠܝܗ. ܘܢܦܩ ܡܢ ܡܕܡܗ، ܒܗ ܠܝܬ ܠܗ ܙܢܐ ܘܓܘܫܡܐ ܕܡܕܡ ܒܠܒܗ. ܐܠܐ ܒܠܚܘܕ ܕܘܓܠܐ ܘܕܐܡܠܝܢ ܕܒܟܡ. ܘܠܠܝܐ ܒܗܠܝܢ ܐܝܟ ܡܠܘܬܐ ܥܠ ܦܘܪܫܢܗܘܢ. ܐܠܗܐ ܕܝܢ ܕܟܠ ܐܝܟ ܠܗܐ ܠܚܘܓܝܗܘܢ: ܘܠܐ ܡܬܟܬܒܢ ܐܝܟܢܐ ܡܢ ܒܗܕܝܗܘܢ. ܟܕ ܓܠ ܥܕܪ ܠܗ ܒܗܢܐ ܠܓܒܪܐ ܦܘܫܐ. ܘܡܚܘܒܐ ܕܢܦܘܫܘܢ ܐܘܦܝ ܥܠ ܢܓܝܫܝ. ✳ ܒܬܪ ܓܒܪ ܒܕܝܢܐ ܘܠܝܠ ܕܐܫܬܪܝ، 82 r.
ܡܟܝܠ ܗܘ ܡܢ ܦܠܚܘܬܗ. ܬܘܒ ܠܐܚܕܘܗܝ ܕܓܒܪܐ ܒܬܘܒܬܐ: ܕܡܫܪܝܢ ܗܘ، ܡܢ ܐܪܚܘܪܝ ܡܫܦܠܐ ܙܒܢܐ ܕܫܒܘܪ. ܠܡܟܝܠ ܗܘ ܙܒ ܚܠܝܐ ܕܝܗܘܒܐ: ܥܠ ܕܒܘܬܐ ܕܡܠܟܘܬܐ ܕܝܗܘܒܐ. ܕܡܦܠܠ ܕܫܡܥܐ ܘܐܬܚܒܬܐ ܐܢܬ ܗܘܐ ܠܗܘܢ ܒܟܠ ܫܪ̈ܕܐ: ܡܢ ܒܪ ܦܠܓ ܠܗܬܗ ܠܒܝܬ ܬܘܫܒܚܐ .... ܚܕܐ ܓܒܪ ܬܫܒܘܚܬܐ ܐܬܬܚܝ، ܠܗ ܠܐܪܡܠܝ̈. ܒܡܫܒܚܢܐ ܕܡܟܝܠ ܗܘ. ܒܪ ܡܬܪܢܝܢ ܗܘܘ ܒܡ ܫܪ̈ܕܐ. ܚܕܐ ܓܒܪ ܢܦܫܐ ܕܐܚܝܕܐ ܒܠܝܠܝܐ ܠܒܠ ܡܢ ܙܒܢ ܕܡܟܝܠ ܗܘ. ܘܥܒܕ ܕܕܠܝܗ ܗܝ، ܡܠܟܘܬܐ ܘܡܬܪܒܝܢܘܬܐ ܕܝܗܘܒܐ. ܠܐ ܕܝܢ ܓܠܐ ܠܗ ܚܝܘܐ. ܐܠܐ ܕܡܫܐܠ ܗܘܐ ܠܗ ܒܡܫܒܚܬܐ. ܕܠܐܝܢܐ ܐܠܗܐ

ܕܢܦܠ ܐܢܬ. ܘܟܕ ܡܠܟ ܕܟܪܘܣܛܝܢܐ ܗܘ. ܐܬܟܠܠܬ 80 ܬܫܡܫܬܐ ܕܦܘܠܚܢ. ܡܢ ܠܒܗ ܕܐܪܝܣܛܘܪ. ܘܫܪܝܬ ܕܢܗܘܐ ܒܗ ܬܫܡܫܬܐ ܕܫܪܪܐ. ܘܟܕ ܐܙܠ ܠܐܬܪܗ. ܐܬܬܠܡܕ ܠܐܘܪܚܗ ܕܫܪܪܐ ܡܠܝܐܝܬ. ܒܐܝ̈ܕܝ ܡܗܘܒ ܡܫܝܚܐ ܘܪܫܝܫܐ. ܕܒܬܪ ܗܘ̣ܐ ܒܝܬ ܠܘܬ ܡܕܝܢܬܐ. ܘܡܛܠ ܗܘ̣ܐ ܡܢܗ ܒܣܐܝܬ ܪܘܫܡܗ ܕܡܫܡܫܢܘܬܐ. ܘܫܘܬܦܗ ܗܘ̣ܐ ܠܐܚ̈ܘܗܝ ܐܠܗ̈ܐ ܕܡܫܝܚܐ ... ܘܟܕ ܡܠܟ ܘܒܝܢܘܗܝ ܥܠ ܡܬܦܢܝܢܘܬܗ ܘܟܠ ܬܒܥܬܗ ܕܠܗ ܕܗܘܢܐ ܡܫܦܠܢܐ. ܠܐ ܐܫܟܚܢ ܕܢܬܘܒ ܠܗ ܐܓܪܬܐ ܕܒܘܝܐܐ: ܕܡܫܝܚܐ ܪܚܝܡܗ ܘܡܫܪܪܐ ܗܝܡܢܘܬܗ. ܘܒܛܒܗ̇ ܬܘܒ ܕܗܕܐ ܐܓܪܬܐ. ܐܦ ܐܓܪܬܐ ܫܠܚ ܠܗ ܐܚܪܐ ܕܡܫܦܠܐ ܠܗ ܥܠ ܘܒܬܘܗܝ ܕܗ̈ܘܡܢܐ. ܟܕ ܪܫܡ ܠܗ ܒܗ̇ ܬܫܡܫܬܐ ܗܕܐ. ܕܡܐܬܝܬܗ ܠܟ ܐܚܝ ܕܒܪ ܐܠܗܐ: ܕܗܕܐ ܕܫܬܐܝܬ ܡܫܡܫܬ ܒܗ̇. ܒܡܠܘܬܐ ܕܗ̈ܘܡܢܐ ܐܬܕܪܫܬ. ܘܡܢܗ̇ ܢܣܒ ܦܪܘܬܐ ܠܫܡܫܘܬܗ ܡܢ ܟܠܗܘܢ ܒܡܫܡܫܢܘܬܗ ܕܡܠܘܬܐ ܗܕܐ ܐܬܚܫܒ. ܘܡܫܡܫܢܘܬܐ ܕܫܪܒܬܗ ܬܘܒ ܐܬܟܬܒ. ܘܒܫܒܒ ܪܫܐ ܝܗ̇ܒ ܕܬܗܘܐ ܟܠܝܠܐ ܠܦܪ̈ܘܫܐ ܕܐܒܘܬܟ. ܕܡܢ * ܗܕܐ ܡܫܡܠܝܘܬܐ ܐܝܬܝܗ̇ ܠܡܕܝܢܬܐ ܕܐܪܒܥܝܢܘܬܗ 82 ܕܒܪ ܐܠܗܐ. ܐܝܟ ܕܠܡܫܠܡܘܬܐ ܡܛܠ ܕܡܫܝܚܐ ܠܐܠܗܐ ܕܡܫܡܫܬ ܒܗ̇. ܒܗܕܐ ܕܡܫܟܚܬ ܐܚܝ ܗܘ. ܠܗ ܐܢܐ ܘܐܬܚܫܦ ܥܠ ܘܒܬܘܗ. ܘܬܘܪ ܡܢ ܡܫܡܠܝܘܬܐ ܕܐܝܬܝܗ̇ ܒܗ̇ ܓܠܐ ܥܠ ܫܠܡܗ̇ ܕܡܫܡܠܝܘܬܟ. ܕܐܝܟ ܕܒܣܝܡܬ ܒܢ̈ܝܐ ܫܐܠܐ ܠܟ ܕܬܗܘܐ ܒܗ̇ ܒܪܐ ܘܝܪܬܐ. ܘܟܕ ܐܠܗܐ ܒܐܝ̈ܕܝܟ ܢܬܠ ܠܗ̇ ܘܒܬܘܗ̇. ܒܪܗ̇ ܕܡܫܡܠܝܘܬܟ ܬܬܒܪ. ܘܪܒܐ ܬܗܘܐ ܒܗ̇ ܒܠܗܘܢ ܘܡܬܪ̈ܬܟ ... ܘܒܬܪ ܕܟܬܒ ܠܗ ܦܬܓ̈ܡܝܟ. ܒܫܘܠܡܐ ܕܐܓܪܬܗ ܒܥܒܕ ܠܗ ܕܐܢ ܒܫܪܪܐ ܐܚܝ ܠܒܫܬܗܝ ܠܡܫܝܚܐ: ܘܟܠܠܗ̇ ܢܦܫܟ ܡܫܡܫܬ ܒܗ̇. ܗܒ ܒܗܘܢ ܕܡܫܡܠܝܘܬܟ ܒܫܝܢܘܬܗ ܕܫܒܘܪ ܒܟܠܕܒܒܗ̇ ܕܡܫܡܠܝܘܬܢ ܘܐܣܓܒ ܒܗܦܠܠܗ ܕܗܘ̇ ܠܦܫܝܛܐ ܕܒܠܘܐ. ܕܢܘ̈ܪܝܐ ܬܠܬܝܢ ܐܬܫܡܠܬ ܒܠܝܢ ܫܪܒܗ. ܘܠܐ ܕܢܒܠ ܫܒܒܬ ܡܢ ܕܡܢ. ܐܝܟ ܐܚܝ ܫܒ. ܠܦܝܠܐ ܡܦܠܠ ܡܫܝܚܐ ܕܡܫܡܫܬ ܒܗ. ܘܓܠܐ ܦܫܝܐ ܕܡܦܠܠܐ ܠܡܢܐ ܕܒܝܫ ܐܘܣܒܡܢ ܘܓܒܪ ܡܫܡܢ. ܘܦܠܫ ܡܘܕܝܢ. ܘܒܦܠܠ ܬܫܡܫܬ ܘܐܘܒܕ ܫܪ̈ܬ ܘܐܗܠ

ܟܢܫܐ ܣܓܝܐܐ ܕܐܬܘ ܡܢ، ܒܠܝܠܝ. ܗܝܟ ܐܝܟ ܒܪܢܫܗ ܕܗܘܐ ܕܐܟܠܐ ܣܓܝܐܐ. ܕܗܘܘ ܘܫܪܐ ܠܪܘܚܗ ܢܦܫܐ ܕܡܫܝܚܐ. ܘܟܕ ܐܬܐ ܗܘ ܠܗ ܐܝܟ ܕܚܙܝܐ ܫܒܩܬܝܗ ܠܡܘܕܐ ܗܕܐ. ܘܦܩܕ ܠܬܠܡܝܕܘܗܝ ܕܒܪ̈ܫܝܢܘܬܗ ܕܗܘܝܐ ܠܟܢܫܐ: ܬܒܒܪ ܥܕܬܐ ܘܬܪܒܝܬܐ. ܒܝܕ ܬܪ̈ܝܢ ܬܠܡܝܕܘܗܝ ܬܘܡܐ. ܘܠܐ ܠܡ ܕܒܘܪܟܐ ܗܘܐ ܕܒܫܘܬܐ: ܕܡܬܦܪܫ ܠܐܠܗܐ ܒܪ ܗܕܐ ܬܒܒܪ. ܘܒܬܪܗܘܢ ܦܠܚܐ ܕܦܠܚܘܬܐ ܡܢ ܪܚܡ ܠܐ ܢܬܦܠܚܐ ... ܗܘ، ܐܝܟ ܫܠܝܡ ܒܪܘܚܐ ܘܥܝܪ ܒܡܫܒܚܘܬܐ ܘܒܫܘܐܐ ܕܥܝܢܐ ܠܪ̈ܬܐ ܒܡ̈ܫܟܢܐ ... ܘܟܕ ܡܪܗ ܐܪܝܣܛܘ ܠܐܦܪ̈ܬܗ ܕܡܒܝܢܘܬ. ܒܒܪ ܒܫܢܝ ܘܥܕܪ ܠܗ. ܐܬܠܒܟ ܕܝܢ ܡܬܚܝܠܢ ܕܬ̈ܚܒܬܐ ܒܦܪ̈ܬܐ ܕܗܘܡܒܝܢ. ܘܐܝܟ ܕܠܓܙܘܪܬܐ ܘܝܡ ܘܠܝܠܘܬ ܦܪܝܗ، ܘܒܬܪ * ܐܬܒܝܢ، ܒܫܘܠܐ ܘܐܬܒܒ ܕܢܦܠܐ ܥܪܪܝ. ܐܝܕܝ، ܘܠܐ ܒܕ 83 r.
ܕܝܢ ܘܒܝܠܘܗ ܡܥܪܪ ܒܡ ܬܠܬܒܬܐ ܕܒܝܪܗ. ܕܝܗܒ ܐܝܟܐ ܠܪܒܘܬܗܘܢ ܕܗܘܡܒܝܢܐ. ܘܒܪ ܐܬܗܝܒ ܠܗ ܠܥܝܢܐ ܥܪ̈ܬܗܘܢ ܕܗܠܝܢ. ܘܟܠܗ ܗܘܐ ܠܐܘܦܪ ܥܠܝܢܐ ܕܐܪܝܣܛܘ. ܒܐܘܪܚܐ ܐܝܢܐ ܕܪܗܘ ܗܘܐ ܠܗ. ܘܗܒܒ ܕܢܬܦܪ ܒܐܘܪܚܐ: ܒܕ ܡܥܝܢ ܠܗ ܠܡܬܒܝܢܘ ܘܡܘܬܒ ܠܗ ܒܠ ܕܡܒܬܗ. ܘܡܗܦܟ ܠܗ ܥܘܠܦܢܗ. ܘܒܒܪ ܒܫܢܐ ܕܐܦܪ̈ܬܐ ܕܒ̈ܬܐ، ܠܗ. ܦܫܝܩܝܢ ܕܝܢ ܕܬ̈ܚܒܬܐ ܕܐܥܪܬܪ ܡܢ ܐܪܝܣܛܘ ܐܬܘܗܝ، ܗܘܝ ܗܕܐ. ܒܬ̈ܒܬܝܗ ܠܗ ܐܝܟ ܡܒܠܬ ܘܪܒܬ ܒܗܘܢ ܪܘܚ ܘܪܘܚܬ ܬܪܒܝܬ، ܘܐܝܟ ܡܗܘܡܒܬܐ ܡܝܪܬܐ ܐܝܟ ܚܕ ܥܠܡܗ ܕܐܦܪ̈ܬܗ. ܒܕ ܠܒܝܪ ܒܗܪܪܐ ܕܬܒ̈ܬܗ ܐܬܒܗܝܢ. ܬܗܪܬ ܦܠܒ ܘܐܬܕܒܪܬ ܒܢ. ܕܐܝܠܝܢ ܥܪܪܐ ܐܝܬ ܠܢ ܒܡ ܡܠܟܝܢ. ܘܡܗܒܬ ܦܠܚܐ ܠܡܠܒܘܬܐ ܕܗܘܡܒܝܢܐ: ܕܐܝܠܝܢ ܐܝܬܝܢ ܒܗ ܪܒ ܫܠܡܐ. ܘܢܦܫ ܒܦܝܫ ܐܬܕܒܪܬ. ܕܐܝܟܐ ܫܦܠܘܬܐ ܐܝܬ ܠܢ ܒܠ ܕܒܬܗܘܢ ܕܗܘܡܒܝܢ. ܡܢ ܪܒܘܬܗܘܢ ܠܪ ܕܬܒ̈ܬܝܢ. ܐܥܬܕܒܬ ܕܒܗܘ ܙܒܢܢ. ܘܐܬܒܠܠ ܠܐ ܐܝܟ ܕܐܬܒܘܒ. ܠܝܘܒܢܐ ܘܡܫܒܚܐ ܕܠܘܥܬܡ. ܕܒܠ ܐܝܠܝܢ ܕܥܠܝܬ ܠܐ ܒܬ̈ܒܬܝܢ. ܢܦܬܗܘܢ ܒܠܝܢ ܠܐ ܬܗܘܒ. ܘܪܚܡܝܢ ܒܫ̈ܥܒܝܢ ܗܘܝ ܠܐ ܢܬܒܥܐ. ܕܥܪܪܐ ܗܘ، ܡܠܬܐ ܠܘܬܢ. ܕܗܘܝܟ ܕܢܬܦܢ ܘܐܪܦܗ ܕܦܪܗ. ܥܘܠܐ ܡܠܒܘܬܗܘܢ ܥܒܕܐ ܘܢܚܫܐ

ܒܡܪ̈ܟܒܬܗ܆ ܗܘܐ ܕܝܢ ܠܗ ܒܫܠܝܘܬܗ ܐܦ ܒܟܘܢܫܐ ܕܕܫܠܝܘܬܗ܆ ܐܠܐ ܒܐܝܕ̈ܝ ܕܝܢܘܬܗ ܘܒܡܥܘܪ̈ܢܐ ܕܝ̈ܬܒܬܗ܆ ܐܘܪܚܐ ܓܝܪ ܡ̈ܫܒܚܬܐ ܠܥܒܘܪ ܒܠܒܒܗ ܕܫܠܡܘܬܗ܆ ܘܢܬܠܠ ܒܐ̈ܝܕܝܗ ܕܠܐ ܡܪܟܐ ܘܕܠܐ ܡܐܪܘܥܐ ܘܕܠܐ ܡܒܬܐ ܘܡܢܝܢܬܐ ܕܫܠܒܠܓ ܡܬܒܥܐ. ܘܕܠܐ ܡܬܬܬܐ ܬ̈ܠܝܬܝܬܐ ܕܢܦܩ ܠܒܪܐ. ܘܕܠܐ ܗܬܦܐ ܠܐܝܬ̈ܝܐ ܕܡܒܪܘܡ ܒܝܬ ܗܕ̈ܪܐ. ܘܕܠܐ ܠܓܠܘܬܐ ܫܒܝܚܬܐ ܕܝܪܝܡ ܘܡܬܝܪܡ. ܘܗܘܐ ܗܒܡ ܡܬܒܥܐ ܕܒܝܬ * 83 v ܡܠܟܘܬܐ. ܘܬܒܠܐ ܠܫܢܐ ܕܒܝܬ ܬܘܕܝܬܐ. ܘܢܬܒܡ ܒܥܠܝܐ ܬ̈ܠܟܘܬܐ. ܐܝܬ ܕܝܢ ܐܝܟ ܒܟܐ ܕܡܪܝܐ ܐܝܬ. ܫܦܠ ܠܡܙܪ ܕܒܬܘܒ ܡܐܪܘܥܐ. ܒܗ ܥܠܐ ܘܥܒܝܬ ܡܠܐ ܕܒܢܐ. ܡܐܪܘܥܗ ܪܒܐ ܕܐܬܘܪ. ܠܐ ܓܝܪ ܒܕܒܠ ܒܥ ܠܘܬܗ ܫܠܡܐ ܕܡܥܒܒܕ ܠܗ. ܘܕܢܫܒܘܪ ܒܟܒܗ ܡܪܟܐ ܠܝܬ. ܬܫܘܐ ܕܝܢ ܥܪܪܐ ܠܝ. ܕܟܬܪ ܡܠܝܠ ܠܐ ܡܢܝܢ ܐܪܝܘܗ ܠܡܐܪܒ ܕܝܘܗ ܕܡܐܪܘܥ܆ ܬܦܩ ܠܗ ܓܝܪ ܡܒܒܗ ܡܪܟܗ ܕܫܠܡܘܬܗ܆ ܐܠܐ ܒܟܐ ܕܡܝܢ ܐܝܬܘܗ ܒܗ ܥܒܝܬ ܡܢܝܢ. ܐܒܝܘ ܘܒܗܘܬܗ ܘܒܒܘܘ ܥܒܐ ܘܢܝܫܐ. ܗܘ ܐܝܟ ܫܠܝܡ ܒܪܘܚܢ. ܒܗ ܥܒܝܬ ܠܒܕ ܒܗܘܕܝܢ ܠܓܒܐ ܒܪܚܝܢ ... ܘܒܗ ܡܪܐ ܐܝܟ ܢܠܝܗܘ ܠܐܓܪ̈ܬܗ ܕܐܪܝܡܗܢ. ܘܠܦ ܡܒܢܝܢ ܥܪܪܐ ܕܐܝܬ ܗܘܐ ܠܗܘܢܝܗܘܢ. ܒܥܠܦܠܢܐ ܕܐܬܦܠܓ ܠܗ. ܘܫܦܝܠܘܬܐ ܘܟܠܝܠܘܬܐ ܕܐܝܬ ܗܘܐ ܠܗ ܒܠ ܕܒܗܘܬܗ ܕܦܪܘܫܐ. ܐܬܬܘܗܝ ܒܢܥܡ ܦܠܓ ܒܠ ܕܥܪܡܗܝ ܡܢ ܦܠܝܘܬܗ. ܘܐܒܒܪܗ ܡܢ ܥܘܦܠܗ. ܘܐܬܬܒܠ ܠܫܡܥܐ ܘܢܒܗܬ ܒܠ ܡܗܪ̈ܢܐ ܕܐܒܠܘ ܡܪ̈ܝܡܘܗܝ܆ ܘܥܪܪ ܐܝܟ ܒܡܪ̈ܐ ܡܢ ܕ̈ܥܒܝܗܘܢ܆ ܗܢܘܢ ܕܡܒܝܢ ܐܒܠܘ ܡܪ̈ܝܡܘܗܝ ܕܡܒܝܢܘܗ. ܘܪܦܐ ܐܝܟ ܒܠ ܡܬܦܐ ܠܡܦܠ ܥܒܝܢܬܐ ܕܡܥܪܝܬܗ. ܘܒܬܪ ܠܗܘ̈ܢܐ ܘܗܦܟ ܠܒܠ ܡܢ ܕܩܦܥܝܗܘܢ ܕܒܠ ܚܡ ܕܡܒܕܝܢ ܘܐܒܠ ܡܕܒ ܡܪ̈ܝܐ ܕܥܕܐ ܡܢ ܕܬ̈ܠܬܐ ܕܐܝܬ ܒܐܘܫܢܐ ܕܫܠܡܘܬܗ܆ ܐܝܟ ܡܬܬܗܘܢ ܕܗܠܝܢ ܢܒܘܬ. ܘܠܥܪ̈ܒܐ ܕܗܘ̈ܕܝܐ ܕܒܕܝܢ ܗܘܘ ܒܠܝܒܝܢ܆ ܦܠܓ ܐܦܠ ܐܝܟ ܡܢ ܒܪ̈ܗܘܢ ܘܢܗܒ ܢܗܘ̈ܝܗܘܢ ܠܒܬܐ. ܘܗܬܪ ܒܝܬ ܒܠܥܬܗܘܢ. ܘܐܘܡܕ ܒܝܬ ܥܒ̈ܝܗܘܢ ܘܒܒܥ ܥܘܒܕܐ ܠܒܠܗܝܢ ܕܬ̈ܠܬܐ ܒܗ ܒܘܡܒܐ ܗܢܐ. ܘܐܦܩ ܠܘܬܐ ܐܦܝܣܩܦܐ.

ܘܐܝܠܝܢ ܕܒܗܘܢ ܡܢ ܫܒܘܩܝܐ ܕܒܬܪܐ. ܘܐܬܟܢܫ ܠܗܘܢ ܕܠܐ ܬܘܒ ܢܒܥܘܢ ܒܫܡܝܐ ܕܐܝܟ ܗܢܐ. ܘܡܩܒܠܘ ܐܝܟ ܠܡܠܟܐ ܕܒܗܝܢ ܒܫܥܝܢ ܗܘܘ. ܘܦܠܚܘ ܐܝܟ ܒܥܒܕܐ ܠܡܫܝܚܐ ܂ ... ܘܡܒܠܒܠܝܢ
84 r. ܕܝܢ ܡܛܠ * ܕܐܡܪ. ܗܘܐ ܕܐܬܬܚܒܠ. ܡܢ ܦܪܘܩܢ. ܦܠܛ ܗܘܐ ܢܦܫܗ ܒܪ ܕܐܬܗܦܟ ܠܗ ܒܝܬ ܡܚܝܢܐ. ܒܙ ܐܢܫ ܠܐ ܙܟܝ ܗܘܐ ܒܗ. ܐܠܐ ܒܠܚܘܕ ܦܘܠܝܩܪܦܘܣ ܙܟܐ ܠܦܘܡܗܘܢ. ܘܟܕ ܒܥܘܗ، ܘܡܠܟܘ ܘܠܐ ܐܫܟܚܘܗ. ܘܐܬܬܒܥ، ܡܥܪܬܐ ܕܫܠܡܘܬܗ ܘܠܬܚܘܬܗ. ܩܪܐ ܠܒܝܬܐ ܕܐܫܟܚܘܗ ܥܠ ܐܦܝ ܦܘܠܝܩܪܦܘܣ. ܕܗܢ ܒܪ ܕܐܬܬܘܪܝ. ܢܦܩܘ ܒܒܝܬܗ ܘܫܬܘܥܘܗܝ. ܗܢܘܢ ܕܝܢ ܢܦܩܘ ܗܘܘ ܠܗ ܦܘܩܕܐ. ܕܠܐ ܠܗ ܢܚܢܝܢ ܕܐܬܟܘ ... ܐܡܪ ܠܗܘܢ ܘܠܒܫܘ. ܐܠܗ ܕܝܢ ܒܫܪܪܐ ܗܘܝܬܘܢ ܘܬܪܝܢ. ܘܐܡܪܬ ܠܗܘܢ ܒܗܢ ܫܥܬܐ. ܕܠܒܘܢ ܗܘܬ ܠܒܝ ܒܚܣܡ ܥܠ ܡܬܒܪܢܘܬܗ. ܘܬܦܪܟܘܢ ܠ ܒܠܗܘܢ، ܦܪܩܐ ܐܝܟ ܒܢܝ ܦܘܠܝܩܪܦܘܣ. ܠܘ ܒܪ ܕܠܐ ܗܘܬ ܕܐܬܒܥܝܘܗܝ، ܒܐܬܪܒܘܢ ܘܕܗܘܐ ܠܐ ܒܒܝܬܗܘܢ ܐܦ ܗܙܝܐ ܕܐܢܫܐ ܒܒܝܬܗ ܒܐܬܪܒܘܢ. ܬܗܘܐ ܠܒܘܢ ܒܠܗܘܢ، ܒܦܠܠܬܐ. ܘܐܬܬܘܗܝ، ܕܐܬܟܠ ܠܗ ܐܢܬܘܦܛܘܣ. ܐܡܪ ܠܗ ܦܘܠܝܩܪܦܘܣ. ܡܢܐ ܒܪܝ ܕܢܦܫܐ ܐܘ ܕܒܥܝ ܗܘܐ ܠܗ ܠܡܫܬܡܥܘ ܠܒܠܒܘܬܟ. ܕܪܚܡܘܗܝ، ܡܢ ܦܠܘܬܗ ܘܐܚܝܢܘܬܗ، ܡܢ ܐܢܬܘܦܛܘܣ. ܐܘ ܐܡܢܐ ܐܢܬ ܗܘܐ ܠܝ ܠܒܢܝ ܒܒܝܬ. ܒܒܪܐ ܕܠܐ ܐܫܬܘܬ ܒܪܬܗ ܡܬܒܪܢܘܬܐ ܒܟܠܗ ܡܫܒܪܢܘܬܗ. ܐܘ ܐܡܢܐ ܡܫܚܐ ܕܢܗܘܐ ܠܝ ܒܪ ܚܝܠܐ: ܠܒܪܐ ܕܒܪܝܬܗ، ܘܡܢ ܚܝܠܘܬܟ. ܘܡܫܒܚܬܗ، ܘܡܢ ܠܒܪܐ ܕܡܠܟܘܬܟ. ܕܟܕ ܗܘܝܬ ܡܢ، ܡܠܟܝ. ܕܐܦ ܠܝ ܐܚܝܕܬ ܒܗ ܡܠܟܘܬܟ ... ܐܡܪ ܠܗ ܘܠܝܬܘܢ. ܘܙܠܡܐ ܠܐ ܫܠܛ ܐܢܐ ܐܝܟ ܡܠܟܐ ܕܐܘܪܒ ܘܐܒܣܝܪ. ܐܘ ܕܠܡܐ ܒܒܪ ܠܐ ܦܩܕܐ ܒܐܢܬ، ܕܐܘܦܩ ܠܗ ܪܒܘܬܐ ܥܠ ܪܒܘܬܗ ܘܡܚܝܠܬܐ. ܘܐܚܝܢ ܫܘܠܛܢܗ ܗܢܐ ܡܢ ܫܘܠܛܢܗ ܘܡܚܝܠܐ. ܘܐܪܒܥܐ ܕܫܠܛܗ ܘܡܒܚܬܗ ܒܠ ܚܝܠܘܬܐ ܕܒܗܝ. ܘܗܫܐ ܕܒܗ ܒܠܗܘܢ ܒܢܝ ܦܘܠܝܩܪܦܘܣ. ܕܐܠܐ ܐܬܬܐ ܗܘܝܢ
84 v. ܘܡܬܚܫܒܐ ܘܡܘܒ. ܠܐ * ܡܬܚܫܒܐ ܠܐ ܕܐܢܬ ܠܒܘܢ ܒܝܬ ܙܪܝܐ ܡܢ ܒܕܘ. ܘܐܬܚܬܘ، ܦܘܠܝܩܪܦܘܣ ܕܡܫܬܐ ܠܗ ܘܡܬܚܫܐ ܘܡܒܘܥܘܢ

ܐܝܟ ܕܦܩܕ. ܘܡܚܪ ܢܦܩܘ ܚܕܘܬܐ ܪܒܬܐ. ܘܡܠܝܢ ܬܘܕܝܬܐ ܠܩܘܒܠܗܘܢ ܟܠܗ ܦܘܠܚܢܗ. ܘܡܪܝܡ ܦܘܪܫܢܐ ܥܠ ܡܘܪܝܩܝ ܕܐܬܘܗܝ، ܟܓܠ ܠܡܟܣܝܡܘܣ. ܘܐܬܚܝܐ ܡܢܗܘܢ، ܘܟܕ ܡܘܪܝܩܝ ܐܡܝܢܐ ܕܐܬܦܩܕ ܠܗ. ܘܐܬܬܗܝ ܠܡܟܣܝܡܘܣ ܘܐܬܬܚܝ، ܡܢܢ ܡܠܟܐ. ܘܡܠܟ ܫܡܥܐܝܬ. ܘܡܠܠ ܥܡܗ ܒܡܫܟܢܐܝܬ. ܘܡܠܟܐ ܟܠܗ ܘܟܢܫܗ ܥܡ ܐܚܪ̈. ܕܗܘܐ ܥܡܗ ܠܗ ܢܒܝܐ ܘܐܡܠܟ ܒܟܠܗܒܢ ܘܐܘܬܒ ܡ̈ܠܟ ܡ̈ܢܝܗܘܢ ܘܠܘܠܝܗܘܢ ܕܡܗ̈ܝܪܐ. ܐܦ ܠܗܠܝܢ ܢܛ̈ܪܐ ܡ̈ܬܩܒܠܐ ܐܦܩܬ ܡܢ ܟܠܗ ܡܫܬܥܢܐ ܘܟܠܬܗܘܢ. ܘܕܠܝ ܫܦܩܘܬܐ ܠܡܠܟܘܬܗ ܕܡܠܟܐ. ܐܡܪ̈ ܠܗ ܡܟܣܝܡܘܣ. ܥܠ ܕܦܩܕܬ ܡܪܫܝܢܘܬܟ ܫܦܝܪ ܦܩܕܬ. ܒܪܡ ܕܝܢ ܡܪ، ܡ̈ܠܟܐ. ܠܡܢܐ ܐܬܬܫܝܡܬ ܡܠܟܘܬܟ ܥܠܝ. ܕܐܡܗܝܬ ܡܢ ܒܝܬܐ ܕܡܠܟܐ ܕܢܛ̈ܪܐ ܗܟܢܐ ܕܒܣܝܡܘܬܟ ܡܢ ܦܘܪܢܣܐ ܦܠܚܐ ܕܟܐܢܐ. ܕܟܐܢܐ ܢܘܚܐ ܐܝܬܘܗܝ ܡܢ ܡܬܒܠܡܘܬܟ. ܕܗܠܝܢ ܕܩ̈ܕܡ. ܠܗ ܥܝܪܬ ܠܐܬܘܬܗܘܢ ܕܐܠܗܐ ܐܢ ܥܒܪ ܡܢܐܠ ܦܪ̈ܝܫܘܬܐ ܕܡܫ̈ܝܚܐ ܕܩܕܡܝܗܘܢ ܐܫܟܚ ܕܝܢ ܕܟܬܒܐ ܐܬܐܡܢ ܐܝܠܝܢ ܕܐܬܬܟܪܝ ܠܝ ܒܠܒܗܘܢ ܘܐܫܟܚ ܐܢܘܢ ܕܒܢܝܫܝܢ. ܠܘܩܒܠ ܕܝܢ ܐܦ ܗ̇ܝ، ܗܕܐ. ܕܡܫܝܚܘܬܐ ܗܝܡܢܘܬܐ ܘܒܪ̈ܝܟܐ ܘܟܒܝܫܘܬܐ ܡܬܒܥܝܢ ܗܘܘ ܠܐܠܗܘܬܟ، ܥܠ ܕܗܘܬܐ ܘܦܘܫܢܗ̇ ܕܡܠܟܘܬܟ ܘܕܢܝܬ، ܢܦܫ ܗܘܐ ܕܦܩܕܬ ܐܦ ܡܠܟܘܬܟ ܕܒܪܐ ܗ̇ܘ، ܕܢܫܒܘܩ ܕܫ̈ܠܝܛܐ ܡܬܒܥܝܢ ܠܐ̈ܠܗܝܢ. ܥܠ ܥܢܝܢ ܘܡܘܡܝܐ ܕܡܠܟܘܬܟ ܢܛܪ ܡܢ ܕܢܐܠܗܝ ܐܢܫ. ܘܬܘܪܥܐ ܥܠܝܢ ܠܐ̈ܠܗܝܢ. ܘܫܘܘ ܠܝ ܫܒܩ ܕܬܘܠܬܐ ܒܡ̈ܪܟܐ ܕܡܠܟܒܟܝܢ. ܡܪܟܐ ܗ̇ܝ، ܒܪ ܐܠܗܘܬܟ ܡܪ، ܡܠܟܐ. ܕܠܐܪܥܐ ܕܠܐ ܕܠܝ ܦܫܡܝܢ ܠܟܠܠ: ܕܢܬܦܫܛ ܒܗ̇ ܐܝܟ ܕܒܗ ܐܡܪܐ. ܒܥܕ ܡܚܝܠ ܥܬܝܕ ܠܐܡܘܪܬ. ∗ ܕܠܐ ܬܒܥܘܢ

35 r. ܕܠܝܢ ܐܪܥܗ ܕܢܗܘܪܐ. ܘܡܠܟܐ ܗ̇ܝ، ܒܪ ܡܫܝܚܘܬܐ ܥܠ ܐ̈ܠܗܐ. ܘܗܫܐ ܡܪ، ܡܠܟܐ ܐܢ ܐܬܬ ܢܝܚܐ ܠܡܫܝܚܘܬܟ. ܢܒܪ ܦܘܪܫܢܐ ܠܐܬܪܘܬܗ ܕܢܬܪܘܢ ܐܘܪܚܐ ܘܫܝ̈ܢܐ ܕܟܠ ܕܫ̈ܠܡ. ܘܠܐ ܐܢܫ ܕܢܐܠܗܝ ܐܢܘܢ ܘܢܟܐܫ ܠܗܘܢ ܒܒܝܐ ܕܦܘܫ ܡܠܟܘܬܟ ܠܐܘܪܚܝܢ ܒܝܬܐ ܘܫܠܡܐ. ܠܐ ܒܪ ܦܪܘܚ ܠܡܫܝܚܘܬ ܐ̈ܠܗܐ ܕܟܝܢ.

ܕܟܠ ܐܬܪ̈ܝܢ ܥܒܝܕܝܢ ܛܘܒܢܐ ܘܫ̈ܠܝܚܐ: ܫ̈ܪܝܐ ܦ̈ܛܪܘܢܐ ܕܟ̈ܠܝܠܬܐ ܡܬܦܪ̈ܣܝܢ. ܠܟܒܪ ܘܠܡܣܟܢ. ܢܦ̈ܫܬܐ ܕܡܗܝ̈ܡܢܐ. ܡܛܠ ܕܡܢ ܗܘܘ ܕܠܝܬܝܗ̇ ܡܠܟܘܬܟ ܒܐܬܪܐ. ܐܡ̇ܪ ܠܗ ܝܘܠܝܢܘܣ. ܡܛܠ ܕܐܬܟܠ ܥܙ̈ܝܢ ܕܒܟܝܢ: ܘܐܬܕܚܝܠܬ ܢܦܫܠܬܟ ܕܟܠ ܝܕܥܬ: ܚܙܝ ܒܬܪܬܗ ܕܐܪ̈ܝܘܣܛܘܣ ܡܗܦܟܢ. ܠܝܬ ܠܟ ܡܢ ܗܢܐ ܕܢܫܠܐ ܡܠܟܘܬܟ. ܐܦܠܐ ܕܢܫܦܟܢ ܦܬܟܪ̈ܝܟ ܩܪܝܢܐܝܬ. ܘܡܘܬ ܦܛܪܘܢܐ ܕܢܨܚܘܢ ܒܠܗܘܢ ܐܘ̈ܝܪܐ ܘܫܩ̈ܝܥܐ ܕܟܠ ܕܝ̈ܠܟ. ܘܡܢ ܦܓܪܘܢܐ ܕܡܘܬܐ. ܒܠ ܟܠ ܡܢ ܕܐܠܝܨ ܐܘ ܡܬܚܙܐ. ܠܗܘܢ ܟܕ ܡܢ ܐܩܕܡܝܢ: ܒܝܬܐ ܕܦܘܢܝ ܡܢ ܡܠܟܘܗܝ. ܘܐܬܬܚܙܝ ܦܘܪܫܢ ܒܬܘ̈ܒܬܐ ܠܟܠܗܘܢ ܐܬܪ̈ܘܬܐ ܕܐܘܪ̈ܫܠܡ. ܘܗܘܐ ܢܗܝܪܐ ܘܠܝܠ ܠܒܟܐ ܕܦܪܘܦܝܬܐ: ܒܟܠ ܦܠܓܝܢ ܕܡܠܟ ܦܪܝܫܐ. ܘܫܦܠ ܡܟܝܢܘܬܗ ܢܣܒܐ ܘܪܢܡܐ ܒܚܝܠܗ ܕܦܪ̈ܘܫܐ. ܘܐܡܟܢ ܐܝܟ ܢܟܫܐ. ܘܡܢ ܘܐܘܪܝܢ ܫܒܝܠ ܝܘ̈ܪܒܢܘܗܝ. ܘܫܒܝܠ ܟܠܗ ܚܝܠܐ ܕܪ̈ܘܡܝܐ. ܘܒܟܕܗ ܡܪܐ ܘܥܠܝܠܐ ܕܟܬܝܒ. ܚܠ ܟܠܗܝܢ ܨܒ̈ܘܬܐ ܕܡܠܟܘܬܗ. ܘܗܟܢܐ ܬܘܒ ܪܒ ܚܝܠܐ ܘܡܕܒܪܢܐ ܠܟܠܗܘܢ ܚܝ̈ܠܘܬܗ. ܘܐܡܪ ܡܫܝܚܝܐ ܘܐܬܒܥܝ ܒܡܠܟܘܬܗ ܕܦܪ̈ܘܫܐ. ܘܫܡܥ ܐܦܠ ܗܟܢܐ ܘܐܡܪ. ܘܟܠܒܘܗܝ ܠܐ ܐܝܬ ܡܟܝܢ ܗܟܢܐ ܕܢܫܐܠ ܡܗܝܡܢܘܬܐ ܡܢ ܫܠܝܛܐ ܐܘ ܕܢܒܥܐ ܡܕܝܢܗ ܒܟܗܢܘܬܐ ܀ ܘܗܟܢܐ ܕܒܪ ܗܘ ܝܘܠܝܢܘܣ ܩܣܪܗ ܕܢܒܕܪ ܠܟܘܪܗܐ ܕܩܠܝܐ ܩܪܝܗܝ ܠܡܫܝܚܝܐ ܘܐܡܪ ܠܗ. ܕܠܡܢܐ ܡܢ ܗܢܐ ܬܬܐ ܥܠ ܟܠܢ. ܗ̇ ܕܗܘܐ ܝܘܡܢܐ ܕܐܟܪܙܬ ܠܢ. ܕܠܦܩܬܐ ܘܠܡܫܬܐ ܗܘܐ ܐܢܐ ܕܐܦܪܫܢ ܀ ܫܠܡܘܢ. 85 v. ܐܢܬ ܘܫܠܡܐ ܝܗܒ ܐܢܬ. ܐܡܪܢܐ ܗܘܐ ܐܢܬ ܠܡܗܘܐ ܡܢ ܡܠܟܘܬܟ ܒܐܪܥܐ ܕܠܐ ܕܝܠܝ. ܘܡܢܗ ܫܠܡܐ ܢܗܘܘܢ ܒܟܝܢ. ܐܝܟ ܕܗܘܐ ܐܢܐ ܕܐܗܘܐ ܒܟܝܢ ܠܦܠܚܬܐ. ܘܐܬܡܢܝ ܬܚܝܬܘܗܝ ܫܡܥܐ ܡܢ ܫܪ̈ܪܐ ܒܡܘ̈ܡܬܐ ܒܝܬ ܬܘܕܝܬܐ. ܘܐܬܗܝܡܢ ܡܫܝܚܝܐ ܠܟܠܗܝܢ. ܘܐܦ ܟܠ ܒܐܪ̈ܥܬܗ ܦܪܝܐ. ܘܗܟܢܐ ܝܗܒܐ ܕܠܐܡܝܐ ܢܟܪܘܢ ܠܐܪܥܐ ܕܦܪ̈ܘܫܐ. ܘܟܬܒ ܐܓܪܬܐ ܠܝܘܒܢܪ ܘܫܠܚ ܠܗ ܟܡܢ. ܕܐܬܬܪܝܡ ܠܗ ܚܕ ܢܟܫܝܢ. ܘܗܢܐ ܘܠܝܬܟ. ܗܘܐ ܡܠܟܐ ܠܡܐܪܘܣ. ܕܠܟܐ ܢܦܩܝܢ ܡܢ ܥܠ ܦܪܣ. ܘܬܕܥܘܢ ܘܐܬܡܟܪ. ܕܡܬܟܢܫܝܢ

ܐܬܟܢܫܬ. ܗܘܐ ܡܫܡܫܬ ܩܘܕܫܝܟܝ. ܕܒܝܬܐ ܕܡܣܟܢܐ ܐܢܬܝ. ܐܘܕܝܟܝ ܐܘܕܝܟܝ ܘܐܚܝܟܝ. ܕܡܐܪܘܗܝ. ܘܐܝܟܐ ܗܘܝܬ ܐܝܟܐ ܗܘ ܡܢ ܒܝܬ ܕܐܬܐܡܪ ܡܢ ܐܬܪܟܝ. ܘܐܬܦܪܫܬ ܡܢ ܐܘܪܚܟܝ. ܫܘܒܠܐ ܕܪܚܡܬܝ ܠܟܝ ܟܠ ܐܘܪܚ ܕܠܐ ܬܗܘܝܢ: ܘܟܕ ܡܪܐ ܐܢܫ ܥܒܕ ܠܐܟܣܢܝܘܬܗ ܕܥܢܝܐ. ܚܣܝܢ ܒܗ ܘܐܡܗܠ ܒܫܠܡܘܬܗ ܒܪ ܐܡܪ. ܕܪܗܘܡܝܐ ܠܡ ܡܫܐ[1] ܘܫܠܡܘܬܗܘܢ ܠܚܪܦܐ. ܕܡܝܐ ܕܡܪܘܫܐ ܐܘܪܚܗ ܥܠܝ. ܐܦܝܢ ܚܝܘܗܝ ܠܡܪܝܐ: ܫܡܫܐ ܐܠܗܗ ܕܡܫܝܚܐ. ܕܫܒܩܬ ܠܢܦܫܐ ܘܫܠܡ ܠܡܪܝܐ ∘...∘ ܘܩܒܪ ܒܝܢܝܐ ܕܐܟܣܢܝܘܬܗ ܕܥܠܝܗܘܢ. ܘܫܠܡ ܠܗ. ܕܠܐ ܠܗ ܠܝ ܪܗܘܡܝܐ ܪܒܐ ܟܒܪ ܠܬܠܬ. ܘܫܠܡ ܠܡܪܝܐ. ܐܢܘܢ ܫܡܘܪܐ ܥܠܝܟܝ ܠܡܬܟܪܟܘ ܥܡ ܡܠܟܘܬܐ ܕܫܡܝܐ. ܕܟܕ ܒܩܘܫܬܐ ܕܡܢܟܝ ܡܚܣܝܢܟܝ ܒܗ. ܕܒܐܪܥܐ ܕܠܐ ܕܠܟܝ ܢܗܘܐ ܗܘܦܟܝ. ܠܐ ܓܝܪ ܡܛܠ ܐܢܬ ܦܪܘܬܟܝ ܫܠܝܐ. ܘܒܠ ܗܝ ܡܫܬܠܡ ܐܢܬ. ܘܐܠܐ ܟܠܐ ܠܟܝ ܥܠܡܐ ܕܡܟܦܢ. ܘܒܐ ܡܠܟܐ ܗܘܐ ܦܘܠܚܢܟܝ ܒܫܡܝܐ. ܐܠܐ ܒܕܟܝܢ ܡܒܝܢܟܝ ܗܠܝܢ. ܠܐ ܦܪܫܬ ܠܟܝ ܠܘܬܐ. ܘܗܐ ܡܫܡܫ ܐܢܐ ܠܟܝ ܩܕܡܬܟܝ. ܕܐܢ ܡܢܗ ܢܟܪܘܬܟܝ ܕܬܒܥܐ ܡܢܟܐ ܕܥܠܬ ܩܠܝܠܘܬܐ: ܐܝܟܢ ܢܥܒܘܕܐ ܘܢܦܠܘܣܐ ܕܗܘܐ ܠܩܠܝܠܐ ܕܥܠ ܡܕܡ. ܠܟܝ ܠܗ ܘܗܘ ܠܡܐܪܘܗܝ. ܘܫܡܥ ܠܗ ܗܘܝܘ ܕܡܢ ܢܫܟܪܐ. * ܘܗܘܝܐ ܕܘܡܝ 86 r. ܟܠܗ ܠܗܘܠ ܟܠܗ: ܘܗܕܪܐ ܠܗܘܠ ܟܠܗ: ܘܐܬܡܠܝ ܡܢܗ ܒܢܬ ܗܕܪܐ. ܟܠܗ ܕܢܦܫ ܡܫܬܠܡ ܒܠ ܣܒܪܗ. ܘܒܝܕܗ ܡܨܦܬܐ ܬܫܒܘܚܬܗ. ܘܡܫܠܡܐ ܐܢܫܐ ܕܗܘܐ ܬܬܠܘܢ ܡܬܚܡܨܢܘܬܗ. ܘܗܘܐ ܕܢܦܫ ܘܗܘܐ ܡܢܗ ܫܘܒܚܐ ܡܠܟܘ ܠܫܡܝܐ. ܗܢܘ ܠܟܢܫܗ ܘܡܫܒܚܗ ܕܡܪܝܐ ܕܩܠܝܠܐ. ܐܢ ܐܢܬ ܕܝܢ ܟܦܪܘܣܘܬܟܝ ܥܡܠ ܐܢܬ ܣܐܦܗ ܕܫܘܒܗܪܐ: ܘܐܝܟܢ ܠܟܢܫܐ ܗܘܪܡܒ ܐܢܬ ܠܡܚܝܠܝܢ ܐܪܓ. ܕܟܕ ܦܪܘܫܐ ܕܫܘܒܚܐ ܕܬܫܠܘܡܗ ܐܢܬ ܠܟܝ ܕܬܒܥܐ. ܐܢܬ ܠ ܗܒܪܐ ܓܝܪ ܒܡܫܐ ܐܠܗܝ ܒܢܣܝܢ. ܕܐܢ ܬܒܥܐ ܬܫܘܒܚܐ ܠܡܢܣܝܢ. ܠܐ ܬܗܘܐ ܠܢܣܝܢܐ ܬܫܒܘܚܬܐ ܕܡܚܒܪܢܐ. ܗܘܐ ܡܫܡܫܬ ܩܘܕܫܝܟܝ ∘...∘ ܘܟܕ ܡܠܠ ܗܠܝܢ ܐܟܣܢܝܘܬܗ ܕܥܒܕ ܘܡܪܐ ܐܢܫ.

1) Graphisch ursprünglich ܘܡܫܐ?

ܐܣܛܦ ܐܚܝ ܘܐܡܠ ܒܡܫܪܝܢܘܬܗ. ܘܩܪܐ ܠܗܒܝܫܘܣ ܐܒ ܣܠܡ. ܘܐܚܝܢ ܕܢܥܒܪܘܢ ܠܐܘܪܚܐ ܕܦܘܪܩܢܐ. ܘܗܘܝܬ ܒܠܘܗܝ، ܦܘܠܚܢܐ ܕܟܠܗܘܢ ܠܫܡܠܝܘܬܗ. ܙܟܐ ܗܟܢܐ ܕܝܢ ܛܘܒܢܐ ܕܫܠܡ ܒܡܫܐ ܗܘܐ ܡܫܝܚܐ ܕܫܡܠܝܘܬܐ ܕܐܝܟ ܒܝܢܗ. ܘܡܫܝܢ، ܘܡܫܝܢܘܣ ܠܫܡܝܐ ܒܠܗ ܕܪ̈ܗܘܡܝܐ. ܒܠ ܕܥܠܬ ܢܗܪܐ ܕܦܪܬ ܒܝܬ ܬܘܡܢܐ. ܘܗܟܢܐ ܡܫܝܚܐ ܕܫܠܚܐ ܕܐܬܬܘܣܡ ܠܡܥܒܪ ܒܗ ܩܘܪ ܠܐܘܪܚܐ ܕܦܪ̈ܘܩܢ. ܬܬܬܡܠܐ ܘܬܫܒܚ ܘܫܘܒܚܐ ܐ̈ܠܗܝܢ: ܐ̈ܘܢܐ ܡܪ̈ܟܒܬܐ ܝܨܝ̈ܦܬܐ. ܒܟܠ، ܡܢܗ. ܡܐܟܐ ܘܐܪ̈ܟܝܢ ܐ̈ܠܗܝܢ ܦ̈ܪܝܢ: ܐܝ̈ܕ، ܝܗ̈ܒܐ ܘܡܬ̈ܬܝܢ. ܘܡܐܟܐ ܘܝܡܡܢ ܐ̈ܠܗܝܢ ܪ̈ܒܝܢ. ܐܝ̈ܕ، ܗܕܡܐ: ܘܬܒܡܣ، ܝܐܡܣ ܕܢܦܫܐ. ܘܚܘ̈ܪܝܢ ܐ̈ܠܗܝܢ ܐܘܪ̈ܚܝܢ ܕܥܠ ܦܩܘܕܝܢ: ܐܢ̈ܫܐ ܙ̈ܕܝܩܐ ܩ̈ܕܝܫܐ، ܥܕܪ ܒܥܠ ܙ̈ܟܘܬܐ ܕܢܚܡ ܠܡܕܒܪܐ. ܘܬܡܢܐܝܢ ܘܫ̈ܒܥܐ ܐܠܦܝܢ ܕ̈ܢܝܚܝ ܠܡܕܒܪܐ ܘܠ̈ܫܘܢ ܠܡܠܟܐ: ܕ̈ܝܢܝ، ܟ̈ܠܒܠܐ ܘܕܒ̈ܪܝ، ܒܡ ܪ̈ܘܚܐ: ܡܦܪ̈ܟܝ ܒܡ ܡܘܬܐ ܘܠܐ ܗܦܟܝܢ ܡܢ ܡܐܪܘܢܐ. ܗܢܘ ܡܫܝܚܐ ܘܡܫܒܚܝܢ ܕܫܠܚܐ ܕܐܬܬܘܣܡ ܠܡܥܒܪ ܒܗ ܡܠܝܫܘܣ. ܠܐܘܪܚܐ ܕܦܪ̈ܘܩܢܐ. ܗܦܟܝ ܡܢ ܫܠܦܐ ܕܐܬܠܘܫܘ ܠܗܘܢ ܒܙ ܢܝܬܝܢ. ܐܢ̈ܫܐ ܘܡܪ̈ܚܡܐ [1] ܥܒ̈ܝܢ ܒܩ̈ܠܒܐ. ܕܒܟܘ̈ܪܗܘܢ، ܕܕܥܠܬ ܒܟܪ̈ܝܢ: ܕܠܐ ܒܠܗ ܠܡܫܝܚܐ ܘܠܐ ܐܬܬܘܣܡܘܣ ܒܠ ܫܘܥܒܕܐ. ܕܗܢܘܢ ܒ̈ܝܢܝܢ ܫܐܪ̈ܘܬܗܘܢ ܗܟܘ ܕܢܥܡܘܢ ܠܡܫܝܚ ܒܡܘܗܝ. * ܒܠ ܐ̈ܦ ܒܝܬܗ ܕܐܘܪܚܐ. 86 v ܘܒܗܢ ܡܒܝܫܘܣ ܠܒܠܗ ܫܠܚܐ ܕܪ̈ܗܘܡܝܐ. ܒܠ ܕܥܠܬ ܢܗܪܐ ܕܦܪܬ ܒܝܬ ܬܘܡܢܐ. ܒܢܘܢ ܐܚܪ. ܕܥܒܪܬ ܥܬܬܐܐ ܘܐ̈ܒܕܝܢ ܘܐܬܪܒ ܒܡܫܝܚܐ ܕܬ̈ܘܢܝܐ. ܒܢܙ ܒܗ ܒܢܘܢܝ. ܒܒܪ ܒܠܗ ܫܠܚܐ ܕܪ̈ܗܘܡܝܐ ܕܥܠܬ ܢܗܪܐ ܠܡܫܝܚܐ. ܘܒܠܗ ܠܐܘܪܚܐ ܕܦܪ̈ܘܩܐ. ܘܐܥܒܪܗ ܠܐܘܪܚܐ ܒܙ ܒܗܢܝܐ ܘܬܒܐ ܒܠܢܐ. ܠܐ ܓܝܪ ܐܬܡܗܒ ܠܗܘܢ ܕܒܢܐ ܕܢܠܚܘܢ ܡܢ ܡܕܒܪܗܘܢ ܓܝܪ ܓܝܪ ܐܦܠ ܕܐ̈ܠܗܐ ܕܒܝܬ ܪ̈ܗܘܡܝܐ. ܦܝܫܘ ܒܗ ܒܐܬܪܐ ܘܐܬܚܙܝܘܢ.. ܒܡܚܐ ܕܒܠܗ ܪ̈ܗܘܡܝܐ ܘܐܫܬܠܛܘ ܒܐܘܪܚܐ ܐܝܟ ܙܒܢܝܗܘܢ ܘܫܪܒܘ ܘܒܗܘ ܘܡܒܘ ܐܝܟ ܪ̈ܓܠܝܗܘܢ ܘܒܒܫܘ ܫ̈ܡܫܐ ܡܕ̈ܢܚܐ. ܘܬ̈ܓܪܐ ܕܒܐ ܘܬ̈ܓܪܐ. ܘܗܘܪܐ ܬܓܪ̈ܘܬܐ

1) Ein Pluralpunkt ist verlöscht.

ܕܢ̈ܦܫܐ. ܘܡܕ̈ܒܪܢܘܬܐ ܕܬܫܡܫܬܗܘܢ. ܘܒܟܬܒܐ ܠܦܘܪܐ ܪ̈ܒܐ. ܘܕܘܒܪ̈ܢܝܬܐ ܡܫܡ̈ܫܢܘܬܐ ܕܟܢ̈ܫܐ. ܘܟܠܗ ܡܕܒ̈ܪܢܘܬܗ ܕܐܘܪܚܐ. ܘܦܠܚ̈ܘܬܐ ܕܒܢܬ ܡܬ̈ܪܐ. ܘܐܦܘ ܫܘ̈ܬܦܘܬܐ ܕܡܫ̈ܡܫܢܘܬܐ ܕܥ̈ܕܬܐ. ܘܐܝܟܢܐ ܟܠܗ̇ ܐܣܛܪ̈ܛܝܓܘܣ ܘܡܢܝܢܗܘܢ ܘܒܬܪܗ ܪ̈ܘܡܝܐ ܡܢ ܐܪܥܗ ܕܢܘܕܪ ܒܡܬܐ ܪܒܐ. ܘܠܐ ܡܟܣܝܢ ܗܘܘ ܠܡܥܒܪ ܒܠܗ̇ ܒܬܚܘܡܗܘܢ ܕܡܕܝܢܬ ܗܘܬ ܠܗ̇ ܡܕܝܢܬܗܘܢ ܠܟ. ܡܛܠ ܕܠܝܥܩܘܒܗܘܢ ܡܩܝܡ ܗܘܘ ܒܟܠܗ̇ ܒܬܚܘܡܗܘܢ. ܫܦܪ ܡܢ ܕܡܫܡܥܐ ܘܫܐܠܬܐ: ܕܠܐܠܗܐ ܕܡܠܟܐ ܒܟܠ ܗܘܐ: ܐܝܟ ܕܗܘܐ ܕܥܒܕ ܗܘܐ ܠܡܠܟܐ ܡܢ ܡ̈ܠܟܐ ܡܕ̈ܢܚܝܐ. ܗܟܢܐ ܕܝܢ ܥܒܕܐ ܗܘܐ ܕܗܟܢܐ ܘܫܐܘܠܐ ܕܐܬܬܥܝܪ ܠܗ ܠܡܠܟܐ ܡܢ ܒܬܘܠܬܗ̇ ܕܐܪܒܐ. ܕܠܐ ܦܘܩ ܗܘܐ ܠܡܬܠܘܬܗ. ܐܟܠܐ ܡܩܦܐ ܗܘܐ ܠܡܦܝܣܘ. ܠܐ ܓܝܪ ܐܫܬܝܪ ܒܝܪܐ ܐܘ ܡܕܝܢܬܐ: ܐܘ ܩܪܝܬܐ ܐܘ ܐܓܘܪܣܐ ܕܒܘܪܐ: ܕܠܐ ܐܫܬܠܡܬ ܒܫܝܢܐ ܕܗ̈ܘܡܝܐ: ܡܢ ܕܩܠܬ ܢܘܪܐ ܕܟܠ ܬܫ̈ܒܚܬܐ. ܘܒܕܡܝܐ ܠܬܫܒܘܚܬܐ ܕܒܝܬ ܐܪ̈ܡܝܐ. ܘܬܫ̈ܒܚܬܐ ܕܒܝܬܐ ܕܐܪ̈ܡܝ ܡ̈ܠܟܐ ܢܫܬܡܥܘܢ: ܟܠ ܒܢ̈ܝܗܘܢ. ܕܡ̈ܠܟܐ ܘܕܗܘܐ ܒܐܬܪ̈ܘܬܗܘܢ. ܕܡܠܟܐ ܒܡ̈ܠܟܐ ܐܬܦܢܝ. ܗ̇ܘ ܕܐܡܝܢ ܦܬܟܐ ܡܕܡܐ. ܕܝܘܬܢܝܢ ܢܫܒܩܐ ܡܢ ܢܫܒܩ ܘܡܕܝܢܐ ܡܢ ܬܘܪ̈ܝܗܘܢ. ܘܟܕ ܗܟܢܐ ܒܝܘܡܢ ܕܬ̈ܗܘܡܐ ܡܢ ܒܬܘܠܬܗ ܕܐܬܪܐ. ܐܘܫܟܚܘ ܬܘܒ ܐܝܫ̈ܝܗܘܢ ܠܡܥܒܕܐ * ܥܒܕܬܐ ܕܢ̈ܫܐ ܘܦ̈ܠܓܐ. ܘܠܡܫܝܪ ܠܓܒܪ̈ܐ. ܘܐܬܐܟܠ ܟܝܢܐ 87 r ܘܡܢܝܢܗܘܢ ܘܡܕܒܪܢܐ ܗܘܝܐ. ܘܐܟܠ ܡܕܡ ܡܠܟܐ ܒܡܕܝܢܬܗܘܢ ܕܒܡܕܒ̈ܪܘܬܗܘܢ. ܕܐܬܪܐ. ܘܡܬܒܥܐ ܗܘܐ ܟܠܝܘܡ ܒܪ ܐܢܫ. ܒܟܠܗ ܠܗ ܡܢ ܥܘܠܢܐ ܕܟܘܬܝܢ ܡܢ، ܡ̈ܠܟܐ. ܢܓܘܠ ܪ̈ܚܡܝܗ̇ ܕܠܒܘܬܝܢ ܟܠ ܥܘܠܗ ܘܒܬܘܗ ܕܐܬܪܐ. ܘܬܬܟܠܐ ܢܘܪܐ ܘܥܒܕܐ ܡܢ ܒܡܕܒ̈ܪܘܬܗܘܢ ܕܐܬܪܐ. ܡܟܐ ܓܝܪ ܕܐܬܪ ܡܢ ܗܪܐ: ܕܥܡܘܦ ܢܘܚ ܟܠ ܩ̈ܒܪܐ ܩܪܬܐ: ܕܐܬܟܒܝܘ ܗܢܘܢ ܒܚܝܪܗ̇ ܕܒܪܘܬܐ ܒܡܠܟܘܬ ܒܪ ܐܦܠܐ ܟܠܒܪܘܬܐ ܗ̇ܘ ܕܚܙܘܒ ܐܬܪܘܬܐ ܕܐܬܬܘܣܘܒ ܥܠ ܐܘܫܥܢ. ܕܠܡ ܗ̇ܘ ܓܝܪ ܐܪܒܐ ܕܒܒܝܢ. ܐܝܟ ܫ̈ܒܝܐ ܘܦ̈ܠܫܐ ܘܢܚ̈ܘܫܐ ܕܫܡܝܢ ܠܡ̈ܠܟܐ ܡܕ̈ܝܢܐ. ܘܠܐ ܒܙܪܐ ܕܐܬܬܥܝܪ ܢܚܡ. ܟܠ ܐܪܒܐ ܕܐܬܢܚܬ ܒܥܡܐ ܕܡܘܡܢ. ܠܫܠܡܘܬܐ ܓܝܪ ܕܒܢܝ. ܠܗ ܠܗܘܢ ܢܫܘܢ ܡܕܡ

ܒܐܪܥܐ: ܡܢܐ ܕܐܬܝ، ܦܩܕܐ ܘܐܙܠ ܥܠ ܚܕ ܡܢܗܘܢ ܠܐܬܪܗ. ܠܡ ܕܝܢ ܡܢܐ ܕܟܫܠ ܗܘܐ ܡܐܪܗܘܢ. ܗܟܢ ܡܢ ܕܝܠܗܘܢ. ܢܟܣܐ ܠܡ ܐܪܥܐ ܒܗܝ ܟܠܠܬܗ. ܘܡܦܩܬ ܡܠܬܐ ܒܒܢܝܢܗܘܢ، ܕܦܪܘܣܐ. ܘܗܘܝ ܕܬܬܟܠܐ ܚܪܒܐ ܘܟܦܢܐ ܡܢ ܒܡܕ̈ܝܢܬܗ، ܕܐܬܪܐ. ܘܒܢܬܐ ܒܠܫܘܢ ܢܟܕܘܢ ܠܗܘܢ ܙܗܘܪܒܐ ܘܢܦܩܘܢ ܢܥܕܘܢ؛ ܘܒܥܝܢ ܡܠܬܗ ܕܡܠܟܐ ܥܠ ܙ̈ܒܢ ܣܓܝܐ: ܘܥܠ ܙ̈ܒܢ ܬܠܬܐ ܘܙ̈ܒܢ ܡܟܐܒ̈ܘܬܐ. ܘܦܢܘ ܥܠܝ ܢܦܫ̈ܬܐ ܕܥܡܐ. ܘܒܓܠܠܗ ܚܪܒܐ ܡܢ ܒܡܕ̈ܝܢܬܗ ܕܐܪܥܐ ܗ̇. ܘܐܬܚܒܠܘ ܒܗ̇ ܒܡܕ̈ܝܢܬܗ. ܟܕ ܡܬܦܢܝܢ ܡܢ ܢܦܫܐ ܐܦ ܡܢ ܦܓܪܐ: ܘܡܢ ܐܦܝܗ̇ ܕܥܒܪܬܐ. ܘܟܕ ܚܙܐ ܡܠܟܘܬܐ ܕܐܬܦܪܣܬ ܠܗ̇ ܐܪܥܐ ܡܢ ܟܠܠܬܗ̇. ܘܐܬܦܪܣܬ ܐܬܪܐ ܡܢ ܡܢ̈ܝܢܗܘܢ. ܘܠܘܬ ܗܕܐ ܡܬܢܒܝܢܘܬܐ. ܘܐܬܪܐ ܕܫܬܒܗ ܠܐܪܥܐ. ܥܦܪ ܕܝܢ ܒܒܢܝܢܗܘܢ، ܡܠܟܘܬܐ ܕܡܕܒܪܢܘܬܗܘܢ. ܘܒܝܬ ܒܗ̇ ܒܐܪܥܐ. ܘܬܒܗ̇. ܘܥܒܕ ܡܢ ܟܘܬܗ̇ ܕܐܪܥܐ ܒܘܠܝܐ ܘܡܫܢܝܢܘܬܐ ܘܡܬܥܘܪܪܐ ܠܦܘܪܥܢܐ ܕܢܝܫܗܘܢ ܕܡܕ̈ܝܢܬܗ، ܕܐܬܪܐ. ܐܦ ܡܢ ܦܢܝܐ ܕܬܘܪܐ ܘܕܟܝܪܐ. ܥܒܕ ܒܗ * ܒܐܬܪܐ ܠܦܘܠܚܢܗ 87 v.
ܕܐܪܥܐ. ܘܐܦܩ ܠܗܘܢ ܦܪܟܐ ܒܡܕ̈ܝܢܬܐ. ܕܠܐ ܬܗܘܐ ܢܟܐܝܬ ܠܗܘܢ؛ ܟܕ ܡܬܘܕܐ ܥܡܘܡܝܐ ܠܐܪܥܗܘܢ ܒ̈ܢܝܐ ܐܪ̈ܥܐ. ܕܢܦܠܘܢ ܐܪܥܐ. ܘܢܦܫܬܗܘܢ ܡܢ ܒܠܠܬܗ. ܘܐܬܓܠܝܘ ܒܡܕ̈ܝܢܬܗ ܕܐܪܥܐ ܠܡܬܒ ܒܗ̇. ܘܐܬܚܪܝܘ ܦܠܚܐ ܘܪܒ ܚܝܠܗ ܒܢܕܒܝܗܘܢ؛ ܕܢܬܦܢܘܢ ܠܐܪܥܐ ܕܦܠܝܚܐ ܡܢ ܒܝܬ ܕܐܚܪܢܘܬܗ .... ܘܒܙ ܝܘܦ ܥܒܘܪ ܕܐܟܠܝܢ ܟܢ̈ܫܐ ܘܦܪܘ ܒܗ̇ ܙܗܘܪܒܐ ܒܐܪܥܗ. ܐܬܟܢܫ ܥܠܒܗ ܘܐܚܝܕܬܗ ܒܪܘܬܐ ܘܕܒܪܐ ܗܘܐ ܠܥܢܝܐ. ܠܐ ܕܝܢ ܐܬܟܫܪܬ ܡܢܗ ܐܟܠܐ ܗܕܐ. ܕܒܡܕܒܪܢܘܬܗ ܕܡܫܝܚܐ. ܐܬܒܠܝܬ ܚܪܒܐ ܘܟܦܢܐ ܡܢ ܐܬܪܗ. ܘܡܫܠܡܢܐ ܕܡܬܢܒܝܢܘܬܗ ܗܘܘ ܙܒܢܐ ܥܠ ܒܡܕ̈ܝܢܬܗ،. ܘܡܕܒܪܐ ܗܘܐ ܠܡܦܪܢܘܬܗ ܕܡܢܝܢܘܦ ܡܢ ܚܝ̈ܘܗܝ، ܘܪ̈ܘܚܢܘܗܝ،. ܘܫܘܠ ܫܘܕܐ ܘܪ̈ܘܚܐ ܒܒܝܢ̈ܬܗܘܢ .... ܘܒܬܪ ܡܠܟܐ ܘܠܐܝܟܐ ܐܚ̈ܘܗܝ، ܘܪ̈ܘܚܢܘܗܝ، ܒܐܦܪܘܣܐ. ܕܢܬܪܓܘܢ ܬܪܒܝܬܐ ܥܠ ܐܬܪܐ ܕܒܝܬ ܐܪ̈ܥܐ. ܠܐ ܥܦܪ ܒܙܒܢ ܐܬܦܠܛܘ ܗܘܘ ܒܗ ܙܗܘܪܒܐ. ܘܢܦܩܘ ܗܘܘ ܡܠܟܐ 80 ܚܕ ܡܢ ܚܕ. ܘܢܫܕܐ ܬܪܒܝܬܐ ܐܬܪܒܝܘ ܠܗܘܢ ܘܡܠܟܘ

ܠܗ ܀ ܕܒܬܘܠܘܬܐ ܕܦܓܪܐ ܘܕܠܒܫܬ. ܕܢܣܒܘܢ ܠܡܪ̈ܟܒܘܗܝ ܘܡܐܪ̈ܗܝܢ ܕܦܪܘܢ. ܘܡܫܡܫܢܘܬܐ ܡܚܣܢ ܠܬ̈ܠܡܝܕܐ ܕܢܠܒܫ ܫܠܝܐ ܘܡܫܒܚܝܢ ܠܬܠܡܝܕܘܬܗ. ܗܢܘ ܥܒܕ ܘܬܟܠܐ ܒܐܬܪܐ ܕܝܠܗ ܐܬܪ̈ܘܬܐ. ܕܗܘܐ ܪ̈ܦܐ ܠܡܐܪܗܘܢ. ܘܠܐܢܫܐ ܕ̈ܟܠܝܗܘܢ ܕܐܬܪܐ. ܒܗ ܕܝܢ ܣܠܩ ܕܡܢܗܘܢ ܠܡܐܪܗܘܢ. ܕܠܡܐ ܢܬܒܥܘܢ ܪ̈ܘܚܢܐ. ܘܢܫܬܘܢ ܢܐܣܪܘܢ ܡܪ̈ܝܬܐ ܕܢܐܬ ܡܠܟܘܬܗ. ܘܡܫܠܡ ܗܘܘ ܠܗ ܠܥܒܪ ܦܘܪ̈ܩܢܗܘܢ ܘܡܫܡܫܝܢ ܕܠܐ ܠܗ ܢܦܠ ܠܟܘ ܕܡܠܝܢ ܬ̈ܠܡܝܕܐ ܟܠܗܘܢ، ܟܡܕܐ ܕܐܬܗܦܟܬ. ܕܩܕܡ[1] ܐܝܟ ܕܐܡܝܢ ܗܕܐ ܟܡܪܝܐ ܒܕܝܐ ܘܬܒܝܢ. ܠܡܫܡܫܘܬܗ ܕܪ̈ܘܚܢܝܐ ܡܬܥܒܕܐ * ܗܕܐ. ܕܐܝܟ ܕܒܡܥܝܬܐ 88 r. ܟܕ ܐܬܬܢܝܚܘ ܒܐܪܥܗ ܕܡܨܪܝܢ ܘܐܝܟ ܕܝܠܗ ܐܬܪܐ ܟܠܗ ܐܬܢܝܚܘ ܒܐܘܪܚܐ ܕܠܐ ܕܠܡܐ: ܐܝܟܢܐ ܕܠܡܚܪ ܠܐ ܢܬܟܠܦ ܡܢܗܘܢ ܚܙܝܐ. ܐܟܪ ܠܗܘܢ ܥܒܕ. ܕܠܐ ܗܘܬ ܫܦܠܐ ܡܬܬܘܡ ܒܡܪ̈ܟܒ. ܐܝܬܘܢ ܣܓܝ، ܘܦܘܪ̈ܢܣ ܐܢܬܘܢ ܩܕܡ. ܠܐ ܟܕ ܠܟܠܐ ܠܗܘܢ ܕܐܠܝܢ ܢܫ̈ܐ ܒܒܪܬ ܒܐܪܥܗܘܢ ܕܪ̈ܘܚܢܝܐ. ܒܢܘܗܝ ܒܢ̈ܘܗܝ، ܕܡܘܦܠܦܠܝܢ. ܘܟܕ ܟܠ ܬܠܡܝܕܐ ܗܘܘ ܡܪ̈ܟܒܬܐ ܘܬܫܒܚܬܐ ܬܠܬ ܘܒ̈ܢܝ ܒܐܘܪܚܗܘܢ ܐܬܟܢܫܘ ܒܠܒܗܘܢ: ܘܐܘܪܚܬ ܬܫܡܫܬܗܘܢ: ܘܠܐ ܐܬܬܟܝܠܘ ܒܝܠܐ ܕܢܦܩܘ ܐܪܒܥܘܢ ܡܢ ܫ̈ܢܝܢ. ܘܐܦ ܬܠܡܝܕܐ ܟܕ ܬܠܡܝܕܐ ܠܐܬܬܟܝܠܘ ܣܓܝ: so ܠܒܢܝܢ ܡܕܡ ܕܪ̈ܒܝܢ ܪ̈ܒܐ ܕܠܦܪ̈ܣܘܬ: ܗܢܐ ܕܝܢ ܥܒܕ ܟܕ ܐܬ: ܕܠܟܠ ܟܢܫܐ ܢܦܫ ܒܪ̈ܘܚܗ: ܡܬܒܪܢ ܗܘܐ ܕܢܬܪܘܢ ܒܬܫܡܫ: ܐܠܐ ܡܫܒܚ ܠܗ ܟܕ ܚܒܝܒ. ܘܟܕ ܟܠ ܬܟܝܠ ܐܢܐ ܟܠ ܥܡܐ ܘܒܪܐ ܬ̈ܠܡܝܕܘܗܝ ܕܡܫܝܚܐ. ܕܠܐ ܢܦܩ ܠܝ ܘܡܬܬܟܠܦ ܡܢ ܐܝܟ. ܘܕܟܪ ܬܫܒܘܚܬܗ ܕܡܫܝܚܐ. ܬ̈ܘܒ ܡܕܝܢܬܐ ܕܐܬܠܡܕܬܗ ܒܢܝܐ ܠܝܬ ܠܗ ܕܢܣܒܐ. ܘܐܢܬܘܢ ܣܓܝ، ܘܦܘܪ̈ܢܣ. ܒܗ ܒܡܫܡܫܢܘܬܐ ܕܗܘ ܫܠܡܐ ܘܡܫܝܚܐ ܫܡܫܘܗܝ. ܟܕ ܕܐܝܬܘܗܝ ܠܗ ܒܥܡܐ: ܟܠ ܡܕܡ ܕܠܒܘܫ ܘܣܓܝ ܪ̈ܘܚܢܝܐ ܡܢ ܐܪܥ. ܘܐܝܬ ܠܝ ܕܐܬܗܕܪܘܢ ܗܕܐ. ܘܝܗܒ ܘܐܬܪܗܒܘ ܦܘܪ̈ܩܢܗܘܢ، ܘܗܘܘ ܒܫܠܝܘܬܐ ܦܓܝܥܬܐ. ܘܡܢ ܥܒܕ ܡܫܡܫܢܘܬܐ ܕܟܠܝܘܢ، ܘܐܬܟܠ ܒܐܬܪܐ ܕܝܠܗ ܐܬܪ̈ܐ

1) Am Rande war wohl eine Correctur, die jezt ganz verwischt ist.

ܕ̈ܒܚܝܢ ܛ̈ܠܦܝܢ ܦܬܟ̈ܪܐ. ܘܣܓ̈ܕܝܢ ܛ̈ܠܦܝܢ ܠܚܒ̈ܪܐ. ܘܐܝܟ ܫ̈ܠܝܘܗܝ، ܕܐܬܪܐ. ܘܒܗ ܒܫܢܬ ܬܪ̈ܬܝܢ ܕܒܝܬ ܡܠܟܘܬܗ ܀ ܘܐܬܬܥܝܪ ܠܝܘܠܝܢܘܣ ܕܐܬܟܠܠ ܥܒܘܪ ܒܡܕ̈ܒܪܢܘܬܗ ܒܐܬܪܐ ܕܒܝܬ ܐܪ̈ܡܝܐ. ܘܐܦܢ ܐܦ ܗܘ ܫܠܝܛܘܬܗ ܕܢܣܒܬ ܚܠܦܘܗܝ، ܠܒܝܬ ܐܪ̈ܡܝܐ. ܕܒܐܬܪܐ ܕܬܘܠܕ̈ܬܗ ܘܡܫܬܪܝܢܘܬܐ ܕܒܝܬ ܡܠܟܘܬܗ. ܢܚܬ ܒܗܘܢ ܡܪܝܐ. ܘܢܫܠ ܘܢܚܘܬ ܒܗ. ܘܒܗ ܐܬܟܠܠܬ ܠܥܒܘܪ ܬܪܥܝܬܐ ܕܐܬܪܐ ܝܘܠܝܢܘܣ. ܕܝܢ ܟܗ̈ܢܐ ܠܡܫܝܚܘܬܐ ܕܗ̈ܝܡܢܘܬܐ ܒܐܘܢܓܠܝܘܢ ܕܝ̈ܚܠܐ. ܕܢܛܪܘܢ 88 v. ܘܢܬܚܣܪܘܢ ܕܒܬܪܐ ܬܘܟܠܢܐ ܕܢܠܐ ܐܝܬ ܒܗ ܡܢܗ. ܘܗܘܝܘ * ܓ̈ܠܝܢܘܗܝ، ܕܚܒܘܪ. ܘܚܒܪܬܐ ܕܚܘܒ ܚܒܪܐ ܚܒܪܘܗܝ، ܕܐܬܘܪܝܗܒ. ܦܠܛ ܢܩܒܝ. ܘܐܬܚܙܐ ܫܠܝܚ ܡܢ ܡܬܡ ܫܪܒܐ ܕܗ̈ܝܡܢܘܬܐ. ܗܢ ܠܐ ܢܬܬܚܡܨ ܚܠܡ ܡܪܟܐ ܘܢܣܒܪ ܫܠܝܐ ܡܢ ܟܠ ܓܒ̈ܝܢ. ܘܢܚܙܐ ܠܡܗܝܡܢܘ ܢܩܝܦ ܘܠܐ ܢܥܕܐ. ܗܘܟܢܐ ܓܝܪ ܕܫܠܝܛܘܬܐ ܐܝܬ ܠܗ ܡܛܠ. ܚܒܪܐ ܫܠܝܛܘܬܐ ܚܒ̈ܪܘܗܝ ܡܪܟܐ. ܠܘ ܓܝܪ ܦܠܚ̈ܘܗܝ ܚܠܦܘܗܝ[1] ܕܡܛܠ ܐܝܬ ܚܒܪܘܗܝ. ܕܡܢ ܟܠ ܚܒ̈ܪܘܗܝ ܫܠܝܛܝܢ ܢܚܒܪܝܢ ܒܡܕ̈ܒܪܢܘܬܗ. ܐܚܪ̈ܢܐ ܓܙ̈ܪܘܢܐ ܘܒܕܝ̈ܢܘܢܐ: ܠܫܚܢܐ ܫܢܝܬܐ ܘܟܬ̈ܝܒܐ ܪܘܓܙܐ. ܕܫܘܚܠ ܚܝܘܬܐ ܠܗ ܢܕܒܪ. ܘܗܒܐ ܕܢܣܒ. ܫܠܝܐ ܠܐܝܠܝܢ ܠܗ ܠܐ ܡܗܝܡܢ ܠܡܐܡܪ ܡܬܪܓܫܢ̈ ܢܛܪ ܓܝܪ ܡܢ ܢܦܫܗ ܐܝܟ ܐܝܬ ܒܗ ܡܢܗ. ܗܟܢ ܡܢ ܟ̈ܢܫܐ ܦܠܚܐ ܕܡܢ ܐܬܪ ܐܬܪ ܐܬܠܘܡ ܠܗܘܢ ܘܒܗ ܥܒܕ ܥܒܘܪ ܗܠܝܢ ܡܢ ܓ̈ܠܝܢܘܗܝ. ܢܦܠ ܚܠܘܗܝ، ܬܫܒܘܚܬܐ ܘܬܗܪܐ ܗܘܐ ܘܓܒܝܢ. ܘܗܢܐ ܢܚܒܪ ܠܗ ܡܢ ܗܘܝܐ. ܕܢܦܘܩ ܒܗ ܒܐܬܪܐ ܕܢܦܠ ܗܘܝܐ. ܕܠܝܬ ܗܘܝܐ ܒܗܘܢ ܫܠܝܐ ܕܢܦܘܩ ܠܡܐܡܪ. ܡܐܡܪܐ. ܘܥܒܕ ܡܢ ܫܠܝܐ ܦܠܠ ܒܦܠܘ ܘܒܦܘܠܚܢܗܘܢ ܡܕ̈ܒܪܢܘܬܐ ܕܒܝܬ ܡܠܟܘܬܗ. ܘܥܠܘܗܝ ܠܡܚܒܪܢܘܬܐ ܕܫܠܝܐ. ܡܢ ܒܝܬ ܐܪ̈ܡܝܐ. ܘܐܝܠܘ ܐܝܟ ܡܚܒܪܐ ܡ̈ܗܝܡܢܬܐ ܫܡܥܝܢ ... . ܘܒܗ ܒܗ ܢܛܠܝܢܘܣ ܒܠ ܥܒܘܪ ܕܕܢܠ ܡܢ ܡܕܒܪܢܘܗܝ، ܘܢܦܩ ܐܬܪܐ. ܐܝܟ ܗܘ ܦܘܩܕܢܗ ܠܫܠܝܐ ܕܗ̈ܝܡܢܘܬܐ. ܘܟܠܗ، ܐܝܟ ܕܢܪܘܦ ܒܬܪܗ ܘܟܠܗ، ܡܚܝܢܘܬ ܘܠܐ ܥܒܘܕ. ܐܚܪܢ ܓܝܪ ܕܠܐ ܡܕܒܪܐ ܕܢܦܩܐ ܗܘܐ ܕܡܢܗܘܢ: ܕܡܕܒܪܢܐ ܒܟܠ

1) Von hier an namentlich ist Manches in dieser Columne retouchiert.

ܒܥܘ̈ܬܗ ܕܝܢ ܘܨܠܘܬܐ ܘܥܡܠܐ ܬ̈ܢܚܬܐ ܚ̈ܫܝܫܬܐ ܕܡܠܟܘܬܐ ܕܫܠܡ ܥܠ ܬ̈ܠܡܝܢ. ܘܗܫܡܝܢ ܒܗܘܢ ܟ̈ܪܐ ܕܡ̈ܠܟܐ. ܘܢܕܘܥ ܟܠܗ ܟܢܫܐ ܕܗܘܐ ܘܟܠܗ ܒܡܪ̈ܟܒܐ ܘܒܡܐܪ̈ܬܐ. ܘܢܦܩ ܬܫܒܘܚܬܗ ܕܐܪܒܥܐ. ܕܗܘ ܡܢ ܒܪܘ ܡܬܒܥܝܢ ܠܗ ܒܐܪܒܥܐ ܘܡܬܒܥܐ ܠܗ ܘܬܘܒ ܡܛܠ ܕܐܦܠܐ ܡܚܠܝܐ ܕܐܪܒܥܐ ܣܓܝܐܝܢ [1]). ܐܠܐ ܐܢ ܢܣܒ ܠܝܘܚܢܢ ܡܪܝ، ܬܠܡܝܕܐ. ܢܚܬ ܠܘܩܕܡ ܠܐܬܪܐ ܕܟܢܫ ܐܪ̈ܡܝܐ ܘܥܕܬܐ ܒܬܘܗ ܕܐܬܪܐ ✳ ܘܣܦܩܘܢ 89 r.
ܘܢܒܪܢܘܢܗ، [2]) ܒܟܠ ܬܘܕܝ̈ܬܗ ܕܡܠܟܘܬܐ. ܐܡܪ ܠܗ ܡܠܝܢܘܣ. ܥܒܕ ܐܦܬܡ ܬܘܕܝ̈ܬܐ ܕܡܠܟܘܬܢ ܒܪܝܟܐ ܠܡܪܝܐ. ܘܟܠܗ ܬܗܡ ܡܢܬܐ ܘܦܪܥܘ ܬܘܕܝ̈ܬܐ: ܘܥܒܠ ܡܫܝܚܐ ܕܢܐܡܪ ܠܒܪ ܚܝܠܗ. ܕܡܢ ܗܕܐ ܠܒ. ܥܠ ܐܪܒܥܐ ܕܒܐܠܝܢ ܚܢܝܢ ܠܗ. ܝܡܝܢܐ ܕܐܫܪܒܗ ܘܐܟܪܙܗ ܡܢ ܒܡܘܪ̈ܗ. ܘܐܫܩܦ ܥܘܪ̈ܐ ܕܡܫ̈ܝܚܘܬܗ. ܘܐܥܡܕܗ ܒܕ ܚܪܒܐ ܠܦܪ̈ܫܐ. ܘܐܬܝܩܪ ܡܫܝܚܐ ܒܪܘܚܐ. ܣܓ̈ܝܠܐ ܒܢ̈ܫܐ ܕܐܪܒܘܢ ܥܠ ܐܬܪܢ܀ ܘܡܚܝܢܘܗܝ ܕܝܢ ܡܛܠ ܕܒ̈ܪܝܐ ܗܘܝܐ ܕܢܫܐ ܢܩܫܬ. ܐܡܪ ܠܗ ܠܦܠܪܘܒܐ. ܥܠܡܝ ܠܟ ܕܐܬܬܪܒܝܬ ܡܠܟܘܬܟ. ܥܒܕ ܐܬܬܪܒܝܬ. ܒܪܡ ܕܝܢ ܐܢ ܥܒܕ ܒܝܘܚܢܢ ܡܪܝ، ܡܠܟܐ. ܠܐ ܢܦܪܐ ܚܪܒܐ ܐܪܥܐ ܥܠ ܒܡܘܪ̈ܗ ܕܐܪܒܥܐ ܕܒܐܠܝܢ ܠܗ. ܐܠܐ ܢܥܠܐ ܐܢܘܢ ܡܢ ܐܬܪܘܗܝ̱ ܘܢܬܘܒ ܐܢܘܢ ܒܟܠ ܐܬܪ̈ܘܬ. ܒܐܬܪ̈ܘܬܐ ܕܐܬܒܢܝܬ ܚܪܒܝܢ ܡܢ ܐܘܚܕܢܐ ܕܒܥܠܕܒܒܝܢ. ܕܚܣܝܢ ܘܪܘܚܝܢ ܘܕܠܝܠܝܢ ܒܡܕܝܢܬܐ. ܦܐܐ ܠܗ ܒܪ ܘܡܪܝܪ ܠܡܠܟܘܬܢ ܕܢܘܘܢ ܬܘܕܝ̈ܬܗ ܪ̈ܒܬܐ ܒܡܕܝܢ̈ܬܐ ܘܒܗܠܝܢ ܒܡܕܝܢܬܐ. ܘܐܬܩܪܒܘܢ ܬܘܕܝ̈ܬܗ ܕܦܪܘܩ ܒܕ ܚܪܒܝܢ ܘܡܘܪ̈ܗ ܝܕܝܢ ܡܢ ܒܡܕܝܢ̈ܬܗܝܢ. ܐܝܟ ܕܐܢܫܒ ܬܘܕܝ̈ܬܗ ܕܡܠܟܘܬܢ ܘܥܒܕ ܦܬܟܪܐ ܒܚܝܠܗ، ܕܦܠܘܒܐ. ܘܒܕܒ ܐܝܟ ܡܠܬܗ ܕܡܫܝܚܐ. ܘܢܫܬ ܡܠܝܢܘܣ ܠܐܪܒܥܐ ܕܒܢܬ ܐܪ̈ܡܝܐ. ܒܗܘܟܐܐ ܕܚܝܠܗ ܘܡܕܝܢܬܐ ܕܡܠܟܘܬܗ. ܒܕ ܥܡܠܝܢ ܗܘܘ ܢܐܦܐ ܕܪ̈ܒܐ. ܘܕܒܪܝܢ ܒܗ ܟ̈ܠܗܠܐ ܘܡܢ ܚܝܠܐ ܕܦܪ̈ܕܐ ܕܪ̈ܒܝܢܘܢ. ܒܡܦܠܓܐ ܡܠܟ ܒܐܬܪܐ. ܘܐܝܟ ܗܘ ܕܡܦܠܓܐ ܥܠ ܒܡܕܝܢ̈ܬܗ، ܕܐܬܪܐ ܚܠܐ ܗܘܬ ܕܥܡܡ̈ܐ ܦܬܚ ܗܘܐ ܢܦܫܗ. ܘܬܪ̈ܒܐ ܕܒܪ̈ܐ ܘܡܕܝ̈ܢܬܐ

1) Zwischen ܣ und ܢ ging ein Riss hindurch.

2) ܒ gleicht dem ܠ.

ܐܬܬܚܝܕܘ. ܘܫܪܟܐ ܕܒܥܠܕܒܒ̈ܘܗܝ، ܕܐܬܪܐ ܒܟܪ̈ܝ، ܬܓܠܝܢ. ܕܢܠܬܐ ܘܐܬܚܒܠܘ ܐܝܟ ܕܐܝܬ ܠܗܘܢ. ܘܫܒܩܘ ܛܪܝܬܗܘܢ ܘܡܣܝܣܘܢ ܠܗܘܢ. ܘܡܫܪܫܘܢ ܐܬܬܚܒܫܘ ܠܡܠܟܘܬܗ ܡܢ ܐܬܪܘܗܝ. ܘܐܬܚܒܫܘ ܣܠܩܐ ܠܒܢܝ̈ܐ ܕܟܬܒ ܠܗܠܝܢ. * ܘܐܬܡܢܥܘ ܘܡܫܚܘ ܡܢ ܠܒܒܐ ܠܐܒܐ ܠܒܪܝܫܐ. 89 v.
ܕܡܠܩܘܢ ܒܐܬܪܐ ܕܘܝܫܐ ܕܒܗ ܗܘܝܐ ܗܘܬ ܥܒܝܕܬܗ ܕܡܪܝ. ܘܪ̈ܗܘܡܝܐ ܐܫܬܠܡܘ ܒܐܬܪܐ ܐܝܟ ܕܡܚܝܠܝܢ. ܘܐܬܬܚܝܒܬ ܠܒܝܬܐ ܐܪܥܐ ܕܒܝܬ ܐܪ̈ܡܝܐ. ܘܠܐ ܡܢܘܡ ܗܘܐ ܠܒܝܬܗ ܕܐܬܪܐ ܕܪ̈ܗܘܡܝܐ. so ܡܛܠ ܕܡܠܐܟܐ ܗܘܬ ܡܢܗܘܢ. ܥܠܘ̈ ܥܠ ܪܥܝ ܡܪܝܬܗܘܢ ܘܡܫܝܚܘܢ. ܒܕ ܐܬܚܒܫܘ ܗܘܐ ܠܡܠܟܘܬܗ ܡܢ ܐܬܪܘܗܝ. ܘܡ̈ܫܝܚܬܐ ܦܠܐܐ ܚܝܡ ܗܘܐ ܪ̈ܗܘܡܝܐ. ܒܝܬܗ ܕܐܬܪܐ ܒܒܒܐ ܕܒܝܕܒܘ̈ܗܝ، ܘܒܪ ܐܬܚܘܬܢܬ ܥܒܝܕܬܐ ܘܦܠܚܬ ܒܝܬܐ. ܘܟܠܗܘܢ ܬܪ̈ܬܝܗܘܢ ܡܕ̈ܝܢܬܐ ܘܐܪ̈ܬܬܐ ܕܒܝܬ ܡܠܟܘܬܗ ܕܫܒܘܪ: ܐܬܥܛܪ ܕܠܐ ܥܠܬܐ ܒܗܘܢ ܪ̈ܗܘܡܝܐ. ܒܕܡܐ ܕܐܬܚܘܬܢܬ ܒܝܬܗ ܘܥܒܝܕܬܗ ܕܐܬܪܐ: ܘܒܪ ܗܘܐ ܥܠܝܐ ܘܚܝܒ ܣܠܩܐ. ܘܦܩܕ ܡܠܝܢܘ ܘܐܬܬܚܡܘ ܣܠܩܐ ܠܐ ܥܠ ܟܠܗ ܘܡܠܘܟܘܢ ܘܫܪܝܘ ܠܡܒܒܥ ܒܒܗܘܢ ܡܢܟܐ. ܘܗܘܘ ܒܒܪ̈ܝܗܘܢ ܒܐܘܠܝܢܐ ܪܒܐ. ܠܐ ܒܪܝܪ ܓܘܢܝ ܗܘܐ ܠܥܘܪܐ ܠܟ̈ܝܢܐ ܕܒܪܟܐ. ܘܦܠܐܐܐ ܡܢ ܒܒܪ̈ܘܗܝ ܕܡܚܪܒܝܬܐ ܕܡܫܟܚ ܗܘܐ ܒܠ ܥܘܪܐ ܘܡܚܒܪܝܢ ܠܟ̈ܝܢܐ. ܐܬܡܢܘܚ ܒܐܠܦܐ ܘܡܢܝܬܐ. ܘܐܚܝܕ ܕܝܠܬܐ ܠܒܒܪ̈ܘܗܝ، ܕܒܪܟܐ. ܘܠܐ ܐܫܟܚ ܬܘܒ ܠܡܬܚܢܘ ܒܠ ܥܘܪܐ. ܡܛܠ ܕܕܝܠܬ ܕܠܒܟܐ ܢܬܬܦܪܩܘܢ so ܦܠܐܐ: ܘܒܪ ܬܘܒ ܠܗ ܠܗ ܒܠܝܡܘܢ ܡܢܟܐ ܘܡܢ ܐܘܠܝܢܐ ܘܡܕ̈ܒܪܢܘܬܐ. ܘܫܪܝܘ ܪ̈ܗܘܡܝܐ ܠܡܒܒܥ ܦܠܓܗ ܕܥܘܪܐ. ܗܠܝܢ ܘܫܪܘ ܒܒܪ̈ܘܗܝ ܕܡܠܩܘܢ. ܕܐܦ ܒܪ ܠܐ ܠܐ ܢܟܝܢ ܡܬܒܒܥ ܠܗ ܥܘܪܐ ܕܡܚܒܪܢܘܬ̈ܗܘܢ ܒܒܪ ܢܟܝܪܬܐ [1] ܘܪ̈ܒܒܢܐ ܕܐܦܫܪ̈ܬܐ ܢܚܬܢܟܐ ܕܐܚܝܬ ܡܢ ܩܕܡ. ܘܐܬܪܒܝ ܪܘܪ̈ܒܢܘܗܝ ܕܡܕܒܪܢܘܬܐ. ܕܒܕܪܐ ܗܘ، ܕܢܠܒܢܘܢ ܐܝܟ ܕܢܝܚܝܢ ܒܐܪܘܬܗܘܢ ܠܡܠܟܘܬܐ ܕܪ̈ܗܘܡܝܐ ܘܢܝܫܘܢ ܢܦ̈ܫܬܗܘܢ. ܬܪܝܢ ܡܢ ܕܬܠܡܝܕܘܬܐ. ܘܡܢܝܚܘܬܗܘܢ 90 r.
ܬܗܘܐ ܥܠܬ ܐܬܒܣܘܢ ܘܢܫܒܘ ܦܠܓܐ ܪܘܒܢܐ ܡܢ ܒܒܪ̈ܘܗܝ،

1) ܒ und ܕ gleichen hier öfters ܠ und ܦ.

ܕܒܪܒܐ܂ ܘܢܦܩܘ ܒܚܕܐ ܕܠܠܝܐ ܠܡܥܡܕܝܬܗ ܕܡܪܝ܂ ܘܥܡܕܘ ܢܦܫܗܘܢ ܥܠ ܐܝ̈ܕܘܗܝ ܕܡܪܝ ܙ̈ܠܡܗ ܕܥܠܝܗܘܢ܆ ܟܕ ܡܬܥܡܕܝܢ ܗܘܘ ܠܗ ܥܠ ܕܡܟܐ ܕܢܩ̈ܥܬܗܘܢ܂ ܘܐܟܠܘܢ ܒܡܘܪ̈ܝܗ ܕܒܪܒܐ܂ ܗܘ ܕܝܢ ܡܟܠ ܐܢܫ܂ ܘܡܠܟܐ ܠܟܠܗܘܢ ܘܡܢܐ ܐܢܫ܆ ܒܪ ܐܡܪ܂ ܕܐܬܚܫܠ ܠܒ ܘܠܐ ܬܕܫܠܘ܂ ܐܬܪܓܡܘܢ܆ ܟܕ ܢܦ̈ܩܬܘܢ܆ ܘܐܬܬܪܓܡܘܢ ܫܬܠܘܢ܆ ܘܡܢ ܗܝܐ ܡܒܠܬܐ ܫܪܐ ܡܢ ܗܒܪܐ ܕܐܫܬܐ ܕܡܥܡܘ̈ܕܝܗ ܕܒܪܒܐ ܥܠ ܐܪܒܐ ܠܐ ܢܦܠܐ܂ ܟܕ ܕܝܢ ܐܬܦܪܫܘ ܡܢ ܦܠܚܘܗܝ ܕܡܠܟܐ ܕܡܫܝܚܝܢ ܠܗ ܒܡܥܡܘܕܝܬܗ܂ ܕܐܠܗܐ ܒܠܒܗܘܢ ܐܬܥܡܕܘ܆ ܘܥܒܕܘ ܒܡܥܡܘ̈ܕܝܗ ܕܦܠܚܘܗܝ ܐܝܟ ܦܘܩܕܢܗ ܕܡܪܝ܂ ܘܐܬܥܠܝܘ ܒܪܒܐ ܠܡ̈ܗܝܡܢܐ ܒܚܕܝܘܬܗ ܕܠܠܝܐ܂ ܘܟܠܗ ܡ̈ܗܝܡܢܐ ܒܥܠܝܐ܂ ܘܫܪܝܘ ܠܫܠܡܗܘܢ ܦܠܚܘ̈ܗܝ ܕܥܒܕܘܢ܂ ܗܠܝܢ ܕܥܒܕ ܗܘܐ ܐܢܘܢ ܕܢܦܪܘܢ ܒܪܒܐ܂ ܘܠܒܝܬܗ ܕܡܪܝܐ ܒܗ ܕܢܚܬ ܕܥܒܕܢܐ܂ ܥܠ ܗܘܐ ܘܠܝܫܘܥ ܠܡܕܝܢܬ ܡܠܟܘܬܗ ܕܥܒܕ܂ ܒܪܘܚܐ ܪܒܐ ܕܡܬܒܝܢܐ ܕܡܪܝܐܗܘܢ܆ ܒܪ ܥܡܠܐ ܠܗ ܪܘܚܬܐ ܠܗ ܘܡܦܠܚ ܠܗ ܥܒܘܕܝܐ܂ ܘܟܕ ܠܘܬ ܒܡܪ̈ܘܢܝܗ so ܕܗܠܘ ܕܐܬܥܠܝܘ ܒܡܥܡܘ̈ܕܝܗ ܕܦܠܚܘܗܝ ܐܝܟ ܦܩܝܕܘܬܗ ܐܦ ܗܢܘܢ ܕܥܠܡܐ܂ ܘܠܐ ܥܒܕܘ ܐܢܘܢ ܦܠܚܘܗܝ ܕܥܒܕܐ܂ ܗܠܝܢ ܕܗܢܝܢ ܗܘܘ ܠܒܝܬ ܡܕܝܢܬܐ܂ ܐܡܪܘ ܟܕ ܕܠܐ ܠܒ ܡܗܝܡܢܝܢ ܐܢܬܘܢ ܫܡܝܢ ܒܥܕܢܬܐ ܕܫܬܝܢܘܢ܆ ܐܠܐ ܐܟܙܢܐ ܪܘܚܐ ܕܬܪܒܝܬܐ ܟܠܝ ܫܪܝܐ ܬܪܒܝܬܐ܂ ܘܢܦܩܘ ܫܪܝܐ ܢܦܫ ܘܫܪ ܪܒܝܢ܆ ܐܡ ܠܚܡܬܐ ܘܐܡ ܠܫܢܐ܂ ܘܐܡ ܬܠܡܝܕ ܗ̇ܝ ܕܠܡܥܒܕ ܠܐܢ̈ܫܝܢ ܒܡܦܩܘܕܐ܆ ܘܟܕ ܡܬܠܡܕ ܒܡܬܠܡܕܘ ܘܡܬܠܡܕܝܢ܂ ܕܢܬܡܠܘܢ܆ ܠܐ ܟܕ ܒܕܚܠ ܥܒܠ ܗܟܢܐ ܡܐܪܗܛܐ܂ ܘܒܥܕܢܐ ܕܝܢ ܥܒܕܘ ܘܡܢܝ ܠܘܬ ܕܗܘܝܐ ܠܡ̈ܗܝܡܢܐ܂ ܘܠܐ
90 v. * ܗܠܝܢ ܠܝܪ ܫܒܘܩܘܗܘܢ܂ ܟܕ ܕܝܢ ܐܝܟ ܒܥ̈ܒܕܐ ܠܦܬܐ ܕܠܫܪܝܢ
ܥܙܝܪܐ ܒܗ ܡܫܝ̈ܚܘܗܝ܂ ܟܕ ܪܘܚܐ ܡܠܠܐ ܥܒܘܕܐ ܕܡ̈ܫܝܚܬܐ܂ ܬܬܠܡܝܕܝܢ ܬܠܡܝܕ ܡܢܫܘܢ ܕܡܬܠܡܕܘܬܐ܂ ܘܐܡ ܕܢܫ ܠܗ ܡܢ ܪܘܚ ܦܘܪܫܢܐ܂ ܘܐܠܐ ܐܥܠܡܝܢ[1] ܒܪܒܐ ܐܝܟ ܡܠܬܒܘܢ܆ so ܒܡܥܡܘ̈ܕܝܗ ܕܗܠܘ ܢܝܚ ܗܘܘ ܒܡܥܡܘܕܘܢ ܡܫܟܢܬܐ܂ ܘܪܢܡܝ ܒܪ ܐܡܪܝܢ܂

1) So ursprünglich; jetzt aber ܐܥܠܡܝܢ. Dazu ܫܠܡ am Rande.

ܘܠܐ ܠܗܘܢ ܡ̈ܠܟܐ ܕܩܫܝܬܐ ܕܐܬܪܓܡܘܗܝ ܠܐܪܒܥܐ ܒܦܪ̈ܨܘܦܘܢ܆ ܡܕܝܢ ܠܡ ܥܒܕ. ܘܡܢܐ ܒܪܗ ܕܩܘܪܒܢܐ. ܒܕܠܐ ܚܠܝܦܝ̈ܢ܆ ܘܥܠ ܥܒܕ ܡܠܟܘ̈ܢ܆ ܕܥܒܪܬܘܢ ܫܒܝܐ ܕܒܝܬ ܡ̈ܠܟܘܬܐ. ܘܐܬܬܘܬܘܢ ܥܠ ܐܬܪ̈ܝܢ ܒܥܕܬܐ. ܘܒܥܕܬ ܡܠܬܐ ܕܒܡܘܬܪ̈ܗܘܢ، ܕܒܪܝܐ. ܡܢ ܡܠܬܐ ܕܠ̈ܒܥܐ ܦܠܝܚܘܗܝ، ܕܥܒܕ. ܘܐܫܬܠܡܘ ܐܝܟܐ ܠܡܦܩ. ܘܦܬܚܘ ܬܪܥܐ ܕܡܕܝܢܬܗܘܢ ܡܢ ܚܝܠܐ ܕܪ̈ܘܚܢܐ. ܘܥܠܐ ܕܦܪ̈ܚܐ ܕܫܡܝܐ ܗܘܘ ܠܡܦܩ ܒܪܢܫܐ. ܐܬܚܙܝܘ ܠܡܠܟܐ ܕܡܫܚܐ ܘܐܬܚܪܒܘ. ܘ̈ܪܗܘܡܝܐ ܐܫܬܠܛܘ ܒܡ̈ܕܝܢܬܐ ܕܒܝܬ ܡܠܟܘܬܗ ܕܥܒܕ. ܐܝܟ ܕܚܝܠܗܘܢ܆ ܘܡܢܘ ܕܫܩܝܘܗܝ܆ ܘܫܦܘ ܠܒ̈ܢܝܗܘܢ ܘܒܢ̈ܬܗܘܢ ܥܪ̈ܒܝܗܘܢ ܘܐܦܘ ܒܥܡܐ ܠܡܠܟܐ ܠܒ̈ܢܝܗܘܢ. ܘܥܠ ܒܬܪܗܘܢ ܘܒܬܗܘܢ ܘܒܬܗܘܢ ܠܥܡܐ ܐܠܦܐ ܗܘܬ. ܘܒܪܬ ܠܗ ܒܠܒܗܘܢ ܠܡܫܝܚܐ. ܘܥܒܪ ܒܠܒܗܘܢ ܬܘܒܐ ܠܡܦܩ ܒܪ ܐܕܡ. ܕܐܢ ܠܡ ܐܫܟܚܬ ܕܫ̈ܡܝܐ ܒܒ̈ܢܝ ܡܠܟܘܬܟ. ܬܒܥܠ ܡܢ ܡܕܝܢܬܟ. ܒܬܪܗܘܢ ܘܒܬܗܘܢ ܕܒ̈ܢܝ ܥܡܐ. ܘܐܥܒܕ. ܕ̈ܫܡܝܐ ܒܠ ܐܠܝܨܘܬܗܘܢ. ܐܦ ܒܬܪ ܐܠܝܨ ܠܗܘܢ ܫܠܝܚܬܐ ܕܒܢܝ. ܘܒܗܕܐ ܬܒܥ ܥܠܝܪ ܡܬܠܘܠܝܐ ܒܪܫܡܘܬܟ܆ ܕܢ ܬܦܘܕ ܐܠܗܘܬܟ ܦܘܪܩܢܐ ܕܫ̈ܡܝܐ. ܒܠ ܒܢܝܐ ܐܠܝܨܐ ܕܢܕ̈ܢܝܗܝ، ܚ̈ܘܒܬܐ. ܐܝܟ ܠܗ ܡܠܝܘܬܐ. ܘܗܐ ܥܒܠ ܗܘ ܠܝ ܡܢܝ ܥܘܠܝܢ ܕܗܕܐ. ܕܒܠ ܕܥܦܪ ܠܝܟܢܝܢ ܬܦܘܕ ܘܬܥܬܕ ܡ̈ܕܒܪܢܐ ܒܪ ܘܦܘܩܕܢܐ ܗܡܠܬܟ ܒܠ ܒܠܗܘܢ ܫܠܝܚܘ،. ܘܡܫܝܚܐ ܐܒܪ. ܘܒܕ ܐܦ ܥܘܠܝܢܐ ܐܬܗܒ ܠܝ ܡܢ ܐܠܗܘܬܟ. ܐܠܐ ܒܠܒܕ ܦܘܩܕܢܟ. ܕܐܦܪܘܫ ܡܢ ܗܢ ܠܐ ܡܫܬܪܝ ܐܢܐ. ܘܒܟܕ ܥܠܝܘܗܝ ܐܝܟ ܡܠܬܗ ܕܒܪܢܫܐ ܦܪܘܫܐ. ܘܦܩܕ ܕܠܐ ܐܢܫ ܡܢ ܫܠܝܚܬܐ ܕܒܢܝ. ܢܒܐܫ ܠܒ̈ܢܝ ܥܡܐ. ܕܗܘܢܐ ܨܒܝܢܐ ܗܘܐ ܠܝ܆ * ܘܕܠܐ ܢܥܠܘܢ 91 r.
ܐܫܬܟܚܐ ܕܠܒܥܠܘܢ ܦܘܩ ܦܪܘܩܐ. ܐܠܐ ܐܢܫ ܐܢܫ ܒܢܘ̈ܗܝ ܡܢܐ ܕܐܥܬܕ ܠܗܘܢ، ܒܕ ܐܬܬܚܕ. ܒܗ ܠܡ ܢܬܒܥ. ܐܢ ܒܒܪܐ ܗܘܘ ܘܐܢ ܐܢܬܬܐ ܗܝ،. ܒܕ ܠܐ ܐܢܫ ܢܒܪܚ ܘܢܥܒܕܢܐ ܡܢ ܠܒܥܠܘܢ ܡܢܗ. ܐܘ ܢܘܥܒ ܐܝܕܗ ܒܬܘܒܬܐ ܕܫ̈ܠܝܚܐ. ܕܒ̈ܢܝ ܥܡܐ. ܘܕܠܐ ܢܬܠܒܢ ܒ̈ܢܝܐ ܡܢ ܒ̈ܬܝܗܘܢ ܡܢ ܥ̈ܡܐ. ܦܩܕ ܡܠܝܘܢ. ܘܐܦܠܐ

ܘܐܬܦܪܥܘܢ ܡ̈ܢܗ ܫܒ̈ܩܐ ܟܕ ܡܢ ܐܝܬܘܗܝ ܘܟ̈ܠܗܘܢ. ܘܐܝܟ ܕܗܡܪܐ •... ܗܠܝܢ ܕܝܢ ܟܠܗܝܢ ܕܥܡܗ̇. ܒܡܕܒܪܢܘܬܗ ܕܡܫܝܚܐ ܡܗܝܡܢܝܬܐ ܘܫܦܪ ܠܡܕܒܪܢܐ ܐ̈ܠܗܐ ܒܡܫܡܪܢܘܬܗ, ܫܦܝܪܐ. ܘܠܝܗܘܢ ܕܝܢ ܡܠܠ ܕܗܝܡܢܐ ܗܘܬ ܠܗ ܒܕܒܝܠ ܕܒܟܠ ܡܪܝܐ ܒܡ ܡܠܟܐ ܕܦܪܘܩ. ܙܕܩܐ ܗܘܐ ܕܢܬܝܫ ܠܫܝܢܬܐ ܡܢ ܐܬܪܗ. ܠܐܬܪܘܬܐ ܕܒܒܝܬ ܒܡܕܒܪܢܘܬܐ. ܐܝܟ ܡܠܬܗ ܕܡܫܝܚܘܬܐ ܪܒ ܫܠܝܡ. ܕܠܡܐ ܢܗܘܘܢ ܠܗ ܣ̈ܢܐ ܥܒܕܐ ܫܦܝܪܐ ܒܡܕܒܪܐ. ܘܡܛܠ ܘܬܡܛܐ ܠܗ ܒܐܝܕܐ ܐܬܪܐ ܕܢܘܚܐ ܟܠܗܝܢ ܕܘܟܝܐ ܕܦܝܠܣܘܦܘܬܐ ܘܒܕ ܢܦܩ ܥܠ ܟܝܢ ܕܠܝܗ. ܙܕܩ ܗܘܐ ܠܡܬܝܒܘܬܗ. ܘܐܝܟ ܦܪܘܫܐ ܕܡܠܠ ܗܘܐ ܡܢ ܫܡܝܐ. ܘܡܠܟ ܒܐܝܕ ܡܕܒܪܢܗ, ܕܗܘܐ ܘܡܫܡܫܢܐ ܐܝܟ ܫܠܝܚܐ. ܘܒܥܕ ܕܐܬܒܪܝ ܫܒܝܠܬܐ ܡܕܒܪܢܗܘܢ. ܟܕ ܡܬܝܢ ܗܘܐ ܫܠܝܚܘܬܗ. ܡܢ ܢܚܝܬ ܘܡܢ ܫܩܠܗ. ܘܡܫܝܢ. ܘܒܥܒܪܐ ܗܘܬ ܡܕܒܪܢܗ, ܫܒܝܠܬܐ ܕܟܝܢ ܐܪ̈ܥܐ. ܟܠܫܡܐ ܘܒܐܫܡܥܐ ܕܟܘܢ. ܟܕ ܘܟܝܢܗ ܐܝܟ ܕܐܬܐ. ܘܠܫܘܬ ܡܫܝܚܐ ܕܩܫ̈ܬܐ. ܡܬܚܙܐ ܗܘܐ ܠܗܘܢ ܕܗܟܢܐ ܘܥܡܦܐ ܠܦܘܪܣܐ ܕܢܫ̈ܡܬܐ ܒܕ ܡܬܬܒܝܢ ܒܐܪܒܐ ܘܐܒܠܝܢ ܡܢ ܫܠܠܬܗ. ܘܒܕ ܟܪܝܬ ܫܒܝܠܬܐ ܘܐܬܬܚܒܬ. ܐܪܫܡܘ ܫܝܠܘܬܗ ܠܡܘܢ ܥܠ ܬܫܒܘܚܬܗ. ܘܫܒܝܚܐ ܦܪܝܫܐ ܡܫܒܪܝܢ ܗܘܘ ܠܗ ܒܩܠܝܗܘܢ ܘܒܪܝܟܐ ܡܫܡܫܐ ܡܠܝܟܝܢ ܗܘܘ ܠܫܠܝܐ. ܗܘ ܕܝܢ ܢܨܚܐ ܠܡܠܟ. ܟܕ ܗܦܟܬ ܒܫܒܝܚܘܬܗ ܡܬܠܟܐ. ܘܬܫܒܘܚܬܐ ܦܪܝܫܬܐ ܕܡܫܝܚܐ ܗܘܘ ܠܗ. ܐܝܟ ܠܗܘܢ ܐܝܟܢ ܘܫܠ
91 v ܐܝܟܢ ܘܒܕ ܪܒܐ ܫܠܝܡܘܢ ܫܠܝܡ. *ܐܝܟ ܗܘܐ ܠܬܘܗܝ ܡܠܬܗ ܒܫ̈ܠܝܬܐ. ܕܦܪܘܫ ܐܝܟ ܡܠܐ ܫܦܝܪܐ ܕܐܫܬܠܡܘ, ܘܫܠܠ ܕܐܡܪܬ ܗܘܐ ܠܗܘܢ ܒܫܡܫܐܝܬ. ܠ ܠܡ ܦܠܐ ܗܘܐ ܢܘܡ ܕܢܫܟܚ ܠܗܘܢ ܡܠܟܐ. ܥܠ ܟܪܝܘܬܐ ܕܢܦܫܗܘܢ ܒܐܪܒܐ ܕܟܢ̈ܫܐ. ܠܐ ܟܕ ܠܟܝܐ ܠ ܗܘܐ: ܕܠܐ ܗܘܐ ܒܫܠܡ ܕܠܝܐ ܘܒܬܘܩܦܘܬܗ ܗܘܬ ܗܘܐ ܕܐܬܬܒܪܬ. ܐܠܐ ܕܝܢ ܠܗܘܢ ܒܡܕܒܪܢܐ[1] ܕܐ̈ܠܗܐ ܕܠܗܘܢ ܠ. ܒܬܪ ܕܝܢ ܐ̈ܠܗܐ ܒܡܫܒܚܐ ܕܟܪܘܬܗܘܢ. ܫܡܠܝ ܡܠܟܘܬܗ ܥܒܕܐ ܗܘܐ ܘܡܢܝܚܐ. ܡܢܘ ܟܕ ܒܠܗܘܢ ܫܡ̈ܝܐ ܘܠܒ̈ܢܝܐ. ܒܕ ܥܒܕܐ ܘܡܢܝܚܐ

1) Auf einer Rasur.

ܕܡܕܒܪܢܘܬܗ܆ ܕܠܡܠܟܘܬܐ ܕܒܪ̈ܝܬܐ ܕܕܡܘܬ ܥܠ ܡ̈ܠܟܘܢ܆ ܕܫܘܒܩܢܗ ܘܡܢܗ ܡ̈ܠܟܘܢ܆ ܥܠ ܘܫܘܕܥܐ ܕܝܠܗ ܘܡܕܒܪܢܘܬܗ ܬ̈ܠܡܝܕܘܢ܆ ܦܫܝܛ ܠܡ ܠܐ ܢܦܪܩܘܢ ܒܪ̈ܝܬܐ. ܕܫܡܐ ܪ̈ܘܚܬܐ ܕܟܠܗ ܢܛܪܘ ܚܒܬ ܡܢ ܡܕܒܪܢܘܬܗ܆ ܘܡܢܗ ܕܠܐ ܢܬܚܫܒܘܢ ܫܠܝ̈ܐ. ܕܡܠܟܘܬܐ ܕܪ̈ܘܚܢܝܐ ܒܐܝ̈ܕܝܗܘܢ ܐܚܝܕܬ ܦܘܪ̈ܢܣܗ. ܠܗܘܢ ܠܗܘܢ ܗܘ ܣܐܒܐ ܒܡܫܝܚܐ ܘܒܝܬܪܘܬܐ ܕܠܥܒܕܘܗܝ ܦܪܘܫܐ ܕܝܠܗܘܢ ܥܠ ܡ̈ܠܟܘܢ܆ ܐܝܟ ܕܠܐ ܥܡܠܐ ܘܫܠܝܐ ܐܪܦܝܬܘܢܝܗܝ، ܡܢ ܡܕܒܪܢܘܬܗ܆ ܠܗܘܢ ܠܡ ܦܐܝܐ ܡܪ̈ܒܝܢܘܬܐ ܘܫܠܝܡܘܬܐ. ܕܐܪܡܢܝܘܬܐ ܒܪܥܗ ܕܡܠܟܘܬܗ܆ ܘܢܝܚܘܬܗ. ܘܡܢܐ ܠܡ ܐܝܬ ܠܡܦܪܫ ܫܠܡ ܗܠܝܢ. ܐܠܐ ܒܠܚܘܕ ܗܘܝܠ ܦܪܘܫܘܬܐ. ܒܠܗܘܢ ܒܪ ܟ̈ܝܢܗ ܕܡܠܟܘܬܐ܆ ܒܗ ܐܬܠ ܒܡ ܒܝܬܐ ܕܐܬܒܕܪܬ ܫܪܝܢ. ܠܐ ܗܦܟܝܢ ܫܢ ܠܗܕܐ ܕܒܐܝ̈ܕܝܗܘܢ ܐܬܡܣܪܬ. ܕܗܐ ܬܒܥܬ ܠܝ ܒܐܝܕܐ ܒܐܪܥܗ ܕܫܡܫܐ. ܘܐܬܦܠܣܛ ܒܐܘܪܚܗ. ܘܗܘ ܒܪܗ ܘܩܪܝܒ ܡܢ ܐܬܪܗ. ܐܝܟ ܕܚܣܝܐ ܘܕܘܟܐ. ܬܘܒ، ܕܝܢ ܠܬ̈ܠܡܝܕܐ ܕܒܐܝ̈ܕܝܗܘܢ ܥܡ ܠܗ ܗܕܐ ܠܡܠܟܘܬܐ܆ ܘܡܢ ܗܫܐ ܐܦ ܠܝ ܕܗܡ ܠܝ. ܕܢܫܠܐ ܐܬܕܝܢ ܠܬ̈ܠܡܝܕܐ ܒܪ̈ܚܡܝ ܘܒܦܘܪ̈ܩܢܝ܆ ܥܠ ܫܒܘܩܘܬܗ ܕܐܬܬܘܪ̈. ܘܥܠ ܕܒܘܬܗ ܕܡܠܟܘܬܐ܆ ܘܐܝܟ ܗܫܐ ܠܒܢ̈ܝܢܐ ܘܦܪܘܫܐ. ܢܦܪܘܫ 92 r. ܦܘܪܫܢܐ ܠܬ̈ܠܡܝܕܐ ܕܐܝܟܢ܆ ܘܒܟܒܪ ܠܗܘܢ * ܒܐܝܕܐ ܕܐܝܟܢܘܬ܆ ܒܐܪܥܐ ܕܒܫ̈ܠܝܚܝܢ. ܘܬ̈ܪܬܐ ܥܣ̈ܪܐ. ܘܫܒܐ ܘܬܠܬܝܢ ܡܢ ܒܝܬܐ ܕܫ̈ܠܝܚܝܢ. ܘܢܬܦܠܓ ܡܢ ܦܘܪܫܐ ܕܬܠܬܐ ܕܐܪܒܥܝܢ܆ ܘܡܢܐ ܠܬܪܝܢ ܬ̈ܠܬܐ ܘܠܬ̈ܪܝ ܡܬ̈ܢܝܬܐ. ܘܠܬ̈ܪܝ ܫܒܥܝܢ. ܘܐܡܝܠ ܡܢܗ ܠܗܘܢ ܕܗܒܐ ܘܗܐܡܢܐ ܒܒܠܝܬܐ. ܒܒܝܬܐ ܪ̈ܘܚܬܐ ܘܒܐܝܕܐ ܥܒܕܬܐ ܠܐܝܟ ܐܝܟ ܒܪܘܚܗ ܠܗܘܬ ܕܪܒܗ. ܕܢܚܘܢ ܘܐܬܒܣܡܘܢ ܒܒܐܕܐ ܕܦܬܓܡܘܗܝ، ◦ … ܘܡܫܝܚܐ ܕܝܢ ܐܡܠ ܗܘܐ ܘܢܚܪ ܒܠ ܦܘܪܫܢܗ ܕܡܠܟܘܬܐ ܫܡܝܢܐ. ܕܐܦܠܐ ܒܐܪܥܐ ܢܦܪܘܫܬܐ ܕܠܐ ܕܠܗ ܐܬܝܗܒ ܡܢ ܫܘܠܛܢܐ ܘܬܘܒ ܡܢ ܫܒܘܬܗ. ܘܕܠܐ ܢܦܠܘܢ ܕܒܪܐ ܒܪܘܚܐ ܕܝܠܢܐ ܕܡܬܦܫܩܐ. 80 ܐܡܪ ܒ̈ܠܠܬܐ ܕܒܗܝܢ ܢܬܓܠܘܢ ܘܫܒܪܐ ܢܥܒܕ ܠܢܘܗ̈ܪܐ ܒܢܝܢܐ ܕܦܪܫ ܦܪܘܫܐ ܠܐܬܒܪܘܗܝ܆ ܐܡܪ ܠܗ ܠܒܦܠܐ. ܕܠܐ ܠܡ ܦܐܝܐ ܗܘ، ܡܠܟܐ. ܕܡܫܝܚܐ ܪܒܐ ܕܬ̈ܠܡܝܕܐ

ܕܥܒܕܝܢ ܗܘ ܒܫܠܡܝܢ ܡܫܪܬܗܝܢ. ܗܘܬ ܒܗ ܓܠܝܐ ܘܒܫܘܬܐ ܕܒܡܕܒܪܐ ܕܐܬܪܐ. ܠܐܪ̈ܡܢܝܐ ܕܡܠܟܘܬܗܘܢ ܘܠܐܬܪ̈ܘܬܐ ܕܪ̈ܘܡܝܐ. ܐܠܐ ܐܦ ܗܘ ܠܓܒܝܐ ܕܡܠܟܘܬܗܘܢ. ܐܦܗ ܠܐ ܕܐܒܐ ܣܘܟ ܐܠܐ ܐܝܟܢ ܡܢ ܐܬܪ̈ܘܬܗܘܢ܇ ܕܠܐ ܢܫܐܠܘܢ ܠܗܘܢ ܥܬ̈ܝܕܗܘܢ. ܘܢܚܬܘܢ ܡܢܗܘܢ ܕܒܪܐ ܕܡܠܟ ܗܘܬ ܠܗܘܢ ܡܫܝܚܘܬܗܘܢ. ܠܦܘܪܥܢܐ ܕܚܛ̈ܗܝܗܘܢ܇ ܘܥܒܪܬ ܗܕܐ ܒܫܢ̈ܝܗܘܢ، ܕܦܪܘܣܐ. ܘܐܦܠܐ ܠܗ ܕܢܒܥܐ ܐܝܟ ܕܥܒܕܠ. ܘܥܒܕܬܗ ܘܒܢܝܢܗ ܠܒܢܝܬܐ ܡܢ ܒܝܬ ܐܘܪ̈ܚܐ. ܘܐܬܬܗ ܠܐܬܪ̈ܘܬܐ ܕܐܪܘܢ ܘܕܐܝܟܢ. ܘܐܬܘܒ ܐܝܟܢ ܒܐܪܒܐ ܥܒܝܕܘܬܐ. ܘܥܠܒ ܡܠܟܐ ܠܦܠܝܣܗ ܕܐܪܒܐ. ܘܒܦܘܪܥܢܘܬܐ ܘܒܢ̈ܝܫܐ ܐܬܥܝܢ ܒܡܫܗ̈ ܘܡܫܒܝܢ ܗܘܘ ܠܦܘܪܥܢܗ ܘܡܫܠܡ ܒܠ ܕܗܘܬܗ. ܘܠܐ ܗܘܐ ܒܠܥܕ ܐܠܐ ܐܦ ܒܠܚܘܕ ܐܬܪܐ ܕܒܝܬ ܐܪ̈ܡܝܐ. ܘܒܝܬ ܐܪܡܝܐ. ܡܬܬܥܕܪܐ ܗܘܬ ܦܘܪܥܢܘܬܗ ܕܗܘܢܐ ܦܝܠܐܣܐ ... ܘܟܕ ܬܘܒ ܗܢܟܐ ܗܘܬ ܠܗ ܟܢܘܫܝܐ ܕܗܘܐ ܕܢܒܪ ܒܗ ܒܐܪܒܐ: ܘܡܢ ܕܠܐ ܢܫܒܘܪ ܠܐܠܦ̈ܝܗ.
92 v. ܬܠܬܐ * ܦܪ̈ܫܝܗܘܢ، ܘܒܢ̈ܝܗܘܢ، ܡܢ ܦܘܪ̈ܩܢܗ. ܐܬܘ ܓܒܪ ܐܘܬ ܪܒ ܐܬܪ̈ܐ ܦܘܪ̈ܥܢܐ ܡܢ ܒܥܒܕܘܗܝ، ܕܐܬܪܐ. ܘܟܠܗ ܠܗ ܒܪ ܒܡܫܐܝܬ. ܕܫܠܡܐ[1] ܠܡ ܕܠܐ ܗܘܐ. ܐܬܬܥܝܪ ܒܠ ܬܫܘܒܚܐ. ܘܐܚܕ ܡܠܠܗ ܕܐܬܬܪ ܕܠܐ ܐܚܕ ܢܒܠ ܬܘܪܣܝܐ ܠܡܠܟܘܬܗܘܢ܇ ܐܝܟܢܐ ܕܒܥܘܢܐ ܢܬܟܠ ܒܥܘܢܐ ܕܡܥܪ̈ܬܗܘܢ܇ ܘܡܕܒܪܝܢ ܢܬܬܥܘܢ ܒܕܚܠܬܗܘܢ܇ ܘܗܢܐ ܠܡ ܒܕܠܐ ܡܬܠܦܝܢ ܒܠܝܢ ܒܠܒ̈ܒܐ. ܕܒܫܠܐ ܘܒܗܪܐ ܥܪܬ ܒܐܬܪܐ܇ ܒܠܘܦ ܒܟܠܠ ܠܡܥܪ̈ܬܗܘܢ ܘܦܠܛ ܢܦܫܗ ܘܐܝܠܝܢ ܕܒܥܘܢ. ܘܗܘܐ ܘܡܫܝܚܐ ܒܪܢܫܐ ܘܒܝܬ ܦܓܪܬܐ. ܦܪܘܩܐ ܕܝܢ ܠܦܠܛ ܒܕܠܐ ܪܒܐ ܗܘܐ ܒܗܠܝܢ. ܐܝܟ ܡܢܐ ܕܒܐܪܒܐ ܕܐܘܫܒܢܗ ܥܬܪܐ ܗܘܐ ܒܐܪܒܐ ܕܠܐ ܕܠܗ. ܘܕܠܐ ܦܬܓܡܐ ܚܦܝ ܗܘܐ ܘܡܫܬܡܥܢܐ ܒܒܐܪܐ ܕܦܬܟܪ̈ܘܗܝ، ܘܒܬܪ ܥܠܡܐ ܡܫܬܡܥܢܐ ܕܥܒܘܬܗ. ܒܒܪ ܥܒܪܬܐ ܘܦܪܐ ܠܦܘܪ̈ܥܢܘܗܝ، ܘܐܡܬܝܢ ܐܝܟܢ ܒܠ ܡܠܟܘܬܗ. ܘܐܡܪܝܢ ܗܘܐ، ܒܫܠܡܘܢ ܕܥܒܕܪ ܘܡܫܐܢ ܬܥܒܕܬܐ ܕܦܘܪܥܢܗ. ܐܦ ܗܘܐ ܗܘܐ ܦܘܪܥܢܐ ܡܢ ܦ̈ܪܫܝܢܐ ܕܡܠܟܘܬܗ ܕܫܠܡ ܡܥܒܕܬܐ. ܘܒܗܘܢ ܡܫܬܥܒܕ ܗܘܐ ܒܪܝ. ܗܘ

1) Auf Rasur.

ܘܐܘܪ̈ܚܬܗ. ܘܟܕ ܦܓܥ ܠܗܘ ܕܓܒܐ ܒܫܘܪܐ. ܬܠܐ ܚܙܝܗ ܡܢ
ܒܫܒܝܐ. ܘܐܡܠܟ ܥܬܝܕܐ ܥܠ ܟܠܗܘܢ ܕܚܙܝܢܗܘܢ܆ ܚܕ ܡܢ ܕܒܬܪܗ
ܐܝܬ ܠܗ ܠܫܠܝܚܐ ܠܡܐܡܪ. ܬܘܒ، ܠܟ ܠܫ̈ܠܡܐ ܕܠܐ ܡܬܬܢܝܚ. ܕܐܒܘܗ
ܠܗ̇ ܗܘܐ ܢܦܫܐ ܠܡܠܟܘܬ܆ ܘܐܬܦܪ̈ܩܘ ܠܗ ܫ̈ܠܝܚܐ ܕܡܢ ܩܕܡ.
ܘܠܐ ܐܬܗܦܟ ܠܗܘܢ ܕܢܦܩܘܢ. ܠܘ ܕܝܢ ܫ̈ܠܝܚܐ ܗܘܘ ܕܒܥܝܬ
ܡܫܡܫܢܘܗܝ. ܐܢܫܐ ܕܢܦܫܗ ܢܣ̈ܒܝܢ ܫ̈ܠܝܚܐ܆ ܐܠܐ ܡܢ ܟܠ
ܡܫܡܠܝܘܬܗܘܢ ܕܫ̈ܠܝܚܐ. ܠܐ ܐܬܚܙܝܬ ܠܗܘܢ ܗܕܐ ܕܢܩܡ.
ܡܛܠ ܕܝܢ ܠܐ ܢܦܩܘ ܟܠܗܘܢ ܕܫ̈ܠܝܚܐ ܗܘܘ ܬܘܩܦܐ ܘܩܪܒܬܐ.
ܕܒܥܒܕܐ ܕܓܒܪ̈ܘܬܗܘܢ ܢܦܩܘ ܒܫܘܪܐ ܫ̈ܠܝܚܝܢ ܘܠܐ ܡܕܡ
ܡܕܡܕܡܘܢ܆ ܘܕܝܢ ܒܡܬܢܝܗܘܢ ܥܠ ܦܘܪܐ ܕܟܠܗܘܢ܆ ܘܠܝܬ * 93 r.
ܡܠܟܘܬܐ ܕܐܬܦܪܫܬ ܒܗܕܡܘܗܝ ܕܠܐ ܫܡܫܘܗ. ܐܠܐ ܟܠܗ ܕܡܠܟܘܬܐ
ܗܕܐ ܕܐܦܪ̈ܝܐ. ܕܗܝ ܐܬܦܪܫܬ ܒܗܕܡܘܗܝ ܘܢܦܫܬ ܐܘܟ܆ ܒܗ ܦܓܥ
ܕܐܚܕܗ ܗܝ ܗܕܐ ܡܠܟܘܬܐ. ܕܥܡܠ ܢܦܫܗ ܐܬܪ̈ܡܝܬ ܠܡܟܬܒܘ
ܡܫܡܗܘܢ ܕܟܘܬܐ. ܗܢܘܢ ܗܘ ܡܢ ܫ̈ܠܡܘܗܝ ܕܡܠܟܘܬ܆ ܗܟܘܢ ܗܘܘ
ܐܝܟܐ ܡܠܟܘܬܐ SO ܗܕܐ ܡܘܕܬܐ ܘܟܢܘܫܗ، SO. ܟܠ ܕܐܬܦܫܛܬ
ܦܓܥܬܗܘܢ ܒܟܢܫ ܫ̈ܠܝܚܐ ܕܗܘܘ ܡܕܡ. ܘܦܠܘ ܥܠܝܬܗܘܢ ܐܟ.
ܗܢܘܢ ܫ̈ܠܝܚܐ ܐܬܦܩܕܘ ܐܦܣ̈ܩܘܢ ܡܢ ܡܠܟܘܬܗܘܢ ܕܒܗ
ܡܫܡܫܢܘܗܝ. ܘܐܡܪܘ ܐܝܟܐ ܒܐܘܪܚܗܘܢ܆ ܘܥܒܕܬ ܠܟܘܬܗܘܢ
ܫܒܝܬܐ. ܡܢ ܥܘܡܪܐ ܕܝܢ ܕܡܬܓܠܝܢܘܬܗܘܢ ܕܫ̈ܠܝܚܐ. ܡܛܠ ܗܘܐ
ܠܗܘܢ ܐܝܟܐ ܘܡܢܗ ܒܡܪ̈ܟܒܗܘܢ܆ ܘܠܒܪ ܕܡܬܦܫܛܝܢ ܗܘܘ ܕܡܢ ܗܘܐ.
ܘܟܕ ܢܦܪܬ ܠܗܘܢ ܠܐ ܢܛܪܘ ܘܠܐ ܐܬܚܫܒܘ. ܕܟܕ ܢܦܩܘ ܐܝܟܐ
ܕܫ̈ܠܝܚܐ ܕܠܘܬ ܗܘܐ ܠܗܘܢ܆ ܡܬܢܝܚܝܢ ܗܘܘ ܒܡܕ̈ܝܢܬܐ܆ ܘܟܕ ܠܐ
ܢܦܩܘ ܒܡܕܝܢܬܐ܆ ܫܒܩܘ ܕܒܗܬܗܘܢ ܟܠ ܕܢܦܩܘ ܐܪܥܐ ܕܦܠܣܛܝܢܐ.
ܘܠܐ ܫܒܩܬ ܗܕܐ ܠܡܦܫܚܬܗܘܢ܆ ܕܦܠܝܓܘ ܦܓܥܬܗܘܢ ܘܦܠܘ
ܬܫܒܘܚܬܗܘܢ܆ ܐܠܐ ܕܐܬܦܠܓܘ ܘܐܬܥܒܕܘ ܐܝܟܐ ܥܠ ܗܝ̈ܟܠܐ
ܘܐܦܣܐ ܕܫ̈ܠܝܚܐ. ܘܟܕ ܢܦܩܘ ܟ̈ܠܗܘܢ ܘܦܫܛܘ ܡܬܢܝܚܝܢ܆
ܘܟܕ ܫܡܥܘ܆ ܫ̈ܠܝܚܐ ܕܡܢ ܒܐܘܪܚܬ ܪܘܡܐ ܥܠܝܗܘܢ ܐܬܟܢܫܘ. ܟܕ SO
ܢܦܩ ܦܓܥܬܗܘܢ ܕܫ̈ܠܝܚܐ ܡܠܝܢ ܠܐ ܐܬܦܫܛܘ ܠܡܕܝܢܬܐ. ܐܠܐ

ܢܦܩܘ ܗܘܘ ܐܬܪܐ ܘܗܦܟܘ ܡܢ ܐܘܚܕܢܐ ܕܗܝܡܢܘܬܐ. ܘܠܢܛܪܘܗ̇ ܠܬܒܥܬܐ ܠܒܝ̈ ܡܢܗܘܢ ܕܡ̈ܠܟܐ ܗܠܝܢ. ܘܠܐ ܢܦܩܘ ܠܗܘܢ ܕܢܦܩܘܢ ܫ̈ܪܬܐ ܥܠ ܐܘܚܕܢܗܘܢ. ܒܬܪ ܒܐܘܚܕܢܗܘܢ. ܘܡܘܬ̈ܢܐ ܫܢ̈ܝܗܘܢ ܪܚܝܩ ܗܘܘ ܡ̈ܠܟܐ ܡܢ ܐܘܚܕܢܗܘܢ. ܥܒܕܘ ܗܘܘ ܠܒܪ ܘܐܪܦܝܘܗ̇ ܠܡܠܟܘܬܐ ܕܪ̈ܗܘܡܝܐ ܕܠܐ ܐܠܨܗ̇. ܘܫܒܩܘ ܗܘܘ ܠܡܠܟܘܬܐ ܕܦܪܣ. ܕܒܡܕܒܪܢܘܬܗܘܢ ܕܗܢܘܢ ܕܛܝ̈ܝܐ. ܫܢܬ ܘܐܬܪܒܝܬ ܡܢ ܡܕܝܢ. ܘܒܙ ܐܣܬܪܩܬ ܡܠܟܘܬܐ ܕܪ̈ܗܘܡܝܐ ܡܢ ܐܠܗܘܬܐ. ܐܬܒܨܪܬ ܕܠܐ ܐܠܗܐ. ܘܐܬܢܝܚܬ ܘܐܬܬܪܝܡ ܒܝܘ ܕܢܘܚ ܘܡܘܦܠܝܠܘ. * ܕܫܘܒܚܗ 93 r.
ܘܒܗܬܬܐ ܒܦܪܨܘܦܗ̇ ܕܐܬܪܐ ܘܠܐ ܢܦܩܘ. ܘܒܙ ܟܠܗ̇ ܕܒܝܬܗܘܢ ܕܡ̈ܠܟܐ ܗܠܝܢ ܘܒܙܘ ܡܢ ܒܠܥܕܐ: ܘܡܪܬܝܢ ܠܫܒܝܘܬܐ ܕܐ̈ܠܗܐ ܕܐܚܘܕ ܡܕܒܪܢܘܬܗܘܢ: ܘܐܬܒܥ ܥܠ ܦܘܪܣܐ ܕܡܠܟܘܬܗܘܢ. ܘܒܙ ܬܘܒ ܒܐܬ̈ܪܐ ܕܡܠܟܘܬܐ. ܚܛܝܦܘܬܐ ܡܕܡ ܠܐ ܗܘܬ ܠܗ: ܥܕܡ ܕܫܠܡܬ ܢܦܫ ܕܐܪܥܐ ܪܘܚܬܗܘܢ ܒܝܕ ܦܘܪܣܐ ܕܡܕܒܪܢܘܬܐ. ܘܒܝܕ ܫ̈ܠܝܛܢܐ ܕܕ̈ܟܝܐ ܘܕܡܘܪ̈ܕܝܢ. ܐܙܕܠܬ ܐܣܘܦܬ ܐܝܟ ܡܢ ܐܪܥܐ ܕܪ̈ܓܠܘ ܒܗ̇. ܘܐܗܦܟܬ ܐܝܟ ܠܐܪܥܐ ܕܢܬܪܘܬܗܘܢ. ܘܒܝܕ ܗܠܝܢ ܦܘܪ̈ܣܐ. ܠܡܣܟܢ ܗܦܟܢ ܚܝ ܕܢܬܒܥܐ ܪܚܘܡܘܬܗܘܢ ܕܐ̈ܠܗܐ. ܘܦܩܕܬ ܡܠܟܘܬܐ. ܕܢܬܦܫܘܢ. ܢ̈ܫܐ ܕܡ̈ܠܟܝܗܘܢ. ܘܐܚܕܝܢ ܚܠܘܬ̈ܐ ܕܕ̈ܝܢܝܗܘܢ. ܘܬܘܩܢܗܘܢ ܕܡܕ̈ܝܢܬܐ ܕܡܕܝܢ̈ܬܗܘܢ. ܘܐܟܝܠܬ ܒܩܘܪ̈ܝܐ ܠܡܬܒܥܘܬܗܘܢ. ܘܣܘ̈ܓܐܐ ܠܐܘܪܥܐ ܕܢܦܘܠܬܗܘܢ. ܘܦܩܕܬ ܘܐܬܦܣܩ ܠܗܘܢ. ܟܠܗܘܢ ܟܪ̈ܝܐ ܕܐܬܢܨܒܘ ܡܢܗܘܢ. ܒܫܒܛ ܡ̈ܠܟܐ ܕܡܢ ܡܕܡ. ܘܕܡܬ ܠܡ̈ܠܟܝܗܘܢ ܒܟܠܗ ܟܬܒܗܘܢ ܘܡܕܪܗܘܢ ܕܒ̈ܬܐ ܕܢ̈ܫܐ. ܘܪܘܡ ܫܘܒܚܐ ܒܗܝܟܠܐ ܕܫܒܝܬܗܘܢ. ܘܢܒܥܘ ܡܢ ܐܬܪ ܒܦ̈ܘܬܗܘܢ ܘܐܦܪܥܘ ܒܬܦܢܝܬܗܘܢ. ܘܒܒܙܬ ܠܗܘܢ ܒܐܝܕܐ ܕܫܘܕܬܐ ܒܟܠ ܡܕܝܢܐ. ܘܡܟܟܬ ܒܢ̈ܝܗܘܢ ܒܟܠ ܐܬܪ. ܘܢܦܩܬ ܬܫܒܘܚܬܗܘܢ ܐܫܬܪܝܬܐ: ܢܬܪ ܡܢ ܗ̇ܝ ܕܗܘܬ ܠܗܘܢ: ܒܢ̈ܘܗܝ ܕܩܘܡܠܝܠܘ. ܘܒܢ̈ܘܗܝ ܡܣܬܡܣܝܢ ܪ̈ܚܡܝ ܠܐ̈ܠܗܐ. ܘܢܟܬ ܒܗܘܢ ܡܠܟܘܬܐ ܘܐܬܒܥܝܢ ܒܗܘܢ ܐܘܚܕܢ. ܘܐܬܗܒܬ ܠܝ ܒܐܪ̈ܙܝܗܘܢ ܕܒܘܬܐ ܗܕܐ. ܘܕܝܢܬ ܒܗܝܢ ܥܠ ܦܘܪܣܗ ܕܟܘܪܐ ܕܡܠܟܘܬܐ ܗܕܐ ܡܫܠܡܬܐ. ܘܕܝܢܬ ܬܫܒܘ̈ܚܬܗܘܢ

ܘܐܬܒܥܝܬ ܒܠ ܒܒ̈ܢܘܗܝ ܕܩܘܣܛܢܛܝܢܘܣ. ܘܗܘܐ ܡܘܬܢܐ ܒܡܕܝܢܬܐ ܕܬ̈ܠܡܐ ܕܠܘܐ ܠܝ. ܒܐܬܪ̈ܘܬܐ ܕܡܫ̈ܝܚܝܐ ܕܡܠܟܘܬܐ ܕܒܝܙܢܛ̈ܝܐ. ܚܙܝܢ ܘܡܬܒܗܬܝܢ ܚ̈ܠܝܛܘܬܗ ܡܢ ܒܪܬܗ ܕܐܪܒܥܝܢ܆ ܘܠܐ ܡܢܝܢ ܚܝܠܐ ܠܡܐܡܪ ܕܘܗ ܕܡܬܪܥܝ ܠܗ ܐܝܟ ܒܚܝܠ ܗ̈ܘܝ ܗܠܝܢ. ܐܠܐ ܦܬܓܡ ܠܬ̈ܠܡܝ. ܕܒܐܬܚ̈ܙܝܘܢ ܗܘܐ ܢܬܚܙܐ ܗܢܐ. ܠܐ ܗܘܐ ܡܚܝܠ ܐܢ̈ܫ 94 r. ܢܛܠܘܡ ܦܬܓܡܘܗ̇ ܕܐܠܗܐ. * ܐܝܟ ܕܦܠܠܘܗܝ ܬ̈ܟܝܠܐ ܕܡܢ ܥܠܡ. ܕܠܡܐܢܐ ܬܥܒܪܝܟ ܠܗ̇ ܐܝܟܢܐ ܣܟܝܢܘܬܗܘܢ܆ ܠܐ ܓܒܪ ܥܠܡ ܒܟܢܫ ܐܓܘܢܐ ܕܡܐܪܥܗܝܢ܆ ܕܠܒܢܝܢ ܢܦܠ ܡܘܬܐ ܘܕܘܪܐ ܕܒܢܝܬ ܬ̈ܟܠܡܬܐ .... ܐܝܟ ܫ̈ܢܝܐ ܡܚܝܠ ܕܒܐܪ̈ܝ. ܬ̈ܠܡܐ ܐܠܡܐ ܗܢܟܐ ܕܒܗܬܐ ܘܢܟܦܘܬܐ ܕܟܠ ܡܐܪ̈ܥܝܢ. ܟܢܘܫ ܡܬܚܙܝܢܘܬܗܘܢ ܒܢܦܫ ܒܠܥܐܝܬ. ܘܠܐܬܐܡܪ ܠܗܓܪܬܗܘܢ܆ ܘܢܦܩ ܒܠܡ ܡܘܪܐ ܕܐܬܚܫܒܬܗܘܢ܆ ܘܢܐܟܘܠ ܒܠ ܕܟܫ̈ܝܢܘܢ ܘܒܠ ܕ̈ܝܢܬܗܘܢ ܘܡܘܪ̈ܟܢܘܢ܆ ܘܬܘܒ ܡܟܐ ܕܫܡܠܝ ܗܠܝܢ. ܫ̈ܒܩܐ ܚܢܢ ܕܦܬܓܡܘܗܝ܆ ܡܟܐ ܓܒܪ ܐܝܬ ܠܟ̈ܠ ܫ̈ܢܝܐ ܠܡܦܪܥ ܫܘܚܠܐ ܠܬ̈ܠܡܐ ܫܠܡ ܦܬܓܡܘܗ̇܆ ܐܠܐ ܒܠܚܘܕ ܬܘܕܝܬܐ ܕܦܘܡܗܘܢ܆ .... ܘܟܕ ܓܒܪ ܡܠ̈ܘܗܝ ܥܒܕ. ܦܘܡ ܕܒܠܥ ܡܕܡ ܗܡܝܟܐ ܒܠܗܘܢ ܦܬ̈ܓܡܐ ܕܢܝ ܘܕܝܢܐ. ܕܒܝܠܐ ܫ̈ܒܠܐ ܕܟܠ ܡܢܡ ܠܡܦܪܓܘ ܘܬ̈ܘܒܘܗܝ. ܘܟܕ ܫܠܡܘ ܬܘܩ̈ܢܐ ܘܡܘܪܐ ܠܚ̈ܘܒܘܗܝ. ܙܒܢܐ ܗܘܐ ܒܠ ܒܪܘܫܐ ܕܡܟܒܟܒܝ. ܘܥܡܠ ܠܗ ܙܢܐ ܕܡܐܪܥܗ. ܒܕܢܚܐ ܕܝܢ ܡܢ ܒܪܘ ܠܠܒܢܐ ܗܘܐ. ܘܦܪܕܬ ܥܢܬܗ ܘܗܘܐ ܒܪܢܐ ܦܓܥܐ. ܒܠ ܕܒܝܫ ܗܘܐ ܒܐܪܥܐ ܕܠܐ ܕܠܡܗ. ܘܠܐ ܚܕܐ ܗܘܐ ܕܐܢܫܐ ܫܘܠܛܢܐ ܥܦܠ ܡܐܪ̈ܥܘܗܝ. ܚܕܐ ܗܘܐ ܓܒܪ ܕܘܟܬܐ ܢܦܠܬ ܥܒܘܪ: ܒܗ ܒܢܬ ܠܗܘܬܗ ܚܝܠܐ ܕܒܘܠܡ ܠܗ. ܘܥܡܠ ܗܘܐ ܥܢܝܐ ܒܢܦܫܗ ܘ̈ܩܒܐ ܕܡܘܪܗܘܢ. ܘܟܕ ܒܕܢܚܐ ܦܓܥܐ ܥܢܘܗܝ ܫ̈ܘܥܒܘܗܝ. ܢܦܠ ܒܠܗܘܢ ܥܠܝܐ ܘܕܡܝܢ. ܘܠܒܪ ܒܥܢܬܐ ܒܡܘܬܐ. ܘܒܠ ܥܠܝܐ ܕܥܢܬܗ. ܥܒܝܕ ܒܠܗܘܢ، ܬ̈ܠܡܐ ܕܫܠܝܐ ܘܫ̈ܢܝܐ ܘܟ̈ܢܫܐ. ܘܟܬܒ ܡܢ ܫܘܟ̈ܠܐ ܕܒܢܝܬܗܘܢ. ܕܠܫܘܗܝ، ܬ̈ܠܡܐ ܒܒܗ ܕܡܟܘܬܗ. ܐܬܫܢܝܬ ܠܗ ܓܒܪ ܓܘܕܐ ܕܚܝܠܐ ܕܫ̈ܢܝܐ ܫܠܛܢܝ. ܕܗܘܝܢ ܗܘܘ ܒܡܚܝܢܐ ܐ̈ܘܚܝܢ. ܘܠܚܝܡܝܢ ܗܘܘ ܠܡܦܠܠܝ ܦܠ. ܫܪ ܕܝܢ ܡܚܝܢܘܢ: ܠܚܝܡ

ܗܘܐ ܠܗ ܡܬܚܪ. ܘܡܬܒܠܐ ܡܫܬܘܬܗ ܕܢܟܝܣܘܗܝ. ܘܟܠܗܘܢ، ܚܕ ܡܢ ܡܪ̈ܕܝܐ ܚܒܪ̈ܘܗܝ. ܕܠܐ ܠܡ ܐܝܟ ܛܒܒܐ ܐܝܟܢܐ ܠܕܟܝܘܬܗ ܕܗܝܢܐ ܫܪܝܪܐ ܢܛܝܪ̈ܐ. ܘܬܟܣܝܣܘܬܗ، ܥܠ ܥܠܬܗ. ܕܠܐ ܬܫܬܘܕܪ ܠܫܬܠܘܬܗ
94 ܐܦ ܠܒܥܠܕܒܒ̈ܘܗܝ. ܕܒܗܬܬܐ ܕܒܗܝܐ ܕܓܒܪ * ܥܠ ܟܠ: ܦܠܓ ܥܒܝܐ ܐܝܟ ܕܠܝܐ. ܐܠܐ ܒܒܪ̈ܝ ܒܐܪܘܬܗ ܢܟܠ ܡ̈ܪܝܐ. ܕܒܟܝܣܘܬܗ ܬܫܒ. ܗܢܐ ܚܫܒܘܬܗ. ܘܡܬܬܪ̈ܢ ܒܕܟܝܘܬܗ ܐܝܟ ܕܥܠܒܗ ܠܟܫܝܪܘܬܗ. ܘܟܕ ܐܬܬܚܝܪ ܦܪܘܫܐ ܡܢ ܥܠܬܗ: ܘܐܬܒܣܡܗ ܠܡܠܟܐ ܙܟ ܠܒܗ. ܘܪܬ ܗܕ̈ܡܘܗܝ ܒܫܠܡܘܢ، ܘܗܘܐ ܒܕܝܠܝܬܐ ܡܠܟܘܬܐ. ܘܦܪܐ ܠܫܪ̈ܒܘܗܝ، ܘܡܬܦܪ̈ܣܢ. ܘܐܬܚܒܫ ܠܡܠܟܐ ܡܕܒܪܢܘ. ܘܬܒ ܡܕܒܪܢܘ ܦܓܪܗ. ܘܗܦܟ ܐܝܟ ܚ̈ܝܐ ܕܦܠܚܘܬܗܘܢ. ܕܒܗܘ ܩ̈ܠܐ ܫܪ̈ܒܬܐ ܘܦܫܝܩܘܬܐ. ܘܐܬܦܩܕ ܠܗ[1] ܐܝܟ ܕܫܠܚܘܢ ܘܒܗܐ ܕܠܒܗ ܘܐܡܪ̈ܝܢ. ܘܗܘܪܐ ܠܗ ܕܡܫܬܐ ܕܐܬܟܠܠ ܥܠܝܗ ܟܐܪܝܢ ܒܒܕ̈ܝ ܕܒܟܝܘܬܗ ܒܪ، ܟܠܒܐ. ܘܗܘ ܠܡ ܐܬܝܢ ܠܫܠܒܐ ܫܪ̈ܒܬܐ ܘܠܫܪ̈ܒܐ ܒܪ̈ܟܐ. ܕܠܒܢܐ ܠܡ ܬܗܒ ܥܠܝܗ ܟܬܒܗܘܢ ܘܪ̈ܫܘܢ ܕܗܠܝܢ. ܕܫܦ̈ܠܐ ܐܝܟ ܘܦܠ̈ܠܬܐ ܫܠܡܘܗܝ، ܕܠܠܐ. ܕܒܕ ܚܫܝܟ ܒܗܘ ܠܝܬ ܐܝܟ ܗܘ ܕܡܢ ܫܪܒܐ ܠܦܠܓ. ܠܐ ܐܬܒܪܡ ܗܝܟ ܠܩ̈ܠܐ ܕܐܬܐܡܪ ܠܗ ܡܢ ܫܪ̈ܒܘܗܝ، ܐܠܐ ܥܒܕ ܗܘܐ ܒܦܩܥܗ ܘܒܗܘܢ ܕܐܝܠܝܢ ܕܐܬܐܡܪ ܟܠܗܘܢ ܒܫܠܡܐ. ܘܡܥܝܩ ܗܘܐ ܠܗ ܙܒܢܝܢ. ܘܟܕ ܒܗܠܝܢ ܫܒ̈ܥܬܐ ܡ̈ܠܘܬܐ ܪ̈ܒܬܐ ܗܘܐ ܥܒܝܕ. ܚܝܐ ܥܠ ܚܝܐ ܘܦܘܠܚܢܐ ܥܠ ܦܘܠܚܢܐ ܐܬܬܘܣܦ. ܠܗ. ܡܛܠ ܕܝܢ ܝܘܒܝܢܘܣ ܡܢ ܒܬܪ ܓܠܝܬܐ. ܘܬܒܪܗ ܠܒܗ ܕܒܥܠܐ. ܡܛܠ ܕܝܢ ܐܝܟܢܐ ܕܠܐ ܒܚܝܠ ܒܗ ܐܡܪ. ܕܠܘ ܠܡ ܐܢܫ ܩܠܝܠܐ ܐܝܟ ܡܕܒܪ ܟܠܗ ܠܟ ܥܠ ܡܐܪܝܩܢ. ܘܐܡܪܬ ܗܟܢ ܐܢܬ ܘܠܐ ܐܢܬ ܒܐܪܥܐ ܕܠܐ ܕܠܢ. ܘܒܝܕ ܐܢܬ ܒܪܝܬܐ ܐܝܠܝܢ ܕܠܐ ܐܠܗܐ ܗܘܬ ܠܒܗܘܢ ܘܡܢܗܘܢ. ܘܫܠܝܐ ܕܒܥܠܕܒܒܐ ܫܪܝܪ ܠܟ ܡܢ ܟܠ ܓܒܪ، ܘܐܡܪ ܠܗ ܙܢܝܪ ܐܢܬ. ܫܠܝܐ ܕܝܢ ܦܓܥܐ ܕܦܪ̈ܫܐ ܐܬܦܢܝ ܥܠ ܬܪ̈ܥܘܗܝ. ܘܐܡܪܘ ܡܬܠܝܘܗܝ، ܕܐܬܐܪܐ. ܕܠܒܪܐ ܠܗ ܢܦܠ ܡܢ ܐܪܥܐ ܬܪܥܝܬܐ ܠܫܠܡܘܬܐ: ܘܗܘܐ ܬܒܥ ܐܦ

1) Ursprünglich ܠܝ.

ܥܒܘܗܝ. ܒܫܠܝܐ ܕܗܟܢ ܗܘ ܕܐܠܝ ܗܘܐ ܥܠܝܗ ܗܘ ܥܠ ܟܠܢ. ܘܗܫܐ 95 r. ܢܣܒܐ ܢܦܫ ܘܐܬܢܪܒ ܕܡܢܫ. ܕܠܡܢܐ ܢܗܘܐ ܠܡܘܒܠܐ ܘܢܦܠ ܀ ܒܣܘܟܐ ܕܟܠܕܝ̈ܐ. ܘܟܕ ܥܒܕ ܫܠܝܡܘܬܐ ܗܠܝܢ. ܐܬܚܙܝ ܠܟܠܗ ܘܗܘܐ ܒܢܘܒܬܐ ܦܛܝܐܬܐ. ܘܐܬܬܪܝܡ ܐܝܪ̈ܘܗܝ. ܘܡܫܝܚܘܬܗ ܕܝܢ ܠܒܢܝ̈ܐ ܕܢܘܚܝ. ܣܡܬ ܠܗ ܠܒ. ܥܠ ܬܠܬ ܒܢܘܗܝ. ܘܫܩܠ ܗܘܐ ܒܢܘܒܬܐ ܕܦܘܩܕܢܗ. ܘܗܘܢܐ ܘܡܢܐ ܕܟܠܗ ܡܢܝܢܬܗ. ܘܠܦܬ ܢܘܟܪܝܐ ܠܐܠܗܐ ܘܟܠܬ ܒܗ. ܠܘ ܕܝܢ ܡܢ ܗܝܟܠܐ ܠܡܘܒ ܒܟܢܘ. ܐܠܐ ܫܡܝ̈ܬܐ ܐܝܟ ܢܨܒ ܗܘܐ ܦܬܝܐܝܬ. ܘܡܢܗܠܐ ܘܦܘܩ ܐܠܗܐ ܥܠ ܦܘܪܢܣܐ ܕܟܠܗ ܒܢܘܗܝ. ܟܕ ܕܝܢ ܗܘ ܫܦܝܪ ܒܟܢܫܬܐ ܡܢܝܢܬܐ ܕܠܠܝܐ. ܟܕ ܘܩܝܡ ܥܠ ܦܘܪܩܢܗ، ܘܡܫܠܡܐ ܘܦܩܕ ܐܠܗܐ ܠܦܬܓܡܐ ܕܥܒܕܗ: ܢܦܩ ܥܠ ܬܘܠܕܬܗ ܘܐܬܐ. ܘܐܬܦܢܝ ܠܗ ܫܠܡܐ ܠܥܠܡܐ ܡܢܘܗܝ. ܗܘ ܕܐܬܬܠܠ ܥܠܘܗܝ، ܒܣܘܟܐ ܒܚܘܒܐ ܕܢܦܫܗ. ܘܥܠܝܐ ܥܠܘܗܝ ܘܒܐܝܕ ܘܐܡܪ ܠܗ. ܠܟܠܢܐ ܢܦܫ ܐܝܬ ܘܐܟܠ ܐܝܬ ܥܠ ܗܢܐ ܥܡܝܐ. ܕܐܟܠ ܒܐܠܗܐ ܕܒܢܘܗܝ ܘܗܘܝܐ ܡܢ ܗܘܢܝܬܗ. ܘܟܠ ܒܢܩܝܗ ܬܫܒܘܚܬܐ ܘܬܕܡܘܪܬܐ ܕܐܠܗܐ ܡܪܝܡܐ: ܘܗܘܝܗ ܠܦܘܪܩܢܗ ܠܒܢܝ̈ܢܐ ܘܠܦܠܚܐ. ܘܠܐ ܫܒܩܬ ܠܗ ܢܦܫܬܐ ܕܢܘܗܪܗ. ܐܠܐ ܕܐܦ ܠܬܪ̈ܥܐܐ ܟܕ ܠܐ ܢܣܒ: ܐܝܬ، ܒܬܪ ܦܘܢܝܗ ܟܕ ܥܠܝܡܐ ܕܦܪܘܣܘܬܗ ܘܠܝܬ ܠܗ ܡܢ ܗܢܐ ܠܡܢܝܐ. ܐܬܬܠܝܬ ܠܗ ܦܘܪ ܟܢܝܗ ܘܟܘܬܐ ܀... ܘܐܬܬܗܝܒܬ ܠܫܘܒܚܐ. ܐܡܪ ܠܗ ܘܡܫܝܚܘܬܗ ܒܫܠܝܐ. ܡܪܝ، ܘܢܦܫ ܕܡܪܝ. ܠܘ ܥܠ ܗܢܐ ܦܘܪܢܣܐ ܚܠܝܢ ܗܘ ܗܘܢܝܘܬܐ ܕܥܒܕܗ ܒܪܐ ܠܝ. ܡܕܒ ܐܢܐ ܗܘ ܥܒܪ ܕܠܐ ܗܘܝܐ ܠܗ ܢܣܬܐ ܕܫܠܡܐ. ܒܝܕ ܕܐܬܦܫܛܬ ܠܗ ܐܝܠܢܐ ܕܡܘܒܠܗ ܗܘ ܦܐܪ̈ܐ ܕܬܘܒܬܐ. ܥܠ ܒܢ̈ܝ ܥܡܐ ܕܐܝܠ ܒܐܒ ܠܢ. ܒܢܝܐ ܬܫܒܘܚܬܐ ܕܐܬܦܢܝܘ ܠܢܦܫܬܗ ܕܪܒܝܐ ܦܪܝܐ. ܕܕܠܡܐ ܒܡܫܠܡܢܘܬܗ ܕܡܢ ܙܒܢܐ ܕܥܪ̈ܪܐ. ܢܦܠܘ ܒܣܘܟܐ ܒܐܪܥܐ ܕܠܐ ܕܝܠܗܘܢ ܐܡܪ ܠܗ ܡܪܝܐ ܡܪܘܡܪ. ܠܘ ܕܠܝܢ ܗܘ، ܗܕܐ ܡܦܪܢܣܘܬܐ. ܕܐܒܪ̈ܗܘܢ، ܕܐܠܗܐ ܫܡܝܐ. ܒܪܝ * 95 v. ܕܝܢ ܫܡܥ ܠܟܝ ܥܠ ܐܝܠܝܢ ܕܥܠܝܗ ܐܢܐ ܥܠܝܗܝܢ. ܗܢܐ ܕܝܢ ܐܪܝܡܗܪ ܡܡܠܠܐ ܙܟܐ ܕܥܒܕܘܪ ܐܝܟ ܥܡܘܕܐ ܕܐܬܥܒܕ، ܟܕ ܢܦܠ ܠܥܡܘܪ ܘܐܬܬܗ

ܠܒܢܬ ܢܝܼܚܬ ܡܕܝܢܬܐ ܒܫܠܝ ܕܠܐ ܕܘܕ. ܟܡܘܐ ܕܝܢ ܦܪ̈ܘܦܐ ܢܠܟܼ ܐܝܟ ܕܐܚܝ ܕܫܬܠܟ̈ܢܐ. so ܘܟܢܘܫܝܐ ܕܪ̈ܗܘܡܝܐ ܗܘ ܡܘܡܬܗ̇. ܟܕܢܫܐ ܕܠܠܝܐ ܢܦܘܠ ܠܡܫܪ̈ܝܬܗܘܢ ܘܢܚܪܒܝܗ̇. ܘܥܒܕ ܕܟܡܟܐ ܕ̈ܟܘܬܐ ܘܫܠܝܐ ܐܝܬ ܒܟܪ̈ܟܐ ܘܗܘܐ ܠܝܦܪܗ ܕܗܘܐ ܓܠܝܐ ܠܗܝ ܟܡܦܠܟ. ܕܬܥܒܪ ܒܡܐܢܐ ܥܠ ܫܒܘܪ. ܘܬܐܚܕܝܘܗܝ، ܒܫ̈ܢܐ ܐܝܟ ܬܠܬ، ܕܗܘܬ ܠܗ ܒܚܪ̈ܝܢ. ܐܝܬ ܕܝܢ ܠܐ. ܬܬܪܥܐ ܠܗ ܠܡܕܐ. ܕܠܘ ܗܘܐ ܓܢܒܐ ܐܝܬ ܠܐܠܗܐ. ܕܗܘܐ ܕܝܢ ܓܢܒܘܗܝ ܕܡܪܝܡܐ. ܕܢܣܒܘܬܗ ܕܢܠܛܠܘܗ ܠܗܘܡܣ ܬܬܒܪ ܒܟܠܗ ܟܠܡܐ ܘܗܘܐ ܕܫܠܡ ܘܟܝܢܗ ܕܥܒܘܪ. ܐܦ ܗܘ ܒܐܬܪܗ، ܕ̈ܡܝܐ ܕܐܬܒܘܬܗ ܕܬܬܡܪ. ܘܐܬܪ̈ܝܢ ܕܒܫܬܟ ܠܐ ܢܬܦܠܣ ܒܚܝܠܐ ܕܡܥܒܕܢܐ. ܐܠܐ ܐܝܟ ܐܢܫܐ ܕܡܦܠܦܐ ܕܡܕܢܐ ܠܗ ܬܗܘܐ ܗܘ. ܘܫܪܒܗ ܕܐܬܬܟܠܠܬ، so ܥܠ ܒܕܢܐ ܢܦܫܗ ܕܐܠܗܐ. ܗܘ، ܬܒܥܐ ܒܗ ܒܒܦܘܪܐ. ܕܬܬܫܠܡ ܒܠܗܘܢ، ܗܘ̇ܝ ܕܬܬܒܥܐ. ܕܡܫܩܘܢ ܢܦܠ ܒܠܒܗܘܢ ܒܗ ܗܘ، ܐܝܬܘܗܝ ܕܬܬܒܥܐ. ܕܓܡܪܝܢ ܕܦܘܪ̈ܘ ܢܦܠܘܢ ܟܕ. ܐܝܬ ܕܝܢ ܐܘ ܟܕ ܐܢܫܐ ܕܐܠܗܐ. ܗܢܝܢ ܠܟܝ ܘܐܬܒܣܡ ܒܟܠܗ ܕܐܝܪ̈ܝܐ ܠܗ. ܕܠܡܒܗܘܢ ܢܗܘܐ ܫܒܝܢ ܠܬܚܝܬ ܒܡܘܕܝܘܢ. ܐܪܒܥܬܥܣܪ ܫܢ̈ܝܐ ܕܓ̈ܢܒܐ. ܬܬܒܥܢ ܡܠܟܘܬܗ ܕܦܪܘܣ ܥܠ ܡܠܟܘܬܗ ܘܬܫܒܘܚܬܗ ܒܟܪܐܝܬ ܗܘܢܐ ܡܒܢܐ ܕܓ̈ܢܒܐ. ܘܡܢ ܒܬܪ ܗܠܝܢ ܫܢ̈ܝܐ. ܢܬܗܠܠ ܡܢ ܡܠܟܘܬܗ ܢܦܪܘܫ ܕܡܕܐܬܐ ܕܦܪܘܣ. ܘܢܬܒ ܒܝܠܐ ܬܬܒܝܢܘܢ ܬܠܡܘܬܐ. ܫܢ̈ܝܐ ܫܢ̈ܝܐ ܕܓ̈ܢܒܐ. ܘܡܢ ܒܬܪ ܗܠܝܢ ܫܢ̈ܝܐ ܕܓ̈ܢܒܝ. ܢܗܢܐ ܕܠܘܝܫܐ ܡܪܕܘܬܗ ܕܦܪܘܣ. ܘܢܬܪܐ ܫܝܢܐ ܕܒܝܬ ܡܠܟܘܬܐ. ܘܢܬܓܪܘܢ ܒܡ ܚ̈ܕܪܝ. ܓܒܪܐ ܬܪܝܢܘܢ ܘܢܐܫܘܕ ܘܒܢܐ ܕܡܙܪ̈ܢܘܬܗܘܢ ܫܢ̈ܝܐ ܫܢ̈ܝܐ ܬܪܝܢ ܕܓ̈ܢܒܐ.
* ܘܡܢ ܒܬܪ ܗܠܝܢ ܐܝܬ ܐܢܫܗ ܕܡܠܟܘܬܗ ܘܬܬܒܥܘܢ ܘܬܬܫܬܠ ܥܠ 96 r.
ܦܪܘܣ. ܘܬܫܬܒܒ ܦܪܘܣ ܠܡܕܝܢܬܐ ܕܪ̈ܗܘܡܝܐ ܓ̈ܢܒܐ ܒܡܣ. ܒܕܢܐ ܠܡܪܕܟܝ ܗܘܫܗ ܕܡܠܟܘܬܐ. ܗܠܝܢ ܕܝܢ ܐܬܦܫܕܬ ܕܐܫܬܡܥܝܢ ܘܟܕ. ܟܕ ܐܦ ܗܢܝܢ ܗܠܝܢ. ܐܝܟ ܕܠܦܪܘܣܐ ܗܘ ܐܬܬܡܪ ܠܝ. ܒܡܫܡܬ ܕܢܗܘܐ ܒܡܘܕܝܢܘܢ ܠܬܚܝܬ. ܐܝܟܘܬ، ܕܫܠܡ ܡܫܡܗ ܡܢܒ [1] ܕܡܘܡܝܢ.

1) Was hinter ܒ folgt ist radiert und darauf von später Hand ein ܘ geschrieben; es stand wohl ܗܘ da!

ܘܐܬܡ ܠܦܘܣܩܢܐ ܨܒ̈ܝܢܐ ܬܪ̈ܝܢܗܘܢ܆ ܘܡܬܬܗܡܢ ܒܪܟܐ ܕܢܝܟܣܝܢ ܒܦܘܪܩܢܐ ܕܢܦܫܗܘܢ ܬܠ̈ܬܐ ܡܬܝ̈ܬܐ: ܥܒ̈ܕܐ ܒܥ̈ܝܢ ܗܘܘ. ܕܐܝܟ ܕܡܢ ܗܢܐ ܚܘܪܒܢܐ ܕܚܪܒܬ ܠܢ. ܬܦܣܩܘܢ ܦܘܣܩܢܐ. ܘܬܒܥܕ ܥܢܝܐ ܒܝܬ ܡܠܒ̈ܫܬܐ ܒܡܬܒܐ ܕܦܘܣܩܢܐ. ܘܬܫܡܫ ܠܟܠ ܒܢ̈ܝܢ. ܬܚܬ ܡܕܐܬܐ ܕܦܪܘ ܥܕܢ̈ܐ ܕܚܪܒܬ ܠܢ. ܘܐܚܝܬ ܒܪ ܐܢܫܐ ܕܐܠܗܢ. ܒܢܝܐ ܢܦܫܢ ܘܥܡܘܠ ܡܢܢ ܒܪܘܬܐ. ܘܢܦܬܐ ܕܪܘܚܐ ܪܒܬܐ ܠܟܘܢ ܠܐ ܬܫܒ. ܕܒܕܒܫܘܬܗ ܕܗܢܐ ܠܒܥܐ ܘܡܣܝܒܢܐ ܡܥܬܪܐ ܡܢܟܐ. ܘܬܗܘܢ ܒܒܝܬܐ ܥܢ̈ܝܐ ܒܡܠܒ̈ܫܬܐ ܕܚܪܒܬ ܠܢ ܘܒܕ ܐܬܚܙܪ ܘܡܫܝܚܘܗ ܡܢ ܥܘܬܗ. ܘܐܬܒܢܝ ܒܗ ܒܡܠܟܢ. ܒܥܬ ܠܗ ܠܟܠ ܘܐܬܒܪܢܬ ܪܘܚܗ. ܡܛܠ ܒܢܝ ܕܡܫܒܘܬܐ ܐܝܬ ܠܗ ܕܬܬܥܪܢ ܢܐܕܝܘܗܝ܆ ܘܥܪܢܐ ܗܘܬ ܠܗ ܠܟܪܝܐ ܦܘܪܫܐ. ܕܟܘܠܗܘܢ ܒܬܚܐ ܢܝܒܝܢ ܕܬܫܬܠܡ ܒܐܢܕܐ ܕܦܘܪܫܐ. ܘܒܕ ܗܘܢ ܢܦܪܢ. ܘܟܠ ܐܟܪܬܐ ܕܐܫܬܕܪ ܠܗ ܡܢ ܡܦܘܩܐ ܪܟܐ. ܐܝܟ ܠܒܢܐ ܕܗܘܐ ܒܠܘܗܝ ܡܢ ܐܠܗܐ. ܒܬܒ ܠܗ ܠܪ ܗܒܢܐ: ܡܛܠ ܠܟ ܐܚܝ ܕܐܬܦܬܚ ܘܠܢܬܐ ܕܐܬܠܒܫ ܠܝ ܟܠ ܐܢܫ ܕܐܠܝܢ. ܡܗܝܕ. ܐܢܐ ܠܝܘܒܢ ܒܕ ܬܚܬܝܟܘܢ. ܕܫܘܕܝܐ ܗܘ ܕܗܘܐ ܠ ܠܘܬܢ. ܗܐ ܫܒܩܝܗ ܐܠܗܐ ܘܡܒܢܐ. ܫܒܘܪ ܒܪ ܒܠܒܒܗ ܕܡܠܟܘܬܒܘܢ. ܒܚܝܠܐ ܕܒܘܪܐ ܗܐ ܫܪܐ ܗܪܟܐ ܒܝܬ ܢܝܚܬ، ܩܪܝܬܐ ܒܡܕܒܕܢܘܬܐ ܕܐܠܗܐ. ܘܒܕ ܦܘܪܫܐ ܕܢܬܒܬܗ ܕܚܝܪܘܬܟ܆ ܕܒܪ ܒܢܝܢ ܚܠܠܐ ܕܠܬܥܒܕ. ܘܬܐ *96 v. ܐܬܢܫܩ ܡܢ ܗܢܐ ܪܥܒܐ ܘܚܢܬܐ. ܒܢܝܬܐ ܕܐܫܟܠ ܠܒܢܝܢܗܘܢ، ܕܐܠܗܢ. ܘܟܒܕ ܬܒܥܬܐ ܠܥܕܬܐ ܚܫܝܐ ܕܗܘܪܗܘܢ، ܕܡܥܒܕܐ. ܕܐܬܐܡܪ ܒܐܝܕܗܘܢ، ܕܠܐ ܫܒܠ. ܘܫܒ ܠܒܢܐ ܕܒܪܬܗ ܕܡܢܝ. ܕܒܢ ܘܫܒܩ ܘܐܘܡܪ. ܘܫܡܫ ܒܪܫܗ ܐܝܟ ܕܢܩܘܡ ܫܘܪܝܘܗܝ، ܘܒܕ ܗܕܐ ܬܒܒܕ. ܘܟܢܒܪܘܬܢ ܬܬܒܪ. ܘܗܡܝܡܢܘܬܢ ܬܬܩܠܘ. ܘܡܫܪܬܢ ܬܬܦܪܘ. ܘܫܡ ܫܕܐ ܒܝܒܘܬܢ. ܗܘ، ܫܠܝܡ ܒܪܘܚܢ ܘܡܫܪܪ ܒܡܗܝܡܢܘܬܢ. ܘܡܒܝܢܝܢܘ ܕܝܢ ܠܐ ܢܓܒܐ ܕܢܗܘܐ ܫܪܪܐ: ܡܢ ܟܢܪܐ ܕܗܘ ܢܦܫܗ ܠܡܘܬܐ ܥܠ ܐܦ̈ ܕܗܘܬܐ ܕܪ̈ܡܣܐ. ܐܠܐ ܒܬܒ ܘܐܘܕܝܗ ܫܪܪܗܘܢ ܕܗܠܝܢ. ܘܬܗܪ ܒܝܫܐ ܘܥܒܕ ܘܐܘܕܝ،

ܠܐܠܗܐ. ܕܗܘܝܢ ܘܟܠܗ ܓܢܣܗ ܠܡܫܡܫܢܘܬܗ. ܘܐܬܘܣܦ ܬܘܒ ܘܥܒܕ ܠܗ ܕܬܬܪ̈ܡ ܐܒܘܗܝ. ܕܗܢ ܗܢܐ ܐܝܟ ܕܗܒܝܐ ܗܘܐ ܓܒܝܐ ܠܐܠܗܐ: ܘܡ̈ܕܝܢܬܗ ܒܟܠܗܘܢ ܙܒܢ̈ܝ ܕܬܫܡܫܬܗܘܢ. ܥܡܗܘܢ ܠܗ ܐܝܟ ܘܐܡܠܟܝܢ. ܕܠܐ ܠܓܒܪܐ ܬܗܘܐ ܛܘܒܐ ܐܘܪܚܐ ܕܡܐܬܝܬܐ܆ ܗܘܐ ܠܓܒ̈ܪܐ ܡܢܗܘܢ ܐܚܪ̈ܢܐ ܠܬܘܒܐ܆ ܒܐܘܡܢܘܬܐ ܕܢ̈ܦܫܐ ܢܗܝܪ̈ܐ. ܐܝܟ ܕܢܦܫܗ ܢܗܘܐ܆ ܘܢܦܫܗ ܡܢܗܪܬܐ܆ ܡܚܐ ܐܢܬ ܗܘܝܬ ܐܚܝ ܕܬܪܥܐ ܗܘ ܠܒܘܫܬܐ ܒܫܘܪܝ ܐܦ ܒܪ ܢܫܐ ܐܢܬ. ܕܬܗܘܐ ܗܕܐ ܠܒܘܫܬܐ ܥܒܝܕܐ ܠܟ ܠܡܕܝܢ. ܗܐ ܦܘܩܕܢ ܐܠܗܐ ܕܐܬܝܬܘܢ ܡܢܝ. ܕܢܦܩܬܘܢ (so) ܒܐܠܗܐ ܗܢܐ ܕܩܒܠ ܡܫܒܚܝܢ. ܐܝܟ ܕܢܦܫܗ ܘܢܫܒܚܘܢ. ܕܐܝܟ ܕܡܬܟܠܠ ܒܗ ܢܘܗܪܐ ܫܠܝܐ ܒܡܫܒܚܝܢ. ܐܢܬ ܕܝܢ ܐܝܟ ܫܒܚܬܟ. ܫܪܝ ܠܗ̈ܘܢ ܫܠܝܐ ܡܢ ܠܘܬܟ ܟܠܠܐ ܗܢܐ. ܘܐܡܪ ܐܘܢ ܠܓܒܪܐ ܗܠܝܢ ܕܫܠܝܡܝܢ ܡܢܝ ܘܠܐ ܐܝܟ ܢܕܒ. ܘܐܡܪ ܘܐܠܘܝ ܐܢܘܢ. ܕܢܐܡܪܘܢ ܐܠܝܢ ܕܠܒܬ ܡܢܝ. ܐܝܟ ܕܬܬܗܘܝܢ ܠܥܒܕܝ. ܕܗܘܢ ܡܢ ܘܠܦܝ ܠܐܪܙܐ ܐܢܫܘܗܝ. * ܘܡܢܐ ܕܠܐܬ 97 r. ܡܢܗܘܢ܆ ܐܪ̈ܝ ܡܪܘܡܡܘܬܟ ܐܠܗܘܢ܆ ܘܐܪܝ ܐܢܘܢ ܒܥܠܡܐ ܠܥܠ ܡܪܘܢ܆ ܘܗܘܐ ܒܝܘܡܗܘܢ ܥ̈ܠܝܐ. ܐܝܠܝܢ ܕܐܬܘ ܠܗ ܕܢܬܐܡܪܘܢ ܠܗ ܠܥܒܕܪ. ܐܝܟ ܕܢܦܩ ܒܠܒܗ ܘܡܦܪܫ ܕܠܒܘܫܬܟ. ܐܝܟ ܕܡܢ ܪܚܡܝܢ ܒܪ ܕܬܬܒܝܢ. ܕܠܗ ܐܬܝܬ ܘܒܘܬܐ. ܘܒܒܐ ܡܒܢܝܢܘܗܝ ܐܝܟ ܕܫܠܝܡ ܠܗ ܡܥܘܠܐ. (so) ܘܐܡܪ ܐܢܘܢ ܠܓܒܪܐ ܗܠܝܢ. ܘܐܠܘܝ ܐܢܘܢ ܘܡܐܬܝܬ. ܘܒܪ ܐܫܬܘܕܝ ܠܗ ܫܪܪܐ ܕܡܐܬܝܬܘܗܝ܆ ܚܘܝ ܠܬܘܒܘܢ ܡܪܢܫܘܬܐ. ܘܫܦܝܪ (so) ܠܗܘܢ ܘܠܡܫܒ ܘܐܬܝܬܘ. ܘܢܫܒ ܠܗܘܢ ܡܫܡܫܬܐ ܘܐܡܪ ܠܗܘܢ܆ ܘܠܘ ܓܝܪ ܡܪܢܘܢ ܘܐܡܪܘ ܠܗ. ܗܟܢܐ ܐܡܪ ܫܡܥܝܢܘܢ ܪܒ ܫܠܝܚܐ ܕܗܫܐ. ܕܗܐ ܙܕܩܬ ܠܝ ܫܡܥ ܥܠܝܢ. ܒܐܚ̈ܝ. ܒܝܪ ܫܦܝܪܐ ܗܘܬ ܢܦܫܢ ܟܠܠܐ ܗܢܐ. ܐܠܐ ܡܓܢܐ ܐܢܐ ܒܫܡܫܬܟ. ܐܘ ܐܠܘ ܪܚܡܐ ܕܟܝܢܐ ܐܢܫܝܢ. ܒܬܪ ܕܝܢ ܒܠ ܕܗܢܐ ܐܢܫ ܗܘܘܬ ܘܐܡܪ. ܒܥ ܐܫܘܪܗܘܢ ܕܗܟܢ. ܙܕܩܬܟ ܒܪܝ ܐܢܫܝܢ ܐܪܥܟ ܒܡܝ̈ܕܬ܆ ܕܠܐ ܒܟܠܐ ܘܕܠܐ ܦܘܫܐ. ܘܡܪܬ ܕܝܢ ܢܦܫܟ ܒܚܝ̈ܒ. ܘܠܐ ܓܒܪ ܢܦܫ ܒܚܘܫܒ ܕܫܒܘܬܟ. ܐܫܬܪܝ ܗܘܐ ܗܟܝܠ

ܘܚܠܦ ܢܦܫܢ ܘܕܐܝܠܝܢ ܕܥܡܢ. ܕܐܠܐ ܫܬܬܐܝܬ ܠܟܐ ܗܘܐ
ܒܡܫܪܝܬ. ܘܬܒܥܘܢ ܠܡܫܘܕܥܘ ܢܦܫܗܘܢ ܘܠܐ ܬܫܒܘܢ. ܘܐܝܠܘ
ܒܪ̈ܝܐ ܗܘܝܢ ܥܡ ܒܢ̈ܝܗܘܢ. ܘܣܘܣܘܗܝ, ܟܠܗܘܢ ܡ̈ܠܐ ܗܘܝܢ ܘܐܬܬܥܝܕ
ܥܒܕܝ ܗܘܐ ܘܗܘܐ ܒܝܠܕܬܐ ܡܫܝܚܐܝܬܐ. ܘܡܣܘܦܠܗ ܡܬܥܒܠ ܗܘܐ.
ܕܐܬܝܗ ܠܡܫܡܫܬܐ ܗܘܐ ܒܪܢܫܬ ܠܡܘܬܐ. ܘܒܪܘܚܢܘܬܐ ܕܡܫܝܚܐ
ܬܫܝܬ ܘܝܠܦܐ ܒܫܠܡܬܐ. ܐܒܐ ܗܘܣܝܣ ܘܡܘܦܣ ܠܡܫܪܝܬܗ ܒܡ
ܐܝܠܝܢ ܕܒܡܗ. ܘܡܬܪܥܐ ܗܘܐ ܒܢܦܫܗ. ܕܟܕ ܠܗ ܐܦܝܪܘܒ ܠܒܪ
ܢܝܠܐ ܕܗ̈ܡܘܢܝܐ. ܢܠܦ ܣܢ̈ܝܗ ܘܦܘܪܣܗ ܕܦܫܪ. ܟܠܗܘܢ ܒܢ̈ܝ
ܟ̈ܐܢܗ ܕܟܠܗܘܢ, ܠܐ ܗܫܟܚ ܠܗ ܠܡܕܐ. ܘܫܡܥܗ ܥܒܕ ܠܛܒܘܬܗ
ܕܡܒܝܢܘܬ ܟܠܗܘܢ ܒܫܐܝܬ. ܘܢܦܩܗ ܠܐܟܘܗ ܡܛܠ ܕܢܫܡܥ ܐܝܟ
ܢܦܫܗ. ܘܟܕ ܐܝܠܘ ܝܘ̈ܕܥܝܗ ܘܢܐ̈ܝܗ ܕܦܪܘ ܒܗܠܝܢ. ܐܬܟܠܘ ܠܢܟܠܐ
ܘܡܪܦܝܢ ܗܘܘ ܒܢܝܚܘܬܗܘܢ ܥܠ ܥܒܕܪ * ܘܐܡܪܝܢ. ܕܕܡܟܐ ܠܐܒܘܗ, 97 r.
ܥܠܝܢ ܡܐܪܥܢ. ܘܥܡܠܐ ܕܠܒܘܬ ܢܫܘܐ ܒܟܠ ܡ̈ܠܟܘܗܝ ܕܐܪܟܬ
ܐܪܡ ܘܝܗܒ ܡܢ ܒܚܘܪ̈ܗ. ܘܗܘܐ ܒܡܠ̈ܟܐ ܢܠܦܘܢ ܡܬܦܠܚܝܢ
ܡܢ ܡ̈ܠܠܬܗ. ܘܐܫ̈ܪܐ ܐܝ̈ܟܢܐ ܘܡܫ̈ܪܝܬܐ ܕܒܝܬ ܡܠܟܘܬܢ.
ܒܒܪܝܢ ܗܘܝܢ ܒܝܬ ܡܣܪܐ ܠܬ̈ܘܡܬܐ. ܘܡܗܠܟܝܢ ܒܗ ܘܡܒܪܣܝܢ.
ܒܡܠܟܘܬ ܘܠܐ ܕܝܠܝ ܒܕܒܝܬ ܐܝܟ ܥܘܒܕܬܐ ܢܨܚܢܐ ܠܝ. ܘܐܟܠ
ܠܡܥܒܕܘ ܡ̈ܠܟܐ ܕܢܝܚ. ܪ̈ܓܫܘܗܝ ܕܡܐܪܐ ܡܢܐ ܥܒܕ ܡܠܝ
ܡ̈ܠܟܐ. ܘܐܟܒ ܗܘܐ ܠܗ ܕܢܬܠ ܡܐܪܥܐ. ܘܗܘܐ ܥܒܕ ܕܢܕܠܘܢ
ܡܕܡܘܗ, ܢܐ̈ܪܝܗ ܘܪ̈ܘܪܒܢܘܗ ܕܦܪܘ. ܘܟܕ ܒܠܘ ܘܡܥܕܪܘ ܠܗ. ܡܠܟܐ
ܒܠܒܗܘܢ ܘܐܚܝܕ ܐܢܘܢ ܒܡܠܬܗ. ܕܐܝܠܘ ܠܡ ܠܢܝܠܐ ܕܒܡܥܡ ܗܘܐ
ܠܗ ܠܐ ܢܐܪ ܗܘܝܬ. ܒܒܪ ܕܝܢ ܥܡܠ ܗܟܢ ܡܐܪܥܢ. ܘܗܫܐ
ܐܬܬܘܢ ܐܬܬܐܡܪܘ ܠܒܘܫܡܐ. ܘܝܗܒܐ ܒܠ ܗܘܐ ܠܐ ܬܫܒܘܢ
ܕܒܕܠܐ ܢܠܡ ܥܒܘܕܐ ܕܫ̈ܡܫܬܐ. ܡܬܚܡܟܐ ܚܙܝܢ ܡܢ ܒܡܠ̈ܟܝܢ.
ܘܟܕ ܥܒܝܢ ܐܒܘܗܘܢ ܘܥܒܪܐ ܐܢܘܢ ܘܢܦܩܘ ܡܢ ܡܕܡܘܗܝ. ܥܒܕ
ܐܝܟܢܐ ܠܡܫܪܝܬܐ ܕܗܘܡܢܐ. ܘܡܠܟܐ ܕܬܒܥܘܗܝ, ܕܠܚܡܗ. ܡ̈ܠܟܐ
ܒܪ ܪܘܒܬܐ ܘܦܬܘ̈ܟܬܐ ܡܠܠ ܘܐܪܒ ܡܕܡ ܡܫܪ. ܕܗܟܢܐ ܠܡ ܐܡ̈ܪ
ܡ̈ܠܟܐ ܪܒܐ ܡܟܘܫܐ. ܘܐܠܗܐ ܬܡܫܟܐ ܥܒܕ ܕܢܚܠ ܒܠ ܒܠ.

ܡܢܗ ܠܗ̇ ܬܘܟܠܢܐ ܗܢܐ ܕܐܬܬܠܝܬ. ܘܐܫܬܘܝܬ ܥܠ ܫܘܠܛܢܐ ܕܫܠܝ̈ܚܝ. ܘܥܠ ܕܘܟ ܙܒܢܐ ܘܥܠ ܐܚ̈ܝ ܬܘܣܦܬܐ. ܘܒܒܪܬ ܠܐܪܒܥܐ ܕܠܐ ܕܠܝ̈. ܘܐܝܟܢ ܕܒܥܐ ܘܐܝܟܢ ܠܡܣܒܐ ܐܘܪܚܬ ܬܫܒ̈ܘܚܬܗ ܕܡܠܟܘܬܟ̣. ܘܐܡܒܪ ܒܝܪܘܬܟ ܦܓܪ ܐܝܬ ܗܫܐ. ܕܙܒܘܬ ܡ̈ܠܟܐ ܕܒܢܬ. ܘܠܐ ܡܬܚܙܝܐ ܠܝ ܒܥܠܡܘܬܟ. ܕܡܠܟܐ ܫܡܠܐ ܐܬܚܙܝܬ ܒܗܕܐ. ܘܙܒܘܬ ܢ̈ܒܝܐ ܐܣܬܟܠ ܕܒܢܝܬܟ. ܡ̈ܠܟܐ ܠܡ ܦܪ ܡܬܟ̈ܢܐ ܘܫܠܝ̈ܛܢܝ. ܡܢܐ ܕܗܘܒܐ ܒܗܘܢܐ ܕܠܒܒܪܘܬܗܘܢ ܒܡܪܟܐ ܕܟܠܕ̈ܟܝܗܘܢ. ܘܐܒܝܕܘ ܕܟܠܬܗܘܢ ܒܕܪܐ ܕܬܬܒܥܘܢ܀ [* 98 r.] ܗܢܝܢ ܡܬܒܪܐ ܕܗܘܬܗܘܢ ܘܡܬܬܠܩܐ ܫܠܝܛܘܬܗܘܢ. ܘܠܘ ܐܒܕܘܬܟ ܫܡܠܐ. ܕܐܝܟ ܠܦܠܓܐ ܒܝܬ ܐܘܪܚܐ ܚܕܐ ܐܝܬ ܒܐܪܒܥܐ ܕܠܐ ܕܠܝ̈. ܐܦ ܐܠܘ ܢܒܐ ܐܝܬ ܠܡܒܥܐ. ܐܒܕ ܠܗ ܡܢܝ ܒܝܬ ܡܒܥܝܐ. ܒܕ ܐܬܬܚܝܕܘ ܠܗܘܢ ܒܠܝܢ ܡܦܩܢܘܗܝ. ܕܐܬܘܪ ܀ ܐܠܐ ܐ̈ ܐܝܬ ܒܝ ܫܠܝܐ ܠܡܪܟܐ ܘܒܥܒܝܐ ܘܦܪܟܘܬܐ ܠܡܐܪܥܐ: ܐܝܟ ܦܠܓܐ ܐܝܟ ܫܠܝܬܝ̈. ܘܐܪܘܒ ܡܐܪܥܗ ܕܟܐ ܕܐܬܘܪ. ܘܐ̈ ܠܝܬ ܒܝ ܫܠܝܐ ܠܡܐܪܒ ܡܐܪܥܗ. ܙܕ̈ ܐܠܝܢ ܡܢܝ ܘܡܦܩܕ ܠܠܦܠܓ. ܘܐܘܕܐ ܒܦܘܡܝ ܫܒܘܚܬܝ̈. ܘܡܫܐܠ ܙܘܒܢܐ. ܘܗܘ ܒܐܬܗ ܕܐܪܒܥ ܘܒܦܘܪܫܢܐ ܕܦܫܩܬܘܢ ܀ ܐܬܪܐ ܐܬܪܐ ܒܠܗ ܕܐܝܬ ܡܢ ܢܒܐ. ܘܒܕܡܐ ܠܦܠܓܬ ܢܗܪܐ ܕܦܪܙ. ܒܝܬ ܬܫܒܘܚܬܐ. ܘܗܦܟ ܢܗܪܗ ܕܡܕܐܬ̈ ܒܠ ܦܘܪܗ ܕܡܠܟܘܬܟܘܢ. ܘܗܒܙ ܡܙܪܩܬܝ ܘܗܦܟܢ ܒܒܗܬܬܐ ܠܐܪܒܥܝܢ. ܘܒܕ ܒܬܪ ܘܠܘܬ ܡܕܒܪܐ ܠܡܐܡܪ. ܡ̈ܠܟܐ ܗܠܝܢ ܠܗܦܟ ܐܝܟ ܕܗܢ ܦܘܡܗ ܕܫܒܩ. ܫܐܠ ܗܘܐ ܡܢܗ ܚܢܢܝܢ ܕܒܬ̈ܒܬܐ. ܐܡܪ ܠܗ ܡܠܝܢܘܗܝ ܠܦܘܪ ܡܕܒܪܐ. ܘܠ ܐܡܪ ܠܗ ܠܡܪܢ ܕܫܒܩܢ. ܕܡܫܒܚܬܝܢ ܕܐܢܐ ܠܒ ܢܗܘ ܐܢܐ ܫܠܝܡܢ. ܕܐܪܒܥܝܢ ܫܢܝܢ ܘܟܬܒ ܡܢ ܒܢܘ. ܘܐܝܬ ܐܝܟ ܫܒܪܐ ܢܒܪ ܒܐܫܬܒܩܗ. ܘܡܒܫܡܬ ܠܦܪܘܫܐ ܕܐܢܫ̈ܝܢܐ ܫܡ̈ܠܐ ܝܬܝܪܘܬܐ ܡܦܪܫ ܐܝܬ. ܘܠܝܬ ܠܡܬܕܡܪܘ ܒܗܕܐ ܕܢܒܪܬ ܡܕܒܪܝܢ. ܫܘܪܒܗ ܕܐܪܒܥܝܢ ܐܝܬܝܢ ܠܫܘܬܐ. ܒܪܡ ܕܝܢ ܠܐ ܬܘܣܦ ܠܝ ܒܐܠܝܢ ܕܦܠܓ. ܕܐܠܘ ܒܒܐܕܐ ܕܐܠܝܢ، ܠܐ ܐܬܒܣܬ ܒܒܪ ܕܝܢ. ܗܫܟܐ ܗܘܬ ܢܦܩ ܡܒܪܢܝ ܦܠܓܘܬܝ. ܐ̈

ܗܒܠ ܢ̈ܦܫܐ ܐܝܟ ܬܘܩܦܐ: ܘܐܝܟ ܠܝ ܕܡܢܐ ܘܠܒܪܢܘܬܐ. ܣܘܐ
ܕܥܝܢ ܘܐܬܚܠܠ ܒܣܬܠܘܬܢ. ܘܗܘܐ ܒܗܘܢ ܕܠܐܝܬܘܬܢ. ܘܦܓܪܐ
ܐܘܚܝ ܡܢ ܬ̈ܘܪܝ.. ܘܡܢܐ ܕܐܬܬܚܠܠ ܕܠܒܬ. ܗܘܝܢ ܬܘܪܐ ܐܩܦܢ
ܒܡܫܝ̈ܢܬܐ ܘܬܡܠܠ. * ܒܗ̇ ܗܫܐ ܒܡܫܝ̈ܚܐ ܐܝܟ ܐܩܦܢ. ܐܠܐ 98 v.
ܡܬܒܢܝܬ. ܫ̈ܠܝܢ ܒܢ̈ܝ ܢܘܪܕܝܢ ܘܥܫܝܢ. ܘܡܡܒܠܬܐ ܠܓܒܪ ܠܐ
ܐܬܚܙܝܬ ܠܢ. ܐܝܟ ܫܠܝܐ ܓܒܪ ܕܬܬܒܥܝܢ ܐܝܬ ܡܢ ܡܕܡܝܢ. ܒܗ ܠܝܬ
ܠܢ ܢܦܠܐ ܕܡܫܡܫܐ.. ܘܡܦܩܝܢ ܐܝܟܢܐ ܗܘܐ، ܠܢ̈ܦܠܐ ܫܒܩ ܒܠܗܘܢ
ܢ̈ܦܠܐ ܗܠܝܢ. ܘܐܬܚܙܝܬ ܫܒܩ ܘܢܓܕ ܦܓܪ ܒܠ ܢ̈ܦܠܘܗܝ، ܕܗܘܐ. ܘܫܕܪ
ܦܪܐ ܚܝܐܪܐ ܘܦܘܪ̈ܩܢܐ ܕܡܠܒܘܬܗ. ܘܐܫܒܚ ܐܢܘܢ ܢ̈ܦܠܘܗܝ، ܕܗܘܐ.
ܘܦܠܛܘ ܚܐ̈ܪܘܗܝ ܕܦܪܘ ܒܠ ܫܒܩ ܘܐܬܡܛܝܢ. ܕܫܒܩ ܠܗ ܘܒܘܪܟܗ̇
ܕܠܘܠܐܬܐ ܡܬܪܝܢ ܘܡܫܬܠܛ ܥܠܝܗ ܒܠ ܐܬܪ̈ܐ: ܘܗܕܪ ܘܦܩܐܐ ܠܗ
ܫܘܒܗܪܐ. ܕܒܗ ܐܬܪ̈ܐ ܘܐܚܝܕ ܐܪ̈ܒܥ. ܘܫܠܛܢܗ ܡܬܟܠܝܢ
ܘܡܬܦܠܛܝܢ ܡܢ ܬ̈ܠܠܘܗܝ. ܘܫܪܝܘ ܚܝܐ ܕܡܘܪ̈ܒܢܘܗܝ ܡܢ ܓܐܘܬܗ.
ܐܝܟ ܕܫ̈ܠܝܠܬܐ ܕܝ ܡܫܬܦܐ ܗܘܐ ܫܒܩ ܒܢ̈ܦܠܐ ܕܦܘܪ̈ܩܢܐ. ܘܗܘܐ
ܗܘܐ ܐܦ̈ܣܘܗܝ، ܡܢ ܒܗ ܕܢܒܥܐ ܦܘܪܩܐ ܒܗ ܡܫܪ. ܘܗܡ ܒܠܗܝܢ
ܡܫ̈ܪܬܗ. ܠܦܘܪܩܢܐ ܕܒܗܘܫܐ. ܘܐܬܚܒܫ ܠܬܗ ܒܠܗܘܢ ܫ̈ܠܝܛܘܗܝ
ܕܦܪܘ. ܐܦ̈ܩܐ ܘܦܘܪ̈ܩܢܬܐ ܕܠܐ ܡܣܝܢ. ܒܗ ܫܠܝܐ ܬܘܒ. ܢܘܒܪܐ ܡܢ
ܒܠ ܒܢ̈ܝܢ ܕܘܢ[1] ܘܦܪܐ ܠܚܠܝܐ ܕܡܐܪ̈ܘܣܗ. ܘܒܗ ܐܬܪܟܒ ܫܠܝܐ
ܒܠܗ ܠܒܫܘ ܠܒܝܬ ܐܪ̈ܒܥܐ. ܐܬܩܘܒܬ ܐܪ̈ܒܥܐ ܡܢ ܘܒܫ̈ܝܢܘܗܝ؛
ܕܒܗܡܘܬ ܡܝܬܐ ܘܫܠܝܐ. ܒܡܫܘ ܐܦ̈ܩܘܗܝ ܕܐܪܒܥܐ ܗ̇، ܡܢ ܫܘܓܐܐܘܗܝ؛
ܘܒܗ ܐܫܬܡܫ ܦܓܥܐ ܕܒܗܘܢܘܗܝ so ܒܡܫܪ̈ܬܐ ܕܪ̈ܘܡܝܐ ܐܬܬܪܝܒ
ܘܕܫܠܘ ܦܓܥ. ܘܫܠܛܐ ܓܒܪ ܐܝܟ ܕܡܫܒܠܦܐ ܒܬ̈ܪܬܝܢ ܡܕܝܢ̈ܬܐ ܗܘܐ
ܠܗܘܢ ܫܪܐ ܕܗܘܝܢ ܗܘܘ ܒܐܪܒܥܐ ܕܠܐ ܠܗܘܢ. ܘܐܫܬܪܝܬ
ܬܘܒ. ܕܒܝܢ ܒܠܗܘܢ ܒܒܝܢܐ. ܓܒܪ ܗܘܐ ܠܗ ܓܒܪ ܒܒܘܪܐ ܡܢ
ܒܝܬ ܐܪ̈ܡܝܐ. ܘܠܒܬ ܗܘܐ ܠܗܘܢ ܡܢ ܕܝܢ ܢܦܩܬܐ. ܐܬܚܙܝ ܗܘܘ
ܠܗܘܢ ܓܒܪ ܒܠܗܘܢ ܫ̈ܠܝܛܘܗܝ، ܕܐܬܪܐ. ܘܐܝܟ ܕܒܡܫܝܢܬܐ

1) Ursprünglich ܘܕܘܢ.

99 r ܢܚܬܝܢ ܗܘܘ ܒܐܘܠܨܢܐ. ܘܟܕ * (1 [ܗ]ܦܟܘ (2 ܠܒܝܬ ܐܪܡܝܐ ܥܒܪܘ ܒܣܘܟܐ ܕܡܥܪܬܗ: [ܒ]ܐܪܒܥ ܘܡܣܩܝܢ ܒܝܘܡܝܢ: [ܕܝ]ܠܗ ܐܣܛܪܛܓܐ ܘܥܒܕܝܢ ܘܐܪ̈ܟܒ ܒܡܫܝܚܐ ܕܦܘܠܝ. ܒܗ ܒܥܘܡܩܐ ܗܢܐ. ܐܘ[ܒ]ܠ ܗܘ̈ܝ، ܡܫܪ̈ܝܬܐ ܚܕܐ ܠܚܕܐ ܕܦ̈ܪܣܝܐ ܘܕܪ̈ܗܘܡܝܐ. ܘܚܕܘ ܡ̈ܠܟܐ ܬܪ[̈ܝ]ܗܘܢ ܐܦ ܫ̈ܢܝܐ. ܘܐܬܬܚܝܡܘ ܡܫܪ̈ܝܬܐ ܕܡ̈ܠܟܐ ܬܪ̈ܝܗܘܢ ܥܠ ܕܡܠܟܬ (3 ܢܗܘܪܐ. ܚܕܐ [ܠ]ܘܩܒܠ ܚܕܐ ܟܢܟ̈ܫܝ ܓ[ܪ]ܒܝܐ ܕܡܦܠܣܦܝܢ: ܟܕ ܒܬܪܝܢ ܘܡܫܒܚܝܢ ܘܡܠܟܝܢ ܠܟܣܐ ܠܬ̈ܠܬܝܗܘܢ ܘܚܕܝܢ ܠܦܘܪܩܢܐ. ܪܒܐ ܗܘܐ ܕܝܢ ܒܠܝܗܘܢ ܫܠܝܐ. ܘܠܒܬ ܕܚܙܝ ܐܠܐ ܐܢ ܡ̈ܠܟܐ ܬܪ̈ܝܗܘܢ ܒܠܒܘܗܝ ܕܟܕܒܘ ܗܘܘ ܦܘܣܩܢܐ. ܘܫܠܡܘ [ܝ]ܘܟܢܐ ܕܬܠܬܝܢ ܒܗ ... ܘܟܕ ܝܠܕܐ ܐܪܝܗ ܕܠܡܫ ܠܟܫܝܢܐ: ܕܠܐܢܬܬܗ، ܡܬܢܣܪ ܡܢܟܝ. ܗܝ ܬܘܒ ܫܠܝܐ ܘܠܐ ܗܘܐ ܠܬܘܬܗܘܢ ܗܝ ܫܡܝܐ ܕܐܬܚܪܝ. ܠܟܐܪܐ ܕܦܘܪܩܢܐ ܠܡܫܪ̈ܝܬܐ ܕܪ̈ܗܘܡܝܐ. ܘ[?]ܫܘܠܛܢ ܢܬܘܠ ܗܝ ܡܣܝܒܬܐ ܘܥܢܝܐ ܢܚܠܝܢ ܒܝܬ ܡ̈ܠܟܘܬܐ ... ܘܟܕ ܐܫܬܡܥ. ܘܠܐ ܗܢܐ. ܪܒܐ ܗܘܐ ܬܫܒܘܚܬܐ ܥܠ ܡ̈ܠܟܐ ܬܪ̈ܝܗܘܢ. ܕܒܠܐ ܢܕܚܝܢ ܗܘܘ ܕܥܠ ܡܢܗ ܐܫܬܠܡܬ ܦܠܐܬܐ ܗܕܐ. ܐܦ ܥܒܕܘ ܟܕ ܠܟ ܪܥܝܢܐ ܗܘܐ ܘܒܝܬܝ. ܟܕ ܥܡܟܘܢ ܠܡܠܐ ܗܢܐ. ܐܬܬܪܝܡ ܘܗܘܐ ܒܕܡܘܬܐ ܦܠܚܬܐ. ܘܠܝܠܘܬ ܕܝܢ ܠܟܡܕܢܚܝܬܗ ܘܒܡܥܪܒܗ ܠܟܘ. ܠܐ ܐܝܬ، ܗܕܐ ܥܠ ܟܠܗ. ܐܠܐ ܐܟܡܐ ܥܠ ܡܠܐ ܕܟܕ ܘܐܡܪ. ܕܐܘ ܠܟ ܗܝ ܗܠܝܢ ܒܬܘܠܐ ܕܦܝܫܘܬܐ. ܕܐܡܪܝܢ ܠܟܢ ܥܒ̈ܕܐ ܒܬܪܗܘܢ. ܘܐܬܗܦܟ ܗܘܐ ܘܐܡܪ: ܠܫ̈ܠܝܚܘܗܝ. ܚܙܘ ܠܟ ܕܠܟܐ ܬܫܬܪܝܠܘܢ ܒܬܪ ܩ̈ܠܐ ܕܦܝܫܘܬܐ. ܘܬܦܠܘܢ ܒܚܪܒܐ ܒܐܪܒܐ ܕܒ̈ܥܠܕܒܒܝܟܘܢ ܠܬܘܗܝ، ܟܕ ܠܐ ܕܐܫܬܡܥ. ܕܫܕ ܗܘ ܬ̈ܠܡܝܕܐ. ܐܝܟ ܕܢܝܫܐ ܕܥܡܗ ܢܦܫܗ ܐܠܗܐ. ܐܢ ܕܝܢ ܐܠܗܐ ܗܘ ܒܪܢܝ. ܢܚܠ ܒܘܣܝܐ ܕܐܠܗܘܬܗ ܒܐܪܬܐ ܠܟܠܬܐ ܘܢܫܡܥ ܒܗ ... ܘܒܟܘܠܗ ܕܡܫܠܡܘܬܗ ܕܥܒܕܝܢ. * 99 v ܐܬܪܓܫܘ ܠܟܪ ܕܚܠܬ ܒܬܠܐ ܕܐܟܢܝܫܘܬܐ. ܘܠܟܐܪܐ ܦܓܪ ܒܐܬܪ ܗܝ ܕܝ ܕܐܫܬܡܥ ܗܢܐ. ܘܡܫܝܚܐ، ܠܚܒܠܐ

1) Am innern Rande entlang ist das Blatt beschädigt.

2) Die Hs. ܦܟܘ .., nicht ܦܟ.

3) Verblasst.

ܬܫܬ ܬܕܡܘ ܘܡܗܡܢ ܠܡܫܬܘܬܐ. ܘܐܙܠܠ ܕܘܟ̇ ܘܡܩܕ̇ܡ ܩܠܐ. ܘܦܩܠ ܒܐܝ̈ܕܘܗܝ، ܡܢ ܕܡܠܐ ܕܡܫܘܚܬܗ. ܘܐܙܠ ܠܫ̈ܒܥ ܫܒܥܐ ܘܦ̈ܠܓ. ܘܐܡ̇ܪ. ܩܒܠ ܫܘܒܚ. ܩܒܠ. ܡܢ ܗܫܐ ܘܐܬܡܠܟ. ܘܗܐ ܡܗܡܢܐ ܠܟ ܒܗ ܐܠܗܘܬܐ ܘܐܦ ܡܠܟܘܬܐ.. ܘܟܕ ܐܫܬܡܥ ܠܗ ܦܘܪ̈ܫܢܐ ܘܡܫܡܫ ܠܗ ܡ̈ܠܐ ܕܡܫܘܬܐ. ܫܠܡܘ ܙ̈ܘܡܪܐ ܘܐܬܟܠܠܗ، ܠܟܠ ܡܫܪ̈ܬܘܗܝ ܘܐܡ̇ܪ ܗܘܐ ܠܐܠܝܢ ܕܐܫܬܘܬܦܘ ܠܗ ܠܬܗ ܒܟܕ̈ܝ ܡܫܘܬܗ. ܕܡܢ ܗܫܐ ܠܟ ܕܐܝܟ ܡܐܬ ܐܝܟ ܡܢ ܟܕܘ. ܒܟܕܘ ܠܟܘܢ ܡ̈ܠܟܐ ܫܠܝ. ܠܡܫܝܚܘܗ ܙܒ ܫܠܐ. ܠܝܬ ܠܟܘܢ ܓܝܪ ܓܒܪܐ ܕܢܫܢ ܠܡܠܟܘܬܐ ܐܚܪܬܐ. ܕܡܢܟ ܒܕ̈ܒܪܬܗ ܘܟܦܘܪܐ ܕܪ̈ܒܬܗ. ܕܢܫܡܥܘܢ ܡܢ ܫܘܡܥܐ ܕܐܬܡܫܒܚܘܢ SO ܒܗ. ܘܟܕ ܐܡ̇ܪ ܗܠܝܢ ܒܬܫܪܘܬܐ ܕܠܒܗ. ܢܦܩ ܫܡܘܬܗ ܠܕܘܟܐ. ܘܗܘܐ ܬܘܪܐ ܠܫ̈ܘܗܝ.. ܘܡܢܠ ܡܢ ܗܪܟܐ ܙܘܒܢܐ ܕܫܘܒܚܐ ܕܢܦܪ ܠܗ. ܘܪ̈ܓܫܐ ܕܡܠܝܟܐ ܠܗ ܘܠܐܝܠܝܢ ܕܐܪܥܒܘ ܐܟܘܬܗ. ܕܐܝܟ ܗܕܐ ܫܡܥ ܫܘܠܚܐ ܕܫܘ̈ܗܝ، ܘܠܘܝܗܘܢ ܪ̈ܫܒܝ. ܐܝܟ ܢܒܘܬܐ ܕܗܘܝܬ ܒܠܘܗܝ، ܡܢ ܐܬ̈ܪܐ ܓܒܪ̈ܐ ܘܥ̈ܪܒܪܐ. ܕܐܬܦܪܘ ܒܪ̈ܘܚܘܗܝ ܕܒܥ̈ܠܐ. ܘܥܝܪܬ ܒܠܘܗܝ، ܢܒܘܬܐ ܕܐܬܢܒܝ ܒܠܘܗܝ، ܘܗܘܐ ܐܝܟܢܐ ܕܒܡܘܬܗ ܒܐܪܒܐ ܕܠܐ ܕܠܗ. ܘܥܪܒܬ ܓܪ̈ܘܗܝ، ܗ̇ܝ ܕܒܬܡܒܐ. ܕܫܢܝܬܐ ܕܪ̈ܥܝܒܐ ܠܐܒܘܢܐ. ܘܦܪܘܩܐ ܕܪ̈ܘܩܐ ܡܢ̈ܘܐ. ܥܒ̈ܪܬ ܓܝܪ ܒܒܕ ܠܗ̇ ܐܠܗܐ ܦܪܘܩܐ ܠܕܪܬܐ ܕ̈ܠܠܝܗ. ܒܐܒܕܢܐ ܕܡܘܬܗ ܕܗܘܢܐ ܣܦܩܐ ܘܪܥܝܬܐ ܕܠܡܫܬܝ. ܕܐܦܠܐ ܒܐܪܒܐ ܕܒܠܒܒ̈ܘܗܝ، ܬܐܝ ܥܢܝܐ ܡܢ ܣܒܘܬܗ ܘܒܕ ܠܦܠܐ ܐܚ̈ܝܘܗܝ، ܒܪ̈ܚܡܐ ܕܫܒܘܬܗ ܢ̇ܦܫܗ SO ܡܢܗ. ܘܒܕ ܡܠܟ̇ ܦܘܡܗ ܠܟܘܦܐ̈. ܐܙܕܒܢ ܠܓܝܪ ܕܢܫܐ ܕܒܐܢܫܘܬܐ. ܘܒܥܪ̈ܬܐ ܗܘܐ ܦܠ ܬܓ̈ܒܐ ܕܓܒܪ̈ ܡܒܗ̈ܘܗܝ، ܒܦܘܠܚܢܐ ܕܫܠܝܛܘܬܐ ܘܐܓܒܪ ܘܦܫܡ * 100 r. ܗܒܪ̈ܐ ܕܬܡܒܘܬܗ. ܘܐܙܠ ܒܪ ܥܘܠ ܒܠ ܒܬܦܗ ܡܒܘܒܠܐ ܕܫܠܝܛܘܗܝ.. ܬܓܪ ܫܘܥ̈ܝܢܐ ܕܐܬܬܓܪ ܠܡܘܒܠܗ ܢܘܪܐ ܕܠܐ ܕܒܒܐ: ܘܬܘܠܒܐ ܕܠܐ ܡܫܬܐ. ܡܠܝܟܐ ܓܒܪܐ ܒܗܘ ܒܡܘܬ. ܕܥܒܪ ܐܠܦܐ ܕܡܘܡܗ ܒܡܒܐ ܕܫܠܝܛܘܬܐ. ܘܦܠܒܬ ܒܡܒܘܠܝܗ̇ ܕܫܒܘܬܐ. ܘܢܒܬ ܘܗܠܗܬ ܠܠܡܘܫܗ ܕܫܘܒܚܐ ܒܢܝܐ: ܒܪ ܕܡܠܟܝ ܒܡܒܐ ܘܫܘܦܪ ܛ̈ܒܐ

ܠܬ̈ܥܢܝܬܐ ܕܐܒܗܬܗ. ܢܦܩܝܢ ܡܢ ܥܒܕܗ ܕܒܣܠܐ. ܐܝܟ ܕܐܬܗܦܟܘ ܒܪܚܡܘܬܗ ܕܒܢ̈ܝܐ ܕܫܦܘܬܗ. ܘܢܪܒܘܢ ܒܡܣܟܢܘܬܐ ܐܘܠܨܢܐ ܘܥܩܐ ܘܡܦܢܐ ܣܦܝܩܐ. ܕܒܬܪ ܟܠ ܪܘܚܡܐ ܒܐܬܪܐ ܕܦܪ̈ܘܩܐ. ܘܐܡܝܢܐ ܒܡܥܠܐ ܘܐܓܘܢܐ ܢܦܠ ܠܗ ܠܝܘܚܢܢܘܣ ܡܗܝܡܢܐ ܥܠ ܐܦ̈ ܦܘܪܩܢܐ ܕܐܝܠܝܢ ܕܒܥܡܗ. ܘܐܡܝܢܐ ܐܬܕܟܪ، ܒܝܕܬܗ ܘܒܝܘܓܢܐ ܕܢܚܡܬܗ̇. ܕܢܦܩ ܐܝܟ ܕܠܐ ܢܚܠܒ. ܡܢ ܢܒܘܥܐ ܕܐܬܝܒܥܘ ܗܘܘ ܒܗ. ܒܬܪ ܗܦܟ ܠܗ ܠܘܬ ܟܠܗܘܢ ܐܘܠܨܢܐ ܘܚܫܐ ܐܝܟ ܒܦܢܒ. ܒܡܟܐ ܕܢܦܠܘ so ܪܕܝܗܘܢ ܘܒܚܝܪܗܘܢ܆ ܘܐ̈ܦܝܐ ܕܢܦ̈ܫܬܗܘܢ ܡܬܬ̈ܢܬܐ. ܘܬܚܒ ܘܐܬܦ ܚܠܦܘܗܝ ܘܪܚܡܬ ܢܦܫܗܘܢ. ܘܥܒ ܬܘܒ ܚܕܐ ܕܡܚܬ ܥܠܝܗܘܢ ܡܠܟܘܬܗܘܢ. ܐܬܦܪܫ ܐܬܪܝܗܘܢ ܡܢ ܦܪܚܘܢ. ܘܐܒ ܠܟܠܗܘܢ ܘܕܢܠܘ ܠܒ ܡܢ ܥܡܡ ܦܪ̈ܘܩܐ. ܘܐܬܪܟܒ so ܕܢܦܠܘܢ ܐܢܫܘܢ ܡܢܗܘܢ܆ ܘܢܦܠܘܢ ܐܝܟܐ ܠܦܪ̈ܘܩܐ ܘܚܣܘܢ ܢܦܫܗܘܢ܆ ܘܒܐܝܟܐ ܕܗܘܘ ܡܚܝܢܘܣ ܘܐܡܪ ܠܗܘܢ. ܚܘ ܠܢ ܕܠܟܐ ܬܫܟܚܘܢ ܘܬܦܩܘܢ ܐܢܫܘܢ ܡܢܗܘܢ. ܘܬܦܠܘܢ ܒܚܪܒܐ ܒܐܪܥܐ ܕܟܠܕܝ̈ܐ. ܘܠܠܝܐ ܒܗܘܢ ܕܡܬܚܫܒܝܢ ܢܗܘܘܢ ܒܒ̈ܬܐ ܠܦܪ̈ܘܩܐ ܠܟܠܗ. ܐܠܐ ܐܬܚܝܠ ܘܗܘܘ ܒܪ̈ܢܐ. ܘܐܬܬܬܒ ܥܠ ܐܦ̈ ܢܦܫܬܗܘܢ ܘܠܐ ܬܬܪܗܒܘܢ܆ ܘܐܡܪ ܠܗ ܡܦܪܢܐ ܒܐܘܪܫܠܡ ܕܦܠܣܛܝܢܐ: ܕܒܗ

100 v. ܡܦܪܢ ܐܒ̈ܗܘܗܝ. ܕܐܝܟ ܬܫܒܚܘܢ ܘܬܗܦܟܘܢ * ܡܢ ܦܠܚܘܬܟܘܢ: ܘܬܬܟܘܢ ܠܘܬ ܐܠܗܐ ܚܝܐ ܘܬܦܠܚܘܢ ܠܗ: ܡܢ ܟܠܗ ܠܒܟܘܢ ܘܡܢ ܟܠܗ̇ ܢܦܫܟܘܢ ܘܬܬܗܡܢܘܢ ܒܗ. ܡܛܠܬܐ ܚܕܐ ܕܗܦܪܐ ܡܢ ܪܥܝܗ ܕܚܝܕ ܡܢܟܘܢ. ܠܐ ܬܦܠ ܒܐܪܥܐ ܕܦܪ̈ܘܩܐ. ܟܠܗܘܢ ܐܬܘܢ ܠܟܘܢ ܠܘܬ ܐܠܗܐ. ܘܗܘ ܡܬܬܒܪ. ܢܠܦܟܘܢ. ܒܗ ܒܗܘܢܐ ܗܢܐ. ܐܢܘܢ ܡܟܢܫܘܢ. ܚܢܢ ܟܠܠܐ ܒܠ ܢܦܫܗ ܕܦܪܘܠܝܢܐ ܗܘ. ܘܐܝܟ ܪܗܒܐ so ܠܟܠܗܘܢ ܐܝܠܝܢ ܕܥܒܕܘ. ܘܐܬܚܝܠ ܒܟܠܗܘܢ، ܘܐܬܟܢܫܘ ܒܦܬܓ̈ܡܘܗܝ. ܘܒܟܠ ܕܒܥܒܕܘܗܝ، ܡ̈ܠܟܐ ܒܗܘ̇ ܚܘܒܐ. ܘܠܐ ܐܬܪܥܝ ܠܝܚܝܕܘܬܗ. ܘܥܒܕ ܐܝܟ ܐܦܪܝ ܚܝܪ ܕܗܘܡ ܕܗܘܐ ܟܠܗ ܡܪܟܐ ܕܟܠܕܝ̈ܐ. ܦܩܕ ܠܟܘܢ ܡܢ ܗܕܐ. ܘܕܦܪܫ ܟܠܗܘܢ ܢܐܦ. ܐܡܪܝܢ ܠܗ ܪ̈ܘܡܝܐ. ܥܠ ܕܥܒܪ ܒܟܢܫܝܢ ܘܦܓܥܐ ܒܗ

ܢܦܫܝ ܢܒܥܘ. ܘܟܠܡܕܡ ܡܢ ܚܘܫܒܐ ܗܢܐ ܐܦܩܬ ܕܠܐ ܚܒܠܐ. ܐܡܪܬ ܠܗܘܢ ܘܡܚܝܠܘܬ. ܒܗ ܢܦܩ ܠܐܠܗܐ ܢܒܥܝ ܕܝܘܡܐ. ܒܒܗܘ ܗܘܘ ܕܝܢ ܦܪ̈ܘܫܐ ܕܠܒܒܗܘܢ ܡܪܒܐ ܒܝܬ ܪ̈ܗܘܡܝܐ ܒܗ̇ܘ ܘܡܒܝ. ܘܠܐ ܫܒܩ ܐܢܘܢ ܫܒܘܪ. ܐܡ̣ܪ ܗܘ̣ܐ ܓܝܪ ܕܠܐ ܡܚܫܘܪ ܐܢܫܐ ܟܠ ܘܠܐ ܐܢܫ ܕܐܚܫܘܪ ܢ̇ܠܒܐ ܕܪ̈ܗܘܡܝܐ. ܘܗܘ̣ܐ ܡܢ ܫܠܝ ܐܟܪܙܘ. ܘܠܐ ܠܡ ܗ̇ܘܐ ܐܢܫܐ ܫܘܬܦܐ ܠܡܪܕܘܬܗ. ܫܘܠ ܗܘܐ ܓܝܪ ܒܢܦܫܗ ܪܢܫ ܕܗ̇ܘ ܕܐܬܐܡܪܬ. ܢܫܬܘܠ ܒܗ̇ܠܐ ܡܢ ܡܟܣܬܐ: 80 ܘܢܚܠܝ ܫܢܐ ܒܝܬ ܡܠܒ̈ܘܬܐ. ܘܡܢܗ ܕܗܘܐ ܡܬܒܣܘ ܗܘ̣ܐ ܕܢܒܒܙ ܡܪܒܐ. ܠܗ ܕܝܢ ܡܪܫܡܢܘܬܐ ܕܠܝܬ ܒܗ. ܘܦܫ ܗܘ̣ܐ ܫܒܘܪ. ܕܢܒܠܠ ܡܪܒܐ ܒܗ̇ܘ ܡܒܝܐ. ܘܪ̈ܘܒܢܘܗܝ ܕܝܢ ܘܡܦܠ̈ܓܐ ܕܡܠܟܘܬܗ. ܪܓܠܝܢ ܗܘܘ 101 r. ܚܠܘܗܝ. ܡܫܐܠܝܢ ܒܟܠ ܕܢܓܠ ܠܗܘܢ * ܘܡܒܝܐ ܕܡܠܟܘܬܐ ܘܠܐ ܡܫܒ ܠܗܘܢ ܕܢܒܒܙܘܢ ܡܪܒܐ. ܫܪܝ ܗܘܐ ܠܗܘܢ ܓܝܪ ܠܪ̈ܗܘܡܝܐ ܕܬܘܪܝܢ ܟܠ ܡܟܘܬܗ ܕܡܠܟܘܬܗܘܢ܆ ܘܪܕܦܝܢ ܐܢ̈ܫܘܗܝ ܡܢ ܡܪܒܗܘܢ܇ ܘܡܬܟܠܝܢ ܗܘܘ ܟܠ ܒܠܫܘܢ܇ ܫܒܘܪ ܕܝܢ ܒܗ ܡܠܟ ܕܪܓܠܝܢ ܚܠܘܗܝ ܘܪ̈ܘܒܢܘܗܝ. ܫܕܪ ܡܪܐ ܐܢܘܢ ܘܒܟܐ ܒܗܘܢ ܡܫܐܠܬ ܒܗ ܐܡܪ. ܕܐܝܠܐ ܠܡ ܒ̈ܢܝܐ ܗܘܘܬܘܢ ܘܬܪ̈ܝܨܐ. ܠܘ ܐܝܟܐ ܘܫܪܘܡܐܝܬ ܡܪܓܠܝܢ ܗܘܘܬܘܢ ܟܠ ܢ̈ܩܫܐ. ܕܐܝܬܘܢ ܒܐܪ̈ܒܥܘܢ ܫܒܥܬܘܢ ܐܝܠܝܢ ܕܐܬܡܠܠ. ܘܩ̈ܒܝܥܘ ܚܝܠܘܢ ܐܝܠܝܢ ܕܐܫܬܒܪ. ܘܡܒܝܢ ܐܢܬܘܢ ܗܫܐ. ܕܟܠ ܕܐܚܫܘܪ ܡܠܝܫܘܬ ܟܠ ܡܠܟ. ܐܪܕܒܗ ܓܝܪ ܕܡܢܐ ܕܢܠܟܐ ܕܠܐ ܪ̈ܫܡܐ. ܘܟܠܒ ܒܥܐܪܐ ܕܪܘܫܢܐ ܕܠܐ ܢܩܝܦܬܗ ܐܢܫ̈ܐ ܕܒܘܪܐ. ܘܗܒܐ ܕܒܗ ܘܫܝܘ ܡܢܝܐ ܒܒܕܝܢ ܐܢܬܘܢ܇ ܕܕܠܡܐ ܒܟܠܬ ܦܠܝܓܘܢ ܕܟܠ ܪ̈ܗܘܡܝܐ. ܬܫܬܘܢ ܒܫܦܬܐ ܟܠ ܡܠܟܘܬܝ. ܘܒܡܟܐ ܘܬ̈ܫܝܢ ܒܒܪ. ܝܒܝܢ ܐܢܬܘܢ ܗ̣ܘ ܒܐܬܒܢܘܢ ܕܢܦܫ. ܘܕܝܠܗ ܪ̈ܘܒܢܘܗܝ ܘܫܬ̇ܩܘ. ܘܠܐ ܐܫܟܚܘ ܕܢܦܩܘܢ ܠܗ ܦܬܓܡܐ. ܘܦܩܕ ܫܒܘܪ ܠܫܩ̈ܝܠܘܗܝ ܘܡܩ̈ܪܒܢܘܗܝ ܕܦܪܩ. ܘܡܫܐܠ ܗܘܐ ܠܗܘܢ ܠܟܡ ܪ̈ܘܒܢܘܗܝ. ܕܡܢܐ ܗܘ ܘܠܐ ܗܢܐ ܕܐܫܬܡܥ. ܘܐܡܪܐ ܡܢ ܐ̈ܠܗܐ ܪܒܡ ܒܡܠܗ. ܘܐܕܢܚ ܝܒܝܢܗ ܠܟ̈ܠ ܒܫܪܐ. ܐܡܪܝܢ ܠܗ ܣܒ̈ܬܐ ܘܩ̈ܫܝܫܐ. ܕܐܝܠܝܢ ܕܐܬܟܪܐ ܒܐܬ̈ܪܝܢ ܡܠܟܘܬܟ. ܐ ܡܢ ܠܟܠ ܠܐ ܡܬܬܘܒ ܠܝ ܚܠܘܗܝ ܕܐܢܫܐ

ܐܚܝܢ. ܟܠܗܘܢ ܡܕܡ ܕܢܐܡܪ ܠܗ ܫܡܥܘܢ. ܕܗܟܢ ܐܝܟ ܘܠܟܝܢ[1] ܡܢ • ... ܐܡܪ ܠܗܘܢ ܥܒܘܪ. ܡܕܡ ܕܠܐ ܒܕܘ ܒܫܦܝܪܘܬܗܘܢ ܘܡܟܡܥ ܟܠܗ ܐ ܕܟܠܝܬܗ ܕܡܬܓܠܝܢܘܬܐ. ܘܐܚܝܕܘ ܚܘܫܒܝܗ ܘܡܚܫܒܬܗ ܕܠܒܘܬܐ. ܘܐܬܕܟܪ ܠܝ ܥܩܪܗ ܕܡܘܕܥܢܐ ܐܝܟ ܕܐܬܚܙܝ. ܘܟܕ ܗܕܐ ܠܡ ܬܟܒܘܢ. ܐܡܪܐ ܘܡܬܚܫܒܬܐ ܬܡܟܠܝܢ ܡܢ. ܘܢܦܩܘ

101 v. * ܡܬܟܫܦܐ ܘܡܠܝܐ ܡܢ ܦܘܡ ܕܠܒܝ. ܘܟܪܘ ܫܦܝܪܘܬܗ ܕܡܬܓܠܝܢܘܬܐ. ܘܐܚܝܕܘ ܚܘܫܒܝܗ ܘܡܚܫܒܬܗ ܕܠܒܘܬܐ. ܘܟܕ ܕܝܢ ܠܗܘܢ ܟܠܝܬܐ. ܕܠܐ ܕܢܟܠܘܢ ܠܗ ܠܥܒܘܪ ܥܩܪܐ ܘܡܘܕܥܢܘܬܐ ܐܝܟ ܕܐܬܚܙܝܘ. ܘܥܒܪ ܘܗܘܐ ܒܬܪ ܠܡܬܟܫܦܘܬܗ ܕܡܠܝܐ ܥܒܪܐ: ܟܠܝܬܐ ܕܐܬܬܟܠ ܠܐܚܪܢܐ ܫܦܝܪܘܬܗ ܕܠܒܘܬܐ. ܘܢܦܩܘ ܐܟܚܕܐ ܚܕ ܡܢ ܚܕ. ܘܐܦܩܘ ܡܠܐ ܚܟܡܬܐ ܘܬܠܝܬܝܬܐ ܘܐܪܙܝܗܘܢ. ܘܥܠܘܗܝ ܡܠܝܢܘܗܝ ܡܕܡ ܕܠܒܝ ܘܐܡܪܝܢ. ܥܒܘܪܐ ܠܡ ܐܠܗ ܒܪܬܗ. ܐܬܚܙܝܬ ܥܠ ܡܢܐ ܕܪܗܡܢܐ. ܘܐܡܪ ܟܠܗܝ ܟܠܗ ܘܡܚܝܢܗܝ. ܒܟܐܪܐ ܕܠܝܬܗ. ܘܥܒܕܗܝ ܡܢ ܫܢܐ: ܟܠ ܕܫܡܥ ܬܫܡܫܬܗ ܕܡܠܝܘܬܐ ܘܟܒܪ ܠܐܪܒܐ ܕܠܐ ܕܠܗ • ...

ܐܡܪ ܠܗܘܢ ܥܒܘܪ. ܗܥܐ ܝܕܥܬ ܒܥܪܐ ܕܪܒܐ ܐܝܬܝܟܝ ܘܠܝܬ ܥܪܐ ܒܬܠܝܬܝܟܝ ܥܒܕܐ ܒܪ ܕܐܡܪܬܘܢ. ܠܐ ܡܬܬܘܡ ܐܥܒܕ ܘܠܗ ܠܚܢܢܐ. ܒܠܐ ܡܫܡܠܝܐ ܗܘܬ ܐܪܢܐ ܕܡܠܝܐ ܠܡܥܒܕ ܘܠܐ ܕܚܝܘܬܗ. ܠܐ ܒܪ ܚܕ ܘܠܐ ܐܬܥܒܕܢܘܗܝ، ܕܐܠܗܐ ܗܘ. ܐܠܐ ܒܕܘܪܝܘܗܝ، ܐܚܝܢܐ ܕܠܘܬܝ ܕܝܢ ܒܪ ܒܕܪܝܬܐ. ܘܟܠܗ ܘܐܘܦܝ ܡܢ ܡܪܡܗܘܢ، ܝܘܡ ܕܡܢܬܐ. ܡܚܝܢ ܐܘܪܚܬܐ ܥܠ ܬܓܪܐ. ܥܪܐ ܡܠܟܝ. ܘܡܦܩܪ ܒܪܥܐ. ܪܕܦ ܪܘܚܐ ܘܦܠܓ ܒܢܝܢܐ. ܡܪܕܐ ܡܚܒܒܐ ܡܢ ܫܘܚܪܗ ܕܡܪܟܒܘܬܐ. ܡܗܕܒ ܬܓܪܐ ܘܡܦܪܥ ܚܪܝܢܐ. ܡܚܡ ܠܚܢܢܐ. ܕܠܐܠܗܐ، ܢܦܩܘ ܒܫܘܠܛܢܗܘܢ ܘܠܐܠܗܐ، ܢܠܡܕܘܢ ܘܠܪܕܝܢ ܒܐܘܪܚܬܐ ܕܠܐܠܗܐ، ܚܝܘܗܝ ܘܐܠܗܐ، ܢܦܩܘܢ ܘܡܢ ܗܠܝܢ ܬܘܒ. ܒܗܘܦܟܐ ܕܚܝܡܢܘܬܗ ܡܚܒܠ ܦܓܪܐ ܘܡܪܒܐ ܪܕܝܐ. ܘܡܗܕܒ ܡܫܒܚܐ. ܘܗܘ ܬܘܒ ܒܪܬܗ ܕܡܘܕܝܬܗ ܡܚܡܝܢܐ ܚܝܘܬܗ ܕܐܘܬܐ. ܘܡܦܩܪ ܡܪܢܝܬܗ. ܘܪܕܝܐ ܘܡܚܠܝܐ ܡܢ ܟܠܗܝܢ. ܒܟܠܗ ܚܘܒܐ ܕܡܪܕܘܬܐ. ܡܢ ܫܘܒܚܐ * ܠܫܘܒܚܐ 102 r.

1) So corrigiert in der Hs.; ursprünglich ܟܠܝܢ.

ܠܗܘ ܒܐܒܪ̈ܐ ܙܘܘܓܐ ܕܐܠܗܘܬܗ. ܒܗ ܡܫܬܪ̈ܝܬܐ ܕܠܐ ܡܣܘܦܝܢ ܠܡܫܬܪ̈ܝܘܬܗ. ܒܗܠܝܢ ܗܟܝܠ ܐܫܬܘܕܝܢ ܚܢ ܕܐܠܗܐ ܗ̣ܘ. ܘܠܐ ܗܘܐ ܗ̣ܘ ܘܠܗ ܐܝܟ ܕܐܡܪܢܘܬܗ ܒܪܡ ܕܝܢ ܟܠ ܗܕܐ ܗܘܝܐ ܡܬܕܒܪ̈ܢ ܐܢܫܐ. ܕܐܢܫܐ ܐܝܟ ܕܠܫܪ̈ܪܐ ܡܫܬܘܕܥܝܢ ܡܠܘ. ܘܐܢܫܘܬܗ ܐܝܟ ܕܬ̈ܦܢܐ ܡܠܠܬܐ ܕܒܟܬܐ ܘܫܪܘܬܐ ܐܬܪܥܝܢܘܬܗ ܠܡܐܡܪ ܡܕܡ. ܘܠܐ ܙܕܩܘ ܘܫܐܠܘ ܡܢ ܡܕܡ. ܒܗ ܫܒ̈ܘܥܐ ܘܫܬܝܢ ܘܬܪ̈ܬܝܢ. ܒܚܝܠ ܡܢ ܫܒܘܥܝܢ ܕܫܢܐ ܗܢ̈ܝ ܫܠܡ̈ܝ. ܕܠܡܢܐ ܬܘܒ ܫܒܥܬܐ ܒܡ ܫܒ̈ܩܝܢ ܒܗܕܐ. ܠܐ ܓܝܪ ܠܡ ܡܬܚܫܒܝܢ ܕܕܚܫ ܡܕܡ ܫܒܘܥܝܢ. ܫܒܘܥܝܢ ܕܐܝܠܝܢ ܕܒܢܘܗܝ̈ ܕܥܘܠܬܐ ܐܡܟܝܠ. SO ܕܢܘܟܪ̈ܝ ܗ̣ܘ ܫܒܘܥܝܢ ܠܡܫܡܠܝܘܬܗ ܕܡܠܟܘܬܗ̇ ܘܕܢܝܐܝܠ ܐܝܟ ܢܒܝܘܬܐ ܥܠ ܫ̈ܠܡܝܢ. ܕܫܠܝܛܐ ܗ̣ܘ ܙܒܢܐ ܡܢ ܫܒܘܥܝܢ. ܕܡܫܝܚܘܬܗ ܗ̣ܘ ܡܘܡܬܗ... ܐܡܪ ܠܗܘܢ ܫܒܘܥܐ ܚ. ܗܘܐ ܬܫܒܘܚܐ ܠܗܘܢ ܠܡܐܡܪ ܡܘܫܐ. ܗ̇ܘ ܫܘܠܡܗ ܕܟܠܗ, ܠܗܬܘܒ ܡܫܒ̈ܥܝܢ. ܕܠܐ ܗܘܐ ܠܟܘܢ ܢܚܘܐ ܡܕܡ. ܒܫܬܝܬܐ ܗܢܐ ܕܐܫܬܠܡܘ ܗ̣ܘܐ ܠܗ ܓܝܪ ܓܒܝܐ ܠܡܐܠܦ ܫܢ̈ܝܐ. ܐܡܬܝ ܗܝܕܝܢ ܡܢ ܗܫܐ ܕܗܢܐ ܓܒܝܐ ܗ̣ܘܐ ܠܐܠܗܘܬܟ ܚܠܦ. ܫ̈ܢܝܢ ܒܫ̈ܢܝܢ ܢܫܒܥܘܢ ܫܪܪܗ ܕܡܫܝܚܐ. ܘܠܐ ܕܐܬܟܠܠ ܠܗܘܢ, ܕܗܢܐ ܡܢ ܫ̈ܠܡܐ ܬܫܡܫܬܐ. ܘܠܐ ܗܘܡ ܒܚܝܠܐ ܕܫ̈ܠܡܐ ܡܢ ܫܒܥܐ ܘܠܬܫܥܐ. ܐܡܪ ܠܗܘܢ ܫܒܘܥ. ܕܒܗ ܡܕܡ ܐܢܬܘܢ, ܘܠܐ ܗܢܐ. ܕܐܫܬܡܥܬ. ܐܡܪܝܢ ܠܗ ܡܫܒ̈ܚܐ ܘܫܒܝܚܐ. ܕܗܘܪܡܙܕ ܐܠܗܘܬܗ ܕܡܫܝܚܐ: ܗ̇ܘ ܕܒܣܦܐ ܘܚܕܝܢ ܒܦܘܪ̈ܫܢܐ ܥ̈ܠܡܐ: ܘܠܝܬ ܒܝܬܐ ܕܐܬܡܠܝܘܗܝ, ... ܐܡܪ ܠܗܘܢ ܫܒܘܥ. ܕܐܝܬ ܐܠܗܐ ܒܫܡܝܐ ܗܘܐ ܫܒܝܚܐ ܗ̣ܘ ܠܝ. ܠܐ ܕܝܢ ܡܬܚܬܐܡ ܡܫܒܚܬ ܢܦܫ ܠܟܠܗܘܢ. ܐܦ ܠܐ ܕܐܬܒܥܝ ܥܠ ܗ̣ܘ ܒܬܘܕܝܬܗ ܕܝܢ ܕܡܠܟܘܬܐ. ܐܫܬܡܥܬ ܕܒܢܝ ܢܘܪܐ * ܗ̣ܘ. ܘܠܗܘܢ ܠܡܬܒܥܘܬܐ ܡܫܬܒܚ ܡܢ ܒܪܗ. 102 v. ܒܪܡ ܕܝܢ ܒܠܥܐ ܗܘܡܐ ܕܐܫܬܡܥ: ܫܪܟܐ ܕܡܬܬܪܥܢܘܬܗ ܐܠܗܐ ܡܓܠܐ ... ܐܡܪܝܢ ܠܗ ܣܝܒ̈ܘܬܐ ܕܚܠܝܡܘܬܐ ܕܒܗܘܢ. ܐܝܠܝܢ ܕܗܘܢ ܗ̇ܢܘܢ ܡܫܡܫܝܢ ܫܦܝܪ ܒܫܡܝ̈ܐ ܘܟܠܝܠܗ ܕܡܠܟܘܬܐ. ܐܡܪܝܢ ܐܝܬ ܗܘܐ ܠܝ ܠܡܫܬܡܥ ܫܪܟܐ ܕܡܬܬܪܥܢܘܬܗ ܕܝܢ ܗ̣ܘ ܘܡܠܠ ܫܪܟܗ.

ܡܢ ܛܪܝܢܘܬܐ ܘܡܫܥܒܕܘܬܐ ܕܟ̈ܠ ܒܣܪܐ. ܘܠܝܬ ܐܝܕܥܬܐ ܐܚܪܬܐ ܕܡܦܣܐ
ܕܬܠܒܘܟ ܘܬܫܡܠܐ ܠܚܘܒܐ ܕܟܝܢܘܬܗ ܕܒܣܪܐ ܗ̣ܝ، ܒܒܝܬܗ ܘܠܐ
ܡܬܕܪܟܐ. ܕܠܘܬܗ ܡܢ ܥܬܝܩܐ ܡܬܝܕܥܐ ܘܡܫܒܚܐ. ܐܠܗܐ ܗܘ ܓܝܪ
ܕܠܐ ܫܘܪܝ. ܘܐܝܬܘܗܝ ܕܠܐ ܫܘܠܡ. ܠܟܠ ܡܢ ܕܟܝܢܐ ܕܠܗ ܒܪ̈ܝܢ.
ܘܠܒܟܐ ܡܢ ܕܟܝܢܐ ܐܬܝܗܒ ܕܠܗ ܥܒܕ. ܘܡܛܠܗܕܐ ܠܝ ܕܢܦܫܝ ܒܬܘܩ̈ܢܐ
ܣܡ ܠܡܫܘܕܥܘܬܗ. ܘܐܠܘ ܐܝܬ ܕܚܕܝܡ ܠܝ. ܒܠܘܗܝ ܐܫܬܟܚܬ، ܣܓܝܡ
ܡܢ ܒܕܘ.... ܐܡܪ ܠܗܘܢ ܥܒܘܪ. ܫܕܬܐ ܗܝ، ܠܝ ܗܕܐ ܕܐܡܪܬܘܢ
ܘܬܒܥ ܐܢܐ ܡܢܟܘܢ ܦܘܪܥܢܗ. ܗܒܘ ܕܝܢ ܒܕܝܢܚܝܢ ܗܘܘ ܕܡܦܩܝܢ
ܬܪܝܢܘܬܗ ܥܠܝܗܘܢ ܠܒܪܝܬܐ ܒܗܕܐ. ܕܠܐ ܠܡ ܐܬܝܗܒ ܠܝ ܦܘܪܥܢܗ
ܕܗܕܐ. ܕܗܕܐ ܗܝ، ܒܠܚܘܕ ܐܬܓܠܝܬ ܠܝ. ܕܗܢܐ ܕܐܒܘܢ ܒܠܘܬܗ.
ܘܥܘܕܪܢ ܕܡܢܗ ܝܫܘܥ ܢܐܠܦ.... ܐܡܪܝܢ ܠܗ ܡܫܡ̈ܫܢܐ ܘܬܠܡ̈ܝܕܐ.
ܕܝܫܘܥ ܕܡܢܨܚܢܐ ܗܢܐ ܗܘ. ܕܡܢ ܗܕܐ ܕܐܫܬܘܕܥ ܒܠܒܒܢ
ܕܡܠܟܘܬܟ. ܢܛܠ ܦܪܓܝ ܘܬܪܥܐ ܦܬܚܐ. ܘܬܬܡܟܠ ܣܓܝ ܠܝܠܬܗ.
ܘܢܡܠܟ ܥܠܝܢܐ ܒܝܬ ܬܠܡܝܕܘܬܐ. ܗܢܘ ܝܫܘܥ ܕܗܘܪܝܢܝ ܐܠܗܐ.
ܘܗܫܐ ܐܙܕܗܪܘ ܒܦܫܝܛܘܬ. ܘܕܒܘ ܘܚܝܘ ܡܢܝܐ ܒܪܝܫ ܐܢܬܘܢ
ܕܐܦ ܒܝ ܠܐ ܬܬܟܘܢ ܝܫܘܥ، ܡܬܚܫܒܝܢ ܒܟܠ ܒܗ̇ܝ ܘܒܡ
ܢܦܫܗ ܡܦܪܩ ܐܢܫܐ ܕܡܬܓܘܪܐ ܠܡܫܒܠ ܝܫܘܥ. ܡܢܘ ܓܝܪ ܐܬܡܠܝ
ܒܡܫܗ ܘܡܥܕܝ ܥܠܡ. ܘܒܪ ܥܠܡܐ ܣܓܝܐܐ ܬܠܡܝܕܐ. ܐܡܪ ܥܒܘܪ.
ܠܦܪ̈ܨܘܦܘܗܝ. ܡܢܐ ܡܬܚܫܒܐ ܠܟܘܢ ܒܐܝܠܝܢ ܕܡܫܬܥܘܢ. ܗܘܒ
ܡܠܟܐ ܒܠܚܘܕ ܒܡܫܝܚܘܬܐ. ܐܡܪܝܢ ܣܓܝܐܐ ܘܦܪ̈ܫܢܐ ܕܡܠܟܘܬܗ.
ܡܢܐ ܡܠܟܐ ܢܛܠ ܒܠ ܐܝܠܝܢ ܕܠܘ * ܒܬܪ ܝܫܘܥ ܗܢܘܢ: ܕܗܕܐ 103 r.
ܒܬܪ ܝܫܘܥ ܕܗܘܪܝܢܝ ܐܠܗܐ ܗܘܐ ܐܝܟ ܬܠܡܝܕ̈ܐ. ܐܘ ܐܡܪܝܢ
ܐܝܬ ܠܝ ܕܡܫܬܪ ܒܠ ܦܠܚ. ܕܡܠܘܬ ܠܗ ܥܒܕܐ ܕܡܬܪܘܢܬܐ. ܕܐܦܠܐ
ܐܠܘ ܡܫܚܐ ܠܝ ܕܢܒܥܐ ܦܪܟܐ ܐܬܝܗܒܬ ܠܝ ܘܒܬܘܟܝܐ. ܐܝܟ ܓܠܝܢܐ
ܕܗܘܐ ܒܠ ܡܫܬܡܫܝܢ. ܒܬܪ ܕܝܢ ܕܠܐ ܢܬܒܥܘܪܘܢ ܕܗܘ̈ܦܟܐ
ܘܐܬܡܪܘ̈ܢ ܕܐܦܠܐ ܗܢܐ ܕܠܝܬ ܠܝ ܡܠܟܐ: ܐܝܬ ܡܠܐ ܒܦܪ̈ܣܐ
ܠܡܐܡܪ ܕܝܗ ܕܡܐܡܪܝܢ. ܐܢ ܥܒܘܪܐ ܒܒܢܝܢܝܟ ܗܢܘ، ܡܠܟܝ. ܢܒܕܐ
ܠܗ ܡ̈ܦܣܐ ܠܡܫܡܠܝܘ. ܘܠܐ ܢܫܬܪܥ. ܢܣܒܐ ܐܓܪܘܗܝ ܗܕܐ

ܒܪܘܚܢܘܬܗܘܢ. ܕܠܒܬܐ ܣܠܩܘ ܐܝܟ ܒܢܘܗܪܐ. ܐܠܐ ܢܚܬܘ ܐܝܟ ܠܥܘܡܩ ܡܥܡܩܬܐ ܘܢܦܠܘ ܐܝܟ ܠܓܗܢܐ. ܘܥܡܗ ܠܚܒܪ̈ܘܗܝ ܕܐܬܪܗܘܢ. ܘܢܚܬܘ ܠܗܘܢ ܐܝܟ ܕܡܢ ܪ̈ܘܚܐ. ܢܥܦܐ ܕܚܫܘܟ ܘܥܠܝܗ ܒܥܠܡܐ. ܕܢܐܟܠܘܢ ܘܢܬܚܫܠܘܢ. ܘܗܟܢܐ ܕܬܫܒ ܐܢܘܫ ܣܠܩܘܗܝ܇ ܘܐܫܬܒܩ ܒܡܫܟܢܐ ܕܡܫܬܪܝܢܘܬܗܘܢ܇ ܘܐܬܝܗܒܘ ܬܗܘܢ ܘܐܬܕܘ ܒܡܫܘܕܥܬܗܘܢ܇ ܘܡܫܡܘ ܒܝܬܗ ܕܐܕܡ ܒܪܝܬܐ ܕܒܢܝܢܐ ܕܢܦܠܘ ܡܢ ܫ̈ܡܝܐ: ܘܐܬܪ̈ܘܬܐ ܕܡܫܬܡܫܢ ܠܐܪ̈ܥܢܝܐ: ܘܡܫܟܢܘ ܬܘܒ ܟܕ ܡܠܟܘܬܗܘܢ ܡܫܐܬܐ ܕܡܠܟܘܬܐ. ܗܢܘܢ ܐܝܟ ܕܟܠܦܘ ܢܦܩ ܠܗܘܢ ܪ̈ܘܚܐ. ܘܢܫܡܪ ܢܦܫ ܐܝܟ ܡܢ ܐܬܪ ܒܗܬܬܐ. . . . ܐܡܪ ܠܗܘܢ ܫܒܘܪ. ܫܒܘܪ ܐܬܪܚܩܘ ܐܝܟ ܕܐܬܪܚܩܘ. ܘܫܠܡܬ ܠܐܬܪܚܩܘܬܐ. ܒܕܡ ܕܐܝܬ ܐ ܫܒܘܪܐ ܕ̈ܚܝܠܝܢ. ܢܦܩ ܠܗܘܢ ܠܗܘܢ ܕܢܒܥܘܢ ܠܗܘܢ ܡ̈ܠܟܐ. ܐܝܟܢܐ ܕܠܐ ܠܗܘܢ ܗܟܢ ܒܪܘܚܐ ܒܠ ܚܒܘܬܗܘܢ. ܘܫܒܩܘܢ ܘܐܫܬܪܪܘ. ܕܐܠܘ ܐܝܬ ܗܘܐ ܠܢ ܡ̈ܠܟܐ ܠܐ ܚܒܝܢ ܗܘܝܢ. ܘܡܫܬܒܩܝܢ ܗܘܝ ܐܝܟܢܐ ܠܦܪ̈ܫܐ. ܕܗܟܐ ܕܡܠܟܘܗܝ ܒܪܫܗܘܢ. ܠܝܬ ܠܗܘܢ ܒܠܥܕ ܕܢܬܟܢܫܘܢ ܒܗ. ܘܦܓܪܐ ܡܬܪ ܢܦܫܗܘܢ. ܘܒܢܝܐ ܡܢ ܒܕܘ ܒܗܬܬܗܘܢ. ܘܫܦܪܬ ܒܟܝܢ ܢܐܪ̈ܘܗܝ ܘܐܪ̈ܒܥܝܢ ܕܦܪܘܣ. ܡܫܬܒܚܬܗ ܕܡ̈ܠܟܐ ܘܫܠܝܚܘ

103 v. ܠܗ . . . . * ܗܘ ܕܝܢ ܗܘܐ ܫܪܒܐ ܠܦܠܓܐ. ܒܪܝܟܬܐ ܗܟܘܪ ܠܗܘܕܐ ܐܝܟ ܕܦܠܓܝܢܘܗܝ، ܠܡܫܝܚܘܗܝ ܦܠܓܘܬܐ. ܫܠܡ ܦܠܓܘܬܐ ܕܒܒܐ. ܒܗ ܒܝܬ ܚܝܒܬ ܡܪܝܬܐ. ܘܦܪܝܫܘܗܝ، ܒܗܕܐ ܫܘܟܠܐ ܦܠܓܐ ܕܐܪܥܐ ܥܠ ܐܪܥܗ. ܫܒܘܩ so ܗܘܐ ܕܝܢ ܫܒܘܪ ܒܠܒܗ، ܪܚܡܐ ܕܢܒܕܘܗܝ، ܡ̈ܠܟܐ ܥܠ ܪ̈ܘܚܩܐ ܒܝܕ ܦܘܪܫܐ ܕܡܬܚ̈ܬܝܬܗ܃ ܘܫܒܪ ܫܒܘܪ ܐܬܟܢܫܐ ܠܡܫܪܝܬܐ ܕ̈ܪܘܚܩܐ ܘܫܠܚ ܠܗܘܢ. ܕܡܩܠܠ ܠܗ ܐܝܟ ܬܫܒܘܚܬܐ ܕܗܘܪܡܙܕ ܐܠܗܐ ܕܫܟܝܢܐ ܗܘܬ ܒܗܘܢ ܠܒܝܫܬܐ. ܘܒܪܗܘܢ ܕܐܝܟܢܬܐ. ܫܒܪ ܒܠܒܘܢ ܐܘܠܨܢܐ ܘܚܒܘܫܐ. ܥܠ ܕܐܬܚܫܒܘ ܥܠ ܘܠܝܬܐ ܘܒܚܪܬܐ ܠܐܪܥܐ ܕܠܐ ܕܠܒܘ. ܚܙܝ ܕܝܢ ܐܝܟ ܕ̈ܝܢܐ ܘܡܫܬܡܥܢܐ ܚܙܝ ܒܗ ܒܗܘܢܝܐ ܘܠܐܟܡܐ. ܕܕܡܐ ܗܘ ܕܢܬܠ ܐܬܪܐ ܠܡܪܕܘܬܗ ܕܐܠܗܐ. ܕܢܬܘܒ ܒܟܘܢ ܪܓܫܗ ܘܬܫܬܡܠܐ

ܒܢ̈ܝܗ̇ ܣܓܝ̈ܐܬܗ̇. ܘܗ̇ܢܘܢ ܐܦ ܐܢܫܝܢ ܐܝܟ ܙܒܢܬܐ ܕܐܬܝܗܒܬ ܠܗ ܡܢ ܠܥܠ: ܢܛܘܪ ܡܢܗܘܢ ܒܐܢܫܘܬ: ܣܘܟܠܐ ܕܢܩܐ ܕܐܬܪܚܡܬܘܢ ܥܠ ܐܪܥܢ ܕܠܐ ܒܪܘܟܐ. ܘܕܬܪܒܘܢ ܒܥܒܕ ܐܒܗ̈ܝܢ. ܕܟܘܠܐ ܪܬܚܐ ܥܒܝܕܘܢ ܠܥܝܬܐ: ܘܐܦ ܒܫܠܡܘܬܐ ܐܠܗܝܬܐ ܕܡܫܠܛ ܬܠܝܐ ܡܢ ܥܡܠܐ: ܘܠܐ ܢܗܘܐ ܡܬܦܪܢܣܐ ܐܢܫܘܬܗܘܢ SO ܘܥܬ̈ܝܕܐ ܠܡܪܕܘܬܗܘܢ. ܥܡܠܝ ܡܫܒܚܘܬܐ ܡܢ ܡܪܝܚܘܬܢ. ܕܢܬܠ ܡܓܪܬ ܪܘܚܐ ܠܡܐܪܘܗܝ ܣܘܡܝܬܐ ܬܠܝܬܝ. ܕܒܗܘܢ ܬܒܥܘܢ ܘܡܗܘܢ ܢܥܒܕܘܢ ܘܬܒܥܕܘܢ ܠܗܘܢ ܬܠܝܬܐ. ܘܬܬܒܐܘܢ ܥܠ ܡܘܬܗ ܕܡܪܢ. ܒܗ ܠܝܒ ܐܢܫ ܘܡܬܝܪ ܡܢܗܘܢ ܡܢܝܢ ܠܗ ܥܠ ܡܘܬܗ. ܠܐ ܓܝܪ ܓܒܪܐ ܗܘܝܬ ܒܡܘܬܗ. ܐܝܟ ܡܢܐ ܕܐܪܟ ܗܘܝܬ ܕܥܢ̈ܝܐ ܐܢܫܘܬܗ ܗܘ̇ܝܬ. ܕܐܬܓܠܝܬ ܗܘܝܬ ܒܗ ܓܒܝܠ. ܘܐܬܝܠܕܘܗܝ ܗܘܝܬ ܕܒܢܐ ܒܥܒܕܐ ܕܓܠܝܢܘܬܗ. ܠܐ ܓܝܪ ܡܬܦܪܫܐ ܗܘܝܬ ܠܡܘܬܗ. ܕܢܦܫܐ ܓܒܪ̈ܝܐ ܕܡܠܝܢ ܕܡ̈ܪܝܐ ܡܫܝܚܐ ܗܘܝܬ ܠܗ ܐܬܦܪܫܘܗܝ. ܒܗ

104 r ܕܡܢ * ܒܗ ܦܪ̈ܝܐ ܘܡܒܥܘܪܝܢ ܒܢܘ̈ܗܝ ܬܪ̈ܬܝܢ. ܐܝܟ ܕܒܥܒܪ ܐܚ̈ܝܢ ܠܡ̈ܠܟܝܢ ܕܒܗܘܢ. ܐܡܝܢܐ ܕܡܢ ܥܩ̈ܘܒܐ ܘܐܡ̈ܠܟܘܗܝ ܢܐܠܦ ܗܘܐ ܘܬܫܒܘܚ. ܕܠܐ ܚ̈ܙܘܐ ܠܐܝܢ ܠܒܪ ܡܢ ܕܗܘ̇ܝ ܕܥܠܝܬܐ. ܐܝܢܐ ܕܝܢ ܠܗܕܐ ܚܐܪ ܗܘܝܬ ܘܡܦܩܕ. ܐܠܐ ܡܢ ܗܢܐ ܕܗܕܢܐ ܗܘܝܐ ܓܒܝܐ ܠܐܠܗܐ ܕܥܡܕܐ. ܡܗܘܡ ܚܠܡܝ ܠܓܒܝܘ. ܓܒܝܬ ܓܝܪ ܕܐܬܒܥܝ ܒܠܒܗܘܢ ܐܒܘܬܗܘܢ. ܘܠܐ ܐܦܩ ܠܗ ܙܥܘܪܐ ܕܡܢ ܠܥܠ ܕܡܘܡܢ ܗܕܐ ܢܒܥܐ. ܐܠܐ ܣܒܡܢ ܒܗ ܡܠܝ. ܕܢܬܠ ܐܬܪܐ ܠܡܪܕܘܬܗ. ܒܗ ܡܬܓܒܪܝܢ ܒܒܗܘܢ ܓܒܝܢܘܗܝ. ܬܗܘܐ ܕܝܢ ܥܘܕܪܐ ܠܗܘܢ ܗܕܐ. ܘܫܘܡܠܐ ܡܕܡ ܚ̈ܣܝܪܘܢ. ܕܗܢܐ ܕܡܠܘ ܬܠܬܝܢ ܡܢܝܢ ܕܕܗܘܬ ܠܗܘܢ ܡܪܝܡܘܬܢ. ܡܪܒܐ ܐܝܬ ܠܝ ܕܢܒܥܐ ܒܥܒܕܘܢ ܕܠܐ ܒܠܝ .... ܒܗ ܒܗܘܢ ܗܝܠ ܓܒܪܐ ܕܢܒܝ ܕܢܒܥܪ ܡܠܟܘܬܗܘܢ ܥܦܪ. ܘܡܓܝܐ ܒܚܝܠܐ ܠܡܘܡܪ ܒܐ̈ܦܝܗܘܢ ܘܠܡܐܪܒ ܕܪܗ ܕܡܐܪܘܡ ܢܩ̈ܝܢܐ SO. ܘܕܪ̈ܘܡܐ ܠܗ ܡܠܟܘܬܐ. ܘܢܬܒܥ ܢܠܦܝܗܘܢ ܠܦܘܬ ܕܝܢ ܐܦ ܥܠ ܡܥܒܕܢܘܗܝ ܪܒ ܢܠܡܘܢ. ܕܓܒܪܐ ܗܘ ܕܢܒܥܬܐ ܘܕܡܒܥܐ. ܘܢܒܥ ܘܠܢܬܐ. ܘܢܒܥ ܠܓܡܘܪ ܘܩܦܝܡܘܗܝ ܕܡܒܪܘܬܐ ܘܦܢܥ ܕܡܒܪ̈ܝܢ ܘܢܒܥܡ

ܕܡܫܒܚܝܢ. ܘܡܛܠ ܠܐ ܫܒܩܐ ܠܡܥܒܕܗ̇. ܘܢܦܠܬ ܒܟܘܪܗܢܐ. ܘܐܡܪܬ ܠܗ ܕܢܕܒܪ ܕܒܢܝܢܘܬܐ ܠܡܐܪܝ ܡܐܪܘܩܐ. ܘܟܕ ܫܡܥܬ ܗܘܬ ܡܢ ܒܪܗ̇. ܐܠܐ ܐܡܪܬ ܠܝ ܒܬܪܐ ܕܐܒܘܬܗ̇. ܘܐܬܒܝܢܗ ܗܘܬ ܬܪܘܢ ܕܡܠܟܘܬܐ. ܠܗܘܢܐ ܒܒܝܬܐ ܠܒܗܘܢ ܡܠܟܐ ܐܢ ܢܦܩܝܢ ܐܢܬܘܢ ܕܐܡܪ ܚܝ ܠܗ ܕܗܘܝܢ ܡܠܟܘܬܗܘܢ ܗܢܘ ܕܝܢ ܠܒܢܝܢܫܐ ܕܢܦܩܘܢ ܒܫܢ̈ܝܗܘܢ ܘܬܒܥܬ ܫܠܡܗܘܢ ܘܢܦܠ ܒܥܘܡܩܐ ܕܐܝܕܥܬܗ ܘܦܘܫܩܐ ܕܡܕܒܪܢܘܬܗ̇. ܒܦܘܪܩܢܐ ܕܡܪܝܐ ܠܝ. ܐܢܐ ܕܝܢ ܗ̇ܝ ܕܐܬܚܙܝܬ ܠܗ ܕܡܒܕܪܐ. ܗܦܟܬ ܡܢܗ ܒܚܘܒܗܘܢ. ܕܠܗܘܢ ܗ̇ܝ * ܡܢ ܗܕܐ ܕܠܟܝ ܕܐܝܟܢ ܐܝܬܝܗܘܢ 104 v.
ܕܬܒܥܒܥܘܢ ܠܒܗܘܢ ܡܠܟܐ. ܕܡܢ ܒܬܪ ܗܠܝܢ ܡܘ̈ܬܒܐ ܕܐܡܪܬ. ܡܠܟܐ ܐܡܪܬ ܠܝ ܒܥܒܕܘܗܝ ܘܒܪ ܐܬܡܪ. ܒܬܟܐ ܗܢܐ ܒܐܪ̈ܥܐ ܚܠܝܐ ܒܗܠܗ ܕܗ̈ܘܡܢܐ. ܚܕܝܘ ܚܕܘܬܐ ܪܒܬܐ. ܘܐܡܪܝܢ ܗܘܘ ܠܒܪ ܠܡܪܝܗ. ܕܕܪܝܫܐܝܬ ܥܡܠ ܡܫܝܚܐ ܫܪܪܐ ܘܪ̈ܚܡܐ ܡܢ ܡ̈ܠܟܐ ܕܦܪܘ. ܘܡܛܠ ܠܝ ܡܢ ܐܠܗܐ ܕܒܝܬ ܦܓܪܢܝܐ ܗܘܬ ܗܕܐ ܠܒܪܝܗ ܕܒܥܝܬܗ̇ ܘܗܘܝܢ ܗܠܝܢ ܡ̈ܠܟܐ ܡܬܬܠܠ ܗ̈ܘܘ، ܥܠ ܡܫܝܚܘܣ. ܒܟܠܗܘܢ ܡܕܝܢ̈ܬܐ ܕܗܘܡܝܢܐ. ܘܟܠܗܝ ܫܡܥܘ ܗܘܘ ܬܫܒܘܚܬܗ. ܕܟܠܗ ܒܥܡܐ ܕܢܣܒܠ ܒܠܫܢܗܘܢ. ܥܒܕܘ ܕܝܢ ܐܝܟ ܕܢܦܫܐ ܦܓܪܢܝܬܐ ܕܗܘܡܝܢܐ. ܥܡܠܗ ܠܡܥܪܬܗ ܡܢ ܠܘܬܗܘܢ. ܘܐܙܠ ܡܕܝܢܬܐ ܡܒܟܐ ܡܢ ܠܘܬܗܘܢ ܐܝܟ ܕܢܦܠ ܠܗܘܢ ܐܬܪܐ ܕܢܒܥܘܢ ܠܗܘܢ ܠܗܘܢ ܡܠܟܐ. ܡܫܝܚܘܣ ܕܝܢ ܐܝܟ ܕܢܬܟܠܐ ܘܠܘܬܐ ܕܚܝܘܬܐ: ܘܦܪܨܘܦܐ ܕܢܘܚܡ ܠܡ̈ܠܟܐ ܕܗܘܡܒܢܐ ܡܢܐ ܕܚܙܘ. ܦܘܫ ܠܫ̈ܘܬܦܘܬܐ ܕܡܫܝܚܐ. ܘܫܠܚܗ ܠܫܠܝܚܗ ܕܦܘܠܐ. ܘܒܬܪ ܠܗ ܠܦܘܡܒܝܐ. ܘܦܣܩܗ ܒܗ ܒܪ ܗܦܟ ܠܗ ܘܒܪܐ: ܕܕܫܪܪܝܗܘܢ، ܠܒܝܬ ܗܘܡܒܝܐ. ... ܗܘܝܢ ܐܬܒܥܘ ܕܝܢ ܫܠܝܐ ܘܡܛܝܬܐ: ܘܕܝܢ ܫ̈ܠܝܚܐ ܘܕܝܢ ܡܐܬܝܬܐ. ܐܦ ܐܚܪܢܐ ܡܫܟܢܐ ܕܐܝܬ ܗܘܘ ܒܫܠܝܐ. ܘܡܒܥܝܢ ܐܦܪܘܫܝܐ ܒܠ ܡܫܝܚܘܣ. ܕܒܦܓܪܐ ܢܐܣܝܘܗܝ، ܘܢܒܥܘܢܝܗܝ، ܡܠܟܐ. ܠܐ ܓܝܪ ܝܗܒ ܗܦܟ ܕܢܦܠ ܢܥܒܕ ܕܢܗܦܟ ܡܠܟܐ. ܘܒܪ ܝܠܦ ܡܫܝܚܘܣ ܒܫܠܡ. ܐܬܟܠ ܡܢ ܚ̈ܝܘܗܝ. ܘܥܒܕܐ ܢܦܫܗ ܠܐܓܘܪܣܐ ܕܒܝܬ ܓܝ̈ܦܐ. ܗܢ ܕܠܝܬ ܕܗܦܟ ܐܝܟ ܐܘ ܕܢܠܗܐ ܒܠ ܠܗܘܢ ܕܢܒܥܘܢܗ،

ܛܥܝܢ. ܗܟܢܐ ܗܘܐ ܕܝܢ ܙܘܓܐ ܦܠܓܘܬܐ ܘܫܡܫܢܐ ܥܡܗ ܕܪ̈ܗܘܡܢܐ ܥܠ ܥܘܢܗ. ܘܡܬܕܒܪܝܢ ܗܘܘ ܘܡܫܬܡܥܝܢ ܠܗ ܒܟܠ ܨ̈ܒܝܢ. ܘܟܕ ܒܟܐܒܘܗܝ، ܘܠܐ ܐܬܟܢܫܘ. ܐܦܘ ܠܓܒܐ ܕܒܝܬܐ ܘܐܡܪܝܢ. ܕܗܠܝܢ ܠܟ ܒܥܘ̈ܬܐ ܙ̈ܒܢ * 105 r ܚܡܫܐ ܕܒܬܪ ܡܕܡܟܘܬܗ ܫܡܥܝܢ. ܗܝܕܝܢ ܒܥܒܕܘ ܒܠܗܘܢ، ܐܦܪܫܘܢܐ. ܘܐܬܒܪܝܘܗܝ، ܕܠܐ ܢܬܒܥܘܢ ܠܗܘܢ ܡ̈ܠܟܐ ܘܬܬܬܟܪ ܪܫܝܢܘܬܗܘܢ. ܘܥܩܒܘ ܚܝܠܐ ܟܠܗ ܥܠ ܡ̈ܪܝܐ ܗܠܝܢ. ܘܟܕܡ ܗܘܘ ܠܗ ܠܡܫܝܚܐ ܒܬ̈ܘܕܝܬܗܘܢ. ܘܠܝܬ ܗܘܘ ܒܗܘܢ ܡܫܟܚܘܬܐ ܘܐܡܪܝܢ: ܗܟܘ ܠܢ ܡ̈ܪܝܐ ܕܐܒܪܘܬܢܘܗܝ، ܡܢ ܒܐܘܡܢܘܬܐ ܕܬܫܒܘܚܬ̈ܐ ܕܠܐ ܢܬܠܘܢ ܒܠܒܝܟܘܢ ܘܬܬܬܟܪ ܪܫܝܢܘܬܗܘܢ ܕܒܝܬ ܒܢ̈ܝ ܕܒܢ ܫܘܒܚܐ ܗܒܪܬܘܢ ܗܘܐ. ܘܟܠܢܫܐ ܗܘ، ܠܟܠܢܫ ܕܠܡܠܟܘܬܐ ܐܬܪ̈ܚܒܬܘܢ. ܕܠܡܐ ܠܟ ܡܢܝܐ ܕܒܠܒܗܘܢ ܬܗܘܘܢ ܡ̈ܠܟܐ. ܕܗܐ ܝܗܒ ܗܘ ܥܪ̈ܒܐ ܡܠܟܘܬܐ. ܘܠܝ ܠܝܬ ܠܝ ܐܚܪܢܐ ܕܢܗܘܐ ܟܠܝ ܡ̈ܠܟܐ. ܐܠܐ ܐܢ ܡܫܝܚܐ ܒܪ ܚܝܐ. ܕܠܗ ܙܕܩܐ ܡܠܟܘܬܐ ܡ̈ܠܟܐ ܬܪ̈ܥܝܬܢ: ܥܒܕܘ ܒܬܫܒܘܚܬܗ ܐܦ ܡܫܝܚܐ ܒܪ ܡܪܝܐ. ܘܗܫܐ ܗܟܘ ܡ̈ܪܝܐ. ܘܐܠܝܢ ܕܡܒܥܝܢ ܡܫܝܚܐ ܡܬܐܡܪ ܒܬܫܒܘܚܬܐ: ܐܡ̈ܪ ܠܗܘܢ ܦܠܚܘܗܝ. ܐܝܟܢܐ ܕܪܥܝܐ ܗܟܢܐ ܒܬܪ ܡܫܝܚܐ. ܐܘ ܡ̈ܪܝܐ. ܡܢܘ ܫܠܝܚܐ ܗܢܐ ܕܫܡܥܢ. ܘܠܐܝܢܐ ܦܘܪܫܐ ܠܝܬ ܐܢܫܘܢ ܒܡܢ ܐܝܟܐ ܘܦܪܝܫܘܬܐ. ܘܕܢܬܠ ܐܢܫܘܢ ܒܒܢ ܒܡܠܘܬܐ. ܒܠ ܐܝܠܝܢ ܕܡܬܒܥܝܢ ܠܐ ܗܠܝܢ ܒܠ ܟܠ. ܕܗܐ ܚܢܢ ܒܡ̈ܫܒܚܬܐ ܐܚܪܢܝܢ ܒܠ ܢܦܫܢ. ܕܠܐ ܢܬܟܠ ܠܡܫܒܚ. ܘܠܐ ܢܬܬܐ ܬܫ̈ܒܚܢ. ܒܙܒܢܐ ܕܢܬܠܘܪ ܠܗ ܬܓܪܐ ܘܒܥܒܕܘܗܝ، ܡ̈ܠܟܐ. ܘܡܬܪ ܡܥܒܕܢ ܬܘܕܝܬ ܚܝ ܗܢܐ. ܘܫܡܫܝܢ ܚܝ ܥܠ ܥܘܢܗ. ܘܒܒܘܬܐ ܚܝ ܦܠܓܘܬܐ ܡܛܠܬܗ. ܕܠܐ ܬܬܟܠ ܡܬ̈ܚܫܒܢ ܒܢܪ ܕܝܢ ܡܫܡܫܝܢ ܚܝ ܘܬܒܥܝܢ ܕܠܐ ܡܫܬܪܝܐ ܡܬ̈ܚܫܒܢ ܘܟܕ ܕܗܘܐ ܝܒܝܫܘܬ݀ ܘܗܫܐ ܦܪܘܩ ܠܒܢ ܡܢ ܬ̈ܫܥܝܬܐ ܘܫ̈ܒܚܐ ܕܬ̈ܠܓܐ ܒܪ̈ܟܐ ܐܝܟ ܕܒܟܬ̈ܒܐ ܪ̈ܓܫܬܢ: ܘܗܟܘ ܠܝ ܐܬܪܐ ܡܠܠ: ܕܢܦܘܩ ܒܒܪܬܗ ܐ̄ ܝܒܝܫ ܐܢܬܘܢ: .... ܘܟܕ ܐܡ̈ܪ ܒܬܠܝܬܗ ܗܠܝܢ. ܠܡܫܬܥ ܥܠܘ ܡܢܗܘܢ. ܪܘܒܗ ܘܡܫܬܗ ܕܒܫܐ. ܘܟܕ ܐܬܒܕܪܘ ܘܐܙܠܘ ܐܝܟ ܐܝܟ ܠܡܥܒܕܗ: ܘܢܦܩܘ ܪܘ̈ܒܢܐ ܗܠܝܢ

ܒܒܝܬܗ ܕܢܘܚܡܗ܆ ܘܒܒܥܘܬܗ܃ ܒܟܠܗܝܢ ܡܫܪ̈ܝܬܐ ܕܪ̈ܘܡܡܐ܂ * 105 v.
ܘܐܬܒܣܝܡܘ ܬ̈ܓܪܐ ܡܫܒܚܝܢ ܘܠܐ ܐܫܬܠܝܘ܃ ܘܫܒܩܬ ܠܗ̇ ܡܒܥܠ
ܘܠܬܘܬܒܝ܂ ܕܢܠܘ ܒܢ̈ܬܐ ܗܠܝܢ ܠܡܚܙܐ ܒܡܫܪܝܬܐ܂ ܕܠܡܠܟܐ ܢܓܒܘܢ
ܐܝܟ ܒܥܝܐ܂ ܘܡܫܡܫܐ ܬ̈ܫܒܚܬܐ ܠܡܪܝܐ܂ ܘܒܪ ܬܘܡܝܢ ܘܪ̈ܡܫܝܢ܂
ܐܬܐ ܐܚܪ ܒܐܕܝܢ ܘܓܠܐ ܠܗܘܢ܂ ܕܐܝܢܐ ܠܟ ܫܘܬܗ ܠܗܘܬܡܣܝܘܬܐ܂
ܒܗ ܒܝܘܡܐ ܢܦܩܗ ܒܐܓܪܬܐ ܕܒܝܬ ܒܪ̈ܬܐ܂ ܒܗ ܠܝܬ ܗܘܐ ܐܢܫ
ܕܢܣܒܝܢ܂ ܐܠܐ ܒܠܚܘܕ ܐܢܫܐ ܕܐܬܬܘܟܠܬ ܥܠ ܡܪܝܐ܂ ܘܠܐ ܒܥܓܠ
ܘܬܡܢ ܡܥܡܕܝܢ ܐܢܬܘܢ ܠܗ܂ ܘܐܫܪܘܗܝ܂ ܠܒܪܬܐ ܗܝ ܘܥܒܪܬ܂
ܘܐܡܪܬ ܠܗ ܬܐܘܠ ܥܡܟ 80. ܘܐܘܠ ܒܪܬܐ ܗܘ ܒܥܡܗܘܢ ܘܥܡܗ܃
ܐܝܟ ܕܗܘܬܐ ܘܥܡܗ ܠܒܪܬܐ ܗܘ܂ ܘܐܫܬܡܥܘܗܝ܃ ܠܗܘܒܝܢܘܗܝ ܒܗ
ܠܓܒܐ ܒܝܬ ܒܪ̈ܬܐ܂ ܘܢܝܚܝܢ ܗܘܘ ܒܒܝܬ ܡܫܪܝܬܐ܂ ܘܡܬܒܪܟܝܢ ܗܘܘ
ܒܠܗܘܢ ܘܐܡܪܝܢ܂ ܐܘܗ ܠܟ ܒܪܬܐ܃ ܠܡܪܝܐ ܒܪܝܟ ܠܝܢ ܡܪܢܐ܂
ܕܠܚܘܕܘܗܝ܃ ܠܗܠܝܢ ܚܝܠܐ ܕܪ̈ܘܡܡܐ܂ ܘܒܗ ܥܠܝܠ ܢܓܒܝܢ ܗܘܘ ܠܟ
ܡܛܠܬܟܝ܂ ܠܐ ܠܟ ܐܢܐ ܐܡܪܬ܆ ܕܒܬܪܟܝ ܗܘܝܢ ܬ̈ܫܒܚܢ ܕܠܟܝ ܡܫܪܝܬܐ
ܕܬܗܘܐ ܒܠܝܗܘܢ ܫܠܡܐ܆ ܘܬܗܘܐ ܐܝܟ ܡܢ ܐܘܠܨܢܗ ܕܡܫܝܚܐ
ܕܐܬܡܚܒܝܢ ܒܗ܂ ܠܡܠܟܐ ܗܦܟܬ ܒܠܒܝܟܝ ܕܬܒܥܐ ܗܘܐ ܘܬܫܠܛܐ
ܠܐܠܗܝܟܝ܂ ܕܗܘܐ ܒܥܝܐ ܒܥܝܢ ܘܒܥܝܢ ܥܠ ܡܫܝܚܟܝ ܕܡܢ ܓܐܕܝܫܘܢ ܀ ܀ ܀
ܐܡܪ̈ ܠܗܘܢ ܘܡܚܝܢܘܬܐ܂ ܠܡܠܟܐ ܕܢܚܡ ܐܝܟ ܕܒܝܬ ܐܚܘܐ ܘܡܫܪܝܬܐ܂
ܕܐܦ ܡܢ ܐܬܡܠܠ ܘܡܢ ܡܬܚܡܠ܂ ܗܕܐ ܗܘܬ ܡܠܬܐ܃ ܠܗܘܬܡܠ
ܕܐܝܢܐ ܠܒܪܬܐ ܕܡܠܟܘܬܐ ܠܐ ܡܬܚܙܐ ܐܝܢܐ܂ ܕܠܐ ܡܢ ܬܢܘܢ܃
ܕܡܠܟܘܬܐ ܢܦܩܬ ܠܒܪ̈ܬܐ ܕܐܝܟܢ ܚܕ ܡܢܗܘܢ ܗܘ ܐܬܬܟܝܠܬ
ܫܠܡܢܐ ܕܐܬܗܘܐ ܒܪ ܢܦܠܐ܂ ܘܡܕܡܕܠ ܠܐ ܡܫܬܕܠ ܐܢܫܐ ܡܢ
ܫܠܡܢܐ ܗܢܐ ܕܐܬܗܢܝܢ ܠܝ܂ ܕܐܝܟܢ ܒܪ ܢܦܠܐ ܒܥܕܐ ܕܡܫܡܫ
ܐܢܫ܂ ܡܬܬܠܬܫ ܐܢܫܐ ܥܠ ܬ̈ܪܥܐ ܕܡܬܗܘܢ ܕܪ̈ܘܡܡܐ܂ ܘܐܡܪܬ ܠܝ
ܡܫܒܪܢ܂ ܕܡܫܬܗܐ ܚܕܐ * ܡܢ ܪ̈ܫܡܗ ܕܚܕ ܡܫܒܚܢ܂ ܠܐ ܢܦܠܐ ܥܠ 106 r.
ܐܪܥܐ܂ ܒܡܪܥܐ ܘܡܦܪܣܐ ܕܪܥܝܐ ܠܝ܂ ܐܡܪ ܠܗ ܦܘܠܝܣ܂ ܒܡܦܠܪܐ [1]
ܐܡܪ ܠܝ ܕܢܚܙܐ ܚܠܝܢ ܡܠܟܘܬܐ܆ ܐܠܐ ܓܒܪܐ ܒܗ ܕܦܫܝܢ ܒܡܪܢܐ

1) Hier ist eine Rasur, ein Wort gross.

ܗܢܐ ܕܐܬܦܪܫܬ ܠܗ̇. ܐܘ ܐܚܘܢܐ ܐܝܟ ܕܠܟܠ ܡܢܝܢ ܕܒܕܝܟܐ ܢܟܝܢܝܢ. ܠܡܢܐ ܗܟܝܠ ܗܟܘܬ ܢܦܫܢ ܬܫܬܘܬ ܒܟܝܪܘܬܐ. ܒܗܕܐ ܕܐܬܪܫܡܬ ܡܢ ܟܐܢܝܢ. ܬܘܒ ܗܟܝܠ ܠܐ ܒܥܝܢ ܠܡܫܝܪܘܬܐ. ܘܗܒ ܦܫܩܐ ܥܠ ܟ̈ܐܦ ܡܫܬܐܠܢܘܬܢ ܠܡܠܟܐ ܕܢܚܐܪ ܠܢ. ܘܠܘ ܫܦܝܘܬܐ ܗ̣ܝ ܡܫܝܪܘܬܗ̇ ܡܢ ܣܓܝ ܕܠܥܒܕ ܡܠܟܘܬܐ. ܗܘ ܕܐܦ ܗܦܟ ܠܐ ܡܬܦܠܓܐ ܗܘܬ ܗܘܐ ܕܢܟܐܠ ܒܚܝܘܗܝ ܒܪ ܐܢܫܐ. ܕܠܐ ܡܟܝܐ ܐܢܫܐ ܠܘܬܗ ܕܗܢܐ. ܕܗܘܐ ܒܢܝܐ ܐܢܫ ܘܫܡܥܐ. ܘܠܐ ܢܩܒ ܐܢܫܐ ܕܐܬܒܪ ܡܠܟܘܬܐ. ܘܒܪ ܚܝܘ ܕܠܐ ܡܬܦܠܓܐ ܕܢܟܐܠ. ܐܚܪܢܐ ܘܡܦܠܓܐ ܐܬܬܘܗܝ ܠܡܫܝܪܘܬܐ. ܘܚܙܘ ܥܠܘܗܝ ܥܠܘ ܚܝܠܐ ܕܗ̈ܘܡܟܐ. ܘܢܚܬܘ ܗܘܘ ܘܡܒܟܝܢ ܥܠܘܗܝ. ܘܐܡܪܝܢ. ܕܠܘ ܠܟ ܒܐܢܫܘܬ ܦܓܪܬ ܒܟܠ ܒܟܝܢܢ. ܕܐܥܠܬ ܚܫܘܟܐ ܒܐܪܥܐ ܕܡܬܠܒܒܝܢ: ܘܡܢ ܕܒܥܐ ܥܠܝܢ ܐܘܠܨܢܐ ܘܥܕܪܢ ܒܢܫܬܐ ܡܢ ܟܠ ܓ̈ܒܝܢ: ܘܥܢܘ ܥܠܝܢ ܩ̈ܒܠܐ ܒܐܘܚܕܢܐ ܕܠܐ ܕܠܢ: ܐܫܬܐܠܬ ܡܢ ܡܕܒܪܢܘܬܐ ܘܐܬܦܢܝܬ ܡܢ ܩܕܡ ܓ̈ܒܝܢ: ܘܐܫܬܒܩܢ ܚܕ ܡܢܢ ܐܝܟ ܒܢܐ ܕܠܝܬ ܠܗ̇ ܡܒܝܢܐ. ܘܠܘ ܠܟ ܒܐܢܫܘܬܐ ܗ̣ܝ ܗܕܐ. ܕܐܝܠܘ ܠܐ ܥܒܘܕܝܢ ܕܠܘܬܟ̣. ܒܒܪ ܕܝܢ ܐܬܚܡ ܐܫܠܡܢ ܐܝܕܐ ܠܦܬܘܓܐ ܘܐܝܟ ܚܕ ܢܦܩܬܘܢ̣ ܒܕܘܟܐ ܗܘܬ ܠܝ ܚܕ̈ ܠܡܫܠܚ ܒܒܕܘܬܐ ܠܦ̈ܬܓܡܐ. ܘܬܪ ܡܢ ܕܥܒܬܗ ܘܥܗܕ ܠܟܘܢܐ. ܘܗܕܐ ܗ̣ܝ ܠܟ ܒܠܗ̇ ܒܐܢܫܘܬܟ: ܕܢܦܩ ܢܘܗ̈ܪܐ ܥܒܕܬ ܡ̈ܪܚܡܢܘܬܟ ܘܚܙܝܬ ܠܦܓܘܬܟ: ܘܠܝ ܕܒܟܝܢ ܚܕ ܗܟܝܠ ܢܘܗ̈ܪܐ: ܘܠܐܠܬ ܒܢܦܫܢ ܦܘܪܩܢ. ܐܡܪ̈ܝ ܠܗܘܢ ܢܒܢܝܢܘܢ. ܥܠ ܠܐ ܬܬܪܒܘܢ̣ ܕܠܘ ܒܐܝܢܝ ܐܬܬܘܢ ܠܗܠܝܢ. ܐܠܐ ܕܠܘ ܐܬܪܒܘܢ ܥܠ ܥܠܬܗ
106 v. ܕܡܪ̈ܢܢ ܗ̣ܘ ܕܐܬܦܪܕܬܘܢ ܠܫܘܒܬܗ̇. * ܘܐܪܠܢܘܢ ܒܬܪ ܦܓܥܬܗ. ܘܒܟܣܝܘܢ ܠܫ̈ܒܪܐ ܘܠܕܢ̈ܚܐ. ܘܗܦܟܘܢ ܠܢܟ̈ܪܝܐ ܘܠܡܬܒܪ̈ܐ. ܘܡܫܪܘܢ ܕܬ̈ܠܡܐ ܐܝܟ ܐ̈ܝܟ ܗܟܝܠ ܬ̈ܠܡܐ ܐܝܟ. ܢܦܘܩܘܢ ܗܟܝܠ ܘܒܬܪ̈ܥܘܢ ܘܢܘܗܘܢ ܥܠܝܟܘܢ ܡܫܒܚܬ̈ܐ. ܐܡܪܝܢ ܠܗ ܕ̈ܗܘܡܟܐ. ܠܝ ܗܠܝܢ ܡܬܒܥܘܢ ܠܐ ܥܒܕܬ ܠܝ. ܐܠܐ ܡܢ ܡܬܒܥܠ ܥܠܝܗ. ܘܗܟܢܐ ܐܦ ܡܕܡ ܢܟܐ ܐܢܫ. ܐܡܠܟܝܢ ܠܗܘܕ ܘܗܟܢ ܥܠܝܗܝ ܒܡܠܦܢܐ.... ܐܡܪ̈ܝ ܠܗܘܢ ܢܒܢܝܢܘܢ. ܠܐ ܢܟܐ ܗܘܬ

ܕܒܦܓܪܐ ܬܗܘܐ ܗܘܬ ܗܕܐ ܬܫܡܫܬܗܘܢ܆ ܐܠܐ ܕܪܘܚܢܝܬܐ. ܒܪܡ ܕܝܢ ܐܝܟ ܚܕܐ ܐܦ ܐܫܬܐܠܬ ܠܝ ܡܢ ܡܠܦܢܘܬܟܘܢ܆ ܠܟܢ ܕܪ̈ܘܚܢܝܢ ܐܝܬܝܗܘܢ ܒܕܡܘ ܠܗܘܢ ܡ̈ܠܟܐ. ܘܐܢܐ ܐܝܟ ܕܒ ܚܝܠܐ ܒܕܡܘܬܐ ܕܡܫܝܚ ܐܢܫ. ܡܬܬܒܥ ܐܢܐ ܥܠ ܦ̈ܘܩܕܢܝܟܘܢ܆ ܐܬܪܝܡ ܠܗ ܪ̈ܗܘܡܝܐ. ܐܠܗܐ ܡܒܪܟ ܚܝܐ ܒܥܘܕܪܐ: ܕܠܝ ܐܘܕܥܬ ܡܠܦܢܘܬܟ ܡܢ ܠܥܠ: ܕܐܦ ܡ̈ܠܟܐ ܬܪ̈ܘܢܘܗܝ ܟܕ ܠܐ ܚܢܝܢ ܒܠܝܢ ܐܫܬܡܠܝܘ. ܒܬܪ ܕܝܢ ܗܕܐ ܐܚܪܢܐ ܡܫܐܠܝܢ ܗܘܐ ܫܐܠܬܟ. ܘܠܡ ܗܕܐ ܕܐܝܟܢܐ ܒܕܡܝܢ ܠܐ ܐܝܬ ܗܘܐ. ܗܝܢ ܕܝܢ ܡܢ ܗܕܐ ܒܠܚܘܕ. ܕܒܕ ܬܪܥܝܬܐ ܘܒܕ ܠܐ ܬܪ̈ܥܝܬܐ ܕܠܝܢ ܐܝܬܝܗ̇ ܡܠܦܢܘܬܐ. ܘܠܡ ܕܐܝܠܝܢ ܡ̈ܠܟܐ ܐܝܬ ܡܢ ܒܪܘ. ܒܪܝܐ ܗܘ̤ ܕܝܢ ܗܟܢ ܕܪܘܚܢܝܐ ܦܓܪܐ ܬܗܘܐ ܡܠܦܢܘܬܟ ܘܠܐ ܒܦܓܪܐ. ܘܒܢܝܢܘ ܕܝܢ ܒܪ ܚܝܐ ܕܠܐ ܒܗܘܢܐ ܡܕܡ: ܘܕܝܢܘܗ ܠܝܫ ܡܢ ܟ̈ܠܗܝܢ ܠܐ ܡܬܚܙܝܐ ܗܘܬ: ܕܚܙܝܢ ܗܘܘ ܒܗ ܦܓܪ̇. ܗܠܡ ܠܗ ܠܓܘܫܡܐ ܚܝܐ ܪܚܡܬܐ. ܕܢܗܘܐ ܡܬܚܙܝܐ ܠܟܠܗ ܥܠܡܐ. ܘܐܝܟ ܠܗܘܢ ܐܝܟ ܗܘ ܕܝܠܗ̇܆ ܘܡܢ ܒܗܠܝܢ. ܡܠܠ ܒܟܬܒܗܘܢ ܘܐܡܪ ܠܗܘܢ܆ ܕܗܘ ܠܡ ܪܘܚܐ ܗܘܐ ܘܥܓܠܢܐ ܕܐܚܕܢ: ܕܐܝܟܢܐ ܘܡܫܘܕܥܢܘܬܐ ܐܬܚܙܝܬܘܢ. ܕܚܕܐ ܗܘ̤ ܡܠܬ̣. ܠܗܬܒܘܢ܆ ܕܐܦ ܡܢ ܦܓܪܬܟܘܢ܆ ܠܐ ܗܦܟܝܢ ܐܢܬܘܢ܆ ܘܢܘܟܪ̈ܝܐ ܠܐ ܗܘܝܢ ܐܢܬܘܢ ܠܡܫܝܚܘܬܟܘܢ܆: ܡܕܒܪܢܐ ܠܒܢܝܐ ܕܠܐ * 107 r. ܐܠܗܐ ܠܐ ܗܘܐ ܐܢܐ. ܘܡ̈ܠܟܐ ܥܠ ܚܝܘܬܐ ܠܐ ܡܬܡܪܐ ܐܢܫ. ܐܦܠܐ ܐܢ ܢܗܘܐ ܠܗ ܠܒܪܝܬ ܒܐܝ̈ܕܘܗܝ. ܒܦܘܠܚܢܐ ܐܢܐ ܒܪ ܒܦ̈ܘܠܚܢܐ: ܘܫܘܐ ܠܝ ܕܐܫܬܬܦܬ ܡܫܡܫܘܬܗܘܢ ܠܡܫܝܚܘܬܗ ܕܡܠܝܘܬܐ. ܐܝܟ ܥܡܠ ܗܘܬ ܥܠ ܐܘܪܫܠܡ ܕܩܕܝܫܐ ܫܐܠܬܐ ܐܝܟ ܕܠܦܘܪܣܐ. ܐܢ ܗܟܝܠ ܦܫܛܐ ܠܗܘܢ ܕܡܫܝܚܘܬܗܘܢ ܬܗܘܘܢ. ܗܐ ܐܝܬ ܒܗܘܢ ܐܢܫܐ [1]) ܒ̈ܢܝ ܦܫܝܛܘܬܗܘܢ ܕܡܝܢ ܒܚܝܠܐ ܠܡܕܒܪܢܘ ܡܠܦܢܘܬܟ. ܡܢ ܕ̈ܝܢ ܡܫܡܫܢܘܬܗܘܢ ܒܕܡܘ ܠܗܘܢ ܡ̈ܠܟܐ. ܘܠܐ ܒܡܠܝܢ ܠܐ ܬܪܥܝܬܗܘܢ. ܒܗܘ ܕܠܗ ܒܕܡܐ ܘܐܡܪܘ. ܠܝ ܡ̈ܠܟܐ ܚܪܢܐ ܒܡܕܡ ܠܝܬ ܠܝ. ܘܟܠ ܕܐܡܪܬ ܐܝܬ ܠܝ ܒܚܕܐ. ܒܠܚܘܕ ܒܦܓܪܘ ܒܕܡܘܬܐ ܠܐ ܢܦܠܘܢ. ܐܡܪ ܠܗܘܢ ܘܡܫܝܚܘ. ܐܢ ܠܝ ܒܟܡ

1) Sicht aus wie in ܪ̇ܒܐ corrigiert.

ܐܢܬܘܢ܆ ܐܣܒܪܘ so ܐ̈ܠܗܐ ܢܘܟܪ̈ܝܐ ܡܢ ܒܢܝܬܗܘܢ܆ ܘܐܬܡܢܘ ܠܟܘܢ ܠܘܬ ܐܠܗܐ. ܕܗܘ ܡܚܝܐ ܒܫܠܡܐ ܕܢܦܫܟܘܢ ܡܢ ܐܘܪܐ ܕܒܠܒ̈ܒܝܟܘܢ. ܐܬܦܢܘ ܠܘܬܗ ܕܢܬܦܢܐ ܥܠܝܟܘܢ. ܒܟܐܒܘܗܝ ܘܢܬܚܒܫ ܠܟܘܢ. ܢܐܣܘܗܝ ܘܢܒܢܐ ܠܟܘܢ. ܕܦܬܚ ܗܘ ܠܟܠ ܚܕ ܠܕܢܩܫ ܠܗ. ܘܦܬܚ ܬܪܥܗ ܠܕܒܥܐ ܠܗ. ܬܘܒܘ ܠܘܬܗ ܡܢ ܟܠܗ ܠܒܟܘܢ܆ ܘܬܗܘܘܢ ܒܗ ܡܢ ܟܠܗ ܢܦܫܟܘܢ. ܘܐܢ ܒܗܘܢܬܐ ܘܬܪܝܨܐ ܣܒܝܢ ܐܢܬܘܢ ܠܦܘܪܩܢܗ. ܗܘ ܒܗܘܢܗ ܕܬܬܒܘܬܘܢ ܒܬܝܒܘܬܗ ܕܟܠܗܐ. ܕܗܘܝܘ ܢܘܪܐ ܕܦܘܪܩܢܐ ܠܟܠܗܘܢ ܐܝܠܝܢ ܕܡܗܝܡܢܝܢ ܒܗ. ܘܢܚܠܡܟ ܥܠܝܟܘܢ ܡܫܝܚܐ. ܠܗܘܢܝ ܕܗܢܐܬ ܐܝܟ ܐܠܗܐ. ܘܗܫܝܢ ܐܦ ܐܢܐ ܐܚܠܡܟ ܥܠܝܟܘܢ ܡܢ ܟܕܘ ܗܝ: ܐܝܟ ܒܪ ܐܢܫܐ ܟܠܡܫܬ. ܘܥܠܝܗ ܗܘܐ ܠܗܕܐ ܬܘܕܝܬܐ ܟܝܢܝܬܐ. ܡܦܠܐ ܐܢܐ ܟܢ ܒܢܝܗܘܢ ܕܣ̈ܘܦܠܝܐ ܗܘܘ. ܘܡܢ ܕܫܠܡܬܐ ܕܦ̈ܘܪܫܢܐ ܕܒܗ̈ܠܝ. ܥܠܒܘ ܗܘܘ ܠܫܦܘܬܗ. ܘܟܕ ܒܪܐ ܡܒܝܢܘܬܐ ܟܝܢܝܗܘܢ ܦܠܒܝ. ܢܗܒܗ ܠܠܒܟܐ ܗܘ ܕܐܢܠ ܗܘܐ ܒܦܘܪ ܣܠܩܐ. ܘܟܠ ܘܡܒܒܗ ܒܪܘܬܐ ܪܚܡܬܐ. * ܕܢܗܘܐ ܡܬܢܝܚܐ ܠܒܪܝܗ ܕܒܒܐܝ. ܒܚܬܐ ܕܝܢ ܡܫܬܐܠܬܐ 107 v. ܗܘܬ ܗܘܬ ܒܝܬ ܐܢܫܐ ܦܘܪܫܐ ܟܠ ܗܕܐ. ܟܠ ܡܢ ܠܡ ܘܠܝܢܗ ܟܪ ܦܠܒ ܢܦܫܐ ܗܘܝܐ ܘܡܦܘܪܐ. ܠܐ ܐܒܒܪܗ ܠܦܠܘܣܐ ܗܢܐ. ܘܒܕܪܐ ܕܗܒܝ ܗܘܝܐ ܠܬܠܝܬܐ ܒܣ̈ܘܦܠܝܐ ܕܦܕܒܗܘܢ. ܕܢܗܘܐ ܐܙܠ ܦܠܒܐ ܒܦܘܪ ܣܠܩܐ. ܘܐܬܬܒܪܬ ܠܗܘܢ ܕܗܕܐ ܐܬܪܒ ܦܠܘܣܐ. ܕܬܠܝܬܐ ܕܡܢ ܡܕܒܗܘܢ܆ ܒܗܢܐ ܢܫܐ ܐܬܒܝܢܘ ܘܟܘ ܒܡܪ̈ܒܢܝܗܘܢ܆ ܘܐܠܘ ܐܒܒܪܗ ܘܫܪܒܬ ܦܐܪܘܗܝ܆ ܢܒܘܬܐ. ܐܝܟ ܗܘܝܐ ܒܝܬ ܗܘܐ ܟܠܬܐ ܠܗ̈ܘܢܒܐ ܕܐܝܒܪܘ܆ ܕܟܠܗ ܕܠܐ ܐܬܢܒܬ ܠܡ ܘܒܘܬܐ. ܟܠ ܕܐܬܬܠܐ ܢܫܗ ܕܒܘܬܐ ܕܟܠܒܘܬ܆ ܠܗܢܐ ܦܘܪܫܢܐ ܐܒܒܪ ܐܗܘܒ ܗܘܐ ܦܪܘܫܐ. ܘܠܐ ܫܠܘܗ ܠܢܫܐ ܗܢܐ ܡܢ ܒܫܪܬܐ ܕܗܘ̈ܒܢܐ. ܕܐܢ ܗܘܬ ܕܒܘܬܐ ܢܬܦܫ ܟܘܪ ܫܦܘܬܗ. ܘܐܢ ܫܪܒܬ ܦܐܪܘܗܝ܆ ܫܒܘܬܐ. ܢܬܦܫ ܟܘܪ ܗܘ ܢܫܐ ܕܒܘܬܐ. ܕܟܘ ܗܘܝܐ ܦܘܪܫܢܐ ܠܟܠܗܝܢ ܒܢ̈ܝܬܐ. ܗܢܐ ܕܝܢܐ ܫܠܡ ܐܬܪܐ ܬ̈ܠܝܬܐ ܟܠ ܗܢܐ ܡܦܪܫܐ. ܠܡܬܒܪܘ ܕܝܢ ܐܚܪܢܐ ܘܠܡܬܕܒܪܘ ܒܡܫܬܘܕܥܢܘܬܗ. ܘܡܫܒܚܘܬܗ

ܕܡܟܝܟܘܬܗ ܥܢܘܝܬܐ. ܕܟܠ ܦܘܪܫܢ ܡܣܬܟܠ ܗܘܐ ܕܐܝܟܢܐ ܐܝܟܢ ܠܡܟܝܟܘܬܐ. ܠܐܠܗܐ ܘܠܬܟܫܦܬܐ ܕܐܝܬ ܗܘܐ ܒܗ. ܦܐܝܐ ܗܘܐ ܓܒܪ ܕܡܫܝܚܘܢ ܠܗ ܟܠܝܠܐ ܕܡܟܝܟܘܬܐ. ܐܝܟ ܒܢܝܐ ܕܡܫܬܘܐ ܘܦܛܪܘܣܐ ܕܐܣܝܕܘܪܘܣ ܕܗܘܡܝܢܐ. ܘܕܫܠܝܢܘܬܐ ܠܝܫܘܥܬܐ ܟܢܫܝܢܘܢ. ܠܐ ܡܠܝܗ ܡܢ ܐܝܕܝܗܘܢ. ܐܦܢܝ ܗܘܐ ܠܒܪ. ܕܝܫܘ ܠܗ ܘܠܐ ܢܗܘܐ. ܕܟܠܠܗ ܕܝܫܘܥܐ ܕܦܓܪ ܒܗ ܠܬܠܡܝܕܐ: ܢܬܦܫܩ ܒܪܢ ܡܢܢ ܕܢܬܬܦܫܩ ܒܪܘܚܗ ܕܐܠܗܐ. ܘܡܢܐ ܕܐܬܟܠܝܢ ܥܠܝܗܘܢ ܡܫܝܚܐ ܒܡܦܩܗ: ܘܐܬܒܪܝܢ ܘܐܬܩܕܫ ܒܗ ܟܠܝܠܗ ܕܡܟܝܟܘܬܐ. ܗܘܝܢ ܐܦ ܐܢܐ ܐܡܟܝܟܘܬܝ ܘܠܐܝܬ ܘܕܐܝܬ. ܡܢ ܡܫܒܚܐ ܒܪܝܬܐ ܕܟܠܝܬ ܡܥܒܕܐ. ܕܒܗ ܐܬܒܪܟܘ * 108 r. ܠܡܫܒܚܐ ܘܐܬܚܫܒܘ ܢܦܫܗܐ. ܘܐܢܫ ܗܘܟܠ ܘܫܡܥܘ ܟܠܠܐ ܕܩܕܝܫܘ ܒܪܘܚܗ ܕܐܠܗܐ. ܘܐܬܐ ܢܬܒܥ ܠܡܫܝܚܐ. ܒܡܠܬܐ ܕܐܠܗܐ. ܥܠ ܫܡܗ ܘܡܘܗܒܬܗ ܕܟܠܝܠܘܬܗ. ܘܒܥܒܕܘ ܟܠܗܘܢ ܦܠܚܐ ܐܝܟܢܐ ܕܐܬܦܩܕ ܠܗܘܢ. ܘܐܬܠܒܫܘ ܘܡܫܝܚܐ ܘܡܦܪܫ ܠܐܠܗܐ. ܘܦܠܘܐ ܒܟܠܗ ܟܠܗܘܢ ܫܠܝܚܘܬܗ. ܘܐܢܫ ܢܦܫܗ ܘܡܫܝܚܐ ܒܓܠܘܬܐ ܘܡܘܢ ܐܠܗܐ. ܘܐܢܫ ܕܟܢܫܐ ܒܟܢܘܬܗ. ܐܡܝܢܐ ܕܐܘܪܚܐ ܐܬܓܠܒܬ ܡܢ ܕܟܢܫܗ. ܘܓܒܪܐ ܗܘܐ ܒܢܫܐ. ܘܡܬܒܥܐ ܠܐܠܗܐ ܟܠ ܫܡܥܝܢ ܕܡܢܗܘܢ ܘܟܠ ܦܘܪܫܢܐ ܕܠܥܒܕܗܝܢ: ܘܟܠ ܕܡܘܬܐ ܕܡܫܝܚܐ ܘܟܠ ܡܘܗܒܬܗ ܕܟܠܝܠܘܬܗ.. ܘܦܩܕ ܒܥܒܕܐ ܘܗܝܡܢܐ ܘܦܩܕ ܗܘܐ ܥܠ ܦܘܩܕܢܘܗܝ. ܘܐܬܠܝ. ܒܗ ܡܫ ܡܢ ܐܘܪܚܐ. ܦܘܩ ܐܝܬܘܗܝ ܠܥܠܡܐ. ܘܦܘܩܐ ܒܠܒܗ ܗܘܕܐ ܠܐܠܗܐ ܒܝܕ ܐܡܪ. ܐܝܟ ܕܟܬܝܒܐ ܐܠܗܐ ܫܠܝܚܐ ܘܡܕܝܢܐ ܕܢ ܕܟܠܝܠܘܬܐ ܕܟܠ. ܐܝܬ ܗܘ ܠܗ ܗܘܕܐ ܠܥܒܕܝܢ ܘܡܫܝܚܐ. ܕܠܐ ܢܬܠܗ ܠܥܠܡܐ ܗܢܝ. ܐܟܠܐ ܠܟܠܝܠܘܬܐ ܗܕܐ ܕܡܫܝܚܝܐ. ܕܠܐܝܕܐ ܕܠܐ ܡܫܝܚܝܐ ܢܦܫܐ ܐܝܟ ܘܡܫܡܫܐ ܐܝܟ. ܘܡܢ ܗܘܐ ܡܪܝܐ ܕܗܘܝܐ ܗܘܐ ܒܢܝܐ ܘܡܫܡܫ: ܘܦܩܕ ܠܟܠܗܘܢ ܕܐܬܡܠܐ ܡܕܝܢܬܐ ܘܡܠܟܐ. ܠܫܡܥܐ ܕܐܬܟܢܫܘ ܒܓܠܝܢ ܘܫܡܥ ܠܦܘܩܕܢ. ܒܟܠ ܡܕܝܢܬܐ ܫܠܝܚܐ. ܠܐ ܢܗܘܐ ܠܝ ܥܒܕܝܢܐ ܗܘܐ ܠܗܘܢ ܦܘܩܕܢ ܕܢܦܫ: ܘܠܟܢܫܗ ܕܪܘܚ ܘܠܡܫܡܫܘܬܗ ܕܡܢܘܢ. ܐܠܐ ܠܫܘܚܕ ܕܢܦܫ

ܘܠܡܥܒܕܢܘܬܗ ܕܪܘܚ. ܘܠܓܠܝܘܬ ܐ̈ܦܐ ܕܩܘܕܫ ܘܠܫܘܚܠܦܗ ܕܐܠܗܘܬܗ. ܘܠܬܪܥܝܬܗ ܕܥܒܕܝܢ ܘܠܫܝܢܗܘܢ ܕܒܢ̈ܘܗܝ. ܘܠܡܘܬܐ ܕܦܠ̈ܓܘܢܝܗܝܢ ܘܠܡܘܬܒܐ ܕܡܫܒܚܘܬܗ. ܘܠܚܘܬܐ ܘܦܘܪܩܢܐ ܕܓ̈ܠܝܢܐ. ܕܐܬܓܠܝ ܡܢ ܠܒܝܫܘܬܗ ܘܠܦܫܘܗ ܟܢ. ܘܠܐ ܢܦܠܐ ܘܥܢܝܐ: ܕܝܢ ܠܐ ܫܦܝܪܐ ܐܝܟ ܡܕܝܢ ܐܠܗܘܬܗ ܠܥܠܡܐ ܕܡܠܟܘܬܗ. ܗܟ ܠܝ ܘܐܢܫܝܢ ܕܒܟܘܬܗ. * (108 r) ܕܡܢ ܡܫܝܚܐ ܒܪܘܚܬܐ ܡܠܝܬ ܩܘܕܫܐ ܐܘܟܠܝܣܗ, ܠܥܠܡܐ ܗܢܐ. ܐܝܟܢܐ ܕܢܗܘܐ ܠܝ ܟܢ ܫܒܘܚܬܐ ܒܟܠܗܝܢ ܡܠܟ̈ܘܬܐ ܕܐܪܥܐ .... ܘܕܝܢ ܠܟܪ ܡܫܝܚܘ ܟܠ ܙܠܬܗ. ܐܬܟܢܫܘ ܘܫܠܚ ܠܥܠܡܘܢ ܫܠܝܚܘܗ. ܘܢܦܩ ܣܪܗܒ ܘܒܢܝܬ ܚܝܠܗ, ܒܪܘܙܒܗ ܕܝܠܒܐ. ܘܩܪܒ ܒܪܬܢܐ ܕܡܫܒܚܘܬܗ. ܘܐܪܡ ܪܝܫܗ ܘܡܩ ܠܝܒܐ. ܘܢܦܩ ܥܠܝܠܐ ܕܡܠܟܘܬܐ ܘܐܬܬܚܝܕ ܒܪܝܫܗ. ܟܕ ܐܢܫܐ ܕܒܪ ܐܝܟܐ ܠܐ ܡܪܬ ܠܗ. ܘܬܘܪܘ ܥܡܗ ܘܐܬܕܟܪܘ ܒܟܒܐ ܟܘܠܗ ܕܪ̈ܘܡܝܐ. ܒܬܕܟܪܬܐ ܗܕܐ ܪܒܬܐ ܕܐܬܥܒܪܬ. ܘܟܕܡ ܗܘܐ ܘܐܟܠܝܢ. ܕܡܢ ܗܕܐ ܡܫܝܚܐ ܚܠܝܢ ܡܠܟܐ ܒܟܝܢܐ. ܘܡܫܝܚܘ ܚܠܝܢ ܡܠܟܐ ܒܐܪܥܐ. ܘܢܦܠܬ ܕܝܠܬܗ ܘܕܒܠܬܗ ܕܡܫܝܚܘ ܒܠ ܒܠܗܘܢ ܫܠܝܬܗ. ܡܕܒܚ ܠܝܪ ܒܪܝܪ ܕܡܪܢܐ ܒܟܒܗ .... ܒܗ ܒܝܘܡܐ ܗܢܐ. ܐܡܠܟ ܡܫܝܚܘ ܒܪܗ ܕܐܘܪܫܠܡ ܒܠ ܐ̈ܘܡܘܬܐ. ܒܐܪܥܐ ܕܦ̈ܪܘܫܐ ܒܐܬܪܐ ܕܒܝܬ ܐܪ̈ܡܝܐ. ܥܠ ܢܗܪܐ ܕܦܪܬ ܕܐܝܬ ܠܓܘܗ ܠܒܝܫܐ ܕܦܠܣܦܘ̈ܢ ܒܪܘܫ ܫܪܝܢ ܕܡܢܝܢ ܡܬܒܝܐܐ ܘܡܟܝܢ ܘܐܪܒܥ ܒܡܫܝܚܐ ܕܡܫܝܚܐ ܒܟܒܟܐ ܘܡܗܝܡܢ ܒܗ ܒܪܘܚܐ ܒܝܘܡܐ ܕܪܘܡܝܬܐ. ܘܠܟ ܡܫܝܚܘ ܦܠܚܐ ܠܐܠܗܐ ܒܟܒܫܐ ܕܐܡܠܟ. ܘܟܡܕ ܕܢܦܩܘ ܡܕܒܚܗ, ܠܥܒܕܐ ܒܡܙܪ̈ܘܗ ܕܢܦܩܬܐ. ܕܢܦܩܘ ܒܡ ܡܫܝܚܘ ܠܐܪܒܥܐ ܕܦ̈ܪܘܫܐ: ܘܠܥ̈ܒܕܐ ܒܬܒܪܐ ܕܕܡܒܐ: ܕܠܗܘܢ ܢܦܪ ܣܓܕ ܗܘܐ ܥܡܐ ܘܡܕܒܚ.... ܗܘ ܕܝܢ ܡܠܟܐ ܡܫܒܚܐ ܡܫܝܚܐ ܒܒܒܠ ܒܗ ܒܪܘܒܬܐ ܕܐܡܠܟ ܒܗ ܦܐܡ ܗܘܐ. ܟܕ ܫܡܥ ܝܠܒܐ ܡܢ ܡܫܝܚܘ. ܘܡܪܟܒ ܐܝܟܢ ܠܗ ܠܟܡܪܐ ܗܠܝܢ ܘܠܒܬܪܐ ܕܠܒܫܬܗܘܢ: ܘܫܪ ܒܗܘܢ ܡܫܝܚܘ ܒܫܡܬܐ ܘܐܙܕܒ ܒܗܘܢ ܘܐܦܪܫ ܠܗܘܢ: ܐܡܪܘ ܠܗ ܠܡ ܐܝܟܢ ܐܘ ܡܫܡܫ ܡܠܟܐ ܗܘ.

ܫܢܝܬܐ ܗܘܐ ܕܐܫܬܕܪܐ ܠܗܘܢ܆ *(1 ܕܐܦܠܐ ܗܫܐ ܕܫܠܡ [ܘܟܕ]ܐ 109 r.
ܕܠܡܫܒܚܘܬܗܘܢ܆ ܐܫܬܠܛܘ ܡܢ ܡܫܝܚܘܬܗܘܢ ܘܐܬܟܬܫܘܗܝ
[ܟܐܠܗ]ܘܬܐ. ܘܠܐ ܫܦܝܪ ܠܗܘܢ ܘܟܝܢܗ ܕܗܠܝܢ [ܟܠܝܘܡ?] ܐܠܐ ܐܦ
ܒܕܘܠܝ [ܐܢ]ܬܘܢ܆ ܕܟܕ ܗܘܝܬ ܕܡܫܡܫܐ ܬܫܡܫܬܗܘܢ܆ ܘܕܡܟܒܘ
[ܒܢ]ܝܫܘܢ܆ ܕܐܬܪܘܢ ܘܢܬܪܘܢ ܐܚܝܢܐ ܠܡܫܡܫܢܘܢ܆ ܘܩܢܘ ܟܠܗܘܢ
ܕܒܕܘܠܬ [ܢܨ]ܚܘܢ܆ ܒܡܪܝܐ ܕܡܢ [ܗܠܝܢ?] ܒܕ ܚܝܘ ܕܥܛܪܘܗܝ
[ܒ]ܠܝܗܘܢ[?] ܡܫܡܫܢܐ ...... ܘܢܬܒ ܦܫܗܘܢ [ܠܡܫܡܫܢܐ?] ܒܝܠܝܕܐ.
ܕܡܢܝܢ ܗܘܐ ܡܢ ܡܫܝܚܐ ܕܚܠܬܐ. ܘܐܢܫܘܗܝ، ܘܡܫܡܫܢܐ ܐܚܪܢܝܗܘܢ
ܒܗ ܘܐܬܡܪܢ ܦܘܩܕܢ SO ܘܡܫܗ ܕܡܫܝܚܐ. ܦܘܩܕܢ ܕܟܢ ܗܘܐ ܦܘܪܥܢܐ
ܠܟܠܗ ܥܠܡܐ. ܐܦ ܚܢܢ ܡܫܝܚܐ ܕܐܬܠܚܡܘ ܒܝܠܝܕܐ. ܘܗܦ
ܫܒܩܢܐ ܠܫܒܩܬ܆ ܘܠܐ ܗܘܐ ܢܛܪܐ [ܠܦܘܪ]ܩܢ. ܝܠܗ ܗܘܘ
ܕܡܢ ܦܠܘܣܗ، ܕܚܠܬܐ: ܕܢܬܒܘܢ [ܒܬܝܒܘܬܐ] ܥܠ ܒܡܪܝܐ ܗܘܢ܆
[ܘܕܢܬ]ܒܘܢ ܐܢܘܢ ܡܢ ܝܠܝܕܐ. ܘܬܒܘ ܐܢܘܢ ܒܡܫܡܫܢ ܕܚܠܬܐ.
ܐܡܪ ܗܘܐ ܓܝܪ ܡܫܝܚܘܗܝ. ܕܠܐ ܠܡ ܗܘܐ ܐܢܐ ܒܡܫܡܫܢܘܬܝ،
ܢܡܘܣܐ ܗܢܐ ܕܘܒܪܐ. ܕܢܬܪܐ ܐܢܐ ܒܗܬ ܠܥܡܐ ܕܝܠܝܕܐ. ܐܦ
ܢܡܘܣܐ ܗܘ ܕܡܫܘܬܦ ܒܗ ܚܢܢ ܡܫܝܚܐ. ܐܡܪ ܗܘܐ ܠܗܘܢ ܕܡܢ
ܡܫܝܚܘܬܗ ܠܡܪܝܐ ܗܠܝܢ. ܐܡܪܘ ܠܝ ܠܡ ܐܢܘܢ ܒܡܪܝܐ ܡܫܝܚ
ܡܢ ܗܡܝܢܘܬܐ. ܕܐܡܠܝ ܥܠܝܐ [?]ܐܬܠܚܡܘܢ ܘܡܢ ܒܝܠܝܕܐ:
ܕܡܢ ܘܡܫܬܐ ܥܠܝܐ ܕܠܗܘܢܐ ܡܫܠܡܘ܆ ܥܠ ܗܘ ܫܡܥܐ ܦܘܠܘܣܐ
ܕܐܘܙܠܘ ܒܠܗܘܢ. ܐܡܪܝܢ ܠܗ ܒܡܪܝܐ ܗܠܝܢ. ܒܟܢ ܚܢܢ ܡܢ
ܡܫܝܚܘܬܟ ܡܢ، ܡܠܟܐ ܘܕܠܟܐ ܘܪܒܐ ܗܢ، ܡܫܠܡܬ ܡܢ ܕܡܫܬܕܪܐ
ܝܠܗܘܢ܆: ܕܐܢܝܢ ܕܡܫܡܢ ܒܗܘܢ܆ ܫܡܥܢܐ ܫܐܠ ܗܘܐ
[ܐܠܗ]ܝܢ ܒܡܫܦܐ ܕ[?]ܠܬ... ܘܗܫܐ ܫܡܥܢ ܡܢ ܒܟܠܬܐ ܬܢ
ܘܬܫܦܐ * ܒܕ ܠܐ ܡܕܡ ܒܗ. ܘܠܐ ܐܝܟ ܡܕܡ ܒܐܘܕܝܘܢ܆ ܘܚܢܢ 109 v.
[ܕܡ]ܢ ܥܠܘ ܢܦܫ ܫܡܥܢ ܚܢ [ܕ]ܢܘܕܐ ܒܗ. ܡܫܠܡܐ [ܗܢܐ?] ܬܫܡܫܬܐ
ܘܠܐ ܡܫܡܠ[?] ܠܝ. ܐܡܪ ܠܗܘܢ ܡܫܝܚܘܗܝ. ܐܠܐ ܕܡܫܡܫܬܐ ܗܘܬ
ܘܕܪܫܬܐ ܬܫܡܫܬܘܢ ܐܝܬ ܗܘܐ ܫܒ[?]ܪܐ ܒ?ܐܝ?ܕ[ܝ]ܗܘܢ܆ ܠܥܠܡ ܠܐ ܗܝ،

1) Diess Blatt hat (durch Nässe?) sehr gelitten, besonders die obere Hälfte.

ܕ[ܝܢ ܗܘܐ]ܐ ܠܡܕܒܪ̈ܢܐ. ܕܠܘ ܡܢ ܡܫܡܫܢܘܬܐ ܗ̇ܝ، ܬܫܡܫܬܗܘܢ ܐܠܐ ܡܢ ܕܣܠܩ ܠܡܫܡܫܬܐ ܐܢܫܝܢ [ܠܗ] ܒܒܥܘܬܐ ܗܠܝܢ ܫܘ ܠܝ ܡܢ ܗܟܢܐ [ܕܢ]ܒܪ[ܒ.] ܒܬܫܡܫܬܟ ܐܘ ܢܦܫܐ ܡܢ ܡܟܝܠ ܠܒܪܢܫܐ ܠܡܫܬܒܗܪܘܬ ܓܠܝܢܐ. ܐܬܐ ܠܒܪ ܕܬܫܡܫܬܐ ܐܬܚܫܒܬ. ܠܝ ܒܗ̇ ܘܐܬܗܕܪܬ ܗ̇ܝ، ܕܠܒܗܘܢ ܒܟܪ ܠܐ ܐܬܚܫܒܬ. ܡܠܠܟܐ ܕܝܢ ܕܕܘܝܕ: ܡܛܠ ܕܦܓܪܐ ܗܘܐ ܬܫܡܫܬܗܘܢ ܠܒܪ ܡܢ ܕܐܒܗ̈ܝܗܘܢ. ܡܛܘܠ ܗܘܐ ܠܗܘܢ ܒܗ ܐܦܢ. ܕܡܛܐ ܠܗ ܕܒܥܐ ܠܡܫܡܫܢܐ ܗܢܘ ܠܗܘܢ ܡܢ ܡܫܡܫܢ̈ܐ. ܕ.... ܫܡܫܢܐ ܗܒܪܬܗܘܢ ܐܝܟܐ. ܐܘ ܐܝܢܐ ܐܝܟ ܢܥܪ ܡ̈ܠܝܗܘܢ ܕܐܝܬ.. ܕܕܘܝܕܐ ܒܝܠܕܐ ܚܝܘܬܐ ܕܗܘܐ ܒܠܒܒܗ.. ܐܝܟܢܐ ܒܡܫܒܚܢܘܬܐ ܕܠܒܝܫܘܬܗܘܢ. ܐܚܪܢܐ ܒܡܥܪܬܐ ܗܘܢ ܐܡܝܢܐ ܠܒܪ ܐܝܬ [?]ܐܘܟܬ[.] ܐܬܚܫܒܬ ܕܬܫܡܫܬܐ ܕܬܫܡܫܬܐ ܕܐܝܟ ܗܕܐ ܕܐܟܠܝܢ ܐܬܚܙܬ ܕܗܘܐ ܒܠܒܝܢ ܗܘ.[?]ܢ ܘ?ܬܫܡܫܬܐ ܕܢܘܪܐ ܚܝ[?]ܬܐ ܘܠܐ ܐܬܚܙܝܢ ܚܝܢ ܘܐܠܗܐ ܓܒܐ ܡܫܝܚܐ ܒܡܠܟܘܬ ܟܕ ܕܝܢ ܗܟܢ[?] ܒܠ? ܒܥܬܐ. ܡܢ [ܗܘܦܟܐ?] ܕܡܫܡܫܬܗ ܕܓ[ܠܝ]ܐ ܕܒܗ ܐܬܓܠܝܘܗܝ .... ܬܗܘܪ ܗܘܐ ܕܝܢ ܡܫܝܚܐ ܥܠ ܡ̈ܠܝܗܘܢ ܘܡܬܬܦܠܓ ܗܘܐ ܥܠ ܬܫܡܫܬܗܘܢ ܐܠܗܐ ܕܝܢ ܡܬܚܫܒܢܐ ܕܦܓܪܐ ܒܠܒܒ. ܒܬܫܡܫܬܐ ܕܢܦܫܐ [ܐ?]ܕܢܐ ܕܒ[ܪܢܫ?]ܬܐ ܕܐ...ܐ ܦܬܚ ܚܝܠܗܘܢ، ܕܡܠܟܐ ܡܫܡܫܢܐ [ܘܚ]ܕܝܗܘܢ، ܠܝܠܕܐ ܗ̇ܘ ܒܪ ܕܠܡ ܘܡܫܬܠܡܢ. ܐܝܟ ܠܡܫܒܚܘ ܕܢܘܪܐ .... .. ܗܘܐ[?] .... ܐܫܬܪܝܘܗܝ ܕܒܘ[ܪ̈ܟܐ] ܗܘܝܢ [?] .... * 110 r. ܡܬܚܙܝܢ. ܘܒܪ ܚܝܐ ܡܫܝܚܐ ܕܡܬܒܥܐ ܒܬܫܡܫܬܗ ܬܫܡܫܬܗܘܢ. ܕܝܗܒ ܒܗ ܡܫܡܫܢܘܬܐ. ܘܐܬܪܒܝ ܕܚܝܐ ܐܝܟܢ ܘܥܒܕ ܕܐܝܟܢ ܠܫܠܝܚܘ. ܗܢ ܠܟ ܐܝܬ ܠܝ ܕܚܒܒ ܠܗܠܝܢ ܡܫܡܫܢܐ. ܕܗܘܐ ܦܓܪܗ ܘܐܬܦܫܛ ܒܝܠܕܐ. ܗܢܝܢ ܕܝܢ ܫ̈ܠܝܚܘܗܝ: ܒܪ ܚܝܘ ܕܕܘܝܕܐ ܡܠܟܐ ܡܠܟܘܬܗ. ܘܕܝܢܐ ܐܝܟܢ ܢܓܕܐ. ܡܫܒܚ ܐܢܐ ܠܝܠܕܗ ܕܡܠܟܐ. ܘܡܢ ܗܘܘ ܠܗ ܘܐܬܕܢܝܢ. ܒܫܡܫܐ ܕܫܘܬܦܟ. ܐܢܐ ܠܝ ܫܡܫܢܐ. ܘܦܐܝܐ ܠܝ ܡܫܡܫܢܘܬܐ. ܒܫܡܫܐ ܫܪܝܪܐ ܕܡܠܟܘܬܟ. ܕܗܘ ܫ̈ܡܝܐ ܠܫ̈ܡܝܐ ܡܫܬܒܚ. ܘܒܐܝܐ ܠܒܪ̈ܝܬܐ ܠܟܠܐ. ܘܣܓܝܐܬܐ ܘܕܡܝܐ ܠܫ̈ܡܝܐ ܦܓܪܐ. ܘܕܘܝܕܐ ܘܫܡܫܢܐ ܠܡܫܡܫܢܘܬܐ. ܒܫܡܫܐ ܕܐܬܦܠܓ ܠܝ ܒܗ

ܬܓܐ ܕܡܠܟܘܬܐ̈ ܐܚܕ ܠܐ ܢܣܒܬ. ܐܠܐ ܬܡܠܟܝܢ ܚܕܘܬܐ ܥܠ ܟܘܒ̣ ܘܬܬܠܘܫ ܡܪܫܝܢܘܬܟܝ ܡܢ ܟܠ. ܐܡܪ ܠܗܘܢ ܡܫܝܚܘܗ ܠܡܪ̈ܝܐ ܗܠܝܢ. ܡܛܠ ܕܐܒܕܐ ܢܫܝܐ ܠܫܠܝܛܘܬܝ: ܘܬܘܒ ܬܬܐܪܬ ܕܐܬܟܫܦܘ ܟܠܡܟܝ. ܘܪܦܬ ܠܗܘܢ ܫܬܩܘܢ ܘܡܠܟܐ. ܗܘܝܘ ܕܝܢ ܐܢܐ ܒܗ̇ ܒܬܘܟܬܘܢ ܬܘܒܘܢ ܐܢܐ ܕܝܢ ܠܡܫܝܚܘܬܟܘܢ ܬܗܦܟܘܢ. ܕܒܗ ܕܡܟܬ ܬܡܟܬܘܢ ܐܡܪܝܢ ܠܗ ܒܡܪ̈ܝܐ ܗܠܝܢ: ܫܘ ܠܝ ܕܫܦܘܟܝ ܠܡܫܝܚܘܬ: ܘܒܦܘܪ ܒܐܠܗܐ ܕܒܪ̈ܐܘܠܝܢܐ. ܕܗܘܘ ܠܡܘܢ ܡܩܡܝܢ ܙܪܥ ܠܝ ܕܡܠܟܐ ܕܢܦܩܬ ... ܐܡܪ ܠܗܘܢ ܡܫܝܚܘܗ. ܐܢ ܒܡܘܫܐ ܘܒܙ̈ܪܪܐ ܡܩܒܠܬܘܢ. ܡܛܠ ܠܗ 80 ܐܬܪ̈ܘܬܐ ܒܬܪ̈ܬܝܢ: ܘܢܫܒ ܠܗܘܢ ܢܟܠܐ ܘܐܡܪ ܠܗܘܢ: ܦܪܘܩܘ ܬܪܘܢ ܢ̈ܟܠܐ ܕܡܫܝܚܘܬܟܘܢ. ܘܥܡܟܘܢ ܒܡܪ̈ܝܐ ܢܟܠܐ. ܘܗܘܝܘ ܒܐܪ̈ܥܟܘܢ ܬܦܪܘ ܦܬܪ̈ܐ ܕܡܫܝܚܘܬܟܘܢ: ܘܢܦܫܝ ܐܝܟܢ ܡܫܝܚܘܗ ܠܢ̈ܟܠܐ ܗܠܝܢ. ܘܦܝܫ ܕܢܬܠܘܢ ܐܝܟܢ ܢܦܩܘܬܐ ܕܒܪ̈ܬܐ: ܕܐܬܟܫܦܬ ܒܪܘܫܡ ܕܡܠܝܫܘ ܒܡܠܟܐ. ܘܠܗܘܢ ܠܡܪ̈ܝܐ ܦܫܪ ܒܠܫܘܢ ܕܢܬܦܫܛܘܢ. * 110 v. ܒܪ̈ܝܬܬܐ. ܘܢܬܠܟܪܘܢ ܗܘܘ ܒܡܫܝܚܘܬܐ ܕܪ̈ܝܫܐ. ܘܗܕܝܡ ܢܦܠܘܢ ܠܡܪܕܐ. ܘܡܛܝ ܡܫܝܚܘ ܕܡܗܝܡܢܘܬܐ ܠܫܠܝܛܘܬܗ. ܘܡܛܠܐ ܒܠܒܗܘܢ ܘܠܒܒ ܐܝܟܢ ܘܐܡܛܝ ܠܗܘܢ: ܐܬܚܝܠܘ ܘܠܐ ܬܕܚܠܘܢ: ܠܐ ܓܝܪ ܡܦܩܐ ܒܒܘܢ ܡܫܝܚܐ ܐܚܪܐ ܕܬܬܐܠܨܘܢ: ܠܗ ܓܝܪ ܟܠܝܠ ܠܗ ܒܠܒܗܘܢ ܡܢ ܗܫܐ. ܘܦܘ ܡܬܬܬܥ ܣܦܩܘܢ ܒܫܐܝܬ. ܘܟܕܒ ܠܟܘܢ ܒܐܬܪ̈ܐ، ܦܘܪܩܢܐ ܓܡܝܪܐܝܬ. ܐܢ ܓܝܪ ܢܟܠܐ ܥܒܕܪ ܕܢܟܒ ܒܟܡ ܥܒܕܐ ܘܪܫܡܘܬܐ. ܒܫܢ̈ܬܐ ܥܒܕܬܐ ܘܡܬܒܪ̈ܬܐ ܠܬܫܥܝ ܒܟܘܡ. ܘܟܝ ܬܘܒ ܒܗ ܒܐܪܒܥܐ ܕܦܪܘܬܗ ܢܩܘܒ. ܐܠܐ ܒܡܕܐ ܬܬܦܠܓ ܠܟܘܢ ܘܬܬܒܪܐ ܪܘܡܟܘܢ: ܕܐܢܬ ܠܝ ܫܒܪܐ ܒܐܠܗܐ ܕܒܪ̈ܝܘܠܝܢܐ ܕܐܬܟܫܦܘ ܒܗ. ܕܐ ܢܦܩܐ ܗܘܝܐ ܕܫܠܠ ܣܠܗ ܡܢ ܕܠܝܢ ܬܠܬܝܢ ܙܒܢ̈ܝ. ܕܠܝܢ ܐܬܬܝܗ ܒܗܘܬܐ ܘܕܠܗܘܢ ܫܒܘܬܐ. ܕܠܟܠܐ ܗܘܠ ܬܡܠܟܝܢ ܒܠܒܗܘܢ ܒܡܘܬܐ ܐܘ ܒܪܝܘܬܐ ܒܫܪ ܡܢ ܐܫܡܥܬܝܢ. ܕܡܫܘܬܐ ܚܕܐ ܕܡܕܝܢܬ. ܠܐ ܢܦܠܐ ܡܢ ܪܫܗ ܕܝܫ ܡܠܟܘܢ ܒܐܪܥܐ ܕܦܪ̈ܣܐ. ܘܐܬܒܥܐ ܪ̈ܗܘܡܝܐ ܒܡܠܬܗ

ܘܢܦܩܬ ܢܨܚܢܘܗ̈ܝ ܘܟܠ ܡܢ ܪ̈ܚܡܘܗܝ ܘܡܘܪܐ ܕܢܨܚܢܘܗ̈ܝ ܘܣܓܝ ܗܘܘ ܟܠ ܘܪܘܡ: ܕܢܦܠ ܠܗ ܫܡܥܐ ܒܟܠܐ ܠܥܡܡܘܬܗܘܢ̈ ܘܟܕ ܡܠܟ ܥܒܘܪ ܒܟܠ ܡܕܝܢܬܗ ܕܗ̣ܘ ܐܡܠܟ ܒܕܘܟܬ ܡܠܝܘܦ. ܝܒܟܐ ܕܐܣܝܢܘܗܝ, ܬ̈ܕܡܪܬܐ ܕܥܒܕ ܒܝܘܡܘܗܝ. ܘܐܝܟ ܡܠܟܐ ܗܘ ܪܚܝܡܐ. ܘܡ̈ܠܟܐ ܕܪ̈ܘܪܒܢ ܘܠܒܝܫ ܐܬܪܐ ܕܒܬܘܒ ܠܗ. ܐܝܟ ܕܫܠܡܘܬܗ, ܒܚܒܢܐ ܠܪ̈ܚܡܘܗܝ ܕܕܡܝܐ: ܘܒܟܠܐ ܘܢܕܒܗ ܕܡܠܟܐ ܗ̇ܝ, ܡܫܒܚܬܗ. ܠܗܢܐ ܦܘܪܩܢܐ ܐܫܬܕܪ ܠܘܬܗ ܐܝܠܝܢܐ. ܟܕ ܫܡܥ ܐ̈ܟܪܬܐ ܕܗܘܝ ܢܟܪܐ ܘܡܚܒܪ ܡܠܟܐ. ܗܘ ܕܝܢ ܒܥܘܡܩܐ ܘܦܢܐ ܘܠܦܬܗ. ܟܕ ܫܡܥ ܐܟܪ̈ܬܐ ܕܠܦܪܘܩܢ. ܗܘ ܐܝܢ ܟܠ ܫ̈ܠܡܘܗܝ. ܘܢܬܡ ܘܫܒܚ ܐܝܢ. ܘܦܣ ܒܠ ܐܠܝܠܐ.

Hier ist ein Blatt oder mehrere ausgefallen.

* ܐܢܫܐ ܒܥܠܡ. ܘܗܘܕܝܢ ܫܘܒܚܐ̈ ܘܐܘܕܝܬܐ. ܐ̱ ܕܝܢ ܡܢ ܟ̈ܐܢܝܢ 111 r. ܗ̇ܝ. ܘܒܪܟܐܝܬ ܡܬܬܘܕܝܢ ܒܠܝ ܡܪܟܐ ܕܡܠܟܘܬܗ ܐܝܬ ܠܗ ܫܒܪܐ ܒܐܠܗܐ ܕܠܗ ܦܠܚ ܐܢܐ. ܕܟ̈ܠܝܕܘܗܝ, ܗܝܟ ܡ̈ܪܟܢܗ ܘܪ̈ܚܡܘܗܝ ܕܬܒܠ. ܕܒܝܟܠ ܠܐܢܫ ܥܢܝܢ ܕܡܠܟܘܬܟ ܘܠܐ ܬܬܗܦܟ ܠܝ. ܠܐ ܓܝܪ ܐܬܡܥ ܓܒܪܐ ܒܠ ܝܨܪܗ ܘܗܦܟܐ ܥܠܡ.... ܘܗܦܟܝ ܒܘܪܟܝ ܐܝܟܢܐ ܠܗܬ ܫܒܘܪ. ܟܕ ܫܡܥ ܐܓܪ̈ܬܐ ܕܝܢܐ ܡܢ ܡܠܟ ܕܪ̈ܘܡܝܐ. ܗܘܐ ܠܡܪܘܡ. ܒܠܗܝ ܐܝܠܝܢ ܕܝܠܗ ܘܫܪܒ ܒܡܫܪܝܬܐ ܕܪ̈ܘܡܝܐ. ܘܐܡܪ, ܠܗ ܟܠ ܡܕܝܢܬܐ. ܘܫܒܚܗ ܡܪܢ ܡܠܟܗ. ܘܟܕ ܡܪܐ ܐܝܢ ܫܒܘܪ ܠܐܓܪ̈ܬܐ ܕܐܫܬܕܪ ܠܗ. ܬܡܗ ܒܐܝܕܘܗܝ ܕܡܕܝܢܬܐ ܘܫܒܚܗ. ܕܢܠܦܟ ܗܘ̈ ܘܫܒܚܗ ܡ̈ܠܐ ܕܢܒܥ ܠܗ ܕܒܥܬ̈ܐ ܒܩܫܝܬܐ. ܘܫܬܩ ܐܝܢ ܫܒܘܪ ܠܐܓܪ̈ܬܐ ܕܐܝܬ, ܠܗ ܘܐܬܦܢܝ ܐܝܢ ܠܐܝܠܝܢܐ. ܘܪܗܛ ܘܐܬܒܪ ܠܗ. ܕܠܟܐ ܐܢܫ ܝܕܥ ܒܥܠܡ. ܐܠܐ ܐ̱ ܐܬܦܪܫܬ ܡܢܗ. ܘܗܘܐ ܡܠܬܐ ܒܦܘܡܗ. ܕܐܢܫ ܡܢܗ ܫܪ̈ܒܗ

ܘܪܘܪܒܢܘܬܗ ܕܦܛܪܘ ܗܢܐ ܕܐܬܡܢܝܘ: ܘܢܦܩ ܐܝܓܪܬܐ ܡܢ ܩܕܡ ܡܠܟܐ. ܟܕ ܪܚܝܡ ܒܗ ܦܓܪܐ ܕܡܫܝܚܐ. ܘܫܕܪ ܫܒܘܪ ܦܢܝܐ ܠܦܩܕܐ ܕܡܠܟܘܬܗ. ܘܠܐܫܬܪܝܐ ܘܪܘܪܒܢܐ ܕܦܛܪܘ ܘܐܡܪ ܠܗܘܢ: ܗܟܢ ܐܝܓܪܬܐ ܡܢ ܡܫܪܝܬܐ ܕܗܘܡܟܐ. ܘܟܐܝܢܗ ܕܟܬܒܬܗ ܕܡܠܟܐ ܚܕܬܐ ܕܐܬܓܠܝ ܠܗܘܢ ܕܗܘܡܟܐ. ܘܫܠܡ ܙܒܢܐ. ܕܠܐ ܢܬܩܪܡ ܒܠ[ܟܕ] ܒܥܡܐ ܕܒܗܠܝܢ. ܘܡܦܩܬ ܡܠܬܐ ܕܫܒܘܪ ܒܟܝܢ ܩܕܡܐ ܕܡܠܟܘܬܗ. ܘܒܟܝܢ ܐܚܪܢܐ ܘܪܘܪܒܢܘܗܝ. ܘܫܕܪ ܫܒܘܪ ܡܢܗܘܢ ܠܓܘܕܐ ܐܝܓܪܬܐ ܘܐܡܪ ܠܗ. ܡܢܐ ܚܙܝܬ ܒܡܫܪܝܬܐ ܕܗܘܡܟܐ. ܐܕܝܢ ܫܪܪܐ ܘܠܐ ܬܒܥܒ. ܓܘܕܦܪ so ܐܡܪ. ܒܥܐ ܐܢܐ ܡܢ ܬܓܐ ܡܫܡܠܝܐ ܕܡܠܟܘܬܟ ܡܠܟܝ ܬܠܟܐ. ܘܡܟܐ ܠܗ ܙܒܢ ܠܡܒܥܝ. * 111 v. ܕܢܬܒܥܐ ܘܢܬܦܪܥ ܡܠܬܐ ܕܒܥܬܐ. ܘܡܢ ܬܘܩܦܗ ܕܐܠܗܘܬܟ. ܐܝܟܢܐ ܡܢ ܐܝܟ ܕܩܒܝܠܢ ܠܡܫܪܝܬܐ ܕܗܘܡܟܐ. ܘܬܩܪܘܒ ܥܠ. ܕܐܚܝܢܐ ܕܡܫܠܡ ܘܫܠܡ. ܘܠܐܬ ܡܠܟܐ ܡܢܡ ܐܘ ܪܢܝ ܕܦܛܪܘܢ ܒܠܟܘܢ. ܐܠܐ ܚܕܡ ܘܪܘܡ ܘܕܚܝܡ ܥܠ ܒܡܠܟܘܢ: ܘܦܩܕ ܠܗ ܕܝܢ ܒܬܪܬܐ ܕܡܠܟܘܬܟܘܢ ܠܡܬܪ ܕܗܘܡܟܐ ܘܗܘܘ ܠܗܘܢ ܐܝܟ ܕܠܡܗܘܡܟܬܐ ܡܢܪܬܐ. ܘܡܢ ܡܢ ܒܦܪܘܫܐ ܕܡܠܟܘܬܟ. ܘܡܛܠ ܐܝܟ ܒܐܪ̈ܓܘܢܗܘܢ. ܘܗܢ ܐܝܟ ܒܠ ܚ̈ܢܘܗܝ. ܘܢܦܩ ܘܥܒܕ ܐܝܟ. ܘܡܛܠ ܐܝܟ ܫܒܩܐܝܬ. ܘܐܡܪ ܐܓܪܬܐ ܗܟܢܐ ܦܠܚ ܠܝ. ܐܦ ܪܘܪ̈ܒܢܘܗܝ ܐܝܟ ܠܥܠܡ. ܘܬܠܐ ܕܒܥܢܐ ܘܕܬܪܒܘܬܐ ܡܠܠܘ ܒܡܢ. ܟܕ ܫܡܠܝ ܒܦܫܡܘܢ ܦܓܪܘܬܗ ܕܡܠܟܘܬܟ: ܘܡܟܘܕܡ ܒܥܒܕ ܠܡܪܫܝܥܘܬܟ ܕܒܥܝܬ ܒܠܫܘܢ: ܘܟܠܬ ܒܪܫܝܘܢ ܘܡܦܝܣܬ ܡܫܬܒܚܘܬܗܘܢ: ܘܠܡܬ ܫܪܪܐ. ܕܠܐ ܗܝܡܢ ܕܢܒܕܘܢ ܒܗܡ ܡܢܟܐ. ܐܦܠܐ ܟܕ ܒܪ ܐܢܫ ܢܬܒܥܐ ܒܟܡܐ: ܐܟܠܗܘܢ. ܟܪ ܡܢܟܘܢ ܠܡܘܪܟܢܕ ܐܠܗܐ ܕܫܡܝܐ. ܒܐܝ̈ܕܝ. ܘܡܢܝܢܘܗܝ ܡܠܟܘܢ: ܐܫܟܚ ܟܪ ܦܓܪܘܬܐ ܘܪ̈ܚܡܐ ܡܢܡ ܐܠܗܐ ܕܫܡܝܐ ܐܝܟ ܕܬܘܒ ܠܝ ܒܠܗܘܢ ܘܪ̈ܒܢܘܗܝ. ܘܪ̈ܚܡܐ ܠܡ ܦܓܪ̈ܬܐ ܐܬܓܠܝ ܒܠܗܘܢ ܒܫܠܡܐ ܕܠܠܐ. ܘܒܟܠܗܘܢ ܡܪ̈ܒܗܘܢ ܕܢܦܩ ܠܗ ܠܒܘܬܐ . . . . ܗܠܝܢ ܚܙܝܬ ܘܫܡܥܬ ܒܡܫܪܝܬܐ ܕܗܘܡܟܐ ܘܠܐ ܡܥܒܕ ܐܢܐ. ܘܗܘܐ ܒܬܒܗ ܕܡܦܪ ܗܘܕܐ ܗܘ ܠܟܠ . . .

ܘܐܘܥܠ ܘܝܗܒ ܐܝܠܝܢ ܐܓܪ̈ܬܗ ܕܡܟܝܟܘܬܗ ܠܥܒܕܐ ܗܘܐ ܐܦ
ܗܘ ܡܢ ܒܛܘܪܣܐ ܕܡܠܟܘܬܗ. ܘܒܬܪ ܐܬܩܪܝ ܠܐܓܪ̈ܬܗ ܕܩܣܪ.
ܘܡܢ ܩܕܡ ܟܠ ܐܡܪ ܗܟܢ. ܒܕܡܘܬܐ ܕܐܬܩܪܝ، ܐܓܪ̈ܬܗ ܕܡܟܝܟܘܬܗ.
ܘܗܕܝܢ ܡܛܠ ܟܠ ܒܛܘܪܣܐ. ܘܐܬܐ ܠܫܐܪ̈ܘܗܝ، ܘܠܚܒ̈ܪܘܗܝ، ܡܟܝܟܐ
ܡܬܚܢܢܐ ܠܗܘܢ ܒܐܝܠܝܢ ܕܡܟܝܟܘܬܐ ܢܦܫ ܟܠܗܝܢ ܡܟܝܟܬܐ.
ܐܡܪܝܢ * ܠܗ ܕܝܢ ܚܒ̈ܪܘܗܝ، ܡܢܐ ܡܟܝܟܘܬܐ ܢܦܫ ܟܠ ܗܕܐ. 112 r.
ܕܗܕܐ ܐܢܬ ܦܩܕܬ ܠܗ ܒܐܝܕܝܗ ܡܢ ܝܕ ܗܘܪ̈ܡܝܙ ܐܠܗܐ. ܕܠܝܬ ܒܥܡܗܘܢ
ܡܪܟܐ. ܕܗܟܢܐ ܗܘܐ ܢܟܦܐ ܡܫܡܗܘܢ.. ܟܠܗ ܕܝܢ ܡܠܟܐ، ܡܟܝܟܐ.
ܘܐܠܐ ܠܡ ܗܕܐ. ܡܢܐ ܐܝܬ ܗܘܐ ܠܝ ܒܚܝܠܐ ܡܢ ܟܠ ܗܠܝܢ
ܕܥܠܝܗ ܠܝ. ܐܝܠܝܢ ܕܗܟܢܐ ܢܦܫܗܘܢ ܬܡܝܗܬ ܫܒܝܚܘܬܐ ܒܟܬܒܐ
ܕܟܬܒܘ ܠܝ: ܘܡܫܡܗܘܢ ܛܝܒܘܬܗܘܢ ܚܒܪܐ ܠܡܠܟܘܬܢ ܐܝܟ ܐܠܐ ܐܠܘ
ܢܬܦܬܚ ܒܥܡܗܘܢ ܘܢܬܝܪܒ ܘܢܬܬܝܚܐ ܘܢܬܚܫܐ. ܡܢ[ܒܪܘܢܬܐ]?
ܠܝܬ ܗܘܐ ܠܝ .....[1]) ܘܗܘܐ ܕܝܢ !.... ܫܐܪܝܬܗܘܢ ܘ.... ܠܗܕܐ
ܕܠܐ ܡܛ...[?]ܘܠܝܬ ܠܝ ܐܝܕܝܗܘܢ ܡܢ ܗܫܐ. ܐܠܐ ܕܢܦܪܘܫ ܒܠܒܗܘܢ
ܦܫܝܛܐ ܘܒܟܝܬܐ. ܕܢܗܘܐ ܠܗܘܢ ܫܘܒܩܢܐ ܡܢ ܠܘܬܢ ܘܢܚܕܪ
ܒܐ̈ܦܝܗܘܢ ܡܛܠ ܡܟܝܟܘܬܐ ܡܠܟܘܬܢ: ܕܫܒܩ ܢܦܫ ܗܫܐ ܒܫܡܝܬ
ܒܢܝܐ ܒܪܗ ܕܡܠܟܘܬܢ. ܘܐܟܘܬܗ، ܒܢܝܢ ܬܘܒ ܒܟܬܒܬܗ. ܘܡܢܗ
ܡܢ ܗܫܐ ܡܬܚܢܢ: ܕܒܢܝ ܒܝܬܐ ܠܐܒܘܗܝ، ܢܬܟܐ ܕܠܘܫܐ ܘܐܝܬ
ܠܗ ܫܢܝܐ. ܐܠܐ ܡܢܝ، ܐ ܦܩܕܐ ܡܠܟܘܬܢ. ܚܙܝܐ ܗܘ SO ܡܢ ܗܫܐ
ܒܝܬ ܡܠܟ̈ܘܬܐ. ܗܘ ܕܝܢ ܦܪܘܣܐ ܚܪܒܐ ܒܪܘܡܘܬܗ. ܒܬܪ ܠܗ
ܬ̈ܦܐ ܠܗܘܒܢܝ. ܕܠܐ ܢܬܒܛܠ ܒܗ ܚܝ̈ܐ ܘܡܘܪ̈ܒܢܐ ܕܡܠܟܘܬܐ
ܟܠܗ ܘܒܢܐ. ܥܡܠ ܗܟܢܐ ܒܪ ܕܢܐܡܪ ܠܗܘܢ ܕܐܚܪܬܐ ܠܡ ܐܬܬܚܒ
ܘܐܚܪܬܐ ܐܬܚܫܒܬܘܢ ܠܐ ܒܪ ܗܦܪ ܗܘܝܬ ܕܗܟܢܐ ܥܡܠ ܗܘܐ
ܗܟܢ ܡܪܟܐ ܕܒܝܬ ܡܠܟܘܬܐ. ܗܟܢܐ ܗܘܬ ܒܪ ܕܐܚܕܬ ܬܟܠܬܐ
ܡܢ ܕܗܒܘܬܐ. ܘܐܬܠܝܡ ܡܚܝܠܘܗܝ ܗܘܪܫܢܐ ܕܒܚܕܐ ܒܐܝܪܚ.
ܘܕܫܒܩܬ ܠܗ ܒܠܒܗܘܢ ܡܬܪܥܝܢܘܬܗ. ܐܦ ܐܢܐ ܫܠܡܬ
ܠܝܒܗܘܢ ܘܒܬܪ ܬܠܬܐ ܐܪܚܐ ܒܪܚܒܗܘܢ ܗܕܐ: ܕܠܐ ܢܟܠ

1) Loch.

ܒܣܛܘܡܣܘܢ ܕܪ̈ܗܘܡܝܐ. ܠܐ ܓܝܪ ܙܥܘܪ ܕܒܗܬܬܗܘܢ ܢܛܝܪ̈ 112 v. ܠܡܬܒܪܢܘܬܐ ܕܒܗ ܝܘܡܢ. ܡܛܠ ܕܡܫܬܒ̈ܪܐ * ܗܘܘ ܘܡܦܩܕ̈ܝܢ. ܕܐܝܠܝܢ ܕܐܬܦܩܕ ܠܗܘܢ ܗܟܢܐ. ܠܐ ܡܚܝܠ ܢܣܘܪ ܒܢ̈ܝ ܕܗܘܬ ܒܐܝ̈ܕܝ ܡܕܒܪ̈ܢܐ ܛܪܘܢܐ. ܐܠܐ ܒܗܕܐ ܢܣܘܪ ܕܗܘܬ ܝܘܡܢ ܒܐܝ̈ܕܝ ܡ̈ܠܟܐ ܢܟܦ̈ܐ. ܕܐܝܟܢܐ ܓܒܝܐ ܛܠܝܐ ܗܘ، ܠܗܘܬ ܒܟ̈ܬܒܬܗ. ܠܘ ܕܝܢ ܡܢ ܝܘܡܢ ܒܠܚܘܕ ܕܐܬܚܙܝ ܠܗ ܡܠܟܘܬܗ ܛܝܒܘܬܐ. ܕܐܦ ܒܕ ܠܐ ܢܣܒܐ ܡ̈ܠܟܐ. ܫܡ̈ܠܝܐ ܛܠܝܐ ܕܗܘܐ ܠܗ ܥܠ ܐܒܘܗܝ. ܥܒܪ ܡܚܝܠ ܡܠܟܘܬܗ ܘܒܪܘܫܗ ܕܗܠܝܢ. ܐܦ ܐܢܐ ܥܠܝܡܬ ܠܓܒܝܘܬܗ ܐܢ̈ ܡܚܝܠ ܡܓܒܝܐ ܛܠܝܐ ܘܪܒܐ: ܒܚܝܠܗ ܡܢ ܟܠ ܥܒܕܐ ܕܒܥܐ ܡ̈ܠܟܘܬܐ. ܘܠܐ ܡܥܐ ܘܬܫܒܘܚܬܐ ܗܘܐ ܒܗܘܢ ܕܓܒܝܘܬܗ ܛܠܝܐ: ܒܗܘܒܢܐ ܕܟܠ ܡܫܬܠ̈ܛܢܐ: ܐܝܟ ܒܗܘܢܕܝܗ ܕܡܪܕܝܘܬܗܘܢ: ܠܕܝ̈ܪܐ ܕܐܬܐ ܡܢ ܒܬܪܗ: ܘܢܦܩܘ ܢܐܪ̈ܬܗ ܘܪ̈ܘܒܠܝܗ ܕܦܪܘ ܡܢ ܦܪܘ ܥܒܕܘ. ܒܕ ܠܐ ܡܠܐܟܘܬ ܕܪܝܢ ܗܘܘ ܒܐܝܠܝܢ ܕܐܬܦܩܕ ܠܗܘܢ: ܠܘ ܓܝܪ ܒܠܚܘܕ ܢܦܫܗܘܢ ܓܒܝܢ ܗܘܘ ܒܥܝܢܘܗܝ ܕܪ̈ܗܘܡܝܐ. ܠܐ ܓܝܪ ܠܒܘܪ ܗܦܟܐ ܢܫܝܪܐ ܕܒܒܕܘ ܪ̈ܗܘܡܝܐ ܒܐܪܒܐ ܕܦܪ̈ܣܝܐ. ܘܐܠܘ ܠܐ ܕܢܠܘ ܦܪ̈ܣܝܐ ܡܢ ܗܝ ܕܓܒܥܬ ܠܗܠܝܢܘܢ: ܕܟܠ ܕܐܟܝܢ ܟܠ ܡܐܡܪܝܢ ܕܚܠܝܐ ܡܠܟܘܬܗ ܚܪ ܕܢܐ ܕܢܠܒܝ. ܕܒܥܐ ܡܢ ܣܪܒܐ ܕܒܒܕܘ ܪ̈ܗܘܡܝܐ ܒܐܪܒܗܘܢ ܡܩܦܝܢ ܗܘܘ ܦܪ̈ܣܝܐ ܢܫܝܪܐ ܒܡܫܝܪܘܬܗܘܢ ܕܠܗܘܢ ܕܪ̈ܗܘܡܝܐ. ܠܗܢܐ ܒܘܪܣܐ ܐܡܗܘܢ ܦܪ̈ܣܝܐ ܡܢ ܬܒܒܘܬܐ. ܘܠܓܒܝܗ[?] ܕܡܠܟܐ ܗܟܘ [ܐܢܕܗܘܢ] ܘܒܒܕܘ ܒܬܒܐ [ܕܒܗܘܫ?]ܢܐ ܕܡܣܬܟܡ ܒܐܪܥܐ [?] ܐܢܕܗܘܢ [ܘܗܘ]ܒܗܘܢ، ܠܒܥܘܪ ܘܒܕ [ܡܒ]ܠܗ ܛܪܘܢܐ ܠܬܒܐ ܕܒܒܕܘ. ܦܪܣܘ ܠܗܘܒܠ ܥܡܡܐ. ܘܣܬܟܡܗ ܐܦ ܗܘ ܒܐܪܥܐ ܐܢܕܗ. ܘܬܠܐ ܟܢܘܫܗ، ܠܬܦܘ ܥܡܡܐ. ܘܒܡܠܐ ܪܒܐ ܐܡܪܝܢ ܗܘܐ. ܥܡܡܐ ܐܠܗܘܢ ܕܡܕܝܢܐ: ܕܒܐܪ̈ܥܬܗܘܢ، ܦܝܣܐ ܡܠܟܘܬܐ ܕܓܒܝܐ. 113 r. ܗܘܝ، ܠܘ ܗܘܕܐ ܟܠ ܚܬܒܐ * ܗܢܐ. ܕܣܐܪ̈ܬܗ ܘܪ̈ܘܒܠܝܗ ܕܡܠܟܘܬܗ. ܗܢܘܢ ܒܓܒܝܢ ܣܐܪܘܬܗܘܢ ܦܪܘ ܟܠܗܘܢ ܥܒܕܘܢ ܕܪ̈ܗܘܡܝܐ. ܒܕ ܓܒ ܐܝܟܐ ܠܐ ܪܢܐ ܗܘܬ ܒܗܕܐ. ܐܠܐ ܡܛܠ ܚܕܐ

ܢܦܫܐ ܕܪ̈ܟܐ ܐܢܐ ܒܣܢܝܢܘܬܗ̇. ܐܬܪܚܩܬ ܠܒܒܘܬܗܘܢ̈ ܘܡܠܟܘܬ ܠܚܢܢܘܗܝ̈ ܘܫܬܩܬ ܥܠ ܦܬܓܡܘܗܝ̈. ܘܡܫܬܘܕܐ ܐܢܐ ܒܡܘ̈ܕܝܬܐ ܡܪ̈ܚܡܢ: ܫܡܥܐ ܢܦܫܗ̇ ܕܬܟܝܠ. ܕܡܢ ܗܫܐ ܠܝܬ ܠܝ ܡܕܡ ܟܝܢ ܕ̈ܗܘܡܢܐ: ܐܠܐ ܚܘܒܐ ܘܚܫܡܘܬܐ. ܘܐܦ ܐܢܐ ܡܢ ܒܬܪ ܗܢܐ ܒܬܠܬܐ ܡܦܪ[ܫ] [ܘܢܒܟܐ] [1]) ܡܢܢ ܒܒܗܬܬܐ .... ܕܠܘܫܐ ܘܡܢ ......ܗܪܢ ܗܪ[ܢ ܢܬܦܫܘܢ] ܘܟܠ ܕܐܝܬ [ܠܗ ܠܒܝܬܐ] ܢܬܗܦܟ. ܕܫܒܐ [ܟܡ] ܕܗܘܐ ܥܠܝܐ ܒܝܢܬ ܡܠܟܘܬܐ. ܘܟܕ ܫܡܥܘ ܪܘܪ̈ܒܢܘܗܝ ܥ̈ܠܘܗܝ. ܥܒܕܘ ܢܨܚܢܐ ܡܪܚܡܢܘܗܝ. ܘܡܬܒܥܝܢ ܗܘܘ ܠܗ ܘܐܡ̈ܪܝܢ [?ܕ]ܫܠܝܚܐ ܠܒܠܡ ܚܕ. ܘܬܚܝܢ ܒܪܫܝ ܢܬܢ. ܒܟܢ ܚܢܢ ܡܢ ܫܘܠܛܢܐ ܕܕܚܠܬܟ. ܐܦܢ ܠܝ ܕܠܘܡܢ ܢܨܚܐ ܒܒܘܬܟ ܥܠ ܒܝܬܗ̇ ܕܐܒܘܢ. ܘܗܕܝܢ ܬܦܢܘܢ ܒܠܝܢ ܦܘܫܩܐ. ܚܕܒܐ ܗܘ ܚܙܐ ܐܠܗܘܬܟ. ܐܢܐ ܫܟܝܪܐ. ܒܟܠܘ ܕܗܘܒܐ ܒܐܘܚܕܢ. ܘܒܗܘܢ ܠܐܪܒܥ ܦܪ̈ܕܘܗ̇ ܡܢ ܛܠܠܝܬܗ̇. ܘܐܠܐ ܦܫܘ ܠܝ ܒܒܝܬܗ̇ ܕܐܒܘܢ: ܡܢ ܦܪܬ ܘܒܪܕܒܐ ܠܕܡܠܟ. ܒܚܕܐ ܒܠܒܐ ܗܘܘ ܒܒܝܬܗ̇ ܕܐܒܘܢ ܠܥܒܕܘܬܗܘܢ. ܘܡܢ ܗܫܐ ܡܢ̈ܝ ܡܠܟܐ: ܕܗܘܒܐ ܫܠܘ ܕ̈ܗܘܡܢܐ ܢܨܚܐ ܘܪ̈ܚܡܐ ܒܟܝܢ ܡܚܝܒܘܬܟ. ܐܦܢ ܒܢܝܐ ܢܝܚܝܢ ܘܐܬܝܬܘܬܐ ܕܒܥܢܝܢܗ̇. ܢܦܩܘܢ ܠܝ ܒܒܝܬܗ ܕܐܬܪ̈ܢ ܐܝܟ ܬܘܝ ܕܒܥܒܕ ܡܠܟܘܬܟܘܢ̈ ܐܦ ܗܘ ܓܒܪ ܚܝܒܐ. ܕܠܝ ܗܘܐ ܡܢ ܡܟܝܢ. ܘܡܫܠܡ ܫܠܝܡ ܡܢ ܐܒ̈ܗܝ. ܒܝܘܡ ܡܠ̈ܟܐ ܦܘ̈ܪܢܐ ܕܗܒܘ ܒܝܬ ܕ̈ܗܘܡܢܐ ....ܘܐܬܫܒܚܬ ܫܒܘܪ ܥܠ ܡ̈ܠܟܐ ܕܪ̈ܘܪܒܢܘܗܝ. ܘܐܬܕܒܪ ܒܗܘܢ ܘܐܡܪ ܠܗܘܢ̈

113 v. ܕܠܘ ܠܡ ܐܢܬܘܢ ܫܠܝܛܝܢ: ܐܢܐ ܗܘ * ܫܠܝܛ ܠܡܘܡܬ: ܒܗܕܐ ܕܐܬܬܚܬܬ ܕܐܫܟܚ ܡܢܗܘܢ ܡܠܟܐ. ܕܫܠܝܛ ܗܘܐ ܠܗ ܕܐܫܟܚܘܪ ܟܠܗܝܢ ܒܫܘܠܛܢ ܐܝܟ ܡܠܟܐ. ܒܢܝ ܕܝܢ ܐܘ ܡܕ̈ܒܪܢ. ܠܒܢܐ ܗܒܠ ܒܠܠܝܢ ܠܒܢ̈ܝܢ ܘܠܐ ܡܫܬܟܚܝܢ ܐܢܬܘܢ ܕܡܠܬ ܡܠܟܐ ܡܬܬܒܥܬ ܠܝܬ ܠܗ ܠܡܫܬܪܝܘ: ܘܒܬܪ ܫܘܒܩܢܐ ܠܝܬ ܬܒܥܬܐ. ܬܒܥܬܗܘܢ ܕܝܢ ܗܕܐ ܡܢ ܦܬܓܡ ܕܠܘܩܒܠ ܡܠܟܐ. ܘܠܫܬܡܥ ܒܐܘܪܚܐ ܐܚܪ̈ܢ ܘܫܬܪܪ ܒܬܫܒܘܚܬܐ ܒܡܫܬܘܕܬ ܫܡܥܐ ܐܠܗܘܗ̇ ܕܬܒܝܠ. ܘܐܡܪܝܢ

1) Loch.

ܡܕ̈ܒܪܐ. ܗܟܢܐ ܘܐܝܟ ܕܢܒ̈ܝܐ: ܘܠܐ ܗܘܐ ܠܗܘܢ ܠܡܬܟܣܝܘ. ܕܟܬܒ ܥܠܘܗܝ. ܕܗܘܬ ܠܝ ܥܠ ܚܛܗܘܢ ܕܐܘܪܫܠܡܝ̈ܐ. ܒܗܠܝܢ ܗ̇ܝ ܘܐܠܐ ܒܕܘܡܝܐ ܒܗܘܬܐ ܕܒܟܝܘܬܗܘܢ ܗܘܐ. ܘܠܝܬ ܠܗ̇ ܬܘܒܐ ܠܡܗܘܬܗܘܢ: ܘܐܡܝܢܐ ܐܫܬܡܥ ܠܗܕܐ ܕܒܟܝܘܬܗܘܢ ܗܘܐ. ܒܬܪ ܕܐܬܡܠܝ ܒܐܬܘܬܐ ܕܫܘܒܩܢܗܘܢ ܠܗܝܢ ܫܒܩܐ. ܘܡܢܝܢ ܒܡܘܠܕܬܐ ܒܠܚܘܕ ܕܫܒܩܐ. ܘܐܬܬܠܝܬ ܡܪܫܥܘܬܗܘܢ ܒܝܕ ܬܠܡ̈ܝܕܐ ܕܝܫܘܥ. ܘܡܬܦܪܘܢ ܗܢܐ ܠܡܡܠܠܐ ܒܗܘܬܐ. ܐܝܟ ܕܐܠܘ ܢܫܬܡܥ. ܠܗ̇ ܒܗ ܡܢܗ ܗܘܬ ܠܝ. ܒܝܕ ܬܠܡ̈ܝܕܐ ܚܠܦ. ܫܘܠܘ ܗܟܝܠ ܡܢܗܘܢ ܠܒܢܝ ܕܐܝܠܝܢ ܕܐܬܦܠܓܘ ܒܗ ܡܢܟ. ܘܐܝܟ ܐܢ̈ܫܐ ܕܫܡܥܐ. ܫܡܥܘ ܠܗܘܢ ܥܠ ܫܘܒܐ ܘܫܘܒܩܢܐ ܕܚܛܗ̈ܝܗܘܢ ܘܐܝܟܢܐ ܐܬܒܥܝܘ ܡܢ ܡܫܪ ܗܕܐ ܕܐܬܠܬܗܘܢ ܘܠܐ ܒܡܠܬܐ ܒܝܫܬܐ [ܕܫܦܝܪ] ܕܠܐ ܡܠܦܢܐ. ... ܫܦܝܪ ܐܬܠܬܗܘܢ ... ... ܚܢܢ ܒܡܠܬܐ .... [.ܘܦܢܘ]ܫܐ. ܘܠܐ ...... ܐ[?]ܦܢܘܗܝ، ܡܢ ... ܒܡܫܝܚܐ ܕܝܢ ܐܘ ܒܡܠܦܢܐ ܐܘ ܒܫܠܝ̈ܚܐ. ܠܝܬ ܠܝ ܡܕܡ ܝܬܝܪ ܕܐܡܪܐ: ܕܐܝܟ ܗܘܝ، ܕܗܘܬ ܡܕܡ ܬܠܬܐ. ܘܫܬܩܘ ܦܪܘܫܘܗܝ، ܕܫܒܩܘܗܝ. ܘܠܐ ܐܫܬܪܝ ܗܘܐ ܠܡܫܒܩܐ 114 r ܡܢܗ ܥܠ ܗܕܐ .... ܗܢܝܢ ܗܘܐ ܫܒܩ * ܒܒܪ ܐܠܗܘܬܐ ܠܗܘܬ ܡܫܝܚܘ. ܘܫܠܚ ܠܝ ܗܢܐ. ܫܘܒܚܐ ܠܟ ܕܪܒܐ ܡܢ ܚܠܦܘܗܝ ܫܡܘ ܕܗܘܝܐ ܠܦܪܘܫܐ. ܒܦܪܘܫܘܬܗ ܕܡܠܟܐ ܕܘܝܕܝܟ. ܘܠܐ ܡܫܦܐ ܗܘܐ ܐܘܫܝܢܐ ܒܠܗ ܕܡܠܟܘܬܗ. ܠܡܦܪܥ ܫܦܝܪܐ ܕܡܫܒܚܘ. ܫܘܠܘ ܕܝܢ ܕܚܝܢܐ ܫܪܝܪܗ ܘܦܪܘܫܗ ܕܡܠܟܘܬܗ. ܕܒܪܬܐ ܕܡܘܡܐ ܢܬܠܘܢ ܫܦܝܪܐ ܕܒܗ ܕܡܫܒܚܘ. ܐܝܟܢܐ ܕܝܢ ܒܪ ܚܝܬ ܗܘ ܒܡܘܒܪܢܐ ܒܒܝܬܐ ܫܒܝܬܐ ܕܐܬܡܚܝܬܘܢ. ܕܝܬ ܘܡܫܬܐ ܘܕܘܡܝܐ ܘܠܝܬ. ܕܠܐ ܒܐܝܢܐ ܡܕܡ ܬܠܬܐ. ܕܟܬܒ ܟ̈ܬܒܐ ܦܫܝܩܐ ܢܗܝܢ ܠܬܟܒܬܗ ܕܫܘܒܚܗ ܕܡܪܗܘܢ ܕܒܝܬܐ. ܐܝܟܢܐ ܒܬܪ ܐܝܟܢܐ ܕܡܢ ܢܛܪ ܠܐܘܣܝܐ ܘܢܬܪ ܬܒܥܝܘ ܘܒܟܘܪܗܢܐ. ܗܘ ܒܕܝܢܐ ܕܡܘܡܐ ܢܦܪܘܩ ܒܢܬܪ̈ܗ ܕܐܪ̈ܥܐ. ܘܡܚܕܐ ܡܬܒܕܪܐ ܢܫܡܘܢ ܫܘܒܚܐ. ܐ ܫܘܒܚܐ ܠܟ ܗܟܝܠ ܘܡܫܒܚܐ ܒܟܠܢ: ܕܒܪܬܐ ܕܕܚܝܠܘܬܟ ܬܕܪܘܫ ܟܠܗ ܠܡܫܒܚܘܬܟ. ܗܘ ܠܗܘܬ، ܒܕ̈ܠܝܠܐ ܒܐܘܣܝܐ. ܕܡܫܒܚܘܬܟ.

ܕܡ̈ܠܟܐ ܡܢ ܡܠܟܐ ܡܫܦܪ ܚܙܬܐ. ܘܫܠܝܘܬܐ ܕܟ̈ܗܢܐ ܬܪ̈ܥܘܗܝ
ܒܥܝܢܐ ܢܗܦܟܘܢ ܡܢ ܫܪܪܐ. ܘܒܬܟܐ ܕܡܠܟܘܬܗ. ܘܡ̈ܢܐ ܐܝܟܐ:
ܘܒ̈ܐܠܗܐ ܒܠܒܗܘܢ ܕܬܫܬ ܥܒܕܐ: ܘܒܐܠܗܐ ܒܪܝܐ ܕܠܟܠ ܡܕܡ.
ܕܥܒܕܬܐ ܕܡܬܬܣܝܡܬ ܡܢ ܩܕܡ ܫ̈ܦܝܪܗ ܕܡܠܟܘܬܗ: ܒܗ ܢܬܬܣܝܡ ܬܘ̈ܒܚܬܗ
ܘܫܒܚܬܗ ܕܦܪܘ: ܘܢܗܘܘܢ ܒܗ ܥܒܕܝܐ ܫܠܝܘܬܐ ܕܒܟܝܢ. ܘܢܦܠܘܢ
ܒܥܠܡܐ ܠܐܘܚܕܢܗܘܢ. ܘܡܛܠܬܐ ܕܡܕܢܐ ܡܢ ܪܒܗ ܕܚܕ ܡܕܝܢܬܗܘܢ.
ܠܐ ܢܦܠܐ ܒܠ ܐܪܥܐ ܒܐܘܚܕܢܗ ܕܡܠܟܘܬܗ: ܐܦܠܐ ܡܢ ܐܝܠܝܢ
ܕܡܬܬܚܫܒܝܢ ܕܢܐܬܘܢ ܒܟܝܢ. ܗܫܐ ܗܘ ܒܪ ܡܛܠܝܢ ܠܡܦܪܥ
ܚܙܬܐ ܕܟܠܗ ܡܥܪܬܝܢ: ܕܢܦܪ ܕܒܝܢ ܒܟܝܢ ܡܠܟܘܬܢ. ܒܬܪ ܡܢ
ܕܐܪ̈ܟܒܟܒܐ ܫ̈ܠܝܡܝܢ ܡܠܟܐ. ܕܢܬܬܘ ܒܗ ܠܡܠܝܢܘܗ ܠܦܪܘ. ܘܗܫܐ
ܫܘ ܡܢܐ ܦܬܓܡܐ ܡܕܝܢܐ ܐܝܟ ܒܠ ܐܝܠܝܢ ܕܐܫܬܠܝ ܠܝ ܡܢ.
114 v. ܐܬܒܪܡ ܗܘܐ ܠܗ ܒܪ ܠܡܡܠܟܘܗ * ܒܪܐܝ ܒܥܐܝܬ: ܐܦܪܝܘܢܐ
ܕܒܝܠܐ ܕܗܘܐ ܒܠ ܪ̈ܘܡܝܐ ܒܡܪܕܘܬܐ ܕܦܪܣܝܐ. ܘܡܒܝܠܐ ܗܘܐ
ܠܒ ܪ̈ܕܘܢܗ ܘܒܝ ܐܬܪܝ. ܒܬܟܐ ܗܢܐ ܒܐܪ̈ܥܐ ܒܒܟܐ ܕܪ̈ܘܡܝܐ.
ܐܪ̈ܕܝܟܘܢ ܒܠܗܘܢ ܘܠܗܘܢ ܘܟܒܝܐ. ܘܪܘܢ ܒܦܪܥܐ ܒܠ ܪ̈ܕܝܘܢ
ܘܒܒܥܘ ܒܢܝܐ ܠܗܘܬ ܐܠܗܢܐ ܘܐܡܪܘ. ܐܝܟ ܒܒܥܘ ܡܢܝ ܦܠܓܐ
ܘܒܥܘܠܒܐ: ܕܢܦܠܘܢ ܘܐܬܒܠܝܢ ܒܫ̈ܦܠܗܝܢ. ܠܐ ܬܗܘܐ ܠܝ
ܫܠܡܘܬܐ ܕܢܦܠܝܢ ܠܝ. ܒܥܕܢܐ ܗܢܐ ܕܐܘܠܨܢܐ. ܐܠܐ ܐܬܘܡ ܒܠ
ܬܘܒܬܐ ܘܫܘܪ ܒܡܘܒܒܝܡ. ܕܠܝ ܗܘ ܠܫܘܕ ܒܠܥܐ ܐܠܘܨܘܬܐ
ܠܐ ܒܪ ܦܠܓܐ ܡܢ ܫ̈ܢܝܐ ܐܠܘܨܐ ܘܥܝܢܐ ܕܦܪܝܢ ܠܢ. ܕܐܟܠ[ܝ]
ܫ̈ܘܬܢ ܘܒܝܢܢ ܡܢ ܒܦܢܐ. ܘܠܐ ܗܘܘܬ ܗܕܐ ܠܡܦܪܕܘܬܢ
ܐܠܐ ܐܦ ܥܪܟܐ ܕܐܢܫܘܬܐ ܠܝ ܠܡܒܘܬܝܢ ܕܢܫܠܝܢ ܒܠܗܘܢ. ܢܗ
ܒܗ ܫ̈ܘܒܚܗ ܘܡ̈ܠܟܝܗ ܕܦܪܘ. ܕܐܬܟܪܝ ܫ̈ܢܝܢ ܡܢ ܢܗܘܪܐ ܕܕܠܡܐ.
ܒܒܥܘ ܡܢܪܐ ܕܘ̈ܩܕܐ ܘܕ̈ܒܢܐ. ܠܐ ܢܕܒܝܢ ܥܪ̈ܟܗ ܕܡܥܪܬܐ
ܘܫܒܘܒܝܢ ܒܠܝܢ ܫܥܘܒܐ ܠܒܢܕܐ ܕܠܝܠܗ ܕܐܬܬܪܝ. ܠܐ ܫܪܝܒ ܥܒܕܝ
ܕܡܠܟܘܬܐ ܘܢܦܩܘܢ ܒܠܝܢ ܬܠܠܝܗ ܒܡܒܪܐ ܕܦܪܘ. ܘܕܠܝܬ ܠܝ ܬܘܩܦܐ
ܕܒܒܐ ܡܢܝ. ܒܒܗ ܒܟ̈ܘܦܗܘܢ ܕܒܠܝܢ ܡܗܝܡܢܐ: ܕܡܢ ܒܠܗ ܠܒܗ
ܕܥܠ ܠܝ. ܘܗܒܝܗܘܢ ܒܢ̈ܝܫܐ ܒܢ̈ܝܬܐ ܫ̈ܠܝܚܘܗܝ ܕܦܪܘ. ܘܐܝܟ

ܒܠܒܗܘܢ ܡܫܒܚܬܐ ܕܢܒܝܘܢ ܥܝܢܗ̇ ܕܡܠܒܘܫܬܐ .... ܘܟܕ ܚܙܐ
ܘܡܟܝܠܘ ܠܣܢܝܩܘܬܗ ܕܡܫܬܘܬܦܝܢ ܡܢ ܒܪܘܬܗ̇. ܡܟܠܐ ܒܠܒܗܘܢ
ܘܒܠܐ ܐܝܟ ܗܢܐ ܟܕ ܐܡܪ. ܐܬܠܒܒܘ ܘܒܘܪ̈ܐ ܢܦܫܐ.. ܐܬܠܒܒܘ ܘܠܐ
ܬܕܚܠܘܢ: ܠܐ ܓܝܪ ܕܒܘܪܐ ܐܝܟ ܗܘ ܕܒܪܐ ܠܡܒܥܝܘ. ܡܛܠܗ ܓܝܪ
ܒܐܝ̈ܕܘܗܝ ܕܗܢܐ ܐܠܗܐ ܕܐܘܠܨܢܐ. ܚܣܟܠ ܢܦܫ ܠܗܘܢ ܦܘܪܩܢܐ.
ܘܟܢ ܢܗܘܐ ܕܡܥܪܪܐ ܒܒܝܬܐ ܠܗ ܠܡܒܥܝ. ܕܒܕܡܘܬܐ ܕܩܘܪܒܢ ܢܗܘܐ
ܠܗܘܢ * ܡܐܪܘܥܝܢ ܕܐܢ̈ܫܐ ܐܝܬܝܗܘܢ ܡܫܬܠܛܝܢ. ܘܠܐ ܡܟܝܡ ܐܝܬܝܗܘܢ 115 r.
ܒܫܠܐ ܠܡܐܡܪ ܡܐܪܘܥܐ ܕܦܓܪܐ.. ܘܗܦܟܘ ܡܕܝܢ ܫܠܝܬܗ̇. ܟܕ
ܒܪܝܐ ܠܗܘܢ ܘܫܦܝܪ. ܘܡܫܝܚܘ ܐܦܠ ܠܐܘܪܚܗ ܗ̇ܘ ܘܟܠܒ̈ܢܐ
ܕܒܡܗ̇. ܘܕܘܟܐ ܕܩܝܡ ܗܘܐ ܠܗ ܠܡܒܥܝ. ܟܕ ܚܙܝܗ̇ ܡܢ ܡܟܘܠ
ܠܗܢܐ ܘܠܒܢ̈ܝܐ ܕܒܡܗ̇. ܗܘ ܠܡܒܥܝ ܕܐܬܒܠܥ ܗܢܐ ܟܒܢ̈ܝܐ
ܘܒܘܢܝܐ. ܘܡܬܩܠܐ ܕܬܠܬܝܢ ܒܢ̈ܝܢ. ܘܬܗܪ ܟܠܒܐ ܕܦܓܪ ܘܐܬܬܕܡܪ.
ܘܐܡܪ ܠܢܘܪܒܗܘܢ. ܕܠܐ ܠܗ ܬܫܒܘܚܬܐ ܗܘܝܐ ܬܡܝܗܝܢ: ܕܐܢ̈ܫܐ ܗܢܘܢ
ܗܢܐ ܢܦܫܗ ܡܢ ܒܝܬ. ܕܬܬܚܙܐ ܠܐܢܫܐ ܕܦܓܪܐ. ܘܒܐ ܗ̇ܝ ܥܒܕܘܬܗ
ܐܢ ܐܬܚܙܝܢ ܠܗ ܒܬܚܒܘܠ̈ܝ ܘܚܘܒܢ ܢܦܫܗ. ܘܟܕ ܗܒܘܢ ܡܬܬܗܘܝܢ
ܒܗ ܒܦܘܪܩܢܐ. ܐܬܟܠ ܗܢܐ ܘܠܒܢ̈ܝܐ ܕܒܡܗ̇. ܠܡܫܪܝܬܐ ܒܠܗ̇
ܕܦܓܪܐ. ܚܣܡ ܗ̈ܘܐ ܕܝܢ ܗ̈ܦܟܘܗܝ ܘܦܪܝܫ ܦܪܨܘܦܗ̇. ܘܐܝܟ ܡܟܐ
ܕܚܝܠܐ ܪܗܛܝܢ ܗ̈ܘܘ ܡܫܡ̈ܫܢܘܬܗ. ܘܬܡܗܢܐ ܫܪܐ ܒܠ ܒܠܒܗܘܢ ܫܠܝܬܗ̇
ܕܦܓܪ ܟܕ ܚܙܐܘܗܝ. ܠܐ ܓܝܪ ܫܪܝܪܐ ܗܘܬ ܠܗܘܢ ܕܡܗܝܡܢ
ܠܗܘܢ ܡܫܝܚܘܬܗ ܢܦܫܗ. ܘܕܚܝܢ ܡܢ ܒܪܗ ܦܠܛܝܢ ܘܢܣܒ
ܫܒܝܬܗܘܢ. ܘܡܫܝܚܐ ܦܠܛܬܐ ܚܙܝܢ ܒܗ ܒܦܘܪܩܢܐ. ܗܢܘܢ ܓܝܪ
ܡܪܝܐ ܒܪܫܝܡܗ̇. ܘܢܦܠ ܫܡܥܐ ܘܪ̈ܫܡܐ ܬܡܝܗܘܢ. ܘܟܕ ܚܙܝܗ̇
ܘܡܫܝܚܘ ܠܡܠܟܗ ܕܦܓܪ ܘܠܫܠܝܬܗ̇. ܢܦܩ ܡܢ ܗܘܦܟܗ ܗܘ
ܘܠܒܢ̈ܝܐ ܕܒܡܗ̇. ܘܢܦܠ ܒܠܝܠܐ ܡܢ ܪܥܗ. ܘܐܝܟ ܠܒܢ̈ܝܐ ܥܡܝܩܐ
ܐܬܠܒܗܘܢ ܡܢ ܡܟܘܠ. ܘܡܛܐ ܠܡܒܥܝ ܘܠܒܠܗ ܡܫܪܝܬܗ. ܘܡܬܡܟܟܘܬܗ
ܕܠܒܢ̈ܝܐ ܦܘܪܩܢܐ. ܕܒܒܗ̇ ܫܡܬܗܘܢ ܕܦܓܪܐ ܘܢܫ ܪܘܒܠܗܘܢ.
ܘܐܫܬܘܠ ܠܝܢܐ ܡܢ ܪܚܝܩܘܢ. ܘܠܒܢܝܐ ܦܘܪܩܐ ܡܛܘܠ ܗܘܘ
ܠܗ ܠܡܒܥܝ ܒܠܒ̈ܝܢܐ ܕܐܚܝܕܘܗܝ. ܕܠܐ ܫܪܟܐ ܬܪܚܡܬܐ ܕܒܠܐ

ܥܠ ܡܣܪ. ܘܠܐ ܢܦܩ ܥܠܘܗܝ ܡܫܒܚܬܐ ܕܡܠܟܐ. ܫܒܘܪ ܕܝܢ ܢܘܕܐ
ܗܦܟܐ ܠܗ ܒܒܝܬܗܘܢ. ܘܠܐ ܫܒܩ ܐܢܘܢ ܢܦܩܘܢ ܡܢ ܫܒܝܐ.
ܘܦܩܕ ܫܒܘܪ ܡܢ ܒܝܬ ܕܠܒܗ. ܘܡܢ ܩܒܠ ܐܬܪܐ ܗܘܐ ܠܐܘܪܚܗ
ܫܒܝܚܐܝܬ. ܒܕܘܟܐ ܕܐܘܪܚܐ ܒܫܢ̈ܝܐ ܬܠܬܐ ܬܪ̈ܝܗܘܢ ܘܥܠܘ * 115 v.
ܒܬܪ ܥܠ ܓܘܪܐ ܕܫܒܘܪ. ܘܫܒܘ. ܘܟܦܦܘ ܘܫܡܘ ܠܫܒ̈ܝܐ. ܘܫܕܝܘ
ܗܘܘ ܘܪܕܘ. ܒܗ ܫܕܝܘ ܠܗܘܢ ܠܫܒ̈ܝܐ ܬܪ̈ܝܗܘܢ ܫܠܝܬܗ ܕܦܪܣ.
ܘܫܕܝܘ ܘܕܝܢܘ ܒܒܝܬܗܘܢ ܫܒ̈ܝܐ ܘܪܘܡܝܐ ܕܐܬܘܪ. ܘܬܗܘܢ
ܗܘܘ ܠܗ ܥܠ ܫܕܬܐ ܕܐܬܗܦܟܬ ܕܠܐ ܒܫܒܝܐ. ܒܢܝ ܡ̈ܠܟܐ
ܬܡܢܐ ܕܪ̈ܘܡܝܐ ܘܕܦܪܣ. ܘܐܡܪܝܢ ܗܘܘ ܒܬܪ ܠܫܒܘܪ. ܕܠܐ ܡܢ
ܡܬܘܡ ܗܘܬ ܗܕܐ ܡܬܗܦܟܢܘܬ ܥܠ ܡ̈ܠܟܐ ܐܚܪ̈ܢܐ. ܐܡܪ ܠܗ ܫܒܘܪ
ܠܡܫܝܚܐ. ܗܘ ܗܕܐ ܥܠܝܠܝܢ ܒܪ̈ܝܫܝ. ܕܗܐ ܡܫܒܚܘܬܝ ܕܗܘܐ
ܠܗܬܘ ܠܦܠܓܐ ܕܫܒܬ ܠܝ ܡܠܟܘܬܗ. ܕܠܐ ܡܢܝܐ ܗܦܟܐ ܕܢܬܦܪܫ
ܒܠܒܝ ܕܗܕܐ ܕܢܦܩܬܗ. ܒܡܫܒܚܘܬܗ ܒܬܪ ܕܫܒܘܬܝ ܐܫܬܠܬ
ܫܪܝܡ ܡܢ ܬܡܘܗܐ. ܕܠܡܠܟܐ ܗܘܬ ܠܡܠܟܘܬܗ. ܘܗܘܐ ܒܡܠܟܘܬܗ
ܕܡܘܗܒܬܗ ܐܫܬܠܡܬ ܫܪܝܡ ܒܫܠܝܛܘܬܗ. ܘܠܘܬ ܠܗ ܬܘܒ ܒܢ̈ܝܗܘܢ
ܠܡܫܬܠܛܘ ܥܠ ܒܝܬ ܡܠܟܝ. ܘܬܘܒ ܐܡܪ ܕܐܬܐ ܠܝ ܐܕܐ
ܠܫܒ̈ܝܐ ܘܪܘܡܝܐ ܕܡܠܟܘܬܗ.. ܐܬܥܝܪܬ ܠܗܕܐ ܕܐܬܬܗ ܠܡܠܟܐ.
ܠܗ ܕܡܕܡ ܡܠܬ ܐܬܗܦܟܬ ܒܡܐܡܪܬ. ܕܬܡܗܐ ܡܠܟܐ ܠܡܠܟܐ ܠܟܠܗ. ܘܠܐ
ܐܡܪܐ ܘܫܪܝܪܐܝܬ ܐܫܒܚܘܬܝ. ܒܗܕܐ ܐܡܪܐ ܐܢܐ ܒܬܪ ܠܡܠܟܘܬܝ
ܡܠܟܘܬܗ ܕܠܐ ܒܫܘܢ. ܘܐܠܐ ܐܦܠܐ ܗܘܬ ܒܗܕܐ ܕܢܦܩ ܘܒܐܝܕܝܗ
ܕܡܘܗܒ. ܒܬܪ ܕܝܢ ܒܒܝܬ ܗܘܬ ܡܢ ܡܠܟܐ ܠܪ̈ܘܡܝܐ. ܘܕܝܢ ܗܘܐ
ܠܪ̈ܘܡܝܐ ܒܫܘܬ ܠܪ̈ܘܡܝܐ[1] ܕܐܪ̈ܥܗ.. ܐܘ ܐܠܐ ܐܬܠܛܫܬ ܒܝܬ ܪ̈ܘܡܝܐ ܘܒܒܝܫܐ
ܕܡܫܒܚܘܬ.. ܒܗ ܒܢܝ ܫܒܝܐ ܐܫܪ ܗܘܬ ܒܡܫܬܪ̈ܝܬܗ. ܘܫܡܠܐ
ܗܘܬ ܒܗ ܫܒܝܐ ܡܠܟܘܬܐ ܕܪ̈ܘܡܝܐ. ܢܦܩ ܕܝܢ ܒܐܘܪ̈ܚܝ ܫܒܝܐ
ܗܘܬ ܒܫܘܬ ܫܘܒܚ ܡܢܘܬܐ. ܒܗ ܐܫܬܠܡܬ ܠܡܠܟܐ ܒܪ̈ܝܟܐ
ܡܫܪ̈ܝܬܗ. ܘܡܢܬ ܢܦܩ ܒܒܢ̈ܝܢ. ܘܕܘܟܬ ܠܝ ܫܢ̈ܝ ܡܢ ܕܝܪ. ܘܠܐ
ܗܕܐ ܠܡܠܟܘܬܐ ܠܡܘܕ ܐܫܕܐ ܠܝ ܡܠܟܘܬܝ ܘܒܕܘ ܐܠܐ ܐܦ

1) Ueberkleckst.

ܠܦܢܝܘܬܐ ܕܡܕܝܢܬܗܘܢ، ܕܐܬܪܐ̈ ܒܡܫܒܚܢܘܬܗ ܕܝܢ * ܕܡܫܝܚܢܘܬܟ 116 r.
ܐܬܬܛܝܒܬ ܐܢܬܝ ܒܪܥܬܐ ܘܒܡ̈ܠܟܘܬܗ ܠܥܠܡܐ ܕܐܬܚܙܝܬ ܐܬܬܠܝܬ ܚܝܒܐ
ܡܛܠܗ ܘܠܐ ܝܗܒܬ ܡܢ ܒܡܘܗܒܬܗ. ܘܗܫܐ ܡ̈ܠܟܘܬܗ ܘܬܘܕܝܬܗ ܕܦܬܘ.
ܡܛܠܐ ܠܦܢܝܘܬܐ ܐܝܬ ܗ̱ܘܐ ܠܡܦܢܐ ܠܟܢܫܐ ܗܢܐ ܚܠܦ ܠܦܢܝܘܬܗ.
ܐܠܐ ܗܕܐ ܕܗܘܬ ܝܘܡܢ. ܘܟܕ ܥܒܕܘ ܦܘ̈ܫܩܐ ܒܗܠܝܢ. ܬܘܒ ܗܘܝܢ ܗܘܘ
ܠܒ ܘܚܫܝܢ ܒܢܦܫܗܘܢ ܥܠ ܐܝܠܝܢ ܕܢܚܬܘ ܠܥܡܘܪ ܒܝܬ ܢܝܚܬ
ܡܪܬܐ ܘܐܡܪܝܢ ܗܘܘ ܚܕ ܠܚܒܪܗ. ܕܗܐ ܗ̇ܘ ܡܢ ܡܠܟܝܢ ܡ̈ܠܟܐ
ܕܪ̈ܗܘܡܝܐ. ܘܪܒܐ ܗ̣ܘ ܠܦܢܝܘܬܐ ܕܗܒܪ ܒܗ ܡܢܗ ܠܝܬ ܥܡܠ ܗܘܐ
ܫܡܥܐ ܡܢ ܣ̈ܦܘܬܗ ܕܡܠܟܘܬܐ: ܐܠܘ ܐܬܬܚܝܕ ܥܒܘܪ ܠܐܚܕܐ
ܕܪ̈ܗܘܡܝܐ. ܕܗܘܝܢ ܗܘܘ ܠܗ ܠܚܘܫ[ܒܐ] (1 ܒܐܬܪܘܬܗ ܘܒܟܕܝܢ [ܗ]ܘܘ
ܠܗ ܢܘ̈ܟܪܝܐ ܒܟܠܗܘܢ ܡܕ̈ܝܢܬܐ ܕܐܘܚܕܢܗ ܘܠܘ ܕܝܢ ܗܕܐ ܒܠܚܘܕ.
ܐܠܐ ܘܐܚܪܢܝܬܐ ܕܪܒܐ ܡܢ ܗܕܐ. ܘܡܬܬܒܥܝܢ ܗܘܘ ܪ̈ܗܘܡܝܐ ܒܟܠ
ܐܬܪ ܘܚܙܝܢ ܗܘܘ ܐܢܝܢ. ܘܬܘܒ ܠܝܬ ܠܗ ܫܘܒܩܢܐ̈ ܗܘܬ ܦܪܘ
ܒܡ̈ܠܟܬܗ. ܒܪܡ ܕܝܢ ܠܡܠܟܐ ܗܘܬ ܡܢ ܠܦܢܝܘܬܗ ܕܥܦܪܐ ܗܢܐ
ܚܕ ܝܘܡܢ. ܒܪܠܐ ܠܒܠܐ ܗܘܐ ܠܝ ܡܫܚܢܘܬܗ.. ܘܟܕ ܚܙܐ ܐܢܘܢ
ܥܒܕܘ ܕܒܟܝܢ ܚܕ ܚܡ ܚܕ. ܫܐܠ ܐܢܘܢ؛ ܕܡܢܐ ܗ̣ܘ، ܒܟܘܬܗܘܢ
ܘܡܠܬܐ ܕܬܘܗܡܬܗܘܢ. ܐܡܪܝܢ ܠܗ ܡܠܟܐ ܬܘܗܡܬܐ (2 ܠܡ ܡܪܢ،
ܡ̈ܠܟܐ ܒ[ܠ] ܐܝܠܝܢ ܕܢܚܬܘ ܒܝܬ ܢܝܚܬ ܡܪܬܐ ܘܪ̈ܗܘܡܝܐ (3 ܠܝ ܒܡܘܬܐ.
ܥܠ ܠܦܢܝܘܬܐ ܕܗܒܪ ܡܢ ܥܦܪܐ ܗܢܐ. ܘܠܐ ܒܪܒܠ ܐܬܦܪܥ ܐܢܝܢ
ܡܢܐ ܕܥܒܕܝܢ ܒܡܒܪܢܘܬܗܘܢ. ܠܐ ܚܙ ܕܗܟ ܕܢܫܡܥܘܢ ܒܠܗܘܢ، ܠܦܢܝܘܬܐ.
ܠܗܕܐ ܕܐܬܠܟܠ ܝܘܡܢ ܒܒܥܬܝܬܗ ܘܠܐ ܢܚܘܘܢ. ܕܐܦ ܐܠܘ ܢܗܘܐ
ܕܠܐ ܐܢܫܕܐ ܗܘܬ ܠܗ ܠܦܢܝܘܬܐ ܡܠܟܘܬܐ. ܠܝܬ ܗ̇ܘܐ ܠܝ ܡ̈ܠܟܐ
ܕܒܟܐܒ (4 ܠܗ. ܥܦܪܐ ܕܐܬܬܐ ܒܝܬܝܢ ܫܐܘܪܬܗ ܠܥܠܡܗ ܘܠܡܠܟܘܬܗ
ܕܡܠܟܘܬܟ: ܕܢܚܘܘܢ، ܐܝܬ ܗܘܐ ܠܝ. ܚܕ ܒܥܒܕܐ ܝܘܡܢ ܕܐܒ̈ܪܗܘܢ،
ܐܬܬܠܠ ܫܡܥܐ ܡܢ ܡܠܟܘܬܐ. ܘܡܛܝ ܠܝ ܐܝܟܐ ܠܦܘܬܐ. ܕܒܚܟܐ
ܡܬܢܪ ܕܗܦ ܠܝ: * ܕܢܫܒܘܩ ܒܠܝܢ ܝܘܡܢ̈ܐ ܕܠܦܢܝܘܬܗ. ܕܒ̈ܢܝܐ ܕܡܠܟܘܬܐ 116 v.

1) Buchstaben zerstört. 2) Mit Rissen durchsezt. 3) Der Punkt über ܪ̇ ist verkleckst.
4) Durch einen Riss sind die Buchstaben etwas verschoben.

ܒܠܗܘܢ. ܠܐ ܡܫܟܚ ܠܡܦܢܐ ܢܘܟܠܐ ܠܒܝܬܐ ܕܐܡܪܬ ܥܠ ܐܡܝܢ. ܐܡܪ ܠܗܘܢ ܫܡܘܢܐ. ܡܢ ܗܫܐ ܕܗܘܝܘ ܝܕܝܥܘܗܝ ܣܘܪܘ ܒܗ ܒܡܘܡܬܐ ܒܐܝܕܝܟ. ܘܦܩܕ ܠܗ ܠܓ[ܒܪܐ] ܕܢܛܪܗ. ܘܐܝܟ ܫܥܬܐ ܐܙܠܘ ܠܗ ܘܠܘܬܗ ܒܟܐܒܬܐ .... ܐܡܪܝܢ ܠܗ ܕܪܚܡܘܗܝ. ܡܛܠ ܕܡܪܝ, ܟܠܗܘܢ ܒܟܐܒܬܐ ܗܘܐ ܗܘ. ܕܓܒܪܐ ܕܗܘܐ ܠܟ ܫܪܝܪ ܘܡܫܒ ܐܝܟܐ ܠܡܫܬܘܬܗ ܕܡܠܟܘܬܐ. ܢܗܘܐ ܬܘܒܗ ܕܡܠܟܘܬܟ ܘܫܬܘܬܐ ܒܡܪܘܡܐ. ܘܫܘܐ ܠܡܠܟܘܬܟ. ܘܢܬܒܬܒ ܒܡܕܝܢܐ ܕܡܠܟܘܬܗ. ܒܡܦܩ ܒܡܗܝܡܢܘܬܗ ܕܡܠܟܘܬܐ ܠܕܪܐ ܕܡܢ ܒܬܪ. ܗܐ ܓܝܪ ܗܘܐ ܘܐܦ ܗܘ, ܘܠܘܬܐ ܪܒܐ ܠܗ ܠܗܕܐ ܕܒܐܘܚܕܢܗ ܕܡܠܟܘܬܟ ܐܬܩܪܝ ܠܗ ܬܠܬܐ .... ܐܡܪ ܠܗܘܢ ܫܡܘܢܐ. ܘܠܡܘܡܬܐ ܕܐܡܠܟܘܬܗ, ܒܠܗܘܢ ܡܢܐ ܢܒܥܐ. ܐܡܪܝܢ ܠܗ ܥܠܝܗ ܘܪܘܪܒܢܘܗܝ ܕܦܩܕ ܠܫܡܘܢܐ. ܐܢ ܠܝܬ ܒܠܒܟ ܚܘܫܒܐ ܕܐܝܠܝܢ ܕܐܡܪܝܢ. ܗܟܢ ܠܗܘܢ ܠܪܘܡܝܐ. ܕܡܡܪܝܢܐ ܕܢܦܩܐ ܡܢ ܟܝܠܗܘܢ ܡܠܟܘܬܐ. ܢܬܒܥܘܢ ܗܘܪܝܢܐ ܕܚܕܕܐ ܒܐܝܕܝ ܘܒܥܝܢܐ ܕܠܐ ܢܚܝ ܢܦܩܘܢ ܡܢ ܐܝܕܝ ܠܐܝܕܝܗܘܢ ܒܥܠܡܐ. ܘܒܐܘܚܕܢܐ ܕܡܠܟܘܬܗܘܢ ܢܚܕܘܢ ܠܗܘܢ ܟܠܗܘܢ ... ܐܡܪ ܠܗܘܢ ܫܡܘܢܐ ܫܡܥܬ ܕܢܦܩܘܢ. ܒܪܡ ܕܝܢ ܐ ܫܡܥܬ ܒܟܝܢܘܬܗܝ. ܢܐܠܦ ܠܗܘܢ ܕܗܘܘ ܝܕܝܥܝܢ ܕܓܒܪܐ. ܘܐܡܪܐ ܗܘ, ܕܡܫܝܚܐ ܠܗ ܘܠܗ [1]) ܢܥܠܡ [1]). ܘܟܕ ܠܐ ܡܟܝܠܘ ܒܡܠܝܢ. ܦܩܕ ܠܗܘܢ ܦܩܕܝ ܒܗ. ܐܡܪ. ܐܦ ܐܢ ܒܟܘܠܗܘܢ ܒܓܕܐ ܐܢܫܐ ܕܠܒܗ. ܐܠܐ ܒܡܠܟܘܬܐ ܒܪܐ ܕܡܠܟܘܬܗ ܥܡܘܬܗܘܢ. ܘܐܝܟ ܕܡܢ ܩܕܡܐ [ܗ]ܒܠ ܥܡܐܠ [2]) ܐܢܐ ܡܢܗܘܢ ܠܡܠܟܘܬܐ. ܕܒܐܪܒܥܐ ܕܐܝܟܢ, ܒܠ ܒܪܘܫܐ ܕܡܠܟܘܬ, ܐܡܪ ܥܡܠܗܐ ܕܚܝܢ. ܘܐܫܬܒܩ ܒܠ ܐܟܡܐ. ܘܢܬܚܠܦܘܢ ܒܪܟܐ ܒܪܟܬܐ ܕܚܝܝܢ. ܘܗܘܐ ܗܘ, ܒܠܗ ܙܒܢ, ... ܐܡܪ ܠܗ ܫܡܘܢܐ ܘܐܝܠܝܢ ܕܒܡܟܐ. ܡܢ ܗܫܐ ܕܗܘܝܘ ܝܕܝܥܝܢ ܘܗܘܐ ܗܘ, 117 r. * ܕܡܫܝܚܐ ܠܝ. ܕܡܬܕܡܝܢ ܕܫܡܝܐ ܚܝ ܕܡܠܟܘܬܟ. ܒܟܠ ܕܘܟܐ ܢܦܫܝ ܘܒܟܕ ܫܡܘܢ ܫܪܘܬܐ ܘܡܫܬܒܚܬܐ ܪܒܐ ܠܗܘܢ ܘܠܓܒܪܐ ܕܒܡܟܐ. ܘܫܬܘܬܐ ܒܡܘܗܝ ܒܫܪܘܬܗ ܠܐܝܬܘܗܝ ܕܦܩܕ ܘܠܪܘܪܒܢܐ ܕܡܠܟܘܬܗ. ܘܟܕ

1) Durchrissen. 2) Buchstaben durch Riss verschoben.

ܠܗܘܢ ܘܐܫܬܘܝܘ ܘܥܒܪ ܠܗܘܢ ܒܡܕܒܪܐ. ܐܡܪܝܢ ܠܗ ܚܒܪ̈ܘܗܝ ܕܦܪܘ ܠܝܘܚܢܢ ܗܘ. ܗܐ ܡܗܝܡܢ ܚܢܢ ܬܘܠܕܬܟܘܢ ܠܡܫܝܚܢ ܐܝܟ ܡܗܝܡܢܐ. ܐܝܬ ܐܢܐ ܚܙܐ ܗܘ ܠܡܫܝܚ. ܐܡܪܝܢ ܠܗ. ܚܙܝܢ ܕܐܬܐܝܬ so ܒܗ: ܘܗܫܐ ܐܝܬܝܬܐ ܡܢ ܬܘܒ. ܘܬܬܗܡܢܝܢ ܠܝ ܫܡܥ ܕܡܠܟܘܬ. ܐܡܪ ܠܗܘܢ ܝܘܚܢܢ. ܗܐ ܡܫܝܚܬܐ ܗܘ ܕܡܫܪܐ. ܘܫܘ̈ܒܚܬܐ ܐܝܟ ܛܠܐ ܕܟܠ ܡܬܡܠܠ. ܫܦܝܪ ܝܩܪܐ ܠܡܐܡܪ. ܐܘ ܟܠ ܕܡܫܪܐ ܠܝ ܡܠܟܘܬܗܘܢ ܢܚܙܐ. ܘܟܠ ܡܫܝܚܘܬ ܟܠܠܐ ܗܘ. ܚܙܪܬ so ܡܠܟܘܬܗ ܕܡܠܟܐ. ܗܘ ܘܡܠܟܐ ܕܒܗܘܢ. ܘܗܕܡ ܠܝܩܪܗ ܕܗܘܐ ܠܡܫܝܚܘܗܝ ܕܫܒܘܪ. ܟܕ ܕܚܫܝܡ ܠܗܬܗ ܪ̈ܘܚܢܝܘܗܝ. ܘܗܘܐ ܘܐܫܠ ܒܠܒܗܘܢ ܘܡܦܪܫ ܠܗܘܢ. ܐ ܐܫܟܚܬ ܕ̈ܘܟܐ ܒܒ̈ܝܬܗܘܢ ܫܘܒܚܐ ܕܡܫܝܚܐ ܝܫܘܥ ܒܐܝܠܝܢ ܕܐܫܬܒܪ ܒܗ ܡܢܗܘܢ. ܘܡܢ ܝܘܢܝܐ ܕܐܦܐ ܢܬܬܒܪ ܠܡܫܝܚܘ. ܘܫܪܝܐܘܗܝ ܐܝܟ ܡܢ ܐܪܥܗܘܢ. ܕܟܘ̈ܦܐ ܒܡܟ̈ܬܐ so ܫܪܝܢ ܒܐܪܒܥܐ ܕܠܐ ܕܠܡ .... ܐܡܪ ܠܗܘܢ ܫܒܘܪ. ܡܗܝܡ ܕܐܬܬܗ ܒܝܘܡ ܚܐܪܘܬܟ ܠܥܠܡܗ ܕܡܠܟܘܬܐ. ܠܗܬ ܠܝ ܠܡܫܒܚܐ ܒܟܝ ܡܫܒܚ ܒܠ ܦܪܟܐ ܐܘ ܒܠ ܒܪܬܗ ܕܐܪܥܐ. ܐܠܗܐ ܗܘܦܟ ܒܥܠܡܐ ܠܡܫܝܚܘܬܐ. ܐܝܬ ܘܝܒܪ̈ܐ ܕܒܗܘܢ. ܘܠܝܘܡܐ ܬܠܬܐ ܡܬܒܒܝܢ ܠܐܬܪ ܕܫܪܐ ܒܗ ܡܫܝܚܘܬܗ. ܘܫܠܡ ܡܫܝ̈ܚܬܐ ܟܒ̈ܫܐ ܬܪ̈ܝܢܗܘܢ ܒܠ ܐܝܠܝܢ ܕܕܠܐ ܒܝܘܡܐ ܐܫܬܒܪ ܒܐܪܥܐ. ܘܒܒܝܢ ܦܘܩܕܢܐ ܟܒ̈ܫܐ ܬܪ̈ܝܢܗܘܢ ܘܡܫܬܡܥܝܢ ܒܡ ܫ̈ܒܝܐ. ܘܡܫܬܪܐ ܦܪܟܐ ܘܡܫܬܡܠ ܠܒܝܬܐ. ܘܫܠܡܝܢ ܐܝܟ ܗܘ ܒܥܠܡܐ ܠܐܪܒܥܘ ܘܠܐܘܪܫܠܡ ܕܡܠܟܘܬܗܘܢ. ܘܗܘܐ ܡܫܝܚܘܬ ܘܗܘܦܟ ܠܡܫܪܬܗ. ܗܘ ܘܡܠܟܐ ܕܒܗܘܢ. ܠܡܬܗܘܪ ܕܝܢ ܙܕܩ * ܘܠܡܬܬܕܪܫܘ 117 v. ܒܒܪܬ ܫ̈ܢܝܐ ܐܘܪܫܠܡ ܡܠܟܘܬܐ. ܗܘ ܕܡܫܒܚ ܡܠܟܐ ܐܕܝܫܡ ܫܪܒܗ ܒܬܫܒܘܚܬܐ. ܕܒܪ ܠܒ ܐܬܝܢܗ ܗܘܬ ܒܪܬ ܡܠܟ̈ܘܬܐ. ܫܡܥܐ ܗܘܬ ܒܫܒܝܢܗ ܚܫܗ ܕܪܘܒܐ ܕܒ̈ܦܠܓܐ ܘܪܘܡܒܐ ܕܒܫܝܡܘܢ ܒܠ ܡܬܗܘܢ ܚܫܝܫܐ ܕܒ̈ܢܝܢܗܘܢ، ܕܐܠܗܐ. ܐܝܬܝܬܐ ܠܝܫܘ ܗܘܬ ܕܡܫܝܚܬܐ ܘܡܠܬ ܠܦܘܠܘܬܐ ܝܗܒ ܒܠ. ܫܡܥܐ ܗܘܬ ܕܝܢ ܚܙܘܐ ܘܪ̈ܘܚܐ ܒܝܢܝ ܫܒܘܪ. ܘܝܬܡ ܗܘܐ ܠܗ ܡܠܟܘܬܐ. ܐܝܬܝܬܐ ܗܘܬ

ܒܪ ܫܦܝܪܬܐ ܘܦܐܝܐܝܬ ܚܙܘܐ. ܗܢܐ ܓܝܪ ܗܝܟܠܐ ܡܬܒܢܐ ܗܘܐ ܠܗ.
ܕܫܠܝܐ ܗܘܬ ܡܢ ܫܘܟܠܠܗ. ܕܐ̈ܬܘܢ ܒܬ̈ܒܝܢ ܬܟܒܐ ܗܘܬ ܒܟܘܬܐ
ܥܠ ܒܢܝܢܐ ܕܐܦܘܠܝܢܐ ܒܠܚܘܕ ܡܢ ܡܕܝܢܬܐ. ܗܢܐ ܝܠܦܬ ܥܠ ܠܘ ܡܫܒܚܢܘܬܗ
ܕܐܦܘܠܝܢܐ ܗܘ. ܒܒܪܬ ܠܗ ܒܐܬܪܐ ܐܝܙܓܕܘܬܐ ܘܫܡܫܢܘܬܗ ܒܟܪܘܙܘܬܗ
ܘܒܥܕܪܢܘܬܗ ܠܗ ܒܐܝ̈ܕܝ ܘܦܪܣ ܡܫܡܠܝܢܘܬܗ. ܕܗܘ ܫܠܝܚ ܗܘܐ ܥܠ
ܟܠܗ ܓܒܗ. ܘܟܠܠ ܗܘܐ ܒܪ̈ܐܙܐ ܟܠܗܘܢ ܕܒܪܬܗ. ܘܡܫܒܚ ܬܘܒ
ܟ̈ܠܗ ܐܫ̈ܝܢܬܐ ܒܦܘܡܗ. ܘܐܦ ܡܢ ܒܬܪܟܐ ܕܒܥܕܬ. ܘܫܠܝܐ ܠܗ.
ܕܐܪ̈ܓܠܐ ܗܘܬ ܡܢ ܒܪܘ ܕܐܢܫܝܢ: ܐܠܐ ܡܢܝܐ ܗܘܬ ܕܬܫܒܚ
ܒܦܘܠܘܬ̈ܗ ܡܢ ܡܠܦܢܘܬܗܝܢ. ܘܐܦܢ ܗܘܬ ܙ̈ܒܢܬܐ، ܡܢ ܡܕܒܪܢ
ܫܘܦܪܐ. ܘܐܫܬܡܠܝܬ ܗܘܬ ܓ̈ܠܬ. ܐܠܐ ܡܛܠ ܕܫܘܦܪܐ ܗܘ، ܡܢ
ܗܕܐ. ܗܘܐ ܒܬܘܒܐ ܕܒܥܕܬ ܠܗ. ܚܙܘܬ ܡܫܒܪܬ ܡܠܬ، ܐܝܟ
ܚܢܢܐ ܡܛܠܬܐ ܗܘ، ܓܒܪ ܡܠܬ، ܟܠܗ ܡܢ ܡܕܝܢܬܐ. ܦܬܚ ܗܘܐ
ܒܫ̈ܦܝܪ ܘܬܬܚܫܡ ܒܝ. ܘܬܕܥ ܕܝܒܪܐ ܒܒܢ̈ܝ ܡܠܟܘܬܝ. ܘܗܢܐ
ܗܕܐ ܐܝܟ ܬܒܥܢ. ܘܠܬܝܒܘ ܡܫܝܚܘܬ. ܘܪܓܬ ܠܗܝ ܡܬܓܒܪܐ ...
ܘܗܢܐ ܥܒܕ ܡܫܝܚܐ ܟ̈ܠܗ ܕܥܠܝܗ ܠܗ ܐܦܘܠܝܢܐ ܚܘܬ ܢܦܫܗ.
ܘܐܫܬܐܠ ܡܢ ܒܬܒܢܗ ܘܠܐ ܡܟܠܗ. ܐܬܒܪܬ ܠܗ ܠܗ ܓܒܪ. ܕܗܟ
ܡܫܬܒܚܐ ܕܡܫܠܛܢܘܬܐ ܐܬܓܒܪܬ ܒܠܒܗܘܢ، ܦܫܝܬ. ܘܗܢܐ ܚܙܐ
ܘܐܡܪ ܕܐܝܟ ܥܒܪܐ ܚܙܘܗܝ، ܡܢ ܒܬܪܗ ܕܒܢܬܗ. ܐܬܐܡܪ ܠܗ
ܓܒܪ. ܘܒܥܝܢܝ، ܦܬܓܡܐ ܡܫܬܐܠܬ ܒܗ ܐܡܪ. ܕܠܐ ܠܟ ܙܕܩ ܗܘܐ
118 r. ܠܝ ܐܘ ܟ̈ܠܬܐ * ܕܗܘܦܟܢܐ. ܕܗܘܢܐ ܢܬܟܬܒܘܢ ܒܟܬܒ̈ܝܢ ܕܡܬ̈ܬܢܝܢ
ܕܐܝܬܝܟ ܒܥܠܝܠܐ ܕܡܠܘܬܗ ܕܦܪܘ. ܕܬܘܒ ܡܢ ܟܠܗܘܢ ܟ̈ܠܬܐ
ܥܡܠܐ ܚܙܪܐ ܘܪ̈ܚܡܐ ܒܟܝܢ ܡܠܝܢ ܟ̈ܠܬܐ ܘܦܪܗܣܝܐ ܡܬܦܢܝܬܐ
ܐܝܬ ܠܗ ܠܗܘܬܗ. ܘܡܦܠܐ ܒܟ̈ܐܒܘܗ ܕܬܦܠܘܒ ܠܝ. ܐܝܟ ܡܢܐ
ܕܡܢܝܐ ܒܫܠܝܐ ܕܬܒܝܐܒ ܠܝ. ܐܝܟ ܡܠܬܐ ܗܘܠ ܫܒܝܚܐ ܕܡܕܝܢ
ܘܠܬܠܡܝܕ̈ܐ. ܙܕܩ ܗܘܐ ܠܝ ܕܬܦܪܣܘܗܝ، ܠܬܠܡܝܕܐ ܗܢܐ ܐܝܙܓܕܘܬ
ܚܝܝܢ ܘܠܫܘܪܝܢ. ܘܐܦ ܫܦܝܪ ܒܟܪܝܗܝܢ ܐܡܠܝܢ ܕܥܠܝܗ ܠܝ. ܘܐܠܐ
ܐܬܦܟܬܗܝ، ܠܗ ܕܠܐ ܒܠܒ. ܘܫܦܝܪ ܡܬܓܒܪܐ ܕܙܘܥܪܐ ܒܟܪܝܗ
ܡܫܝܚܐ. ܘܐܬܦܟܠ ܒܠܗܘܢ، ܡܠܐܟܬ. ܘܡܫܒܚ ܡܢܗ ܠܬܠܡܝܕ ܘܥܠ

ܠܡܫܡܫܢܘܗܝ. ܘܟܕ ܦܬܚܘܗ ܘܩܪܘܗܝ. ܚܙܐ ܒܦܓܪܗ ܘܐܬܬܚܝܪ ܘܡܠܟܐ ܦܘܡܗ ܘܐܝܟ. ܘܢܩܒ ܠܦܓܪܗ ܟܕ ܐܡܪ. ܗܘ ܠܟ ܗܐ ܕܐܬܦܠܐ ܐܝܟ ܗܕܐ ܒܪܬ ܩܠܐ. ܫܡܠܬ ܒܦܓܪܝ ܚܕܐ ܕܪܘܫܐ ܕܐܢܫ. ܒܬܒܐ ܕܡܢ ܕܐܫܬܪܪ ܠܗ ܡܠܘܗܝ. ܐܬܬܘܗܝ ܗܘܐ ܗܟܢܐ. ܕܟܕ ܠܟ ܐܘ ܡܠܟܐ ܕܪܗܘܡܝܐ. ܕܠܘ ܠܟ ܐܢܫܐ ܘܦܪܘܫܐܝܬ ܗܘܐ ܡܫܠܡܢܝ ܠܐܪܒܥܐ ܩܕܠܝ ܢܩܡܬܐ. ܕܐܠܗܐ ܕܪܘܡܢܝܐ ܕܠܗ ܦܠܚ ܐܢܬ ܐܪܝܡܘ SO ܒܪܚܡܝ: ܕܬܫܘܬ ܬܫܒܘܚܬܗ, ܠܟܠܗ ܐܢܫܐ ܕܦܪܘܩ. ܕܫܢܝܐ ܠܗ ܬܠܬܝܢ ܘܬܪܝܢ. ܕܢܬܦܫ ܚܝܘ ܠܡܠܟܐ ܘܠܒܢܘܗܝ, ܠܥܠܡܐ: ܘܡܫܡܫܢܘܗܝ, ܠܥܡܐ. ܒܥܡ ܟܢܫܐ ܐܚܪܢܐ ܕܡܕܝܢܬܐ ܕܡܫܝܚ ܘܡܫܡܫܢܐ ܠܥܠܡ. ܘܐܬܕܠܝܠܬܐ ܕܢܬܝ ܕܢܬܝ. ܘܠܐ ܬܬܦܠܓ ܥܠ ܗܕܐ: ܕܐܠܗܝ ܒܓܒܪܘܗܝ, ܡܬܦܠܓܐ ܘܡܢܠ ܝܩܪܐ. ܫܪܝܪܬ ܓܝܪ ܒܗܕܐ ܕܡܬܬܚܙܝܐ ܠܗܘܢ ܡܢ ܕܪܘܫܐ: ܕܟܦܘܪ ܒܐܠܗܘܬ ܘܐܬܢܦܩܘ ܡܢ ܫܪܝܐ. ܟܠܗ ܗܝ ܠܪܘܫܝ. ܕܫܡܗ ܕܐܠܗܘܬܗܘܢ ܕܗܝܐ ܟܠܗܘܢ ܡܬܢܦܠܓܐ. ܒܗܘܢ ܘܗܐ ܡܠܟܐ ܕܐܬܬܘܗܝ, ܒܪܘܚܐ ܗܘܐܬܐ: ܐܢ ܐܢܫ ܢܣܝܐ ܠܝܘܡܢ ܡܢܬܬܘܗܝ ܢܦܫܗ: ܐܝܟ ܗܢܐ ܕܗܘ ܡܠܟܐ ܘܡܘܗܒܐ ܐܬܚܙܝ ܒܗ. ܒܗܢܐ ܕܩܪܐ ܐܠܗܐ ܒܡܠܘܗܝ, ܢܦܫ. ܕܟܠ ܝܘܡ

118 v. ܫܡܥܗ ܠܥܠܡܐ ܘܠܡܬܦܠܓܘܬܐ ܢܗܘܐ ܢܫܡܥܘܢ ܐܢ ܗܟܢ * ܒܡܠܘ ܢܫܡܥ ܐܢܫ ܐܢܬ ܠܐܠܗܝ ܡܠܟܘܬ. ܗܘ ܒܫܘܡܠܝ ܚܕܐ ܕܒܕܪܘܗܝ. ܘܗܘ ܠܗܘܢ ܐܝܟ ܒܐܠܗܘܬ ܦܘܡܝ. ܕܠܗܐ ܒܟܪ ܫܡܝܢ ܐܠܗܐ ܡܠܟܐ. ܘܡܦܩ ܠܝ ܬܚܒܐ ܒܐܬܪܐ ܕܠܟܕ ܐܬܪܐ ܕܐܠܗܝܢ ܥܠ ܟܘܠ ܫܪܝܪ ܕܐܠܗܝ. ܬܘܗܐ ܠܗܘܢ ܡܒܕܪܢܐ. ܒܦܪܗܣܝܐ ܕܢܗܒ ܠܝ ܐܠܗܝ ܦܩܕ ܡܠܝ ܡܠܟܐ. ܘܠܐ ܬܬܦܠܓ ܥܠ ܫܦܝܪܬܐ. ܒܗܕܐ ܕܦܪܗܣܐ ܐܬܬܘܗܝ. ܕܢܫܐ ܐܦ ܗܘܘ ܠܗܘܢ ܠܝ ܢܒܕܪܢ. ܘܫܡܥܘܢ ܗܢܘܢ ܟܠܗܘܢ ܕܢܝܚܐ ܡܬܦܢܝܢ. ܕܠܡܠܟܐ ܗܟܢܐ ܬܗܘܝܐ ܡܢ ܒܡܕܝܢܬܐ ܘܬܘܬܐ ܒܬܪܗ ܕܗܢܐ ܕܢܦܩܘܗܝ ܐܢܫܐ ܓܝܪ ܐܠܐ ܡܚܝܐ ܗܘܬ ܚܠܦ ܕܗܕܐ ܟܠܗ ܡܚܝܢܝ. ܠܘ ܒܡܠܟܐ ܕܡܠܟܐ ܗܘܬ ܠܝ ܒܗܠܝܢ. ܐܠܐ ܡܛܠ ܕܝܕܥܐ ܗܝ, ܡܢ ܗܕܐ ܠܝ ܕܡܢ ܦܘܡܗ ܗܘ. ܗܘ ܫܒܩܬܝ ܒܬܪܗ, ܕܐܢܫܐ ܕܪܘܫܐ ܘܫܢܐ

ܡܢ ܟܠ ܬ̈ܒܠ ܡܫܡܫܢܘܬܟ ܒܐܘܪ̈ܚܬܢ. ܘܒܬ̈ܫܒܚܬܟ ܢܬܒܣܡ ܐܠܗܐ ܠܗܕܐ. ܐܦ ܬܫܡܫܬܐ ܡܢ ܒܕܪ̈ܝܗܘܢ ܗܘܐ ܠܘܬ ܡܠܟܢ ܡ̈ܠܟܐ ܠܫܡܫܐ ܬܠܝܬܝܐ ܐܬܝܐ ܠܘܬܟ. ܐܝܟ ܡܢܐ ܕܐܫܬܘܕܝ ܠܟ. ܘܡܫܡܫܐ ܠܗ ܕܢܫܐܠ ܡܢܟ ܒܫܠܝܐܝܬ. ܒܢܘܡܐ ܕܐܠܝ̈ܚܝܢ[1] ܘܐܬܪܐ ܟܠܗ ܕܡ̈ܫܡܫܢܘܗܝ ܗܘܘ ܕܝܢ ܒܗܕܐ ܬܘܒܐ.[?.] ܕܐܦ. ܒܗ ܒܡܫܡܫܢܘܬܐ ܬܫܡܫܬܐ ܬܬܒܥܠ ܗܘ ܡܢܐ ܕܪܒܐ ܢܫܟܚ. ܐܬܐܡ ܗܘܠ ܡܠܟܐ ܘܫܐ، ܡܢܐ ܗ[?,] ܥܐܠܬܟ. ܗܘ ܟܠ ܕܝܢܗ ܕܡܠܟܘܬܐ ܘܦܪ̈ܫܘܬܐ ܕܐܘܪܚܢ ܠܗܘܠ ܕܫܡܫܬܗ ܕܐܠܗܟ. ܘܟܠܟܐ ܕܬܫܡܫܬܐ [?] ܠܟ ܕܟܠܐ. ܢܒܥܐ ܗ̇. ܗܘ ܗ̈ܘܢܟ ܠܥܐܠܬܗ. ܒܥܙ ܕܝܢ ܠܗ ܕܐܝܟ، ܒܪܬ ܡܠ̈ܘܫܐ. ܐܬܚܝܬ ܠܗ ܕܠܝܬ ܠܟ ܥܐܠܬܐ ܕܪܒܐ ܡܢ ܗܕܐ: ܒܙ ܠܒܢ̈ܝܗ، ܕܐܠܗܐ ܕ̈ܡܫܐ ܘܬܪ̈ܝܢܐ ܬܦܪܘܣ ܒܥܐܠܬܟ. ܠܗ ܠܒܪ ܕܒܪܝܐ ܗ̇، ܗܕܐ ܕܒܥܐܠܬ ܢܙ. ܒܪܒܐ ܕܡܬܢܨܒ ܡܢܟ ܬܫܬܠ ܢܟܣܗ ܕܡܠܟܘܬ ܡܢ ܬ̈ܒܠ ܡܫܡܫܢܘܬܟ. ܘܬܫܟܚ ܬܫܡܫܬܗ ܒܗ ܕܫ̈ܒܩܐ ܐܪ̈ܒܥܝܢ ܐܫܬܦܠܬ ܠܡܦܠܠܐ ܕܪ̈ܘܦܛܢܐ ܘܠܐ ܒܪܓܠ ܘܒܒܬ ܡܢ ܕܡܫܡܫ ܘܒܙ ܗܕܐ ܬܒܥܙ. ܘܠܐܠܗܟ ܕܠܟ ܡܪܚܡܬ ܘܡܫܡܫܬ ܐܦ ܠܗ ܒܪܘܡ ܐܝܬ ܦܠܚܘܬܐ. ܐܝܟܐ ܕܝܢ ܐܝܬܝܬܐ ܐܝܟܐ ܀ ܫܦܝܪܬ ܕ̈ܡܫܐ. 119 r

ܘܟܕ، ܡܢ ܒܙܘ ܐܬܗܦܟ ܠܗ ܠܬܫܡܫܬܐ. ܡܢ ܐܡܠܝ ܕܕܠܐ ܒܪܘܡܐ ܐܫܬܕܪ ܒܒ̈ܢܝܗܘܢ، ܕܐܠܗܐ. ܘܗܠܝܢ ܕܬܬܒܥ ܠܟ. ܫܒܩ ܕܬܬܒܥܬ، ܢܟܠܝܢ ܕܘܬܒ. ܘܗܒܝܢ ܫܠܫ ܢܫܬܦܠܝܢ ܟܠ ܗܕܐ. ܒܫܘܥܬ، ܒܪ ܡܪ̈ܗܘܢܬ، ܘܪ̈ܚܡܬ، ܟܠܗ̇ ܗܕܐ ܗܒ. ܢܗܘܐ ܕܢܬܬܠܝܢ ܗܠܝܢ ܡܢ ܐܘܪܚܝܢ ܀ . . . ܗ̇ܘ، ܫܠܡ ܐܝܟ ܘܡܫܪܢܘܬܟ. ܘܟܠܐ ܟܠ ܠܐܠܗܟ. ܕܢܗܘܗ̇ ܠܢܦܫ ܡܢ ܕܒܝܐ ܕܐܬܐܫܙ ܒܐܘܪܚܝܢ. ܕܠܐ ܗܒܠ. ܗܢܘ ܕܝܢ ܦܢܝܡܗ ܕܬܬܒܥ̇. ܕܐܫܬܪܪ ܠܡܫܝܚܘ ܡܢ ܐܦܠܝܢܐ ܡܠܟܘܬ̇ܐ. ܒܐܬܪ̈، ܘܐܪܝܚ ܡܫܡܫܢܐ. ܐܦ ܗ̇ܘ ܕܝܢ ܒܒܙ ܒܢܝܢܐ ܕܬܬܒܥܗ. ܘܫܪܪ ܠܗ̇ ܡ̈ܠܟܐ ܕܡܫܡܫܢܘܬܐ: ܕܢܫܝܡ ܠܬܫܡܫܬܗ̇ ܘܡܫܒܚܝܢ ܦ̈ܪܝܫܗ̇. ܫܘܪ ܕܝܢ ܒܡܫܡܫܢܘܬܗ ܕܓܒܪܐ ܦܘܪܫܐ. ܕܒܙ ܦܠܓ ܗܫܟܐ ܟܠܒܗ ܕܫܘܒܪ ܗܕܐ ܕܠܐ ܦܠܚܘܬܗ̇ ܕܐܦܠܝܢܐ. ܒܬܒܥܐ ܕܒܒܙ.

1) Ende verlöscht.

ܠܗ̇. ܐܠܐ ܡܫܒܚ ܗܘܐ ܠܗ. ܘܡܘܕܐ ܠܡܪܚܡܢܘܬܗ. ܘܐܝܟ ܡܐ ܕܗܘ̣ܐ ܗܘܬ ܠܗ ܟܠܬܐ ܠܦܘܬ ܥܠ ܗܢܐ ܗܘܡܒܪܢܐ ܡܕܒܪܢܐ ܠܗ̇ ܒܒܝܬܗ̇. ܦܠܢܝ̈ܬܐ ܐܝܟ ܕܐܦ ܕܩ̈ܘܗܝ. ܘܐܫܬܘܕܝ ܒܡܪܒܐ ܗܢܐ: ܕܢܬܠܘܢ ܣܘܦܝܢ ܕܐܪܥܘܢ ܠܗ ܬܫܒܘܚܬܗ̇. ܘܐܫܬܐܠܝܢ ܡܢ ܦܠܢܝ̈ܬܐ ܕܠܐ ܢܓܥܝܢ. ܘܩܠܝܠ ܡܢ ܦܠܓ ܕܒܘ̈ܪܬܐ ܡܢܗܘܢ. ܕܫܘܡ ܠܗܘܕܝܢܐ ܙ̇ܫܡܠܝܢ. ܒܗܘܕܝܢܝܢ ܒܒܬܒܐ ܗܢܐ. ܠܐܝܠܝܢ ܕܢܣܒܝܢ ܕܢܬܗ̇ܠܟܘܢ ܒܥ̈ܒܕܐ ܕܐܝܟ ܗܠܝܢ. ܕܬܗܕܐ ܕܝܢ ܣܒܝܕ: ܕܐܝܬܘܗܝ ܫܩܠ ܫܘܠܛܢܐ ܡܪܒܐ ܕܒܝܬ ܡ̈ܠܟܘܬܐ. ܫܘܠܛܢ ܙܒܢܐ ܘܡܫ̈ܡܫܢܘܬܐ. ܕܟܠܗܘܢ ܒܦܘ̈ܩܕܢܝܬܐ ܢܛܠ ܠܗ̇ ܗܘܐ ܠܬܫܡܫܬ̣ ܘܢܦܘܩ ܡܢ ܦܬܘܐ ܕܡ̈ܠܟܐ ܦܠܢܝ̈ܬܐ. .... ܘܗܘ̣ܐ ܕܟܕ ܐܬܦܠܓ ܫܒܘܪ ܠܡܕܝܢܬܐ ܕܗ̈ܘܡܪܝܐ ܒܢܘܡܟܐ ܬܠܬܝܢܐ: ܐܝܟ ܕܐܫܬܘܕܝ ܒܗܘܡܠܟܐ ܕܡܕܝܢܬܗ: ܒܪ ܐܢܫ ܒܕܝܗ ܫܐܪܗ̇ ܘܪ̈ܘܒܝܢܗ̇ ܕܦܪܣ. ܘܗܡܢܗ̇ ܠܡܕܝܢܬܐ ܡܢ ܡܕܒܠ. ܘܢܦܩܘ ܡ̈ܠܟܐ ܬܪ̈ܝܗܘܢ ܡܢ ܡܕܝܢ̈ܬܗܘܢ؛ ܘܐܬܦܪܢܣܘ ܚܕ ܠܘܬ ܚܕ ܒܝܬ ܡܕܝܢܬܐ ܕܡ̈ܠܟܐ ܬܪ̈ܝܗܘܢ؛ ܕܢܗܘܘܢ ܪ̈ܚܡܐ ܡܢ ܚܕ̈ܕܐ ܥܠ

119 v. ܥܡܐ ܕܒܝܬ ܡ̈ܠܟܘܬܐ. ܘܐܬܦܩܕ ܕܢܐܬܘܢ * ܠܡܕܝܢܬܐ ܕܡ̈ܠܟܐ. ܫܐܪ̈ܐ ܘܪ̈ܘܒܢܝܐ ܕܡ̈ܠܟܐ ܬܪ̈ܝܗܘܢ ܘܗܘ̣ܐ ܗܢܐ. ܘܐܬܘ ܡ̈ܠܟܐ ܬܪ̈ܝܗܘܢ ܘܪ̈ܘܒܢܝܗܘܢ؛ ܒܝܕ ܬܪ̈ܝܗܘܢ ܡܕܝܢ̈ܬܐ. ܘܫܠܡܘ ܡܫܝܚܘܬܐ ܡܢ ܫ̈ܐܪܐ ܕܢܐܬܘܢ ܠܡܕܝܢܬܗ̇. ܘܢܗܘܐ ܫܝܢܐ. ܘܗܘܬ ܒܫܢܬܐ ܦܠܢܝܬܐ ܒܝܘܡ̈ܝܗܘܢ؛ ܥܠ ܐܝܠܝܢ ܕܠܐ ܒܕܘܟܐ ܐܘܬܒܘ ܒܐܘܚܕܢܐ ܕܡ̈ܠܟܐ ܬܪ̈ܝܗܘܢ؛ ܘܐܬܚܫܒܘ ܐܬܬ̈ܘܬܐ ܕܐܫܪ ܫܒܘܪ ܒܐܘܚܕܢܐ ܕܗܘܡܪܝܐ: ܒܢ̈ܩܡ ܒܢ̈ܘܗܝ ܕܗܘܦܠܠܟܝܣ. ܘܐܬܬ̈ܘܬܐ ܕܐܫܪ ܘܠܝܫ ܒܐܪܥܐ ܕܦܪ̈ܣܝܐ. ܘܟܠܗ̇ ܡܠܝܠ ܠܟܐ ܕܗܘܡܪܝܐ ܠܦܪ̈ܣܝܐ. ܘܐܬܬܗܦܟܬ ܠܝܡܝܢ ܠܦ̈ܪܣܝܐ ܡܟܐ ܘܐܝܟ ܩ̈ܕܡܝܢ ܗܘܝ ܘܐܬܪܐ ܒܗܠܝܢ ܕܡܟܢܫܝܗ̇. ܗܘܐ ܕܝܢ ܡܢܝܢܘܬ ܕܠܐ ܡܦܢܝܢܐ. ܐܝܟ ܠܗ ܒܪ ܫܒܘܪ ܠܡܟܣܢܘܗܝ. ܕܟܕ ܦܟ ܠܗ ܒܝܘܡܗ̇ ܕܡܐܢܘܬܐ ܐܬܡܢܥܬ ܠܗ ܢܝܟܝܢ: ܫܢܐ ܡܟܠ ܒܝܬܗ̇ ܕܐܢܫ: ܘܐܫܬܪܬܐ ܬܘܒ ܕܕܠܝ ܗܘܐ ܒܪܟܐ ܡܢ ܡܢܗ ܘܡܫܠܦ ܣܠܩ ܡܢ ܐܬܥܝܢ. ܒܙܢ ܕܝܢ ܘܟܕ ܦܠܒ. ܗܕܢܐ ܗܘܝ. ܒܫܢܬܐ ܕܐܝܬ ܠܗ ܠܘܬ ܫ̈ܢܝܐ ܦܠܓܘܬܐ ܫܠܛܢܗ̇ ܥܠ ܠܗܕܐ

ܕܐܬܬܒܪܬ. ܕܐܘܣܦ ܦܘܩܕܢܐ ܥܠ ܦܘܩܕܢܐ. ܘܐܦܪܘܫ ܡܗܝܡܢܘܬܐ ܥܠ ܡܗܝܡܢܘܬܐ. ܘܒܬ̈ܠܡܝܕܐ ܟܠܗܘܢ ܡܗܝܡܢܐ ܐܢܐ ܠܝ: ܘܡܗܘܪܝܢ ܐܠܗܘܬܗ ܕܫܒܚܐ: ܕܡܫܠܡܝܢ ܫܘܠܛܢܗ ܥܠ ܟܠ ܥ̈ܠܡܝܢ. ܕܠܡܐ ܬܐܡܪ ܠܒܝ ܒܪܘܬܗ ܕܡܫܝܚܐ: ܐܠܐ ܟܠ ܕܪ̈ܓܫܐ ܢܦܫܝ ܡܢ ܐܘܚܕܢܝ. ܫܐܠ ܘܬܘܒ. ܠܝ ܥܠ ܒܪܟܐ ܕܐܬܦܫܩ ܡܢܝ ... ܐܡܪ ܠܗ ܡܫܝܚܐ. ܡܢܐ ܐܝܬ ܒܡܠܟܐ ܕܢܫܒܘܩ ܠܗ ܐܠܗܐ ܐܝܟ ܢܦܫܗ ܐܘ ܡܠܝ ܡ̈ܠܟܐ ܗܘܐ ... ܫܒܘܩ ܐܡ̈ܪ. ܘܠܐ ܡܕܡ. ܡܫܝܚܐ ܐܡ̈ܪ.
120 r. ܐܘܟܝ ܡܢ ܗܟܝܠ ܢܦܫܐ ܕܡܒܥܝܐ ܠܗ ܡܢ ܟܠ: ܫܡܥܬܘܢ 80 ܡܪܝ، ܡ̈ܠܟܐ ܘܡܫܬܥܝܢ ܒܐܪ̈ܚܝ. ܘܠܐ ܡܩܒܠ ܠܗ ܟܠ ܐܢܫ. ܕܬܗܘܐ ܟܠ ܡܫܒܚܬܐ ܕܡܪܝ * ܠܗ ܒܫܐܠܬܟ. ܕܒ ܗܟܝܠ ܡܪܝ، ܡ̈ܠܟܐ ܘܬܬܗܢܐ ܠܟ ܡܠܟܐ. ܕܐܠܘ ܐܬܟ ܠܡܫܐܠ ܡܢܝ: ܡܢ ܡܢܐ ܘܡܛܠܡܢܐ ܠܡܠܟܘܬ ܢܗܪܐ ܕܟܪܙ ܒܗ ܬܫܒܚܬܝ. ܠܐ ܩܒܠ ܗܟܢܐ ܠܗ ܒܫܐܠܬܟ. ܒܪܐ ܚܕ ܐܢܬ، ܕܡܠܟܘܬܟ. ܘܫܠܝܛ ܗܘ ܐܒܐ ܒܡ̈ܫܝܚܘܬܗ، ܕܒܪܗ. ܫܐ̈ܠܬܗ ܕܝܢ ܘܬܘܕܝܬܗ ܕܦܛܪܘܣ: ܒܪ ܫܡܥܘܢ ܝܘܚܢܢ ܦܠܚܐ ܠܟܐܦܐ ܕܡ̈ܠܟܐ ܕܬܘܕܝܬܗ. ܐܝܬܘܗܝ ܡܫܝܚܐ ܒܟܠ ܬܫܒܘܚܬܗ. ܘܒܪܗ ܕܐܠܗܐ ܘܡܠܟܐ ܡܫܠܡ ܗܘܐ ܠܗ ܠܒܪܐ ܦܪܘܩܐ. ܘܒܪܗ ܕܡܠܟܘܬܗܘܢ ܩܕܡ ܗܘܐ ܠܗ ܘܐܡܪ ܠܗ. ܕܐܝܟ ܠܟ ܒܪܐ ܡܢ ܬܘܕܝܬܗ، ܕܐܒܘܗ، ܫܐܠ ܒܢܝܐ ܕܢܦܩܐ ܐܝܬ ܘܬܘܒ ܠܝ. ܘܠܐ ܬܗܘܐ ܒܠܚܘܕ ܒܪܘܬܗ ܕܡܫܝܚܐ. ܘܟܕ ܦܬܚܘ ܡܢ ܬܫܒ̈ܚܬܗܘܢ ܡܛܠ ܒܥܠܕܒܒܗܘܢ ܡܫܝܚܐ ܘܐܡܪ ܠܗܘܢ ܫܟܘܪ ܠܟ ܫܡܥܘܢ ܡܢ ܝܘܚܢܢ ܦܠܚܐ. ܕܐܦ ܫܡ ܒܗ ܕܡܫܝܚܐ ܫܠܡ ܫܡ ܒܐܒܘܗܝ ܕܡܠܟܘܬܟܘܢ. ܒܕ ܠܝܬ ܒܪܘܬܐ ܡܕܡ ܒܢܦܫ ܟܠ ܫܡܫܘܬܗ ܕܡܫܝܚܐ. ܘܡܫܝܚܐ ܕܐܝܬ ܠܗ ܒܡ ܫܕܝܐ. ܘܕܠܝ ܕܠܒܘܟܝ ܕܠܝ. ܘܟܠ ܗܢܐ ܬܗܘܒ ܕܐܒܚܬܟܘܢ ܠܡܫܐܠ ܡܫܝܚܐ. ܫܐܠܬܟ ܒܠܚܘܕ ܡܠܟܐ ܗܘ، ܦܠܒ ܘܠܐ ܡܬܒܝܢ ܒܗ ܐܘܟܝܬܘܢ ܕܠܘ ܐܬܪܐ ܥܠܝ ܐܬܪܐ. ܘܡܫܝܚܐ ܥܠܝ ܡܫܝܚܐ ܐܝܬ ܠܝ ܠܡܫܐܠ. ܐܠܐ ܕܢܫܒܘܩ ܘܦܫܐܝܐ ܟܠܗܘܢ ܠܥ̈ܠܡܝܢ ܕܐܒܘܬܟܘܢ: ܘܒܗܕܐ ܗܘܬ ܡܫܬܒܚܐ ܡܠܟܘܬܟܘܢ. ܘܡܬܬܠܡܝܢ ܡܫܝܚܘܬܟܘܢ ... ܐܡܪ ܠܗ ܫܟܘܪ. ܡܢܐ ܗܘ،

ܐܫܬܠܡܬ ܚܘܒ ܘܡܫܡܫܐ ܠܗ ܡܢ ܒܪܗ .... ܘܫܒܝܩܘ ܐܚܪ̈ܢ.
ܐܫܬܠܡܬ، ܡܢ̈ܝ، ܡܠܟܐ ܗܘܐ ܗܝ. ܕܝܠܗ ܫܢ̈ܝܐ ܕܐܬܬܣܝܡܬ ܠܘܩܒܠ
ܠܡܠܟܘܬܗ̇. ܘܡܠܟ ܫܢܝܐ ܥܠ ܦܠܣܛܝܢܐ ܒܐܘܪܫܠܡ܆ ܘܫܪܝܪܐ
ܒܪ ܕܝܘܐ ܡܢܗ ܕܠܐ ܕܘܟܐ. ܕܡܫܡܫܬ ܠܝܫܘܥ ܡܠܟܘܬܗ܆
ܕܠܐ ܐܝܟ * ܕܒܪ ܠܝܫܘܥ ܕܫܦܝܪܐ ܒܗ ܗܘܐ ܡܫܝܚܐ ܕܢܒ̈ܝܐ ܡܠܟܐ. 120 v.
ܕܐܬܬܣܝܡܬ ܠܘܩܒܠ ܠܦܘܩܕܢܐ. ܐܠܐ ܢܬܒܥ ܥܠܝܐ ܒܐܘܪܫܠܡ܆.
ܒܗ ܠܗ ܕܡܢܗ ܠܝܫܘܥ܆ ܘܡܬܠ ܦܠܣܛܝܢܐ ܕܡܬܝܚܕܘܬܗ̇. ܢܬܒܥ
ܠܝܫܘܥ ܕܒܝܬܘܗܝ܆ ܘܡܦܪܫܘܬܐ ܕܡܠܟܘܬܗ̇. ܕܢܬܒܥ ܢܥܒܕ
ܦܘܠܚܢܐ ܕܐܬܬܣܝܡܬ܆ ܘܗܘ ܗܘܐ ܬܫܡܫܬܗ̇. ܝܘܡܐ ܫܒܝܥܝܐ
ܠܡܠܟܘܬܗ̇ ܡܠܟܐ ܘܫܪܝܬ .... ܐܚܪ̈ܢ ܠܗ ܫܒܩܘ. ܘܗܘܐ ܗܘܐ ܗܝ،
ܡܢ ܐܫܬܠܡܬ ܐܘ ܡܠܟܐ ܕܝܘܡ̈ܬܐ. .... ܘܫܒܝܩܘ ܐܚܪ̈ܢ. ܘܦܠܛ
ܙܒܢܐ ܘܡܫܝܚܐ ܡܠܟܐ. ܡܢ ܥܠ ܗܕܡ̈ܝܢ. ܐܝܟ ܐܢܘܢ ܒܪ ܒܡܫܝܚܘܬܗ̇.
ܘܠܐ ܝܗ̇ܒܐ ܐܢܫܐ ܒܐܬܪ̈ܘܗܝ܆ ܗܘܝܢ ܫܒܩܘ ܡܢܗ ܫܘܪ ܠܐܬܪ̈ܘܬܐ
ܕܐܘܪܫܠܡ. ܕܢܦܠܛ ܙܘܦܝܐ ܡܢ ܦܠܣܛܝܢܐ ܒܝܘܡܝܗܘܢ ܐܬܪ̈ܘܬܐ
ܕܫܘܠܛܢܗ. ܕܗܢܐ· ܠܗ ܝܘܡܢܐ ܗܘܐ ܠܝ. ܕܢܦܩܘܢ ܫܘܪܐ ܘܦܪ̈ܝܫܬܐ
ܒܝܘܡ ܥܠ ܕܒܠܝ. ܐܝܟ ܕܫܡܥ ܫܘܪܐ ܘܦܪ̈ܝܫܬܐ ܒܝܘܡ ܡܠܟܘܬܗ܆
ܘܡܢ ܗܫܐ ܐܦ ܒܗ ܒܥܘܬܗܘܢ܆. ܢܬܒܥ ܠܗܘܢ܆ ܘܐܢ ܠܗ ܐܝܬ
ܕܚܝܝ̈ܢ ܘܦܘܫܩ ܒܦܠܓܐ ܕܡܫܝ̈ܚܐ ܢܬܒܥ ܡܢ ܕܝܢ ܘܢܬܦܪܫ܆.
ܘܡܢ ܟܠܗ ܕܡܠܟܘܬܗ̇ ܢܗܘܐ ܢܣܩܬܐ ܕܚܝܝܗܘܢ ܒܝܘܡܐ ܕܫܠܡ
ܫܘܠܛܢܗܘܢ ܘܐܢ ܢܦܩܘ ܠܗ ܠܐܝܟ ܐܘ ܒܝܘ ܠܗ ܡܕܡ ܡܢ ܦܠܣܛܝܢܐ.
ܢܦܫܗ، ܠܗܘܢ ܝܡܝܢܗ ܘܢܬܬܠܝ ܫܘܪܗ، ܐܢ ܕܝܢ ܐܝܟ ܡܢܝܢ
ܒܬܪ ܦܘܪܩܢܐ ܗܢܐ. ܘܒܐܝܕ ܥܠ ܒܝܬܐ ܕܝܘܡ̈ܢ. ܗܘܐ ܗܘܐ
ܢܬܦܫܩ. ܘܥܠ ܕܐܝܬ ܠܗ ܠܒܝܬܐ ܢܬܡܠܟ .... ܫܠܡ ܕܝܢ ܬܘܒ
ܙܒܢܐ ܕܢܦܠ ܫܘܒܐ ܘܦܪܝܫܬܐ ܕܐܝܬ ܠܝ ܒܗ ܡܠܟܐ ܕܝܘܡ̈ܬܐ.
ܢܦܩ ܒܣ̈ܦܪܘܗܝ ܕܦܠܣܛܝܢܐ ܗܘ: ܘܫܪܪ ܡܢ ܫܠܡܐ ܠܟܠ ܡܠܟܐ
ܕܐܝܬ ܒܟܪ̈ܟܐ ܕܦܠܣܛܝܢܐ. ܒܟܠܗ ܐܘܪܫܠܡ ܕܡܠܟܘܬ܆ ܘܢܬܦܫܩܘܢ
ܒܠܝܘܢ ܟܪ̈ܟܐ ܕܟܢܫ̈ܝܗܘܢ܆ ܕܒܝܘ ܒܠܝܘܢ ܢܩܦܐ ܕܢܦܩ̈ܬܐ.
ܐܝܟ ܕܒܐ ܕܐܝܬ ܒܗ ܕܝܘܡ̈ܬܐ. ܐܢܐ ܫܒܩܬ ܡܠܟ ܦܪܘ * ܒܪܗ 121 r.

ܕܗܘܪܡܝܙܕ ܡܠܟܐ: ܘܐܟܘܬ ܢܚܫܝܪܟܢ ܒܡܘܕܝܬ ܒܡܘܕܝܢܐ ܗܘܐ ܘܒܣܘܣܬ
ܦܣܩܢܐ. ܕܠܐ ܫܠܝܛ ܠܡ̈ܠܟܐ ܕܡܢ ܒܬܪ:· ܕܢܫܪܘܢ ܥܒܕܐ ܕܥܒܕܬ
ܒܝܬ ܡܠܟܘ̈ܬܐ. ܐܦ ܕܢܫܪܘܢ ܘܢܚܪܒܘܢ ܙܕܝܩܐ ܥܠ ܒ̈ܝܘܠܦܢܐ.
ܡܢܗ ܕܢܬܠܒܫ ܡܟܐܐ ܥ̈ܒܕ. ܠܡܘܕܝܘܬܗ ܕܢܨܚܢ. ܕܗܘܐ ܢܨܚܢܐ
ܗܘܐ ܠܗܘܪܡܝܙܕ ܐܠܗܐ ܪܒܐ ܡܪܝܐ. ܘܠܫܒܝܐ ܘܢܘܪܐ ܐ̈ܠܗܐ
ܕܒܬܪܗ. ܕܫ̈ܒܝܐ ܕܐܐܐ ܥܒܕܐ ܗܘ ܒܝܬ ܡ̈ܠܟܘܬܐ. ܘܫܠܝܛ ܡܢ ܗܕܐ
ܠܦ̈ܘܩܕܐ ܕܢܣܒܘܢ ܘܢܬܠܘܢ ܒܗ ܪ̈ܘܡܝܐ. ܘܕܢܚܒܠܘܢ ܘܕܢܚܒܠܘܢ.
ܘܢܬܬܟܪܘܢ ܒܗ ܫ̈ܕܕܐ. ܠܡܟܪܐ ܕܫ̈ܒܝܐ ܢܬܘܣܦ ܥܒܕܐ ܕܡܠܟܘܬ
... ܗܢܘܢ ܪ̈ܘܡܝܐ ܐܪܒܥܘ ܘܠܗܘܢ ܒܠ ܬܫ̈ܒܘܚܬܗ ܕܥܒܕܪ.
ܒܕܢܐ ܗܟܢܐܐ ܡܠܘܫܝܢ ܗܘܘ ܠܗ. ܘܟ̈ܒܠܬ ܩ̈ܠܐ ܕܡܫܪܝܘܬܐ
ܕܥܒܝܢ ܠܒܗ. ܡܥܕܪܝܢ ܗܘܘ ܠܗ ܒܩܠܝܗܘܢ ܡܢ ܡܥ̈ܪܬܗܘܢ.
ܘܐܒܘܗ̈ܝ ܕܡܠܟܘܬܐ ܡܥܒܕܝܢ ܗܘܘ ܠܗ. ܘܒܪ ܫܒܒܬ ܡܥܒܕܢܘܬܗ
ܕܦܪ̈ܘܢܐ ܡܢ ܬܥܒ̈ܕܘܬܗܘܢ. ܘܡܢ ܡ̈ܠܟܐ ܬܪ̈ܝܢܗܘܢ ܡܢ ܒܘܪ̈ܣܘܬܗܘܢ.
ܘܗܦܟܘ ܠܡܥܪ̈ܬܐ ܒܡ ܙܘ̈ܪܒܢܐ ܕܒܡܗܘܢ. ܠܒܬܪܗ ܕܝܢ ܕܗܘܡܟܐ.
ܒܕܒܢܗ ܕܝܦܪܐ ܐܝܟ ܙܘܐ ܕܒܒܝܢ ܗܘܐ ܒܝܢ ܡ̈ܠܟܐ ܬܪ̈ܝܢܗܘܢ.
ܢܨܝܬ ܦܠܓܐ ܒܝܬ ܡܥܪ̈ܬܐ. ܘܐܫܬܘܠ ܙܢܐ ܡܢ ܫܠ̈ܝܬܗܘܢ
ܕܡ̈ܠܟܐ ܬܪ̈ܝܢܗܘܢ. ܘܒܗ ܒܥܒܬܐ ܐܬܪܝܒܘ ܠܡܬܠ ܘܠܐ: ܒܠܗܘܢ
ܦ̈ܠܚܘܬܐ ܕܝܢ ܘܡܪܐ ܕܦ̈ܘܣܐ ܘܪ̈ܗܘܡܝܐ. ܘܗܘܬ ܫܝܢܬܐ ܘܪܘܪܐ
ܠܡܥܪ̈ܬܐ ܕܓ̈ܒܐ ܬܪ̈ܝܢܗܘܢ. ܘܬܗܢܝܢ ܗܘܘ ܦܓ ܒܠ ܥܡܘܠܐ
ܕܗܘܢܐ. ܘܢܫܝܢ ܗܘܘ ܒܦܐ ܘܪܦܣܝܢ ܒܪ̈ܓܠܝܗܘܢ. ܘܡܢܝܚܝܢ ܠܢ̈ܕܕܐ.
ܘܠܪ̈ܘܡܝܐ ܗܓܢܐܐ ܡܥܬܕܝܢ ܗܘܐ ܘܠܐ ܕܢܬܘܢܝܗܘܢ. ܘܕܒܪܘ
ܡ̈ܠܟܐ ܬܪ̈ܝܢܗܘܢ ܡܥܒ̈ܪܬܗܘܢ. ܘܐܬܦܪܒܘ ܓ̈ܒܐ ܬܪ̈ܝܢܗܘܢ ܚܕ
ܠܘܬ ܚܕ. ܒܕ ܡܠܐ ܦܘܡܗܘܢ ܓܘܚܟܐ ܘܠܫܢܗܘܢ ܬܘܕܝܬܐ:
121 v. ܘܐܬܚܙܝܘ ܘܐܬܪܚܒܘ ܠܚ̈ܕܕܐ. ܘܗܘܝܐ ܠܗܘܢ ܫ̈ܒܒܐ * ܗܘܐ.
ܘܗܘܝܐ ܠܗܘܢ ܡܥܒܝܢ ܗܘܐ. ܘܗܘܬ ܫܝܢܬܐ ܪܒܬܐ. ܒܝܬ ܬܪ̈ܬܝܢ
ܡ̈ܠܟܘܬܐ ܡܘܬܗܘܢ. ܕܐܟܘܬܗ ܠܐ ܗܘܬ ܡܢ ܡܘ̈ܬ ܒܠܡܐ. ܘܡܢ
ܒܬܪ ܕܗܘܐ ܗܠܝܢ. ܐܡܪ ܠܗ ܡܫܝܚܐ ܠܥܒܕܪ. ܐ ܐܚܝ ܠܝ
ܢܨܚܢܐ ܢܬܪܥܡ ܒܥܠܬܐ ܒܗܕܐ ܕܗܘܡܟܐ ܗܢܐ ܠܐܠܗ ܕܐܝܬ

ܡܢ ܒܬܪܟܢ ܘܕܐܬܠܝܡ ܗ̈ܘ. ܘܐܫܬܡܥ ܒܗ ܡܘܡ. ܫܒܘܪ ܐܡ̈ܪ. ܠܐ ܦܘܕܐ ܒܢ̈ܝ ܘܠܝܬܐ. ܕܒܐܬܪܐ ܕܐܘܣܕܝܢ ܢܬܪܥܡ ܒܬܘܒܐ ܗܢܐ. ܕܕܠܒܐ ܬܘܬܒܪ ܠܦܠܓ̈ܘܬܐ. so ܕܦܠܓܪܐܬ ܐܬܬܘܣܒܬ ܢܨܚܢ ܡܫܬܦܢ ܒܒܠܝܬ ܐܘܠܨܢܗ ܕܫܡܥܢܐ ܕܐܬܚܫܒܬܘܢ ܒܐܪܥܐ. ܐܠܐ ܐܝܟ ܢܦܩ ܠܒܝܬ ܬܫܡ̈ܫܬܐ. ܘܬܡܢ ܢܬܒܥܐ ܒܬܘܒܐ ܗܢܐ. ܘܫܬܪܪ ܒܐܪܥܐ ܐܦܢ ܘܕܘܪ̈ܒܝܢ. ܕܬܬܥܒܕ ܠܚܠܦ. ܕܡܢ ܒܬܪ ܕܐܬܪܒܝܘ ܘܐܫܬܡܥܘ ܒܢ̈ܝܐ ܬܪ̈ܘܡܝܢ ܘܠܒܫܘ ܘܐܫܬܡܥܘ ܒܡܢ ܚܕ̈ܪܐ. ܐܬܘܡܢܬ ܠܡ ܢܨܚܢ ܒܒܝܬܗ ܕܐܪܥܐ: ܒܢܨܚܢܐ ܠܦܠܓܐ ܕܬܫܡ̈ܫܬܐ. ܒܗ ܦܘܢܝܢ ܒܐܪܥܗܘܢ ܘܡܕܡ ܠܦܠܓܘܬ ܘܡܥܒܪ ܒܦܠܓܐ ܒܚܝ̈ܠܘܗܝ ܕܢܦܩ ܘܥܠܡ ܠܗ. ܘܥܡܠܐ ܕܠܒܐ ܬܪ̈ܘܡܝܢ ܡܢ ܒܝܬ ܐܪܙܐ ܕܢܐܬܘܢ ܠܬܫܡܫܬܐ. ܒܙܘܥܐ ܕܚܝ̈ܠܘܬܗܘܢ ܘܒܡܘܠܐܐ ܕܡܫܬܪ̈ܬܗܘܢ. ܘܒܗ ܒܒܪ ܫܒܘܪ ܒܐܪܒܥܐ ܕܒܒܫܐ ܕ̈ܡܘܡܐ ܒܐܘܣܕܝܢܗ: ܘܢܣܐ ܠܐܪܒܥܐ ܕܬܒܥܐ ܘܪܒܒܐ ܒܒܡ̈ܘܪܝܗ. ܐܬܪܒܝܢ ܡܢ ܦܘܩܕܢܗ. ܘܒܐܘ̈ܪܚܬܗ ܬܪ̈ܬܝܢ ܐܘܪ̈ ܠܦܠܓܘܬܗ ܕܡܘܒܠܢܐ. ܕܐܦ ܒܡܘ̈ܪܝܗ ܕܐܬܪܐ ܕܐܦܠܓܘ ܘܐܬܘ ܠܥܠܡܘܗܝ ܕܬ̈ܠܒܐ ܗܠܝܢ. ܡܢ ܕܝܢ ܗܘܘ ܠܦܠܓܘܬܗ ܕܡܫܒܚܘ ܡܢ ܫܒܘܪ ܡܠܒܘܫܝܗ ܘܡܢ ܚܐܪ̈ܝܗ ܘܪ̈ܘܒܢܝܗ ܕܦܢܪܘ. ܕܐܦ ܒܗ ܒܡܕܝܢ̈ܬܐ. ܚܘܒܐ ܒܠ ܚܘܒܐ ܐܬܬܘܩܦ ܠܗ ܠܡܫܒܚܘ ܝܘܡ ܦܪ̈ܘܣܐ. ܘܒܗ ܐܬܐ ܠܬܫܡܫܬܐ. ܐܫܬܡܥܗ ܠܢܨܚܢ ܕܡܦܠܓܐ ܡܢ ܒܡܘ̈ܪܝܗ. ܒܠܝܬ ܗܘܬ ܠܗ ܒܢܝ ܐܪܥܬܗ ܒܠܗ ܕܢܨܚܢ ܠܒܝܬ ܐܘܪܗܝ. ܡܢ ܒܗ ܫܒܥܬ ܕܐܬܝܗܒ ܒܪܒܐ ܠܦܪ̈ܘܣܐ. ܘܫܕܪܘ ܕܠܒܐ ܬܪ̈ܘܡܝܢ ܡܫܒܐ * ܒܡܫܒ̈ܚܬܐ. ܒܠ ܫܒܥܐ 122 r. ܕܒܝܬ ܡܠܒ̈ܘܬܐ. ܘܒܒܪܘ ܒܬܘܒܐ ܒܝܬ ܬܫܡܫܬܐ ܒܠ ܢܨܚܢ: ܘܒܠ ܫܒܥܐ ܕܒܪ̈ܬܐ ܕܒܝܬ ܦܪ̈ܘܣܐ ܡܒܐܐ ܓܒܝܢ. ܐܝܟ ܬܘܒ، ܕܗܘܬ ܠܬ̈ܠܒܐ ܘܐܫܬܠܒܬ ܢܨܚܢ ܠܦܪ̈ܘܣܐ ܒܗ ܦܘܩܐ ܡܢ ܒܡܘ̈ܪܝܗ. ܒܢܝܢ ܐܒ ܕܒܝܬ ܫܬܒܐܐ ܘܫܒܚܝܢ ܘܐܪ̈ܒܒ ܒܡܫܝܚܐ ܕܪ̈ܘܚܐ. ܘܦܩܦ ܡܫܒܚܘ ܒܫܒܠܬܗ ܕܒܒܒ ܫܒܥܐ: ܒܝܬ ܬܪ̈ܬܝܢ ܬ̈ܠܒܘܢ ܬܦܩܦ. ܘܐܬܦܠܓܝ، ܒܡܒܚܬܗ ܕܒܗ ܚܝܠܘܬܗ ܡܢ ܫܒܘܥܐ ܕܐܬܫܒܥܘ ܗܘܘ ܒܗ. ܕܠܐ ܒܡܬܒ ܘܕܠܐ ܢܒܝܐ. ܘܒܗ ܡܢ ܒܗܘ ܠܐ ܒܕܒܠ

ܕܪܕܬ ܗܘܬ ܪܓܠܗ ܒܐܘܪܚܐ ܕܡܠܟܘܬܗ̇. ܘܒܬܪܬܐ ܕܦܘܪܫܢܐ ܕܒܬܪ̈ܬܐ ܦܪܝܫ ܗ̇ܘܝ. ܒܐܬܪܐ ܚܠܦ ܕܪ̈ܗܘܡܝܐ. ܢܦܩ ܓܝܪ ܦܘܩܕܢܗ ܠܐܘܚܕܢܐ ܕܡܠܟܘܬܗ̇. ܕܒܪ̈ܬܐ ܠܡ ܢܦܩܢ. ܘܗܟܢܐ ܫܠܡܐ ܠܒ̈ܬܘܠܬܗ̇. ܘܒܬܘܠܬܐ ܩܕ̈ܝܫܬܐ ܕܐܫܬܒܩܘ ܡܢ ܡܕ̈ܝܢܬܗܘܢ: ܟܠܗܝܢ ܫܪܪܐ ܕܡܫܝܚܘܬܗܘܢ. ܢܦܩܘ ܒܐܘܪܚܐ ܠܕ̈ܝܪܬܗܘܢ. ܥܡ ܢܘܡܐ ܣܘܓܐ ܕܐܠܗܐ. ܘܢܦܩܘ ܫܘܠܛܢܐ ܒܚܐܪ̈ܘܬܗ ܠܐܦ̈ܘܣܩܐ ܕܒܪ̈ܬܐ: ܕܢܬܦܣܩܘܢ ܢܘܟܪܝܐ ܘܦܩ̈ܕܐ ܥܠ ܒܝܬ ܓܢ̈ܝܐ ܕܦܬܟܪ̈ܐ. ܘܥܠ ܒܝܬ ܓܢܐ ܕܡܠܦܢܘܬܗ̇ ܕܦܠܚܘܬܐ: ܒܗ ܦܘܢܐ ܒܫܠܡܐ ܠܐܘܪܫܠܡ. ܘܩܕܡܝܐ ܠܒܪ̈ܬܐ ܓ̈ܢܝܐ ܕܢܚܒ ܗܘܐ ܡܫܝܚܝ̇. ܡܠܝܢܘܗ̇ ܒܝܫܘܬܗ. ܠܡܬܗܪ ܕܐܝܟ ܒܡܫܝܚܘܬܗ ܕܡܠܟܐ ܡܗܝܡܢܐ. ܕܢܣܒ ܕܢܫܠ ܠܐܘܚܕܢܐ ܕܫܘܠܛܢܗ: ܘܢܩܒܘܪ ܓܒܘ ܒܡܠܟܘܬܗ̇. ܥܠ ܒܕܬܗ. ܕܐܠܗܐ ܠܩܘܕܡ ܗܘܬ ܠܗ ܒܦܠܓܘܬܐ: ܘܢܩܒ ܠܗ̇ ܐܝܟܐ ܒܟܬ̈ܒܬܗ̇. ܘܫܠܗ̇ ܘܐܘܪܫ ܒܢܫܗ̇: ܘܒܢܝܬ ܘܐܬܬܪܝܣܬ ܩܪܝܗ̇ ܥܠ ܟܠ ܕܝܠܗ̇: ܘܒܢܬܗ̇ ܒܡܢܗ̇ ܥܠ ܓܘܪܐ ܕܦܘܩܕܢܗ̇. ܘܒܬܪܬܐ ܓܝܪ ܕܡܐܬܝܬܗ ܕܡܠܟܐ ܒܪܩܠܝܢܐ. ܬܗܘܬܐ ܐܪܟܬ ܥܠ ܟܠܗܘܢ ܫܠܝ̈ܚܗ̇ ܕܦܠܚܘܬܐ. ܬܒܪ ܕܝܢ ܥܠ ܚܟܡܐ ܕܦ̈ܠܓܐ. ܕܒܗ ܗܒܪܘ ܕܐܓܠܝܘ ܘܐܬܬܪܝܣܬ ܩܪܝܗܘܢ. ܘܦܠܓܗ ܡܢ ܢܟܘܬܗܘܢ: ܘܐܬܡܟܟܬ ܩܪܝܬܗ̇ ܒܪܝܫܗܘܢ ܘܒܠܬ ܪܘܚܗܘܢ: ܘܫܠܡܬ ܟܠܝܗܘܢ ܗ̇ܝ ܕܐܡܪܐ ܒܡܫܝܚܐ: ܕܗܘܘ
122 v. ܠܬܡܗܐ ܡܢ ܫܠܝܐ. ܬܘܕܝ ܕܝܢ ܠܐܠܗܟ̇ ܕܗ̇ * ܒܪܫܝܬܐ ܘܠܐ ܐܡܗܬ ܡܢ ܡܥܒܘܕܘܬܗ̇ ܐܠܐ ܚܕ ܒܡܥܒܕܢܘܬܗ ܕܒܝܬܗ̇. ܘܫܠܡܗ̇ ܡܢ ܚܝ̈ܐ ܠܡܠܟܐ ܪܒܐ. ܘܟܕ ܠܗ̇ ܦܘܪܫܢܐ ܒܚ̈ܝܘܗܝ. ܠܡܠܟܐ ܡܗܝܡܢܐ. ܠܓܢ̈ܒܪܐ ܕܝܢ ܒܪ̈ܝܬܐ ܕܪ̈ܗܘܡܝܐ ܡܗܝ̈ܡܢܐ ܘܫܪܝ̈ܪܐ: ܕܗܝܡܢܝܢ ܗܘܘ ܒܐܘܪܗ̈ܝ.. ܒܗ ܠܗܘ ܥܠ ܡܥܒܝܢܘܬܐ ܕܢܦܩܘ SO ܠܬܫܘܡܫܐ. ܠܒܢܐ ܚܘܪܐ ܘܢܦܩܘ ܡܘ̈ܬܒܐ. ܘܢܣܒܘ ܠܐܘܪܚܗ ܕܢܚܬܘܢ ܠܗ. ܘܟܕ ܚܙܐ ܐܢܘܢ ܦܪܘܫܐ. ܗܘܘ ܠܗܘܢ ܡܠܐܟܐܝܬ. ܘܩܒܠ ܐܢܘܢ ܢܚܝܚܐܝܬ. ܘܐܡܪ ܕܠܬ̈ܝܒܘܬܐ ܘܡܪ̈ܕܝܬܐ ܦܠܓ ܠܗܘܢ ܐܝܟܢܐ ܘܝܗܒ ܠܗܘܢ ܡܘ̈ܗܒܬܐ. ܘܟܕ ܐܢܘܢ ܐܘܪ̈ܝܒܐ ܒܡܠܟܘܬܗ. ܡܫܬܟܚܝܢ ܗܘܘ ܠܗ ܕܝܢ ܥܠ ܡܫܝܚܘܬܗܘܢ ܕܐܘܪ̈ܗܝܐ: ܕܐܝܟܢܐ ܢܗܘܘܢ ܗܘܘ ܕܢܦܫܗܘܢ ܠܡܠܟܘܬܐ.

ܥܠ ܬܪ̈ܬܝ ܫܢ̈ܝܗ ܕܕܒܘܪܗܘܢ܆ ܡܫܒܚ ܗܘܐ ܠܗܘܢ ܕܝܢ ܡܫܒܚܢܘܬܗ ܥܠܘܗܝ. ܒܝܕ ܡܬܘܪܓܡܢܐ ܕܡܦܫܩ ܠܗܘܢ ܠܦܬܓܡܐ. ܐܝܟ ܡܐ ܕܐܡܪ ܡܠܟܐ ܕܡܫܝܚܝܘܬܗܘܢ܆ ܘܡܬܓܠܠ ܕܡܫܝܚܐ ܗܘܬ ܠܗ ܕܒܐܘܪܫܠܡ ܡܕܒܪܢܘܬܐ ܢܗܘܐ ܠܡܕܝܢܬ ܡܠܟܘܬܗ: ܕܠܐ ܢܡܟܐ ܡܠܟܐ ܠܡܕܝܢܬܐ ܒܡܫܘܢ. ܒܬܪ ܐܦܪܬܐ ܕܟܘܫܐ ܘܕܗܠܟܐ ܠܐܘܪ̈ܗܝܐ ܟܕ ܡܘܕܐ ܠܡܕܝܢܬܗܘܢ. ܘܡܘܕܐ ܘܡܫܠܡ ܠܡܫܝܚܝܘܬܗܘܢ܆ ܒܝܕ ܡܫܝܚܘܬܐ ܠܗܘܢ ܒܟܬ̈ܒܘܗܝ ܒܟܬܝܒܬܐ. ܕܐܢ ܐܠܗܐ ܢܬܠ ܠܝ ܕܒܫܐ: ܘܐܬܐ ܡܠܟܐ ܥܠ ܦܘܪܣܐ ܕܡܠܟܘܬܝ. ܐܬܕܟܪܬ ܠܡܕܝܢܬܟܘܢ ܘܠܐ ܐܦܠܝܬ. ܘܐܡܪ ܘܡܫܡܫܝܢ ܐܢܬ ܡܢ ܟܠܗܝܢ ܡܕ̈ܝܢܬܐ ܕܐܢܬ ܒܐܘܪܗܝ. ܘܐܫܬܪܝ ܠܟܘܢ ܦܬܓܡܐ ܘܫܝܪܬܐ ܒܟܬܒܐ ܕܟܬܝܒ ܦܣܩܬ̈ܗܘܢ܆ ܠܐ ܓܝܪ ܗܘ ܠܝ ܕܢܗܘܐ ܦܬܓܡܐ ܠܡܠܟܘܗܝ ܕܡܫܝܚܘܬܗܘܢ܆ ܦ̈ܬܓܡܐ ܕܡܘܕܝܢ ܢܦܫܗܘܢ ܠܡܠܟܘܬܐ. ܥܠ ܬܪ̈ܬܝ ܫܢ̈ܝܗ ܕܕܒܘܪܗܘܢ܆ ܢܬܠܐ ܠܗܘܢ ܓܝܪ ܡܫܝܚܐ ܘܦܪܐ ܕܦܬ̈ܓܡܝܗܘܢ܀ ܕܡܬܐ ܗܘܝܐ ܗܘܬ ܕܐܢܬܐ ܢܦܫ ܗܘܝܬ ܠܡܠܟܘܬܗܘܢ ܐܠܐ ܡܟܐ. ܬܫܒܘܚܬܐ ܕܝܢ ܘܠܝܬܐ ܡܢ ܗܪܟܐ. * ܕܠܐ ܢܬܡܟܐ ܬܫܒܘܚܬܐ ܠܡܕܝܢܬܐ 123 r.
ܦܫܝܛܐܝܬ ܕܡܠܟܘܬܐ ܕܐܢܬ ܒܟܝ. ܐܢ ܕܝܢ ܡܕܡ ܚܕܐ ܕܡܫܒܚ ܡܠܟܐ ܒܐܘܪܗܝ ܡܠܟܘܬ ܓܝܪ ܫܢ̈ܝܢ ܡܫܠܡܢ ܘܫܪ̈ܒܐ ܕܐܫܬܪܝܬ ܠܗ ܒܟܬܝܒܬ[ܐ] ܠܡܕܝܢܬܗ܆ ܗܘܝܘ ܫܠܝܚܝܢ ܒܛܘܒܢܘܬܗ ܘܫܪ̈ܪܝܢ ܒܡܫܝܚܘܬܗ... ܘܒܝܕ ܐܠܗܐ ܐܦܪܬܐ ܡܢ ܟܬܒ̈ܬܗ ܕܡܠܟܐ. ܕܠܝܬ ܠܗ ܓܒܪܐ ܕܢܫܪ ܥܠ ܡܕܝܢܬܗܘܢ܆ ܒܗܝ ܠܗܘܢ ܦܬ. ܘܗܘܘ ܒܟܬܒܐ ܦܬܓܡܐ. ܓܒܪܝܢ ܗܘܘ ܓܝܪ ܒܡܐܬܬܗ. ܘܦܘܩ ܗܘܘ ܠܗܝܟܠܗ ܘܫܪܘ ܠܟܬܒܐ ܬܫܡܫܬܐ ܡܢ ܫܘܪܝܗ ܕܡܕܝܢܬܐ. ܕܢܒܥܘܢ ܡܢܗ ܕܐܬܬܐ ܠܐܘܪܗܝ ܕܥܠ ܐܪ̈ܙܘܗܝ ܬܦܪܒ ܢܦܫ ܠܐܠܗܐ ܕܢܕܪܬ ܒܠܘܗܝ. ܟܕ ܦܩܕ ܗܘܐ ܒܐܝܪܚܐ ܕܟܠܬܒ̈ܗܘܢ. ܘܒܝܕ ܐܠܗ ܫܝܢ ܕܐܫܬܪܪܘ ܠܗܬܗ. ܚܕ ܒܗܘܢ ܡܫܒܚܝܢܘܗ ܘܡܠܠ ܐܢܘܢ ܒܐܝܕܪܐ ܦܬܓܡܐ. ܘܐܡܪ ܐܢܘܢ ܠܗܬܗ. ܘܡܫܒܚ ܘܐܡܪ ܪܘܪܒܢܐ ܕܡܠܟܘܬܗ ܒܝܕ ܐܡܪ. ܕܠܝܬ ܠܝ ܒܐܘܪܗܝ ܡܕܝܢܬܐ ܐܢܬܬܐ ܕܢܒܥܐ ܠܝ ܐܝܟ ܐܘܪܗܝ.. ܐܘ ܕܫܠܝܐ ܫܦܝܪܐ ܘܪ̈ܫܡܐ

ܒܒܢ̈ܝܢ ܕܡܫܡܫܢܘܬܗ. ܗܢܘ ܕܝܢ. ܡܛܠ ܡܫܡܫܢܘܬܗ ܕܥܕܬܐ. ܐܬܚܙܝ ܠܗ ܠܒܪ̈ܝܐ ܕܐܬܬܥܝܪܘ ܢܐܕܘܗܝ. ܗܕܝܢ ܗܕܝ ܡܠܟܐ. ܐܦ ܒܡܘܥܬܐ ܘܒܥܕ̈ܪܐ ܥܡܠܗ̇. ܡܕܒܪܢܘܬܟ ܚܫܒܐ ܘܪ̈ܚܡܐ ܒܒ̈ܢܝ ܡܠܟܘܬܟ. ܕܠܡܠܟܐ ܬܘܪܥ ܥܡܕܘܪܝܗ ܘܡܫܒܚܝܢ ܕܡܕܒܪܢܘܬܐ ܡܗܝܡܢܘܬܐ. ܘܬܬܦܠܐ ܘܬܥܒܪ ܠܟ ܡܢܗ. ܘܝܘܡ ܡܢ ܝܘܡ ܣܓܝܐ ܘܡܫܬܡܥܐ ܠܟ ܕܬܫܡܪ ܡ̈ܟܣܗ ܒܡܐܬܝܬܟ. ܘܬܗܒ ܒܟ ܥܡܕܘܪܐ ܒܬܘ̈ܕܝܬܐ ܕܬܫ̈ܒܚܐ ܕܣܘܪ̈ܝܗ. ܘܐܦ ܡܠܟܐ ܪܥܝܐ: ܒܠ ܕܚܝܗ ܠܚܝܢ ܕܪܘܚܐ ܒܫܦܘܬܗ ܘܡܠܟܐ ܒܫܘܘܬܗ: ܘܗܦܟ ܡܢ ܐܘܪܚܐ ܕܡܐܬܝܬܗ ܘܣܦܩܐ ܠܘܬܗ ܕܡܕܒܪܢܘܬܐ ܦܘܪܐ: ܘܒܒܐܕ ܒܗ ܒܐܪܐ ܠܬܫܪ̈ܘܗܝ

123 v. ܘܡܠܟܐ ܠܬܫܪ̈ܘܗܝ. ܘܥܡܠܗ. ܒܗ ܥܡܕܘܪܐ ܡܕܒܪܢܘܬܐ * ܕܒܬܫ̈ܪܐ ܕܡܠܟܐ ܚܝܐ ܡܠܐ ܘܒܠܟ. ܒܡܐ ܝܬܝܪ ܙܕܩ ܝܘܡܢ ܕܬܗܒ ܒܟ ܥܡܕܘܪܐ. ܡܕܒܪܢܘܬܐ ܡܫܡܫܢܘܬܐ ܕܪܚܡܐ ܒܡܪܝܟ. ܘܦܠܚܬܐ ܒܡܫܡܫܢܘܬܟ ܘܚܝܐ ܠܟ ܒܠܥܒ: ܕܬܒܥܠ ܬܒܒܕ ܒܗ ܒܐܪܐ ܕܫܘܘܬܐ ܕܚܝܐ ܕܒܪܬܐ. ܘܬܦܪܒ ܒܗ ܦܘܪܒܐ ܘܪܒ̈ܝܐ ܕܬܘܕܝܬܐ ܠܡܚܝܐ ܕܦܠܚ ܠܟ ܬܠܟܐ. ܘܥܡ ܒ̈ܐܚܝܟ ܚܝܐ ܠܒ̈ܢܝܗ. ܕܬܐܠܦ ܕܝܢ ܡܕܝ. ܡܠܟܐ ܕܒܡܐ [ܕ]ܦܪܘܫܐ ܐܫܘܬܗ ܕܡܕܒܪܢܘܬܟ ܒܫܘܒܐ ܐܠܗܝܐ ܕܝܫܡܥܟ. ܬܫܐܠ ܐܠܗܘܬܟ ܠܡܫܒܚܐ ܡ̈ܫܡܫܢܐ ܕܬܒܥܘ ܒܪܚܡ: ܕܒܕܒܐ ܗܘܐ ܡܕܒܪܢܘܬܟ ܠܝܫܘܥ. ܥܕܝܪ ܐܝܬ ܠܒܪ. ܕܒܕܒܐ ܕܬܝܪ ܡܢ. ܕܝܡܐ ܗܕܝܐ ܗܝܡܢܐ ܠܡܘܗܪܐ: ܢܣܒ ܐܪܝܐ ܐܫܘܬܐ ܕܐܘܪܚܝ. ܕܐܡܪܬ، ܬܘܒܠ ܙܘܗ ܕܡܠܟܘܬܟ. ܢܘܬܐ ܠܒܪ ܐܫܘܬܐ ܡܬܦܪܥܐ ܒܒܕܬܟ ܠܐܠܗܐ ܫܠܡ ܥܠܝܗ ܕܡܠܟܘܬܟ. ܘܕܝܢܝ ܥܒ̈ܝܟ ܒܠ ܐܘܪܚܝܢ: ܡܛܠ ܐܬܬܕܒܫܐ ܕܡܫܡܫܢܘܬܟ ܥܪܝܪܬܐ. ܠܡܬܬܪܝܢ ܕܝܢ ܢܬܝܪ ܒܥܒܝܕܘܗܝ ܘܬܠܡܝܕܘܗܝ ܕܐܘܪܗܝ. ܕܥܒܕܘ ܡܠܟܐ ܕܣܦܪܝܗܘܢ ܒܗܬ ܢܠܦܚܐ ܘܒܒܢܝܬܐ ܕܒܕܬܐ ܕܡܒܝܢ ܦܪ̈ܘܫܐ ܠܐܬܪ̈ܘܒܣܝܐ ܕܡܫܡܫܢܘܬܟ. ܒܡܡ ܡܬܗܠܟܝܢ ܥܒܕܝܐ ܠܥܒ ܒܗܬ ܢܠܦܝܗܘܢ. ܘܒܬܐ ܕܐܬܥܬܪܘ ܡܢ ܕ̈ܝܢܘܗܝ ܠܗ ܢܦܩܝܢ ܠܡܘܕܝ ܠܒܪ ܡܢ ܬܪ̈ܥܝܗ ܕܡܕܒܪܢܘܬܟ ܗܘ ܕܡܢܬܐ ܠܡܪܒܐ ܠܬܫܡܫܬܐ ܘܡܠܟܝܢ ܬܠܬ ܙܒܢܝܢ ܠܬܠܬܐ ܡܥܡܠܐ ܕܡܠܟܘܬܟ. ܘܡܝܬܝܢ ܦܪܥܝܢ ܡܢ ܚܝ̈ܐ ܠܡܐܬܠ

ܠܒܝܬ ܐܢܫܝܢ ܗܘܘ܆ ܠܘ ܕܝܢ ܠܓܠܝܢܐ ܒܠܚܘܕ܆ ܐܠܐ ܐܦ ܠܓܒܪܐ ܘܫ̈ܟܐ. ܘܟܠ ܡܫ̈ܝܚܝܢ ܕܐܝܬ ܒܗ ܒܡܕܝܢܬܐ܆ ܠܝܬ ܠܗܘܢ ܪܘܚܐ ܐܝܟ ܕܐܝܬ ܗܘܐ ܒܢܝܐ ܡܢܗ. ܐܠܐ ܒܠܚܘܕ ܕܐܝܟ ܕܐܬܚܙܝ܆ ܗܕܡܝܢ ܒܠܚܘܕ ܡܠܬܗܘܢ܆ ܘܠܒܟܐ ܕܡܬܒܢܐ ܡܛܘܠ ܠܡܬܬܟܝܢܘ܆ ܘܡܕܝܢܐ ܗܘܝܘ ܒܠܗ ܒܡܘܬܗܘܢ܆ ܚܘ ܠܗ ܠܡܬܚܝܠܢܘܬܟ. ܡܢ ܡܠܟܐ: ܕܬܬܠܚܡ ܒܢܦܫܟ ܒܡܘܬܗܘܢ܆ ܐܠܐ ܒܗ ܚܕܐ ܘܪܘܚܐ ܡܕܝܢܬ܆ ܬܟܠ * 124 r. ܡܦܩܬ ܕܠܡܘܬܟ ܒܪܢܝܫܐ ... ܘܡܚܝܢܘܣ ܕܝܢ ܡܛܠ ܕܓܒܪܐ ܗܘܐ ܫܡܥܢܝ. ܒܗ ܥܡܕ. ܗܠܝܢ ܡܢ ܓܒܪܐ ܗܢܘܢ ܕܐܬܥܕܪܘ ܠܗܬܝ. ܟܠ ܗ̈ܘ ܚ̈ܢܘܗܝ ܕܟ̈ܠܒܐ ܘܕܒܐ ܠܡܟܠܐ. ܘܟܠ ܠܡܥܒܕܗ ܘܕܒܐ. ܘܒܗ ܐܝܟ ܒܟܒܘܫ ܕܟ̈ܠܒܐ ܕܚܢܘܗܝ. ܐܝܟ ܟ̈ܦܘܗܝ ܘܢܦܩ ܠܗܬܝܗܘܢ ܒܡܡܠܟܘܬ ܒܗ ܐܢܫ. ܕܐܢܐ ܠܡ ܠܢܦܫܐ ܕܡܬܒܢܝܢܘܬܟ. ܘܕܠܡ ܐܘܚܕܢ ܐܬܪܒܝܬ: ܕܐܟܒܪ ܒܐܪܒܐ ܒܪܘܚܬܐ ܕܒ̈ܠܒܐ: ܕܟܡܠܡ ܠܐ ܢܐܡܪ ܒܠ ܡ̈ܕܝܢܬܐ ܕܐܘܚܕܢ. ܡܢ ܗܫܐ ܕܝܢ ܕܠܦܬ ܡ̈ܢܘ ܓܢܝܒܘܢ. ܐܢܐ ܐܓܒܗܪ ܓܢܝܒܘܢ ܘܐܫܬܠܐ ܪܓܬܗܘܢ. ܘܗܘܪܐ ܠܐܪܘܒܘܣ ܪܒ ܢܠܗ. ܘܐܬܓܒܠ ܒܐܪ̈ܝܢܘܗ܆ ܢܠܐ ܒܠܗ ܕܪ̈ܘܗܝܡܐ. ܗܠܝ ܡܢ ܬܪ̈ܬܝܢ ܪ̈ܒܘܢ ܢܠܐ ܕܐܬܢܨܪ ܒܡ ܡܠܒܐ. ܘܒܕܪܗ ܡܕܒܘܗܝ܆ ܠܒܕܢܝܬ ܡܠܟܘܬܗ ܕܦܘܠܝܛܝܘܣ. ܒܐܘܪܚܐ ܐܘܪܚܐ ܓܪܝܫܬܐ ܕܗܠܒܐ ܡܢ ܬܘܡܒܐ. ܘܗܘ ܒܢܠܐ ܕܦܪ̈ܫܐ ܕܪܫܘܒ ܓܐܕܘܗܝ. ܗܡ ܕܢܐܬܐ ܠܐܘܪܗܝ. ܘܒܕ ܐܬܬܟܪܬ ܗܘܬ ܐܘܪܗܝ܆ ܒܠ ܡܐܬܬܗ. ܣܕܝܬ ܘܪܘܬ ܘܐܬܦܢܝܬ. ܘܠܒܫܘ ܫܩ̈ܘܪܗ SO ܣܘܪܝ. ܘܐܦܪܟ ܐܩ̈ܠܝܪܗ ܒܪ̈ܝܐ. ܐܦ ܬ̈ܪܥܝܗ ܕܡܕܝܢܬܐ ܡܢ ܠܒܪ ܘܡܢ ܠܓܘ. ܡܚܠܠܝܢ ܗܘܘ ܒܩ̈ܠܐ ܬ̈ܪܥܐ ܬ̈ܢܝܢܐ ܕܒܠ ܓܒ̈ܝܢ. ܘܡܒܠܠܝܢ ܫ̈ܩܘܪܗ ܘܐܩ̈ܠܝܪܗ ܕܐܘܪܗܝ. ܬ̈ܒܠܐ ܓ̈ܘܫܐ. ܡܬܚܝܢ ܗܘܘ: ܠܗܘܓܪܐ ܕܠܡܦ̈ܩܕܐ ܘܩ̈ܕܫܠܐ ܕܠܦܢܘ ܗܘܘ ܐܘܪܗܝ. ܕܒܢܘܣܐ ܕܢܡܘܣܐ ܘܬܟܐ: ܬܘܒܐ ܗܠܝܢ ܡܒܠܠܝܢ ܕܓܒܪܐ ܡܫܡܫܢܐ ܠܡܕܝܢܬܗܘܢ. ܡܠܒܪ ܗܘܬ ܒܗܘܢ ܠܗ ܡܒܠܠܝܢ ܕܫܡܝܐ ܦܘܪܫܢܐ. ܘܐܝܟ ܡܢ ܗܟܢܐ ܕܢܝܫܐ ܐܠܗܝܢ ܕܚܝ ܠܗܘܢ܆ ܗܟܢܐ ܕܢܝܫܬ ܒܠܗܘܢ ܘܟܬܝܒܐ ܕܡܬܝܒܘܬܗ ܕܡܠܟܐ ܒܪܘܡܝܐ ܘܐܪܘܪܬ ܐܝܟܢ. ܘܡܠܘܠ ܒܠܗܘܢ ܦܪܘܫܘܬܐ

ܘܣܘܪܐ ܕܬܫܡܫܬܗ̇. ܘܢܗܘܐ ܗܘܘ ܐܘܟ̈ܝܐ ܚܫ̈ܝܫܐ ܒܠܒܗܘܢ ܕܒܢܝܬ
124 v ܐܚܪ̈ܢܐ: ܕܟܫܡܠ ܓܒܝܢܐ ܥܠܝܠܐ * ܢܦܩܘܢ ܠܗ ܡܥܪܬܐ ܕܝܪܝܗ
ܠܐܝܣܪܐ ܕܬܫܡܫܬܗ. ܐܦ ܠܒܪ ܡܢ ܬܪܥܗ̇ ܡܕܒܚܗ̇ ܕܡܕܒܪܬܐ:
ܕܒܝܬܗ ܟܬܒ: ܗܘܐ ܠܡܥܠ ܡܠܟܐ. ܥܠ ܡܛܪܬܐ ܡܥܕܗ̇ ܐܣܦܪܘܬܐ
ܬܪ̈ܝܢ. ܢܦܩ ܠܗ ܒܠܬܐ ܕܒܢܝܐ ܘܐܪܓܘܢܐ. ܚܕܬܐ ܦܬܐܬܐ
ܘܚܒܝܒܐ ܥܦܪܐ ܕܐܘ̈ܡܢܐ ܚܫ̈ܝܫܐ. ܠܟܠ ܡܚܝܘܗ̱ ܕܝܢ ܒܩ̈ܘܒܐ
ܕܥܒܠܝܢ ܗܘܘ ܠܚܠܬܐ. ܚܘܪܗ̇ ܬܫܬܐ ܕܟܠ ܒܩ̈ܘܒܐ. ܢܗܘܐ ܗܘܘ
ܒܠܒܗ̇ ܐܘ̈ܟܝܐ. ܬܠܬܐ ܫܢ̈ܝܢ ܕܫܪܪܐ ܕܢܗܘܐ ܘܕܗܐܡܢܐ. ܘܒܪ̈ܫܗ̇
ܕܟܠܬܐ ܡܢ ܠܒܪ. ܘܡܒܝܢ ܗܘܐ ܢܦܩܐ ܕܢܗܘܐ. ܕܒܝܢܝܢ ܗܘܘ̈
ܒܫܡܠ ܓܒܝܢܐ ܠܐܚܪ̈ܢ ܡܠܟܐ. ܘܡܒܝܢ ܗܘܘ ܒܡ̈ܬܟܬܗ ܒܐܦܝܢܐ
ܕܡܠܟܘܬܗ. ܘܒܚܝܠܗ̇ ܕܟܠܬܐ. ܡܫܝܚܐ ܗܘܬ ܒܐܡܬܐ ܙܒܬܐ
ܠܡܬܟܬܗ ܕܡܠܟܐ. ܠܗܘܬ ܕܢܗܘܐ ܡܬܚܙܐ ܠܟܠܗ̇ ܐܫܬܘܬܗ̇
ܕܡܕܒܪܬܐ ... ܘܟܕ ܐܬܦܠܓܬ ܡܕܒܪܬܐ ܘܐܬܬܚܪܬ. ܠܟܫܐ ܗܘܘ
ܫܘܪ̈ܐ ܙܒܝܢܗ̇ ܕܒܝܬܐ̣ ܘܦܘܪ̈ܢܝܗ̇ ܕܡܕܒܪܬܐ. ܘܢܦܩܘ ܗܘܘ ܠܐܘܪܚܗ
ܕܟܠ ܙܘܦܐ ܥܠܝܐܐ̣ ܢܡܠܘܢܝܗ̇. ܘܟܕ ܡܢܝܗ ܘܡܠܐ ܠܘܬܗ:
ܘܫܪܐ ܐܢܘܢ ܕܦܚܢܝܢ ܘܕܠܝܢ ܘܡܦܪܓܝܢ ܒܠܒ̈ܘܬܐ. ܐܬܦܬܠ
ܡܢ ܚܝܬܘܗܝ ܕܐܘܪܗܝܐ ܐܢܘܢ. ܘܟܕ ܐܬܦܪܝܥ ܠܥܒܕܬܗ ܐܬܬܪܝܡ
ܒܠ ܗܘܝܢ ܘܡܟܠ ܒܐܝܕܗ ܥܒܕܬܗܘܢ. ܘܐܡܝܢ ܕܟܕ ܐܫܝܘܗܝ
ܘܦܪ̈ܝܫܘܗܝ ܡܟܠܠ ܗܘܐ ܒܡܗܘܢ. ܘܒܫܝܢ ܗܘܝܐ ܘܦܝܫ ܒܪ ܐܪܬܐ.
ܕܒܟܘܬܟܘܢ ܠܡ ܕܒܢܝ. ܟܡܠܐ ܪܒܐ ܘܬܚܒܐ ܕܠܐ ܫܦܝܢ ܐܪܥܝܬ
ܠܗܘܢ ܘܠܘ ܕܝܢ ܠܗܘܢ ܒܠܢܘܕ. ܐܠܐ ܐܦ ܒܠ ܕ̈ܒܝܚܬܐ ܐܝܪ̈ܝܟܬܐ.
ܕܫܘܡܢ ܒܠ ܐܘܪܚܐ ܕܡܟܒܪܬ ܘܗܘܕܐ ܠܡ ܕܐܬܝܬܘܢ ܢܟܝܬܘܢ.
ܐܡܪ ܠܗ ܐܦܘܣܩܘܦܐ ܕܐܘܪܗܝ. ܟܕܝܢ ܡܢ ܫܘܠܛܢܗ ܕܡܠܟܘܬܢ
ܘܕܫܘܬܐ. ܠܐ ܢܐܟܪ ܡܪܝ. ܡܠܟܐ ܐܝܟ ܗܕܐ ܡܠܬܐ. ܕܗܘ ܡܟܝܢܐ
ܕܟܢܬ ܒܝ ܒܠܝܐ ܠܝ. ܕܐܬܪ ܡܢ ܕܡܬܪ̈ܚܩܐ ܚܢܝܢܐ ܚܪܝܐ ܢܗܘܪܐ.
ܗܘܝܢ ܡܪ̈ܝܫܬܐ ܕܐܘܪܗܝ. ܬܕܝܫ ܒܠܝܗܘܢ ܡܠܟܘܬܢ ܘܕܫܘܬܐ. ܒܠܗܘܢ
125 r. ܒܝܬ ܐܬܪ̈ܘܬܐ ܕܐܘܪܫܠܡ * ܒܪ̈ܘܦܝܢܐ ܐܢܘܢ ܕܠܡܫܡܫܘ. ܐܦ
ܡܠܟܐ ܕܒܢܐ ܡܢ ܕܫܠܡܗ ܕܡܠܟܐ ܦܪܘܢܐ ܐܬܦܠܓܘ ܠܫܦܝܘܬܗ

ܘܐܬܪܥܝܘ ܠܝܚܝܕܝܗ. ܘܡܚܝܠܐ ܗܘ̣، ܐܠܗܘܬܟ ܠܡܐܠܦ ܫܪ̈ܝܪܝܢ ܕܡܠܝܢ. ܡܢ ܕܠܬ̈ܒܘܬܐ ܕܐܫܬܪܪ ܠܗ ܡܢ ܐܦܝܣܩܐ. ܘܡܢ ܡܪ̈ܕܝܬܐ ܐܫܪ̈ܝܬܐ ܕܟܠ ܐܘܪܚܐ ܕܡܐܠܦܘܬܟ ܡܪܝ، ܡܠܟܐ ܫܬܩ. ܘܐܟܢ ܕܠܡܕܝܢܬܐ ܕܒܡܠܬ ܚܕܐ ܘܐܡܪܐ ܒܫܢܝܗ ܕܡܠܟܘܬܟ. ܒܒܪܘ ܐܓܪ̈ܬܐ ܕܦܩܕܐ ܘܫܕܪܘ ܠܗ. ܕܐܦ ܚܢܢ ܐܝܟ ܥ̈ܒܕܐ ܕܫܠܡ ܫܪܪܐ ܘܐܡܪܐ ܒܫ̈ܢܝܢ ܡܪܗܘܢ. ܦܩܕܐ ܘܡܠܟܘܬܐ ܢܛܪ ܠܐܠܗܘܬܟ ܒܠܒܗܘܢ. ܕܠܐ ܢܬܚܠܦ ܡܢ ܚܘܬܡܗ ܕܡܠܟܘܬܟ ܫܪܝܪܬܐ ܕܝܢ ܡܪܝ، ܡܠܟܐ. ܕܐܬܪ̈ܘܬܐ ܒܠܒܗܘܢ ܕܐܘܪܚܬܗ ܕܡܠܟܘܬܟ. ܠܐ ܫܒܩܝܢ ܠܡܥܒܪ ܬܘܕܝܬܐ ܠܦܘܠܚܢܗ ܕܕܒܩܘܬܐ. ܘܠܡܠܟܐ ܓܡܝܪܐ ܕܡܫܡܠܝܘܬܟ. ܕܡܬܠ ܚ̈ܕܝܘܗܝ ܕܐܠܗܐ. ܘܒܡܠܝܢ ܡܫܒܚܐ ܕܡܬܠ ܕܪ̈ܘܫܗ ܘܐܘܠܨܢܗ ܕܒܢܝܢ: ܘܫܪ̈ܝܬܐ ܬܘܒܢܬܐ ܕܡܬܠ ܫܘܒܒܗ ܘܡܒܒܟܗ ܕܒܝܢܝܢ: ܘܕܝ̈ܠܘܬܟ ܐܫ̈ܝܢܬܐ ܕܡܬܠ ܕܝܠܗ ܘܒܫܘܗ ܕܐܦܟܝܢ. ܘܡܢܐ ܡܬܒܥܝܢ ܦܘܠܚܢܐ. ܕܗܘܐ ܐܦ ܒܐܪܥܐ ܕܟܠܗ̈ܒܢ ܡܫܒܚܘܬܟ ܦܘܪܫܢ ܕܠܗ̇. ܘܒܪ̈ܝܬܐ ܒܗܐܐ ܕܕܘܒܪ ܥܡܐ ܠܒܪ̈ܬܐ ܕܦܪܘܫ. ܘܥܠܡܐ ܠܠ̈ܕܝܗܘܢ ܦܦܘܬ ܕܝܢ ܐܘܕܝܬܟ. ܕܬܒܒܪ ܬܪܒܘܬܐ ܒܝܢܬ ܬܪ̈ܬܝܢ ܡ̈ܠܟܘܬܐ ܬܘܒܗܝܢ. ܘܒܬܪ ܗܠܝܢ ܢ̈ܝܫܐ ܕܒܒܪܬ ܡܫܒܚܘܬܟ ܘܦ̈ܠܓܘܬܐ ܘܥܒ̈ܕܘܬܐ ܕܐܝܫܘܐ ܠܗ ܠܟ ܡܠܟܘܬܟ ܬܘܒܪ ܡܪܝ، ܡܠܟܐ ܕܡܫܪܐ ܡܕܒܪܢܘܬܟ ܒܠ ܡܪ̈ܕܘܬܐ ܕܐܘܚܕܢܝܟ. ܕܠܡܠܟܐ ܗܒܠ ܡܪܝ، ܡܠܟܐ ܬܫܘܒ ܡܢ ܗܢܐ ܗܕܐ ܒܠ ܠܒܝ. ܕܚܕܘܬܐ ܪܒܬܐ ܗܘܬ ܠܡܕܝܢ̈ܬܐ ܒܡܠܟܘܬܟ. ܘܡܒܚܫܘ ܕܝܢ ܒܠ ܗܠܝܢ. ܠܐܠܗܐ ܡܢܗ̇ ܗܘܐ ܬܘܕܝܬܐ. ܗܢܐ ܗܘܐ ܓܒܪ ܒܠܗܘܢ، ܠܟ ܫܘܒܚܪܐ. ܘܢܝܚܐ ܗܘܬ ܒܚ̈ܝܝܗܘܢ، ܘܚܕܘܬܐ. ܓܒܪܐ ܗܘ̣ܐ ܓܒܪ ܡܒܝܢܐ. ܘܡܒܝܢܘܬܗ ܕܝܚܝܕܝܐ ܗܘܬ ܘܠܐ ܕܒܝܢܐ. ܫܘܪ ܕܝܢ ܦܘܪܥܢܐ ܕܒܒܪܐ ܠܐܝܢܐ * ܫܘ̣ ܝܚܝܕܝܐ ܠܦܘܬ ܐܝܟ ܕܡܒܝܢܘܬܗ 125 v. ܕܘܒܒ ܗܘܐ ܡܠܟܘܬܐ ܕܦܘܫܝܢ. ܠܦܘܬ ܕܡܟܝܢܐ ܗܘܐ ܒܫܝܢܐ ܠܡܪܕܐ ܕܒܘܟܐ ܗ̇ܘ ܕܒܠܗܘܢ، ܫܠܟ ܗܘ̣ܐ ܐܦܣܩܘܦܐ ܕܐܘܪܗܝ. ܐܝܟ ܕܢܗܘܐ ܗܘ̣ܐ ܫܝܢܐ ܕܡܡܠܠܝܢ ܒܟ ܕܠܗ. ܡܫܬܒܚܐ ܗܘ̣ܐ ܠܗ ܓܒܪ. ܕܐܝܠܝܢ ܗܦܟ ܐܠܗܐ ܒܐܪ̈ܘܗܝ، ܠܒܪ̈ܬܐ ܕܐܠܗܐ ܕܐܝܬ

ܒܦܪܘ. ܘܟܕ ܗܠܝܢ ܡܬܛܠܠܝܢ ܘܪܕܝܢ ܒܐܘܪܚܐ. ܘܗܘܐ ܫܐܪܝܬܗ ܘܪܘܪܒܢܘܬܗ ܕܢܝܪ ܗܫܟܐ ܐܦܣܩܘܗܝ ܡܢ ܠܡܫܩܠ ܥܠ ܕܬܡܪܘܩܝܢ ܠܫܘܒܚܗ. ܗܘ ܕܝܢ ܟܕ ܚܙܐ ܕܠܝܬ ܒܗܘܢ ܐܝܟ ܡܢ ܬܚܡܝܢܗ ܕܒܪܬܐ. ܐܫܟܚ ܐܦܩܘܗܝ، ܡܢܗܘܢ ܒܡܕܝܢܬܐ. ܘܥܒܕܐ ܐܝܟܢ ܡܢ ܘܕܡܟܘܗܝ. ܘܠܐ ܫܒܩ ܠܗܘܢ ܕܢܬܦܪܥܘܢ ܠܫܘܒܚܗ. ܐܠܐ ܟܕ ܡܬܦܪܢܣܢܐ ܡܫܐܠ ܗܘܐ ܠܗܘܢ ܥܠ ܥܠܝܗܘܢ ܕܒܡܕܝܢܬܐ ܕܢܦܩܘܢ ܕܡܒܢܐ ܗܝ، ܒܠܥܕ ܒܠܝܗܘܢ ܕܠܐ ܐܬܐ ܗܘܐ ܠܥܠܡܗ ܕܚܠܒܐ. ܗܘܝܘ ܕܝܢ ܒܕ ܕܫܠܝܢ ܘܪܬܝܬܝܢ. ܦܪܫܘ ܦܬܓܡܐ ܐܘܪܕܘܢ ܘܠܐ ܒܦܪܘ. ܕܡܘܟܟܐ ܠܗ ܡܬܒܥܝܢ ܒܝܕ ܕܐܬܪܚܡܘ ܠܝܚܝܕܝܗ ܕܡܠܝܢܘ ܫܠܒܐ: ܡܛܠ ܕܫܠܝܬܐ ܕܦܘܩܕܢܗ ܫܠܡܘ ܐܬܪܐ. ܡܛܠ ܕܒܟܦܝܢ ܗܘܘ ܡܢ ܢܘܒܚܝܗܘܢ. ܕܢܬܚܝܪܘܢ ܬܘܒ ܒܡܕܝܢܬܐ. ܘܪ̈ܕܝܠܐ ܡܢܗܘܢ ܕܢܦܫܗܘܢ ܘܗܘܘ ܒܪܝܪܝܢ. ܠܡܛܠܘܢ ܘܠܐܬܪ̈ܘܬܐ ܚ̈ܙܝܐ ܘܡ̈ܒܥܕܐ ܐܬܬܕܝܘ. ܘܠܐ ܠܐ ܡܠܐ ܒܪܓܠ ܘܒܢܘܗܝ ܕܢܦܩܘܢ ܠܡ̈ܕܝܢܬܗܘܢ؛ ܘܬܒܪ ܒܠܝܗܘܢ ܘܡܒܥܝܢܘ ܘܐܡܪ. ܕܟܕ ܐܝܬ ܗܘ ܠܗ ܒܝܬܐ ܕܦܬܚܘ ܚܕܝܐ ܒܒܥܘܬܗ، ܕܐܠܗܐ ܕܠܐ ܦܠܓܘ. ܕܒܬܟܐ ܩܠܐ ܕܘܠܦܢܐ ܕܘܒܝܐ ܦܪܘܫܐ. ܕܐܝܟܐܠܗ، ܠܦܪܘܩܐ ܡܠܐ ܥܒܕܬܐ. ܥܒܐܘܗܝ، ܠܗܘܢܘܗܝ ܕܡܠܒܐ ܥܝܢܐ ܘܐܬܒܪܝܢ ܠܡܐܟܠ ܦܪܝܣܘܢ ܕܠܗܘܢ؛ ܘܡܬܠܦܢܘܬܗܘܢ ܕܥܠ ܒ̈ܙܬܐ. ܐܫܬܠܡ ܓ̈ܙܝܗ ܘܐܬܗܬܟܬ ܡܢ ܬܫܒܘܚܬܗ ܘܩ̈ܕܘܫܐ ܕܘܪܐ ܕܐܬܪܒܝܘ ܒܗ: ܟܠ ܕܠܐ ܢܦܠ ܡܢ ܫܪ̈ܪܘܗܝ ܘܒܕܒܘ ܒܗܘܕܡܘܬܗܘܢ. ܠܡܛܠܘ ܕܢܫܒܐ ܐܫܬܕܪܘ. ܒܦܘܩܕܢܗ ܕܡܠܝܢܘ ܕܗܢܐ. ܐܝܟܐ ܕܝܢ ܡܢ ܗܢܐ ܐܬܩܝܡ 126 r. * ܡܢܗܘܢ ܘܦܪܝܫܐ ܕܟܕܒܘ. ܘܐܦܩܘ ܒܢܝܢܗܘܢ ܫܦܘܬܗܘܢ؛ ܘܦܩܕ ܒܠܝܗܘܢ ܕܢܦܠܘܢ ܒܗܘܢ ܦܘܠܚܢ. ܘܟܕ ܐܫܬܢܝ ܒܡܫܠܡܬܐ ܢܫܬܪܘܢ ܠܐܘܪܚܗ. ܕܬܟܢ ܢܗܘܐ ܫܘܠܡܗܘܢ ܘܠܚܝܪ ܕܢܝܚܘܢ؛ ܐܘܪܚܗܐ ܕܝܢ ܕܐܢܫ ܗܘܘ ܒܗ ܫܠܒܐ. ܒܕܘ ܡܢܗ ܕܠܐ ܢܬܪ ܐܝܢ ܠܡܬܢܝܚܘܬܗܘܢ؛ ܐܡܪܘ ܠܗ ܚܝܪ ܠܡܠܟܐ. ܕܐܝܟ ܠܐܘܪܗܝ، ܡܥܕܪܐ ܠܗܘܢ ܡܠܦܢܘܬܟ ܠܚ̈ܒܪܐ ܗܠܝܢ: ܘܒܗ ܕܗܘܐ ܥܘܐܠܗܘܢ ܘܢܦܩ ܚܝܪ ܕܢܚܘܢ. ܟܕ ܟܕ ܗܘܐ ܐܝܟܢܐ ܒܡܕܝܢܬܐ ܘܠܦܘܩܕܢܐ ܕܒܪܘܐ ܢܦܩܝܢ

ܠܗܘܢ ܐܒܪܗܡ. ܐܝܟ ܕܒܡܘܪܐ ܠܒܪ ܥܠܝܪܐ ܒܦܠܚܐ ܐܒܘܗܝ
ܥܠ ܚܪܢ ܗܘܐ ܕܝܢ ܡܛܠ ܚܫܘܟܐ ܕܠܝ̈ܠܝܐ. ܠܘ ܠܒܪ ܡܢ ܡܕܝܢܬܗ
ܒܠܚܘܕ ܐܝܬܘ ܒܚܫܘܟܐ. ܕܐܦ ܒܢܘܗܝ ܕܟ̈ܠܕܝܐ ܒܦܘܠܚܢܝ. ܐܝܟ
ܐܕܟܪܐ ܒܣܘܠܩܗ ܒܚܕܝܐ ܗܘܬ ܒܗܘܢ ܚܫܘܟܘܬܗܘܢ. ܐܦ ܢܗܘܐ
ܕܠܐ ܡܕܝܢ ܗܘܘ ܡܢ ܕܚܠܬܐ ܕܟ̈ܠܕܝܐ ܒܦܘܠܚܢܐ ܕܠܗܝܢ. ܘܗܢܐ
ܡܢܝ ܟ̈ܠܕܝܐ. ܟܕ ܐܝܬ ܠܗܘܢ ܪܚܡܐ ܘܚܒܪܐ ܒܟ̈ܢܫܝ. ܢܬܒܪܘܢ
ܒܪ̈ܝܐ ܗܠܝܢ ܠܦܘܠܚܢܐ ܡܪܕܘܬܐ. ܘܬܗܘܢ ܢܗܘܐ ܫܪܟܐ ܕܐܠܗܘܢ
ܘܒܪܝ ܕܢܗܘܘܢ ܐܬܪܐ ܕܡܢ ܦܠܓܐ ܕܐܝܬ ܗܘܘ ܒܗ ܟ̈ܠܕܝܐ. ܢܚܡ
ܗܘܘ ܒܗ ܐܒܪܗܡ SO ܘܫܒܩܗ. ܘܡܕܝܢܬ ܗܘܘ ܒܠܗܘܢ ܘܥܡ ܟ̈ܠܕܝܐ
ܘܐܡܪܝܢ. ܕܚܕܝܐ ܗܘ ܠܗ ܦܪܗܣܝܐ ܗܕܐ ܕܥܒܕ ܐܒܪܗܡ.
ܕܠܐ ܠܐܠܗܘܬܟ ܕܠܐ ܒܪܘܚܐ ܢܦܫܘܢ ܘܐܬܒܢܐ ܠܗ ܠܢܘܟܪܝܐ ܐܝܟ
ܬܪܒܝܬܐ SO ܕܐܬܪܒܝ ܐܒܪܗܡ ܥܠ ܒܢܝܗ. ܕܐܦܠܐ ܘܫܒܩܘܗ
ܠܥܒܐ ܕܢܘܪܐ ܡܢ ܡܕܝܢܬܗܘܢ. ܘܐܝܟ ܐܬܪܐ ܦܪ̈ܝܫܐ ܫܒܩܘܗ
ܒܠ ܡܕܝܢܬܐ ܐܝܟ ܕܦܩܕܘ. ܗܘ ܕܢܦܩ ܘܠܐ ܬܗܘܐ. ܕܒܕܝܢ
ܬܠܝܗܘܢ ܒܒܢܝܢ ܕܢܦܩܝܢ SO ܦܠܓܐ ܘܫܡܥܘܐ. ܐܝܟ ܡܕܒܪܢܐ
ܒܚܪܢ ܕܗܘܘ ܬܠܬܐ ܠܡܕܝܢܬܗܘܢ ܠܘ ܠܡܕܝܢܬܗܘܢ ܢܬܒܪܘܢ
ܒܕ ܕܢܚܡ ܒܗܘܢ ܦܪ̈ܝܫܐ ܘܐܫܬܘܝܢ ܒܫܪܒܬܐ. ܘܬܗܘܢ ܢܗܘܐ ܕܡܢܗܘܢ
ܘܫܐܠܘܢ ܕܠܘܗܝ ܕܒܡܕܝܢܬܗܘܢ ܕܗܠܝܢ ܟܘ̈ܫܒܝ. ܬܦܠ
ܕܚܠܬܐ ܘܒܘܫܬܐ ܥܠ ܒܠܗܘܢ ܒܡܘܬܗ ܕܡܕܝܢܬܗܘܢ. ܘܫܒܩ
ܦܬܓܡܐ ܒܟܢܫ ܟ̈ܠܕܝܐ ܘܒܝܬ ܐܝܟ ܡܠܬܗܘܢ. ܘܫܒܩ ܐܚܘܢ ܒܕ
ܐܚܘ̈ܗܝ * ܠܚܪܢ. ܒܕ ܡܫܕܪ SO ܠܗܘܢ ܕܒܢܐ ܕܢܥܒܕ ܐܚܘܢ ⁘ ܘܒܕ 126 v.
ܐܬܬܪܝܒ ܒܒܥܐ ܡܢܝܢ ܥܠ ܡܫܝܚܘܬܐ ܕܒܪܬܗ ܡܟܝܠ ܗܘܐ ܗܘܐ ܠܗ
ܠܒ ܟ̈ܠܕܝܐ ܠܐܒܪܗܡ. ܒܕ ܐܡܪ. ܕܐܦܢ ܘܡܢ ܠܗ ܡܛܠ ܕܚܠܬܐ
ܕܫܘܠܛܢ: ܐܬܦܩܕܬ ܫܘܐܝܬ ܡܫܝܚܘܬܗ ܕܡܫܝܚܐ ܒܟܠܗ ܐܘܚܕܢ:
ܐܠܐ ܐܒܪܗܡ، ܠܗ ܕܝܢ ܡܢ ܒܠܗܘܢ ܡܕ̈ܝܢܬܐ ܢܦܩܬ SO ܒܚܘܒܐ SO
ܕܡܫܝܚܘܬܐ. ܕܒܕܒܪܐ ܕܢܦܠܬ ܒܗ ܚܫܘܟܐ ܘܓܠܬ ܒܗ ܥܠ ܢܦܫܗ:
ܘܐܬܚܙܝ ܫܪܪܗ ܕܡܫܝܚܘܬܐ ܡܢ ܕܚܠܬܐ ܕܦܘܠܚܢܗ ܕܟ̈ܠܕܝܐ ܒܟ̈ܠܕܝܐ:
ܘܚܙܐ ܡܕ̈ܝܢܬܐ ܘܥܠܡ ܠܦܠܚܘܬܗ. ܐܒܪܗܡ، ܡܒܪܟܬܐ ܡܕܝܢܬܗ

ܕܡܫܝܚܝܐ ܒܝܪ̈ܬܗ̇ ܗܘܬ. ܘܡܕܒܪܢܘܬ ܫܘܒܚܐ ܒܢܝܢ ܒܟܠܗ̇ ܐܬܪܐ ܐܝܣܘܢܝܬ ܘܡܕܒܪܢܘܬܗ̇ ܠܐ ܒܛܠܬ ܡܢ ܠܘܩܒܠܐ ܕܡܫܬܗ ܕܦܘܠܝܐ. ܐܦ ܠܐ ܡܢ ܐܦ̈ܪܬܗ ܐܣܛܪܛܝܓܘܬ. ܐܠܐ ܒܦܠܛܗ ܒܟܬ̈ܒܬܗ ܘܐܬܚܠܬ ܒܢܦܩܬܗ̇. ܘܡܘܣܝܐ ܕܬܕܒܝܬܗ̇ ܠܦܪܘܬܗ ܠܟܬܒܐ ܕܒܒܪ ܠܗ̇. ܘܒܝ ܬܘܒ ܟܠܗ ܐܝܟ ܟܠ ܐܚܪ̈ܝܢ: ܘܗܘ ܐܩܦܘܗ̇، ܕܬܪܥܝܬܐ ܢܥܘܠ ܠܗ̇. ܫܒܬ ܒܗ ܘܠܝܬܐ ܒܒܝܬܐ ܕܒܒܢܬ ܠܗ. ܘܐܡܪܬ ܕܒܒܐ̈ܩܐ ܕܢܘܫܬܐ ܢܨܒܬܗ̇. ܘܐܚܪܢܗ ܚܠܦ ܠܚܝܐ ܘܢܝܚܐ ܒܦܬܓܡ̈ܘܗܝ، ܕܠܐ ܢܒܘܠ ܠܗ̇. ܘܠܡܕܝܢܬܐ ܡܫܝܚܝܬܐ ܕܡܫܝܚܐ ܐܚܪܝ، ܒܗ ܒܦܪܢܣܬܗ ܡܫܘ ܕܠܐ ܢܠܩܘܛ ܘܢܦܪܘܫ. ܠܗ ܐܡܪܐ. ܘܡܢ ܒܢܝ̈ܢ ܒܚܒܘܫܗ ܫܘܠܛܢܐ ܣܘܪܝܐ ܘܪܘܡܝܐ. ܒܡܕܐ ܕܠܐ ܒܢܝ̈ܢ ܒܚܝܪ̈ܘܬܐ ܬܐܪܒ ܘܬܬܘܦܪ. ܘܒܗ ܒܡܠܟܘ̈ܬܐ ܡܠܘܟܐ ܗܘܐ ܠܗ̇ ܠܐܘܪܗܝ. ܐܝܟ ܕܢܝܢܘܗ̇، ܘܫܘܚܗ̇ ܡܢ ܟܠܒܐ. ܘܒܫܦܝ ܢܨܝܚ ܘܟܪܝܗ̇ ܘܫܬܩܗ̇ ܒܗ ܐܦܝ̈. ܢܦܩ ܡܕܝܢܐ ܘܫܪܬܒ. ܘܢܦܩܐ ܘܩܘܠܐ ܠܚܣܘܕܝܗ. ܘܐܝܬ ܒܝܕܗ ܘܬܬܘܠܘ ܫܡܝܢܘܬܗ ܒܟܠ ܦܘܩܕܢ. ܢܬܠ ܠܗ ܡܕܝܢܐ ܘܒܝܬܐ ܕܢܦܝܩܝܢ ܒܟܠܗ ܕܡܫܝܚܝܢ[1]. ܘܐܢܫ ܒܝܫܝܢ ܘܐܒܝܠܝܢ[1] ܘܐܣܝܪܝܢ ܒܝܫ ܒܠܝܗܘܢ ܡܕܝܢ̈ܬܐ ܕܐܘܪܫܠܡ[1]. ܘܐܢܦܝܩ ܚܠܝܢ ܘܦܪܝܫܬܐ ܠܡܢܝܢ. ܡܢܐ ܕܗܘܐ ܠܗ[1] ܘܢܬܒܬ ܒܠ ܒܦܪܘܣܐ ܕܠܒܘܫܬ. ܘܒܝ ܚܪܝ̈ ܢܒܝܫܘ ܠܡܒܪܟܘܬܗ̇ ܠܐܘܪܗܝ. ܘܪܒܘ ܐܘܪܗܝܐ

127 r ܕܐܝܬ ܗܘܐ ܒܗܘ. ܘܒܟܘ ܡܢܗ ܕܒܝܪ ܐܝܟ ܡܒܪܟܝܗ. * ܘܐܟܪܙܘ ܠܗ ܠܡܫܝܚܘ. ܕܠܗܘܢ ܠܗ ܡܪܝ، ܡܠܟܝ. ܕܒܝܐ ܘܟܣܐ ܠܗ ܘܐܬܒܝܢܘ ܠܡܕܝܢܬܐ. ܡܢ ܐܬܪܐ ܕܠܘܗ ܕܒܝܬ ܢܘܪ̈ܝܢ. ܗܘ ܕܝܢ ܠܟܠܗ̇ ܘܠܦܪܘܬܗ̇ ܕܡܬܬܠܝܢ. ܐܝܟ ܗܘܠ ܐܚܝܬ ܢܒܝܐ ܠܐܠܗܘܬܝ. ܦܘܩ ܘܟܒܫܘܢ ܚ̈ܒܫܝܢ ܘܡܒܟܝܢ. ܕܢܦܠܘܢ ܒܢܝ̈ܗ ܕܡܕܝܢܬ: ܘܢܦܩ ܠܒܪܐ ܡܢ ܬܪܥܐ. ܘܠܒܝܬܐ ܘܦܠܚܝܐ ܡܢ ܩ̈ܕܡܐ ܘܡܢ ܗܪ̈ܟܐ. ܐܦ ܠܐܠܗܝܢ ܕܦܠܚܝܢ ܒܬܪ̈ܘܗܘܢ ܠܡ ܐܠܗܝܢ ܕܦܠܚܝܢ ܒܟ̈ܪܣܬܗܘܢ. ܕܠܚܡܐ ܡܢ ܢܚܝܐ ܘܟܐܐ ܕܒܢ̈ܝܐ ܘܩܕ̈ܫܐ ܒܗܕܐ ܡܛܠ ܬܬܬܟܝܢ ܒܡܕܝܢܬܗ̇ ܕܡܫܝܚܘܬ: ܒܟܢܫܐ ܕܕܝܢܐ ܒܠܫܘܢ ܡܬܬܟܝܢ ܒܪܚܬܐ.

1 Das End- ܢ in diesen Wörtern ist wie ܝܢ geschrieben; auch sonst ܢ häufig wie ܝ.

ܠܦܘܡ ܕܝܢ ܐܦ ܒܗܕܐ ܒܥܘܢܝ. ܕܐܦ ܠܚܙ̈ܘܡܝ ܒܒܪ̈ܘܫܬܐ ܐܦܣܐ ܐܘܪ̈ܗܝܐ ܠܒܪ ܡܢ ܬܪ̈ܥܝܗ ܕܡܕܝܢܬܐ ܕܢܗܘܐ ܠܗܘܢ ܢܦܐܫܐ ܡܢ ܐܘܠܨܢܗܘܢ܆ ܡܛܠ ܕܐܬܐܠܨܘ ܚܠܝܨܘ ܡܣܟܢܘܬܗ ܕܡܠܟܘܬܢ ܕܕܗܘܬܐ. ܐܝܟܢ ܕܝܢ ܫܠܝܛܐ ܠܒܥܠܕܒܒܘܗܝ ܕܨܒܪܐ ܗܠܝܢ. ܘܒܙܪ ܐܢܘܢ ܘܒܙܚܘ ܒܗܘܢ، ܕܢܬܦܪܥܘܢ ܥܠ ܡܐܬܝܬܗ. ܕܒܐܝܢܐ ܥܘܕܪܢܐ ܘܦܘܪܩܢܐ ܘܫܝܢܐ ܩܠܝܠ ܕܫܠܡܐ: ܡܛܠܬܗ ܐܘܪܗܝ، ܠܡܠܟܐ ܡܫܝܚܝܐ. ܘܒܬܪ ܗܘ ܠܝ ܕܝܢ ܘܒܠܐ ܕܢܬܒ ܐܝܟ ܒܕܘܟܝ. ܫܪܘܬܐ ܓܝܪ ܢܟܬܐ ܥܒܕ ܠܗ ܐܠܗܐ ܠܐܘܪܗܝ، ܒܡܠܬܗ ܕܨܒܪܐ ܕܕܗܘܬܐ. ܘܬܡܗ̈ܝܢܘܬܐ ܐܝܟ ܕܐܫܬܒܪ ܒܗ ܒܠܒܗ ܗܘܝܢ ܘܬܘ̈ܒܬܐ ܕܒܟ̈ܝܢܐ. SO ܕܦܪܙ. ܘܒܚܝܢܐ ܠܐܠܗܐ. ܕܐܝܬܘܗܝ، ܫܪܘܬܐ ܕܟܝܢܐ ܕܟܪ̈ܝܬܐ. ܒܗ ܓܝܪ ܒܘܗܝܐ ܡܪܚܡܢܐ ܕܒܐܪܥܐ. ܐܬܬ ܒܠܬܐ ܦܬܪ ܐܠܗܐ ܒܐܬܪ̈ܘܗܝ، ܕܡܠܟܐ ܡܫܝܚܝܐ. ܐܝܬܬܐ ܓܝܪ ܚܕܐ ܡܗܝܡܢܬܐ ܡܢܗ ܕܡܕܝܢܬܐ ܕܥܡܗ ܗܦܟܐ ܡܐܪܥܝ. ܒܪܬܗ، SO ܐܢܫܐ ܬ̈ܠܝܐ ܘܦܬ̈ܘܚܬܐ. ܗܕܐ ܪܟܢܐ ܗܘܬ ܒܕܘܪܗܢܐ ܒܥܘܡܐ ܬ̈ܠܬܝܢ ܬܩ̈ܝܠܐ. ܕܡܢ ܫܒܝܠܘܬܗ ܕܒܘܪܗܢܝ. ܡܗܬܐ ܠܢܦܫܗ ܥܐܠܐ ܗܘܬ ܒܠܥܕ. ܒܪܕ ܕܝܢ ܘܒܗܡܟܐ ܡܕܡܚܢܐ ܕܒܐܪܥܐ: ܒܕ ܥܠܝܡ ܠܗ ܫ̈ܒܝܢܗ ܒܒܘܪܗܢܐ ܕܒܪ̈ܝܬܐ: ܕܢܘܟܠܘܢܗ 127 v· ܠܒܪܬܐ ܕܬܥܒܐܠ ܒܠܘܬܗ ܡܗܬܐ ܠܢܦܫܗ. ܘܗܢܐ ܫܠܟܐ ܐܬܗܘܬܒܠ * ܒܐܘܪܚܗ. ܘܒܐܘ ܒܗ ܒܠܫܢܗ، ܕܦܫܪ ܘܢܦܫܗ ܡܢ ܡܕܡܚܢܗ،. ܗܘ ܕܝܢ ܡܠܟܐ ܕܕܗܘܬܐ: ܒܕ ܚܙܗ ܕܡܫܬܘܕܥܐ ܡܢ ܒܘܪܗܢܝ. ܒܙܒܢ ܠܗ ܒܠܚܘܕ. ܘܦܩܕ ܕܢܬܦܢܝܗ ܠܒܬܗ. ܕܐܝܟ ܦܓܪ ܕܡܗܡܢܬܐ ܡܕܡ ܥܐܠܐ ܗܘܬ ܠܗ. ܗܝ ܕܝܢ ܠܡܚܝܢܬܐ ܐܬܒܝܢܬ ܒܢܦܫܗ. ܘܐܡܪܐ ܕܒܚܪ ܦܘܢܝܐ ܗܘ ܗܢܐ ܕܡܢ ܐܠܗܐ. ܘܒܕ ܦܪܒܘܗ ܒܛ̈ܒܘܗ ܡܕܡܚܢܗ. ܡܥܐܠ ܗܦܟܐ ܠܗ ܕܡܚܢܐ ܙܒܢܐ. ܗܝ ܕܝܢ ܠܡܚܝܢܘ ܒܐܢܦܫܐ ܦܓܥܝܢܐ. ܐܥܒܪܬ ܠܡܚܝܢܘ ܦܬܓܡܐ ܠܫܠܡܐ ܡܢ ܒܬ̈ܒܐ ܘܐܘ̈ܠܨܢܐ ܕܒܚܪܝܢ ܗܘܘ ܠܗ. ܒܒܪܬ ܡܠܐ ܕܝܢ ܡܫܠܡܬܐ ܡܬܥܒܕܐ ܗܘܬ ܠܗ ܘܐܡܪܐ. ܕܒܒܢܐ ܐܢܫܐ ܡܚܝܢ ܫܠܟܐ ܡܪܘܚܡܢܐ ܘܡܠܟܐ ܠܡܦܬܐ. ܐܬܪܘܡ ܥܠ ܘܐܡܪܢ SO ܡܢ ܐܘܠܨܢܐ ܗܢܐ ܕܐܝܬ، ܒܗ. ܕܚܢ̈ܢܐ ܠܗ ܬ̈ܫܒܚܬܐ ܕܡܚܝܢ ܠܝ. ܘܠܐ ܒܪܒܠ ܐܬܡܠ

ܡܢ ܗܪܟܐ. ܐܬܬܦܝܣ ܕܝܢ ܡܠܟܐ ܒܡܬܠܒܟܐ ܗܢܐ ܘܐܡܪ ܠܗ̇. ܐܘ ܐܢܬܬܐ ܠܒܢܐ ܡܠܠܬܝ ܠܗܕܦܐ. ܗܢܐ ܥܠ ܒܝܢܬܗ. ܕܠܒܪܐ ܐܢܐ ܫܠܚܐ. ܘܐܠܘ ܠܠܐ ܗܘܬ ܠܝ ܡܫܬܠܡܐ ܠܐ ܡܫܟ ܗܘܬ ܠܝ ܕܬܬܚܙܐ ܩܕܡܝ. ܕܠܘ ܢܒܝܐ ܐܢܐ ܕܐܫܪܝܬ 80 ܡܢ ܒܪܘܢܝܒ. ܐܦܠܐ ܡܫܝܚܐ ܐܢܐ ܕܐܬܐܠ ܠܝ ܫܘܠܛܢܐ.. ܐܡܪܐ ܠܗ ܐܢܬܬܐ ܗܝ. ܡܪܝ. ܒܒܢܐ ܐܢܐ ܡܚܝܒ. ܠܘ ܫܘܠܛܢܐ ܫܐܠܐ ܐܢܐ. ܕܒܢܐ ܐܢܐ ܗܘ ܒܪܝ. ܕܠܐ ܥܘܠ ܣܛܘܗܝ ܠܗܕܐ. ܐܠܐ ܡܛܠ ܕܠܒܬ ܒܠܒܝ ܡܪܝ. ܡܢ ܩܕܡܝܟ. ܕܠܒܪܐ ܐܢܫ ܕܫܘܐ ܘܡܙܕܩܐ: ܘܡܬܩܒܠܐ ܒܠܘܬܟ ܘܡܩܒܠܐ ܩܕܡ ܐܠܗܐ. ܒܒܢܐ ܡܒܝܢ ܐܠܝܨܘܬ. ܘܡܬܒܥܝܐ ܠܝ ܕܩܘܬܒ. SO ܒܪܝ ܥܠ ܠܐܠܗܐ. ܕܢܒܒܪ ܒܟܠܠ ܫܘܠܛܢܐ ܠܝܫܘ. ܕܩܘܬ ܠܐ ܒܝܫ ܡܢ ܒܪܘܢܝܐ ܘܐܫܬܘܬ ܢܦܫ ܡܢ ܐܘܠܨܢܐ. ܗܘ ܕܝܢ ܦܪܘܫܐ ܘܡܠܟܐ ܦܩܘܕܬܐ. ܚܙܬ ܠܗ ܒܠܒܗ̇. ܘܡܠܟܐ ܒܠܒܗ ܘܐܡܪ ܠܗ̇. ܙܠܝ ܐܢܬܬܐ.. ܘܗܒܝ ܒܐܠܗܐ ܘܠܐ ܬܦܣܩܝܢ ܡܒܥܝܐ ܕܫܘܠܛܢܟ. ܡܛܠܐ ܗܝ ܒܪ ܒܐܒܗܘܗܝ ܕܐܠܗܐ. ܕܒܟܠܠ ܢܘܒܪܝ ܒܪܫܒܗܘܢ. ܘܒܐܝܟܐ ܘܫܪܗ ܡܢ ܡܕܒܗܘܢ. ܘܥܠ ܠܒܝܬܗ ܕܡܪܝܐ. ܒܪ
125r ܒܪܐ ܠܗ * ܘܫܡܠ ܒܥܨܗ ܫܥܬܗ ܕܡܚܝܡܝܬܐ. ܘܦܩܕ ܕܢܦܩ ܕܐܓܪܐ ܕܒܝܬ ܡܕܒܚܐ ܢܦܪܘܫ ܠܗ ܦܪܘܣܐ ܕܡܒܪܐ. ܘܒܒܪܕ ܚܒܪܘܗܝ ܐܝܟܢܐ ܕܐܬܦܩܕ ܠܗܘܢ ܘܦܢܝ ܡܠܟܐ ܕܢܫܐ ܫܝܓܐܝܬ: ܠܡܒܟܠ ܒܝܠܬܐ ܫܠܡ. ܐܢܬܬܐ ܡܚܝܡܬܐ. ܘܐܬܠܒܗܘܢ ܘܗܦܟ ܪܝܫܗ ܒܝܬ ܒܪܕܘܗܝ. ܘܦܪܘܫܐܝܬ ܡܬܒܥܐ ܗܘܐ ܠܐܠܗܐ. ܘܒܪ ܗܘܐ ܒܪܢܐ ܕܡܪܝܐ ܕܒܬܒܐ. ܢܦܠܘ ܗܘܘ ܠܗ ܦܬܓܡܐ ܐܦܣܩܘܦܐ ܠܡܠܟܐ. ܕܢܗܘܐ ܡܢ ܒܝܠܬܗ ܘܗܘܢܝܢ ܢܫܡܘܢ ܠܡܘܬܒܐ ܕܒܐܬܪܐ ܘܒܪ ܐܡܪ ܡܠܟܐ ܒܝܠܬܗ. ܡܬܒܪܟܝܢ ܗܘܘ ܐܦܝܣܩܘܦܐ. ܘܒܝܘܡ ܗܘܘ ܒܗܢ ܫܒܒܐ. ܕܡܢܝܐ ܗܝ ܒܗ ܢܫܡܬܗ ܕܡܠܟܐ. ܚܙ ܕܝܢ ܡܢܗܘܢ ܕܐܦܝܣܩܘܦܐ ܕܫܡܗ ܗܘܐ ܡܫܝܚ: ܕܗܘ ܗܘܐ ܒܗ ܡܠܟܐ ܐܬܚܘܝ ܗܘܐ ܒܪ ܒܐܠ ܠܒܪܬܐ. ܗܢܐ ܢܒܫ ܠܗܘܢ ܪܘܚܐ ܠܡܒܪܘܗܝ. ܒܪ ܐܡܪ. ܕܐܢܬܬܐ ܠܡ ܚܙܐ ܡܚܝܡܬܐ: ܕܒܢܝܐ ܠܗ ܬܪ̈ܬܝܢ ܕܒܢܝܢ ܠܗ ܒܪܘܢܝܐ: ܡܪܚܬ ܠܗ ܒܒܘܬܐ ܒܪ ܒܐܠ ܠܒܪܬܐ. ܕܢܩܪܒ ܗܘ

ܣܠܩܝܗ̇ ܒܒܘܬܐ ܠܐܠܗܐ: ܕܢܗܘܐ ܠܗ̇ ܢܦܫܐ ܥܡ ܐܘܠܝܢܗ̇. ܘܗܕܐ ܗ̇ܝ، ܛ̈ܝܒܘ ܬܫܒܘܚܬܗ ܕܡܠܟܐ ܫܪܝܪܬܐ. ܐܦܣܩܘܦܐ ܕܝܢ ܫܒ̈ܝܩܘܗܝ، ܕܗܘܘܢ ܗܘܘ ܬܚܒܝܢ. ܟܕ ܝܠܦܘ ܗܘܘ ܡܢ ܡܘܫܐ ܐܦܣܩܘܦܐ ܟܠܗ، OS ܫܡܫܘܬܗ ܕܡ̈ܠܟܐ. ܬܗܘܐ ܠܒ ܘܐܬܕܒܪܘ ܒܦܘܩܕܢܗ ܕܓܒܪܐ ܡܗܝܡܢܐ. ܘܡܬܬܘܡ ܗܘܘ ܒܗ ܢܦܫܗܘܢ ܘܐܡܪܝܢ. ܕܐܢ ܠܡ ܡܠܟܐ ܕܡܠܟܐ ܗܘ: ܘܠܐ ܫܒܩܐ ܒܬܪܗ ܬܫܒܘܚܬܐ ܕܡܪ̈ܝܐ ܘܕܪ̈ܚܡܘܗܝ: ܗܘܢܐ ܟܠܗ ܡܗܘܒܒܐ ܐܬܬܚܒܒ ܩܕܡ ܐܠܗܐ: ܒܠ ܗ̈ܦܟ ܐܘܠܝܢܗ̇ ܕܐܬܬܘܬܐ ܕܗܘܝ. ܒܒܟܐ ܠܝ ܡܬܘܪ ܕܪ̈ܦ ܗܘܢ̈. ܕܢܦܛ ܒܠܡ ܡܗܘܪܐ ܕܡܬܚܒܬܐ ܕܐܬܓܒܠܬ ܠܝ: ܕܢܓܠܐ ܕܠܐ ܫܠܘܐ ܘܬܫܒܘܚ ܘܠܐ ܬܒܥܐ ܠܝ. ܝܠܦ ܡܪ̈ܝܐ ܘܐܘܠܨ̈ܢܐ ܘܐܘܠܝܢ ܕܒܝܫ ܒܝܫ ܒܒܬܝܢ. ܘܫܠܘ ܐܦܣܩܘܦܐ ܕܒܢܝܐ ܚܕ ܡܢ ܚܕ. ܘܠܐ ܗܠܘ ܗܘܘ ܠܡܗܬܒܐ ܕܒܐܬܐ 129 r. ܒܗܘ ܡܡܟܢܐ. * ܐܬܟܗܢܘ ܗܘܘ ܠܝܠܘܬܐ. ܒܟܡܐ ܠܒܢܝܐ ܕܡܪ̈ܝܐ ܕܡܒܪܬܗ ܕܦܪܘܣܝܢ ... ܐܬܚܙܝܬ ܗܘܬ ܕܝܢ ܗ̇ܝ، ܗܕܐ ܠܟܠܗ ܒܢܝܗ̇ ܕܒܪܬܐ. ܕܟܠܗ ܐܘܠܝܢܗ̇ ܕܡܪܝܐ ܐܝܬܝܗ̇ ܗܕܐ ܟܠܗ̇ ܬܫܒܘܚܬܐ. ܘܟܠܢ ܒܢܝܐ ܡܗܝܪܝ. ܗܘܬ ܟܠܗ̇ ܒܒܘܬܐ ܠܐܠܗܐ ܕܢܝܚܝܗ̇. ܘܟܕ ܗܘܐ ܒܒܢܝܐ ܕܢܗܘܐ ܒܗܘܢܐ ܥܠ ܡܕܒܪܢܐ ܘܢܗܘܐ. ܡܘܪܒܢܝ. ܐܝܟ ܢܦܫܗ ܡܒܥܝܢܘ ܒܝܠܘܬܐ ܩܕܡ ܐܠܗܐ: ܒܠ ܦܘܪܫܐ ܕܗܕܪܐ ܕܟܠܗܘܢ، ܘܐܡܪ ܗܟܢܐ. ܘܫܡܫܐܝܬ ܡܬܝܠܐ ܗܟܢܐ ܘܡܬܒܥܐ ܩܕܡ ܐܠܗܐ ܒܠ ܐܝܬܝܬܐ ܗ̇ܝ. ܕܢܗܘܐ ܠܗ̇ ܢܦܫܐ ܥܡ ܐܘܠܝܢܗ̇. ܘܟܕ ܦܩ ܗܘܐ ܡܢ ܠܝܬܗܘܢ ܘܢܦܩ ܡܘܪܒܢܐ ܘܫܪܬ ܬܫܒܘܚܬܐ. ܡܢ ܡܗܝܡ̈ܢܘܬܐ ܒܪ̈ܬܐ. ܐܝܟ ܐܝܕܐ ܕܡܠܟܐ. ܘܐܦ ܠܒܢ̈ܝܗ̇ ܕܡܗܝܡܢܘܬܐ ܕܒܝܫܝܢ ܗܘܘ ܒܒܪܬܐ: ܘܒܪ̈ܬܗ̇ ܒܬܪ̈ܬܐ ܘܠܓܘܬܐ. ܐܦ ܠܗܘܢ ܡܢ ܡܗܝܡܢ̈ܘܬܐ ܠܐ ܒܕܘܪ. ܕܢܫܕܘܢ ܘܬܬܒܗܘܢ ܒܐܪ̈ܐ SO ܕܡܫܕܘܬܐ ܕܒܝܬܐ ܕܒܪ̈ܬܐ .... ܘܟܕ ܐܝܟ ܕܢܦܩܘ ܡܢ ܒܪܬܐ. ܐܪ̈ܡܢܘ SO ܒ̈ܝܫܝܗ̇ ܕܒܪܬܐ ܫܠܡܘܢ ܒܠ ܬܫܒܘ̈ܚܬܗ ܕܡܠܟܐ ܡܗܝܡܢܐ .... ܘܒܒܢܝܐ ܦܓܪܐ ܡܚܒܝܢ ܗܘܘ ܠܗ ܘܡܫܠܡܝܢ ܠܡܗܝܡܢܘܬܗ. ܘܟܕ ܢܦܩ ܒܬܪܬܐ ܕܒܪܬܐ. ܐܪܒܥܗ ܐܝܬܝܬܐ ܡܗܝܡܢܬܐ. ܘܒܝ̈ܫܬܐ ܘܡܫܠܡܬܐ ܡܬܒܥܐ ܗܘܬ ܠܗ. ܗܘ ܕܝܢ ܟܕ ܚܙܐ. ܠܐ ܐܬܬܦܪܫ ܡܢܗ. ܐܠܐ

ܐܡܪ [1]) ܘܫܠ ܫܒܩܗ ܕܡܫܒܚܢܘܬܐ: ܕܢܬܒܣܡ ܢܘܚܬܐ ܠܫܒܘܩܘܬܗ. ܗܝ
ܕܝܢ ܡܬܚܫܒܢܐ ܗܘܬ ܠܗ ܘܐܡܪܐ. ܕܒܡܢܐ ܐܢܐ ܡܨܝܢ ܡܪܝ: ܫܘܬܦܘܬܗ̇
ܘܫܡܫܘܬܗ̇ ܕܒܪܬܐ. ܠܐ ܐܡܗܘܢܐ ܡܬܪܬܐ ܠܫܪܘܬܐ ܕܗܘܬ ܒܐܘܚܕܢܝ.
ܐܠܐ ܐܘܚܕܐ ܐܦ ܐܝܟܐ ܘܐܬܒܣܡ ܒܫܠܘܬܗ̇ ܕܒܪܬܐ ܕܢܚܡ ܒܗ̇
ܡܕܒܪܬܐ ܘܡܘܪܐ ܕܐܘܚܕܢܝ . . . . ܐܡܪ ܠܗ̇ ܘܒܣܝܡܘ. ܗܡܒܝܢ
ܐܚܬܐ.. ܕܐܠܘ ܚܠܦ ܠܒ ܣܒܥܘܬܗ ܕܠܒ ܕܚܠܝܒ. ܠܐ ܐܡܪ
ܡܠܐܟܐ so ܗܘܬ ܠܝ ܒܒܘܬܒ. ܕܗ̇ ܠܒ ܒܪ ܕܬܬܒܢܝܢ ܠܒܥܕܐܢܝ.
ܕܒܐܦܝܗ̇ܘܢ, ܕܐܠܗܐ ܗܘ, ܒܐܠܬܒܝ ܘܠܐ ܒܐܝܕܐ ܕܒܢܝ̈ܫܐ. ܐܢܐ
129 r. ܒܪܬܗ̇, ܗ̇ܝ ܕܡܠܟܐ ܗܘܬ ܒܐܪ̈ܥܐ, ܐܝܟ ܒܪ * ܐܢܫܐ ܣܒܥܢܐ. ܘܪܒܬ
ܒܠܒܒ ܒܠܘܬܐ ܘܒܥܒܘܬܐ ܠܐܠܗܐ. ܕܐܠܗܘܬܗ ܗܝ, ܗܢܫܐ ܕܗܘ
ܫܒܚܘܒ ܒܬܫܒܚܬܗ. ܐ ܐܝܬ ܠܗ ܒܝܢܐ. ܠܗ ܗܘ ܒܪ ܒܠܚܘܕ
ܐܝܬ ܕܝܠܗ ܥܘܒܕܐ ܚܠ ܒܥܠܬܗ. ܘܡܢܗ ܕܝܢ ܒܡܕܒܪܐ ܠܫܡܥܐ.
ܠܗ ܐܬܚܫܒ ܘܒܒܪ ܡܢܗ ܕܒܒܪܬܗ . . . . ܐܡܪܬܐ ܠܗ ܐܢܬܬܐ ܗ̇ܝ.
ܒܒܢܐ ܐܢܐ ܡܨܝܢ ܡܪܝ. ܐܦ ܐܝܬ ܒܪ ܐܠܗܐ ܗ̇ܝ, ܕܡܠܟܐ ܒܐܘܪܚܝ
ܣܒܪ ܠܐܠܗܘܬܗ. ܗܝ ܕܝܢ ܡܗܝܡܢܐ ܘܫܪܪܐ: ܐܝܟ ܣܒܪ ܕܡܢܡ
ܫܐܠܐ ܡܢܗ ܠܫܡܘܬܗ. ܘܗܒ ܠܗ̇ ܡܘܗܒܬܐ ܡܠܐܟܬ.. ܗܝ
ܕܝܢ ܠܐ ܫܡܥܬ ܡܢܗ. ܐܡܪܐ ܗܘܬ ܠܗ ܒܪܝ. ܕܠܘ ܠܟ ܠܗܕܐ
ܣܒܪܐ ܡܪܝ, ܡܠܐܟܐ. ܐܦ ܠܝܬ ܠܝ ܒܠܥܕ ܣܘܒܪܐ. ܣܒܪܐ ܗܝ, ܒܐܠܗܐ
ܡܨܝܢ ܒܡܗܝܡܢܘܬܐ. ܕܢܗܘܐ ܠܝ ܢܦܫܐ ܒܐܘܟܝܢ . . . . ܐܡܪ ܠܗ̇
ܘܒܣܝܡܘ. ܐܘ ܐܚܬܐ. ܣܒܪܐ ܕܝܢ ܐܡܪܬ ܠܒܝ. ܕܗܕܐ ܕܒܐܠܗܐ,
ܒܐܪ̈ܬܐ, ܐܠܗܐ ܦܫܝܛܐ. ܐܡܪܐ ܠܗ ܐܢܬܬܐ ܗ̇ܝ. ܘܗܐ ܚܙܝܐ ܐܢܐ
ܡܪܝ.. ܕܐܝܕܗ ܐܡܪܐ ܕܡܢܐ ܐܝܬ ܒܒܢܝ. ܘܒܚܢܢܝ ܒܦܢܐ ܡܚܝܠܐ ܕܐܝܕܗ
ܫܠܡܢܐ ܠܒܪ̈ܝܬܐ: ܘܐܦܘܣܬܐ ܠܡܫܝܚܐ. ܘܠܡܕܢܐ ܡܪܝ, ܡܠܐܟܐ
ܬܠܐ ܒܗ ܐܦܘܣܬܐ. ܐܝܟܢ ܒܠܚܘܕ ܐܘܣܦ ܠܝ. ܘܗܘܐ ܐܬܚܠܬ
ܡܢ ܒܐܒܐ. . . . ܬܗܘܡܝܢ ܗܘܘ ܕܝܢ ܐܦܣܘܦܐ ܗܠܝܢ. ܘܡܬܕܡܪܝܢ
ܒܡܗܝܡܢܘܬܗ ܕܐܢܬܬܐ. ܘܒܟܝܢ ܗܘܘ ܡܢ ܡܠܐܟܐ. ܕܠܐ ܢܚܠܘܢ
ܒܘܬܗ ܕܡܗܝܡܢܘܬܐ. ܐܡܪܘ ܗܘܘ ܠܗ ܒܪܝ. ܕܕܠܡܐ ܥܢܝܬܐ

1) Dahinter noch einmal ܐܡܪ, aber ausradiert.

ܬܘܒ ܒܗ ܒܡܘܒܠܢܐ ܗܢܐ ܡܪܝ ܡܠܟܐ. ܕܐܒܒܪ ܡܢ ܡܕܢܚܐ ܗܿܝ ܗܕܐ. ܕܟܕ ܥܠܠܐ ܬܬܬܢܝܚ ܠܟܠܢ. ܕܐܝܟܢܐ ܕܥܡܪܐ ܐܝܬ ܒܢܝܢ ܠܐܘܣܝܬܐ. ܐܡܪ ܠܗܘܢ ܡܫܝܚܐ. ܠܡܢܐ ܐܢܬ ܒܗ ܐܝܬܝܟܘܢ ܒܒܢܝܬܐ ܕܫܒܝܬܘܢ ܡܫܡܠܝܬܐ ܕܐܘܣܝܬܐ. ܘܐܝܟܢ ܕܒܝ ܒܢܬܐ ܡܫܡܗܢܐ ܐܬܗܡܢܝܢܬܘܢ ܩܢܘܡܐ ܕܪܘܚܐ ܘܕܒܪܒܝܬܐ. ܘܗܐ ܘܡܬܚܙܝܢ ܒܐܠܗܘܬ ܠܡܫܡܠܝܬܐ ܕܐܬܡܫܚܬܘܢ: ܥܠ ܦܪܨܘܦܐ ܕܒܪܢܫܐ ܫܠܝܐ ܘܕܘܟܐ: ܕܐܝܟܢܐ ܗܿܘ ܒܠܚܘܕ. ܚܕ ܐܝܟܐ ܚܕܝܢ ܘܡܫܝܚ ܐܢܐ ܒܟܘܠܝ .... ܐܡܪܝܢ ܠܗ ܐܦܣܘܦܐ. ܝܗܒ ܠܗ̇ ܠܗ̇ ܠܡܠܟܘܬܟ 129 v. ܕܐܝܣܬܐ. ܕܢܬܦܛܪ ܒܗ̇ * ܡܪܝ ܠܚܡܪ ܡܢ ܦܘܠܐܝܢ ܕܐܬܠܘܫܐ. ܐܠܐ ܒܪ ܕܒܢܐ ܡܫܝܚܘܬܟ ܘܥܡܐ ܕܐܝܟܘܬܟ ܒܬܘܟܐ ܠܠܝܬܐ: ܬܬܚܝܐ ܘܡܪܢ ܡܫܝܚܐ ܒܓܠܝܢܐ ܕܐܬܐܬܘܗ. ܡܢ ܕܒܥܒܕܐ ܠܡܠܟܘܬܟ ܒܪܬܐ ܘܡܪܢ ܡܪܝ. ܕܐܘܣܬ ܠܗ ܐܠܗܐ ܒܫܘܠܛܢܗ. ܘܐܘܣܬ ܠܗ ܠܡܠܟܐ ܒܪܟܐ ܕܟܠܗܝܢ ܒܢܝܢܐ. ܘܫܡܥܬ ܡܢܗ ܫܡܥܬܗ ܕܦܪܘܫܐ ܘܓܠܝܬܐ ܐܡܝܢܬܐ ܡܢܝܢܐ ܒܟܘܡܪ ܠܕܘܪܗ ܠܐܠܗܐ ܫܠܝܡ. ܕܝܗܒ ܬܢܝܢ ܥܠ ܒܢܝܫܐ ܕܡܠܟܘܬܟ. ܡܛܠ ܥܢܝܗ ܘܕܝܠܗ .... ܡܫܝܚܘܗܝ ܕܝܢ ܒܡܠܝܢ. ܠܐܠܗܐ ܡܕܒܪܐ ܗܘܐ ܘܡܫܡܫ: ܕܢܦܩ ܒܐܝܕܗ ܦܘܪܫܢܐ ܠܕܝܬܗ .... ܐܝܬܝܬܐ ܕܝܢ ܗ̇ܝ. ܠܐ ܫܠܝܐ ܗܘܬ ܡܢ ܕܡܠܟܐ ܠܗ ܒܟܘܬܗ. ܗܘ ܕܝܢ ܡܫܡܫܢܐ ܘܫܪܝܪܐ. ܠܐ ܐܬܬܦܪ ܒܟܘܬܗ. ܐܠܐ ܒܦܬܓܡܘܗܝ ܢܫܢܐ ܡܕܒܪܐ ܗܘܐ ܠܗ ܒܪ ܐܡܪ ܠܗ. ܠܡܢܐ ܠܟ ܐܝܬܝܬܐ ܡܠܟܘܬ so ܢܦܫܟ ܘܪܘܚܐܝܬ ܒܗܕܐ: ܕܐܝܠܝܢ ܡܢ ܐܠܝܢ ܕܡܠܠ ܡܢ. ܠܐܠܗܐ ܡܪܝ ܒܪܬܝ. ܕܗܘ ܢܛܪ ܠܟ ܫܘܠܛܢܐ ܠܐܘܠܝܕܐ. ܠܗ ܗܘ ܓܒܪ ܦܫܝܩ ܚܠܠܬܐ. ܐܡܪܐ ܠܗ ܐܝܬܝܬܐ ܗ̇ܝ. ܘܗܕܐ ܥܠܠܐ ܗܝ ܡܪܝ ܡܪܝ ܡܠܟܐ: ܕܐܝܕܝܟ ܒܠܥܘܕ ܬܬܥܒܕ ܠܐܠܝܗܘܬ. ܐܘ ܕܠܒܟܐ ܒܪ ܡܟܠܝܢ ܠܟܝܢܗ ܢܦܫܟ ܡܢ ܒܐܒܝ. ܘܫܒܩܬ ܡܢ ܓܢܒܐ ܕܠܐ ܬܬܦܪܒ ܠܗ. ܘܗܘܐ ܡܫܝܚܐ ܕܒܒܪ ܒܟ. ܠܐ ܢܕ ܡܢ ܒܐܒܝ ܢܘܗܪܐ ܕܐܝܬܝܬܐ ܡܒܐܒܝܬܐ ܕܦܪܩܬ ܠܗ. ܘܐܦ ܠܗܘ ܥܒܕܐ ܘܡܟܠܠܐ ܘܡܢ ܡܕܢܚܐ: ܠܐ ܟܢܘܫܬ ܠܗ ܡܢ ܐܝܬܝܬܐ ܡܫܡܫܢܝܬܐ: ܐܝܟ ܡܪܝ ܡܠܟܐ: ܕܬܟܢܘܫ ܡܢ ܐܡܪܬܟ ܕܐܦ ܗܘܐ.

ܫܡ ܠܝ ܡܪܝ، ܕܬܒܥܬ ܗܘܐ. ܕܢܓܪܐ ܐܢܬ ܡܕܝܢܬܐ. ܗܘܝܢ ܘܡܠܝܠܘ ܚܝ ܒܡ̈ܠܝܠܘܬܗ ܕܐܠܗܘܬܐ ܗ̇ܝ، ܘܐܬܬܪܝܒ. ܘܒܪܬܝܐ ܕܗܝܡܢܘܬܗ̇. ܡܢ ܠܘܬܗ ܘܐܘܕܥ ܠܗ̇ ܐܝܟ ܗܝܕܝܢ ܘܐܡܪ ܠܗ̇. ܡܟܝܠ ܒܪܬܝ، ܗܘܝܬܐ ܕܫܠܡܬ ܠܝܠܝܘܬܟܝ ܘܫܡܥܬ ܫܠܡܐ ܠܒܪܝܟܝ. ܗ̇ܘ ܒܟܠܝ̈، ܒܝܬ ܢܘܪܐ ܬܫܒܘܚܬܐ ܒܪܘܚܐ: ܘܬܬܠ ܠܟܝ ܫܠܝܚܘܬܐ. ܘܟܕ ܕܝܠܗ ܕܦܪܘܩܢ. ܐܬܝܠܝܬ ܡܢ ܒܪܘܚܐ ܘܡܒܪܟܬ. ܘܒܗܪ ܒܪܘܚܐ ܘܐܬܝܠܕܬ. ܐܝܟ ܡܢܐ ܕܡܬܟܬܒܐ ܠܐ ܡܨܝܐ ܒܪܘܚܐ. ܘܐܕܪܟܬ ܠܐܠܗܐ ܕܫܒܚܬܗ * ܒܬܫܒܘܚܬܗ،. ܘܒܪܟܬ ܘܫܒܚܬ

130 r

ܠܗ ܠܡܠܟܐ ܡܫܝܚܐ. ܘܡܫܝܚܐ ܗܘܐ ܓ̈ܠܝܘܗܝ، ܒܕ ܒܟܠܗ. ܗ̇ܘ ܕܝܢ ܕܢܚܐ ܗܘܐ ܠܗ̇ ܡܢ ܓܢܒ ܓ̈ܠܝܘܗܝ، ܒܕ ܐܡܪ. ܠܐܠܗܐ ܒܪܬ، ܡܢܝ ܬܘܕܝܬܐ. ܕܗܘܐ ܟܕ ܫܒܪܝ ܒܬܫܒܘܚܬܗ،. ܠܗ ܓܝܪ ܐܝܟܐ. .... ܗܝܕܝܢ ܐܘܪܗܝܐ ܐܪܝܡܘ ܩܠܗܘܢ ܥܠ ܬܫܒܘܚܬܗ̇. ܘܐܫܬܪܝܘ ܠܡܩܠܣܘܬܗ. ܘܒܢܬ ܩ̈ܠܐ ܕܩ̈ܠܣܐ ܕܕܝܢ ܐܢܝܢ ܡܫܬܒܚܝܢ ܗ̈ܘܘ، ܠܗ ܡܢ ܒܢ̈ܝܗ ܕܡܕܝܢܬܐ. ܐܡܟܢܐ ܕܠܡܫܝܚܐ ܫܡܥܘ ܗܘܘ ܠܗ ܐܘܪ̈ܗܝܐ. ܠܡܫܡܥܝܢ ܠܒܢܬ ܡܕܝܢܬܗ ܒܗ̇ܘ ܫܥܬܐ. ܡܬܬܦܪܫ ܗܘܐ ܕܝܢ ܥܠܝܐ ܒܒ̈ܢܬ ܩ̈ܠܐ ܗܠܝܢ ܕܬܫܒܘܚܬܐ ܩܕܝܫܬܐ. ܘܕܝܠ ܗܘܐ ܕܠܒܐ ܒܟܠܗ ܫܒܘܚܐ ܕܒܢ̈ܬ ܩܠܐ ܕܒܝܬ ܡܫܒܚܬܐ: ܫܡܥܬ ܠܗ ܡܢ ܫܒܘܚܐ ܕܟܠܝܢ ܗ̇ܘ ܕܠܗ ܫܡܥܐ ܗܘܐ .... ܦܠܚܬ̈ܐ ܕܝܢ ܐܢܫ̈ܝܬܐ ܗܘܐ ܐܠܗܐ ܒܟ̈ܢܫܘܗ، ܕܡܢܐ ܡܫܡܫܢܐ ܘܫܪܝܪܐ: ܕܒܩܘܪ ܠܗ ܗܘ ܘܟܢܐ ܠܒܠܬܐ ܕܒܠ ܒܠܗܝܢ ܬܫܬܡܫ. ܗܠܝܢ ܕܝܢ ܥܠܝܠ ܡܢ ܦܠܓ ܕܫܡܥܝܢ ܒܡܗܕܝܢܝܢ ܠܒ̈ܢܝ ܢܘܡܐ. ܡܫܟܚ ܕܡܠܝܢ ܢܐܠܦܘܢ: ܕܐܝܟܗ ܕܡܪܢܐ ܠܘܐ ܗܘܬ ܠܡܫܝܢܘ ܒܠܗܘܢ ܫܘܒܪ̈ܗ،. ܓܒܪܐ ܕܝܢܩ ܘܐܝܟ ܠܐܠܗܐ ܡܢ ܒܠܗ ܠܟܢ ܘܡܢ ܒܟܠܗ̇ ܢܦܫܗ. ܘܢܦܩ ܦܘܩ̈ܕܢܘܗܝ ܘܐܝܟ ܝܒܝܢܘܗܝ ܘܡܢ ܕܢܦܫ ܡܢܡܘܗ، ܒܠܗܘܢ ܡܫܬܒܚܐ. ܘܗܠܝܢ ܒܐܘܪܚܬܗ ܕܡܘܦܠܦܠܝܢ ܘܠܐ ܫܦܠܐ ܡܢܗܘܢ. ܠܐ ܠܡܢܝܢ ܘܠܐ ܠܫܒܠܐ. ܘܐܘܪܚ ܘܫܪ ܒܪܬܐ. ܘܡܢܟ ܠܗܘܢ ܟ̈ܠܐ ܕܢܦܩ ܗܘܐ ܡܢܗܘܢ ܢܠܝܢܘ ܒܡ̈ܠܐ: ܘܫܪܪ ܡܢ ܥܡܠܐ ܠܦܘܡܗ ܡܢܝܢܐ ܕܐܠܗܐ. ܘܒܦܩܕ ܐܓܪ̈ܬܐ ܕܥܠܝܢܐ ܘܕܝܢܐ

ܘܫܘܒܚܐ. ܘܐܝܩܪܐ ܘܬܘܕܝܬܐ. ܠܥܠܡܝܢ ܫܪ̈ܒܬܐ ܕܐܘܣܒܝܣ.
ܐܦ ܠܡܠܟܘ̈ܬܐ ܐܚܪ̈ܢܝܬܐ ܕܒܟܠ ܐܬܪ̈ܘܬܐ: ܥܠ ܫܡܐ ܕܡܕ̈ܝܢܬܐ
ܘܦܐܝܐ ܕܐ̈ܬܘܬܐ. ܘܕܝܠܗ̇ ܠܡܠܟܘܬܐ ܕܪ̈ܗܘܡܝܐ ܡܢ ܫܘܪܝܬܐ
ܕܪ̈ܚܡܘܗ̇ ܕܫܠܝܚܘܬܐ. ܘܦܫܛ ܦܬܓܡܐ ܘܐܡܪ ܟ̈ܠܗܘܢ ܘܕܪܫ
ܠܡ̈ܠܟܐ ܡ̈ܠܟܐ. ܘܐܡܪ ܒܗܿ ܒܝܘ̈ܡܬܗܘܢ: ܘܡ̈ܠܟܝܢ ܐܟܠ ܠ̈ܫܠܝܚܘ
ܕܡܕܝܢܬܐ. ܘܫܡܥ ܥܒ̈ܕܐ ܡܫܝܚܐ ܥܠ ܥܕܬܐ ܕܩܘܪܒܐ. ܘܩܘܡ ܥܠ
ܪܘ̈ܚܢܝܘܬܐ ܕܢܡܘܣܐ ܕܪ̈ܘܚܐ ܕܡܛܠ ܡܫܝܚܐ. * ܕܒܐܝܕܐ ܢܬܦܢܘܢ 130 v.
ܠܗܘܢ ܢܦܫܬܗܘܢ: ܡܢ ܐܝܠܝܢ ܕܐܚܝܕܘ ܒܬܪܗܘܢ ܡܪܕܝܘܬܗܘܢ:
ܦܢܘܢ ܕܝܢ ܡ̈ܢܘܢ ܡܢ̈ܗܪܢܐ ܘܫܪܝܪܐ. ܠܐ ܐܬܬܪܝܡܘ ܠܡܥܠ
ܡܬܝܪܐ ܥܠ ܡܢܐ ܕܐܡܪ ܗܘܘ. ܘܫܪܪ ܡܫܝܚܘܬ ܘܐܬܦܫܛ ܐܝܢܘ
ܒܐܝܪܐ ܘܓܠܝܐܐ ܡܢ ܪ̈ܗܘܡܝܐ. ܘܐܝܟ ܕܠܐܝܢܐ ܕܡܢܪܝܢ ܡܢܗ
ܦܠܓ ܠܗܘܢ ܐܝܪܐ. ܘܡܢܝܢ ܗܦܟܐ ܕܗܘܬ ܐܣܛܪܐ ܕܐܬܪ̈ܝܗܘܢ
ܘܕ̈ܓܠܝܢܘܢ: ܗܢܘܢ ܕܝܢ ܡܬܚܒܫܝܢ ܗܘܘ ܠܗ. ܕܠܐ ܢܦܪܘ ܒܥܠܡܐ
ܕܡܫܝܚܘܬܗܘܢ ܒܐܝܪܐ ܕܥܠܡܐ ܕܝܢܐ. ܠܐ ܕܝܢ ܐܬܪܡܝ ܡܫܝܚܘܬ
ܠܦܫܘܩܐ. ܐܠܐ ܥܒܐܝܬ ܒܗ ܠܐ ܓܒܝܢ. ܒܒܪ ܐܝܢܘ ܪܡܐ ܒܠܗ
ܗܝܡܢܘܬܗܘܢ ܕܠܗ.. ܘܪܫܡ ܡܫܝܚܘ ܠܡܗܠܟܘ ܒܐܘܪܚܬܗ
ܬܪ̈ܝܨܬܐ ܕܡܪܝܐ: ܘܠܡܚܒܒ ܕܝܠܗ ܘܕܝܢܘܬܐ: ܒܫܘܠܡܗ ܘܒܢܝܐ
ܕܡܕܒܪܢܘܬܗ. ܒܒܪ ܕܝܢ ܒܡܠܟܘܬܗ ܡܢܝܐ ܬܚܝ̈ܬܝܐ. ܡܢ ܒܬܪ ܕܡܝܬ
ܥܠ ܒܪܫܝܬ ܕܦܘܠܩܝܢܘܣ ܒܐܘܓܝܐ ܡܕܝܢܬܐ. ܘܬܘܒ ܒܐܪ̈ܥܬܗ
ܡܠܟܘܬܐ. ܘܡܠܟ ܥܡܗ ܒܫܘܠܡܗܘܢ ܐܬܬܪܝܬܐ. ܘܐܡܠܟ ܥܡܗ
ܒܡܕ̈ܝܢܬܐ ܒܢ̈ܝܡܘܬܗ. ܐܝܟ ܕܒܢ̈ܡܘܣ ܘܦܘܠܩܝܢܘܣ. ܘܒܪ ܢܕܢܘܬ ܪܘܡܐ
ܘܪܘܡܐܝܬ ܢܦܫܗ: ܒܦܘܪܣܐ ܕܒܒܪ ܒܐ̈ܝܕܘܗܝ، ܐܠܗܐ ܠܡ̈ܝܬܘܗܝ. ܫܐܠ
ܡܢ ܐܠܗܐ ܠܡܠܟܘܬܗ ܒܝܠܕܘܬܗ ܘܐܡܪ. ܐܘܦ ܒܒܪܗ ܡܢܝܢ ܡܢܐ ܫܠܝܛܐ
ܐܠܗܐ ܕܐܬܒܗܢ. ܐܦ ܐܫܬܡܥܬ ܪ̈ܘܚܐ ܒܢ̈ܝܫܝܢ. ܗܟܢܐ ܕܝܢ، ܒܢ̈ܝܢ
ܦܘܪܩܢܗ ܕܒܪܬܝܢ. ܒܝܕ ܡܫܬܘܬܗ ܕܒܒܪܝܢ ܒܥܠܡܐ. ܘܐܡܠܟ ܡܢ،
ܒܢ̈ܝܢܗ ܕܡܪܝܡܘܬܝܢ ܥܠ ܒܪܬܝܢ ܡܢ ܟܠܗ. ܐܠܗܐ ܕܝܢ ܕܒܥܠ
ܘܡܢ ܠܗܐ ܠܡܫܠܡܘܗܝ: ܘܥܒܕ ܒܒܪܬܗܘܢ ܘܒܒܪ ܝܒܝܫܘܢ.
ܥܒܕ ܝܠܕܘܬܗ ܕܡܠܟܐ ܕܪܘܡܐ. ܘܒܒܪ ܝܒܝܫܐ ܠܒܒܪܬܗ ܕܡܠܟܐ

ܡܗܝܡܢܐ. ܘܟܠ ܒܪܢܫܐ ܕܢܣܒܗ ܗܘܐ ܒܗܕܝܢ. ܒܪܡ ܒܥܠܕܒܒܐ
ܘܟܒܫܝܢ ܘܣܚܦ ܒܡܕܒܪܐ ܕܡܘܬܐ. ܘܫܒܩ ܕܢܣܒܐܝܬ. ܘܐܬܥܒܪ
ܒܐܘܪܚܐ ܐܝܟ ܕܒܥܝܢ ܗܘܘ ܕܢܥܒܕܘܢ. ܐܠܐ ܕܝܢ ܒܝܘܡܐ ܒܗܘ
ܕܢܦܩ ܡܢ ܥܠܡܐ: ܐܬܚܙܝ ܡܗܝܡܢܐ ܕܢܦܫܗ ܥܡ ܟܠܢ. ܒܗܘ
131 r. ܝܘܡܐ ܗܘܝܘ ܠܡܕܝܢܬܐ ܘܢܨܚܐ ܕܐܠܗܐ. * ܗܢܘ ܒܗܘ ܕܐܬܝܗܒ ܠܢ
ܕܡܫܝܚܐ ܡܗܝܡܢܐ. ܕܗܘ ܗܘܐ ܦܪܘܩܐ ܢܦܫ ܡܠܟܐ. ܒܗܘ
ܡܫܡܫܢܘ ܒܗܢܐ ܥܡܢ. ܕܢܫܒܘܩ ܠܗ ܚܛܝܬܗ ܘܦܠܚܘ ܘܐܫܬܡܥ.
ܕܡܪܒܐ ܗܢܐ ܕܗܘܐ ܒܫܘܒܚܐ .. ܒܗ ܚܘܒ ܠܗ ܕܢܬܪܐ ܒܚܛܝܬܐ
ܥܡ ܒܗܕܝܢ ܫܒܝܐ ܕܡܫܬܠܛܝܢ ܡܗܝܡܢܐ. ܒܪܟܐ ܕܫܡܠܐ
ܫܠܡܘܬܐ ܚܝܘܗܝ, SO ܕܡܒܣܡܝܢ ܡܗܝܡܢܐ ܕܟܢܫܬܐ. ܒܒܗܝܢ ܕܝܢ
ܟܢܫܐ ܠܒܢܝܬܗ ܕܒܗܢܐ ܥܠܡܐ. ܐܝܟܢܐ ܕܡܒܪܟܐ ܕܢܦܫܬܐ.
ܘܒܪܢܫܝܢ ܘܡܬܕܒܪܝܢ ܒܥܘܪ ܒܥܘܪ. ܐܬܚܙܝ ܐܢܫ ܠܚܕܝܘܬܐ ܗܠܝܢ
ܐܝܟܢܐ ܕܟܠܗ. ܘܐܣܬܥܪ. ܒܗ ܠܐ ܐܘܣܦܢ ܐܘ ܒܝܬܝ ܡܢ ܐܠܝܢ
ܕܡܕܒܪܝܢ ܐܣܬܥܪ. ܘܢܛܪܘܢ ܗܘܘܢ. ܦܫܝܢ ܕܝܢ ܡܢ ܕܠܚܕܝܘܬܐ
ܬܫܒܘܚܬܗܝܢ ܕܐܝܠܝܢ ܕܕܠܐ ܒܪܘܚܐ ܢܫܒܚܢܗ ܐܣܬܥܪ ܒܫܡܝܐ. ܗܘ
ܕܝܢ ܒܡܒܒܒܢܘܬܗ ܕܡܫܝܚܐ ܦܪܘܩܐ. ܒܟܠܠ ܢܨܚܢܐ ܕܥܒܕ
ܗܘܐ ܐܢܘܢܗ ܘܦܬܚܐ ܠܢ. ܗܘ ܕܝܢ ܡܠܠ ܕܢܗܒ ܠܟ ܒܫܡܝܐ
ܕܢܘܗܪܐ ܕܟܐܢܐ. ܕܒܗ ܒܗ ܡܫܝܚܢܐ ܢܦܫ ܠܡܫܝܚܐ. ܕܒܪܢܫ
ܠܡܕܝܢܬܐ ܠܟܠܗܝܢ ܐܡܝܢ: ܠܫܝܚܐ ܕܝܫܘܥ. ܕܡܫܬܒܚܝܢ ܗܘܘ
ܒܢܘܗܪܐ ܪܒܐ ܕܒܢܝܐ ܗܘܐ ܠܡܕܝܢܬܐ ܒܪܘܚܗ ܕܡܬܢܨܚܢ:
ܠܗܢܐ ܦܘܪܩܢܐ ܕܐܬܐ ܠܦܠܚܐ ܠܢܦܫܢ ܚܝܐ. ܕܐܝܬܐ ܠܡܕܝܢܬܐ
ܕܡܫܝܚܐ. ܐܝܟ ܕܢܫܒܘܩ ܐܒܘܗ ܒܫܡܝܐ ܕܒܪܬܐ ܘܫܒܚܘܗܝ. OS ܘܒܗ
ܟܠ ܘܫܒܚܘܗܝ. ܬܘܒ ܒܗ ܒܫܡܝܐ ܕܒܢܝܢ. ܘܫܒܚ ܠܚܝܐ ܘܫܡܗ
ܕܫܒܚܘܗܝ. OS ܘܐܬܪܒܝ ܕܒܒܢܘܗܝ, OS ܒܢܘܗܪܐ ܕܥܕܬܐ ܠܡܕܝܢܬܗ. ܘܪܒܝ
ܗܘܐ ܒܗ ܘܫܒܚܠ ܕܐܪܐ ܕܫܡܝܐ. ܘܐܝܟܢܐ ܘܦܠܚܘ ܒܐܘܪܚܗ.
ܘܗܘܦܟ ܗܢ ܕܪܒ ܠܐܦܠܚܐ. ܘܐܝܟ ܐܢܘܢܐ ܕܡܠܐܟܘܬܗ. ܡܠܟܐ
ܗܘܬ ܕܝܢ ܐܘ ܠܒܢܝܐ ܕܐܠܗܐ. ܕܐܦ ܒܡܗܝܡܢܐ ܕܐܬܒܪܝܬܗ
ܕܐܦܠܚܢܐ ܡܠܟܘܬܐ. ܐܝܟܢ ܒܚܛܝܬܐ ܗܘܐ ܐܝܟ ܐܠܗܐ. ܕܘܢܝܐ

ܐܝܬ ܒܗ ܠܬܫܒܘܚܬܐ: ܐܠܐ ܡܛܠ ܕܬܝܒܘܬܐ ܕܚܛܝܬܐ ܡܛܠܗܝܢ ܡܢ ܒܪܐ. ܡܫܬܪܗܒܝܢ ܡܛܠ ܗܢܐ ܥܠܝܠ ܡܢ ܩܕܡ ܕܬܬܒ * ܠܟ ܚܟܝܡ. 131 v. ܕܬܬܗܦܟ ܐܢ ܒܗ ܗܘܐ ܠܟ ܕܒܢܐ ܥܦܪ. ܕܢܬܬܐܡܝܬ ܢܦܫܟ ܠܬܫܒܘܚܬܐ ܕܬܝܒܘܬܗ ܬܬܒܣܡܬܐ ܕܒܝܬ ܢܦܫܐ. ܠܚܘܬܐ ܡܫܒܪܬܐ ܕܗܘܝܐ. ܕܡܢ ܒܬܪ ܚܛܗܐ ܬܚܢܢܐ ܐܩܪܝܬ ܡܫܒܚܐ ܦܐܪܐ ܕܬܝܒܘܬܐ. ܘܒܗܘܦܐ ܕܪܚܡܘܗܝ ܒܫܘܒܚܐ ܬܗܪܘ ܘܐܬܒܣܡܘ ܥܠܝܗ. ܐܦ ܡܚܝܠܘܗܝ ܒܗ ܡܚܝܠܘܗܝ ܡܢ ܡܥܠ ܪܝܫܐ ܕܬܝܒܘܬܗ: ܘܡܚܕܐ ܕܠܒܝܫ ܚܠܝܗ ܥܦܪ ܡܢ ܕܪܫ ܗܦܟ ܡܢ ܐܘܪܚܗ ܠܐܝܢܝܢ. ܕܒܗܦܟܬܐ ܕܚܛܝܬܗ ܥܦܝܪܐ. ܢܗܘܐ ܐܠܐ ܠܬܝܒܘܬܗ ܕܒܝܬ ܢܦܫܐ. ܘܐܬܬܕܝܟܝ ܚܛܝܬܐ ܡܗܝܡܢܐ. ܕܢܗܦܟ ܡܫܒܚܬܐ ܒܫܒܬܐ ܕܐܬܪܝܢ ܥܦܪ ܥܠ ܐܘܪܫܠܡ. ܘܒܕܒܚܐ ܠܗܕܐ ܗܟܢ ܒܐܝܕܝܬܗ. ܕܢܬܘܒܘܢ ܠܥܦܪ ܠܝܒܫܐ ܛܠܐ. ܘܥܒܕܗ ܠܐܘܪܫܠܡ ܡܫܠܡܬ ܥܠ ܫܐܪܝܬܗ.. ܠܗܘ ܗܝܠ ܪܒܐ ܛܠܐ. ܕܢܛܠ ܠܗ ܥܠܝܗ ܥܠ ܡܪܚܡܘܬܗ: ܘܫܪܐ ܒܡܫܝܚܘܬܐ ܕܐܬܩܢܝܐ: ܘܢܒܐ ܒܬܝܒܘܬܐ ܕܢܛܠܝܐ. ܥܡܝܩܐ ܘܐܘܪܝܐ ܘܫܠܝܬܐ: ܘܗܘܠܠܐ ܘܬܘܕܝܬܐ. ܗܫܐ ܘܒܟܠܙܒܢ ܘܠܥܠܡ ܥܠܡܝܢ ܐܡܝܢ ܘܐܡܝܢ:

[1] ܐܘ ܕܫܘܠܛܢܐ ܡܬܪܓܡ ܐܢܐ. ܦܠܘܣܘܦܐ ܐܢܬ.. ܐܠܗܐ ܒܠܗ * 51 r. ܒܪܝܬ ܡܠܟܘܬܐ ܫܡܝܐ ܐܢܐ. ܦܠܗ ܐܢܐ ܠܐܬܪܘܬܗ ܡܢ ܐܒܐ ܕܢܦܩܬ. ܘܟܕ ܫܡܥ ܡܠܟܐ ܗܠܝܢ ܐܬܒܣܡܬ ܘܐܡܪ. ܕܟܠ ܐܢܐ ܡܚܘܬܐ ܫܪܒܗ ܕܐܠܗܘܬܐ ܡܕܡܝ. ܗܢܐ ܒܠܒܒܐ ܕܡܠܟܘܬܐ ܐܬܘܗܝ. ܘܬܘܒ ܠܐ ܐܝܟ ܐܡܪܝܢ ܕܢܚܬܐ ܫܪܒܐ ܗܢܐ. ܘܒܫܢܝ ܡܢ ܡܠܟܝܢ ܒܝܠܘܬܐ ܕܪܡܫܐ ܡܢ ܒܝܬܗ ܕܒܪܘܬܗ: ܐܫܬܢܝܬ ܢܦܫܗ ܐܠܗܘܬܐ ܬܝܫܬ ܚܕ ܡܢ ܒܫܒܥܐ ܕܐܦܠܘܢܐ ܕܒܕܬܐ ܘܡܟܬܒܬ. ܘܟܕ

1) Cod. Mus. Brit. 7192 Rich.

ܫܠܡܬ ܬܫܡܫܬܐ ܘܢܦܩ ܠܟ ܐܒܝ. ܒܒܥܘܬܗ ܕܒܪܬܗ ܘܠܐ ܐܫܟܚܗ. ܘܬܠܬ ܫܢܝܢ ܒܠܠܝܐ ܐܬܬܚܙܝܬ ܡܢ ܫܢܬܗ. ܘܐܡܪܬ ܘܒܟܬ ܕܠܝܬ ܐܒܝ. ܘܦܬܚܬ ܘܢܦܩܬ ܠܒܣܬܪܗ. ܘܟܕ ܚܙܬܗ ܠܐܒܘܗ ܘܫܠܡܐ ܒܥܘܬܐ ܗܘ ܕܡܬܥܘܪܐ ܕܗܘܐ. ܟܠܠ ܒܒܪܗ ܕܗܘܐ ܚܙ ܘܐܡܪ ܠܗ. ܒܪܬܝ ܠܡ ܐܠܗܘܬܐ ܒܬܪܗ ܕܠܡܘܢܘܣ ܙܢܝܐ ܕܠܐ ܠܐ ܝܕܥ ܠܡ ܢܠܝܘܬܐ ܗܒܒܢ ܕܢܦܠ ܡܢܟܝ. ܗܘ ܐܡܪܬ ܠܗ. ܠܐ ܡܪܝ. ܘܗܘ ܦܩܕܬ ܠܗ. ܕܡܢ ܗܠܝܢ ܕܝܠܗܝܢ ܥܡܗܐ ܐܬܬܘܗܝ. ܘܢܪܗ ܘܦܪܚܬ ܒܗ ܬܬܪܬܐ ܡܢ ܙܘܓܗ. ܘܐܡܪܬ ܠܗ. ܡܟܝܠ ܡܘܒܠ ܕܐܒܘܟܝ ܗܘ ܕܦܩܕ ܗܘܐ ܠܝ: ܘܦܩܐܡ ܗܘܐ ܠܝ ܒܫܒܝܐ ܘܡܕܒܚ ܗܘܐ ܠܝ. ܐܢܐ ܡܕܒܪܐ ܐܢܐ ܠܡ ܒܠ ܡܕܡ ܕܢܦܠ ܡܢܟܝ ܢܠܝܘܬܐ. ܐܠܐ ܐܠܐ ܝܡܝ ܡܠܟܐ ܘܐܡܪ ܠܗ. ܕܐܢܬܬܐ ܢܠܝܘܬܐ ܘܢܐܡܪܐ ܠܝ ܒܫܡܗ ܝܠܕܬܐ ܕܝܠܝ
51 v. ܥܒܕܐ * ܕܡܫܝܚܬܐ. ܘܐܢܐ ܠܒܪܝ ܐܢܐ ܠܗ. ܘܠܐ ܡܫܬܘܕܥ ܡܢ ܐܒܝ. ܒܕܡܟܐ ܕܡܬܒܥܝܐ ܠܗ ܒܗܠ ܡܕܡ ܕܢܦܩ ܡܢܟܝ. ܗܘ ܡܫܝܚܐ ܡܢ ܝܦܪܐ ܬܠܬ ܝܡܝ ܡܠܟܘܬܐ ܘܐܡܪܬ ܠܗ. ܘܡܠܟܘܬܐ ܐܫܬܒܚܬ ܠܡܠܟܐ. ܘܟܕ ܫܡܥ ܡܠܟܐ ܐܡܪ ܠܗ. ܡܕܡ ܠܐ ܬܐܡܪܝܢ ܠܝ ܗܠܝܢ. ܐܠܐ ܠܡܕܒܪܐ ܗܕܘܠܛܝܡܐ. ܘܬܦܩ ܡܠܟܐ ܘܐܬܕܒܪ ܒܙܪܙܐ ܗܢܐ ܘܢܪܗ ܠܐܠܗܘܬܐ ܘܫܠܚܬ ܡܢܗܘܢ ܘܢܦܠܬ ܒܠ ܪ̈ܓܠܘܗܝ ܘܡܫܩܬ ܠܗ. ܒܕ ܒܟܝܐ ܒܫܒܐ. ܘܡܬܒܥܝܐ ܗܘܬ ܠܗ ܒܕ ܐܡܪܐ ܐܬܪܚܡ ܥܠ ܡܪܝ. ܠܐ ܢܬܕܪܟܐ ܐܢܬ ܠܝ. ܐܢܬ ܗܘ ܡܪܝ ܐܢܐ ܥܒܕܬܐ. ܘܠܝ ܐܬܚܠܦܬ ܐܒܘܗܝ. ܘܠܝܬ ܠܝ ܒܝܬ ܠܒܫܐ ܐܢܫܝܐ ܡܪܝ ܐܠܐ ܪܒܘܬܟ ܢܬܟ ܐܢܐ ܡܪܝ ܒܫܒܝܐ. ܘܗܕܡܝܟ ܠܒܫܐ ܘܠܐ ܕܢܠܝܬ ܐܠܗܐ ܐܬܬܘܗܝ ܗܘܐ. ܕܬܗܡܝܐ ܡܢ ܠܒܘܫܬܟ. ܢܪܘܬܐ ܐܢܫܝܐ ܠܝܬ ܠܝ. ܘܠܐ ܠܒܫܐ ܐܦܠܐ ܠܡܗܘܝܐ ܡܢܝܐ. ܘܡܢ ܡܪܝ ܡܠܟܐ. ܕܐܒܗܝ ܡܠܟܘܬܐ ܡܕܒܪܝܢ ܗܘܘ. ܘܠܐ ܡܟܠ ܐܒܐ ܕܐܬܬܘܗܝ ܗܘܐ ܠܦܪܘܢܐ ܬܬܦܟܝܢ ܬ̈ܦܝܢ ܡܢܐ. ܐܠܐ ܡܟܠ ܐܒܐ ܕܐܬܬܘܗܝ ܗܘܬ ܢܬܗ ܕܐܒܘܟܝ. ܐܬܪܚܡ ܒܠ. ܠܐ ܒܪ ܒܗܬܐ ܕܢܚ ܡܢ ܪ̈ܘܪܒܢܐ ܫܡܠ ܘܢܓܕ ܠܗ ܢܠܝܘܬܐ. ܐܠܐ ܒܦܪܘܣܐ ܘܬܒܟܝ ܘܒܠܠܐ. ܘܠܡܠܟܘܬܐ ܗܢܟ ܐܦ̈ܝܗܝ. ܘܡܠܟܐ ܡܕܪܟܠ ܕܢܗܘܐ ܠܟܠ ܡܢܟܝ. ܘܟܕ ܫܡܥ

ܡ̈ܠܟܐ ܗܠܝܢ ܕܡܢ ܐܠܗܘܬܐ܂ ܗܝܕܝܢ ܐܬܡܪܡܪ ܒܢܦܫܗ ܘܐܡܪ ܠܗ܂ ܗܫܐ ܗ̇ܢ ܐܚܒܒܬ ܠܟ܂ ܘܗܘܝܬ ܐܡܪ̈ܬ ܠܗ܂ ܢܐܡܪܐ ܠܗ * ܒܗ̇ܘ 52 r. ܠܥܠܡܐ ܕܠܐ ܫ̈ܢܐ ܕܡܫܝܚܘܬܐ܂ ܘܬܘܒ ܠܥܠܡ ܠܝܬ ܠܟ ܚܘܒܗ ܡܠܬܐ܂ ܘܟܕ ܐܡܪ ܡ̈ܠܟܐ ܠܫܘܝܠܢܘܗܝ ܡܕܡ ܕܐܡܪ ܗ̇ܘ ܕܗܘܐ ܠܐܠܗܘܬܐ܂ ܘܗ̣ܘ ܒܕܘܡܪܐ ܪܒܐ܂ ܘܟܕ ܫܡܥ ܝܘܠܝܢܘܣ ܗܠܝܢ܂ ܐܡܪ ܠܦܠ̈ܚܘܗܝ ܪܘܫܥܗ܂ ܘܗܘܐ ܥܡܠܗ ܟܠܠܗ ܘܩܪܒ ܠܒܝܬ ܫ̈ܒܐ܂ ܘܟܕ ܒܐܠܝܢ ܬܘܪ̈ܚܢܐ܂ ܥܕ ܗ̇ܘ ܕܗܘܐ ܡܒܠܠ ܒܗ ܐܡܪ܂ ܠܐܘܢܓܐ ܫ̈ܐܠ ܐܝܬ ܝܘܠܝܢܘܣ ܚܢܦܐ ܘܫܘܠܛܢܐ ܘܪܓܠܐ܂ ܦ̇ܝ ܠܟ ܡܢ ܐܠܗܐ ܗ̇ܘ ܕܪܓܠܬ ܒܗ܂ ܘܥܒܕܬ ܒܫܠܝܛܐ ܡܫܝܚܐ ܘܩܡܘܪܝܢܐ܂ ܒܗܠܝܢ ܕܪܓܠܬ ܘܠܐ ܦܪܘܣܘ ܠܪܓܠܬܟ܂ ܐܦ so ܫܡܗ ܪܒܐ ܕܐܠܗܐ܂ ܒܗܠܝܢ ܗܢܐ ܡܫܝܚܐ ܕܢܝܪ ܐܢܐ ܠܟ ܠܪܓܠܬܟ܂ ܘܢܒܥܐ ܐܢܐ ܠܟ ܠܡܫܝܚܐ ܒܟܠܗ ܐܪܥܐ܂ ܠܒܝܬܗ ܕܝܘܠܝܢܘܣ ܪܫܝܥܐ ܕܠܐ ܐܬܦ̈ܢܝܬ܂ ܘܒܒܘܬܪܐ ܗ̇ܘ ܕܡܢ so ܐܬܚܙܝ ܠܗ܂ ܟܕ ܐܢܐ ܐܝܬ ܕܡܬܪܘܪܒ so. ܦ̇ܝ ܠܟ ܒܫܡ̈ܝܐ، ܗ̇ܢ ܢܦܠܬ܂ ܠܐ ܗ̇ܘ ܗܘܐ ܪܒܐ ܕܐܠܗܐ܂ ܒܠܥܕܝܗ ܐܘ ܒܥܠܡܐ ܡܢ so ܠܐ ܡܫܬܘܕܥ ܐܢܬ܂ ܘܟܕ ܫܡܥ ܗܠܝܢ ܝܘܠܝܢܘܣ ܗܘܝܘ ܒܚܝܠܬܐ ܪܒܬܐ ܘܫܠܝܡ ܠܗܘܐ ܗ̇ܘ ܦܠ̈ܚܘܗܝ ܢܦܫܐ ܘܐܡܪ ܠܗ܂ ܕܠܐ ܡܢ ܬܫܬܘܩ ܒܠܝܐ ܪܓܠܬܟ܂ ܒܗܠ ܡܕܡ ܕܦܩܕ ܐܢܬ ܠܗ ܥܒܕ܂ ܐܠܐ ܒܠܚܘܕ ܠܐ ܬܬܦܪܫܐ ܘܬܫܟܚ ܠܡܫܝܚܐ܂ ܡܛܠ ܕܠܘ ܠܓܢܐ ܥܫܝܢܐ ܐܬܬܘܗܝ܂ ܘܐܡܪ ܠܗ ܕܗܘܐ ܗ̇ܘ ܠܦܠ̈ܚܘܗܝ ܢܦܫܐ: ܕܐܝܢܐ ܪܬܬܘܬܗ ܕܝܘܠܝܢܘܣ ܗ̇ܘ ܕܡܬܒܥܐ * ܗܘܐ ܠܟ: ܠܐܝܢܐ ܕܠܐ ܬܫܒܘܩ ܠܟ ܘܬܦܐܡ 52 v. ܠܟ ܬܘܒܬܐ܂ ܠܐ ܡܨܐ ܐܢܐ܂ ܘܐܦ ܫܡܥ ܠܟ ܝܘܠܝܢܘܣ ܘܐܡܪ ܡܕܡ ܕܐܡܪܬ ܐܢܐ ܠܟ܂ ܐܚܒܒܝܘܗܝ܂ ܡܛܠ ܕܟܠ ܒܗܠܝܢ ܐܪܥܐ܂ ܘܡܠܟܘܬܐ ܕܠܗ ܐܘܣܝܐ ܕܒܝܬ ܩܘܣܛܢܛܝܢܘܦܘܠܝܣ ܠܗ܂ ܘܡܢ ܩ̈ܘܦܝܣ ܠܦ̈ܘܦܝܣ ܕܐܪܒܥܐ ܢܦܩܘ ܥܡܗ܂ ܘܩ̈ܛܝܠܐ ܫ̈ܒܝܢ ܬܬܡܠܝ ܡܠܟܘܬܗ ܒܪܗܘܬܐ܂ ܒܪ ܐܢܫ ܡܕܡ ܕܪܘܚܐ ܥܠ ܥܠܡܝܢ ܡ̈ܠܟܘܬܐ܂ ܒܝܘܡ ܓܢܒܐ ܢ̈ܦܫܐ ܕܠܐ ܬܬܦܪܫܐ ܘܬܬܓܠܐ ܡܕܡ ܕܒܝܬ: ܘܚܣܕܐ ܘܓܘܢܚܐ: ܘܒܘܣܪ̈ܢܐ ܒܬܫܒܚܬܐ ܦܩܘܕܘ ܒܗܘܢܐ ܐܝܟ ܕܒܝܬܐ ܠܐܘܣܝܐ܂ ܡܚܝܕܐ ܢܦܫܐ ܠܒܪܘܬܐ ܘܡܢܝܢ܂ ܘܐܡܪ ܠܗ ܡܕܡ ܢܦܫܐ ܠܠܝܘܠܝܢܘܣ ܗܢܐ ܐܝܟ

ܗܟܢܐ. ܐܡܪܐ ܡܢ ܗܠܝܢ ܬܪ̈ܬܝܢ ܡ̈ܠܝܢ ܐܝܟ ܕܬܒܥܐ. ܘܗܘ ܠܘܠܝܢܘܣ ܐܡܪ̇. ܕܠܝ. ܬܪ̈ܝܢ ܠܡܘܫܐ ܙ̈ܒܢܐ 80 ܠܫܢ̈ܝܢ. ܐܝܟ ܗܘ ܕܡܬܦܪܫܐ ܐܢܫ̇. ܗܢܐ ܠܡܫܚܐ ܘܫܡܫܐ ܟܝܢܐ ܗ̇ܘܐ ܐܢܫܐ ܒܟܠܗ̇ ܐܪܥܐ. ܘܠܒܪܐ ܕܐܬܪ̈ܐ، ܒܡܕܒܪܬܐ ܘܐܬܥܒܕܗ ܦܠܣܘܦܐ: ܘܒܟܠܗ̇ ܗܘܝܠܛܘܣ ܐܝܟ ܕܙܕܩ ܠܦܠܣܘܦܐ: ܡܫܡ̈ܫܢܘܬܐ ܘܐܘܡܢ̈ܘܬܐ ܘܫܒܚ ܡܬܘܪ̈ܡܝܢ ܗ̇ܘܘ. ܘܗܒܝܢ ܘܟ̈ܝܢܝܗܘܢ ܘܫ̈ܘܡܗܘܢ: ܡܠܒܫܬܐ ܐܝܟ ܕܠܡ̈ܠܟܐ ܡ̈ܬܘܪܡܝܢ ܗ̇ܘܘ ܠܗ. ܘܡܢ ܒܬܪ ܗܢܐ ܥܡܟܐ ܪ̈ܒܐ: ܬܬܒܥܪ ܗܕܐ ܒܡܕܝܢܬܐ ܡܠܟܘܬܐ: ܕܐܝܬ ܒܗ̇ ܒܢ̈ܝܫܐ ܡܢ ܟܠܗ̇ ܐܪܥܐ: ܕܠܘܠܝܢܘܣ ܒܪܗ ܕܐܣܩܠܦܝܘܣ ܗ̇ܘ ܕܦܠܣܘܦܐ ܡܥܕܬܗ ܗ̇ܘܐ. ܡܛܠ ܪܘܡܝܬ * 63 r. ܕܗܟܢܐ. ܢܦܩܬܐ ܐܫܬܟܚܬ ܒܐܕܫܘܗܝ. ܘܐܡܬܝ ܕܐܚܠ ܒܟܬܒ̈ܘܗܝ ܦܠܛܐ ܘܟܘܡܪܐ. ܘܚܦܪ ܒܐܠܗܐ ܕܝܠܗ. ܘܗܘܐ ܢܟܪܝܐ ܠܐ̈ܢܫܐ ܕܒܦܠܛܝܐ. ܘܠܦܘܠܚܢܐ ܡܫܢܐ ܕܡܟܬܒܢܘܬܐ. ܦ̇ܝ ܠܗ ܠܘܠܝܢܘܣ ܠܐܢܫܐ ܠܡܫܚܐ ܘܒܡܘܬܬܐ. ܘܬܒܪ ܠܒܢܐ ܘܦܟܘܡܐ ܐܬܬܗ ܪܚܡܬ ܕܗܟܢܐ. ܡܚܠ ܠܒ ܠܝܗ. ܕܐܪܡܝܐ ܠܒܢܬܗ̇. ܘܐܡܪ ܕܒܝܬܐ ܘܠܐ ܐܝܬܘܗܝ ܠܡܫܚܐ ܘܫܡܫܐ ܟܝܢܐ. ܘܪ̈ܘܡܢ ܡܫܝܐ ܡܠܟܘܬܗ ܣܓܝܐ ܘܐܝܬܝܗ̇ ܠܒܪܬܗ. ܘܡܢܗܘܢ ܠܘܠܝܢܘܣ ܘܦܪܩ ܡܢܗ ܟ̈ܐܕܐ. ܘܐܡܪ ܪܚܡ ܘܫܒܩ ܠܗܘܢ ܘܐܡܪ ܠܗܘܢ ܕܗܘܐ ܗ̇ܘ ܕܠܐ ܒܟܠܟܐ. ܘܡܢ ܒܬܪ ܬܠܬܐ ܝܘ̈ܡܝܢ. ܗܘ ܢܟܪܝ. ܕܐܝܬ ܠܗ ܡܢܡ ܕܢܐܡܪ ܠܗܘܢ. ܘܡܢ ܒܬܪ ܬܠܬܐ ܝܘ̈ܡܝܢ. ܥܠܗ ܡܠܟܘܬܗ ܣܓܝܐ ܠܘܠܝܢܘܣ. ܘܢܝܚܬܗ ܠܒܝܬ ܥ̈ܒܕܐ ܘܦܬܚ ܡܠܟܘܬܗ ܣܓܝܐ ܦܬܪ ܠܬ̈ܠܡܝܕܐ ܗ̇ܘ ܕܐܬܚܡ ܒܗ ܥܡ̈ܡܐ ܕܟܠܗܘܢ ܟ̈ܐܕܐ. ܘܐܬܒܥܝܘ ܡܫܝܐ ܕܢܘܗܪܐ ܡܢ ܟܠ ܦܬ̈ܝܢ ܘܐܬܘ. ܘܒܪ ܢܝܚܐ ܐܝܟ ܠܘܠܝܢܘܣ ܕܦܪܝܫܝܢ ܘܡܟܐܠܝܢ. ܐܬܬܦܪܥ ܘܗܘܐ ܒܕܝܠܬܐ. ܘܐܫܬܪܝܗ ܘܒܟܢܐ ܠܝܒܘܢܐ ܟܠ ܒܝܬ ܟܢ̈ܘܫܗ. ܘܡܢܝܢ ܟܢܘܫ ܠܗܘܢ. ܐܡܪ ܠܗ ܡܠܟܘܬܗ. ܪܚܡ ܠܘܠܝܢܘܣ. ܠܟܢܝܐ ܟܢܫܬ ܠܝ ܠܝܒܘܢܐ. ܘܐܡܪ ܠܘܠܝܢܘܣ. ܠܐ ܕܝܢ ܗܘܝܬ ܕܟܢܫܬ ܘܕܝܠܝ ܡܢ ܠܝܒܘܢܐ. ܘܐܠܐ ܠܐ ܟܕ ܗܘܝܬ. ܘܐܡܪ ܠܗ * ܡܠܟܘܬܗ. 53 v ܐܢ ܢܦܫܐ ܐܝܬ ܕܬܫܪܐ ܐܠܗܐ ܘܢܘܗܪܐ ܡܬܟܢܫܝܢ ܢܐܕܝܢ: ܘܟܢܘܫ ܠܝ ܒܥܠ̈ܬܐ: ܘܚܠܘܫ ܠܝ ܫܒܝ̈ܬܐ: ܘܬܒܥܠ ܒܪ̈ܐܢܫܐ

ܘܬܬܥܒܪ ܒܚܝܠܬܗܘܢ: ܘܬܗܘܐ ܕܝܢ ܡܢܗܘܢ: ܘܢܦܩܘܢ ܗܠܝܢ ܕܚܫܝܢ: ܘܢܠܦܘܢ ܗܠܝܢ ܕܪ̈ܚܡܝܢ: ܘܢܬܕܒܪܘܢ ܡܚܠܝܢ ܩ̈ܠܝܠܝܢ: ܘܢܬܒܪܘܢ ܠܗ ܒܡ̈ܟܐܒܐ ܘܒܠܗܘܢ ܡܠܟܘܬܐ: ܘܢܬܩܪܒܘܢ ܠܟܠ ܡܢ ܟܠ: ܘܢܗܘܘܢ ܡܫܬܡܥܝܢ ܠܗ ܐܝܟ ܥܒ̈ܕܐ ܠܡܪ̈ܝܗܘܢ: ܗܢܐ ܕܝܢ ܢܗܐ ܕܢܗܘܐ. ܠܐ ܬܥܒܕ ܬܘܒ ܠܟܠܢ. ܘܬܘܒ ܡܪܐ ܠܗܘܢ ܡܚܝܠܘܗ̇. ܘܐܬܐ ܒܗ ܢܦܫܗܘܢ ܫܠܝܐ. ܘܐܙܠܘ ܢܦܩܘ ܢܚܠܘܢ ܘܗܝܕܝܢ ܠܗܘܢ ܘܫܠܡ ܐܪܟܘܠܘܣ ܕܫܪ̈ܒܐ. ܘܢܦܩ ܥܠ ܒܘܪܟܐ ܕܐܢܛܝܟܝܐ ܕܡܬܩܪܝܐ. ܒܘܪܟܐ ܠܗ ܕܢܘܚܐ ܘܫܠܡܘܬܐ ܠܗ ܕܫܪ̈ܒܐ. ܕܢܬܒܥܘܢ ܗܘܘ ܡܕܒܪܢܘܬܗ ܒܫܠܡܐ. ܘܢܦܩܘ ܘܡܠܟܘ ܠܗܘܢ ܢܗܘܘܢ ܐܝܟ ܕܡܠܟܘܬܗ ܘܫܘܠܛܢܗ ܕܟܠܗܝܢ ܗܢܐ ܟܠܗ. ܐܝܟ ܐܢܫ ܐܝܟ ܠܗ. ܘܡܠܟܐ ܕܟܠܗ ܐܪܥܐ ܠܗ ܡܫܬܡܥ ܗܘܘ. ܘܟܠ ܡܕܝܢܬܐ ܗܘܘ. ܡܠܟܘܬܐ ܕܡ̈ܠܟܐ. ܘܕܦܪܣ. ܘܕܡܕܝ. ܘܕܝܘܢܝܐ. ܘܕܗܢܕܘܝܐ. ܘܕܗܘܢܝܐ. ܘܕܟܘܫ. ܘܕܡܨܪܝܢ. ܘܕܠܘܒ. ܘܕܟܠܗܘܢ ܥܡ̈ܡܐ ܕܒܪ̈ܝܬܐ. ܕܢܦܩܝܢ ܒܥܒܕܘܗܝ ܕܐܪܥܐ. ܕܠܐ ܐܝܟ ܗܠܝܢ ܡܫܬܡܥ. ܗܢܘܢ ܐܦ ܢܗܘܘܢ ܘܒܢܝܗܘܢ ܘܐܪܥܗܘܢ ܐܪܥܬܐ. ܘܠܐ ܗܘܐ ܡܢ ܥܘܡܪܗ ܕܡܠܟܐ ܚܕ ܒܥܕܢܐ ܐܘ ܒܡܠܟܘܬܐ. [54 r.] ܕܠܐ ܠܗ ܡܫܬܡܥܝܢ ܗܘܘ: ܐܠܐ * ܗܢܐ ܡܘܦܠܢܘܣ. ܕܡܠܟܘܬ ܗܘܐ ܘܡܢ ܫܘܪܝܗ ܡܕܒܪܢܘܬܗ. ܘܡܛܠ ܕܗܘܬ ܠܗ ܒܠܠܘܬܐ ܘܢܨܚܬ ܠܟܠܗܘܢ ܦܠܓܬܐ ܕܥܡ̈ܡܘܗܝ ܕܐܪܥܐ: ܘܐܬܡܠܟܬ ܒܟܠܗܘܢ ܡ̈ܠܟܘܬܐ ܕܥ̈ܡܡܐ ܘܫܒܩܬ ܒ̈ܢܝܢ: ܘܥܒܕܬ ܫܘܠܛܢܐ ܒܟܠܗܘܢ ܒ̈ܢܝܢܫܐ. ܘܟܕ ܦܢܐ ܐܢܐ ܠܗܪܟܐ. ܒܝܕ ܗܢܐ ܡܘܦܠܢܘܣ ܒܫܘܠܛܢܐ ܕܐܒܗ̈ܘܗܝ. ܘܐܬܝܪܬ ܠܡܠܟܘܬܗܘܢ ܕܢ̈ܟܠܝܐ. ܘܢܦܩ ܢܦܫܗ ܫܠܡܐ ܗܘ ܘܒ̈ܢܘܗܝ ܟܠܗܘܢ. ܘܟܕ ܣܠܩܬ ܕܢܒܥܘܢ ܘܗܝܕܝܢ ܠܗ ܘܐܦܩܘ ܫܘܒܚܐ ܥܠ ܡܫܐ. ܘܡܛܠ ܫܘܒܚܐ ܕܐܒܗ̈ܘܗܝ. ܕܟܕ ܕܒܬ ܠܗ ܡܠܟܘܬ ܢܦܫܗ ܕܟܠܗ ܡܠܟܬܐ. ܘܟܕ ܣܠܩܬܗ ܕܠܐ ܡܬܟܢܫܐ ܡܢ ܡܠܟܘܬܗ. ܟܠܗܘܢ ܡܢ ܦܢ̈ܝܐ ܐܦ ܠܡ̈ܠܟܝܗܘܢ ܦܘܗܢܐ. ܗܠܝܢ ܕܗܘܬ ܕܐܢܫܝܢ ܡܠܟܘܬܐ ܒܟܠ ܐܬܪ̈ܘܬܗܘܢ. ܘܐܦ ܠܗܢܐ ܕܐܬܢܨܚ ܡܢܗܘܢ: ܒܗܠܝܢ ܡܘܬ̈ܒܐ ܟܠܗ ܐܢܐ ܠܗ ܡܢ ܦܢ̈ܝܐ ܘܕܠܐ ܡܬܬܪ̈ܐ ܕܦ̈ܢܝܐ ܐܒܕܢܘܗܝ. ܘܗܘܐ ܡܫܡܫ ܐܢܐ ܒܡܠܟܘܬܐ ܠܗܢܘܢ.

ܘܐܒܕܩܘܗܝ، ܐܣܛܪܛܓܘܣ ܥܠ ܟܘܠܗ ܐܘܪܚܐ. ܘܢܗܘܐ ܗܘ ܒܠܚܘܕܘܗܝ،
ܡܠܟܐ. ܡܢ ܡܕܝܢܬܐ ܒܪܘܡܐ ܠܡܕܢܚܐ. ܘܬܫܥܐ ܫܢܝܢ ܐܬܕܒܪ
ܡܠܟܘܬܗ. ܘܠܗ ܢܫܬܥܒܕܘܢ ܟܠܗܝܢ ܡܠܟܘܬܐ ܕܐܘܪܚܐ. ܘܡܛܠ
ܕܠܐ ܚܫܝܒܬ ܠܐܟܣܢܝܐ ܐܚܕ ܠܗ. ܘܐܝܟ ܕܒܪܝܫܐ ܕܐܢܫ
ܢܬܬܢܝܚܘܢ ܒܗ ܟܠܗܘܢ ܫܠܘܬܐ ܕܟܠ ܟܠܝܘܬ، ܘܗܘ ܢܗܘܐ ܠ
ܢܦܫܗ * ܘܐܝܟܐ ܐܢܬܐ ܒܗ. ܘܠܟܠܗ ܡܢܗ ܠܐ ܐܟܘܬ. ܡܛܠ ܕܠܗ 54 v
ܟܠܗܘܢ ܐܫܬܡܥܬ ܣܘܪܝܐ ܒܒܘܠܗ ܡܠܟܘܬܐ ܕܐܣܛܛܝܘܣ. ܘܗܘ ܢܒܥܐ
ܟܠܗܘܢ ܪ̈ܚܡܘܗܝ. ܘܗܘ ܡܠܝܘܢ ܡܠܟܐ ܕܝܠܗ. ܐܬܥܒܪ ܘܐܝܬܘܗܝ. ܘܗܘ
ܡܫܕܪܐ ܘܪܚܡ. ܒܗ ܒܠܠܟܐ ܗܘ. ܘܐܬܘ ܟܠܗܘܢ ܕܗܘܐ ܘܡܫܒܚܘ ܠܗ.
ܘܒܠܠܟܐ ܐܣܛܪܐ ܥܡܠܗ ܡܫܒܚܝܢ ܣܪܝܐ ܠܡܠܟܘܬܗ ܘܢܚܡ ܠܒܪ ܡܢ
ܒܘܪܐ ܗܘ ܕܬܒܝܢ. ܠܡܚܬ ܡܬܒܥܝܐ ܕܒܠܐܒܕܝ. ܘܢܚܒ ܒܪܚܡܘܢ
ܠܟܠܗ ܠܐܠܗܐ ܕܫܪܟܢܘܢ ܣܪܝܐ ܒܕ ܥܠܡܐ. ܘܐܫܟܚܘܗܝ ܢܝܫܘܗܝ
ܘܬܠܐܘܗܝ ܒܝܬ ܡܬܒܥܝܐ. ܘܡܢ ܕܫܡܥܗ ܒܪܡܐ ܠܐܪ̈ܙܘܗܝ. ܠܐ̈ܪܙܘܗܝ.
ܘܐܬܚܡܘ ܡܢ ܒܪܫܗ ܒܕ ܫܢܝ. ܒܗܠܝܢ ܒܪ ܬܫܥܝܢ ܫ̈ܢܝܢ. ܘܢܚܡܘ
ܘܢܪܘ ܘܐܬܚܡܘ ܒܗ ܦܪ̈ܨܘܦܝ. ܘܡܠܘ ܕܒܘܪܐ ܡܢ ܒܗ ܐܘܪܚܐ. ܗܘܢ
ܕܝܢ ܥ̈ܡܡܐ ܬܫܥܝܢ. ܘܡܛܠ ܒܪܚܡܘܢ ܫ̈ܪܟܢܘܢ ܣܪܝܐ ܘܐܚܪ̈ܢܐ ܠܗܘܢ
ܐܪܡܘܢܝܐ ܕܒܠܟܝ ܗܘ ܘܒܠܗܘܢ ܫܠܘܬܐ ܥܒܪ ܠܗܘܢ ܘܗܝܢܘ
ܡܠܟܘܬܐ ܘܐܦ ܥܣܛܪܛܝܓܐ ܠܒܪ ܬܘܕܝܬܗܘܢ ܢܚܝܠܘܢ. ܥܠܝܗܝ ܐܢܬܘܢ
ܕܢܗܘܐ ܡܠܟܐ ܘܡܒܕܪܝܢ ܐܢܬܘܢ ܠܗ. ܡܛܠ ܕܐܢܬܘܢ ܐܚܝܕܝܢ
ܥܣܛܪܛܝܓܐ ܕܗܘ ܐܬܪܐ ܬܫܥܝܢ. ܘܟܢܘ ܒܘܠܗܘܢ ܘܐܦܢܘ. ܡܫܬܒܕܪܝܢ
ܠܗ. ܡܛܠ ܕܕܠܗ ܗܝ، ܡܠܟܘܬܐ ܒܘܠܗ ܕܬܫܥ ܫܢܝܢ. ܘܥܣܛܪܛܝܓܘ
ܡܫܠܛ ܠܟܠ ܡܢ ܟܠܗܘܢ ܡܠܟܘܬܐ ܘܬܫܥܐ ܫܢܝܢ ܡܬܡܠܟܐ. ܡܠܟܘܬܗ
* ܒܪܟܘܬܐ. ܘܒܕ ܢܦܩ ܘܦܪܨܘܦܗ ܒܥܒܪܐ ܗܘ. ܗܘܝܘ ܐܟܠܝܢ، 55 r
ܠܒܪܫܐ ܕܐܝܟܢܐ. ܘܐܫܬܘܗܝ ܡܢ ܫܒܠܐ ܗܘ ܕܬܠܝܐ ܗܘܬ ܒܗ.
ܘܗܦܟܘܗܝ ܒܠ ܟܠܘܢܐ ܘܐܦܩܘ ܒܠܝܗ ܠܒܝܬܗ. ܘܦܪܥ ܡܠܝܘܢ
ܘܐܘܣܦ ܢܘܪܐ ܒܡܬܘܢ ܕܒܝܕܗܘܢ: ܕܡܕܝܢ ܗܘܘ ܥܠ ܟܠܗܘܢ. ܘܟܢܘ
ܘܐܦܢܘ ܐܪܡܘܢܝܐ ܕܒܠܟܝ ܗܢܘ. ܘܐܦ ܚܝܠܐ ܢܦܫܗܘܢ ܕܐܪ̈ܡܐ
ܕܬܘܐ ܘܕܥ̈ܡܡܐ. ܗܠܝܢ ܕܠܟܠ ܡܢ ܐܘܪܚܐ. ܘܗܠܝܢ ܕܠܬܫܥ ܡܢ

ܐܪܥܐ. ܘܟܕ ܚܙܘ ܐܢܫܐ ܠܟܠܗܝܢ ܕܐܫܬܡܠܝ̈ ܕܟܕܒܐ ܚܙܬܐ ܘܡܬܕܡܪܝܢ ܗܘܘ ܡܠܝܢܘܗ ܩܠܐ ܚܙܬܐ ܕܠܟܠܗܝܢ: ܠܥܝܢܗ̇ ܕܟܠܗܘܬܐ ܘܠܥܠܡܐ ܕܐܘܚܕܢܗ ܘܠܢܘܓܪܐ ܕܢܝܫܘܗܝ. ܘܚܙܝܢ ܬ̈ܡܗܐ ܢ̈ܒܝܐ. ܕܡܫܡܠܝܢ ܠܗ ܡܠܟܘܬܐ. ܘܡܫܝܚܐ ܐܬܟܠܠ ܒܗ ܡܠܟܐ. ܘܐܝܟ ܕܒܝܘܡܐ ܕܦܬܓܡ̈ܐ ܥܠ ܒܪܐ ܘܚܒܪ̈ܝ ܒܥܡܗ. ܘܡܫܝܚܐ̇ ܥܒܕܬ ܪܘܚܐ ܕܐܠܗܐ ܡܫܝܚܗ ܐܝܟ ܕܟܬܝܒ ܒܐܫܥܝܐ. ܘܪܘܚܗ ܕܡܠܟܐ ܐܬܟܠܬ ܒܗ ܘܐܬܓܠܠܬ ܒܠܒܘܗܝ. ܘܟܕ ܗܘ ܥܒܕܬܐ ܥܠ ܡܕܡ ܕܨܒܪ ܗܘܐ. ܐܝܟ ܡܢܗܘ ܡܬܒܝܢܘܬܐ ܕܥܐܕܐ ܨܒܪ ܗܘܐ ܠܗ. ܘܟܕ ܒܗܘ ܠܠܐ ܕܥܐܕܐ ܘܠܝܢܘܗ ܠܥܐܕܐ. ܐܬܚܙܝ ܗܢܐ ܚܙܘܐ ܠܗ ܡܢ ܫܡܝܐ. ܚܙܐ ܗܘܐ ܠܗ ܓܒܪ ܕܐܝܬ ܒܕܡܘܬܐ ܕܐܬܚܘܝܘܗ ܠܢܒܝܘܗ̇. ܘܕܡܘܬ ܗܘܐ ܕܡܘܬܐ ܕܟܐܒܘ ܪܘܚܐ ܐܝܟ ܡܪ̈ܘܡܐ. ܘܠܐܝܟ ܕܐܠܗܐ ܕܠܒܝܫ *ܐܣܟܡܐ ܕܢܘܪܐ ܟܐܕܡ. 55 v.
ܘܨܒܪ ܠܗ̇ ܕܥܒܕܬܐ ܡܢ ܟܠܗ ܦܓܪܗ. ܘܗܘ ܕܐܬܚܙܝ ܕܡܢܗܘܢ ܕܗܕܝܐ ܫܘܠܡܗ. ܐܡܪ ܠܗ ܠܡܠܐܟܐ ܗܘ ܕܟܠܗ ܡܢܐ ܨܒܪ ܐܢܬ ܡܢܗ ܠܡܢܐ ܪܘܚܐ ܒܡܫܝܚܐ. ܘܗܘ ܐܡܪ ܠܗ. ܕܡܨܒܪ ܐܢܐ ܡܢܗ. ܠܡܫܝܚܘܬܐ ܡܫܝܚܐ ܕܠܒܪ ܡܢ ܡܕܒܪܢܘܬܗ. ܘܗܘ ܡܫܝܚܐ ܐܡܪ ܠܗ. ܡܛܠ ܐܢܐ ܕܠܬܐ ܡܢ. ܘܡܠܐܟܐ ܦܢ ܠܗ ܦܬܓܡܐ. ܡܛܠ ܕܫܡܥܬ ܪܘܚܗ ܕܐܠܗܐ ܡܫܝܚܐ. ܘܗܘ ܕܗܘܐ ܫܡܝܐ ܕܗܕܐ. ܫܡܥ ܘܠܐ ܝܕܥ ܡܕܡ ܠܐ ܐܡܪ. ܘܡܢ ܒܬܪ ܡܚܘܬܐ ܡܫܡܠܝܘܬܐ. ܐܠܝܐ ܗܘܐ ܩܠܐ ܕܢܒܝܐ ܠܐܠܘܗܪܐ ܒܗܘ ܝܘܡܐ ܕܢܦܪ ܓܒܪܐ. ܘܗܘ ܐܡܪ ܕܫܡܥ ܠܝ. ܕܬܬܒܝ ܢܦܫ ܡܛܠ ܒܡܘܪܒܐ ܕܪܘܚܢܝܐ ܘܡܢ ܝܘܡܐ ܗܘ ܕܡܫܡܫ ܠܗ. ܘܐܦ ܝܘܡܢ. ܐܠܐ ܢܦܫ ܡܢܗ ܐܢܐ ܠܗ ܒܡܘܪܒܐ ܕܥܠܝܗ ܒܪܘܚܢܝܐ ܘܡܢ ܝܘܡܐ ܕܡܫܡܫ ܠܗ. ܘܡܢ ܝܘܡܐ ܕܠܥܠ ܠܐ ܡܢܐ ܐܢܐ ܠܗ. ܘܦܩܕ ܥܠܘܗܝ ܫܘܠܛܢܘܗ ܥܠ ܩܠܐ ܘܐܡܪܬ ܠܗ. ܕܠܐ ܕܝܠܗ ܐܠܗܐ ܗܘ. ܕܢܫܒܘܩ ܒܪܐ ܒܪܘܚܢܝܐ ܠܐܠܗܐ ܘܢܬܒܥ ܠܡܫܡܫܬܐ ܕܝܘܡܐ ܕܡܫܡܫ ܠܗ ܫܡܥܐ ܠܐ ܒܪ ܐܢܫܐ ܗܘܐ ܘܗܘ ܩܕܡ ܦܠܛܝܢ ܕܩܠܐ. ܕܥܒܪ ܡܠܝܢܘܗ ܒܐܠܗܐ. ܘܟܕ ܚܙܐ ܠܥܐܕܐ ܡܢܐ. ܘܫܒܩ ܩܠܐ ܘܠܐ ܦܢ ܦܬܓܡܐ. ܘܐܬܐ ܡܪܝܐ ܐܘܪܚܐ ܘܐܦܢܝܘܬܗ ܠܩܠܐ. ܘܐܬܦܢܝ ܒܗ. ܘܡܫܝܚܐ ܩܠܐ ܬܘܒ ܝܘܡ * 56 r.

ܡܠܟܘܬܟ܂ ܘܟܠ ܝܘܡ ܡܫܡܫܢܐ ܗܘܬ ܠܗ ܡܛܠܠ ܡܢܗ ܕܢܩܠ ܡܢܗ ܝܘܠܝܕܗ܂ ܘܟܕ ܒܗܘ ܙܒܢܐ܂ ܐܬܬܟܝܪ ܥܠ ܡܠܟܐ ܦܪܣܐ ܕܬܪܬܝܢ܂ ܘܡܛܠ ܕܠܝܬ ܗܘܐ ܠܗܘܢ ܠܦܘܠܚܢܐ ܐܦ ܫܠܝܐ܂ ܒܓܒܗ ܡܠܟܐ ܐܦ ܫܠܝܐ ܠܝܘܠܝܦ ܒܠ ܒܝܘܡܝܗܘܢ ܫܠܘܬܐ ܕܦܘܠܚܢܐ ܠܦܪܣܐ܂ ܘܟܕ ܐܝܠ ܠܦܪܣܐ ܠܡܩܛܠ ܒܠܒܢܝܗܘܢ ܕܡܠܟܝ܂ ܦܪܐ ܠܡܛܝܒܘ ܣܪܣܐ܂ ܦܘܩܕ ܘܢܦܩ ܠܗ ܐ̄ ܙܒܢܐ ܐܘ ܠܟܐ܂ ܘܐܬܐܡܪ ܠܗ ܡܢ ܟ̈ܐܕܐ ܕܢܒܒܕ ܒܐܕܐ܂ ܘܢܦܪܘܩ ܕܒܝܫܐ ܠܡܕܝܢܬܗ ܘܢܗܘܐ܂ ܘܡܪܕܘܬ ܘܫܪܝܘ ܘܒܠܒܠܘ܂ ܘܗܘܘ ܠܗ ܡܥܕܪܝܢ ܫܠܡܝܢ܂ ܘܟܕ ܚܙܐ ܕܒܝܫܐ ܒܫܠܡܐ ܘܢܗ ܠܦܪܣܐ܂ ܘܐܡܪ ܘܐܙܠ ܠܒܪܕܝܐ܂ ܘܡܢܐ ܐܬܬܪܝܡ ܠܒܗ ܒܐܦܝܗܘܢ ܘܐܒܝܫ܂ ܠܐܠܗܐ ܕܒܓܒܗ܂ ܘܟܠܗܘܢ ܒܢܚܬܐ ܗܘܘ ܒܗ ܐܬܘܗܝ܂ ܝܠܝܕܘ ܒܐܬܪܘܬܐ ܚܠܡܝ܂ ܢܦܩ ܡܢ ܒܠܒܐ ܗܢܐ ܒܗ ܕܡܘܫܠܡܝܢܘ ܡܠܟܐ ܪܘܒܝ܂ ܘܗܒܘ ܠܗܘܢ ܠܝܫܘܥܬܗ ܝܠܝܕܘܦ܂ ܘܫܒܩ ܟܠܗ ܕܪܘܦܝܐ܂ ܡܦܪܕܝܢ ܗܘܘ ܠܗ ܘܢܦܩ ܫ̈ܒܝܐ ܠܗܝܪܬܐ ܕܪܘܡܝܐ ܐܢܫܐ ܘܡ̈ܠܟܐ܂ ܗܠܝܢ ܕܒܛܝܢܘܗܝ ܡܬܘܪܐ ܗܘܐ ܒܫܒܒܘܬܟ܂ ܡܢܗ ܕܒܬܪ ܗܘܐ ܕܢܗܘܐ ܠܗ܂ ܘܫܕ ܡܢ ܩ̈ܛܝܠܝ ܫܒܝܗ ܗܘܐ ܒܢܝܢ ܒܗ ܒܕܒܝܠ ܐܚܘܗܝ܂ ܗܘܐ ܠܠܘܚܐ ܕܪܘܡܝ܂ ܕܕܚܠܬܝ ܥܠ

56 v. ܒܪܘܝ܂ ܘܫܘܝܐ ܫܪܟܢܐ ܗܘ ܕܡܬܩܪܐ ܐܦܝܦܣ܂ ܕܢܗܦܘܟ ܥܠ ܪܘܡܐ܂ * ܐܝܟ ܒܠܒܠܐ܂ ܘܡܫܒܕܐ ܐܡܪ ܗܘ ܒܢܦܫܗ܂ ܕܢܪܕܐ ܠܝܠܝܐ ܗܘܐ ܗܢܐ ܠܠܝܐ܂ ܘܗܘܒ ܒܗ ܦܪܐ ܒܥܠܝܬܐ܂ ܢܦܩ ܗܘܘ ܠܗ ܗܠܝܢ ܕܦܪܕܝܢ ܗܘܘ ܐܟܕܢܘܗܝ܂ ܒܗ ܠܒܝܬܗ ܗܘܐ ܘܢܓܕܘ ܘܡܫܠܛ ܠܗܘܢ܂

Unbezeichnete Lücke.

ܘܡܦܩܝܢ ܠܫܒܠܐ ܒܗܘܢ ܘܡ̈ܠܬܐ ܕܫܢ܂ ܘܗܢܘܢ ܡܢ ܒܠܗܘܢ ܕܗܘܘ ܡܫܟܒ܂ ܐܡܪܘ ܒ̈ܝܫܬܐ ܘܐܡܗܘܢ ܠܗܘܢ ܐܝܟ ܘܪܚܡܐ ܘܡܫܒܚܐ܂ ܘܦܩܕ ܡܫܝܚܐ ܒܥܠܬܗ܂ ܘܗܘܐ ܠܝܫܘܥܐ ܘܐܡܪ ܠܗ܂ ܐܢܬ ܪܚܡ ܘܐܝܟܐ ܬܠܡܝܕܝ܂ ܘܐܢ ܐܢܫܐ ܕܝܢ ܢܣܒܪ ܒ ܐܠܗܐ܂ ܐܢܬܘܢ ܕܠܝܬ ܘܐܝܟܐ ܕܠܗܘܢ ܒܕܡܐ ܠܚܠܡ܂ ܘܡܫܒܐ ܢܥܡܗ ܠܡܫܝܚܐ܂ ܒܗ ܕܝܢ ܐܡܪܗ ܒܫܠܝܘܬ ܐܡܪ ܠܗ܂ ܒܢܫܝܢ ܚܢ ܡܢܗ ܡܛܠ ܗܘܬ ܒܥܠܬܝ ܘܠܗܢ ܡܫܘܬ ܡܫܝܚܝ܂ ܘܚܢ ܡܢܗ ܐܫܬܡܥܬ

ܡܫܝܚܐ. ܘܚܒܝܒ ܐܬܚܙܝ ܗܘܐ ܗܘ ܕܡܠܠ ܥܡܗ. ܘܟܕ ܕܒܢܐ ܢܘܪܐ.
ܘܟܕ ܐܬܒܣܡ ܠܢܦܫܗ. ܐܡܪ ܠܗ ܠܬܠܡܝܕܗ ܒܓܠܝܬܐ ܒܪ ܚܢܢܝ.
ܐܝܬ ܕܠܐ ܢܬܦܬܟܪܘܢ ܐܝܟ ܐܝܠܝܢ ܕܒܥܝܢ ܠܟܠܗ. ܠܒܢܝ ܡܫܝܚܬ
ܡܫܝܚܐ. ܘܒܝܘܡܬܐ ܕܡܠܠ ܗܘܬ. ܘܬܘܒ ܦܝܠܣܘܦܐ ܗܘ ܕܦܠܚܗ
ܠܡܫܝܚܐ ܡܢ ܡܟܝܟܘܬܐ. ܘܬܢܢ ܐܚܪ̈ܢܐ ܐܡܪ ܠܗ ܡܢܘ ܒܟܠܗ.
ܕܐܢ ܬܠܡܝܕܐ ܡܢ ܒܓܠܝܬܐ ܒܗ: ܡܢ ܬܘܒܐ ܕܬܫܡܫܬܢ ܠܝ ܡܫܠܡܬܐ.
ܡܠܬܐ ܒܝܬܐ ܡܠܟܬܐ ܐܝܬ. ܡܛܠ ܕܡܢ ܡܢܘ ܐܠܗܐ. ܒܪ ܕܝܠܗ
ܕܠܐ ܕܢܟܬܐ ܐܬܒܪܝ ܒܠܒܝ. ܐܠܐ ܚܝܐ * ܢܦܫܝ. ܐܠܐ ܒܪ ܦܓܪ 57 r
ܐܝܟ ܒܦܓܪ. ܕܟܕ ܗܠܝܢ ܗܘܝܐ ܡܢܗܘܢ. ܘܟܕ ܡܢ ܡܬܝܬ ܒܗ
ܬܠܡܝܕܘܗܝ ܦܠܣܘܦܐ ܘܟܬܒܐ ܕܐܬܝܗܘܢ: ܘܠܡܫܝܚܐ ܘܠܟܠܗܘܢ
ܬܠܡܝܕܘܗܝ ܘܚܙܐ ܗܘܐ ܡܕܡ ܥܠܘܗܝ ܘܐܡܪ ܠܗ ܬܘܒ ܦܠܣܘܦܐ
ܠܡܫܝܚܐ. ܚܕ ܕܠܝܬ ܐܢܫ ܒܟܠܗ ܗܢܐ ܒܥܘܠܡܐ. ܒܪ ܢܫܐ
ܕܡܠܟܘܬܐ ܐܠܗܐ ܐܝܬ ܒܠܒܗ. ܚܕ ܐܢ ܦܪܘܩܐ ܒܠܒܗ ܗܘ 80 ܐܝܬ
ܡܠܟܐ. ܠܐ ܬܬܦܪܫ. ܒܚܝܠܐ ܠܐܢܫ ܡܢ ܒܥܘܠܡܐ ܗܢܐ. ܘܗܘܝܢ
ܚܒܝܫܝܢ ܒܟܠܗܘܢ ܠܡܠܟܐ. ܐܡܪ ܠܝ ܒܪܝ ܦܪܘܩܐ ܒܠܒܗ ܘܗܘܐ
ܐܝܬ ܡܠܟܐ ܕܠܐ ܕܡܫܠܡܢܝ ܡܢ ܥܒܕܐ ܕܡܟܝܟܘܬܐ ܘܗܘܐ ܐܠܗܝ
ܢܟܝܦܘܬܐ. ܥܒܕܐ ܚܕ ܐܝܬ ܠܝ. ܘܗܘ ܡܫܝܚܐ ܒܪ ܚܢܢܝ ܐܡܪ. ܠܝ
ܕܝܢ ܗܘܬ ܠܝ. ܠܟܠ ܚܕ ܕܡܫܬܡܥ ܪܒܬܐ. ܘܠܥܒܕܝ ܡܫܝܚ ܗܘܬ
ܠܗ ܒܝܬܗ. ܘܠܦܘܩܕܢܘܗܝ ܢܛܪ ܗܘܬ ܒܠܒܗ ܒܪ ܚܝ. ܘܒܝܬܗ
ܒܠܒܗܘܢ ܘܬܘܒ ܐܝܟ ܗܘ ܐܡܪ ܠܗܘܢ ܠܐ ܬܬܒܥܘܢ ܐܚܝ. ܒܠܗ
ܕܠܐ ܚܕ ܡܢܗܘܢ ܢܬܦܠܐ ܠܒܝܬ ܐܪܒܥܝܢ ܕܡܫܝܚܐ ܐܬܝܐ. ܡܛܠ
ܕܫܡܥܐ [1] ܫܡܥܬ ܙܕܝܩܐ ܪܒܐ ܗܘܐ. ܘܚܕ ܡܢ ܐܢܫܝܢ ܕܐܝܬ ܒܥܘܡܪܐ
ܗܢܐ. ܒܗܕܐ ܫܡܥܬ ܚܕܐ ܒܐܠܗܐ ܘܦܩܕ ܠܬܠܡܝܕܐ. ܘܗܢܝܢ ܚܕܐ
ܙܕܝܩܐ ܠܗܠܝܢ ܕܐܘܕܝܘ ܒܡܫܝܚܐ. ܘܡܛܠ ܕܠܘ ܒܠ ܐܢܫ ܡܕܡ
ܕܐܡܪܝܢ ܗܘܬ ܡܫܡܠܝܬܗ ܕܡܫܝܚܐ. ܗܘܬ ܠܝ ܒܫܠܡܘܬܐ ܕܐܡܪܬܘܢ
ܠܟܠܗ ܒܪܬܐ * ܡܫܝܚܬܐ. ܒܗܠܝܢ ܡܠܝܐ ܠܦܘܩܕܢܐ ܕܫܡܥܬܗ ܕܡܫܝܚܐ 57 v.
ܦܪܘܩܢ ܐܢܬ ܕܗܘܐ ܥܠܡܐ ܕܥܠܡܝܢ ܕܟܠ ܡܫܝܚܐ ܚܝܐ.

[1] Auf Rasur, aber wohl von erster Hand.

ܘܠܐ ܡܬܦܠܦܠܝܢ ܕܐܝܟ ܒܥܝܕܗ ܗܘ ܗܘܝܐ. ܘܢܘܪܐ ܕܐܬܒܥܪܬܗ ܠܗ
ܡܘܥܕܐ ܠܗܘܢ. ܫܠܡ

---

fol. 311 v. *ܫܪܒܐ ܐܚܪܢܐ ܕܠܗܝܢ ܦܪܫܬܐ ܕܐܝܬ ܒܐܐܘܢܓܠܝܘܢ ܠܦܘܪܐ ܕܡܘܬܐ
ܕܢܘܪܐ ܐܝܬ ܠܗܝܢ. ܘܫܪܝܢ ܒܗ̇. ܢܘܪܐ ܘܠܐ ܡܩܕܝܢ ܡܢܗ̇. ܘܒܠܗ̇
ܗ̇. ܫܠܡܘܬܐ ܘܪܬܚܘܬܗ̇ ܘܠܗܒܗ̇ ܒܗܝܢ ܗ̇ܠܝܢ. ܘܐܟ̈ܠ ܡܢ ܗܠܝܢ
ܚܡܪ̈ܐ ܕܗܠܝܢ ܒܗ̇ ܢܘܪܐ. ܘܫܬܝܢ ܡܢ ܗܠܝܢ ܡܝ̈ܐ ܕܫܓܝܪܝܢ ܒܢܘܪܐ.
ܘܫܦܝܪܐ ܢܬܗܘܢ ܘܢܬܓܠܘܢ. ܘܡܢܐ ܕܦܪܣ ܪܒܐ ܚܕ ܘܢܚܬ ܡܢ ܠܦܘܪܐ.
fol. 312 r. ܡܚܕܐ ܐܫܬܠܡܬ ܡܢܗܘܢ ܗ̇. * ܚܙܬܐ ܡܥܒܪܬ ܒܥܘܦܪܐ. ܘܡܢܐ
ܕܦܪܣܐ ܚܕܐ ܡܢܗܘܢ ܕܬܘܒ ܠܗܘܢ ܠܦܘܪܐ. ܢܦܩ ܗܘܦܟܗ̇ ܕܗ̇ ܢܘܪܐ
ܘܡܚܘܐ ܠܗ̇. ܦܓܥܘܗ. ܐܐܘܢܓܠܝܘܢ ܠܦܘܪܐ. ܐܚܝܬܗ̇ ܫܡܥܐ. ܘܦܪ̈ܚܬܐ
ܡܠܐܟ̈ܐ ܕܩܝܡܝܢ ܒܢܘܪܐ. ܘܠܐ ܡܬܕܝܢ ܡܢܗ̇. ܘܠܒܝܫܝܢ ܚܙܘܢ ܢܘܪܐ.
ܘܡܦܪ̈ܚܝܢ ܒܝܕܗ̇ ܕܫܠܡܘܬܐ. ܘܪ̈ܓܠܐ ܚܝ̈ܘܬܗܘܢ. ܡܛܠ ܕܠܒܝܫܝܢ
ܫܡܝܢܐ. ܘܒܠܗ̇ ܡܐܒܠܬܗܘܢ ܕܐܝܟ ܘܡܫܬܥܒܕܝܢ ܢܘܪܢܐ ܗܘ.
ܘܡܢ ܢܘܪܢܐ ܡܬܦܠܦܠܝܢ. ܘܗܘ ܗܘܝܐ ܒܗ ܒܢ̈ܝ ܦܠܝܛܘܬܗ ܦܪܝܫ
ܘܚܝܘܬ ܠܐܪܒܥܐ. ܘܡܚܕܐ ܐܫܬܠܡܬ ܡܢܗܘܢ ܗ̇. ܚܙܬܐ ܕܢܘܪܐ
ܘܕܫܡܝܐ. ܘܡܢܐ ܕܦܪܣ ܚܕ ܡܢܗܘܢ ܕܢܗܘ ܠܒܠ. ܢܦܩܐ ܝܗܒܬܐ
ܕܢܘܪܐ ܘܗܘܦܟܐ ܠܗ ܘܡܫܬܪܝܐ ܠܡܘܥܕܐ. ܘܬܠܬ ܡܬܬܪ̈ܬܐ ܗܠܝܢ
ܕܒܗܝܢ ܡܦܪ̈ܚܝܢ ܗܘܘ ܬ̈ܐܪܐ. ܐܫܬܠܡܘ ܡܢܗܘܢ ܢܘܗܪܐ ܘܢܘܪܐ
ܘܠܒܫܐ ܕܫܡܝܢܐ. ܘܗܠܝܢ ܬܠܬ ܡܫܬܪ̈ܬܐ. ܫܠܝܚܝܢ ܘܡܬܬܘܡܝܢ
ܘܡܫܬܪܝܢ ܒܚܝܬܗܘܢ. ܫܠܡ ܡܥܠܠܐ ܕܐܦܘܠܘܓܝܐ ܘܠܗ ܫܒ:

ܘܥܠ ܡܕܒܪܢܐ ܒܡܠܬܐ ܕܡܫܝܚܐ. ܘܥܠ ܐܝܬܘܬܐ ܓ̈ܢܝܙܬܐ ܕܡܬܒܝܢܐ. ܘܥܠ ܒܬܘܠܬܐ ܕܠܐ ܦܓܪܢܝܬ ܗܘܬ ܐܡܐ ܘܐܬܬܕܝܡ ÷※÷ ܠܒܪܢܐ ܗܘܠܐ ܠܐ ܬܘܪܣܝܘܗܝ. ܡܛܠ ܕܠܐ ܐܝܟܐ ܠܗ ܐܬܪܐ ܠܗܘܠܐ. ܘܟܕ ܕܡܩܦ ܠܗܘܠܐ ܡܛܠ ܠܐܠܗܐ. ܘܠܦܬܟܪܬܐ ܒܗܘܠܐ ܣܠܩܬܐ ܪܒܬܐ. ܘܡܫܡܫܬܐ ܒܥܕܬܐ. ܐܝܬܘܬܐ ܒܥܕܬܐ. ܘܗܝ ܠܗ ܠܐܝܠܢܐ ܕܢܦܠ ܒܗ. ܘܐܘܣܝܐ ܒܢܫܐ ܠܒܪܢܐ ܒܢܫܐ ܘܠܡܫܬܘܕܥܢܐ. ܘܡܫܝܚܐ ܕܢܡܘܬܐ ܠܐ ܡܫܬܟܚܢܘܬܐ ܘܡܫܝܚܐ ܕܒܠܗܘܢ ܒܥ̈ܕܬܐ ܘܕܡܘܬܐ ܕܒܫܪܐ. ܘܐܬܠܝܡ ܕܐܫܬܘܕܝ ܡܫܝܚܗ ܡܢ ܣܘܥܪܢ ܐܕܡ. ܘܪܘܡܐ ܕܡܫܡܠܝܬܐ ܫܡܝܢܝܐ ܘܪܘܡܬܐ ܘܡܫܝܚܝܐ ܦܪܘܩܐ. ܘܥܒܕܐ ܒܢܫܐ ܪܘܚܢܐ ܒܢܫܐ ܪܘܚܢܐ ܒܢܫܐ. ܬܘܒ ܟܠ ܒܢܫܐ ܘܠܡܫܬܘܕܥܢܐ. ܐܝܟܢܐ ܕܝܢ ܐܫܬܠܡܘ ܕܡܢ ܦܓܪܝܢܐ ܡܫܝܚܝܬܐ. ܒܝܕ ܡܫܡܫܬܐ ܕܐܬܬܣܝܡ ܠܗ. ܒܟܕܬ ܦܝܠܣܘܦܘܣ ܐܝܟ ܕܫܡܥܠ ܐܠܗ،. ܘܒܗܘܢ ܒܟܕܬ ܠܐܪܝܘܬܐ ܘܠܒܫܪܐ ܘܠܐܚ̈ܐ ܘܠܐܚ̈ܘܬܐ ܘܠܒ̈ܢܐ ܘܒܢ̈ܬ، ܒܪܐ. ܘܡܒܪ̈ܐ ܘܦܠܓ̈ܘܬܐ ܘܬܟܠܐ ܘܐܪ̈ܝܟܐ ܘܚܠܝܡ ܒܢ̈ܝܬܐ ܘܡܥܪ̈ܬܐ ܘܦܪ̈ܝܫܬܐ ܘܫ̈ܘܐܐ ܕܡ̈ܫܟܢܐ ܘܫܘܪ̈ܝܬܐ. ܘܫ̈ܘܬܐ * ܘܒܢ̈ܝܬܐ. ܘܐܦ ܠܥ̈ܩܐ ܦܠ̈ܝܓܘܬܐ fol. 326 r. ܦܠܝܓ̈ܘܬܐ ܘܥ̈ܒܕܢܐ. ܘܟܠܗ ܙܪܥܐ ܒܢܫܐ ܒܕܝܢ ܒܪ̈ܢܫܐ ܕܥܡܡ̈ܐ. ܘܠܟܠܗܘܢ ܒܥܕܬ ܘܡܥܕܪܬ ܠܦܠܝܓܘ̈ܬܐ. ܘܐܦ ܠܫ̈ܢܐ ܕܐܝܬ ܒܥܘܗܝ. ܘܠܡܬܪܘܬܐ ܒܥ̈ܕܬ. ܘܐܦ ܠܗܘܦܟܐ ܕܥ̈ܕܬܐ ܒܪܬܝ. ܘܠܦܘܠܐ ܫܦܝܪ ܡܘܢܐ ܡܕܡ ܕܢܒܥ ܠܗ ܠܐ ܐܫܟܚܬ. ܐܠܐ ܗ̇، ܕܬܪܝܨܘ ܐܝܟ ܡܢܗ ܘܡܢ ܟܢܫܗ. ܙܒܢܐ ܐܚܪܢܐ ܕܠܗ. ܒܗ ܦܐܪܘܫܘ. ܐܠܗܘܬܐ ܠܦܘܪܢܐ ܕܠܗ ܢܘܪܐ ܗ̇ܘ. ܒܦܘܡܗ ܘܒܐܦܘ̈ܗܝ، ܘܣܝܡܘܗܝ ܘܐܦ ܢܣܒܘ. ܘܐܝܟܢܐ ܕܝܢ ܕܡܫܠܡܝܢ ܒܗ ܒܐܝܡܡܐ ܠܐ ܡܣܬܒܪ ܠܗ. ܘܐܬܠܝܡ ܕܒܠܠܐ ܘܙܒܢ ܠܗ ܡܣܬܒܪ ܠܗܘܢ. ܦܐܪܘܫܘ ܐܬܬܘܗܝ، ܦܓܪܗ ܕܐܝܬܘܬܐ. ܒܠܗ ܢܘܪܐ ܐܝܬܘܗܝ،. ܘܣܝܡܗ ܘܪܘܫܡܗ ܘܡܫܬܠܛܢܗ. ܘܒܠܗܘܢ ܡܪ̈ܕܝܬܗ ܒܢܘܪܐ ܕܪܓܬܐ ܥܒ̈ܕܝܢ. ܘܐܬܠܝܡ ܕܥܒ̈ܕܢ ܕܥ̈ܬܝܕܢ ܒܢܘܪܐ ܐܠܗܝܬܐ. ܘܐܝܟ ܒܗܘܢ ܕܒܥܬܐ ܘܢܝܫܘ ܗܘ ܘܗܘܢܘܢ ܒܝܬܐ ܕܡܫܒܚܬܐ ܢܣܒܝܢ ܢܘܗܪܐ. ܘܚܝܝܢ ܠܥܠ ܡܢ ܥܘܦܪܗ ܕܐܝܬܘܬܐ ܗ̇ܘ ܒܪܐ ܕܢܗܝܪܘܬܐ ܘܫܦܝܪܘܬܐ ܘܡܫܬܐܠܘܬܐ.

ܐܘܦܣܝܣ 240 17 ܐܣܦܣܘܣ 44 13 47 4 18 50 11 19 53 24 95 17 121 12

ܐܘܠܝܢܐ 148 12 ܐܪ̈ܟܘܢ ܕܕܝ̈ܢܐ 247 27 ܐܪ̈ܟܘܢ ܕܕܝ̈ܩܐ 76 12

ܐܪܟܘܦܘܠܐ 240 7 247 17 27 ܕܡܘܣܛܪܝܢ 110 14 ܕܡܘܣܡܝܢ 248 2 250 18

ܕܩܣܝܢ 247 26 ܡܛܩܘܦܘܣ 23 8 ܡܛܩܪܝܢܘܛܐ 99 3 u. a. m. ܡܛܪܝܢ 99 4

ἐντορεῖον vgl. 99 9 ܛܝܡܘܪܝܐ τιμωρία 160 7 ܛܝܡܘܣ 25 7 31 12 119 11

ܛܪܘܠܐ 128 5 ܛܠܛܠ 63 2 124 23 ܪܘܛܪܘܣ 74 21 für ܪܘܛܪܘܣܝܘܣ.

ܣܘܢܩܠܛܘܣ 94 17 99 17 20 24 ܣܘܢܩܠܛܘܣ 244 4 245 4 248 23

ܦܪܘܛܐ 188 10 ܦܘܠܝܛܝܩܐ 243 10 ܦܘܣ 35 13 15 38 3 8 99 17 20

ܦܠܛܝܢ 248 26 ܦܛܘܣܐ 240 7 ܦܣܦܣ 17 21 ܦܪܣܛܣ 250 27

ܦܪܘܛܝܓܡܐ 60 17 70 15 87 11 ܦܘܢܛܘܣ 60 17 ܦܘܢܛܘܣ 68 14

ܦܘܢܛܘܣ 68 14 ܦܪܢܘܣ 160 25 ܦܘܛܓܪܐ 60 28 ܦܘܦܝܢ 119 22

ܩܠܝܪܘܣ 231 6 ܩܛܪܘܢܐ 28 2 ܩܣܪ 60 10 u. a. m. ܩܣܪܘܣ 127 10

ܬܣܘܪܘܣ 67 21 68 6

ANHANG. Ms. India Office, London, Qu. [1712 Chr.]

fol. 325 v. ܬܘܒ ܡܬܠܠܐ ܕܐܦܘܠܘܢܝܘܣ ܥܠ ܗܠܝܢ ܗܘܐ ܕܢܚܬ ܠܗ. ܥܠ ܡܠܟܐ
ܒܐܢܫܐ ܕܡܬܐܬ. ܘܥܠ ܡܕܒܪܢܐ ܠܦܬܐ ܕܡܬܥܒܪܐ. ܘܥܠ ܢܚܫܐ
ܕܡܬܬܥܝܩܝܢ. ܘܥܠ ܕܝܘܐ ܕܢܦܠ ܒܣܦܝܢܬܐ. ܘܥܠ ܒܬܪܐ
ܕܡܬܚܒܫܝܢ. ܘܥܠ ܒܪ ܐܢܫܐ ܕܡܣܬܥܪ ܒܥܘܬܐ. ܘܥܠ ܓܒܪܐ
fol. 326 r. ܠܓܒܪܐ ܕܡܢܝܐ ܐܢܬܬܐ ܒܥܘܬܐ. ܘܗܘܐ ܟܠ ܗܠܝܢ * ܒܪܘܟܬܐ ܪܘܚܢܝܬܐ
ܗܘܬ ܠܗ ܘܗܘܐ ܠܗ ÷ ܟܠ ܗܠܝܢ ܕܡܢ ܬܫܡܫܬ ܡܠܐܟܘܬܐ ܪ̈ܘܚܢܐ.
ܥܠ ܣܦܠܐ ܕܡܝܐ ܒܡܥܬܐ. ܘܥܠ ܒܥܝܪܐ ܕܐܟܠ ܥܣܒܐ. ܘܥܠ
ܣܘܣܝܐ ܗܘܢܐ ܕܡܬܥܪܪ ܒܐܚܝܕܘܬܐ. ܘܥܠ ܗܘ ܕܠܐ ܐܢܫ ܗܘܐ
ܠܗ ܘܗܘܐ ܠܗ. ܘܥܠ ܐܢܬܬܐ ܕܡܬܥܠܠܐ ܒܡܬܪܬܗ. ܘܥܠ ܒܪܐ
ܕܡܓܒܪ ܠܐܒܘܗܝ ÷ ܘܥܠ ܗܠܝܢ ܕܡܢ ܫܘܬܐ ܪܘܚܬܐ ܗܘܬܐ ܠܗ ܠܡܐ
ܕܡܬܟܬܫܢܐ. ܘܗܟܢ ܫܪܝܬ ܘܫܪܐ ܐܢܐ: ܥܠ ܣܘܠܩܐ ܕܡܬܐܬ. ܠܗ،
ܕܡܢ ܩܕܡ ܒܪܫܐ ܕܐܡܪܗ ܠܡܪܢܐ. ܘܥܠ ܡܠܟܐ ܦܪܘܩܢܐ ܕܡܬܡܠܠ.

GRIECHISCHE WÖRTER.

EIGENNAMEN.

seum, durch das Geschenk, welches er dem Unterzeichneten mit seiner Abschrift des Stückes 59,9 bis 164,22 in dieser Ausgabe machte. Ich schrieb den Text vollständig ab und beendete eine Collation des ganzen am 29. März 1870. Das zweite Bruchstück 242,21 bis 250,27 ist nach einer Abschrift gedruckt, die THEODOR NÖLDEKE im Britischen Museum am 12. und 14. September 1874 angefertigt und am 4. Februar 1875 mir geschenkt hat. Mögen meine beiden Vorarbeiter in dieser Veröffentlichung auch ein Zeichen meines Dankes erkennen.

Kiel, 27. Mai 1880. GEORG HOFFMANN.

ܐܬܠ̈ܠܐ ܒܐܠܡ. 202,23 ܒܡܘܦܩܐ. 203,8 ܒܡ ܡܘܗܡ vgl. 7. 8 ܕܐܬܘܠ. 207,19 ܗܘ̇ܐ. 215,19 streich ܣܘ. 216 für ܡܡܟܢܐ lies ܡܫܟܢܐ meškānā? 7 ܒܫܪ̈ܬ? 216,12 ܒܫܪ̈ܬܐ. 217,17 ܦܣܐܬ könnte man mit N von ܦܣܐ ableiten; doch deuten die Züge der Hs. auf ܦܣܝܐܬ, welches gut passt. 218,6 ܐܪܙ. 221,8 ܡܫܒܬܢ. 224,3 ܠܡܫ̈ܟܢܐܐ. 225,23 ܕܢܦܩ. 227.18 ܙܪ̈ܝܪܐܬ vgl. 230.7. 231,28 ܢܡܒܡ. 232,9 ܐܘܪ̈ܗܡܐ. 15 ܣܕ̈ܪܐ. 234,9 ܕܐܒܐܐ? 235,1 ܕܐܪ̈ܙܢ. 10 ܕܝܘܬܢ. 236,23 ܒܐܪ̈ܐ. 24 ܐܘܪܒܘ ܡܠܐ wechselt mit ܐܘܪܒܘ ܡܠܐ 25,25 239,12 161,6 vgl. G. Hoffmann, Auszüge aus syrischen Akten persischer Märtyrer 1880 S. 54 n. 461. 237,17 ܡܠܐܟܐ. 238,20 ܡܠܐܟܬܗ. 240,19 ܒܘܠܘܦܢܐ = ܒܘܠܘܦܐ. 241,22 ܢܣܒܠܘܗ. 242,2 Punkt hinter ܡܬܬܗܡܡ. 244,10 ܐܡܡ N. 13 ܬܬܪܘܪܒ ܕܒܡܢ. 15 ܒܡܢ N. 245,2 ܪ̈ܘܪܒܐ N. 246,22 ܕܘܩܦܘ N. 23 ܒܒܕܬ N. 247,13 ܠܙ̈ܪܗ N. 250,13 ܗܘ̇ܐ.

II. S. 242—259 Ein Fragment, welches den Abfall des Iulianos vom Christenthum und den Anlass erzählt, in welchem er dem Teufel und seinen Schaaren, den Gözen, dienstbar ward, entnommen aus der im siebenten Jahrhundert geschriebenen Handschrift des Britischen Museums 7192 Rich. Obschon in dem ersten Werk eine ähnliche Erzählung vorausgesezt werden darf, ist dieses Stück doch wegen seines ganz verschiedenen Styls und aus sonstigen Gründen einem anderen Verfasser zuzuschreiben. Theodor Nöldeke hat es übersezt und besprochen in der Zeitschrift der Deutschen Morgenländischen Gesellschaft XXVIII, 666 ff.

Den Anstoss zu dieser Ausgabe gab im Jahre 1869 William Wright in Cambridge, damals Beamter am Britischen Mu-

101,18 ܡܬܩܢܢܘܬܗ oder + ܘ. 103,21 ܟܠܝܠܗ ohne Interpunktion. 22 ܗܘ. 104,17 ܘܥܒܕܐ Knecht. 26 ܬܫܒܘܚܬܗܝܢ. 108,21 ܒܪ̈ܘܢ. 109,27 lies ܠܐܝܠܝܢ ܕܩܕܡ ܐܝܠܝܢ ܕܢܐ. ܫܢܐ. 110,4.5 ܕܚܠܬܐ ܬܘܒ ܒܗ N. 5 ܬܩܢܬܐ = ܐܬܩܢܬܐ vgl. 8,18, 113,6, 143,1. 113,7 ܒܝܠܐ. 19 ܘܬܐܝܕܘܐ. 114,3 ܘܡܫܝܢܝܘܬܐ vgl. 114,8. 116,8 ܒܥ̈ܒܕܐ. 116,16 ܠܡܠ̈ܐ N. 119,12 ܗܝܡܢܘܬܐ ܕܥܕܬܐ; oder ܗܝܡܢܘܬܐ ܕܥܕܬܐ aus Neid hervorgehobenes Attribut der Kirche?. 13 ܥܕܬܐ einmal zu streichen. 121,1 ܕܡܥܒܕ richtig vgl. 129,23. 22 ܠܐ ܕܥ. 126,23 ܒܡܪܕܘܬܗܘܢ. 128,2 ܗܘ. 131,6 ܬܪܝܨ. 132,19 ܘܪܕܝܐ. 136,5 ܢܗܪ̈ܝܢ. 137,21 ܥܒܕܬ. 139,7 ܐܠܟܣܢܕܪܘܣ N. 28 vgl. zu 21,26. 141,23 ܗܕ̈ܝܪܐ. 142,1 ܡܪ̈ܘܒܬܐ. 146,7 ܐܝܟ. 18 ܗܠ. 28 lies ܠܗ für ܠܗܘ. 147,1 ܘܐܩ̈ܝܪܐ. 149,7 ܢܬܐ vgl. 161,25. 14 ܬܘܕ̈ܝܬܗܘܢ. 19 ܡܕܝܢܬܐ. 151 Note l.2. Anstatt ܢܬܒܥ, vermuthet N, sei ein getilgtes ܕܐܬܟܠ herzustellen. 155,1 ܐܬܟܠܠܬ. 12 ܠܡܠܟܘܬܐ. Punkt. 157,9 für ܕܢܫܘܒ lies ܕܢܫܘܒ N. 159,10 ܐܬܡܢܝܬܬ. 165,18 für ܡ̈ܠܐ lies ܡܠܝܐ. 168,8 ܕܡܘܢܝܐ. 20 ܒܪܝܬܗ. 169,13 ܕܟ. 25 ܕܘܟ. 170,13 ܘܡܬܒܫܠܝܢ. 173,25 = ܐܠܟܣܢܕܪܘܣ N. 174,10 für ܘܕܝܫ lies ܘܕܝܫ vgl. 175,27; nicht daiješ. 174,13 ܒܝܫܐ? 15 ܡܬܬܟܠܢܘܬܐ N. 27 ܕܟ. 175,18 ܒܗܘܢ̈ܝܗܘܢ. 179,2 ܐܬܟܠܠܬ. 11 ܐܬܟܠܠܬ oder ܐܬܟܠܠܬ. 181,9 ܒܬܘܟܠܢ. 19 ܡܬܦܣܐ. 21 ܘܟܦܣ oder ܘܐܬܦܣܟ. 183,17 streich ܐܝܟ einmal. 19 ܬܬܬܘܡܐ. 184,21 ܕܫܘܬܦܘܬܗܘܢ nicht blosser Schreibfehler. 186,10 ܕܐܬܚܙܝܬܘܢ vgl. 187,6. 187,24 ܐܢܫܘܬ. 188,7 ܬܘܪ̈ܝܣܐ. 190,9 streich ܗܘ. 192,6 ܫܘܚܗ steht für ܒܫܘܚܗ = ܥܠ ܫܘܚܗ; Die Präposition ܒ vor Wörtern, die mit ܒ anfangen, wird ausgelassen; vgl. 240,19. 192,27 ܢ̈ܣܝܢ. 193,5 ܐܬܩܘܬܝܢ vgl. 19. 16 ܐܢܒ̈ܪܝ. 196,9 ܠܐ ܬܗܘ ܘܐܢ N. 197,12 ܘܢܘܪܐ vgl. zu 83,11. 28 ܐܢܘܢ. 198,22 ܐܬܟܠܠܬ. 199,1 ܘܐܬܬܪܘܡ. 202,9 ܒܬܪܝܢ. 18 für ܐܠܐ lies ܕ ܐܬܠܠ̈ܝ oder

zeichen. 44,20 ⟨Syr.⟩ vgl. 42,5. 42,13 ⟨Syr.⟩. 11 ⟨Syr.⟩. 44,11 ⟨Syr.⟩ 13 statt ⟨Syr.⟩ vgl. zu 28 24. 44,17 ⟨Syr.⟩. 45,22 ⟨Syr.⟩. Note: ⟨Syr.⟩ richtig. 48,14 ⟨Syr.⟩ 22 ⟨Syr.⟩ 25 ,⟨Syr.⟩. 49,16 ⟨Syr.⟩. 50,11 ⟨Syr.⟩. 52,19 ⟨Syr.⟩. 53,22 ⟨Syr.⟩. 54,14 ⟨Syr.⟩. 55,5 ⟨Syr.⟩. 13 ⟨Syr.⟩. 24 ⟨Syr.⟩. 56,15 ⟨Syr.⟩ ⟨Syr.⟩. 56,27 ⟨Syr.⟩. 59,19 ⟨Syr.⟩ ?? 62,7 ⟨Syr.⟩. 25 ,⟨Syr.⟩ = ⟨Syr.⟩ vgl. 64,11 ⟨Syr.⟩; 234,13, 236,3 dergleichen corrigiere ich nicht. 63,16 ⟨Syr.⟩? 64,22 ⟨Syr.⟩. 24 ⟨Syr.⟩ N. 65,3 ⟨Syr.⟩ = ⟨Syr.⟩. 13 ⟨Syr.⟩ N. 66,19 ⟨Syr.⟩ ⟨Syr.⟩ ⟨Syr.⟩. 68,4 ⟨Syr.⟩. 69,14 ⟨Syr.⟩. 70,24 ⟨Syr.⟩ lies ⟨Syr.⟩ N. 25 ⟨Syr.⟩. 73,8 ⟨Syr.⟩. 25 ⟨Syr.⟩. 74,18 ⟨Syr.⟩. 21 ⟨Syr.⟩. 24 statt ⟨Syr.⟩ lies ⟨Syr.⟩. 75,19 f. ⟨Syr.⟩ Meist N. ⟨Syr.⟩ ⟨Syr.⟩ ⟨Syr.⟩ ⟨Syr.⟩ ⟨Syr.⟩ ⟨Syr.⟩. 76,3 ⟨Syr.⟩ ⟨Syr.⟩ ⟨Syr.⟩ N. 4 ⟨Syr.⟩ ⟨Syr.⟩ ⟨Syr.⟩ ⟨Syr.⟩ N. 5 ⟨Syr.⟩ ._ ⟨Syr.⟩ ⟨Syr.⟩. 6 ⟨Syr.⟩ ⟨Syr.⟩ ._ ⟨Syr.⟩ ⟨Syr.⟩ ._ ⟨Syr.⟩. 76,15 ⟨Syr.⟩. 78,1 ⟨Syr.⟩ N. 8 zu ⟨Syr.⟩ vgl. 205,20 ⟨Syr.⟩ ⟨Syr.⟩ ⟨Syr.⟩. 11 ⟨Syr.⟩ l. ⟨Syr.⟩. 17 ⟨Syr.⟩. 80,6 ⟨Syr.⟩. 27 l. ⟨Syr.⟩ statt ⟨Syr.⟩. 81,14 für ⟨Syr.⟩ lies ⟨Syr.⟩. 82,5 ⟨Syr.⟩ und Blut. 20 ,⟨Syr.⟩. 83,11 für ⟨Syr.⟩, vgl. 20,9 197,12 87,8; für ⟨Syr.⟩ lies ⟨Syr.⟩. 88,13 ⟨Syr.⟩. 90,7 ,⟨Syr.⟩. 91,11 ⟨Syr.⟩ nach Nöldeke, vgl. 133,16. 14 für ⟨Syr.⟩ ⟨Syr.⟩ lies ⟨Syr.⟩ ⟨Syr.⟩. 92,4 ⟨Syr.⟩. 93,3 .⟨Syr.⟩. 21 vgl. 16 ⟨Syr.⟩. 95,26 ⟨Syr.⟩ ⟨Syr.⟩ N. 98,10 ⟨Syr.⟩. 99,4 für l. ⟨Syr.⟩ ⟨Syr.⟩ = ὀπτορεῖον vgl. 99,9. 26 ⟨Syr.⟩ N.

:ܗ. ܦ̇ ܀ :ܦ bedeutet, nur dass die Typographie nicht Alles nachahmen kann. Stellen, die in Verdacht kommen dürften, verdruckt zu sein, oder die sonst Bedenken erregen, hab ich mit *so* bezeichnet, welches aber nicht immer einen Fehler anzeigt. Th. Nöldeke hatte in meiner von ihm benuzten Abschrift Verbesserungen mit Bleistift angemerkt, die mir wenig zu thun übrig liessen. In der folgenden Fehlerliste habe ich diese Notizen nur in den wichtigern Fällen mit N gekennzeichnet; mit N auch die Correcturen, die mir von seiner Hand, während ich diese Vorrede schreibe, zugehn.

3,18 ܐܬܚܙܝܘ lies ܐܬܬܚܝܘ vgl. 63,2. Ettaf'al ist möglich. 3,21 lies ܐܘܪܚܐ. 4,12 ܘܐܡܪ N. 15 ܒܡܫܠܠܗ N. 25 ܢܦܫܗ streich einmal. 6,12 ܒܪܘܙܝܐ oder ܐܣܘܪܙ. 18 ܘܒܡܘܕܥܢܘܬܐ. 19 ܘܒܡܫܪܝܢܘܬܐ N. ܕܒܪܝܬܐ. 8,18 ܒܐܬܘܬܗ vgl. 110,5. 10,1 ܒܕܢܚܡ N. 5 ܒܬܫܪܝܢ ܕܢܚܐ. 15 ܐܚܕܢܐ. 19 ܠ ܐܦ. 11,9 ܠܟܢܫܪ ܘܡܫܐ. 12 ܒܐܪܥܬ. 22 ܒܙܢܝܬܐ ܡܢ. 12,26 ܪܕܘܦܐ. 13,6 ܗܘܝܢ. 22 l. ܕܡܬܟܫܦܝܬܗ für ܕܡܬܟܫܦܢܝܬܗ. 14,4 ܬܗܘܪ. 16 ܒܬܗܘܡܝܢ. 15,5 ܬܦܢܝܢ für ܬܦܢܝܢܢ NB. 11 l. ܫܒܝܚܢ für ܡܫܒܚܝܢ. 21 ܐܬܥܪܩܘ. 28 streich *so*. 16,4 ܦܬܬܐ. 17,6 ܕܦܫܩܐ. 19,5 ܢܕܒܪܘܢ. 16 ܡܒܪܟܝܢ ܐܢܬܘܢ. 10 ܡܩܪܝܢܘܬܐ. 11 ܡܫܬܝܢ ܐܢܬܘܢ. 12 ܡܬܬܠܝ. 20,9 statt ܫܘܢ vgl. 83,11. 18 ܠܫܬܝܬܗ ܐܝܟ ܐܝܟ ܕܐܬܐܡܪ ܠܗܘܢ. 19 ܐܝܬ ܠܚܝܘܬܗ ܕܫܠܛܢܐ ܕܬܫܥܒܕܘܢ ܠܫܘܠܛܢܗ ܕܡܫܬܥܒܕܝܢ ܠܗ ܗܕܐ ?ܠܡܫܬܥܒܕܘܬܗܘܢ ܡܢ ܒܪ. 26 nicht statt ܠܒܢܝܢܝܗܘܢ, sondern Präposition, von l'ēn N. 21,10 ܒܫܝܢܘܬܐ richtig, vgl. 126,22; anders 21,21, 28,28, 67,18, 68,4. 21,24 ܡܫܬܡܠܝܢ. 23,25 ܘܒܡܘܕܥܢܘܬܐ. 28 ܘܒܝܬܚܝܬܐ ܠܗ. 29 ܟܒܟܒܐ. 24,12 ܕܡܬܩܪܒܬܗ. 28,8 ܡܠܠ. 29,23 ܡܢܝܢ ܠܗ. 24 ܒܗ vgl. 28,8, 34,18, 44,13. 30,7 ܫܘܡܠܝܗ. 34,8 ܕܢܝܪܐ. 18 ܒܗ vgl. zu 28,24. 37,14 ܘܒܫܡܝܪܐ?? 39,12 streich das Frage-

aus W. WRIGHT's Catalogue of the Syriac Manuscripts in the British Museum 1872, S. 1042, wiederhole, von Anfang bis Fol. 131 grösstentheils in einer schönen regelmässigen Estrongilē des sechsten [oder siebenten] Jahrhunderts, und nur die Blätter 1—8, 19, 28, 29, 38, 59, 68, 89, 90, 97, 98, 100, 107, 125, 126, 131 von einer deutlichen Hand des zehnten oder elften Jahrhunderts geschrieben. Dass von dem vollständigen Buche nur zwölf Blätter am Anfang und zwei nach Fol. 110 verloren gegangen sind, lässt sich aus Bezeichnungen am Rande ersehn. Die alte Hand zeichnete je den fünften zweiblättrigen Bogen der zehnblättrigen Lage mit ܦܘܚܡܣ, vgl. Fol. 3v, 8v, 13v, 18v, 23v, 33v, 43v, 48v, 53v, 58v, 63v, .. 72r, 78v ..... 112v so! 116v. Auch scheinen von derselben herzurühren die Bezeichnungen ܗ auf 39r, ܘ auf 49r, ܛ so! auf 108r. Diese zählen die zehn Blätter der Lage, wie ebenso die der neuen Hand: ܐ auf 9r, ܒ 19r, ܓ 29r, ܘ 59r, ܙ 69r, ܚ 79r, ܛ 89r, ܝ 99r, ܝܐ 117r so! Ausserdem noch planlos ܒ auf 1r, 8v, ܒ auf 28v, ܓ auf 38v, ܘ 68v, ܙ 78v.

Von Lücken auf einigen stark beschädigten Blättern abgesehn ist der Text gut erhalten; seine Fehler fallen meist der Flüchtigkeit oder üblen Gewohnheiten der Schreiber zur Last. Da nur eine Handschrift vorhanden ist, soll der Text diese mit Haut und Haaren wiedergeben; man lerne an demselben praktisch in einem Werk, das keine sachlichen Schwierigkeiten bietet, in welchem Maasse syrische Schrift ihren Leser nicht bindet. Die alte Hand schreibt z. B. ܒܣܪܪܐ ܠܟܝ ܢܣܒ fast und ganz wie ܒܣܪܪܐ ܠܟܝ ܢܣܒ; die Zweipunktinterpunktionen passen sich den vorhergehenden Buchstaben an; daher .ܗܿ zuweilen

seinem Tode, sowie noch über diesen hinaus die Bemühungen des Kaisers Iobinianos, den Perserkrieg zu beenden und an den Christen wieder gut zu machen, was der Abtrünnige verdorben. Damit ist die Aufgabe gelöst, welche diesem Theile der ihm vorangehende Brief des 'Abdēl dem erdichteten Verfasser gestellt hat [60,5].

Von diesem Roman, der nach Anlage, den Beziehungen seiner Theile auf einander und Einheit des Styls das Werk einer Feder ist, hat Theodor Nöldeke in einer Inhaltsübersicht und Beurtheilung desselben in der Zeitschrift d. Deutschen Morgenländischen Gesellschaft 1874, Bd. XXVIII, 263 ff, wahrscheinlich gemacht, dass er von einem Edessener zwischen 502 und 532 n. Chr. verfasst ist. Aus einigen Namen die der Verfasser verwendet hat, erhellt, dass er syrische Quellen, z. B. Märtyrerakten, ebenso benuzte, wie Derivate von griechischen.

Den ursprünglichen Titel des ganzen Werkes zu ermitteln, gelingt nicht. Zwar wird schon in der Handschrift des sechsten zum siebenten Jahrhundert das Buch mit Iobinianos bezeichnet, einem Namen, dessen Träger allerdings fast die lezten drei Viertheile des ursprünglichen Ganzen hindurch eine Heldenrolle spielt; indessen, wenn auch Iobinianos als das Werkzeug Gottes, den Bösen zu hemmen und zu überwinden, das Ziel der Erzählung ist, so tritt doch in ihr von Anfang bis zu Ende mit Bedacht als die bewegende Ursache der Begebenheiten der Teufel, in Iulianos Gestalt hervor. Darum habe ich den Titel Iulianos vorgezogen.

Meine Ausgabe beruht auf der einzigen bekannten Handschrift des Britischen Museums Add. 14,641. Sie ist, wie ich

Dieses Buch enthält Bruckstücke zweier syrischer Schriften, deren Mittelpunkt das Leben Iulianos des Abtrünnigen ist.

I. Die erste der beiden, S. 3—242, grösstentheils vollständig. giebt sich für eine Erzählung des Apolōlarīs [Apollinarios], eines Beamten des Kaisers Iobinianos aus, welche dieser dem ʿAbdēl, einem Abte des Fleckens SNDRVN auf seine briefliche Bitten, um als Mittel zur Bekehrung der Heiden zu dienen, in zwei Theilen übersandte. Ihr erster Theil, dessen Anfang sammt einem ersten Briefe des ʿAbdēl [241,8 vgl. 59,23] verloren ist, erzählte die Jugendzeit des Iulianos, etwa vom Tode Kostantinos des Grossen bis zu seiner Thronbesteigung, und fügt als Beispiel erster Christenverfolgungen des neuen Kaisers eine Geschichte von der Glaubensprüfung des Eusebios Bischofs von Rom in einem Anhange [56,27] hinzu, deren Abfassung er dem Epēnetos, einem Diakon des Eusebios, beilegt. Der zweite Theil behandelt die Geschichte des Iulianos seit der Zeit seines Perserzuges bis zu